Klausurenlehre für Anfänger
und Fortgeschrittene

———————————

Braun
Der Zivilrechtsfall

Der Zivilrechtsfall

Klausurenlehre für Anfänger und Fortgeschrittene

von

Dr. Johann Braun

o. Professor an der Universität Passau

5. Auflage

Verlag C. H. Beck München 2012

www.beck.de

ISBN 978 3 406 63875 6

© 2012 Verlag C.H. Beck oHG
Wilhelmstraße 9, 80801 München
Druck und Bindung: Nomos Verlagsgesellschaft
In den Lissen 12, 76547 Sinzheim

Satz: ottomedien, Darmstadt

Gedruckt auf säurefreiem, alterungsbeständigem Papier
(hergestellt aus chlorfrei gebleichtem Zellstoff)

Vorwort zur 5. Auflage

Für die Neuauflage wurde der Text insgesamt durchgesehen und auf den aktuellen Stand gebracht. Im Unterschied zur Vorauflage wurden die beiden Fälle Nr. 12 und 13 („Wehe dem, der Unternehmer ist!", I und II) mit aufgenommen, die sich mit Problemen des „Internetrechts" befassen. Damit ist diese Materie jetzt wieder etwas stärker vertreten. Der 7. Themenkomplex (Familien- und Erbrecht) wurde um den Fall 35 („Schadensersatz wegen Wegfalls der Ehefrau?") ergänzt, der im Grenzgebiet von Delikts- und Familienrecht angesiedelt ist.

Der moderne Gesetzgeber macht den Umgang mit dem Gesetz bekanntlich nicht leicht. Nicht zuletzt deshalb wird der Schwierigkeitsgrad mancher Fälle dem Leser vielleicht einen Stoßseufzer entlocken. Aber die Rechtsprobleme, an denen die juristische Ausbildung orientiert sein sollte, sind nun einmal diejenigen des realen Lebens, nicht die einer von der Rechtswirklichkeit abgeschotteten akademischen Welt. Immerhin bietet sich dem Leser auf diese Weise die Gelegenheit, zu sehen, was äußerstenfalls von ihm erwartet wird.

Im übrigen ist das Werk vor allem als eine „juristische Denkschule" gedacht. Wichtiger, als das Studium an den neuesten Produkten von Gesetzgebung und Rechtsprechung auszurichten, erscheint es mir nämlich, angehende Juristen zum juristischen Denken anzuregen und ihre juristische Phantasie herauszufordern. Damit werden Eigenschaften gefördert, auf die gerade der Anwalt angewiesen ist. Im Rahmen einer Fallsammlung können solche Fähigkeiten zwar nur in bescheidenem Maße geschult werden. Aber wenigstens soweit dies möglich ist, soll hier ein Beitrag dazu geleistet werden. Unmittelbares Ziel ist es, dem Adepten des Rechts ein Begleitbuch an die Hand zu geben, das ihm auch noch in den fortgeschrittenen Stadien seines Studiums eine Hilfe leistet und es ihm ermöglicht, eine im akademischen Unterricht vielfach erprobte Denk- und Vorgehensweise an unterschiedlichen Rechtsmaterien zu testen.

Verbesserungsvorschläge und sonstige sachbezogene Hinweise, für die ich mich im voraus bedanke, erbitte ich der Einfachheit halber an meine e-Mailadresse braun@ uni-passau.de.

Passau, im April 2012   Johann Braun

Gebrauchsanleitung

I. Dieses Buch ist zunächst eine **Klausurenlehre**. Es soll Ihnen helfen, sich auf die Klausuren vorzubereiten, die in der Anfänger- und der Fortgeschrittenenübung, im Rahmen der Zwischenprüfung sowie heute vielfach auch zum Abschluß dogmatischer Vorlesungen geschrieben werden. In der Sache dient es damit zugleich der Vorbereitung auf das Erste Staatsexamen. Es soll Sie schonend an das Niveau heranführen, mit dem Sie bei dieser Prüfung am Ende Ihres Studiums zu rechnen haben.

Sodann ist dieses Buch aber auch als **Denkschule** gedacht. Es soll Ihnen die Einübung von Denk- und Handlungsformen ermöglichen, die für jeden Juristen unverzichtbar sind. Dem Anfänger müssen diese frühzeitig nahegebracht, dem Fortgeschrittenen müssen sie immer wieder in Erinnerung gerufen werden. Damit diese Denkschule ihre Wirkung entfalten kann, muß sie daher über eine *längere Zeit hinweg* als Begleitlektüre herangezogen werden.

II. Was das vorliegende Buch von vielen anderen Fallsammlungen und Anleitungsbüchern unterscheidet, ist vor allem dreierlei.

1. Einmal wird der Leser **nicht mit Rechtsprechungs- und Literaturhinweisen überhäuft**, deren vollständige Lektüre seine gesamte Zeit in Anspruch nehmen würde. Was in diesem Buch gelehrt werden soll, läßt sich nicht durch Fußnoten, sondern nur durch *Beispiele* erläutern. Diese finden sich im Praktischen Teil des Buches in hinreichender Zahl. Wem die wenigen Lektürehinweise am Ende der Musterlösungen nicht genügen, wird in jedem Lehrbuch oder Kommentar weitere finden.

2. Die ausgearbeiteten Lösungen sind sodann so beschaffen, daß sie in der angegebenen Zeit **tatsächlich geschrieben werden können**. Der Leser wird also weder mit bloßen Lösungsskizzen abgespeist, bei denen wesentliche Dinge offenbleiben, noch wird er mit wissenschaftlichen Abhandlungen konfrontiert, die nicht einmal von der Schreibleistung her in der zur Verfügung stehenden Zeit bewältigt werden könnten.

3. Der auffälligste Unterschied aber ist der, daß hier konsequent die **Sicht des Anwalts miteinbezogen** wird. Dazu sind weniger Änderungen erforderlich, als man meinen möchte. Um den Forderungen der Praxis entgegenzukommen, muß man sich nur entschließen, die *Sicht des Richters nicht länger als die „normale Betrachtungsweise" des Klausurbearbeiters vorauszusetzen*. Dementsprechend wird hier durchgehend dazu angeleitet, bei der Fallbearbeitung von bestimmten *Rollen* her zu denken und zu argumentieren. Je nach Fallgestaltung führt dies zur Perspektive des Richters, der den ihm vorgelegten Fall in eine vorgegebene Ordnung einfügt und *richtet*, meistens jedoch zur Perspektive des Anwalts, für den das Recht zunächst einmal ein *Mittel* ist, um bestimmte Zwecke zu erreichen oder Interessen durchzusetzen.

III. Um das Buch sinnvoll zu nutzen, sollten Sie auf jeden Fall erst einmal den **Theoretischen Teil** lesen. Das gilt auch dann, wenn Sie manches davon noch nicht verstehen. Auf diese Weise werden Sie nämlich am besten mit dem Ziel vertraut, das Sie langfristig erreichen sollen. Den Theoretischen Teil sollten Sie aber auch dann vorweg lesen, wenn Ihnen vieles davon bereits bekannt sein sollte. Was hier dargelegt wird, bildet nämlich die ostinate Begleitmusik zu den Fallbeispielen des Praktischen

Teils. Sie werden mit diesen Fällen besser zurechtkommen, wenn Sie entsprechend darauf eingestimmt sind.

Den **Praktischen Teil** selbst sollten Sie nicht nur lesen, sondern auch durcharbeiten. Das muß nicht unbedingt in derselben Reihenfolge geschehen, in der die Fälle hier behandelt sind. Diese Anordnung orientiert sich an der Erfahrung, daß sich das Verständnis des Zivilrechts leichter erschließt, wenn man sich zunächst gewisse Kenntnisse über Besitz und Eigentum und das Deliktsrecht aneignet, bevor man sich den komplizierteren Strukturen der Rechtsgeschäftslehre und des Leistungsstörungsrechts zuwendet. Wenn Sie als Anfänger in der Vorlesung mit einem anderen Aufbau konfrontiert sind – häufig werden die Vorlesungen nämlich nach dem Vorbild des Gesetzes gegliedert –, können Sie die Aufgaben ohne weiteres in einer anderen Reihenfolge durchgehen. Um dies zu erleichtern, habe ich die Fälle zu Themenkomplexen zusammengefaßt, die durch eigene Überschriften ausgewiesen sind. In einem Stück durcharbeiten können Sie das Buch ohnehin erst dann, wenn Sie bereits in einem fortgeschrittenen Semester stehen. Das in den späteren Fällen vorausgesetzte Wissen steht Ihnen nämlich am Anfang Ihres Studiums noch nicht zur Verfügung.

Sie brauchen die Fälle nicht unbedingt alle vollständig auszuformulieren, vor allem dann nicht, wenn Sie auch noch in andere Fallsammlungen einen Blick werfen. Von einem bestimmten Punkt an läßt sich durch das Schreiben von Klausuren nicht mehr so viel gewinnen, daß man die dafür aufgewandte Zeit auf andere Weise nicht besser nutzen könnte. Eine detaillierte Lösungsskizze sollten Sie aber in jedem Fall anfertigen, sonst ist das Buch für Sie nutzlos. Nur wenn Sie jeden Fall mindestens bis zu dem Punkt bearbeiten, wo die Niederschrift beginnen müßte, werden Sie die Routine bekommen, auf die Sie im Ernstfall angewiesen sind.

Inhaltsverzeichnis

Theoretischer Teil: Der praktische Fall und seine Lösung

Praktischer Teil: Klausuren mit Lösungshinweisen

Theoretischer Teil:
Der praktische Fall und seine Lösung

§ 1 Der Zweck der Übung

I. Die Aufgabe: das Lösen von Fällen

Wer sich im Rahmen seiner juristischen Ausbildung einer schriftlichen Prüfung unterzieht, bekommt in der Regel die Aufgabe gestellt, einen „Fall" zu lösen. Von dem Kandidaten wird dabei nicht erwartet, daß er bei dieser Gelegenheit sein angelerntes Wissen zur Schau stellt, sondern daß er den vorgelegten Fall einer knappen und überzeugenden Lösung zuführt.

Diese Art der Prüfungsgestaltung hat seit ihrer Einführung im Laufe der Zeit zu einer Umgestaltung des Studiums geführt. Wurden „praktische Fälle" ursprünglich nur zu dem Zweck im akademischen Unterricht erörtert, um den abstrakten Lehrstoff zu veranschaulichen und den Hörern auch einmal die Gelegenheit zu geben, ihr Wissen praktisch anzuwenden[1], so reduziert sich das Studium angesichts dieser Prüfungspraxis heute zunehmend auf das Lernen und Lösen von Fällen. Wissensstoff, der sich nicht in die Form eines klausurgeeigneten „Falles" bringen läßt, ist nur noch schwer zu vermitteln. Repetitoren werben daher seit langem damit, daß sie strikt nach der „Fallmethode" vorgehen, Vorlesungen lösen sich in die Erörterung von Fällen auf, und selbstverständlich soll auch die „Übung" nichts anderes vermitteln als die Fertigkeit, Fälle zu lösen. All dies mag man aus vielen Gründen kritisieren können. Als Student bleibt Ihnen jedoch nichts übrig, als sich darauf einzustellen und das Beste daraus zu machen.

Wie andere Fertigkeiten kann man auch das Lösen von Fällen nur dadurch lernen, daß man es übt. Dazu anzuleiten ist der Hauptzweck dieses Buches. An dieser Stelle wollen wir jedoch zunächst einmal versuchen zu verstehen, *warum* man in der Prüfung überhaupt Fälle löst und worum es dabei geht.

Die Bedeutung, die der Lösung von Fällen in der Juristenausbildung heute beigemessen wird, hängt u. a. damit zusammen, daß sich die Rechtswissenschaft als **praktische Wissenschaft** versteht. Von einer praktischen Wissenschaft wird nicht erwartet, daß sie theoretische Erkenntnisse um ihrer selbst willen vermittelt. Das Studium einer praktischen Wissenschaft soll vielmehr dazu befähigen, *praktische Probleme zu lösen*, d. h. in bestimmten Zusammenhängen **sinnvoll zu handeln**. Theoretisches Wissen hat dabei nur die Funktion eines Hilfsmittels. So soll auch die Rechtswissenschaft, wie sie überwiegend verstanden wird, lediglich dazu anleiten, in rechtlichen Entscheidungssituationen die gesuchte Entscheidung zu finden und für andere überzeugend zu begründen.

Was aber ist das genau: ein *praktisches Problem*? Wodurch unterscheidet es sich von einem theoretischen Problem? Man kann sich das vielleicht am besten anhand einer Anekdote klarmachen: Im Rahmen einer Magisterprüfung für Ausländer hatte ich einmal einen jungen Mann zu prüfen, der in seiner Heimat bereits eine juristische Ausbildung absolviert hatte. Mit „Fällen" war er dabei nicht konfrontiert worden; das Studium war „rein theoretisch" gewesen, und ähnlich hatte er bisher auch das

---

[1] „Praktika" wurden vereinzelt bereits zu Beginn des 19. Jahrhunderts angeboten. Starken Auftrieb scheint diese Veranstaltungsform aber erst durch *Rudolf von Jhering* erlangt zu haben, vgl. *Ernst E. Hirsch* in: Jherings Erbe (hrsg. von F. Wieacker und Chr. Wollschläger), Göttingen 1970, S. 90 f.

deutsche Recht studiert. Ich legte ihm einen kleinen Fall aus dem Sachenrecht vor und bat ihn um eine Stellungnahme. Er begann mit Ausführungen über den Unterschied von Schuld- und Sachenrecht, erklärte die Begriffe Besitz und Eigentum, sprach über die Voraussetzungen der Ersitzung (auf die es in der Tat ankam) u.ä.m. Nachdem ich mehrfach versucht hatte, seine Überlegungen in die Richtung zu lenken, die mir allein angemessen erschien, unterbrach ich ihn endlich etwas ungeduldig: „Was Sie erzählen, ist alles schön und gut, interessiert hier aber gar nicht. Was ich wissen will, ist allein: Kann A von B die Herausgabe der Sache verlangen – ja oder nein?" Er sah mich zunächst erstaunt an; diese Art des Denkens schien ihm fremd zu sein. „Ah", meinte er schließlich, „diese Frage ist sehr interessant."

Denken wir über diese Geschichte einen Augenblick nach. Der junge Mann hatte sich bemüht, *alle Probleme* anzusprechen, die irgendwie mit meinem Fall *zusammenhingen*, und dabei *zu zeigen, was er alles wußte*. Ich dagegen hatte mich im Geist mit einer der Personen des Falles identifiziert, hatte mich gefragt, wofür *diese Person* sich *allein interessieren* würde, und *alles andere* aus meinen Überlegungen *ausgeschieden*. Während er mir einen *Vortrag* halten wollte über das *Rechtsgebiet*, das bei der Beurteilung des Falls einschlägig war, wollte ich diese *Beurteilung selbst* erfahren und hören, ob der Kandidat einer entsprechenden Klage stattgeben würde.

Eben darum geht es beim Lösen von Fällen: Der Bearbeiter soll **ermitteln, wie jemand sich rechtlich verhalten soll oder darf**. Alle Rechtsausführungen sind nur insoweit von Interesse, als sie zur gesuchten Antwort etwas beitragen.

Wie die Erfahrung lehrt, kommt diese Forderung dem natürlichen Mitteilungsbedürfnis vieler Prüflinge wenig entgegen. Auch wenn noch so oft gesagt wird, daß man sich bei der Lösung von Fällen an die „Fallfrage" zu halten habe, stößt man immer wieder auf Arbeiten, in denen seitenlang über andere Dinge berichtet wird. Wer lange Zeit für eine Prüfung gelernt hat, neigt aus verständlichen Gründen dazu, alles von sich zu geben, was ihm anläßlich des gestellten Falles einfällt. Leider aber ist der Prüfer ein vielbeschäftigter Jurist, der diese Art, ihn mit Lesestoff zu versorgen, wenig zu schätzen weiß. Das beste, was dem Kandidaten, der etwas *Überflüssiges* schreibt, passieren kann, ist, daß es schlicht durchgestrichen wird. Meist jedoch sind die Folgen gravierender: Wer überflüssige Ausführungen macht, zeigt, daß er nicht weiß, was von ihm erwartet wird. Das führt – zu Recht – zu einem Punktabzug. Da die Zeit für schriftliche Prüfungsaufgaben knapp bemessen ist, hat derjenige, der sich mit Dingen befaßt, auf die es nicht ankommt, noch dazu in der Regel *etwas Wichtigeres versäumt*. Daß die gestellte Frage – und sei es auch nur teilweise – unbeantwortet bleibt, gehört zum Schlimmsten, was in einer Fallösung passieren kann. Wenn sich in den überflüssigen Ausführungen vielleicht auch noch Fehler finden, gibt es dafür weitere Minuspunkte. Anstatt sich im nachhinein darüber zu beklagen, sollte man sich besser von vornherein darauf einstellen. Die unverrückbare Leitlinie bei der Lösung von Fällen sollte daher sein, **zur Sache und nur zur Sache zu schreiben!**

II. Der Fall als partielle Simulation von Praxis

Studenten neigen nicht selten dazu, den Zweck ihres Studiums allein im Bestehen der vorgeschriebenen Prüfungen zu erblicken. Das ist verständlich. Wer viel Kraft und Zeit braucht, um sich auf diese Prüfungen vorzubereiten, dem fällt es schwer, sich vorzustellen, daß es dabei noch um etwas anderes gehen könnte. Tatsächlich aber geht es noch um etwas anderes. Prüfungen sind nicht um ihrer selbst willen da. Sie sollen lediglich dem Studium eine bestimmte Richtung geben und zugleich ein bestimmtes Niveau wahren helfen. Das Studium einer praktischen Wissenschaft soll *auf die Aufgaben vorbereiten, mit denen der Student in der Praxis einmal konfrontiert wird*. Zweifellos kann man die Prüfungen auch dann bestehen, wenn man über diesen Zusammenhang nicht nachgedacht hat. Wenn man jedoch weiß, worum es geht, kann man sinnvoller studieren.

Worum also geht es im juristischen Studium? *Warum* werden in den juristischen Prüfungen nicht theoretische Abhandlungen erwartet, sondern *praktische Fälle* zur Bearbeitung gestellt? Hätte das juristische Studium die Aufgabe, zum Rechtsgelehrten vorzubereiten, müßten die Prüfungen offenbar anders aussehen. Das juristische Studium soll jedoch keine Wissenschaftler hervorbringen, sondern **Fertigkeiten vermitteln**, wie sie in den **Berufen** gebraucht werden, **in denen Juristen vor allem tätig sind**. Das aber ist der Beruf des *Richters* und des *Rechtsanwalts*, des *Verwaltungsbeamten*, des *Staatsanwalts*, des *Notars* und des *Wirtschaftsjuristen*. In all diesen Rollen stellt sich das Recht so dar, daß in bestimmten, immer wiederkehrenden Situationen *rechtlich begründete Entscheidungen* getroffen werden müssen. Für theoretische Abhandlungen bleibt dabei keine Zeit. Auf Rechtsfragen kann vielmehr nur soweit eingegangen werden, als dies dazu dient, eine vertretbare Entscheidung zu finden und gegenüber möglichen Einwendungen zu rechtfertigen. Das Lösen von Fällen an der Universität soll Sie dazu veranlassen, *dieses Verhalten frühzeitig einzuüben*.

In den Fällen, die während des Studiums und im Ersten Staatsexamen zu bearbeiten sind, werden die in der Praxis vorkommenden Entscheidungssituationen freilich *nur unvollständig abgebildet*. Um den Einstieg in die Praxis zu erleichtern, wird manches „künstlich" vereinfacht. So werden im Rahmen des Studiums grundsätzlich nur „*unstreitige*" *Sachverhalte* zur Bearbeitung ausgegeben, anders als im öffentlichen Recht wird im Zivilrecht auf eine *prozessuale Einkleidung* des Falls meistens verzichtet u. a. m. Wer es gelernt hat, solche Fälle zu lösen, ist daher noch kein „Praktiker". Er verfügt aber doch bereits über **Denk- und Vorgehensweisen**, auf deren Beherrschung in der Praxis nicht verzichtet werden kann.

Näher besehen orientiert sich das Studium allerdings überwiegend an der **forensischen Tätigkeit des Richters und des Anwalts**. Die beratende und gestaltende außergerichtliche Tätigkeit spielt dagegen kaum eine Rolle. Das ist bedauerlich, hängt jedoch mit der Natur der Prüfung zusammen: Bei der Ausarbeitung von Verträgen und Testamenten, beim Entwurf von Gesetzen u. ä. m. gibt es häufig sehr *viele Möglichkeiten*, die gestellte Aufgabe angemessen zu bearbeiten; die größere Bandbreite des Vertretbaren aber erschwert die Beurteilung. Für eine Massenabfertigung, wie sie an der modernen Universität notgedrungen stattfindet, sind daher Aufgaben, bei denen sich die Lösung in ein binäres Ja-Nein-Schema einfügt, besser geeignet. Dabei läßt sich sofort erkennen, ob jemand „im Ergebnis richtig liegt".

Nicht nur für den Prüfer, auch für Sie als Prüfling wird die Aufgabe dadurch leichter. Denn Sie wissen, daß Sie es im Zivilrecht so gut wie ausschließlich mit Fällen zu tun haben, in denen eine von zwei in Betracht kommenden Entscheidungssituationen *auf vereinfachte Weise simuliert* wird: einmal die *Situation des Richters, der ein Urteil zu fällen hat*, zum andern die *des Anwalts, der eine Klage oder eine Klageerwiderung vorbereiten muß*. In Übereinstimmung damit kann man zwei Falltypen unterscheiden: den sog. **Richterfall** und den **Anwaltsfall**.

Am einfachsten und am beliebtesten ist zunächst der **Richterfall**. Einfach ist der Richterfall deshalb, weil hier die *Frage*, die der Bearbeiter zu beantworten hat, *genau feststeht* und weil von dem Richter grundsätzlich keine Aktivitäten erwartet werden, die dem Fall eine andere Richtung geben könnten. So kann die Fallfrage z. B. lauten: „Wird das Gericht den B verurteilen, an A 1.000 € zu zahlen?" Oder auch: „C verklagt D auf Feststellung, daß er Eigentümer des Autos sei. Wie wird das Gericht entscheiden?" Im Prinzip werden Sie damit in die Lage eines Richters versetzt. Im Zivilprozeß wird dieser nur auf Antrag tätig und darf *über nichts entscheiden, was nicht beantragt ist (§ 308 I ZPO)*. So würde der Klageantrag in den genannten Beispielfällen etwa lauten, „den B zur Zahlung von 1.000 € an A zu verurteilen" oder „festzustellen, daß C Eigentümer des so und so bestimmten Autos ist". Wie der Richter an den Antrag, so muß sich der Kandidat bei Richterfällen strikt an die Fallfrage halten. Fragen zu beantworten, die nicht gestellt sind, wäre ein genauso schwerer Fehler wie über nicht gestellte Anträge zu entscheiden.

Nicht ganz so einfach liegen die Dinge beim **Anwaltsfall**. In Anwaltsfällen ist die Fallfrage häufig *unbestimmt* gehalten; sie muß dann zunächst einmal *präzisiert* werden. So kann die Frage etwa lauten: „Was kann A von B verlangen?" Oder: „Was soll C tun?" Oder: „Was würden Sie D raten?" Auch hinter der Frage: „Wie ist die Rechtslage?", wird sich häufig ein Anwaltsfall verbergen. Es liegt auf der Hand, daß solche Fälle für den Bearbeiter unangenehmer sind. Aber sie versetzen ihn nur in die Lage, in der sich ein Rechtsanwalt normalerweise befindet. Während der Richter über vorgegebene Anträge zu entscheiden hat, die im Prinzip nur mit ja oder nein zu beantworten sind, hat es der Rechtsanwalt mit juristischen Laien zu tun, die oft gar nicht genau wissen, was sie wollen. Er muß daher zunächst einmal *herausfinden, worin die Interessen des Mandanten überhaupt liegen* und wie man ihnen zur Geltung verhelfen kann, welchen Klageantrag man etwa stellen sollte u.ä.m. In dieser Schwierigkeit liegt zugleich ein eigener Reiz. Im Gegensatz zum Richter ist von dem Rechtsanwalt nämlich *Phantasie* gefragt. Er muß z.B. erkennen, ob sich eine gegebene Rechtslage durch Widerruf, Anfechtung, Rücktritt, Aufrechnung oder auf andere Weise zum Vorteil des Mandanten *verändern* läßt. Der Richter hat nur zu entscheiden, ob eine Anfechtung, die von einer der Parteien erklärt worden ist, rechtlich durchgreift.

Für Sie als Bearbeiter ist es daher wichtig zu wissen, **ob** Sie es mit einem **Richteroder einem Anwaltsfall zu tun haben**. Wenn die Fallfrage lautet: „Wie wird das Gericht entscheiden?" oder: „Was soll A bzw. sein Anwalt tun?", liegt darin kein großes Problem. Häufig aber *fehlen solche Hinweise*. Wenn etwa gefragt ist: „Kann A von B 1.000 € verlangen?", kann es sein, daß der Aufgabensteller von Ihnen wissen möchte, wie ein *Gericht* über einen entsprechenden Antrag zu entscheiden hätte; denkbar ist aber auch, daß Sie sich dazu äußern sollen, was ein *Anwalt* zu tun hätte, wenn ein Rechtsuchender mit dieser Frage auf ihn zukäme. Stellt sich im Verlauf der Fallbearbeitung heraus, daß A nicht nur die unmittelbar gefragten 1.000 €, sondern auch *Zinsen* daraus fordern kann, so darf man aus der Sicht des Richters darüber kein Wort verlieren (§ 308 I ZPO). Ein Anwalt jedoch muß seinen Mandanten, der – vielleicht aus Unkenntnis – nur nach den 1.000 € selbst fragt, auch auf den Zinsanspruch aufmerksam machen. Was also sollen Sie in einem solchen Fall, der *nicht eindeutig als Richter- oder Anwaltsfall ausgewiesen* ist, tun?

Häufig findet man hier den Ratschlag, die Fallfrage immer ganz *wörtlich* zu nehmen und den dadurch gezogenen Rahmen nicht einmal andeutungsweise zu verlassen. In der Regel wird das auch noch mit einem Hinweis auf § 308 I ZPO begründet: So wie der Richter an den gestellten Antrag formell gebunden ist, so sei es auch der Fallbearbeiter an die Fallfrage. Ich möchte Sie jedoch warnen: **Dieser Ratschlag ist in der Sache verfehlt und in seinen Auswirkungen fatal.** Er läuft nämlich darauf hinaus, jeden Fall, der nicht ausdrücklich als Anwaltsfall deklariert ist, als Richterfall aufzufassen. Im Zweifel – so wird damit suggeriert – soll der Bearbeiter den Fall aus der Sicht des Richters betrachten und sich um die Aufgabe, die ein Anwalt in dieser Situation hätte, nicht weiter kümmern. Wenn die verbreitete Kritik, daß die Juristenausbildung an den Bedürfnissen des Anwaltsberufs vorbeigeht, nicht folgenlos bleiben soll, muß eine *andere Devise* gelten: Geht aus der Fallfrage *nicht eindeutig* hervor, ob der Fall als Richter- oder Anwaltsfall gemeint ist, so ist der Fall **sowohl aus der Sicht des Richters wie auch des Anwalts** zu betrachten. Anders ausgedrückt: Sie müssen die *Anwaltsperspektive*, die auch eine weitergehende Beratung und Unterstützung des Mandanten miteinschließt, in solchen Fällen *immer mit im Auge behalten*. Was dies im einzelnen heißt, wird im Praktischen Teil dieses Buches an einer Reihe von Beispielen veranschaulicht werden.

An dieser Stelle werden Sie vielleicht einwenden, daß Sie ja nicht wissen können, ob der Prüfer, mit dem Sie es gerade zu tun haben, dies auch so sieht oder ob er in einem derartigen Umgang mit der Fallfrage nicht vielmehr eine Todsünde wider den Geist der Fallbearbeitung erblickt. Hier hilft nur eines: Sie müssen notfalls unmißverständlich **deutlich machen**, daß Ausführungen, die mit einer rein richterlichen Sicht nicht vereinbar sind, *aus der Anwaltsperspektive* heraus zu verstehen sind. Damit ist Ihnen auch die Anerkennung solcher Prüfer sicher, denen allein das richterliche Handeln als Leitbild vor Augen steht. Denn der Notwendigkeit, daß ein Anwalt im Rahmen seines Auftrags u. U. mehr bedenken muß, als er zufällig gefragt wird, kann sich kein Prüfer verschließen.

In einer Klausur können übrigens auch **mehrere** Richter- oder Anwaltsfälle **miteinander verbunden** sein. Das kann in einfacher Weise dadurch geschehen, daß gefragt wird: „Kann A von B 1.000 € verlangen? Und kann B von A Übereignung des Fernsehgerätes verlangen?" Oder es heißt: „Was kann A von B und was B von A verlangen?" Dann müssen Sie nacheinander über die verschiedenen Ansprüche entscheiden, ähnlich wie der Richter im Falle einer Klage und Widerklage, oder Sie müssen sich nacheinander in die Rolle eines Rechtsanwalts der verschiedenen Beteiligten versetzen und fragen, was der Anwalt für den betreffenden Mandanten unternehmen kann. Wenn ohne nähere Spezifizierung nach der „Rechtslage" gefragt ist, sind grundsätzlich die Beziehungen zwischen allen Beteiligten umfassend zu klären. Geht es dabei, wie meist, um gegenseitige Ansprüche, so ist mithin zu untersuchen, was die Beteiligten in allen in Betracht kommenden Verhältnissen voneinander verlangen können. Zu diesem Zweck müssen Sie daher ebenfalls mehrere Anwaltsperspektiven nacheinander einnehmen.

Das klingt alles ziemlich kompliziert. Aber wenn Sie verstanden haben, worum es im Prinzip geht, werden Sie schon bald keine Schwierigkeiten mehr damit haben.

III. Die Bedeutung der Rechtsprechung

Ich habe bereits erwähnt, daß Sie bei der Lösung eines Falles nur teilweise in eine Situation versetzt werden, wie sie in der Praxis vorkommt. Manches bleibt Ihnen aus Gründen der Vereinfachung vorerst erspart. Das gilt vor allem im Hinblick auf einen Punkt, von dem bisher noch nicht die Rede war: der **Bindung an die Rechtsprechung**.

Wenn Sie später in die Praxis kommen, werden Sie schnell feststellen, daß sich ein *Richter* bei seiner Entscheidungsfindung nicht nur an *Gesetz und Recht*, sondern auch an die obergerichtliche *Rechtsprechung* halten muß. Tut er dies nicht, wird sein Urteil aufgehoben, und die Partei, der er an sich recht geben wollte, trägt die Kosten. Aber auch, wo man vor einer Aufhebung sicher ist, weil ein Rechtsmittel, das zu einem Obergericht führt, nicht vorgesehen ist, empfiehlt es sich, *Kontinuität* zu wahren und von einer eingefahrenen Rechtsprechung nicht unnötig abzuweichen. Für nichts hat die Öffentlichkeit nämlich weniger Verständnis, als wenn ein und dieselbe Rechtsfrage von zwei Gerichten unterschiedlich beurteilt wird. Auf diese Lage muß sich selbstverständlich auch der *Rechtsanwalt* einstellen. Wer sich einen Anwalt nimmt, will nach verlorenem Prozeß nicht hören, daß er nach dem Gesetz an sich im Recht war, das Gericht dies aber leider anders gesehen hat, sondern er will gewinnen, mag im Gesetz stehen, was will. Dem Anwalt bleibt daher nichts anderes übrig, als sich an der einschlägigen Rechtsprechung zu orientieren, auch wenn er sie für falsch hält. Er *haftet* sogar, wenn er seinem Mandanten aus Unkenntnis der Judikatur einen Schaden zufügt[2].

Kurz: in der Praxis kommt der Rechtsprechung fast eine genauso große Bedeutung zu wie dem Gesetz. In mancher Beziehung sogar eine größere. Denn während der Gesetzgeber, nachdem er ein Gesetz geschaffen hat, sich zurückzieht und sein Werk zur Interpretation für andere freigibt, wachen die Obergerichte mit Argusaugen darüber, daß von den Untergerichten an ihren Entscheidungen nicht eigenmächtig herumgedeutet wird. So sehr es daher zutrifft, daß in unserem Rechtssystem *rechtlich* gesehen Präjudizien nicht bindend sind: *faktisch* binden sie sehr wohl.

Würde man diese Bedingung auf die Ausbildung an der Universität übertragen, müßten auch die Studenten vom ersten Semester an ihre Fahne in jeden Wind hängen, der in der Praxis gerade weht. Das Auswendiglernen von „Leitsätzen" wäre dann nicht nur eine leidige Unsitte, sondern ein unerläßliches Gebot, um bei den Prüfungen bestehen zu können. Jedenfalls im Zivilrecht verhält es sich jedoch nach wie vor *nicht* so, und zwar mit gutem Grund. Bei allem Praxisbezug geht das Ziel der Ausbildung nämlich weniger dahin, Sie in die gerade gefragte „Stromlinienform" zu bringen, als vielmehr dahin, Sie *zu selbständigem Denken zu befähigen.* Auf lange Sicht dürfte damit auch der Praxis am besten gedient sein. Schließlich muß sich ein guter Anwalt zunächst einmal eine eigene Rechtsanschauung bilden; ohne diese wird er auf den Prozeß der Rechtsfindung kaum Einfluß nehmen können.

Bei der Lösung eines Falles wird von Ihnen daher nicht erwartet, daß Sie die gerade herrschende Meinung wiederholen und so tun, als sei es Ihre eigene. Vielmehr sollen Sie eine vertretbare Lösung entwickeln und zeigen, daß Sie in der Lage sind, diese zu begründen. Dabei sind Sie im Zivilrecht **grundsätzlich nur an das Gesetz gebunden, nicht an die Rechtsprechung.** Daß es nützlich sein kann, die Rechtsprechung zu kennen, weil man eine eigene Meinung um so überzeugender vertreten kann, je genauer man über andere Auffassungen Bescheid weiß, soll freilich nicht verschwiegen werden.

Wenn ich sage, daß Sie *grundsätzlich* nur an das Gesetz gebunden sind, so räume ich damit ein, daß es *Ausnahmen* gibt. In manchen Fällen hat sich die Rechtsprechung ohne Widerspruch so verdichtet, daß sie auch in der wissenschaftlichen Diskussion an die Stelle des Gesetzes getreten ist. Hier empfiehlt es sich wenig, ausgerechnet in einer Klausur mit einer anderen Meinung hervorzutreten. In solchen Fällen sollten Sie die herrschende Meinung daher schon kennen. Einen besonderen Aufwand brauchen Sie insoweit aber nicht zu betreiben. Was von Ihnen in dieser Hinsicht erwartet wird, finden Sie in jedem Studienbuch.

---

[2] BGH NJW 1983, 1665. Erste Zweifel an der weitgehenden Anwaltshaftung jetzt in BVerfG NJW 2002, 2937.

§ 2 Gutachten und Gutachtenstil

I. Der Gutachten- und der Urteilsstil

1. Zu den Eigentümlichkeiten, an die sich der angehende Jurist erst gewöhnen muß, gehört der sog. **Gutachtenstil**. Verstöße dagegen wurden früher meist streng geahndet. Aber auch heute noch gehört der Gutachtenstil zu den Dingen, deren Beherrschung man von einem Juristen als selbstverständlich voraussetzt.

Leider wissen viele Klausurbearbeiter mit diesem Stil nur wenig anzufangen. Manchen liegt er wie ein Panzer auf der Brust und deckt den letzten Rest von Selbständigkeit zu, der ihnen nach einem gedankenlos betriebenen Auswendiglernen fremder Meinungen noch verblieben ist. Auch wer mit der deutschen Sprache sonst keine Schwierigkeiten hat, fühlt sich dadurch wie in ein Prokrustesbett eingezwängt; denn er darf nicht schreiben, wie er es gewohnt ist, sondern muß scheinbar die seltsamsten Verrenkungen machen.

Das klingt abschreckend. Aber worum geht es überhaupt? Nehmen wir ein *Beispiel*: Wenn A von B 500 € für ein Fernsehgerät verlangt, das er ihm zu diesem Preis verkauft und bereits geliefert hat, so könnte man, ohne die Regeln des Deutschen zu verletzen, schreiben: „Selbstverständlich muß B die verlangten 500 € an A bezahlen; schließlich hat er sich vertraglich dazu verpflichtet." Ist jedoch ein Gutachten über die Frage erbeten, darf man nicht so vorgehen. Vielmehr muß man dann etwa folgendermaßen formulieren: „A kann von B Zahlung von 500 € verlangen, wenn B aufgrund eines Kaufvertrages dazu verpflichtet ist. Ein solcher Vertrag ist zwischen B und A geschlossen worden. Folglich kann A von B Zahlung von 500 € verlangen."

Sie haben sicher sogleich bemerkt, worin der Unterschied besteht: Bei der ersten Formulierung wird *zuerst das Ergebnis* der Überlegungen mitgeteilt und *anschließend die Begründung* dafür nachgereicht. Im *Gutachtenstil* dagegen verfährt man *umgekehrt*: Die Frage, um die es geht, wird zunächst als *offen* behandelt (auch wenn der Gutachter selbst die Antwort längst kennt). Erst wenn sich die Überlegungen so verdichtet haben, daß man das Ergebnis *schlußfolgernd* daraus ableiten kann, zieht der Gutachter die fällige Konsequenz und teilt auch das Ergebnis mit. Also: **erst die Begründung, dann das Ergebnis.**

Das führt im Detail zu stilistischen Konsequenzen, die vielfach als lästig empfunden werden. So sind z. B. die Bindewörter „denn" und „weil" im Gutachtenstil streng verpönt; denn mit den so eingeleiteten Sätzen oder Satzteilen wird die *Begründung* für etwas *nachgereicht*, was zuvor als Behauptung aufgestellt wurde. (Überzeugen Sie sich davon am Beispiel des voranstehenden Satzes!) Im Gutachten soll aber die Behauptung nicht am Anfang, sondern am Ende stehen. Die bevorzugten Bindewörter lauten daher: „also …", „folglich …", „mithin …", „somit …", „daher …", „infolgedessen …". Häufig wird auch empfohlen, Wörter wie: „zweifellos", „offensichtlich", „eindeutig", „selbstverständlich", „natürlich" u.s.w. tunlichst zu vermeiden. Durch diese Wendungen wird eine Sicherheit zum Ausdruck gebracht, von der sich der Gutachter möglichst entfernt halten soll, weil darin eine Voreingenommenheit liegen könnte, die mit seiner Aufgabe schwer vereinbar wäre. Im Gutachten soll alles so lange als zweifelhaft behandelt werden, bis der letzte Zweifel abgearbeitet ist.

Wem es am Anfang seines Studiums schwerfällt, sich diesen stilistischen Zwängen zu beugen, braucht deswegen nicht an seiner juristischen Begabung zu zweifeln. Manchmal sind es gerade diejenigen, die sich zunächst überwinden müssen, die schließlich den besten Gutachtenstil schreiben. Schlechte Stilisten suchen sich gewöhnlich eine Standardformulierung heraus und wiederholen diese bis zum Überdruß immer wieder. So wird in manchen Arbeiten praktisch jeder kleine Absatz mit der Wendung eingeleitet: „Es ist zu prüfen, ob …" In anderen Arbeiten liest man in einem fort: „Es ist fraglich" oder „Es könnte ein Anspruch aus … gegeben sein" u.ä.m. Glauben Sie nicht, daß dies Kleinigkeiten sind! Machen Sie sich vielmehr klar, daß die *Sprache das wichtigste juristische Handwerkszeug* darstellt! Wer damit nicht umzugehen weiß, ist in der juristischen Fakultät fehl am Platz, selbst wenn er alle Paragraphen auswendig hersagen kann. Anstelle des ewigen „Es ist zu prüfen, ob …" kann man zur Abwechslung eine Vielzahl anderer Wendungen benutzen, etwa: „Möglicherweise ergibt sich ein solcher Anspruch aus …", „Eine andere Möglichkeit wäre die …", „In Betracht kommt ferner …", „Zu denken ist weiter daran …", „Schließlich ist zu erwägen …" u.s.w. Mit etwas *Phantasie* und *Sprachgefühl* kann man sich auch in den Fesseln des Gutachtenstils relativ frei bewegen.

2. Je mehr sich ein Student um einen kunstgerechten Gutachtenstil bemüht, desto größer ist gewöhnlich sein Erstaunen, wenn er erfährt, daß dieser Stil bei der Abfassung eines *Urteils* keine Anwendung findet. Denn für das Urteil gilt nicht Gutachten-, sondern **Urteilsstil**, und das ist so ziemlich das Gegenteil. Wer also bisher nur Gutachten geschrieben hat, dann aber ein Urteil abfassen soll, muß stilistisch umlernen. Im Urteil wird *zunächst das Ergebnis* mitgeteilt, *dann* erst folgt *die Begründung*. Anders als im Gutachten darf man also ohne weiteres schreiben: „B muß an A 500 € zahlen, *denn* er ist aufgrund des geschlossenen Vertrages dazu verpflichtet." Und während im Gutachtenstil über weite Strecken der Zweifel dominiert, gehört es zum Urteilsstil, beim Leser möglichst keinen Zweifel aufkommen zu lassen. Wer ein Urteil schreibt, stellt seine Auffassung, auch wenn sie in Wahrheit auf schwankendem Boden steht, in der Regel so dar, als ob alles andere schlicht falsch sei.

Der Gutachtenstil ist also nicht *die* juristische Ausdrucksform schlechthin. Er ist vielmehr nur eine von mehreren Stilformen, die in unterschiedlichen Zusammenhängen Anwendung finden. Von einer weiteren – dem *Feststellungsstil* – wird weiter unten (III 1) die Rede sein.

II. Das Gutachten als Relation

1. Wer weiß, daß bei der Abfassung eines Urteils andere Regeln gelten, wird den Gutachtenstil leicht für eine Schikane seiner Prüfer halten, für die es – abgesehen von dem Umstand, daß es nun einmal so üblich ist – keine wirkliche Begründung gibt.

Stilfragen sind indessen meist *Sachfragen*. Wer weiß, worum es in der Sache geht, wird ganz von selbst auf den passenden Stil geführt. Wer mit dem Stil Schwierigkeiten hat, zeigt umgekehrt, daß ihm die Sache fremd ist. Um sich mit dem Gutachtenstil vertraut zu machen, erscheint es daher wenig sinnvoll, sich eine Vielzahl gutachtentypischer Formulierungen einzuprägen. Daraus entsteht nur toter Ballast, aber kein lebendiges Wissen. Wichtiger ist es, sich klarzumachen, was ein Gutachten überhaupt soll, *worum es also praktisch gesehen überhaupt geht.*

Wie Sie bereits gehört haben, wird mit dem Prüfungsfall ein Stück Praxis simuliert. Sie werden damit in eine praktische Situation hineinversetzt und sollen zeigen, ob Sie sich so zu verhalten wissen, wie man es von einem Juristen erwartet. Darin liegt zugleich der Schlüssel zum Verständnis des Gutachtenstils. Die Situation, die in den zur Bearbeitung gestellten Fällen simuliert wird, ist nämlich häufig die des **Berichterstatters in einem Kollegium**. Um zu wissen, welchen Anforderungen ein Gutachten zu genügen hat, braucht man sich daher nur in die Lage eines solchen Berichterstatters zu versetzen.

In Kollegialgerichten (d. h. in Kammern und Senaten) wird das Urteil zwar von allen Richtern gemeinsam gefällt; tatsächlich jedoch ist die Art und Weise der Beteiligung sehr unterschiedlich. Üblicherweise erhält nur der sog. *Berichterstatter* die Akten und arbeitet auf dieser Grundlage ein *Gutachten* aus, das er in Form eines Berichts bzw. einer Relation (lateinisch: *relatio*) seinen Kollegen vorträgt. Zweck dieser Relation ist es, die anderen Richter *für den eigenen Entscheidungsvorschlag zu gewinnen*. So heißt es in einem alten Anleitungsbuch, die gerichtliche Relation sei ein „Vortrag aus gerichtlichen Akten, welchen der Referent den Mitgliedern eines Gerichts deutlich und vollständig von demjenigen, was bishero in der Sache vorgegangen, tut, und seine Meinung, wie darin nunmehro verfahren und gesprochen werden müsse, mit Gründen hinzufüget. Die Relation in diesem engeren Verstande geschiehet also jedesmal von einem Mitgliede eines Gerichts den übrigen Mitgliedern."[1] Setzt sich der Berichterstatter mit seinem Entscheidungsvorschlag durch, so fällt die Entscheidung in seinem Sinn aus. Gelingt es ihm dagegen nicht, die Mehrheit der Kollegen auf seine Seite zu bringen, so wird er überstimmt und es wird anders entschieden. Das ist nicht nur aus psychologischen Gründen enttäuschend. Nicht weniger mißlich ist, daß auch die bisher geleistete Arbeit dann teilweise umsonst war. Das kann dem Berichterstatter um so weniger gleichgültig sein, als er auch das Urteil samt Begründung abzufassen hat. Setzt er sich mit seiner Auffassung durch, so kann er dafür seinen Urteilsvorschlag übernehmen. Wird er überstimmt, muß er ein neues Urteil schreiben.

Wenn Sie sich *diese Situation* vor Augen halten, ist eigentlich alles klar. Es nützt dem Berichterstatter wenig, wenn er mit der Tür ins Haus fällt und seine eigenen Ansichten wohl auch noch für „unzweifelhaft" oder „selbstverständlich" erklärt. Damit stößt er nur seine Kollegen vor den Kopf, wenn diese zufällig anderer Auffassung sind. Wer sich zu einem Problem eine bestimmte Meinung gebildet hat, hört es im allgemeinen nur ungern, wenn seine Ansicht für „rechtsirrig" und das Gegenteil für „zweifellos richtig" erklärt wird. Er hört dabei nur allzu leicht eine Mißachtung seiner eigenen Auffassung heraus. Anstatt sich auf die Argumente des andern unbefangen einzulassen, wird er daher womöglich nur noch daran interessiert sein, seine so unsanft zurückgewiesene Meinung mit allem Nachdruck zu verteidigen. Der geschickte Berichterstatter wird deshalb versuchen, eine solche Brüskierung von vornherein zu vermeiden. Solange er die Meinung seiner Kollegen nicht kennt, gibt es dazu nur ein Mittel: Er muß sich hüten, eine bestimmte Auffassung vorschnell als eindeutig richtig oder eindeutig falsch zu bezeichnen. Um die andern für den eigenen Standpunkt zu gewinnen, ist es vielmehr ratsam, erst die Frage zu stellen, um die es konkret geht, und dann der Reihe nach Punkt für Punkt unter Abwägung des Für und Wider ernsthaft zu erörtern. Wenn auf diese Weise deutlich geworden ist, wofür die besseren Gründe sprechen, wird man dem Entscheidungsvorschlag des Berichterstatters nicht mehr so leicht widersprechen, und wenn, dann nur aus sachbezogenen Erwägungen.

---

[1] *J. Claproth*, Grundsätze von Verfertigung der Relationen aus Gerichtsacten mit nöthigen Mustern, 4. Aufl. Göttingen 1789, § 2.

Um Mißverständnissen vorzubeugen, muß ich das Gesagte aber noch um zwei Punkte ergänzen. Einmal könnten Sie nach den bisherigen Überlegungen leicht meinen, daß das Gutachten, das von Ihnen erwartet wird, sich mit der Relation deckt, wie sie ein Richter anzufertigen hat. Das ist nicht ganz der Fall. Der Richter hat eine Reihe von Dingen zu berücksichtigen, die für Sie während des Studiums keine Rolle spielen. So hat er darauf Rücksicht zu nehmen, daß die Parteien u.U. *gegensätzliche Sachverhaltsschilderungen* vortragen, er muß daher ggf. eine Beweiserhebung vorschlagen, die erhobenen Beweise würdigen u.a.m. Verglichen damit haben Sie es einstweilen noch leichter; denn während des Studiums wird Ihnen in der Regel kein streitiger, sondern ein **feststehender Sachverhalt** zur Bearbeitung vorgelegt. Davon abgesehen aber entspricht Ihr Gutachten *in stilistischer Hinsicht* durchaus dem Votum eines Richters. Es verhält sich also insoweit ähnlich, wie wir es bei der Aufgabenstellung ganz allgemein bereits beobachtet haben: Man versucht praktische Entscheidungssituationen zu simulieren, *vereinfacht* sie aber ein wenig, um die studentischen Bearbeiter nicht zu überfordern.

Der andere Punkt aber ist folgender: Wer unserem Gedankengang aufmerksam gefolgt ist, wird vielleicht einwenden, daß der Gutachtenstil doch wohl nur für *Richterfälle*, nicht aber für **Anwaltsfälle** geeignet sei. Das wäre in der Tat ein sehr kluger Einwand. Denn natürlich befindet sich ein Rechtsanwalt normalerweise in einer anderen Lage als ein Berichterstatter an einem Kollegialgericht. Für Sie selbst freilich ändert sich dadurch nichts; denn Sie müssen *auch ausgesprochene Anwaltsfälle* („Was wird Rechtsanwalt R seinem Mandanten raten?") *im Gutachtenstil abhandeln*. Also geht es letztlich doch um eine Schikane, werden Sie jetzt vielleicht sagen. Ich denke: nein. Daß man von Ihnen den Gutachtenstil auch in Anwaltsfällen erwartet, hat nämlich gute Gründe. Auf die Argumentationstechnik, die damit eingeübt werden soll, ist nicht nur der Berichterstatter eines Kollegiums angewiesen. Vielmehr handelt es sich dabei um eine Methode, die *überall dort geboten* ist, wo man sich den *Weg zu einer Entscheidung Schritt für Schritt erst suchen* muß. Es gibt kein besseres Mittel, seine eigenen Vorurteile kritisch in Frage zu stellen, als sie in aller Ruhe in ihre Bestandteile zu zerlegen und im Gutachtenstil Punkt für Punkt abzuklopfen. Das ist so wichtig, daß man sich gar nicht genug darin üben kann. Um es noch nachdrücklicher zu sagen: Die Beherrschung der mit dem Gutachtenstil einhergehenden **Argumentationstechnik** ist für einen Juristen wichtiger als die Kenntnis, sagen wir des § 242 BGB. Wenn Sie darüber nachdenken, werden Sie sicher selbst finden, daß es nur von Nutzen sein kann, wenn Sie sich beizeiten darin üben.

2. Werfen wir zum Schluß noch einen Blick auf den **Urteilsstil**. Auch hier zeigt sich, daß Stilfragen meist Sachfragen sind. Urteile wurden bis 1918 im Namen des regierenden Monarchen verkündet. Mit dessen Herrschaftsanspruch hätte es sich schlecht vertragen, wenn die Richter in ihrer Urteilsbegründung den Anschein erweckt hätten, als wären sie sich ihrer Sache selbst nicht sicher. Bis etwa 1800 wurden Urteile sogar überhaupt ohne jede Begründung abgesetzt, damit niemand an den Gründen herummäkeln konnte. Als man dazu überging, die Urteile auch den Parteien gegenüber zu begründen, bevorzugte man einen knappen autoritären Ton, wie er dem Verhältnis eines Machthabers zu seinen Untertanen entsprach. Dieser Stil hat dann als „Urteilsstil" in die Anleitungsbücher Eingang gefunden und hat sich hier zum Teil bis heute gehalten, obwohl der politische Hintergrund ein anderer geworden ist.

Freilich führt man zur Rechtfertigung dieses Stils heute andere Erwägungen an. Man verweist nämlich darauf, daß die meisten Bürger tief verunsichert wären, wenn sie den Eindruck bekämen, daß man bei einer geringfügig anderen Akzentuierung auch anders hätte entscheiden können. Viele würden dadurch womöglich in Versuchung geraten, die Entscheidung auf gut Glück einfach anzufechten, um zu sehen, ob das Rechtsmittelgericht nicht anders entscheidet. Aus diesem Grund hält man es nach wie vor für besser, in der Urteilsbegründung mögliche Zweifel für sich zu behalten und die Entscheidung aus der Sicht dessen zu begründen, der es besser weiß als die anderen.

In der obergerichtlichen Rechtsprechung ist der Urteilsstil im Laufe der Zeit aber doch konzilianter geworden, wie dies angesichts der veränderten Verhältnisse auch nicht anders zu erwarten war. Viel hat zu diesem Wandel das BVerfG beigetragen. Dieses begründet seine Entscheidungen nämlich gerade nicht autoritär, sondern legt sogar die Abstimmungsverhältnisse offen, mehr noch: Die überstimmten Richter machen ihre abweichenden Voten häufig genug öffentlich bekannt (vgl. § 30 II 1 BVerfG). Der Stil, in dem die Entscheidungen des BVerfG abgefaßt sind, nähert sich daher vielfach dem der Gutachten, durch die sie vorbereitet wurden.

III. Feststellungsstil und gemischter Stil

1. Hinzu kommt aber noch etwas anderes. Zwischen dem das Ergebnis suchenden und dem es begründenden Stil gibt es nämlich noch eine weitere Ausdrucksform: den **Feststellungsstil**. Wer sich des Feststellungsstils bedient, ist weder auf der Suche nach einem noch offenen Ergebnis noch versucht er, seine Meinung gegenüber möglichen Anzweiflungen zu begründen, sondern *stellt schlicht fest*, wie es sich für alle Beteiligten fraglos verhält. Das ist sowohl im Gutachten als auch im Urteil wesentlich öfter angebracht, als die Rigoristen des Gutachten- oder Urteilsstils wahrhaben wollen. Irgend etwas muß schließlich jeder voraussetzen und als selbstverständlich behandeln. Wenn man genau hinsieht, muß sogar das allermeiste vorausgesetzt werden. Nicht immer kann man das Selbstverständliche jedoch mit Stillschweigen übergehen. Oft muß es schon deshalb hingeschrieben werden, weil der Zusammenhang dies verlangt. Für solche Zwecke den aufwendigen Gutachtenstil zu benutzen oder im Urteilsstil eine Begründung nachzureichen, an der ohnehin niemand interessiert ist, wäre gleichermaßen verfehlt. Allein sinnvoll ist es vielmehr, das, was erkennbar der Fall ist, einfach festzustellen. Der Feststellungsstil ist also gewissermaßen die *„Normalform" der juristischen Darstellung*, die sowohl im Gutachten als auch im Urteil gleichermaßen Anwendung findet.

Sie können daher ohne weiteres schreiben: „A hat das ordnungsgemäß geparkte Auto des B beim Vorbeifahren heftig gestreift und damit gem. § 823 I BGB das Eigentum des B verletzt." Oder: „C hat die Uhr zu D zur Reparatur gebracht und damit einen Werkvertrag i.S. von § 631 BGB mit D geschlossen." Wenn keine Besonderheiten hinzukommen, wäre jedes weitere Wort zuviel. Es kann freilich sein, daß Sie dies in den Arbeitsgemeinschaften für Anfänger anders gehört haben. Sie sollten jedoch bedenken, daß hier zum Teil einfachste Zusammenhänge, die einem Fortgeschrittenen bereits in Fleisch und Blut übergegangen sind, aus *didaktischen Gründen* wie durch ein Vergrößerungsglas betrachtet werden. Der Anfänger muß erst einmal lernen, daß derjenige, der am Auto eines anderen einen Kratzer hinterläßt, damit den Handlungstatbestand des § 823 I BGB erfüllt oder daß jemand, der seine Uhr zur Reparatur bringt, dabei mit dem Uhrmacher Willenserklärungen austauscht, die auf den Abschluß eines Werkvertrages gerichtet sind. Bei Fortgeschrittenen wird dies als selbstverständlich vorausgesetzt. Schließlich werden Juristen nicht dazu ausgebildet, ihre Zeit mit nutzlosen Stilübungen zuzubringen. Wer daher schreiben wollte: „A könnte das Eigentum des B dadurch verletzt haben, daß er dem Auto des B einen tiefen Kratzer zugefügt hat", würde damit nur seine Unreife beweisen.

2. Letztlich hat der Jurist also **drei Stilformen** zur Verfügung: den Gutachtenstil, den Urteilsstil und den Feststellungsstil. Lehnt man einen Dogmatismus in Stilfragen ab, kommt es darauf an, von den sich daraus ergebenden Möglichkeiten einen *sinnvollen Gebrauch* zu machen.

Dieser **gemischte Stil** wird Ihnen vielleicht als eine noch größere Zumutung erscheinen als die strikte Anweisung, sich immer und überall des Gutachtenstils zu bedienen. Es ist nämlich leichter, ein Prinzip zu Tode zu reiten, als vernünftig damit umzugehen. Namentlich junge Menschen, denen die Erfahrung fehlt, verlangen gerne nach klaren Anweisungen und festen Regeln, die keine Ausnahme zulassen. Das verleiht ihnen nämlich Sicherheit. Würde man Anfängern von vornherein sagen: Welchen Stil man zu benutzen hat, das kommt darauf an, so würden viele gleich zu Beginn sehr irritiert werden. Tatsächlich aber kommt es darauf an. Auch der Gutachtenstil wird heute nicht mehr so rigoros verfochten, wie dies früher einmal der Fall war. Lediglich am Anfang des Studiums, wo dieser Stil allererst eingeübt werden muß, wird nach wie vor ein anderer Eindruck erzeugt.

In der Sache geboten ist der **Gutachtenstil** nur da, **wo es wirklich etwas zu zweifeln gibt**. Wo unterschiedslos alles als „fraglich" oder „zweifelhaft" behandelt wird, weiß man sogleich, daß der Betreffende überhaupt nicht zweifelt, sondern nur einer lästigen Ausdrucksform seine Reverenz erweist. Damit kann man leicht die Grenze zum Komischen überschreiten. Selbst in Examensarbeiten stößt man gelegentlich auf unfreiwillige Komiker dieser Art, die damit von ihrem Urteilsvermögen keine günstige Probe geben. Wichtig ist es daher, daß man seine *Zweifel richtig dosiert* und an der *passenden Stelle* anbringt. Dazu gehört freilich Fingerspitzengefühl, das man sich erst einmal erwerben muß.

Es gibt aber eine Daumenregel, an die man sich halten kann. Sie lautet: **Hauptpunkte und wirklich Zweifelhaftes im Gutachtenstil, Nebensächliches und Selbstverständlichkeiten im Feststellungsstil.** Diese Regel hilft Ihnen zugleich, die Gewichte richtig zu verteilen. Im allgemeinen ist es nämlich richtig, die Hauptpunkte ausführlich, die weniger wichtigen Nebenpunkte dagegen nur kurz zu behandeln. Wenn Sie die Hauptpunkte im Gutachtenstil erörtern, werden Sie automatisch gezwungen, ausführlicher zu sein. Auf der anderen Seite verhindert der Feststellungsstil bei Nebenpunkten, daß Sie hier allzu sehr in die Breite gehen. Wenn Sie diese Regel befolgen, wird der Feststellungsstil von selbst zu Ihrer „normalen" Darstellungsform werden. Gleichwohl wird der Gutachtenstil Ihre Ausführungen prägen, weil er überall da zur Anwendung kommt, wo es um die entscheidenden Fragen des Falles geht.

Dürfen Sie im Gutachten auch den **Urteilsstil** verwenden? Grundsätzlich ist davon abzuraten. Wenn eine Feststellung begründet werden muß, weil sie sich nicht von selbst versteht, sollte man dies in einem Gutachten auch im Gutachtenstil tun. Geradezu verbieten möchte ich den Urteilsstil im Gutachten jedoch nicht. Der Grund: er ist *kürzer* als der Gutachtenstil. In Grenzfällen, wo man es bei einer bloßen Feststellung nicht bewenden lassen möchte, wo aber der Aufwand für eine schulmäßige Darstellung im Gutachtenstil angesichts der begrenzten Zeit zu hoch erscheint, kann es sinnvoll sein, auch einmal zum Urteilsstil zu greifen. Aber das sollte die *Ausnahme* sein, von der der Anfänger besser keinen Gebrauch macht.

In den im Praktischen Teil dieses Buches abgedruckten Lösungen werden Sie viele Beispiele finden, die das hier Gesagte veranschaulichen. Achten Sie beim Lesen dieser Fälle daher auch auf die Darstellungsform. Das wird Ihnen helfen, Ihren eigenen Stil zu finden.

§ 3 Logische und historische Methode

I. Die logische Methode als juristischer Kunstgriff

Wer sich zum erstenmal mit dem Lösen eines Zivilrechtsfalls befaßt, dem fällt auf, daß sich die Juristen dabei einer Technik bedienen, die der „natürlichen" Vorgehensweise diametral zuwiderläuft. Sie fangen die Lösung nämlich nicht „von vorn", sondern *„von hinten"* an, zäumen das Pferd also gleichsam vom Schwanz her auf. Wer diese Technik nicht kennt, hat daher nicht selten den Eindruck, als werde sein bisheriges Denken auf den Kopf gestellt. Im Vergleich zu früheren Generationen haben Sie es allerdings leichter. Der „Klausurschock" ist heute bei weitem nicht mehr so groß, wie er früher einmal war. Wenn Sie eine Übung besuchen, haben Sie in der Regel bereits an einer oder mehreren Arbeitsgemeinschaften oder ähnlichen Veranstaltungen teilgenommen, wo diese Technik ausgiebig geübt worden ist. Von daher wissen Sie also bereits, worum es geht. Gleichwohl kann es nicht schaden, sich noch einmal in Ruhe klarzumachen, wie dieses Verfahren funktioniert.

Nehmen wir ein **Beispiel:** A *verleiht* seine Schreibmaschine an B. Dieser unterschlägt sie und *veräußert* sie gem. § 929 BGB an den gutgläubigen C. Dieser *verleiht* sie an D. Dieser unterschlägt sie und *veräußert* sie gem. § 929 BGB an den gutgläubigen E. Dieser verleiht sie an F, der sie wiederum unterschlägt, und so geht es im Wechsel von *Leihe* und *Veräußerung an einen Gutgläubigen* weiter, bis die Schreibmaschine schließlich von dem Erwerber Y an Z verliehen wird. Jetzt meldet sich A und möchte wissen, ob er die Maschine von Z herausverlangen kann.

Bildlich:

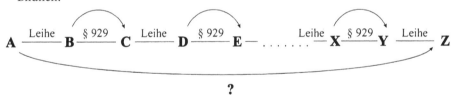

Der Anfänger wird im Zweifel so vorgehen, daß er alle Übertragungsvorgänge von A bis Z *der Reihe nach* untersucht. Wenn ihm kein Fehler unterläuft, kommt er damit sicher zum richtigen Ergebnis. Aber diese Vorgehensweise – man spricht von der **historischen Methode** – wäre in unserem Fall sehr arbeitsaufwendig.

Der geübte Jurist geht anders vor. Er läßt die vielen Zwischenglieder zunächst einmal beiseite und **beginnt direkt mit der gestellten Frage:** Kann **A von Z** Herausgabe verlangen? Dann sucht er eine **Norm**, die *dieses* Verlangen rechtfertigen könnte – dafür kommt hier allein § 985 BGB in Betracht –, und prüft, ob deren **Voraussetzungen** vorliegen. In unserem Fall müßte *A Eigentümer* und *Z nichtberechtigter Besitzer* der Maschine sein. Nach dem Sachverhalt ist Z Besitzer. Daß A Eigentümer ist, scheidet aus, wenn ein anderer aus der Reihe das Eigentum erworben hat. Beginnt man mit der Prüfung unmittelbar bei dem Vormann von Z (man könnte auch einen der anderen Erwerber herausgreifen), so gilt: Y hat sich mit X über den Eigentumsübergang geeinigt und die Sache von diesem übergeben erhalten. Zwar war X selbst nicht Eigentümer (er hatte die Schreibmaschine von W nur entliehen). Aber Y war gutgläubig, und die Maschine war weder A noch dem Besitzmittler B noch sonst jemand aus der Reihe abhanden gekommen (vgl. § 935 I BGB). Infolgedessen ist Y gem. § 932 BGB Eigentümer geworden. Damit steht zugleich das Ergebnis fest: A kann die Schreibmaschine von Z *nicht herausverlangen.*

Wie Sie sehen, ist der Fall gelöst worden, ohne daß die zahlreichen Veräußerungsvorgänge im einzelnen untersucht werden mußten. Auf den Anfänger wirkt das immer wieder verblüffend. Es ist, als ob der Jurist aus einem Gewirr von Fäden mit sicherem Gespür das richtige Ende erfaßt und das ganze Knäuel mit einem Zug auflöst. Während Bearbeiter, die dieses Verfahren – man spricht hier von der **logischen Methode** – nicht verstanden haben, dazu neigen, zunächst einmal in aller Breite den Sachverhalt zu wiederholen und anschließend meist genauso weit sind wie zuvor, wiederholt der Könner gar nichts, sondern holt aus dem Sachverhalt mit wenigen Schritten etwas *heraus*: nämlich die Lösung des Falles.

Oder nehmen wir ein anderes **Beispiel**: V und K stehen in Verkaufsverhandlungen miteinander, machen sich über längere Zeit hinweg gegenseitig Angebote, kommen manchmal überein, erklären dann aber wieder übereinstimmend, das Abgesprochene solle doch nicht gelten, und fangen von vorn an u.s.w. Wenn am Ende gefragt wird, ob K von V Lieferung der Waren verlangen kann, um die es bei all dem gegangen ist, wird der Anfänger bei der Lösung auch hier „von vorn" anfangen und der Reihe nach alle Erklärungen prüfen, während der versierte Jurist – ausgehend von den §§ 433 I, 145 ff. BGB – *von hinten her* in den Fall einsteigt. Sieht er dabei, daß sich V und K am Ende doch noch definitiv geeinigt haben, so kann er sich alle weiteren Untersuchungen sparen. Denn damit steht fest, daß der Anspruch des K begründet ist, was auch immer bis dahin geschehen sein mag.

Welches *allgemeine Prinzip* liegt diesem Vorgehen zugrunde?

II. Von der Folge zur Voraussetzung

1. Oft wird das Verfahren, das wir soeben beispielhaft vorgestellt haben, als **Anspruchsmethode** bezeichnet. Bei der Lösung eines Falles, so wird gelehrt, sucht man sich zunächst eine geeignete Anspruchsgrundlage, prüft deren Voraussetzungen der Reihe nach durch und spricht den Anspruch je nach dem Ergebnis dieser Prüfung entweder zu oder lehnt ihn ab. In den obigen Beispielen trifft dies in der Tat zu. Aber nicht immer verhält es sich so. Wenn nämlich gefragt ist, ob sich jemand von einem Vertrag lösen, ob er eine Gesellschaft kündigen oder Scheidung einer Ehe verlangen kann, kommen keine Ansprüche, sondern *Gestaltungsrechte* in Betracht. Gleichwohl sind solche Fälle nach derselben Methode zu bearbeiten. Dasselbe gilt, wenn gefragt ist, ob jemand Eigentümer oder Erbe, ob eine Vereinbarung wirksam oder ob eine Sache mit dem Recht eines Dritten belastet ist. Besser wäre es daher, nicht von Anspruchs-, sondern von „logischer" Methode zu sprechen und diese der **historischen Methode**, bei der alle Ereignisse in der Reihenfolge ihres zeitlichen Ablaufs geprüft werden, gegenüberzustellen.

Bei der logischen Methode geht der Bearbeiter unmittelbar von der gestellten Fallfrage aus und bildet dazu gleichsam **hypothetisch** eine **Antwort**. Danach sucht er eine **Norm**, die diese Antwort rechtfertigen würde, und prüft, ob ihre tatbestandlichen **Voraussetzungen** durch die Sachverhaltserzählung erfüllt werden. Ist dies der Fall, so greift die anvisierte Rechtsfolge ein; liegen die Voraussetzungen der Norm dagegen nicht vor, so ist die Rechtsfolge zu verneinen.

Ist z.B. gefragt, ob der vom Hund des A gebissene Briefträger B von A Schadensersatz verlangen kann, so sagt der Bearbeiter: Ja, das kann er, wenn es eine Norm gibt, aus der für den Briefträger ein solcher Anspruch resultiert. Als eine solche Norm zieht er dann versuchsweise § 833 BGB, § 823 I BGB oder § 823 II BGB i.V.m. § 229 StGB heran und prüft nacheinander deren tatbestandliche Voraussetzungen. Vom Ergebnis dieser Untersuchung hängt die Anwort ab: Der Briefträger kann nach der betreffenden Vorschrift Schadensersatz verlangen oder er kann es nicht. Im Gutachtenstil nimmt sich das Ganze so aus: „A könnte B gem. § 833 S. 1 BGB zum Schadensersatz verpflichtet sein. Voraussetzung dafür ist, daß der Hund den B körperlich verletzt hat und A als Halter des Tiers anzusehen ist. Daß B von dem Hund gebissen worden ist, steht nach dem Sachverhalt fest. Ob A Halter des Hundes ist, hängt nach dem Gesetz davon ab, ob … usw."

Wichtig ist vor allem, daß Sie wissen, *unter welchem Gesichtspunkt die Norm ausgesucht* wird, die dann näher geprüft wird. Analysiert man diesen Vorgang genauer, so zeigt sich, daß die **Auswahl in zwei Schritten** erfolgt. Im ersten Schritt orientiert man sich nicht an den Tatbestandsvoraussetzungen der Normen – ob diese vorliegen, ist ja gerade die Frage –, sondern an ihren **Folgen**. Ist etwa nach Schadensersatz gefragt, so kommen daher zunächst alle Normen in Betracht, die *Schadensersatz als Rechtsfolge vorsehen*; alle anderen Normen scheiden aus, auch wenn sie von ihren Voraussetzungen her noch so gut passen würden. Ist stattdessen gefragt, ob X Eigentümer geworden ist, so brauchen Sie nur nach solchen Normen zu suchen, in denen ein Eigentumserwerb angeordnet wird. Die juristische Prüfung richtet sich nämlich **von der Folge zur Voraussetzung**. Dieses Prinzip sollten Sie sich unbedingt einprägen. Es hilft Ihnen nicht nur, die für die Lösung eines Falles in Betracht kommenden Normen zu finden, sondern verhindert zugleich, daß Sie sich in Erörterungen verlieren, die zur Fallösung nichts beitragen. Denn **alles, was in den Voraussetzungen der jeweils geprüften Norm nicht vorkommt, hat in Ihren Ausführungen nichts zu suchen.**

Aber natürlich werden Sie *nicht alle* Normen prüfen, die die gesuchte Rechtsfolge vorsehen; sonst wäre die Prüfung womöglich noch umständlicher als nach der historischen Methode. In unserem Briefträgerbeispiel wird sicher niemand auf den Gedanken verfallen, sich mit den §§ 280–283, 437, 634 BGB oder ähnlichen Vorschriften auseinanderzusetzen, nur weil hier ebenfalls von Schadensersatz die Rede ist. Wer das Gesetz kennt, sieht vielmehr sofort, daß diese Vorschriften hier gar nicht in Betracht kommen. Nachdem Sie im ersten Schritt aus der gesamten Rechtsordnung überschlägig *alle* Normen herausgefiltert haben, die die gesuchte *Rechtsfolge* vorsehen, scheiden Sie also im zweiten Schritt hiervon alle Normen wieder aus, die **offensichtlich andere Voraussetzungen** haben. Genauer untersucht werden nur diejenigen Normen, die nach dieser doppelten Selektion übrig bleiben. Bei geübten Bearbeitern geht diese Auswahl so schnell vor sich, daß diese beiden Schritte faktisch ineinander übergehen. Betrachtet man den Vorgang mit der Zeitlupe, so erfolgt die Normsuche jedoch so, wie es eben dargestellt worden ist: Die entscheidende *Vorauswahl* orientiert sich an der *Rechtsfolge*, die *Nachlese* an den *Voraussetzungen*.

2. Allerdings liegen die Dinge nicht immer so einfach, daß man sich auf die Prüfung einer einzigen Vorschrift beschränken kann. In vielen Fällen müssen **mehrere Vorschriften zusammenwirken**, um die hypothetisch angepeilte Rechtsfolge bejahen oder verneinen zu können. Ist z.B. zweifelhaft, ob der behauptete Kaufvertrag, aus dem der Kläger einen Zahlungsanspruch herleitet, zustande gekommen ist, muß dies anhand der §§ 145 ff. BGB überprüft werden. Kommt es darauf an, ob die Annahmeerklärung dem anderen Teil zugegangen ist, muß weiter auf § 130 BGB eingegangen werden. Ist eine der Parteien geschäftsbeschränkt, sind außerdem die §§ 104 ff. BGB

heranzuziehen u.s.w. Da alle diese Vorschriften eigene Tatbestandsvoraussetzungen haben, muß der Bearbeiter die Voraussetzungen mehrerer Vorschriften prüfen.

Nennt man die **Hauptnorm**, welche die unmittelbar gesuchte Rechtsfolge RF_1 enthält, einmal N_1, die in Betracht kommenden **Hilfsnormen** und die in ihnen vorgesehenen *Rechtsfolgen* N_2 und N_3 bzw. RF_2 und RF_3 und die jeweils erforderlichen Tatbestandsvoraussetzungen a, b, c u.s.w., so kann man sich die erforderliche Prüfung so veranschaulichen:

$$N_1 \ (a, RF_2, RF_3 \longrightarrow RF_1)$$
$$N_2 \ (b, c \longrightarrow RF_2)$$
$$N_3 \ (d, e, f \longrightarrow RF_3)$$

In Worten:

RF_1 greift ein, wenn die Tatbestandsmerkmale von N_1, nämlich a, RF_2 und RF_3 gegeben sind.

Zeigt sich, daß a nicht vorliegt, ist RF_1 zu verneinen. Liegt a vor, ist mit der Prüfung von RF_2 fortzufahren.

RF_2 greift ein, wenn die Tatbestandsmerkmale von N_2, nämlich b und c, vorliegen. Fehlt es an einem dieser Merkmale, ist RF_2 (und damit RF_1) zu verneinen. Andernfalls ist mit der Prüfung von RF_3 fortzufahren.

RF_3 greift ein, wenn die Tatbestandsmerkmale von N_3, nämlich d, e und f, vorliegen. Fehlt auch nur eines dieser Merkmale, ist RF_3 (und damit wiederum RF_1) zu verneinen. Liegen alle Merkmale vor, greift RF_3 und damit zugleich RF_1 ein.

3. Im Zivilrecht kommt es häufig vor, daß eine bestimmte Rechtsfolge *nebeneinander* auf **mehrere Grundlagen** gestützt werden kann, ein Herausgabeanspruch etwa sowohl auf § 985 BGB wie auch auf § 812 I 1 BGB, ein Deliktsanspruch aus einem Verkehrsunfall auf § 7 StVG, auf § 823 I BGB und außerdem noch auf § 823 II BGB i.V.m. einem strafrechtlichen Schutzgesetz. *Grundsätzlich* sind in einem solchen Fall **alle in Betracht kommenden Rechtsgrundlagen zu erörtern.** Das leuchtet unmittelbar ein, wenn die Prüfung einer bestimmten Anspruchsgrundlage zu einem *negativen* Ergebnis geführt hat. Die Untersuchung kann hier schon deshalb nicht beendet werden, weil die Prüfung einer der anderen Anspruchsgrundlagen, die teilweise von anderen Voraussetzungen abhängen, zu einem positiven Ergebnis führen kann: Wenn jemand keinen Herausgabeanspruch gem. § 985 BGB hat, weil er nicht Eigentümer ist, könnte ihm immer noch ein Herausgabeanspruch aus § 812 I BGB (Besitzkondiktion) zustehen.

Auf die Prüfung *aller* in Betracht kommenden Hauptnormen kann *grundsätzlich* aber auch dann nicht verzichtet werden, wenn die Prüfung einer dieser Normen zu einem *positiven* Ergebnis geführt hat. Der Anfänger kann das häufig nicht verstehen; denn scheinbar ist der Fall ja definitiv gelöst, wenn der Eintritt der zunächst hypothetisch aufgestellten Rechtsfolge – auf welcher Grundlage auch immer – *bejaht* worden ist: Wird der geltend gemachte Anspruch auf einer anderen Grundlage verneint, erhält der Gläubiger dadurch im Ergebnis nicht weniger; wird der Anspruch auf einer weiteren Grundlage bejaht, erhält er nicht mehr. Warum soll man diese Grundlage also überhaupt noch prüfen? Näher besehen gibt es jedoch gute Gründe, weshalb man von Ihnen eine vollständige Prüfung aller Hauptnormen, in der Regel also aller Anspruchsgrundlagen, erwartet. Das zeigt sich, wenn man sich in Gedanken in die Praxis versetzt.

Wenn Sie z. B. einen Eigentumsherausgabeanspruch des A gegen B gem. § 985 BGB bejahen, weil Sie A für den Eigentümer und B für den nichtberechtigten Besitzer halten, so würde das B vielleicht nicht ohne weiteres hinnehmen, sondern das Eigentum des A *bestreiten* und sich erbieten, die Vermutung des § 1006 BGB zu widerlegen. Wenn Sie sonst keine Überlegungen angestellt haben, könnten Sie als Richter versucht sein, darüber *Beweis* zu erheben. Das würde das Verfahren verzögern und überdies verteuern. Haben Sie sich vorsorglich auch mit § 812 I BGB befaßt, dann wissen Sie, daß der Klage u.U. *auch unabhängig* vom Eigentum des A stattzugeben ist. Ähnliches gilt für den Anwalt; für diesen kann es je nach Lage der Dinge die entscheidende Frage sein, **wie viel oder wie wenig er zu behaupten und ggf. zu beweisen hat,** wenn er diesen oder jenen Begründungsweg einschlägt.

Aber auch, wenn man von Beweisfragen absieht, ist es in der Praxis von Vorteil, wenn man alle in Betracht kommenden Normen untersucht hat. Stellen Sie sich vor, Sie seien Berichterstatter in einer Kammer und möchten Ihre Kollegen für einen Entscheidungsvorschlag gewinnen. Entgegen Ihrer Erwartung stoßen Sie mit einer bestimmten Begründung, die Sie selbst für unbezweifelbar richtig halten, auf Widerspruch. Wenn Sie jetzt keine *alternativen Begründungen* anbieten können, müssen Sie „passen". Solange man nicht weiß, welcher Meinung die andern sind, sollte man daher auf alles vorbereitet sein. In einem Gutachten werden daher prinzipiell alle in Betracht kommenden Anspruchsgrundlagen erörtert. Ist man sich bei der Beratung darüber einig, daß an sich alle eingreifen, sucht man sich die einfachste heraus und stellt darauf die Begründung des Urteils ab. Die anderen werden in den Entscheidungsgründen gar nicht erwähnt. Sie waren nur geprüft worden, um die Beratung optimal vorzubereiten. Ein Anwalt, der eine Klageschrift vorbereitet, verhält sich im Prinzip nicht anders. Wenn Sie in der Klausur grundsätzlich alle in Betracht kommenden Normen ansprechen müssen, hat das also u.a. den Zweck, daß Sie sich frühzeitig auf diese Situation einstellen sollen.

Aber keine Regel ist ohne **Ausnahme,** auch diese nicht. Wenn zwei Vorschriften nicht nur zu *demselben Ergebnis* führen, sondern im konkreten Fall auch noch *dieselben Voraussetzungen* dafür aufstellen, ist die Prüfung einer der beiden Normen *praktisch überflüssig.* Wenn Sie dennoch beide erwähnen, hat das allein den Zweck, daß Sie damit Ihr Wissen unter Beweis stellen. Immerhin gibt es Prüfer, die das mögen. Auf keinen Fall aber werden Sie sich mit einer zweiten, voraussetzungs- und ergebnisidentischen Norm lange aufhalten. Wenige Hinweise im Feststellungsstil genügen. Wenn die Zeit knapp ist, weil noch andere Fragen zu erörtern sind, können Sie auch darauf noch verzichten. Das ist jedenfalls besser, als wenn Sie deswegen etwas Wichtigeres versäumen. Aber seien Sie vorsichtig: So sollten Sie nur dann verfahren, wenn beide Normen oder Normkomplexe wirklich gleichwertig sind.

4. Von Bedeutung ist schließlich Folgendes: Wenn Sie im Rahmen einer Anspruchsklausur nacheinander **mehrere** in Betracht kommende **Anspruchsgrundlagen** prüfen, dürfen Sie nicht beliebig vorgehen, sondern müssen eine bestimmte **Reihenfolge** einhalten. Üblich ist diese:
- vertragliche Ansprüche
- vertragsähnliche Ansprüche (c.i.c., GoA)
- dingliche Ansprüche
- Bereicherungsansprüche
- deliktische Ansprüche

Die Reihenfolge der beiden letzten Anspruchstypen können Sie auch einmal vertauschen, aber sonst sollten Sie sich an dieses Schema halten. Es erleichtert Ihnen manches und hilft Ihnen, Fehler zu vermeiden. Wenn Sie z.B. Deliktsansprüche *vor* Vertragsansprüchen prüfen würden, könnten Sie leicht übersehen, daß die Deliktsansprüche durch vertragliche Vereinbarungen modifiziert sein können. So können sich die Parteien z.B. darauf verständigt haben, daß die Haftung für leichte Fahrlässigkeit ausgeschlossen sein soll. Das gilt dann nicht nur für Vertrags-, sondern grundsätzlich auch für Deliktsansprüche.

Auch auf die Frage, ob Ansprüche aus Delikt oder ungerechtfertigter Bereicherung im Eigentümer-Besitzer-Verhältnis durch die §§ 987ff. BGB ausgeschlossen sind, stößt in der Regel nur, wer diese Vorschriften zuerst untersucht. Wer mit der Prüfung von Delikts- und Bereicherungsansprüchen beginnt, kann in diesem Zeitpunkt noch gar nicht wissen, ob die §§ 987ff. BGB überhaupt eingreifen.

Ein letztes Beispiel aus einer Examensklausur: Wenn bei Vertragsverhandlungen das Kind der einen Partei vom Hund der andern Partei gebissen wird, so kann sich nach Lage des Falles die Frage stellen, ob sich das Kind das Aufsichtsverschulden seiner Eltern nach § 254 II 2 BGB zurechnen lassen muß. Haben Sie mit der Prüfung des Deliktsanspruchs angefangen, werden Sie diese Frage mit der herrschenden Ansicht vielleicht ohne weiteres verneinen, weil im Rahmen des Deliktsrechts Sonderrechtsverhältnisse an sich keine Rolle spielen. Wer zuerst den Anspruch aus c.i.c. prüft, wird dagegen sogleich erkennen, daß ein Sonderrechtsverhältnis vorliegt, weil das Kind in die vorvertraglichen Sorgfaltspflichten einbezogen ist. Von hier aus wird er fast von selbst zu der Frage geführt, ob § 254 II 2 BGB nur für den Anspruch aus c.i.c. oder auch für den konkurrierenden Deliktsanspruch gilt[1].

Wie so oft, sind also die Regeln, an die Sie sich halten sollen, nicht willkürlich ausgedacht, sondern verkörpern ein Stück Erfahrung. Wer sich ihnen anvertraut, begibt sich auf einen vielfach erprobten Weg. Wer davon abweicht, nimmt ein Risiko auf sich.

III. Anwendungsbereich der historischen Methode

Nachdem wir uns mit der logischen Methode ausführlich beschäftigt haben, wollen wir uns kurz noch der **historischen Methode** zuwenden. So wichtig die logische Methode auch sein mag, so gibt es doch Fallgestaltungen, bei denen man sich der historischen Methode bedienen muß. Sie müssen daher beide Methoden in Ihrem Repertoire haben. Vor allem sollten Sie wissen, wann es auf die eine und wann auf die andere ankommt. Nachdem die logische Methode für die weitaus meisten Fälle paßt, brauchen wir hier nur zu fragen, wann ausnahmsweise die historische Methode zum Zug kommt. In Betracht kommen *zwei Fallgestaltungen*.

1. Bei der einen kommt die historische Methode nur **innerhalb der logischen Methode** zur Anwendung. Die logische Methode gibt dabei gleichsam den *Rahmen* ab, innerhalb dessen einzelne Fragen nach der historischen Methode abgehandelt werden.

So wäre es z.B. in dem eingangs erörterten Beispielsfall, wo nach einem Herausgabeanspruch des A gegen Z gefragt war, wenn *nicht festgestanden hätte, daß alle Erwerber gutgläubig waren*. Auch dann hätte man *mit § 985 BGB beginnen* müssen. Der Einstieg in die Lösung hätte also auch in diesem Fall so stattfinden müssen, daß nach den Voraussetzungen einer bestimmten Norm gefragt worden wäre. Im Rahmen der Prüfung, ob A Eigentümer ist, wäre zu untersuchen gewesen, ob A sein ursprüngliches Eigentum durch gutgläubigen Erwerb eines der späteren Besitzer verloren hat. Wenn alle Erwerbsvorgänge eine Reihe von Besonderheiten aufwiesen, hätten Sie im ungünstigsten Fall alle untersuchen müssen, um auf einen gutgläubigen Erwerb zu stoßen. Aus diesem Grund hätte es sich hier in der Tat empfohlen, *von Anfang an der Reihe nach alle* Veräußerungen durchzuprüfen.

---

[1] Vgl. BGHZ 9, 316, 319.

2. Gelegentlich kommt es vor, daß ein Fall **ausschließlich nach der historischen Methode** gelöst werden muß. So wäre z. B. vorzugehen, wenn in dem soeben *abgewandelten* Ausgangsbeispiel die Fallfrage lauten würde: *Wer ist Eigentümer?* Gefragt wäre dann letztlich nach dem rechtlichen Schicksal einer Sache. Sie müßten daher, ausgehend von dem ursprünglichen Eigentum des A, alle späteren Veräußerungen daraufhin untersuchen, ob und ggf. wie die Rechtslage dadurch verändert worden ist. Dabei wäre Ihr Augenmerk zuerst darauf gerichtet, ob A sein Eigentum dadurch verloren hat, daß nach ihm ein anderer Eigentümer geworden ist. Kämen Sie zu der Feststellung, daß ein anderer gutgläubig erworben hat, so ginge es weiter darum, ob dieser das Eigentum behalten oder ebenfalls an einen gutgläubigen Nachmann verloren hat. Bevor Sie bei Y angelangt sind, dürften Sie diese Prüfung nicht abbrechen.

§ 4 Anspruch und Einrede

Die logische Methode („von der Folge zur Voraussetzung") ist ein Verfahren, das bei der Anwendung jeder Rechtsnorm praktiziert werden kann. Um einen Zivilrechtsfall lösen zu können, muß diese Methode jedoch häufig mit einer anderen kombiniert werden. Die Auseinandersetzung zwischen den Beteiligten, wie sie namentlich im Prozeß, aber auch schon in dessen Vorfeld stattfindet, vollzieht sich nämlich nicht monologisch, sondern **dialogisch**, d. h. im Zweitakt von Rede und Gegenrede, von Position und Negation, von Rechtsbehauptung und Rechtsverneinung. Wo es – wie meist – um die Geltendmachung von Ansprüchen geht, entspricht dem im Gutachten die innere Gliederung der Darlegungen in **Anspruch** und **Einrede**. Auch dieses Prinzip wollen wir uns hier in Ruhe klarmachen.

I. Das Denken in Ansprüchen

1. Die Rechtsfolge, nach der in zivilrechtlichen Prüfungsfällen gefragt wird, ist meist ein *Tun* oder *Unterlassen* wie z. B. die Herausgabe einer Sache, die Zahlung des vereinbarten Kaufpreises, die Nachbesserung eines Werkstücks oder das Verbot, eine bestimmte Behauptung zu verbreiten. Nach *§ 194 I BGB* wird das *Recht*, von einem anderen ein Tun oder Unterlassen zu verlangen, als **Anspruch** bezeichnet. Bei der Lösung von Zivilrechtsfällen geht es demnach zumeist um die Prüfung solcher Ansprüche. Wenn es etwa heißt: „Kann V von K Zahlung von 1.000 € verlangen?", so ist das nichts anderes als die Frage, ob V einen Anspruch darauf hat. Kommen in einem Fall mehrere Personen vor und wird ohne näheren Hinweis nach der Rechtslage gefragt, so müssen Sie in der Regel die komplexen Strukturen in Zweipersonenverhältnisse auflösen und innerhalb dieser nach möglichen Ansprüchen suchen. Der Fall ist gelöst, wenn geklärt ist, ob die in Betracht kommenden Ansprüche im Ergebnis durchgreifen oder nicht.
    Wenn Sie auf die Sprache achten, wird Ihnen sicher auffallen, daß das Wort „Anspruch" von Juristen in einem unterschiedlichen Sinn benutzt wird. Wenn man sagt, daß jemand einen Anspruch *erhebt* oder *geltend macht*, meint man damit häufig etwas anderes wie wenn man sagt, daß er einen Anspruch *hat* oder daß ihm ein Anspruch *zusteht*. Im ersten Fall geht es oft nur um das *tatsächliche* Begehren, mag es rechtlich begründet sein oder nicht. Im zweiten Fall ist dagegen das *rechtlich begrün-*

dete Begehren gemeint. Dieses ist deshalb begründet, weil es von einer Norm – der sog. **Anspruchsgrundlage** – für berechtigt erklärt wird. Das kann in zweierlei Form geschehen. Einmal dadurch, daß das Gesetz dem Anspruchssteller die **Befugnis** einräumt, die gewünschte Rechtsfolge (z. B. Schadensersatz, Herausgabe oder Grundbuchberichtigung, vgl. §§ 280–283, 985, 894 BGB) **zu verlangen**. Meist jedoch wird so formuliert, daß der andere Teil, also der Anspruchsgegner, zur Herbeiführung dieser Rechtsfolge (z. B. Wertersatz, Kaufpreiszahlung, Dienstleistung, Herausgabe einer Bereicherung oder Schadensersatz, vgl. §§ 346, 433 II, 611, 812 I, 823 I BGB) **verpflichtet** ist. Ungeachtet der unterschiedlichen Formulierung handelt es sich *in beiden Fällen* um *Anspruchsgrundlagen* in dem hier gemeinten Sinn. Bei der Lösung eines Falles wird nämlich nicht von der Verpflichtung, sondern *von der Berechtigung*, d. h. nicht vom Beklagten, sondern *vom Kläger her gedacht*. Dementsprechend werden die vielen Verpflichtungsnormen des Gesetzes in Gedanken *in Anspruchsgrundlagen umformuliert*, ohne daß darüber viele Worte verloren werden.

Wenn Sie gern in die Tiefe gehen, wird es Sie vielleicht interessieren, daß sich hinter dem Begriff des Anspruchs noch andere Unterschiede verbergen. Der Eigentums*verschaffungs*anspruch des Käufers (§ 433 I 1 BGB) etwa ist rechtlich von anderer Beschaffenheit als der Eigentums*herausgabe*anspruch des Eigentümers (§ 985 BGB). Das zeigt sich darin, daß im Falle des Eigentumsverschaffungsanspruchs alle Streitfragen der *Erfüllungslehre* Anwendung finden, im Falle des Eigentumsherausgabeanspruchs dagegen nicht. Wenn der Besitzer dem Eigentums*herausgabe*anspruch nachkommt und die Sache dem Eigentümer übergibt, interessiert es nicht, ob einer von ihnen geschäftsbeschränkt ist oder ob sie sich über die „Erfüllung" des Anspruchs geeinigt haben oder nicht. Denn wie es sich in dieser Hinsicht auch verhalten mag, so ist der Herausgabeanspruch in jedem Fall untergegangen und der Besitzer von der Herausgabepflicht freigeworden. Das wäre selbst dann der Fall, wenn der Besitzer die Sache weggeworfen hätte; auch dann wäre er nicht mehr Besitzer, so daß es an einem Tatbestandsmerkmal des § 985 BGB fehlen würde. Auf so einfache Weise kann man sich dem Eigentums*verschaffungs*anspruch nicht entziehen. Wenn der Verkäufer das Auto, dessen Übereignung er dem Käufer schuldet, am Straßenrand abstellt und Besitz und Eigentum daran aufgibt, ändert dies allein an seiner Verpflichtung und an dem korrespondierenden Anspruch des Käufers gar nichts. Und wenn er stattdessen das Auto an den Käufer übereignet, ist die Geschäftsfähigkeit der Beteiligten sehr wohl von Bedeutung. Bei dem Eigentumsverschaffungsanspruch handelt es sich nämlich um einen *Leistungsanspruch*, bei dem Eigentumsherausgabeanspruch dagegen um eine Art *Störungsbeseitigungsanspruch*. Das ist ein Unterschied, der in § 194 BGB nicht zum Ausdruck kommt, sich in bestimmten Zusammenhängen jedoch sehr wohl bemerkbar macht.

Aber das gehört fast schon zur „höheren Mathematik" der Jurisprudenz. Ich habe es hier nur mit einfließen lassen, um deutlich zu machen, daß sich der Geist des Zivilrechts nicht darin erschöpft, daß es meist um „Ansprüche" geht. Im vorstehenden Zusammenhang können wir diese Unterschiede jedoch beiseite lassen. Reduziert man den Rechtsbegriff des Anspruchs auf seine rudimentärste Form, so besagt er nämlich nichts anderes, als daß jemand von einem anderen **etwas von Rechts wegen verlangen kann**. Darin sind alle Unterschiede aufgehoben.

2. Wenn Sie aufmerksam mitgedacht haben, ist Ihnen vielleicht aufgefallen, daß bisher nur davon die Rede war, *von wem* der Anspruchsinhaber etwas verlangen kann, aber nicht *wo*. Auch das Wort „Anspruch" selbst läßt nur erkennen, daß der Berechtigte den Verpflichteten auf seine Verpflichtung „ansprechen" darf, enthält aber keine Andeutung, wo und wie dies geschehen soll.

Gemeint ist u. a., daß der Anspruchsberechtigte den Verpflichteten **vor Gericht** „ansprechen" darf. Der Anspruch i. S. von § 194 BGB umschreibt die begründete Aussicht, daß einer entsprechenden *Klage* von dem zuständigen Gericht stattgegeben wird. Zwar wäre es nicht zutreffend, den Anspruch als Klagerecht („actio") zu bezeichnen. Er ist (verstanden als *„Forderung"*) nur eines unter mehreren „Stammrechten", aus denen im Falle ihrer „Verletzung" ein Klagerecht erwächst[1]. Aber wie u. a. die §§ 257–259 ZPO zeigen, sind die Unterschiede nur gering. Bei der Prüfung von Ansprüchen *bewegen Sie sich also unausgesprochen bereits in einem Prozeß.* Wenn Sie die erhobenen Ansprüche aus der Sicht eines Richters prüfen, versteht sich das ohnehin von selbst. Es gilt aber auch dann, wenn Sie die Perspektive eines Anwalts einnehmen. Denn auch in diesem Fall tun Sie nichts anderes, als daß Sie die Erfolgsaussichten eines demnächst vielleicht anstehenden Prozesses hypothetisch überschlagen.

II. Das Denken in Einreden

1. Neben dem Anspruch ist auch die **Einrede** eine Grundkategorie sowohl des Zivilrechts als auch des Zivilprozeßrechts. Die Einrede ist gleichsam das Gegenstück zum Anspruch. Dient der Anspruch dem *Angriff*, so die Einrede der *Verteidigung*. Ursprünglich stammt die Einrede (*exceptio*) aus dem römischen Formularprozeß, wo sie die Funktion einer negativen Verurteilungsvoraussetzung hatte. Wenn der Beklagte eine Einrede gegen das Klagerecht (die *actio*) des Klägers geltend gemacht und bewiesen hatte, wurde er nicht verurteilt. Heute, wo man materielles und formelles Recht schärfer als früher unterscheidet, kommt der Begriff der Einrede sowohl im Zivilrecht als auch im Zivilprozeßrecht vor. Leider hat er in beiden Fällen nicht dieselbe Bedeutung. Im *materiellen Recht* versteht man unter einer Einrede ein *Gegenrecht* des Schuldners, das seine Wirkung erst entfaltet, wenn es zu diesem Zweck *ausgeübt* worden ist (Musterbeispiel: Einrede der Verjährung, § 214 I BGB). Gegennormen, die den Anspruch auch dann entkräften, wenn der Schuldner sich nicht eigens darauf beruft, bezeichnet man hier als *Einwendungen* (Beispiel: Erfüllung, § 362 I BGB). Im *Zivilprozeß* dagegen fungiert der Begriff der Einrede als Oberbegriff für das *gesamte* Verteidigungsvorbringen des Beklagten mit Ausnahme des sog. Klageleugnens, mit dem lediglich die Wahrheit der klägerischen Tatsachenbehauptungen bestritten wird. Dadurch ist ein terminologischer Wirrwarr entstanden, der uns aber hier nicht weiter aufhalten soll. Wir wollen vielmehr versuchen, unabhängig davon zu verstehen, worum es geht.

Wie Sie sicher wissen, gibt es Umstände, die einem Anspruch dauernd oder vorübergehend **entgegenstehen** können mit der Folge, daß er ganz oder teilweise nicht mit Erfolg geltend gemacht werden kann. Eine Klage ist in einem solchen Fall entweder überhaupt oder aber als zur Zeit unbegründet abzuweisen. Normalerweise wird es der Kläger daher vermeiden, solche Umstände auch noch selbst vorzutragen, und es vielmehr dem Beklagten überlassen, sie in den Prozeß einzuführen. Manche dieser Umstände schließen bereits die *Entstehung* des Anspruchs aus, andere treten dem Anspruch erst *nachträglich* entgegen. Ein Beispiel für das erste: Ein vertraglicher Erfüllungsanspruch kann daran scheitern, daß einer der Vertragspartner geschäftsunfähig war, ebenso daran, daß einem Vertreter die erforderliche Vertretungsmacht fehlte.

---

[1] Näher *J. Schmidt*, Festschrift für Günther Jahr, Tübingen 1993, S. 401. – Die wichtige Unterscheidung von „Anspruch" und „Forderung" kann hier aus Platzgründen nicht entwickelt werden. Um Verwirrung zu vermeiden, wird an der herkömmlichen Terminologie festgehalten. Vgl. jedoch Braun, Lehrbuch des Zivilprozeßrechts (demnächst), § 26 II.

Man spricht im Zivilprozeß insoweit von *rechtshindernden* Einreden (bzw. im materiellen Recht von rechtshindernden Einwendungen). Ein Beispiel für das zweite: Der Schuldner hat den Anspruch bereits erfüllt (eine sog. *rechtsvernichtende* Einrede bzw. Einwendung) oder er beruft sich auf Verjährung (eine *rechtshemmende* Einrede).

Wenn Sie später *in der Praxis* ein Gutachten anfertigen müssen, haben Sie es in aller Regel nicht mit einem feststehenden, sondern mit einem *streitigen Sachverhalt* zu tun. Der geschickte Kläger wird im Zweifel nämlich nur das vortragen, was für ihn günstig ist; der Beklagte wird es genauso machen und sich u.a. mit allen in Betracht kommenden Einreden verteidigen. Sie müssen daher den Vortrag beider Parteien *getrennt untersuchen*. In der sog. **Klägerstation** werden Sie zunächst prüfen, ob der Anspruch *„schlüssig"* ist, d.h. ob der Kläger alle Tatsachen vorgetragen hat, die vorliegen müssen, damit der Anspruch unter normalen Umständen **entstanden** ist. In der **Beklagtenstation** werden Sie dann mit den Einreden des Beklagten in derselben Weise verfahren. Sie werden also prüfen, ob der Beklagte Tatsachen vorgetragen hat, die, wenn man ihre Wahrheit unterstellt, den klägerischen Anspruch von Anfang an **hindern**, nachträglich **vernichten** oder gegenwärtig **hemmen** würden. In diesem Nacheinander von Kläger- und Beklagtenstation haben Sie das dialogische Verfahren, von dem eingangs die Rede war, in Reinkultur.

Ganz so verhält es sich bei dem Gutachten, das von Ihnen im *Rahmen Ihres Studiums* erwartet wird, nicht. Auch in dieser Hinsicht wird die Praxis nur teilweise simuliert. Was ist anders? Daß Ihnen ein feststehender, also *unstreitiger Sachverhalt* vorgelegt wird, bedeutet nichts anderes, als daß Sie den Sachverhalt so behandeln können, als sei er von beiden Parteien *übereinstimmend vorgetragen* oder (was auf dasselbe hinausläuft) als sei das, was zunächst streitig war, *bewiesen* worden. Sie haben es daher nicht mit einer Kläger- und einer Beklagtenstation, sondern gewissermaßen **nur mit einer Klägerstation** zu tun. Ob **rechtshindernde** Einreden vorliegen, die bereits das Entstehen des geltend gemachten Anspruchs ausschließen, werden Sie daher unmittelbar bei der Prüfung des Anspruchs selbst mit abhandeln und terminologisch nicht besonders hervorheben. Wenn Sie etwa untersuchen, ob ein vertraglicher Anspruch besteht, werden Sie im Zusammenhang mit dem Vertragsschluß zugleich prüfen, ob die Beteiligten geschäftsfähig waren, ob ein Dissens vorliegt, ob eine aufschiebende Bedingung vereinbart wurde u.ä.m. Davon abgesehen jedoch werden Sie in Ihrem universitären Gutachten ebenfalls **eine zweistufige Prüfungsreihenfolge** einhalten. Auf der ersten Stufe nämlich werden Sie untersuchen, ob der betreffende Anspruch *überhaupt* **entstanden** ist, auf der zweiten, ob er *nachträglich wieder* **untergegangen** oder durch leistungsverweigernde Einreden **gehemmt** ist. Wenigstens in dieser Form kommt der „prozessuale Dialog" der Beteiligten auch in Ihrem Gutachten zum Ausdruck.

2. Betrachten wir zum besseren Verständnis die zweite Stufe der „Anspruchsprüfung", bei der es um die Frage geht, ob ein zunächst wirksam entstandener Anspruch nachträglich erloschen oder gehemmt worden ist, ein wenig genauer.

Ein Anspruch kann aus vielerlei Gründen **erlöschen**: wegen Erfüllung (§ 362 BGB), Annahme einer anderen Leistung an Erfüllungs Statt (§ 364 BGB), Aufrechnung (§ 389 BGB), Erlaß (§ 397 BGB) u.a.m. In gewisser Weise gehört auch die Abtretung (§ 398 BGB) hierher; denn wenn der Anspruch als solcher hier auch bestehen bleibt, so geht er doch jedenfalls dem Zedenten verloren. Ein *vertraglicher* Erfüllungsanspruch erlischt zusätzlich zu dem Gesagten auch dann, wenn eine Partei einen vertraglich eingeräumten Rücktritt erklärt, wenn sie den Vertrag wirksam anficht, wenn sie nach vergeblicher Fristsetzung von dem anderen Teil statt der Leistung Schadensersatz verlangt hat (§ 281 IV BGB) u.s.w. In einem Teil dieser Fälle beruht das Erlöschen darauf, daß einer der Beteiligten – meist der Anspruchsgegner – ein ihm eingeräumtes Gegenrecht (Anfechtung, Aufrechnung, Rücktritt) ausgeübt hat. In anderen Fällen erlischt der Anspruch aus anderen Gründen. Aufbaumäßig ist dieser Unterschied ohne Bedeutung; denn im einen wie im anderen Fall geht der zunächst bejahte Anspruch nachträglich unter. Beruft sich der Verpflichtete dagegen auf ein **Leistungsverweigerungsrecht** (d. h. auf eine Einrede i. S. des materiellen Rechts), so bleibt der Anspruch an sich bestehen, eine Verurteilung des Anspruchsgegners scheidet aber aus anderen Gründen aus oder kann jedenfalls nur in eingeschränktem Umfang erfolgen. (Gelegentlich benutzt man dafür die Formulierung, daß der Anspruch *„nicht durchsetzbar"* sei.) Als Leistungsverweigerungsrechte kommen vor allem in Betracht die Einrede der Verjährung (§ 214 I BGB), das Zurückbehaltungsrecht (§§ 273, 1000 BGB) sowie die Einrede des nichterfüllten Vertrages (§ 320 BGB), nach herkömmlicher Ansicht auch die Stundung. Im Falle der Verjährung wird die Klage überhaupt und im Falle der Stundung als zur Zeit unbegründet abgewiesen. Im Falle der Geltendmachung eines Zurückbehaltungsrechts wird ihr nur Zug um Zug stattgegeben (§§ 274, 322 BGB). Im Rahmen des Prozesses erfüllen diese „materiellrechtlichen Einreden" keine andere Funktion als die oben erwähnten Erlöschenstatbestände auch: Sie schließen, soweit sie eingreifen, eine antragsgemäße Verurteilung des Anspruchsgegners aus. Obschon sie damit den anspruchsvernichtenden Einreden logisch gleichwertig sind, empfiehlt es sich jedoch, sie im Gutachten aus Gründen der Übersichtlichkeit davon zu unterscheiden.

3. Für die **gutachterliche Prüfung der Einreden** in dem hier gemeinten Sinn gilt im übrigen nichts anderes als für die Prüfung des Anspruchs auch: **von der Folge zur Voraussetzung.** Auch das Erlöschen oder die Hemmung eines Anspruchs beruht auf einer *Norm*, die sich aus *Tatbestand* und *Rechtsfolgeanordnung* zusammensetzt. Prüfen Sie dies z. B. anhand des § 362 I BGB. Der Tatbestand lautet: „Die geschuldete Leistung wird an den Gläubiger bewirkt"; die Rechtsfolge ist: „Das Schuldverhältnis erlischt." Also: *Wenn* die geschuldete Leistung an den Gläubiger bewirkt wird, *dann* erlischt das Schuldverhältnis. Oder nehmen Sie § 214 I BGB. Der Tatbestand ist hier in dem Satz enthalten: „Die Verjährung ist eingetreten"; die Rechtsfolge findet sich in dem Nachsatz: „Der Schuldner ist berechtigt, die Leistung zu verweigern." Also: *Wenn* die Verjährung eingetreten ist, *dann* ist der Verpflichtete zur Leistungsverweigerung berechtigt. Das sind einfache Beispiele. Es gibt kompliziertere. Aber allen ist gemeinsam, daß dabei eine Norm in der bekannten Weise zu prüfen ist, freilich nicht eine Anspruchsnorm, sondern eine *Gegennorm*, die den Anspruchserfolg ganz oder teilweise vereitelt.

Sie können also auf dem bereits Bekannten aufbauen und brauchen es nur auf den Zusammenhang zu übertragen, den wir hier besprochen haben: *Die Prüfung von Ansprüchen erfolgt durch die* **Prüfung von Anspruchsgrundlagen und Gegennormen,** *wobei jedesmal mit der Rechtsfolge anzufangen und bei den Tatbestandsvoraussetzungen aufzuhören ist.* Selbstverständlich kann es Ihnen auch bei der Prüfung von Gegennormen passieren, daß Sie auf Hilfsnormen eingehen müssen. Das kann Sie jetzt aber nicht mehr schrecken; denn Sie wissen, daß auch hierfür die Regel gilt: von der Folge zur Voraussetzung.

III. Stilfragen

Wenn man Klausuren liest, stößt man gelegentlich auf Bearbeiter, die das Modell „Anspruch und Einrede" zwar kennen, aber offenbar nichts von dem Hintergrund wissen, den wir hier erörtert haben. Sie benutzen dieses Modell daher rein schematisch und ohne Rücksicht auf stilistische Erfordernisse. Das liest sich dann zum Teil so:

„*I. § 823 I BGB*

A könnte gegen B gem. § 823 I BGB einen Anspruch auf Zahlung von 100 € haben.

1. Anspruch entstanden

B hat A 100 € aus der Geldbörse entwendet. Also hat A in dieser Höhe einen Schadensersatzanspruch gegen B erlangt.

2. Anspruch erloschen

B hat dem A die 100 € in der Folge jedoch wieder zurückgegeben. Also ist der Anspruch durch Erfüllung erloschen.

II. § 812 I 1, 2. Alt. BGB

A könnte gegen B ein Anspruch gem. § 812 I 1, 2. Alt. BGB in Höhe von 100 € zustehen.

1. Anspruch entstanden

B hat sich durch einen Griff in die Geldbörse des A 100 € verschafft. Also hat er ... usw.“

Das ist, selbst wenn man sich auf Examensarbeiten beschränkt, leider keine Übertreibung. Wenn man den Fehler, den solche Kandidaten machen, bezeichnen soll, so handelt es sich nicht um einen Denk-, sondern um einen Bildungsfehler.

Das Modell „Anspruch und Einrede“ stellt kein „Abhaksystem“ dar, dem man blind seine Reverenz zu erweisen hat. Es ist vielmehr ein Denkmodell, das den Bearbeiter an den lebendigen Streit zwischen den Beteiligten heranführen soll, wie er in jedem wirklichen Rechtsfall stattfindet. Wenn Sie sich dieses Modells bedienen, spielen Sie im Ansatz bereits einen Prozeß mit Rede und Gegenrede durch. Das gilt selbst für Anwaltsfälle, die sich eindeutig im vorprozessualen Raum abspielen. Der Anwalt muß überschlägig die Chancen einer Klage beurteilen, auch wenn er gar nicht klagen will. Denn nur dann weiß er, wie stark seine Position im Ernstfall ist und wie stark die des Gegners. Von diesem Geist sollte etwas in Ihrer Ausarbeitung sichtbar sein; denn nur darum geht es.

Vielleicht werden Sie jetzt fragen: „Warum soll das nur in *Anspruchsklausuren* so sein? Wenn es um die **Feststellung** geht, wer Eigentümer oder Erbe ist, liegen die Dinge doch nicht anders.“ Das ist völlig richtig. In anderen Klausuren ist daher *nicht anders* zu verfahren, als wir es hier für die Prüfung materieller Ansprüche dargelegt haben. Denn selbstverständlich kann auch die Frage, ob E Eigentümer einer Sache ist, in die beiden Teilfragen zerlegt werden, ob er das *Eigentum erworben* und falls ja, ob er es wieder *verloren* hat. Das Prinzip, um das es geht, ist allgemein gesehen das von **Rechtsentstehung** und **Rechtsverneinung**. Anspruch und Einrede ist nur sein häufigster Anwendungsfall.

§ 5 Der „Zivilprozeßrechtsfall“

I. Das Zivilprozeßrecht im Studium und in der Prüfung

1. Auch bei ganz „normalen“ Zivilrechtsfällen geht es, wie Sie gesehen haben, *mittelbar* um die Erfolgsbedingungen und Interaktionsmuster eines Zivilprozesses. Allerdings auch nicht um mehr; denn das **Zivilprozeßrecht** selbst bleibt ausgeklammert. Wie ein Blick in das *Verwaltungsrecht* zeigt, ist dies keineswegs selbstverständlich.

Im Verwaltungsrecht ist es jedenfalls gar keine Frage, daß das Verwaltungsprozeß-
recht von Anfang an mit hinzugehört. In Verwaltungsrechtsfällen wird daher regelmäßig nicht nach „Ansprüchen" oder „Gestaltungsrechten", sondern nach den Erfolgsaussichten einer Klage oder eines Widerspruchs gefragt. Bei der Lösung ist
dementsprechend ein prozessualer Aufbau zugrunde zu legen: Erst wird die *Zulässigkeit* des Antrags bzw. des Sachurteils geprüft, danach kommen im Rahmen der *Begründetheitsprüfung* die Ausführungen zum materiellen Recht. Aufgrund dessen erfolgt die Ausbildung im Verwaltungsrecht insgesamt *praxisnäher* als im Zivilrecht.
Denn soviel steht fest: Von den prozessualen Bedingungen einer erfolgreichen Rechtsdurchsetzung kann in der Praxis am allerwenigsten abstrahiert werden.

Der Vertreter des Zivilrechts kann diesen Vergleich nur neidvoll zur Kenntnis nehmen. In den zivilrechtlichen Übungen spielt das Prozeßrecht herkömmlich keine
Rolle, und selbst noch im Ersten Staatsexamen geben sich viele Kandidaten der Hoffnung hin, daß sie von prozeßrechtlichen Fragestellungen verschont bleiben. In dieser
Erwartung sind sie in der Vergangenheit nicht selten bestätigt worden.

Die Folge war, daß das Zivilprozeßrecht auch im Studium weitgehend vernachlässigt wurde. Während im Verwaltungsrecht jeder weiß, was man praktisch zu tun hat,
um einem Ratsuchenden zu seinem Recht zu verhelfen, wissen die Studenten im Zivilrecht oft nur, ob jemand einen „Anspruch" hat oder nicht hat. Wenn es darum
geht, *wo* und *wie* dieser geltend zu machen ist, sind sie dagegen ratlos. Mehr noch:
die weitgehende Ausklammerung des Prozeßrechts hat dazu geführt, daß so elemen-
tare Dinge wie die Unterscheidung von Schuld und Haftung (eine der Grundlagen
des Kreditsicherungsrechts) vielfach gar nicht verstanden werden. Eine Vorschrift
wie § 407 II BGB ist vielen Studenten unbekannt, weil ihr Verständnis prozessuale
Kenntnisse voraussetzt. Probleme der Anwaltshaftung – obwohl für künftige Anwälte von unmittelbarer Bedeutung – bleiben ausgeklammert, weil sie losgelöst vom
Prozeßrecht ebenfalls nicht behandelt werden können u.a.m.

2. Daß dies gemessen am Ziel der Ausbildung ein unerfreulicher Zustand ist, bedarf keiner Ausführungen. Zwar besteht der Sinn eines Studiums nicht darin, junge
Menschen auf die jeweiligen Bedürfnisse der Praxis abzurichten; jedenfalls das Studium einer praktischen Wissenschaft sollte aber doch nicht geradezu an den elemen-
taren Bedürfnissen der Praxis vorbeigehen. Darüber besteht im Grundsatz heute Einigkeit. Die Frage ist nur, auf welche Weise man auch im Zivilrecht dem Prozeßrecht
künftig besser Rechnung tragen kann.

Ein Mittel besteht darin, auch hier bereits in den Anfangssemestern das Prozeßrecht vorsichtig miteinzubeziehen und dadurch Schwellenängste abzubauen. In einigen neueren Lehrbüchern ist das mit aller Behutsamkeit versucht worden[1]. Um das
Studierverhalten zu ändern, müssen diese Bemühungen aber durch eine entsprechende Ausgestaltung der praktischen Übungen ergänzt werden. Ich habe es mir daher zum Grundsatz gemacht, das **Prozeßrecht jedenfalls in der Vorgerücktenübung
miteinzubeziehen**, sei es in Form einer Hausarbeit, sei es in Form einer Klausur. Von
den Übungsteilnehmern wird dies anfangs gelegentlich als unfreundlicher Akt empfunden. Nachdem der erste Schock überstanden ist und man erlebt hat, daß alles nur
halb so schlimm ist, sehen die meisten jedoch ein, daß diese Änderung in ihrem eigenen Interesse liegt.

---

[1] *Hans-Martin Pawlowski*, Allgemeiner Teil des BGB, 7. Aufl. Heidelberg 2003; *Dieter Schwab/
Martin Löhnig*, Einführung in das Zivilrecht, 19. Aufl. Heidelberg 2012; *Eike Schmidt/Gert Brügge-
meier*, Grundkurs Zivilrecht, 7. Aufl. Neuwied 2006.

„Muß ich also zusätzlich zu allem, was ich in der Zivilrechtsklausur wissen und können muß, auch noch das Zivilprozeßrecht beherrschen?" werden Sie jetzt vielleicht fragen. Um Sie zu beruhigen: Niemand denkt daran, eingefahrene Gewohnheiten von heute auf morgen zu ändern. Sie sollten sich aber doch darauf einstellen, daß es Prüfer gibt, die die Akzente ein wenig anders setzen, als Sie es vielleicht erwarten. Damit Sie frühzeitig darauf vorbereitet sind, wollen wir uns im Folgenden auch mit dem sog. *Zivilprozeßrechtsfall* kurz beschäftigen. Sie werden dabei sehen, daß sich die Schwierigkeiten in Grenzen halten und daß das Zivilprozeßrecht aus der Nähe betrachtet keineswegs so uninteressant ist, wie Sie vielleicht vermutet haben. Falls Sie in den zivilprozessualen Vorlesungen *Abschlußklausuren* zu schreiben haben, müssen Sie ohnehin bereits in den mittleren Semestern wissen, wie man dies macht.

II. Die Besonderheit von Prozeßrechtsfällen

1. Die während des Studiums zur Bearbeitung gestellten Prozeßrechtsfälle zeichnen sich dadurch aus, daß es sich nicht um „*reine*", sondern um „**gemischte**" **Prozeß-rechtsfälle** handelt. Das heißt, im Kern geht es auch hier um Fragen des *materiellen Rechts*; diese sind nur in einen *prozessualen Bezugsrahmen* eingebettet, der allen Überlegungen und Erörterungen ein eigentümliches Gepräge verleiht. Wird etwa gefragt, wie das Gericht über eine bei ihm eingereichte Klage entscheiden wird, so dürfen Sie nicht sofort auf die Sachfragen des Falls eingehen. Damit würden Sie gleich den ersten Fehler machen. Da es Gerichte mit unterschiedlichen Funktionen gibt, müssen Sie zunächst prüfen, ob das angegangene Gericht überhaupt *zuständig* ist. Aber auch wenn dies der Fall sein sollte, gibt es Gründe, die dem Gericht eine Befassung mit der Sache verwehren können. So kann es z. B. sein, daß der Kläger oder der Beklagte nicht prozeßfähig ist, daß bereits eine rechtskräftige Entscheidung in derselben Sache vorliegt u. a. m. Der Richter muß sich daher zunächst *fragen, ob er überhaupt eine Sachentscheidung treffen darf.*

Was in solchen Fällen für Sie hinzukommt, ist also nicht einfach das prozessuale Sachwissen, ohne das man solche Fragen nicht beantworten kann. Neu ist vor allem die **Denkkategorie**, welche die prozessuale Argumentation bestimmt. Während im materiellen Recht die Überlegungen gewöhnlich darum kreisen, ob einer der Beteiligten ein bestimmtes Recht hat oder nicht hat, namentlich ob ein von ihm geltend gemachter Anspruch **begründet** oder **unbegründet** ist, kommt es im Prozeß *zunächst* einmal darauf an, ob die beantragte Entscheidung bzw. der darauf abzielende Antrag **zulässig** oder **unzulässig** ist. Im Rahmen der Zulässigkeitsprüfung geht es allein darum, ob sich das Gericht mit dem gestellten Antrag sachlich befassen darf. Solche Zulässigkeitsüberlegungen spielen sowohl in prozessualen Richter- wie auch Anwaltsklausuren eine Rolle.

2. Bei der **prozessualen Richterklausur** werden Sie an die Stelle eines Richters versetzt und sollen die Frage beantworten, wie das Gericht über einen gestellten Antrag zu entscheiden hat. Die Fallfrage lautet dann etwa: „Wie wird das Gericht entscheiden?" oder: „Wird das Gericht der Klage stattgeben?" Da das Gericht an die gestellten Anträge förmlich gebunden ist (§ 308 I ZPO), müssen Sie sich auch in der Klausur strikt daran halten. Der *Antrag* steht daher *an der Spitze* Ihrer Arbeit und bestimmt sowohl die *Richtung* als auch den *Umfang Ihrer Überlegungen.*

Die Prüfung selbst erfolgt in zwei Schritten: **Zulässigkeit** und **Begründetheit**. Stellt sich heraus, daß die Klage unzulässig ist, so ist sie ohne Sachprüfung bereits aus prozessualen Gründen abzuweisen. In einer Übungsklausur wird dies nur selten vorkom-

men, und wenn doch, wird es sich meist empfehlen, die materiellen Fragen in einem
Hilfsgutachten zu erörtern. Ist die Klage – wie in einem Übungsfall zu erwarten – jedoch zulässig, müssen Sie mit der Begründetheitsprüfung fortfahren. Damit bewegen
Sie sich in der Sache auf bekannten Geleisen; denn bei der Begründetheitsprüfung
geht es um nichts anderes als die Frage, ob dem Kläger das geltend gemachte Recht
bzw. der erhobene Anspruch nach Maßgabe des materiellen Rechts zusteht. Erweist
sich die Klage danach als begründet, so ist ihr stattzugeben; ist sie unbegründet, so
ist sie abzuweisen. Insgesamt vollzieht sich die Prüfung daher nach folgendem
Schema:

I. Zulässigkeit
Antrag zulässig → weiter mit Begründetheitsprüfung
Antrag unzulässig → als unzulässig abweisen, evtl. Hilfsgutachten

II. Begründetheit
Antrag begründet → stattgeben
Antrag unbegründet → sachlich abweisen

Im Rahmen der Zulässigkeitsprüfung kann auf sehr verschiedene Zulässigkeitsvoraussetzungen einzugehen sein: *Prozeßvoraussetzungen i.e.S.*, bei deren Fehlen nicht
einmal ein Termin anzuberaumen ist, *Sachurteilsvoraussetzungen*, bei deren Fehlen
grundsätzlich kein Sachurteil ergehen darf, und *Prozeßhindernisse*, die nur auf Einrede hin berücksichtigt werden. Die Einzelheiten gehören in die Vorlesung über das
Zivilprozeßrecht. Hier sollen lediglich diejenigen Punkte genannt bzw. in Erinnerung
gerufen werden, auf die es häufiger ankommt[2]:
- sachliche Zuständigkeit (§§ 23, 71 GVG)
- örtliche Zuständigkeit (§§ 12 ff. ZPO)
- wirksame Klageerhebung
- Gerichtsweg, meist „Rechtsweg" genannt (§ 13 GVG)[3]
- Parteifähigkeit (§ 50 ZPO)
- Prozeßfähigkeit (§ 52 ZPO)
- fehlende Rechtshängigkeit (§§ 261 III Nr. 1 ZPO, 17 I 2 GVG)
- fehlende Rechtskraft
   In Rechtsmittelfällen ist vorweg noch die Zulässigkeit des Rechtsmittels zu prüfen.
Mit dieser Merkliste lassen sich die meisten Fälle ohne weiteres bewältigen. Aber
nicht einmal auf diese Punkte werden Sie in Ihrem Gutachten stets eingehen. Zu the-
matisieren ist immer nur das, wozu der konkrete Fall Anlaß gibt. Das ist vielleicht
nur die sachliche und örtliche Zuständigkeit.
   3. Bei der **prozessualen Anwaltsklausur** geht es häufig um die Vorbereitung einer
Klage oder eines anderen Rechtsbehelfs. In diesem Fall kann man ähnlich vorgehen
wie bei einer prozessualen Richterklausur und fragen, in welchem Rechtsweg und
vor welchem Gericht die Klage zu erheben wäre u.s.w. Gelegentlich ist diese Reihenfolge, ähnlich wie für den Richter, auch für den Anwalt *zwingend*, wenn auch aus
anderen Gründen. Ist etwa *Eile geboten* – droht z.B. der Ablauf einer Verjährungs-
oder einer Rechtsmittelfrist oder ist rasch eine einstweilige Verfügung zu beantragen –, so wird der Anwalt auch bei zweifelhaften Erfolgsaussichten zunächst einmal

---

[2] Näher *Klaus Schreiber*, Übungen im Zivilprozeßrecht, 2. Aufl. Berlin 1996, S. 14 ff.; *Baumgärtel/
Laumen/Prütting*, Der Zivilprozeßrechtsfall, 8. Aufl. Köln 1995, S. 112 f.
[3] Der *Anwalt* wird den Rechtsweg meist vorweg prüfen. Für das *Gericht* empfiehlt es sich, so vorzugehen wie hier. Grund: ein sachlich und/oder örtlich unzuständiges Gericht soll nicht über den
Rechtsweg befinden.

die prozessualen Fragen klären. Begegnet Ihnen ein solcher Fall in der Klausur, können Sie es daher auch so machen.

Nicht selten wird es sich aber empfehlen, von diesem Schema abzuweichen. Das ist vor allem dann der Fall, wenn *offen* ist, mit welchem *Antrag* überhaupt geklagt werden soll. Solange der Antrag nicht feststeht, kann häufig auch die Zulässigkeit nicht beurteilt werden; denn diese hängt u. a. davon ab, was der Kläger beantragt. Ob eine Zahlungsklage vor dem Amts- oder dem Landgericht zu erheben ist, richtet sich etwa danach, *in welcher Höhe* Zahlung verlangt wird u.s.w. In solchen Fällen ist es geboten, *zunächst einmal die materielle Rechtslage* zu untersuchen, um herauszufinden, worauf überhaupt mit Aussicht auf Erfolg geklagt werden kann. Die prozessualen Fragen sind dann im Anschluß hieran zu erörtern. Aber auch wenn genau feststeht, was eine Partei verlangt, *kann* es sich in einer Anwaltsklausur empfehlen, zunächst einmal die materielle Rechtslage zu prüfen. Ist nämlich damit zu rechnen, daß die materielle Rechtslage für die eigene Partei ungünstig ist, wird der Anwalt im Ergebnis vielleicht davon *abraten*, Klage zu erheben. Auf die Zulässigkeit kommt es dann nicht weiter an.

Aus der Prüfungsreihenfolge sollte man bei der Anwaltsklausur daher kein Dogma machen. Für den Anwalt gibt es kein allgemein gültiges Rezept. Er muß flexibel reagieren und hat es daher schwerer.

III. Typische Fallkonstellationen

Die bisherigen Ausführungen sollten Ihnen vor Augen führen, daß in „gemischten" Zivilrechtsklausuren im Prinzip nur Dinge von Ihnen verlangt werden, die im Hinblick auf Ihr späteres Berufsziel angemessen und mit geringem Aufwand zu bewältigen sind. Sofern Sie bereits mit der Lösung von Verwaltungsrechtsfällen konfrontiert worden sind, können Sie an die Methode anknüpfen, die Sie dort erlernt haben, und müssen nur dem Umstand Rechnung tragen, daß Sie es hier nicht mit der VwGO, sondern mit der ZPO zu tun haben. Allerdings reicht das nicht ganz aus. Um auf einen „gemischten" Zivilrechtsfall vorbereitet zu sein, müssen Sie nämlich außerdem noch eine Vorstellung davon haben, mit welchen **Fallkonstellationen** Sie in einer Klausur zu rechnen haben. Aber auch das ist kein großes Problem; im Prinzip kommen nämlich nur ganz bestimmte Ausgangslagen in Betracht. Im Folgenden wollen wir uns klarmachen, welche dies sind.

1. Die wichtigste Konstellation ist die, daß **eine Klage zu beurteilen** ist. Das kann sowohl aus der Perspektive des Anwalts als auch des Richters geboten sein.

In der *Anwaltsklausur* kann etwa nach den Erfolgsaussichten einer beabsichtigten Klage gefragt sein. Das Gutachten muß sich dann grundsätzlich auf die Zulässigkeit und die Begründetheit erstrecken. Ob Sie zunächst das eine oder das andere prüfen, hängt, wie erwähnt, von den Umständen ab. Gelegentlich kann es vorkommen, daß unklar bleibt, ob Sie überhaupt auf die prozessualen Fragen eingehen sollen. Dann sollten Sie sich insoweit jedenfalls kurz fassen.

Anders als der Anwalt hat der *Richter* nicht zu beurteilen, ob geklagt werden soll, sondern wie über eine bereits erhobene Klage zu entscheiden ist. Dabei ist in jedem Fall zuerst die Zulässigkeit und dann die Begründetheit zu prüfen. *In der Praxis* kann dies recht kompliziert werden. Da die Parteien häufig unterschiedliche Darstellungen des Geschehens geben, muß das Gericht u. U. erst Beweis erheben, damit es weiß, von welchem Sachverhalt es bei seinem Urteil auszugehen hat. Das kann Ihnen nicht passieren. Da Sie *während des Studiums* und im Ersten Staatsexamen nur Fälle mit einem *feststehenden* (unstreitigen) Sachverhalt zu bearbeiten haben, wissen Sie immer im voraus, daß sich die Entscheidung aus dem ergeben muß, was Kläger und Beklagter übereinstimmend vorgetragen haben oder was jedenfalls vom Beklagten nicht bestritten worden ist. (Nicht bestrittenes Vorbringen gilt im Zivilprozeß als zugestanden, § 138 III ZPO. Dies bedeutet, daß darüber kein Beweis erhoben werden muß, § 288 I ZPO.) Sie brauchen daher nichts weiter zu tun, als den Sachverhalt daraufhin zu überprüfen, ob er den gestellten Antrag rechtfertigt.

2. Klausurgeeignet ist auch die Situation, daß der **Beklagte** in der mündlichen Verhandlung **säumig** ist und der Kläger den Erlaß eines **Versäumnisurteils** (§ 331 ZPO) beantragt. Aus der Sicht des *Richters* ist dies lediglich einer der Fälle, in denen über eine Klage zu entscheiden ist. Da bei Säumnis des Beklagten das tatsächliche Vorbringen des Klägers als zugestanden gilt (§ 331 I 1 ZPO), wird auch hier von Ihnen nichts anderes erwartet, als daß Sie die Klage auf ihre Zulässigkeit und Begründetheit (man spricht hier von *Schlüssigkeit*) prüfen. Stellt sich dabei heraus, daß die Klage zulässig und schlüssig ist, ist ihr stattzugeben; andernfalls ist sie abzuweisen (§ 331 II ZPO).

Das Versäumnisurteil gegen den Beklagten kann jedoch auch in *Anwaltsfällen* eine Rolle spielen. So kann z.B. gefragt sein, was der Kläger tun soll, wenn der Beklagte im Termin nicht erscheint. Dann müssen Sie, wenn Sie sich in die Lage des klägerischen Anwalts versetzen, erkennen, daß der Kläger ein Versäumnisurteil beantragen kann, und die Erfolgsaussichten eines solchen Antrags prüfen. Ist umgekehrt der Beklagte bereits *durch ein Versäumnisurteil verurteilt* worden und lautet die Frage, was *er* dagegen unternehmen kann, so ist zunächst die Zulässigkeit eines Einspruchs (§ 338 ZPO) zu untersuchen und dann weiter zu prüfen, ob der Beklagte damit nach Lage der Dinge auch in der Sache Erfolg haben kann. In der Praxis wäre dies bereits dadurch möglich, daß er in der nächsten mündlichen Verhandlung den Klagevortrag bestreitet und den Kläger damit zu einem Beweis zwingt, der scheitern kann. Bei einem auf unstreitiger Grundlage zu erstellenden „Universitätsgutachten", wie es von Ihnen allein verlangt wird, scheidet dies aus. Nachdem die Klage vom Gericht bereits als schlüssig beurteilt worden ist, ist daher nur dann mit einem Erfolg für den Beklagten zu rechnen, wenn dieser dem Recht des Klägers in der Sache etwas entgegenzusetzen hat, z.B. eine Aufrechnung, die Einrede der Verjährung oder des nichterfüllten Vertrages u.ä.m. Bei der Prüfung des Einspruchs gegen ein nach § 331 II ZPO erlassenes Versäumnisurteil schlägt aus Ihrer Bearbeitersicht daher die Stunde des Beklagten.

3. Von erheblich geringerer Relevanz ist für Sie das **Versäumnisurteil gegen den Kläger**. Als *Richter*klausur ist diese Konstellation wenig geeignet. Wenn der Kläger ausbleibt und die besonderen Voraussetzungen für den Erlaß eines Versäumnisurteils vorliegen, steht das Ergebnis nämlich bereits fest: Die Klage ist *auf jeden Fall abzuweisen*, ob sie zulässig und schlüssig ist oder nicht (§ 330 ZPO). Anders verhält es sich bei einer *Anwaltsklausur*: Ist die Klage bei Säumnis des Klägers abgewiesen worden und lautet die Frage, was der Kläger dagegen unternehmen kann, so müssen Sie als Bearbeiter erkennen, daß sich eine Anfechtung des ergangenen Urteils *bei gleichem Sachvortrag* nur dann empfiehlt, wenn die Klage schlüssig war. Denn war sie unschlüssig, wird sich eine günstigere Entscheidung bei unverändertem Tatsachenvortrag kaum erreichen lassen. Nach h.M. hängt vom Ausgang dieser Prüfung hier ausnahmsweise zugleich ab, *welchen Rechtsbehelf* der Kläger ergreifen kann. Nach § 338 ZPO kann ein Versäumnisurteil an sich nur mit dem *Einspruch* angefochten werden. Nach heute verbreiteter Auffassung soll das gegen den säumigen Kläger ergangene Urteil jedoch nur dann ein Versäumnisurteil sein, wenn die Klage zulässig und schlüssig war. War sie unzulässig oder unschlüssig, so soll es sich dagegen um ein

„streitiges" Urteil (sog. unechtes Versäumnisurteil) handeln, weil die Klage auch
dann abgewiesen worden wäre, wenn der Kläger erschienen wäre.[4] Im Ergebnis führt
diese Auffassung dazu, daß das gegen den säumigen Kläger ergangene Urteil grundsätzlich nur dann mit dem *Einspruch* angefochten werden kann, wenn die Klage
zulässig und begründet war; fehlt es daran, wird der Kläger statt dessen auf den Weg
der *Berufung* verwiesen. Ist das „unechte" Versäumnisurteil gleichwohl als Versäumnisurteil bezeichnet worden, soll sich indessen aus dem „Meistbegünstigungsgrund-
satz" ergeben, daß dagegen auch Einspruch eingelegt werden kann. Der Anwalt wird
dadurch in die seltsame Lage versetzt, daß er z.T. erst die Erfolgsaussichten prüfen
muß, bevor er definitiv beurteilen kann, welcher Rechtsbehelf in Betracht kommt. In
einer zivilprozessualen Vorlesungsabschlußklausur müssen Sie mit einer solchen Fallgestaltung schon einmal rechnen.

4. Am besten eignen sich für eine Prüfung jedoch **Vollstreckungsklausuren**. Die
Verbindung von prozessualen und materiellrechtlichen Fragen läßt sich hier auf einfache Weise herstellen. In der Regel geht es in solchen Fällen darum, die Erfolgsaussichten eines eingelegten oder einzulegenden vollstreckungsrechtlichen Rechtsbehelfs
zu prüfen. Bei diesen Rechtsbehelfen handelt es sich um die folgenden:
1) **Erinnerung** und **sofortige Beschwerde** (§§ 766 bzw. 793 ZPO)
2) **Vollstreckungsgegenklage** (§ 767 ZPO)
3) **Drittwiderspruchsklage** und **Klage auf vorzugsweise Befriedigung** (§§ 771 bzw.
   805 ZPO).
In einer *Richter*klausur können Sie damit so konfrontiert werden, daß etwa eine
Vollstreckungsgegenklage oder eine Drittwiderspruchsklage erhoben worden ist und
die Frage lautet, wie der Richter darüber entscheiden wird. Dann prüfen Sie, wie Sie
es bei jeder anderen Klage auch tun würden, zunächst die Zulässigkeit und anschließend die Begründetheit.

Wahrscheinlicher ist insoweit freilich der *Anwalts*fall. Dieser sieht gewöhnlich so
aus, daß eine Pfändung erfolgt ist und nun gefragt wird, was der Vollstreckungsschuldner oder ein betroffener Dritter dagegen unternehmen kann. Sie müssen dann
den geeigneten Rechtsbehelf herausfinden und prüfen, ob sich damit etwas gegen die
Vollstreckung ausrichten läßt. Im Kern wird dies meist von materiellrechtlichen Fragen abhängen. Denn „reine" Vollstreckungsfälle werden kaum je zur Bearbeitung
ausgegeben.

5. Andere Konstellationen, die sich für einen gemischten Zivilrechtsfall eignen,
kommen in der Prüfung nur selten vor. Wenn Sie im Verlauf Ihres Studiums darauf
hinarbeiten, daß Sie mit den hier behandelten einigermaßen vertraut werden, dürfen
Sie sich daher auch im Examen ziemlich sicher fühlen.

§ 6 Die richtige Arbeitstechnik

Wenn ein Fall zur Bearbeitung gestellt wird, den Sie bereits kennen, haben Sie Glück
gehabt. Meist kennen Sie den Fall jedoch nicht. Gelegentlich sind Ihnen nicht einmal
die Vorschriften vertraut, auf die es dabei ankommt. Damit Sie jetzt nicht die Nerven
verlieren, brauchen Sie eine Arbeitstechnik, auf die Verlaß ist.

---

[4] Dabei wird freilich übersehen, daß der Kläger seine abweichende Rechtsansicht in der mündlichen Verhandlung dann noch einmal hätte begründen und damit Bedenken gegen die Zulässigkeit
oder Schlüssigkeit hätte ausräumen können.

Eigentlich sind es fast immer dieselben Ratschläge, die in diesem Zusammenhang erteilt werden. Das zeigt, daß es sich dabei um Erfahrungen handelt, die viele Prüfer unabhängig voneinander gemacht haben. Aus dem Umstand, daß diese Ratschläge ständig wiederkehren, kann man aber auch ersehen, daß sie offenbar immer wieder vernachlässigt werden. Nehmen Sie die folgenden Regeln daher nicht auf die leichte Schulter, auch wenn Sie meinen, daß Sie darüber erhaben seien. Arbeiten Sie vielmehr darauf hin, daß Ihnen die damit empfohlenen Verhaltensweisen zur *Routine* werden. **Nur auf Gewohnheiten ist Verlaß.** Was nicht in Fleisch und Blut übergegangen ist, wird im Ernstfall mit großer Wahrscheinlichkeit falsch gemacht.

Wenn Sie sich erst einmal an die Einhaltung dieser Regeln gewöhnt haben, werden sich die einzelnen Verfahrensschritte, die wir hier aus didaktischen Gründen isoliert für sich betrachten, in rasch ausgeführte und stufenlos ineinander übergehende Überlegungen verwandeln. Mit dem Klausurenschreiben verhält es sich nämlich nicht anders wie mit jeder anderen Kunst auch: Sie müssen zunächst umständlich und mechanisch auf Dinge achten, die später einmal flüssig und angepaßt an das jeweilige Temperament von selbst ablaufen sollen.

I. Erfassen des Sachverhalts

Die erste Regel lautet: **Versuchen Sie zunächst den Sachverhalt genau zu erfassen, bevor Sie weitere Überlegungen anstellen.** Der Grund liegt auf der Hand: Wenn Sie sich nicht mit dem Fall beschäftigen, den Sie bearbeiten sollen, sondern nur mit einem ähnlichen, ist alle Mühe umsonst. Die Versuchung, gegen die erste Regel zu verstoßen, ist größer als Sie denken: Der Sachverhalt liegt fertig vor Ihnen, die Lösung, auf die es allein ankommt, ist erst zu erarbeiten, und zu all dem stehen Sie auch noch enorm unter Zeitdruck. Was liegt da näher, als den Sachverhalt nur rasch zu überfliegen und sich dann sofort auf die Lösung zu stürzen? Dennoch: tun Sie dies nicht! Zwingen Sie sich vielmehr, so lange zu verweilen, bis Sie die Fakten ganz in sich aufgenommen haben. Bei sehr einfachen Sachverhalten mag Ihnen das zwar lästig erscheinen. Aber es geht darum, daß Sie sich Gewohnheiten aneignen, durch die Sie *in jedem Fall* daran gehindert werden, unbedacht darauf loszuschreiben. Wie wichtig dies ist, können Sie auch aus den folgenden Hinweisen ersehen.

1. In der Klausur können Ihnen *zwei Typen von Sachverhalten* begegnen: der *schulmäßige* Sachverhalt und der mehr oder weniger *realitätsnahe* Sachverhalt.

Der **schulmäßige Sachverhalt** zeichnet sich dadurch aus, daß er *kein überflüssiges Wort* enthält. Wenn man daher bestimmte Angaben für die Lösung nicht braucht, kann man bereits daran erkennen, daß man im Ergebnis falsch liegt. Das ist für den Bearbeiter recht bequem. Unter anderen Gesichtspunkten sind solche Aufgabenstellungen freilich nicht unbedenklich. Sie haben nämlich zur Folge, daß die Studenten während ihrer Ausbildung systematisch mit realitätsfernen Sachverhalten konfrontiert werden und es daher nicht lernen, wichtige von unwichtigen Angaben zu unterscheiden.

Um dem entgegenzuwirken, verfolgen manche Aufgabensteller die Strategie, in den Sachverhalt einige *Informationen* einzustreuen, auf die es für die Lösung gerade *nicht ankommt*. Zu den Aufgaben des Bearbeiters gehört es dann, dies zu erkennen und sich davon nicht irritieren zu lassen. Wenn der Bearbeiter damit rechnet, daß es auf jedes Wort ankommt, kann dies leicht ins Auge gehen. Da man einem Fall auf den ersten Blick meist nicht ansieht, in welche Kategorie er gehört, müssen Sie vorsichtshalber darauf eingestellt sein, daß auch mit der Ausgabe von „realitätsnahen"

Sachverhalten zu rechnen ist. Die Parole, daß es auf jedes Wort ankomme, ist also nicht ganz so verläßlich, wie gelegentlich behauptet wird. Wenn Sie später einmal Anwalt werden wollen, sollten Sie sich darüber aber nicht beklagen. Denn dann werden Sie auf die Fähigkeit, aus umständlichen Erzählungen die rechtlich relevanten Tatsachen herauszufinden, in ganz besonderer Weise angewiesen sein.

2. Häufiger als daß der Sachverhalt Angaben enthält, die für die Lösung überflüssig sind, kommt es vor, daß **Selbstverständlichkeiten nicht erwähnt** worden sind. So wird z. B. kaum je darauf hingewiesen werden, daß die Parteien volljährig sind; das versteht sich vielmehr von selbst, wenn nichts Gegenteiliges gesagt ist. Auch wird der Aufgabensteller kaum je Ausführungen darüber als notwendig ansehen, daß sich eine Partei bei dem Abschluß eines Vertrages in geschäftsfähigem Zustand befunden hat.

In anderen Fällen aber fühlen sich manche Bearbeiter tief verunsichert. Wenn es im Sachverhalt etwa heißt, daß A mit B einen Grundstückskaufvertrag geschlossen hat, gibt es vor allem in den Anfangssemestern immer wieder Studenten, die den Vertrag daran scheitern lassen, daß es an einer notariellen Beurkundung (§ 311 b I BGB) gefehlt habe. In der Tat war dies im Sachverhalt nicht eigens gesagt worden. Oder ein anderes Beispiel: Ist im Sachverhalt davon die Rede, daß C sich verbürgt hat, ist aber nicht ausdrücklich auf die Einhaltung der Schriftform (§ 766 BGB) hingewiesen worden, finden sich prompt Bearbeiter, die das Problem des Falles gerade darin erblicken, daß die Bürgschaft mangels Einhaltung der vorgeschriebenen Form scheitere. Bei der Rückgabe und Besprechung von Klausuren kann man es immer wieder erleben, daß solche Bearbeiter sich erbittert darauf berufen, daß sie sich genau an den Sachverhalt gehalten hätten. Meist werden sie erst still, wenn man sie fragt, warum sie kein Hilfsgutachten für den Fall angefertigt haben, daß die Beteiligten geschäftsunfähig gewesen sein sollten; denn auch dies, daß sie geschäftsfähig waren, stand ja keineswegs im Sachverhalt.

Wie vieles in der Jurisprudenz setzt auch die Sachverhaltsinterpretation Erfahrung und Fingerspitzengefühl voraus. Daß es einmal zu Mißverständnissen kommt, läßt sich leider nicht ausschließen. Im großen und ganzen jedoch gilt, daß gute Kandidaten über die Auslegung des Sachverhalts kaum je in Zweifel sind. Sie gehen nämlich – ebenso wie der Aufgabensteller – so vor, daß sie die gemachten Angaben **lebensnah auslegen**. Dieses Vorgehen ist schon deshalb geboten, weil es weder sinnvoll noch möglich ist, buchstäblich *alles* zu erwähnen, was vorhanden sein muß, um eine bestimmte Lösung zu rechtfertigen. Was sich im *Normalfall* von selbst versteht, darf stillschweigend ergänzt werden.

Der Sachverhalt *kann* also einerseits *überflüssige Angaben* enthalten; andererseits braucht *Selbstverständliches nicht erwähnt* zu sein. Wenn Sie vorhin noch im Zweifel gewesen sein sollten, ob es wirklich angebracht ist, dem Sachverhalt so viel Aufmerksamkeit zuzuwenden, so sind Sie jetzt vielleicht anderer Meinung geworden.

3. Bei komplizierter liegenden Sachverhalten ist es notwendig, sich die Zusammenhänge durch eine **Skizze** zu verdeutlichen. Damit Sie Übung bekommen, sollten Sie sich dies aber auch bei einfachen Sachverhalten zur Regel machen.

Kommen mehrere *Daten* vor, schreiben Sie diese der Reihe nach untereinander auf ein Blatt und vermerken stichwortartig, was an dem jeweiligen Datum geschehen ist. Bei mehreren *Personen* aber fertigen Sie am besten eine Zeichnung an. **Eine Skizze erklärt in der Regel mehr als 1000 Worte.** Machen Sie die Probe aufs Exempel: Ein Unbekannter stiehlt bei A ein Schmuckstück und veräußert es an B, dieser an C, dieser an D. A fragt, ob er von D das Schmuckstück herausverlangen oder von B oder C den Wert ersetzt verlangen kann. Skizzenhaft dargestellt sieht dies so aus:

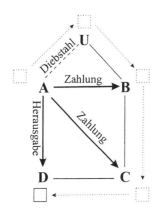

Wie schnell eine geschickte Skizze komplizierte Beziehungen veranschaulichen kann, demonstriert vielleicht noch nachdrücklicher das folgende Beispiel, das einer Examensklausur nachgebildet ist: A versucht nacheinander bei drei Firmen, auf Kredit einige Computer für sein Büro zu erwerben. Bei F kauft er ein Gerät, das von der Bank K finanziert wird; mit L schließt er einen Leasingvertrag, und außerdem schließt er einen weiteren Kaufvertrag mit G, der durch M finanziert wird. Der Freund B des A unterschreibt den Darlehensvertrag mit K sowie den Leasingvertrag mit L als „Mitverpflichteter" und gibt gegenüber M eine Bürgschaft ab. A hat mit allen drei Geräten Pech und weigert sich daher, an K, L und M zu zahlen. B bittet um Auskunft, ob er von K, L oder M in Anspruch genommen werden kann.

Ohne Sachverhaltsskizze werden Sie hier kaum durchblicken. Aber schon mit wenigen Strichen können Sie Klarheit schaffen:

Wie Sie an diesen Beispielen erkennen können, fließt in die Sachverhaltsskizze häufig bereits die Fallfrage mit ein. (Sie sehen dies an den „Anspruchspfeilen".) Gelegentlich kann es daher sinnvoll sein, die Skizze nach der Herausarbeitung der Fallfrage zu ergänzen oder sie überhaupt erst im Zusammenhang damit anzufertigen. Sie müssen von Fall zu Fall entscheiden, was günstiger ist.

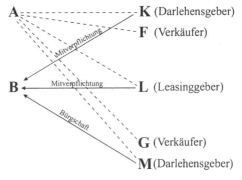

II. Erfassen der Fallfrage

Eng verwandt mit der ersten ist die zweite Regel: **Machen Sie sich erst klar, wonach gefragt ist, bevor Sie an die Antwort gehen.** Auch dies ist im Grunde eine Selbstverständlichkeit. Aber ebenso wie in der Eile des Gefechts häufig der Sachverhalt nicht richtig erfaßt wird, kommt es vor, daß einzelne Teile der gestellten Frage übersehen oder aber Fragen beantwortet werden, die auch bei großzügiger Auslegung so gar nicht gestellt waren. Beides ist ein schwerer Fehler. Wie Sie wissen, darf ein *Richter* über den gestellten Antrag nicht hinausgehen (§ 308 I ZPO). Er darf ihn aber auch nicht mit Stillschweigen übergehen, sondern muß sich entscheiden, ob er ihm stattgibt oder ihn abweist. Der *Anwalt* ist zwar nicht in dieser Weise formell begrenzt, an seinen in sinnvoller Weise auszulegenden Auftrag aber ebenfalls gebunden.

Damit Ihnen in dieser Beziehung kein Fehler unterläuft, müssen Sie sich nach der Lektüre des Sachverhalts *routinemäßig* noch einmal vergewissern, wonach gefragt ist. Die folgenden Hinweise sollen Ihnen dabei eine Hilfe geben.

1. Am einfachsten verhält es sich, wenn der Fall bereits eine „eindeutige" Fragestellung enthält, wenn es also z.B. heißt: „Kann A von B Lieferung des Autos verlangen?" „Hat C gegen D Anspruch auf Zahlung von 1.000 €?" „Ist E Eigentümer geworden?" „Wer ist Erbe?" u.s.w. Aufgabe des Bearbeiters ist es hier, *diese* Frage zu beantworten und nicht unnötig abzuschweifen. In Anwaltsfällen ist es freilich gebo-

ten, achtsam zu sein: Wenn eine Partei wissen will, ob sie Zahlung von 1.000 € verlangen kann, gehört es zu den Aufgaben ihres Anwalts, darauf hinzuweisen, daß ihr auch noch ein Zinsanspruch zusteht; wenn ein Vermieter fragt, ob er dem Mieter das Zumauern eines Fensters untersagen kann, hat der Anwalt ungefragt auf die Möglichkeit einer Kündigung aufmerksam zu machen u.ä.m. Der Eindruck einer „eindeutigen" Fragestellung kann hier bisweilen täuschen.

2. In *Anwaltsfällen* ist die **Fragestellung** aber gelegentlich überhaupt **unbestimmt** gehalten. Das Spektrum reicht dabei von Fragen wie: „Was kann A von B verlangen?" über „Was ist A zu raten?" bis zu: „Wie ist die Rechtslage?" Um die genaue Aufgabenstellung herauszuarbeiten, müssen Sie sich hier *in die Situation der Partei bzw. ihres Anwalts hineinversetzen* und überlegen, *wohin die Interessen der Partei gehen*. Ist die Rechtslage zwischen mehreren Beteiligten zu klären, so müssen Sie nacheinander die Position aller Beteiligten einnehmen. Auf diese Weise wird schnell deutlich, was die Beteiligten sinnvollerweise voneinander fordern können.

Machen wir uns das an dem oben erwähnten Beispiel klar, in dem bei A ein Schmuckstück gestohlen und nacheinander an B, an C und schließlich an D veräußert worden ist. Nehmen wir an, die Fallfrage würde lauten: „A ist ratlos. Wie ist die Rechtslage?" Wie sich aus dem Hinweis auf die Ratlosigkeit des A ergibt, zielt die Frage nach der Rechtslage hier darauf ab, *dem A einen geeigneten Rechtsrat zu erteilen*. Dazu müssen Sie sich in die Lage des A versetzen und fragen, woran er interessiert sein könnte. Aus zivilrechtlicher Sicht kommt zweierlei in Betracht. Einmal könnte es sein, daß A die *Sache* selbst wiederbekommen möchte; denkbar ist aber auch, daß er mehr an *Zahlung* interessiert ist. Damit sind Sie bei einer präzisen Fragestellung: „Kann A von D die Sache herausverlangen? Kann er von B oder C Zahlung verlangen?" Eben diese Fragen sollen Sie beantworten.

III. Erarbeiten der Lösung

Wenn Sie sich den Sachverhalt und die Fallfrage klargemacht haben, können Sie sich an die Lösung machen. Was heißt das konkret? Ich empfehle Ihnen, in **drei Schritten** vorzugehen. Davon werden die ersten beiden nur wenig Zeit in Anspruch nehmen. Sie dienen im Grunde nur dazu, sich vorab über die Grobstrukturen der Lösung klarzuwerden und damit den dritten und entscheidenden Schritt – die *Lösungsskizze* – sinnvoll vorzubereiten.

1. Am besten beginnen Sie damit, daß Sie sich fragen: **Worauf wird es in der Sache vermutlich ankommen?** Wahrscheinlich wird Sie dieser Ratschlag überraschen; denn in dieser Phase können Sie das häufig gar nicht wissen. Und selbst wenn: Besteht nicht die Gefahr, daß Sie sich damit vorschnell auf ausgewählte Punkte festlegen und andere aus dem Auge verlieren? Dennoch: Fragen Sie sich zunächst, worauf es vermutlich ankommen wird.

Um allen Einwänden den Wind aus den Segeln zu nehmen: *Sie können diese Frage gar nicht vermeiden.* Da Sie als Jurist kein unbeschriebenes Blatt mehr sind, stellt sie sich ganz von selbst. Sie können allenfalls darauf verzichten, sich dies bewußt zu machen. Auch wenn Sie sich zunächst auf den Sachverhalt und die Fallfrage konzentrieren, tauchen unterschwellig bereits Vermutungen in Ihnen auf, wo die Lösung zu suchen sein könnte. Wenn Sie über ein gediegenes Wissen verfügen, werden Sie damit vielfach richtig liegen. Ist es mit Ihrem Wissen nicht ganz so gut bestellt, wird manches davon korrekturbedürftig sein. Wichtig ist nur folgendes: Um überhaupt irgendwelche Vorschriften näher ins Auge fassen zu können, müssen Sie zunächst die Vermutung aufgestellt haben, daß es darauf ankommen könnte. Niemand wird im Leistungsstörungs- oder im Sachmängelrecht nachsehen, wenn er nicht den Eindruck hat, daß dies für die Lösung einschlägig sein könnte. Es geht also nur darum, sich diesen meist *unbewußt ablaufenden Prozeß bewußt zu machen*, um ihn gezielt nutzen zu können.

Lassen Sie Ihren Gedanken daher zunächst einmal freien Lauf. Sie können dabei beobachten, wie sich ohne viel Zutun bereits in diesem Stadium Vorstellungen und Versatzstücke einer möglichen Lösung abzeichnen, wenn auch oft nur in Form von Fragen oder Vermutungen. Aber das schadet nicht. Denn es geht nur darum, daß Sie Ihren Blick auf das (vermutlich) Wesentliche richten, bevor Sie sich auf Details einlassen. Und noch etwas: Machen Sie sich einige *Stichpunkte* auf einem Zettel, den Sie während der weiteren Arbeit ständig parat haben. (Damit Sie nicht die Übersicht verlieren, können Sie das Blatt benutzen, auf dem Sie Ihre Sachverhaltsskizze angefertigt haben.)

Natürlich müssen Sie im weiteren Verlauf wachsam bleiben und gewärtig sein, daß Sie die Gedanken, die Ihnen im ersten Zugriff zugeflogen sind, korrigieren oder verwerfen müssen. Der entscheidende Gewinn, der Ihnen aus diesem Vorgehen zuwächst, ist jedoch der, daß Sie ständig *eine an den möglichen Schwerpunkten des Falles orientierte Betrachtungsebene* zur Verfügung haben, an der Sie die dogmatische Kleinarbeit ausrichten können.

2. Haben Sie eine gewisse Vorstellung davon gewonnen, wo die Schwerpunkte liegen könnten, sollten Sie sich die nächstweitere Frage stellen, **wie die Prüfung äußerlich zu strukturieren ist**. Das ist nicht mit der Gliederung zu verwechseln. Auch hierbei handelt es sich vielmehr um Vorüberlegungen, gewissermaßen um die **Strategie** zur Erarbeitung einer Gliederung. Dementsprechend dürfen Sie dafür nur sehr *wenig Zeit verwenden*. Zweck dieser strategischen Überlegungen ist es nur, zu verhindern, daß Sie in eine detaillierte Gliederung hineinstolpern, ohne zuvor ein mögliches *Gesamtbild* entworfen zu haben, das es Ihnen erlaubt, den Überblick zu behalten.

Sind z.B. die rechtlichen Beziehungen zwischen *mehreren Personen* zu klären, so wird es sich meist empfehlen, das Beziehungsgeflecht in *Zweipersonenverhältnisse* aufzugliedern. Bevor Sie sich an die Ausarbeitung einer Lösungsskizze machen, müssen Sie daher eine Vorstellung haben, in welcher *Reihenfolge* Sie diese Verhältnisse prüfen wollen. Dazu lassen sich zwar keine Regeln aufstellen; aber schon wenn Sie darüber kurz nachdenken, können Sie manche Ungeschicklichkeiten vermeiden. Mehrere Personen sollten Sie nur dann zusammenfassen, wenn sie in jeder Beziehung rechtlich gleichzubehandeln sind. Gelegentlich kommt es selbst im Examen noch vor, daß jemand in schadensersatzrechtlichen Fällen zunächst *alle vertraglichen* Schadensersatzansprüche untersucht, die unterschiedliche Beteiligte gegeneinander haben, dann *alle Ansprüche aus § 823 I BGB* u.s.w. Weder ein Richter noch eine Partei könnte mit so einem Gutachten etwas anfangen.

Kommen *mehrere Ansprüche oder Einreden* in Betracht, die auf *verschiedenen Grundlagen* beruhen, sollten Sie sich auch insoweit einige Gedanken über die *Reihenfolge* machen, in der Sie vorgehen wollen. Oft genug wird der eingeschlagene Weg nämlich nachträglich nicht mehr geändert. War er falsch, kann dies den Wert der ganzen Arbeit schmälern. Die in § 3 erwähnten Faustregeln geben Ihnen zwar eine Hilfe, genügen aber nicht in allen Fällen. Wollen Sie etwa erörtern, ob sich ein auf Zahlung in Anspruch genommener Schuldner im Wege der Aufrechnung oder der Erhebung der Verjährungseinrede wirksam verteidigen kann, wäre es ungeschickt, mit der Aufrechnung zu beginnen. Da die Verjährung der Passivforderung bei der Aufrechnung keine Rolle spielt, könnten Sie leicht zu dem Ergebnis kommen, daß der Schuldner aufrechnen soll. Damit hätte er seine Aktivforderung verloren. In der Folge kommen Sie dann aber vielleicht zu der Erkenntnis, daß die Forderung des Gläubigers verjährt ist, so daß es ausreichend wäre, die Verjährungseinrede zu erheben. Sie müssen dann von der zunächst empfohlenen Aufrechnung nachträglich wieder abraten. Hätten Sie zuerst die Verjährung geprüft, hätten Sie nach deren Bejahung mit wenigen Worten darauf hinweisen können, daß der Schuldner auch aufrechnen kann. Damit hätten Sie auch denjenigen Leser befriedigt, der die Verjährungsfrage anders beurteilt, und wären insgesamt zu einer eleganteren Darstellung gelangt.

3. Wenn Sie eine Vorstellung davon haben, worauf es ankommen könnte und nach welcher Strategie Sie bei der Prüfung vorgehen wollen, sollten Sie sich an die **Ausarbeitung einer Lösungsskizze** machen. Diese wird die *Grundlage Ihrer Niederschrift* sein. Daher müssen Sie sich mehr Zeit dafür lassen.

Bearbeiter, die leicht formulieren, neigen nicht selten dazu, sofort mit der Niederschrift zu beginnen, sobald sie eine Idee haben, wie der Fall gelöst werden könnte. Das kann gut gehen – aber auch nicht. Schlimm ist es, wenn Sie zu spät entdecken, daß Sie falsch liegen, und dann mitten im Fluß die Pferde wechseln müssen. Das gelingt nur selten. Wenn Sie zuvor eine Lösungsskizze anfertigen, die die wesentlichen Gedankengänge erkennen läßt, können Sie diese Situation vermeiden.

Gewiß schützt auch eine Lösungsskizze nicht vor Überraschungen. Bei der Ausformulierung eines Gedankens muß man nämlich in ganz anderer Weise Farbe bekennen als bei der Erstellung eines Entwurfs. Das ist jedoch kein Grund, auf eine solche Skizze überhaupt zu verzichten. Wenn Sie bei der Niederschrift einen stichwortartigen Entwurf neben sich liegen haben, verleiht Ihnen dies eine durch sonst nichts zu erzielende Sicherheit. Sie können sich dann ganz auf die überzeugende Präsentation Ihrer Gedanken konzentrieren.

IV. Die Niederschrift

Bei der Niederschrift des Gutachtens sollten Sie – wie auch schon bei der Vorbereitung – alles vermeiden, was unnötig Zeit kostet. Beschreiben Sie die Blätter grundsätzlich nur **einseitig**. Wenn Sie einmal ein Blatt austauschen müssen (bei längeren Klausuren kommt dies schon einmal vor), vermeiden Sie damit unnötige Schreibarbeit. Ein **Korrekturrand** von etwa $1/3$ Seite (*links*, nicht rechts!) erleichtert nicht nur dem Korrektor die Arbeit, sondern erspart Ihnen beim Austausch von Seiten ebenfalls Schreibarbeit. Wenn das Papier nicht von der Universität gestellt wird, sollten Sie *vorbereitete Seiten* mitbringen. Wer die Niederschrift damit beginnt, daß er auf allen Blättern mit Schreibgerät und Lineal zunächst einen Korrekturrand zieht, weiß nicht, was Zeit ist.

Wann Sie mit der Niederschrift beginnen, hängt davon ab, wie schnell Sie schreiben können und wie es mit Ihrer Formulierungsgabe bestellt ist. Optimal ist es, wenn Sie für die Vorbereitung nicht mehr als $1/4$ der zur Verfügung stehenden Zeit brauchen. Das gelingt nicht immer und auch nicht jedem. Nach $1/3$, spätestens $2/5$ der Gesamtzeit müssen Sie aber doch an der Niederschrift sitzen, sonst werden Sie mit Sicherheit nicht fertig.

Nachdem Sie über eine gedankliche **Gliederung** verfügen, sollten Sie diese auch **sichtbar machen**. Manche Bearbeiter tun das in der Weise, daß sie so viele Überschriften bilden, daß bisweilen das ganze Gutachten nur noch aus Überschriften zu bestehen scheint. Eine zusammenhängende Argumentation ist dabei kaum möglich.

Besser ist es daher, wenn Sie nur die größeren Abschnitte Ihres Gutachtens mit eigenen Überschriften versehen und die Prüfungsabfolge im übrigen nur durch an den Rand gestellte Zahlen und Buchstaben markieren. Entscheidend ist, daß der Leser stets weiß, in welchem Zusammenhang er sich befindet und warum ein bestimmter Gedankenschritt erfolgt. Um es dem Leser zu erleichtern, Ihnen zu folgen und den Überblick zu bewahren, können Sie auch bestimmte Begriffe oder Paragraphen, auf die es besonders ankommt, durch *Unterstreichen* hervorheben. Das ist zwar im Urteil nicht üblich, im Gutachten jedoch erlaubt und einer hypertrophen Überschriftenbildung auf jeden Fall vorzuziehen.

§ 7 Einige Worte zur Bewertung der Arbeit

Über die von den Prüfern bei der Korrektur herangezogenen Bewertungsmaßstäbe kursieren in studentischen Kreisen die abenteuerlichsten Vorstellungen. „Bloß deshalb, weil ich den Schadensersatzanspruch gegen den Dieb nicht auch noch auf § 823 II BGB i.V.m. § 242 StGB gestützt habe, bin ich unter den Strich gesetzt worden", kann man da etwa hören. Meist werden solche Gerüchte von Kommilitonen in Umlauf gebracht, die gerade eine schlechte Zensur erhalten haben, die Schuld daran aber nicht bei sich selbst suchen, sondern nach einer Begründung Ausschau halten, nach der die Verantwortung ausschließlich beim Prüfer liegt. Wenn der Korrekturassistent aus Zeitgründen nicht die halbe Musterlösung an den Rand geschrieben, sondern sich mit einigen mehr oder weniger zufälligen Bemerkungen (z.B. dem Hinweis auf den übergangenen § 823 II BGB) begnügt hat, wird daraus fälschlich geschlossen, dies und nichts sonst seien die Gründe für die schlechte Bewertung. Ich möchte nicht ausschließen, daß solche Vermutungen manchmal zutreffen. Bevor Sie Ihr Studium allzu sehr darauf einstellen, sollten Sie jedoch bedenken, daß Ihre *Übungs*klausuren in aller Regel von Korrekturassistenten bewertet werden, deren Maßstäbe sich aus mancherlei Gründen nicht immer mit denen der Prüfer decken, die für die Korrektur Ihrer *Examens*klausuren zuständig sind. Langfristig dürften Sie am besten fahren, wenn Sie sich an dem orientieren, was im Examen den Ausschlag gibt. Freilich können Sie dies im voraus nicht wissen und sind daher ebenfalls auf Vermutungen angewiesen. Aus meiner Sicht möchte ich Ihnen dafür einige Hinweise geben.

I. Sachargumente auf gesetzlicher Grundlage

In der Klausur wird von Ihnen regelmäßig erwartet, daß Sie 1) **sachlich überzeugend argumentieren** und 2) das **Ergebnis aus dem Gesetz ableiten**. Beide Forderungen sind, wie (fast) jedermann weiß, nicht immer kompatibel. Gleichwohl hängt die Bewertung Ihrer Arbeit entscheidend davon ab, in welchem Maße Sie diesen Forderungen Rechnung tragen und dabei mit dem Widerspruch fertig werden, der darin angelegt ist.

1. Aber ich will diese Behauptung nicht einfach in den Raum stellen, sondern auch etwas über die Hintergründe sagen.

Nach der gesetzespositivistischen Rechtsauffassung, wie Sie Ihnen im Rahmen Ihrer Ausbildung neben dem Strafrecht meist auch im Zivilrecht nahegebracht wird, folgt grundsätzlich **alles aus dem Gesetz und nur aus dem Gesetz**. Damit soll vor allem verhindert werden, daß Sie Argumente benutzen, die mit dem Gesetz *nicht* vereinbar sind. Insofern gibt es für diese Auffassung gute Gründe. Gelegentlich stößt man freilich auf Juristen – auch unter den Prüfern –, die offenbar glauben, die gesamte Welt in ihrer bunten Fülle aus den dürren Begriffen einiger Paragraphen ableiten zu können. Natürlich geht das nicht. Aber hüten Sie sich, das durchblicken zu lassen! Bekanntlich kann man sich durch nichts unbeliebter machen, als wenn man die Grundüberzeugung eines anderen in Frage stellt.

Die meisten Bearbeiter geraten durchaus nicht in diese Versuchung. Vielmehr möchten sie sich ihren als gesetzesgläubig gedachten Prüfern gerade umgekehrt dadurch als gefällig erweisen, daß sie ein Paragraphengeklingel veranstalten, daß dem Leser Hören und Sehen vergeht. Aber auch dabei werden sie nur selten in der erhofften Weise honoriert; denn so war es natürlich nicht gemeint. Der Sinn der Forderung, alles aus dem Gesetz abzuleiten, ist nur der, das Gesetz als Instrument der Handlungssteuerung optimal zur Wirkung zu bringen. Dazu muß der Gesetzesanwender die im Gesetz enthaltenen Möglichkeiten nach allen Regeln der Kunst ausloten. Wer den Leser in exzessiver Weise nur mit Paragraphen überhäuft, stellt damit keineswegs seine Fähigkeit unter Beweis, als verlängerter Arm des Gesetzgebers tätig zu werden.

Auf der anderen Seite wird von Ihnen in der Klausur jedoch erwartet, daß sie **mit Sachgründen argumentieren**, wo es nur geht. Auch dafür gibt es gute Gründe. In den Kernbereichen des Zivilrechts hat das Gesetz vielfach nur deklaratorische Funktion. Was es anordnet, würde häufig auch dann gelten, wenn es nicht gesetzlich vorgesehen wäre, weil es sich nämlich aus allgemein anerkannten Grundsätzen ergibt. Diese in der Darstellung durchblicken zu lassen, verleiht Ihren Ausführungen eine zusätzliche Überzeugungskraft. In anderen Fällen dagegen muß das Gesetz teils *einschränkend*, teils *erweiternd ausgelegt* werden, weil es so, wie es dasteht, seinem Zweck nicht entspricht. Wo die Differenz zwischen dem Gesetzeswortlaut und der sachlich gebotenen Entscheidung gar zu groß ist, wird methodisch eine *Lücke* konstruiert, die dann mit einer Gesetzes- oder einer Rechts*analogie* gefüllt wird. Im Ergebnis wird das Zivilrecht auf diese Weise elastisch gehalten und den wechselnden Erfordernissen des Lebens ohne förmliche Gesetzesänderung angepaßt. Um all dem gewachsen zu sein, müssen Sie die Entscheidung, die Sie treffen, möglichst auch mit Argumenten begründen können, die unabhängig davon, daß sie mit dem Gesetz harmonieren, überzeugen.

Beides zusammen läßt sich nur in dem Maß realisieren, als es Ihnen gelingt, die Ableitung aus dem Gesetz und die Argumentation aus der Sache zu einer Einheit werden zu lassen. Darüber könnte man methodisch und philosophisch leicht ins Grübeln geraten. Im vorstehenden Zusammenhang geht es indessen nur darum, Sie auf die widersprüchlichen Anforderungen, denen Sie im Hinblick auf die Bewertung Ihrer Klausur ausgesetzt sind, aufmerksam zu machen. Wenn Sie das Problem kennen, werden Sie am ehesten die rechte Mitte finden. Mehr ist nicht zu erreichen.

2. „Das ist alles recht vage", werden Sie vielleicht einwenden und wissen wollen, was konkret zu tun ist. Nehmen wir daher ein ganz einfaches **Beispiel**: V hat mit K über den Verkauf eines Autos verhandelt und verlangt in der Folge eine bestimmte Summe als Kaufpreis. Mit Recht? Sie könnten Ihre Ausführungen damit beginnen, daß Sie schreiben: „Der von V geltend gemachte Anspruch ist begründet, wenn V mit K einen Kaufvertrag dieses Inhalts geschlossen hat." Obwohl dabei keine Vorschrift genannt ist, wäre dies m.E. völlig ausreichend. Zu meinen, daß sich der Kaufpreisanspruch aus § 433 II BGB ergibt, ist nämlich nicht zutreffend. Diese Vorschrift spricht von „Käufer" und „Verkäufer" und *setzt* damit die Existenz eines *Kaufvertrags* be-

reits *voraus*. Da ein Kaufvertrag begrifflich nur dann vorliegt, wenn einer der Beteiligten *zur Zahlung verpflichtet ist*, kann sich diese Pflicht *nicht* aus § 433 II BGB ergeben. Diese Vorschrift muß daher eine andere Funktion haben.[1] Ob ein wirksamer Kaufvertrag geschlossen wurde, wie er in § 433 II BGB vorausgesetzt wird, richtet sich formell nach den §§ 145 ff. BGB und inhaltlich nach dem Umfang der Vertragsfreiheit. Nur darauf kann es in unserem Beispiel also ankommen. Im Widerspruch dazu heißt es in einer mir vorliegenden „Klausurenlehre" jedoch wörtlich:

> „Es genügt nicht zu schreiben: ‚V könnte einen Anspruch
> aus einem Kaufvertrag haben', sondern: ‚V könnte einen
> Anspruch aus § 433 Abs. 2 BGB haben' …"

Hier haben Sie das ganze Elend der Juristenausbildung (und nicht nur dies) in einem Satz. An der Auffassung, die hier vertreten wird, kommen Sie auch dann nicht vorbei, wenn Sie der Meinung sein sollten, daß es sich um einen Geßlerhut handelt. Wie Sie die *konträren Erwartungen* Ihrer Prüfer bedienen und im *Widerstreit unterschiedlicher Anforderungen* die Akzente setzen, ist naturgemäß davon geprägt, welcher Seite Sie selbst zuneigen. Diese Entscheidung kann Ihnen niemand abnehmen. Unabhängig davon rate ich Ihnen jedoch, so zu formulieren:

> „Der von V geltend gemachte Anspruch ist begründet,
> wenn V mit K einen Kaufvertrag dieses Inhalts abgeschlossen hat, § 433 II BGB."

Versuchen Sie daraus die Lehre für andere, auch schwierigere Probleme dieser Art zu ziehen.

II. Zur Psychologie des Prüfers

Ihre älteren Prüfer gehören einer Generation an, die während ihres eigenen Studiums nicht selten für die weitgehende Abschaffung von Prüfungen eingetreten ist. Gleichsam als Gegenbewegung dazu ist es in der Folge jedoch schick geworden, bei den Prüfungen möglichst viele Kandidaten durchfallen zu lassen. Auf eine kurze Formel gebracht kann man sagen: je höher die Durchfallquote, desto höher das Ansehen des Prüfers. Mit diesen Bemerkungen will ich Sie keineswegs entmutigen. Ich will Ihnen nur mit allem Nachdruck ins Bewußtsein rufen, daß Ihnen in juristischen Prüfungen nichts, aber auch gar *nichts geschenkt* wird.

1. Vor allem gilt es **zwei Irrtümern** vorzubeugen. Einmal wäre es grundfalsch zu meinen, daß der Prüfer von der Voraussetzung ausgeht, Sie hätten im Prinzip die *Höchstpunktzahl* verdient und nur bei nachgewiesenen Fehlern sei ein *Abzug* angebracht. Das Gegenteil ist der Fall: Er geht von der Voraussetzung aus, daß Sie die *schlechteste Bewertung* verdient haben, wenn Sie ihm nicht für jeden Punkt, den er Ihnen zuerkennen soll, eine überzeugende *Begründung* liefern können. Sie bekommen keinen Bonus, nur weil Sie einige Seiten beschriebenes Papier abgeliefert haben. Auch wenn Sie noch so viel geschrieben haben, müssen Sie sich jeden Punkt erst einmal verdienen. Eines ist allerdings richtig: Für Fehler gibt es Abzüge, und zwar um so mehr, je gravierender der Fehler ist.

Der andere Irrtum, dem es vorzubeugen gilt, ist der, daß Sie nur eine im voraus bestimmte Leistung zu erbringen brauchen, um eine bestimmte Note zu erhalten. Es

---

[1] Zwischenfrage: Welche Funktion hat § 433 II BGB?

gibt *keinen absoluten Maßstab* für die Bewertung von Klausuren. Auch hier gilt, daß alles relativ ist. Der *relative Maßstab* aber lautet: *Was alle haben, ist immer Durchschnitt; nur was darüber hinausgeht, erhält Prädikat.* Sie können daher beim Repetitor noch so viel gepaukt haben; wenn alle andern auch dort waren und dasselbe bringen, liegen Sie damit im Bereich des Durchschnitts. Wenn Sie *bestehen* wollen, dürfen Sie **nicht unter dieses Niveau fallen.** Wollen Sie jedoch eine *qualifizierte Note* erreichen, müssen Sie sich **in positiver Weise davon abheben.**

2. Um die richtige Einstellung zu bekommen, sollten Sie ferner davon ausgehen, daß der Prüfer eine *Selektion* vornehmen muß und auch vornehmen wird. Sich darüber zu beklagen, wäre töricht; denn wenn er dies nicht tut, muß es nach ihm ein anderer tun. Für diese Selektion aber gilt: Je *geringer* der allgemeine Wissensstand ist, desto mehr kommt es auf das *Wissen* an – sprichwörtlich: Unter Blinden ist der Einäugige König. Ist der allgemeine Wissensstand jedoch *hoch*, treten überraschend *andere Fähigkeiten* in den Vordergrund. Welche, das können Sie am besten dann herausfinden, wenn Sie sich den Prüfer als *gnadenlos* vorstellen. Vor den Augen eines gnadenlosen Prüfers dürfen Sie keine Blöße zeigen:

Was nicht dasteht, wird er Ihnen zuliebe nicht ergänzen.
Was zuviel ist, wird er übelnehmen.
Was mißverständlich formuliert ist, wird er mißverstehen.
Was ungenau ausgedrückt ist, wird er als falsch bewerten u.s.w.

Wendet man dies ins Positive, so wird er von Ihnen erwarten, daß Ihre Lösung **zutreffend und vollständig,** bei all dem aber auch **knapp und präzis** abgefaßt ist. Und genau so soll es auch sein. Wenn Sie sich daran orientieren, werden Sie sich wohltuend von vielen anderen Arbeiten abheben. Das wird sich mit Sicherheit auch bei der Bewertung niederschlagen.

Wehe jedoch, wenn der Bearbeiter den Eindruck eines unbedarften Schwätzers hinterläßt! Manche Prüfer reagieren dann ausgesprochen gereizt und gelegentlich sogar unfair. Dann kann es vorkommen, daß alles zu Ungunsten des Bearbeiters ausgelegt wird, was auch immer es sein mag. Wenn der Bearbeiter etwa formuliert: „Im Vordergrund steht dabei …", so heißt es am Rand: „Und im Hintergrund?" Schreibt er: „In erster Linie ist damit gemeint …", so steht am Rand: „Und in zweiter Linie?" Diese und ähnliche Korrekturbemerkungen, die offenbar einem gereizten Prüfergemüt entsprungen waren, habe ich in Examensklausuren schon häufig gefunden. Für Sie gibt es im Grunde nur ein Gegenmittel: Sie müssen in der *Sache* etwas bieten und in der *Form* so auftreten, wie man es von einem Juristen mit guten Gründen erwartet. Mehr können Sie nicht tun.

3. Offenbar unausrottbar ist das Vorurteil, daß der Prüfer alles verwirft, das sich nicht mit der **herrschenden Meinung** deckt. Ich habe dazu bereits oben (§ 1 III) einiges gesagt und möchte dies hier lediglich ergänzen. Wo die Reproduktion der jeweils herrschenden Meinung zur Leitlinie des Studiums geworden wäre, könnten alle Anstrengungen nichts anderes bewirken, als daß anpassungsbereite Nachbeter anstatt aufrechter Juristen ausgebildet werden. Daran ist jedenfalls kein Rechtslehrer interessiert.

Damit will ich keineswegs bestreiten, daß derjenige, der die herrschende Meinung kennt, Vorteile hat: Einmal ist seine Argumentationslast geringer; zum andern kann man ihm das Ergebnis nicht als falsch anrechnen. Aber das ist auch schon alles. Ein verständiger Prüfer wird von Ihnen keineswegs erwarten, daß Sie immer nur fremde Meinungen darlegen. Er will auch Ihre eigene kennenlernen. Falls Sie zweifeln, sollten Sie sich klarmachen, daß Sie es im Ersten Staatsexamen zum großen Teil mit

Prüfern zu tun haben, deren Selbstbewußtsein nicht zuletzt darauf beruht, daß sie in tausend Fragen selbst anderer Meinung sind als die Mehrheit ihrer Kollegen. Wenn Sie irgendwo auf Verständnis für selbständiges Denken rechnen können, dann hier. In der Praxis müßten Sie sich wohl oder übel an der Rechtsprechung des zuständigen Obergerichts orientieren. Solange Sie an der Universität sind, müssen Sie dies nicht.

Von den folgenden Musterlösungen sind einige bewußt kritisch gegenüber der „h. M." gehalten, damit Sie sehen, daß auch dies möglich ist.

III. Äußere Form

Auch wenn es noch so sehr um die Sache geht, sollten Sie gerade als Jurist die **Form nicht vernachlässigen.**

Davon, daß die *Sprache* Ihr Handwerkszeug ist, war bereits in früherem Zusammenhang die Rede. Jeder Prüfer wird Ihnen zugute halten, daß Ihnen in der Eile Flüchtigkeitsfehler unterlaufen sind, wie sie jedermann passieren können. Es gibt jedoch Bearbeiter, die über Seiten hinweg nicht ein einziges Komma setzen und sich überdies einen sprachlichen Schnitzer nach dem anderen leisten. Das führt bei so gut wie allen Prüfern zu einem Punktabzug, und zwar völlig zu Recht. Denn dies ist die einzige Möglichkeit, wie verhindert werden kann, daß sich dieser Schlendrian im Laufe der Zeit in Schriftsätze, Vertragsentwürfe und Urteile einschleicht.

Auch die *Schrift* selbst sollten Sie nicht unterschätzen. Der Satz: „Für seine Schrift kann man nichts" ist nur bedingt richtig. Die Schrift ist auch Ausdruck einer inneren Haltung, und für diese kann man sehr wohl etwas. Niemand erwartet, daß Ihre Ausführungen in Schönschrift gehalten sind. Sie sollten jedoch beachten, daß Sie in der Klausur nicht für sich selbst, sondern für einen anderen Leser schreiben. Wenn der Prüfer Ihre Schrift nur mühsam entziffern kann und fortwährend steckenbleibt, kann er Ihren Gedankengang kaum angemessen nachvollziehen. Wenn Sie in der Sache etwas zu sagen haben, geht eine unleserliche Schrift zu Ihren Lasten. Sie sollten daher, auch was die Schrift angeht, an sich arbeiten.

Praktischer Teil:
Klausuren mit Lösungshinweisen

Vorbemerkung

Die folgenden Fälle geben Ihnen Gelegenheit, die im Theoretischen Teil dargestellten Regeln zu üben und in Ihr Verhaltensprogramm einzuspeichern. Damit Sie sehen, wie Sie dabei vorzugehen haben, sind die Lösungshinweise in **zwei Teile** gegliedert. Im ersten Teil, der jeweils die Überschrift „**Vorbereitende Überlegungen**" trägt, wird Ihnen in aller Kürze vorgeführt, wie das Erarbeiten der Lösung vor sich gehen könnte. Im zweiten Teil folgt dann eine knapp formulierte **Musterlösung**. Aber natürlich sollten Sie erst einmal eigene Überlegungen anstellen und den Fall, so gut Sie können, selbst lösen, bevor Sie nachlesen und sich Anregungen holen. Aus eigenen Fehlern lernt man bekanntlich am meisten. Scheuen Sie daher nicht die Mühe, und fürchten Sie nicht die Enttäuschung!

Zum besseren Verständnis der „Vorbereitenden Überlegungen" ist weiter zu bemerken, daß es galt, einen Mittelweg zu finden. Bei der Lösungsskizze etwa wäre Ihnen mit wenigen Stichworten, die Sie als Leser schwer nachvollziehen können, nicht gedient gewesen. Auf der anderen Seite durfte die Lösungsskizze aber auch nicht die Lösung selbst ersetzen. Sie sollten daher die im folgenden abgedruckten Lösungsskizzen nur als *Beispiel* dafür nehmen, wie eine Lösungsskizze aussehen *könnte*. Wahrscheinlich werden Sie im Laufe der Zeit eigene Ausdrucksformen oder Kürzel entwickeln, die stärker auf Ihren persönlichen Bedarf abgestellt sind. Das ist auch gut so. Denn diese Aufzeichnungen sind nur für Sie selbst bestimmt und sollen Ihnen als Erinnerungsstütze und Hilfe bei der Niederschrift dienen. Sie müssen also selbst herausfinden, was und wie viel Sie dafür benötigen.

Um Mißverständnissen vorzubeugen, habe ich sowohl in den Lösungsskizzen als auch in den Musterlösungen bei jedem zitierten Paragraphen *das Gesetz mitangegeben*. Das werden Sie in Ihrer Lösungsskizze, die nur für Sie selbst bestimmt ist, aus Zeitgründen nicht tun. Wie Sie es bei der ausgearbeiteten Lösung halten wollen, ist Ihre Sache. Manche Bearbeiter begnügen sich mit dem am Anfang der Arbeit gemachten Vermerk, daß alle zitierten Paragraphen, falls nicht anders angegeben, solche des BGB sind. Wenn Sie viele Vorschriften zitieren, können Sie dadurch Zeit gewinnen.

Zu dem **Schwierigkeitsgrad** der folgenden Klausuren ist zu sagen, daß die Fälle durchweg nicht leicht sind. Sie haben dadurch die Möglichkeit, unterschiedliche Ziele zu verfolgen. Als *Anfänger* mit entsprechend geringem Wissen können Sie sich darin üben, einen Fall, der Sie im Grunde überfordert, gleichwohl „über den Strich" zu bringen; als *Fortgeschrittener* werden Sie versuchen, in „höhere Regionen" zu gelangen.

Im übrigen sollten Sie sich vor dem verbreiteten Mißverständnis hüten, daß Fälle aus der Rechtsgeschäftslehre oder dem Leistungsstörungsrecht, wie sie üblicherweise an Anfänger zur Bearbeitung ausgegeben werden, in der Sache leicht, Hypotheken- oder Erbrechtsfälle dagegen schwer seien. Gerade die allgemeinen Probleme gehören, wenn man sie ernst nimmt, zum Schwersten, das die Wissenschaft immer aufs neue beschäftigt. Sinnvoller wäre es daher, danach zu unterscheiden, ob ein Fall Spezialwissen voraussetzt, wie es erst in den fortgeschrittenen Semestern erworben wird, oder nicht.

Aber noch etwas gilt es zu beachten: Wie schwer ein Fall ist, *hängt auch von der Zeit ab*, innerhalb deren er bearbeitet werden soll. Sie haben richtig gelesen: Nicht

nur die Schwierigkeit bestimmt die Bearbeitungszeit, sondern auch die Bearbeitungszeit den Schwierigkeitsgrad. Denn von der Bearbeitungszeit hängt ab, was man billigerweise erwarten darf und was nicht. Je mehr Zeit Ihnen für die Lösung eines Falles
zur Verfügung gestellt wird, desto mehr müssen Sie in die Tiefe gehen und sich den
Problemen ernsthaft und ausführlich stellen. Ist derselbe Fall in kürzerer Zeit zu bearbeiten, dürfen Sie in stärkerem Maße Schwerpunkte setzen, bloße „Nebenschau-
plätze" u. U. überhaupt übergehen und sich häufiger des Feststellungsstils bedienen.

Als *Richtschnur* für die Bearbeitung der folgenden Fälle sind **drei Stunden** vorgesehen. Die Lösungen sind daher so gehalten, daß sie in dieser Zeit von einem hervor-
ragenden Studenten geboten werden könnten. Was realistischerweise in drei Stunden
nicht erwartet werden kann, ist *weggelassen* worden.

Sie können die meisten der Fälle aber auch in *zwei Stunden* bearbeiten. Tatsächlich
sind einige davon als zweistündige Klausuren ausgegeben worden. In diesem Fall
müssen Sie zum Teil allerdings „ergebnisbezogener" arbeiten und noch knapper formulieren. Ich wollte dies hier aber nicht zum Prinzip erheben. Denn wo von dem
Bearbeiter erwartet wird, daß er argumentiert, muß ihm billigerweise auch die Zeit
dafür eingeräumt werden. Andere Aufgaben, in denen einfach zu viel Stoff enthalten
ist, lassen sich durch einfache Eingriffe in zweistündige Klausuren umwandeln. Bei
Fall Nr. 22 etwa („Morgenstund ohne Gold im Mund") müßte für diesen Zweck
lediglich die Zusatzfrage gestrichen werden.

Themenkomplex 1: Besitz und Eigentum

1. Der Bilderstreit

Sachverhalt

I. A hat von seinem Vater E, der ein leidenschaftlicher Sammler war, u.a. eine Reihe von Gemälden geerbt. Eines dieser Bilder ist gar nicht nach seinem Geschmack. Er gibt es daher dem im Handelsregister als Kunst- und Antiquitätenhändler eingetragenen B in Kommission. Dieser bietet es, wie er es in solchen Fällen zu tun pflegt, offen als Kommissionsware an. Erfahrungsgemäß befördert dies die Kaufbereitschaft der Interessenten, die meinen, dabei ein besonderes „Schnäppchen" machen zu können. Tatsächlich gelingt es B auch schon bald, das Bild an C zu veräußern. Als A davon erfährt, reut ihn die Sache im nachhinein, weil das Bild immerhin ein Erinnerungsstück für ihn war. Er verlangt daher das Bild kurzerhand von C wieder heraus. Mit Recht?

II. *Abwandlung*: Wie ist es, wenn sich nachträglich herausstellt, daß der verstorbene E das Bild nur leihweise von dem Eigentümer S erhalten hatte, und wenn nunmehr S das Bild von C herausverlangt?

III. *Abwandlung*: Wie verhält es sich, wenn sich nachträglich herausstellt, daß das Bild ursprünglich bei dem Eigentümer D gestohlen worden war, und wenn D das Bild von C herausverlangt?

IV. Angenommen, A, S und D möchten in den obigen drei Fällen lieber Geld sehen als das Bild zurückzubekommen: Können sie von B den von diesem erzielten Verkaufserlös herausverlangen?
   Beantworten Sie die Fragen in der angegebenen Reihenfolge.

A. Vorbereitende Überlegungen

I. Erfassen des Sachverhalts

Die Schwierigkeit des Sachverhalts liegt darin, daß Sie mit drei Fallvarianten konfrontiert werden, die Sie sorgfältig auseinanderhalten müssen. Bevor Sie in den Fall weiter einsteigen, müssen Sie sich daher unbedingt klarmachen, worin die Gemeinsamkeiten und die Verschiedenheiten bestehen.

Gemeinsam ist allen Varianten, daß B ein ihm von A kommissionsweise überlassenes Bild im eigenen Namen an C veräußert. Die **Unterschiede** bestehen darin, daß das Bild bei der ersten Variante dem Kommittenten A *gehört*, während bei den andern beiden Varianten ein *Dritter* der Eigentümer ist. Bei der ersten Abwandlung hat der Dritte das Bild *freiwillig* aus der Hand gegeben. Bei der zweiten Abwandlung ist er *bestohlen* worden.

Zur besseren Übersicht sollten Sie dies zusammen mit einigen weiteren Details in einer Skizze festhalten:

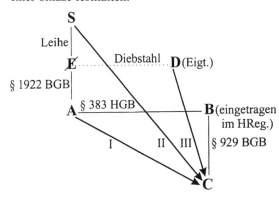

Wie Sie sehen, enthält die Skizze bereits die in Betracht kommenden „Anspruchspfeile" und läßt damit die Fallfrage erkennen. Die Anspruchsrichtungen sind hier so klar vorgegeben, daß sie bereits in die Sachverhaltsskizze gehören. (Wir werden von dieser Möglichkeit auch bei den späteren Fällen Gebrauch machen, wenn sich die Gelegenheit dazu bietet.)

II. Erfassen der Fallfrage

Zu ermitteln, was gefragt ist, bereitet keine Schwierigkeiten, weil der Sachverhalt insoweit kaum Zweifel läßt: Der Bearbeiter soll nacheinander zunächst die Frage beantworten, ob A, S und D von C die **Herausgabe des Bildes** verlangen können. Das sind Fragen, wie sie sich ohne weiteres einem *Richter* stellen könnten, wenn auf Herausgabe geklagt wird, aber auch einem *Rechtsanwalt*, wenn er einen Mandanten, der Herausgabe verlangt, beraten muß.

Dasselbe gilt an sich auch von den **Zahlungsansprüchen**, nach denen zum Abschluß auch noch gefragt ist. Allerdings ist hier eine Besonderheit zu beachten, auf die noch zurückzukommen ist: Wenn die Voraussetzungen für einen Zahlungsanspruch im Augenblick noch nicht gegeben sind, aber durch ein entsprechendes Parteiverhalten herbeigeführt werden können, gehört es zu den Aufgaben des *Anwalts*, dafür Sorge zu tragen bzw. die Partei entsprechend zu beraten.

III. Erarbeiten der Lösung

1. Worauf wird es ankommen?

Der Herausgabeanspruch wird jeweils von demjenigen Beteiligten geltend gemacht, der zunächst Eigentümer der Sache war. Schon eine kurze Überlegung zeigt, daß es in allen drei Varianten letztlich um die Frage geht, ob der Eigentümer das **Eigentum** an dem Bild durch die Veräußerung an C **verloren hat.**

Dabei kommt es jeweils auf andere Vorschriften an. Wer eine bewegliche Sache von jemand erwirbt, der offen als Nichteigentümer auftritt, kann das Eigentum nur dann erlangen, wenn der andere entweder als Vertreter des Eigentümers gehandelt hat (§§ 164 ff. BGB) oder wenn die getroffene Verfügung durch eine Zustimmung des Eigentümers gedeckt ist (§ 185 BGB). Da B als Kommissionär nicht in fremdem, sondern in eigenem Namen gehandelt hat (§ 383 I HGB), kommt hier ein Eigentumserwerb des C infolge Zustimmung des Eigentümers in Betracht. Stichwort daher: **§ 185 BGB.**

Bei der ersten Abwandlung des Falles (II) kann C schon deshalb nicht nach § 185 BGB erworben haben, weil hier A, der in die Veräußerung eingewilligt hat, nicht Eigentümer und daher nicht Berechtigter i. S. des § 185 BGB war. Statt dessen ist hier an einen **gutgläubigen Erwerb** des C zu denken. Allerdings kann ein Eigentumserwerb des C nicht einfach auf § 932 BGB gestützt werden. Diese Vorschrift schützt nur den guten Glauben des Erwerbers an das Eigentum des Veräußerers. Das kann C, der *wußte,* daß B *nicht Eigentümer* war, nicht helfen. Der gute Glaube an die *Veräußerungsbefugnis* eines Nichteigentümers nützt dem Erwerber nur im Rahmen des § 366 HGB. Also sind hier die Voraussetzungen der **§§ 366 HGB, 932 BGB** zu prüfen.

Bei der zweiten Abwandlung (III) dagegen ist offenbar nach dem Anwendungsbereich des **§ 935 BGB** gefragt.

Um wieder einen anderen Schwerpunkt geht es bei der Frage, ob A, S und D von B **Zahlung** verlangen können. Der Zahlungsanspruch ist hier offenbar als Ausgleich dafür gedacht, daß die Sache von C nicht mehr herausverlangt wird bzw. nicht mehr herausverlangt werden kann. Bei der Prüfung des von A gegen B geltend gemachten Anspruchs sollten Sie sich daran erinnern, daß A mit B einen *Kommissionsvertrag* geschlossen hat. Ein Blick ins Gesetz (evtl. vorbereitet durch einen Blick in das Sachverzeichnis Ihres „Schönfelders", Stichwort „Kommissionsgeschäft") wird Sie dann schnell zu **§ 384 II HGB** führen. In den anderen beiden Fällen geht es dagegen um den Herausgabeanspruch des **§ 816 I 1 BGB.** Diese Vorschrift zieht die Konsequenz daraus, daß der entgeltliche Erwerb dessen, der ein Recht durch die nach §§ 185, 932 BGB oder ähnlichen Vorschriften wirksame Verfügung eines Nichtberechtigten erlangt hat, *konditionsfest* ist: Hat etwa der Käufer einer unterschlagenen Sache nach § 932 BGB gutgläubig Eigentum erlangt, so braucht er die Sache auch nach Bereicherungsrecht nicht an den früheren Eigentümer herauszugeben. Zum Ausgleich dafür soll der frühere Eigentümer von dem Veräußerer jedoch dasjenige herausverlangen können, was dieser durch die Veräußerung erlangt hat.

Der Zahlungsanspruch des D scheitert zunächst daran, daß die von B vorgenommene Veräußerung *wegen § 935 BGB* ihm gegenüber *nicht wirksam* war. Wenn Sie sich in die Lage eines Anwalts versetzen, sollten Sie jedoch erkennen, daß D die Verfügung des B **genehmigen** und dadurch *wirksam machen* kann. Die Voraussetzungen des § 816 I BGB können also jedenfalls im nachhinein herbeigeführt werden.

2. Strategie

Wie Sie an den Fall heranzugehen haben, ist Ihnen durch den Bearbeitungsvermerk
vorgegeben: Sie sollen die gestellten Fragen in der angegebenen Reihenfolge beantworten. Weitere Überlegungen zur Strategie erübrigen sich daher.

3. Lösungsskizze

I. Ausgangsfall: E war Eigentümer
§§ 985 f. BGB?
Als Erbe wurde A Eigentümer, § 1922 I BGB.
Nachträglicher Erwerb durch C?
1. § 929 S. 1 BGB
Setzt Handeln des Eigentümers voraus.
Hier hat Nichteigentümer B im eigenen Namen (§ 383 I HGB) gehandelt.
2. § 185 I BGB
Voraussetzung: Verfügung eines *Nichtberechtigten* mit Einwilligung des Berech-
tigten.
B nicht Eigentümer, daher Nichtberechtigter; A als Eigentümer Berechtigter.
Einwilligung mit Kommissionsauftrag erteilt.

II. Abwandlung: Bild war entliehen
1. §§ 985 f. BGB
§ 185 I BGB scheidet aus, da A hier Nichtberechtigter.
Evtl. *§§ 366 I HGB, 932 BGB.*
a) *§ 366 I HGB:* Erstreckt Gutglaubensschutz auf Verfügungsbefugnis.
B betreibt Gewerbe und ist im Handelsregister eingetragen. Also Handelsgewerbe, §§ 1 II, 2 S. 1 HGB, und B Kaufmann, § 1 I HGB.
Im Rahmen des Gewerbes regelmäßig Verkaufskommissionär, § 383 I HGB.
Verkauf also im Betrieb seines Handelsgewerbes, § 366 I HGB.
b) *§ 932 BGB:* Gutgläubigkeit vom Gesetz vermutet.
Hier kein Anlaß, an Veräußerungsbefugnis zu zweifeln.
2. § 812 I 1, 2. Alt. BGB: Erwerb vom Nichtberechtigten ist Rechtsgrund, arg. § 816
I 1 und 2 BGB.

III. Abwandlung: Bild war gestohlen
1. §§ 985 f. BGB: hier zusätzlich § 935 BGB.
Eigentumserwerb ausgeschlossen.
§§ 985 f. BGB begründet.
2. § 1007 II BGB ja, § 812 I 1, 2. Alt. BGB nein (Besitz nicht auf Kosten des D erlangt).

IV. Herausgabe des Erlöses
1. Anspruch A
§ 384 II HGB.
2. Anspruch S
§ 816 I 1 BGB: S war als Eigentümer Berechtigter, B Nichtberechtigter. Verfügung ist wirksam.
Herausgabe geht richtigerweise *nicht auf Gewinn.*
3. Anspruch D
§ 816 I 1 BGB: Verfügung nicht wirksam.
Genehmigung gem. §§ 185 II 1, 184 I BGB macht rückwirkend wirksam.
B bleibt i. S. von § 816 I 1 BGB Nichtberechtigter.

B. Lösung

I. Ausgangsfall: E war Eigentümer

A kann das Bild von C herausverlangen, wenn er Eigentümer und C nichtberechtigter Besitzer ist, *§§ 985 f. BGB*. Als Erbe des E ist A mit dem Erbfall zunächst Eigentümer des Bildes geworden, *§ 1922 I BGB*. Fraglich kann jedoch sein, ob in der Folge nicht C Eigentum daran erworben hat.

1. Nach *§ 929 S. 1 BGB* wird das Eigentum an beweglichen Sachen durch Einigung und Übergabe übertragen. Hier hat A das Bild dem C weder übergeben noch hat er sich mit ihm über den Eigentumsübergang geeinigt. Gehandelt hat vielmehr der Nichteigentümer B. Wenn B dabei im Namen und mit Vollmacht des A aufgetreten wäre, stünde das zwar einem Eigentumserwerb gem. *§ 929 S. 1 BGB* nicht entgegen. Als Kommissionär handelte B jedoch im eigenen Namen, *§ 383 I HGB*. Ein Eigentumserwerb des C nach *§ 929 S. 1 BGB* scheidet damit aus.

2. In Betracht kommt jedoch, daß C das Eigentum gem. *§§ 929 S. 1, 185 I BGB* erworben hat. Danach kann das fehlende Eigentum des Veräußerers dadurch überbrückt werden, daß der Berechtigte in die Verfügung des Nichtberechtigten einwilligt.

Ein Eigentumserwerb des C gem. *§ 929 S. 1 BGB* scheitert im vorliegenden Fall allein daran, daß der verfügende B nicht Eigentümer des Bildes und daher i. S. von *§ 185 I BGB* „Nichtberechtigter" war. Eigentümer und damit „Berechtigter" ist A. In dem Kommissionsauftrag, den A dem B erteilt hat, war allerdings das Einverständnis damit enthalten, daß B über das Bild im eigenen Namen verfügte. Anders konnte dieser Auftrag gar nicht ausgeführt werden. C ist daher gem. *§§ 929 S. 1, 185 I BGB* Eigentümer des Bildes geworden.

Der Eigentumsherausgabeanspruch des A ist deshalb unbegründet.

II. Fallabwandlung: das Bild war von S entliehen

1. Bei der ersten Fallabwandlung kann S gem. *§§ 985 f. BGB* die Herausgabe des Bildes verlangen, wenn er Eigentümer und C nichtberechtigter Besitzer ist. Ähnlich wie im Ausgangsfall stellt sich auch hier die Frage, ob S sein Eigentum durch die Veräußerung des Bildes an C nachträglich verloren hat. Im Unterschied zu dort kommt ein Erwerb gem. *§§ 929 S. 1, 185 I BGB* hier aber nicht in Betracht. Zwar hat A auch hier in die Verfügung durch B eingewilligt. Berechtigter war dieses Mal jedoch nicht A, sondern S. Dieser war mit der Veräußerung des Bildes gerade nicht einverstanden und hat diese auch im nachhinein nicht genehmigt.

a) In Betracht kommt jedoch, daß C das Bild gem. *§§ 366 I HGB, 932 BGB* gutgläubig erworben hat. Wenn eine bewegliche Sache von einem Kaufmann im Betrieb seines Handelsgewerbes veräußert worden ist, so erstreckt *§ 366 I HGB* den Gutglaubensschutz des *§ 932 BGB* auf den guten Glauben an die *Verfügungsbefugnis*.

Als Kunst- und Antiquitätenhändler betreibt B ein Gewerbe und ist auch im Handelsregister eingetragen. Selbst wenn das Unternehmen keinen kaufmännisch eingerichteten Geschäftsbetrieb erfordern sollte (*§ 1 II HGB*), handelt es sich somit um ein Handelsgewerbe, *§ 2 S. 1 HGB*. Als Betreiber eines Handelsgewerbes aber ist B Kaufmann, *§ 1 I HGB*.

Im Rahmen seines Gewerbes wird B regelmäßig als Verkaufskommissionär tätig. Er veräußert also gewerbsmäßig fremde Sachen im eigenen Namen für fremde Rechnung, § 383 I HGB. Die Veräußerung des Bildes durch B erfolgte daher, wie § 366 I HGB es verlangt, „im Betriebe seines Handelsgewerbes".

b) Der Eigentumserwerb des C hängt somit nur davon ab, ob C im Hinblick auf die Veräußerungsbefugnis des B i. S. von § 932 BGB *gutgläubig* war. Das war C nicht, wenn er wußte, daß B nicht zur Veräußerung befugt war bzw. wenn sein Nichtwissen auf grober Fahrlässigkeit beruhte. Wie aus der Formulierung des § 932 I BGB („es sei denn") hervorgeht, wird die Gutgläubigkeit des Erwerbers vom Gesetz *vermutet*. Der Erwerber muß daher im Streitfall nicht seine Gutgläubigkeit, vielmehr muß derjenige, der ihm das Eigentum streitig macht, seine Bösgläubigkeit beweisen.

Hier hatte C keinen Anlaß, daran zu zweifeln, daß die Verfügung des B durch eine Einwilligung des Eigentümers als des Berechtigten gedeckt war. Er war also gutgläubig und hat daher Eigentum erworben. Ein Herausgabeanspruch gem. §§ 985 f. BGB kommt somit nicht in Betracht.

2. Der Herausgabeanspruch des S könnte jedoch nach § 812 I 1, 2. Alt. BGB begründet sein. Das wäre der Fall, wenn es für den Erwerb des C im Verhältnis zu S keinen rechtlichen Grund gäbe. Wie aus § 816 I 1 und 2 BGB hervorgeht, ist der Erwerb vom Nichtberechtigten grundsätzlich als *kondiktionsfest* ausgestaltet worden. Das aber heißt nichts anderes, als daß dieser Erwerb kraft Gesetzes einen Rechtsgrund darstellt.

III. Fallabwandlung: das Bild war bei D gestohlen

1. Auch bei der zweiten Fallabwandlung ist zu prüfen, ob D das Bild gem. §§ 985 f. BGB herausverlangen kann. Diese Abwandlung zeichnet sich dadurch aus, daß das Bild bei D gestohlen worden war. Ob C Eigentümer geworden ist, richtet sich daher zusätzlich nach *§ 935 BGB*. Die Anwendung dieser Vorschrift wird durch § 366 HGB nicht ausgeschlossen. § 366 HGB erweitert den Gutglaubensschutz des Erwerbers zwar durch Einbeziehung des guten Glaubens an die Verfügungsbefugnis. Der Schutz des Eigentümers einer abhanden gekommenen Sache aber wird dadurch nicht geschmälert.

Bei Sachen, die dem Eigentümer gestohlen wurden, schließt § 935 I 1 BGB den gutgläubigen Erwerb schlechthin aus, es sei denn, daß eine der in Abs. 2 genannten Ausnahmen eingreift. Letzteres ist hier nicht der Fall. D hat daher sein Eigentum ungeachtet dessen nicht verloren, daß C gutgläubig von einer Veräußerungsbefugnis des B ausgegangen ist.

C ist lediglich Besitzer geworden. Ein Besitzrecht gegenüber D steht ihm nicht zu. Der mit B geschlossene Kaufvertrag wirkt nur zwischen C und diesem, nicht aber zwischen C und D. Gem. §§ 985 f. BGB kann D daher das Bild von C herausverlangen.

2. Diesen Herausgabeanspruch kann D weiter auch auf § 1007 II BGB stützen. Ein Anspruch aus § 812 I 1, 2. Alt. BGB dagegen scheidet aus: C leitet den Besitz von B ab. Das schließt aus, daß er ihn „auf Kosten" des D erhalten hat.

IV. Herausgabe des Erlöses

1. Anspruch des A

Zwischen A und B besteht ein Kommissionsvertrag. Gem. § 384 II HGB kann A daher die Herausgabe dessen verlangen, was B aus der Geschäftsbesorgung erlangt hat.[1]

2. Anspruch des S

Trifft ein Nichtberechtigter eine Verfügung, die dem Berechtigten gegenüber wirksam ist, so ist er dem Berechtigten gem. § 816 I 1 BGB zur Herausgabe des durch die Verfügung Erlangten verpflichtet. Wie oben (unter II) dargelegt, war B bezüglich des Bildes nicht berechtigt, S als Eigentümer war dagegen Berechtigter. Die von B über das Bild vorgenommene Verfügung war gegenüber S gem. §§ 366 I HGB, 932 BGB wirksam. S kann daher von B gem. § 816 I 1 BGB die Herausgabe des Erlöses verlangen.

Ob dieser Anspruch auch den von dem Nichtberechtigten evtl. erzielten Gewinn mitumfaßt, ist streitig. Wertmäßig „auf Kosten" (vgl. § 812 I 1 BGB) des Berechtigten erlangt ist der Veräußerungserlös nur insoweit, als er den Wert der Sache nicht übersteigt. Richtigerweise wird daher der überschießende Gewinn, der nur durch ein besonderes Veräußerungsgeschick erzielt wurde, von § 816 I 1 BGB nicht mitumfaßt.[2]

3. Anspruch des D

Ein Herausgabeanspruch des D gem. § 816 I 1 BGB scheitert zunächst daran, daß die von B vorgenommene Veräußerung dem Berechtigten D gegenüber nicht wirksam ist. D kann die Verfügung jedoch genehmigen und dadurch gem. §§ 185 II 1, 184 I BGB rückwirkend wirksam machen. Das hat nicht zur Folge, daß B im nachhinein zum Berechtigten wird. Er bleibt vielmehr Nichtberechtigter, ebenso wie er auch im Falle einer vorherigen Einwilligung des Berechtigten als Nichtberechtigter anzusehen wäre (arg. § 185 I, II BGB).

Wenn D daher die Verfügung des B genehmigt, kann er gem. § 816 I 1 BGB den Erlös abzüglich des etwa erzielten Gewinns herausverlangen.

Zur Vertiefung: *König*, Gewinnhaftung, Festschrift für v. Caemmerer, Tübingen 1978, 179; *Larenz*, Zur Bedeutung des „Wertersatzes" im Bereicherungsrecht, Festschrift für v. Caemmerer, 209; *Kupisch*, Befreiungswert und Verfügungswert. Zur Rechtsfolge des § 816 Abs. 1 Satz 1 BGB, Festschrift für Niederländer, Heidelberg 1991, 305; *Roth*, Gedanken zur Gewinnhaftung im Bürgerlichen Recht, Festschrift für Niederländer, 363; RGZ 106, 44 (§ 816 I 1 BGB bei nachträglicher Genehmigung); BGHZ 29, 157 (Gewinnherausgabe auch bei § 816 I 1 BGB).

---

[1] Falls Sie diese Vorschrift nicht gefunden haben, müssen Sie sich mit § 667 BGB oder mit § 816 I BGB behelfen: Da B das Eigentum, über das er verfügt hat, nicht zustand, war er Nichtberechtigter, der jedoch mit Einwilligung des Berechtigten A gem. § 185 I BGB wirksam verfügt hat.

[2] Zu einer „Gewinnhaftung" gem. § 687 II BGB kommt es aber dann, wenn sich der Veräußerer *bewußt* ein fremdes Geschäft anmaßt.

2. Die umkämpfte Einkreuzermarke

Sachverhalt

A ist Briefmarkenhändler und -auktionator. Auf seiner Auktion am 4.5.2002 bietet er u. a. aus seinen eigenen Beständen ein im Jahr 1849 gestempeltes und hervorragend erhaltenes Exemplar der schwarzen bayerischen Einkreuzermarke zum Mindestpreis von 4.000 € an. Da das Limit etwas hoch angesetzt ist, wird jedoch kein Gebot abgegeben.

Wie üblich, findet in den Wochen nach der Auktion noch ein sog. Nachverkauf statt, bei dem die nichtverkauften Stücke in der Regel zum Limitpreis, gelegentlich aber auch darunter erworben werden können. Im Rahmen des Nachverkaufs verhandelt A mit verschiedenen Sammlern, die sämtlich daran interessiert sind, die Marke möglichst günstig unterhalb des Limitpreises zu erwerben.

Am 10.5.2002 veräußert A die Einkreuzermarke für 2.000 € an B. Da B im Augenblick nur 1.000 € zahlen kann, überläßt A ihm die Marke bis zur vollständigen Kaufpreiszahlung unter Eigentumsvorbehalt.

Am 13.5.2002 bietet C, der die Marke aus dem Auktionskatalog kennt, dem A nachträglich dafür 2.500 €. A klärt C darüber auf, daß er die Marke mittlerweile unter Eigentumsvorbehalt an B veräußert hat. C läßt sich dadurch jedoch nicht abschrecken, sondern hält an seinem Angebot fest. Daraufhin veräußert A dem C die Marke unter gleichzeitiger Abtretung des Anspruchs aus dem mit B vereinbarten Besitzmittlungsverhältnis.

Als C von B die Einkreuzermarke mit der Begründung herausverlangt, daß er Eigentümer sei, gerät B in Panik. Um zu retten, was nach seiner Vorstellung zu retten ist, versucht er, die Marke rasch weiterzuveräußern. Sein Sammlerkollege D, der B für den Eigentümer hält, ist bereit, 3.000 € dafür zu zahlen, kann diese Summe aber nur in Raten von 1.000 € begleichen. B sagt zu und einigt sich mit D am 17.5. dahin, daß die Marke ab sofort diesem gehören soll. Bis D die letzte Rate bezahlt hat, soll die Marke jedoch bei B in Verwahrung bleiben. Am 21.5. zahlt B den noch ausstehenden Kaufpreisrest in Höhe von 1.000 € an A und hält den Anspruch des C damit für erledigt.

D hat die erste Rate in Höhe von 1.000 € am 17.5.2002 an B gezahlt. Die zweite Rate zahlt er am 10.6., die letzte Rate am 10.7.2002. Am 11.7.2002 verlangt er von B die Herausgabe der Marke.

C hat B in der Zwischenzeit mehrfach vergeblich aufgefordert, ihm die Marke endlich zu überlassen. Am 11.7.2002 wendet er sich durch seinen Rechtsanwalt R_1 nochmals an B und verlangt erneut die sofortige Herausgabe der Marke, widrigenfalls er umgehend Klage erheben werde.

Da B, der gleichzeitig von C und D bedrängt wird, nicht mehr weiß, was er tun soll, sucht er seinerseits den Anwalt R_2 auf und bittet ihn um Auskunft, wem er die Briefmarke von Rechts wegen herausgeben muß.

Bereiten Sie die Auskunft des R_2 gutachtlich vor.

A. Vorbereitende Überlegungen

I. Erfassen des Sachverhalts

Wahrscheinlich sind Sie bei der Lektüre des Sachverhalts erschrocken und haben am Ende überhaupt nicht verstanden, worum es geht. Diese Verwirrung ist beabsichtigt; denn mit diesem Fall soll nicht zuletzt getestet werden, ob Sie in der Lage sind, einen komplizierten Sachverhalt zu durchschauen. Nichts wäre daher unrichtiger, als wenn Sie sofort die rechtlichen Gesichtspunkte notieren würden, die Ihnen bei der Lektüre des Aufgabentextes eingefallen sind, und im Gesetz nachschlagen würden. Bevor Sie nicht wissen, worum es *faktisch* geht, sind *rechtliche* Überlegungen fehl am Platz. Wichtig ist daher, daß Sie Ruhe bewahren und Schritt für Schritt so vorgehen, wie Sie es gelernt haben. Das aber heißt, daß Sie zunächst einmal den Sachverhalt voll und ganz durchschauen müssen.

Was eine Skizze wert ist, können Sie gerade anhand des vorliegenden Falles erkennen. Mit Hilfe einer kleinen Zeichnung, in der die entscheidenden Schritte anschaulich festgehalten sind, lassen sich die komplizierten Beziehungen der Beteiligten schnell transparent machen. Eine solche Skizze könnte etwa folgendermaßen aussehen:

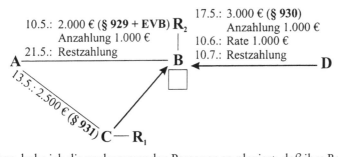

Wie Sie sehen, habe ich die vorkommenden Personen so plaziert, daß ihre Beziehungen leicht zu überschauen sind. Die Sache, um die gestritten wird, habe ich durch ein kleines Quadrat bei B symbolisiert. Des weiteren habe ich durch zwei kräftige Pfeile zum Ausdruck gebracht, daß darauf von zwei Seiten her zugegriffen wird: Sowohl C als auch D verlangen die Marke von B heraus.

Wenn Sie soweit sind, können Sie auf einen Blick sehen, daß *zwischen C und B keinerlei vertragliche Beziehungen* bestehen. Wenn C die Marke von B herausverlangt, kann er sich daher nur auf einen gesetzlichen Anspruch stützen. Es gehört nicht viel Gespür dazu, um zu erraten, daß dies der **Eigentumsherausgabeanspruch** gem. § 985 BGB sein wird. Dementsprechend können Sie damit rechnen, daß den Eigentumsverhältnissen hier eine besondere Bedeutung zukommt. Ich habe daher nachträglich nicht nur die verschiedenen Kaufpreise eingetragen – an deren steigenden Beträgen ist die Reihenfolge der Vertragsschlüsse leicht ablesbar –, sondern habe in der Skizze auch die jeweilige Übertragungsform festgehalten: zwischen A und B § 929 BGB in Verbindung mit einem Eigentumsvorbehalt, zwischen A und C § 931 BGB und zwischen B und D schließlich § 930 BGB.

Was die im Sachverhalt vorkommenden Daten angeht, so hätte man die Skizze durch eine beigefügte Liste der einzelnen Vorgänge ergänzen können. Angesichts der Vielzahl der darin vorkommenden Personen wäre dies aber wenig hilfreich gewesen. Ich habe es daher vorgezogen, die entscheidenden Daten in die Skizze selbst einzutragen. Dadurch wird diese zwar ein wenig kompliziert. Ein größeres Maß an Anschaulichkeit ist aber nach Lage der Dinge schwer zu erzielen.

Mit einer solchen Skizze vor Augen brauchen Ihnen vor dem Sachverhalt nicht länger bange zu sein. Wenn Sie einen Moment zurückdenken, wie erschrocken Sie bei der ersten Lektüre waren, und dies mit Ihrem jetzigen Gefühl vergleichen, so haben Sie ein schlagendes Beispiel dafür, wie wichtig es ist, zunächst einmal genau den Sachverhalt zu erfassen.

II. Erfassen der Fallfrage

Worin aber besteht die Fallfrage? Am Ende des Sachverhalts wird der Bearbeiter aufgefordert, die Auskunft, die Rechtsanwalt R_2 seinem Mandanten B geben wird, gutachtlich vorzubereiten. Die Aufgabenstellung führt daher auf das *Anliegen des B*. Im Hinblick auf das Herausgabeverlangen von C und D möchte B wissen, **wem** er die Briefmarke von Rechts wegen **herausgeben** muß.

Wahrscheinlich kommt Ihnen diese Fragestellung ungewohnt vor; denn vermutlich haben Sie es bisher überwiegend mit Fällen zu tun gehabt, in denen danach gefragt war, *ob* X von Y dies oder jenes *verlangen* kann, oder in denen die Frage wenigstens dahin lautete, *was* X von Y *verlangen* kann. Hier verhält es sich umgekehrt: die Frage geht nicht dahin, was B verlangen kann, sondern *wozu* er von Rechts wegen *verpflichtet* ist.

Aber dadurch sollten Sie sich nicht irritieren lassen. Es geht nämlich nur darum, das, was Sie vielleicht nur aus der Sicht des Gläubigers zu betrachten gewohnt sind, einmal *aus der Sicht des Schuldners* zu sehen. Dieser ist naturgemäß daran interessiert, zu erfahren, ob er verpflichtet ist und wenn ja, worin diese Verpflichtung besteht. Soweit es, wie hier, um konkrete *Handlungs-* und nicht bloß um Schutzpflichten geht, ändert sich für Sie in der Sache nicht viel. Der *Handlungspflicht* des Schuldners korrespondiert nämlich auf der anderen Seite ein *Anspruch* des Gläubigers, so daß die Frage nach den Pflichten des Schuldners im Ergebnis doch auf die Frage nach Ansprüchen hinausläuft, nur mit dem Unterschied, daß dies jetzt nicht die Ansprüche dessen sind, der die Rechtsauskunft begehrt, sondern die Ansprüche derer, die als seine Gläubiger in Betracht kommen.

Hier verlangen zwei Personen von B die Herausgabe der Briefmarke: C und D. Die Frage, wem B die Marke von Rechts wegen herausgeben muß, ist daher keine andere als die, **ob C oder D einen Anspruch auf Herausgabe hat.**

Vorsichtshalber möchte ich darauf hinweisen, daß mit dieser Frage noch alles offen ist. Es kann also sein, daß B die Marke tatsächlich dem C *oder* dem D herausgeben muß. Ebensogut aber kann es sein, daß *keiner* von beiden die Marke verlangen kann. Und möglich ist schließlich auch, daß *beide* einen Anspruch auf die Marke haben. Das wäre durchaus kein seltener Fall: Wenn jemand über eine fremde Sache, die er im Besitz hat, einen Kaufvertrag schließt, ist er dem Eigentümer aus § 985 BGB, dem Käufer dagegen aus dem Kaufvertrag zur Herausgabe verpflichtet. Wichtig ist daher, daß Sie sich vorerst nach allen Seiten hin offenhalten.

III. Erarbeiten der Lösung

1. Worauf wird es ankommen?

Wenn Sie auf die Skizze schauen, dann sehen Sie auf einen Blick, daß D mit B über die Briefmarke einen Kaufvertrag geschlossen und diesen von seiner Seite vollständig erfüllt hat. Daraus folgt, daß er von B Erfüllung und damit Herausgabe (und sogar Übereignung) der Marke verlangen kann. Es gibt nichts, was diesem Erfüllungsanspruch entgegenstehen würde. Was auch immer zwischen A und C vereinbart worden ist: an dem Erfüllungsanspruch des D gegenüber B kann dies nichts ändern. Wenn Sie sich also den Sachverhalt hinreichend vergegenwärtigt haben, so können Sie die Fallfrage teilweise bereits „aus dem Stand" beantworten: Eine **Verpflichtung des B zur Herausgabe** der Marke besteht gem. § 433 I 1 BGB jedenfalls **gegenüber D**.

Der Kreis, in dem die eigentlichen Schwierigkeiten liegen, ist damit bereits sehr eingeengt. Was bleibt, ist einmal die Frage, ob auch C die Herausgabe verlangen kann, zum andern die, ob D seinen Herausgabeanspruch auch auf andere Anspruchsgrundlagen stützen kann als § 433 I 1 BGB. Hier wie da geht es ersichtlich um einen **Eigentumsherausgabeanspruch gem. § 985 BGB**: Wenn C, der mit B in keinerlei vertraglichen Beziehungen steht, von diesem gleichwohl die Herausgabe der Marke verlangen kann, dann allenfalls deshalb, weil er diese von A zu Eigentum erworben hat. Und wenn D gegenüber B ein gesetzlicher Herausgabeanspruch zusteht, kann dies ebenfalls nur § 985 BGB sein.

Sieht man einmal von den Sonderfällen des Miteigentums und des Gesamthandseigentums ab, so kann eine Sache nur im Eigentum *einer* von mehreren Personen stehen. Dementsprechend kann auch nur *einer* von ihnen berechtigt sein, sie gem. § 985 BGB von einem Dritten herauszufordern: nämlich der Eigentümer. Bezogen auf unseren Fall, kann es also nicht sein, daß sowohl C als auch D ein Eigentumsherausgabeanspruch zusteht. In Betracht kommt nur *einer* von beiden. Wer, hängt davon ab, **wer Eigentümer ist**.

A hat die Marke am 13.5. an C übereignet. War er dazu überhaupt noch in der Lage? Wie Sie aus der Skizze unschwer sehen, hatte er die Marke zwar bereits an B *weiterveräußert*, aber nur unter *Eigentumsvorbehalt*. Er war also noch Eigentümer und konnte die Einkreuzermarke gem. § 931 BGB an C übereignen. Anders ausgedrückt: **C ist am 13.5. Eigentümer geworden.**

Und spätestens jetzt muß es bei Ihnen klingeln: A hat die Marke zunächst aufschiebend *bedingt an B* und dann noch einmal *unbedingt an C* übereignet. Die Frage, was aus der Übereignung an C wird, wenn nachträglich im Verhältnis zu B die Bedingung eintritt, ist in **§ 161 BGB** geregelt. Diese Frage wird daher im Mittelpunkt Ihrer weiteren Überlegungen stehen.

Und weiter: B war am 17.5., als er die Marke gem. § 930 BGB an D übereignete, selbst noch Nichteigentümer. Konnte D gutgläubig erwerben? Damit ist ersichtlich **§ 933 BGB** angesprochen. Und wenn der Erwerb hiernach scheitert: Muß es D dann nicht wenigstens zugute kommen, wenn der als Nichtberechtigter verfügende B nachträglich Eigentümer geworden sein sollte? Wie Sie vermutlich bereits im ersten Semester gelernt haben, ist dies eine Problematik, mit der sich **§ 185 II BGB** befaßt.

Sie können hier eine Erfahrung machen, die bei juristischen Arbeiten gar nicht selten ist: Je tiefer Sie in den Fall eindringen, desto einfacher wird er. Am Anfang waren Sie vielleicht wie erschlagen. Jetzt aber sehen Sie, daß es im wesentlichen auf einige Probleme des Allgemeinen Teils des BGB und außerdem auf die Frage des gutgläubigen Erwerbs hinausläuft, also Dinge, die Sie durchaus bewältigen können. Wer am Anfang die Nerven verloren und ohne nachzudenken verzweifelt im Gesetz geblättert oder gar gleich zu schreiben begonnen hat, ist dagegen höchstwahrscheinlich gescheitert.

2. Strategie

Sie haben von zwei Seiten her Herausgabeansprüche gegen B zu prüfen: von seiten des
C und von seiten des D. Womit sollen Sie anfangen? Daß der Herausgabeanspruch
des D gem. § 433 I 1 BGB begründet ist, wissen Sie bereits; denn dazu bedarf es nicht
mehr als eines wirksamen (und im Hinblick auf § 320 I 1 BGB ggf. vom Käufer erfüllten) Kaufvertrags. Wenn Sie auf die Skizze schauen, sollten Sie erkennen, daß C am
13.5. gem. § 931 BGB Eigentum erworben hat; denn bis zu diesem Zeitpunkt war A
Eigentümer der Marke und hat sie unter Abtretung des Anspruchs aus dem
Besitzmittlungsverhältnis an C veräußert. Also gibt es nur *zwei Möglichkeiten*:
Entweder ist B nebeneinander dem Anspruch des D aus § 433 I 1 BGB und dem
Anspruch des C aus § 985 BGB ausgesetzt *oder* C hat das Eigentum nachträglich an D
verloren und dieser kann zusätzlich auch gem. § 985 BGB die Herausgabe verlangen.

Beginnen Sie mit der Prüfung des Anspruchs des C, werden Sie schnell zu dem
Ergebnis gelangen, daß C Eigentümer geworden ist. Sie müssen dann aber weiter
prüfen, ob er es nachträglich an D *verloren* hat. Diese Prüfung ist erheblich aufwen-
diger. Beginnen Sie mit dem Anspruch des D, wird der Schwerpunkt Ihrer
Ausführungen dort liegen. An sich ist *beides möglich*. Wenn Sie jedoch ahnen oder
sogar erkennen, daß C das Eigentum wieder verliert, weil D es gem. § 185 II BGB
erwirbt, ist es eleganter, mit der Prüfung der Ansprüche des D zu beginnen.

Entscheidend ist nur, daß Sie den Überblick behalten. Dazu sollten Sie die
Sachverhaltsskizze ständig vor Augen haben.

3. Lösungsskizze

A. Ansprüche D gegen B

I. § 433 I 1 BGB

1. Erfüllungsanspruch aus Kaufvertrag vom 17.5.
2. Zurückbehaltungsrecht aus vertraglicher Abrede bzw. § 320 BGB mit voller Zahlung am 10.7. entfallen.

II. §§ 985 f. BGB

B = Besitzer. Fraglich Eigentum des D und Besitzrecht des B.

1. *Eigentumserwerb des D am 17.5.?*
   a) Übereignung in der Form des § 930 BGB scheitert am Nichteigentum des B.
   b) Gutgläubiger Erwerb gem. § 933 BGB scheitert an fehlender Besitzübertragung.
2. *Eigentumserwerb gem. § 185 II 1 BGB am 21.5.?*
   a) Marke war gem. §§ 929, 158 I BGB aufschiebend bedingt an B übereignet.
      Bedingung ist eingetreten.
      Sache während Schwebezeit aber gem. § 931 BGB an C übereignet.
   b) Nach § 161 I 1 BGB wird Übereignung an C bei Bedingungseintritt zugunsten der
      bedingten Übereignung an B *unwirksam*.
      § 161 III BGB greift mangels guten Glaubens nicht ein.
      Mit Erwerb des B wird zugleich D Eigentümer.
3. Besitzrecht des B mit Restkaufpreiszahlung erloschen.
   Anspruch begründet.

B. Ansprüche des C gegen B

Keine vertraglichen Ansprüche.
Mit Eigentumserwerb des D wird C Nichteigentümer.
Also auch nicht §§ 985 f. BGB.

C. Ergebnis

B ist nur dem D verpflichtet.

Da der Fall am Anfang schwer zu durchschauen war, haben Sie vermutlich für die vorbereitenden Überlegungen mehr Zeit gebraucht als gewöhnlich. Die Lösung muß sich daher in knapper Darstellung ganz auf das Wesentliche konzentrieren.

B. Lösung

A. Ansprüche des D gegen B

I. § 433 I 1 BGB

1. In Betracht kommt zunächst, daß D die Briefmarke gem. § 433 I 1 BGB von B herausverlangen kann. Am 17.5. haben sich B und D über den Kauf der Marke geeinigt. Dadurch hat D einen Erfüllungsanspruch erlangt. Dieser richtet sich, auch wenn die Marke vorerst im Besitz des B verbleiben sollte, letztlich doch auf die Herausgabe der Sache selbst. D steht daher ein vertraglicher Herausgabeanspruch gegen B zu.

2. Zu prüfen bleibt nur, ob B diesem Anspruch eine Einrede entgegensetzen kann. Gem. § 320 I BGB braucht der Schuldner in einem gegenseitigen Vertrag die ihm obliegende Leistung grundsätzlich nur Zug um Zug gegen Bewirkung der Gegenleistung zu erbringen. Wenn B und D vereinbart haben, daß die Marke bis zur vollständigen Kaufpreiszahlung bei B „in Verwahrung" bleiben soll, haben sie sich auf ein solches Zurückbehaltungsrecht außerdem vertraglich geeinigt.

Nachdem D den Kaufpreis am 10.7. vollständig bezahlt hat, darf ihm B die Marke nicht länger vorenthalten. Ab diesem Zeitpunkt steht D ein einredefreier Herausgabeanspruch gegen B zu.

II. §§ 985 f. BGB

Denkbar ist weiter, daß D die Marke auch gem. §§ 985 f. BGB von B herausverlangen kann. Das setzt voraus, daß D Eigentümer und B nichtberechtigter Besitzer ist. Da B die Sache in seiner tatsächlichen Gewalt hat, ist nur das Eigentum des D und die Besitzberechtigung des B genauer zu prüfen.

1. Ein *Eigentumserwerb des D* könnte zunächst am *17.5.* erfolgt sein.

a) An diesem Tag haben B und D nicht nur einen Kaufvertrag miteinander geschlossen, sondern sich auch darüber geeinigt, daß D unmittelbar das Eigentum erwerben sollte. Freilich war B, der die Marke nur unter Eigentumsvorbehalt von A erworben hatte, zu diesem Zeitpunkt selbst Nichteigentümer, so daß ein Erwerb vom Berechtigten ausscheidet.

b) Möglich ist aber ein gutgläubiger Erwerb vom Nichtberechtigten. B und D haben sich am 17.5. darauf geeinigt, daß die Marke vorerst bei B „in Verwahrung" bleiben sollte. Die Übereignung wurde also gem. § 930 BGB durch Vereinbarung eines Besitzkonstituts vollzogen. Der gutgläubige Erwerb richtet sich in diesem Fall nach § 933 BGB. Nach dieser Vorschrift reicht die Vereinbarung eines Besitzmittlungsverhältnisses als Grundlage eines gutgläubigen Erwerbs nicht aus. Der gutgläubige Erwerber wird hiernach vielmehr erst dann Eigentümer, wenn ihm die Sache vom Veräußerer übergeben wird. Dazu ist es bisher nicht gekommen.

2. Die nach dem eben Gesagten unwirksame Übereignung von B an D könnte jedoch gem. § 185 II 1 BGB *am 21.5. wirksam geworden* sein. Nach dieser Vorschrift wird die Verfügung eines Nichtberechtigten wirksam, wenn er den Gegenstand erwirbt.

a) Die Marke ist von A am 10.5. aufschiebend bedingt gem. § 929 BGB an B übereignet worden. Bedingung war die vollständige Kaufpreiszahlung. Einen normalen
Verlauf vorausgesetzt, wäre B demnach mit der Zahlung des Restkaufpreises am
21.5. gem. §§ 929, 158 I BGB Eigentümer geworden. Im vorliegenden Fall ist dies
deshalb problematisch, weil A die Marke in diesem Zeitpunkt gem. § 931 BGB unter
Abtretung des Herausgabeanspruchs aus dem Besitzmittlungsverhältnis zu B bereits
wirksam an C weiterveräußert hatte. Die Frage ist daher, ob die Übereignung an C
einen nachträglichen Eigentumserwerb durch B ausschließt oder ob dieser dennoch
möglich ist.

b) Wenn unter einer aufschiebenden Bedingung über einen Gegenstand verfügt
worden ist, ist nach *§ 161 I 1 BGB* jede weitere Verfügung, die der Verfügende während der Schwebezeit über den Gegenstand trifft, im Falle des Bedingungseintritts
insoweit unwirksam, als sie die von der Bedingung abhängige Wirkung vereiteln
würde. Hier hat A die Marke zunächst aufschiebend bedingt an B übereignet. Während der Schwebezeit hat er eine weitere, dieses Mal unbedingte Übereignung an C
vorgenommen, und am 21.5. schließlich ist im Verhältnis zu B die Bedingung eingetreten. Von diesem Zeitpunkt an ist daher der *Eigentumserwerb des C unwirksam.*
Vielmehr hat B, dessen Erwerbsposition auch während der Schwebezeit durch § 161
I BGB geschützt war, nachträglich das Eigentum erlangt.

Dies wäre nur dann anders, wenn C im Hinblick auf die aufschiebend bedingte
Weiterveräußerung gutgläubig gewesen wäre. In diesem Fall könnte er sich gem.
§ 161 III BGB auf die Vorschriften über den gutgläubigen Erwerb berufen. C war
jedoch von A entsprechend aufgeklärt worden. Der nachträgliche Erwerb des B
scheitert daher nicht an § 161 III BGB.

Mit dem Eigentumserwerb des B wird zugleich die im Verhältnis zu D getroffene
Verfügung wirksam. D hat daher *nachträglich Eigentum erworben.*

3. Das zwischen B und D vereinbarte Besitzrecht des B ist mit der vollständigen
Zahlung des Kaufpreises entfallen. Als Eigentümer der Marke kann D von B als
nichtberechtigtem Besitzer gem. §§ 985 f. BGB die Herausgabe verlangen.

B. Ansprüche des C gegen B

Vertragliche Ansprüche scheiden aus, da zwischen C und D kein Vertrag geschlossen
wurde. In Betracht kommt insoweit nur ein Herausgabeanspruch gem. §§ 985 f. BGB.
Mit dem Erwerb des Eigentums durch B bzw. D hat jedoch C das bis dahin innege-
habte Eigentum verloren. Ein Herausgabeanspruch scheidet daher auch insoweit aus.

C. Ergebnis

B ist nur gegenüber D zur Herausgabe verpflichtet.

Zur Vertiefung: BGHZ 20, 88 (Übertragung des Anwartschaftsrechts und Übereignung der Sache durch den Eigentumsvorbehaltskäufer).

3. Eine Fehlinvestition

Sachverhalt

Frau E muß für zwei Wochen ins Krankenhaus. Ihr Auto überläßt sie für diese Zeit ihrem neuen Bekannten L in der Hoffnung, daß er sie damit regelmäßig besucht. Als L entdeckt, daß sich im Handschuhfach sowohl der Kfz-Schein als auch der Kfz-Brief befindet, kommt ihm jedoch ein anderer Gedanke: Er veräußert das Auto für 1.500 € an B. Diesem erzählt er dabei, daß die Papiere noch nicht umgeschrieben seien, weil er das Auto gerade selbst erst erworben habe. Nachdem er jedoch festgestellt habe, daß es viele Mängel aufweise, wolle er es lieber gleich wieder abstoßen. Um den Handel nicht scheitern zu lassen, fragt B nicht weiter nach.

In der Tat ist das Auto etwas heruntergekommen. E hatte deswegen bereits die Absicht geäußert, es demnächst verschrotten zu lassen. B jedoch trifft eine andere Entscheidung und läßt es in der Folge für 3.500 € umfassend überholen. Dabei werden die Elektronik, alle Chromteile, Fahrzeuglampen, Stoßdämpfer sowie die Bremsanlage erneuert und außerdem Schweißarbeiten im Unterbodenbereich durchgeführt. Am Ende hat B ein Auto, das sich sehen lassen kann.

Seiner Bekannten E hat L unterdessen erzählt, daß der Wagen gestohlen worden sei. Durch Zufall wird die ganze Angelegenheit nach einiger Zeit aber aufgedeckt. E verlangt daraufhin von B die Herausgabe des Autos. B weigert sich, weil er meint, daß er Eigentümer sei. Zumindest müßten ihm seine Aufwendungen in Höhe von 3.500 € ersetzt werden.

Wie ist die Rechtslage?

A. Vorbereitende Überlegungen

I. Erfassen des Sachverhalts

In dem Fall kommen drei Personen vor, die in folgenden Beziehungen zueinander stehen: E verleiht ihr Auto an L. Dieser unterschlägt es und veräußert es an B. Von diesem wiederum verlangt E es nach Aufdeckung dessen, was geschehen ist, heraus.

Diese einfache Struktur ist freilich mit zwei Besonderheiten verbunden. Einmal wird das Auto unter Vorlage der Fahrzeugpapiere, in denen nach wie vor die E eingetragen ist, veräußert. Sodann aber wendet B zur Überholung des heruntergekommenen Fahrzeugs erhebliche Kosten auf.

In einer Skizze könnte man sich dies so verdeutlichen:

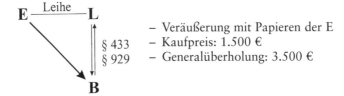

– Veräußerung mit Papieren der E
– Kaufpreis: 1.500 €
– Generalüberholung: 3.500 €

II. Erfassen der Fallfrage

Die Frage: „Wie ist die Rechtslage?" bezieht sich zunächst auf das **Herausgabeverlangen** der E. Insoweit kann man die Fallfrage also auch so formulieren: Kann E von B die Herausgabe des Autos verlangen? In der obigen Skizze ist dieses Herausgabeverlangen durch den üblichen Anspruchspfeil angedeutet worden.

Sodann aber bezieht sich die Frage nach der Rechtslage auch auf die von B geltend gemachten **Gegenansprüche**. Man hätte insoweit daher auch schreiben können: Falls B das Auto an E herausgeben muß, kann er dann wenigstens einen Gegenanspruch wegen der von ihm getätigten Aufwendungen geltend machen?

Ein Fall dieser Art könnte ohne weiteres von einem *Richter* zu entscheiden sein. Sie brauchen sich nur vorzustellen, daß E den B auf Herausgabe verklagt und dieser gegenüber dem Herausgabeanspruch ein Zurückbehaltungsrecht geltend macht oder gar eine Widerklage auf Erstattung seiner Aufwendungen erhebt.

Denkbar ist aber auch, daß ein *Anwalt* von einer der Parteien um Rat befragt wird. Der Anwalt der E müßte sich dann Gedanken darüber machen, ob E tatsächlich ein Herausgabeanspruch zusteht und falls ja, ob sie sich auf ein Zurückbehaltungsrecht oder eine Widerklage des B gefaßt machen muß. Der Anwalt des B müßte sich auf die entgegengesetzte Perspektive einstellen: Ist B von Rechts wegen zur Herausgabe verpflichtet? Und falls ja, kann er dann wenigstens einrede- oder (wider-)klageweise einen Gegenanspruch geltend machen?

III. Erarbeiten der Lösung

1. Worauf wird es ankommen?

Der Herausgabeanspruch kann im Prinzip auf zwei Vorschriften gestützt werden: auf *§ 985 BGB* oder auf *§ 812 I 1, 2. Alt. BGB*[1]. Im Rahmen des **§ 985 BGB** kommt es vor allem darauf an, ob E nach wie vor Eigentümerin des Autos ist oder ob sie ihr Eigentum durch die späteren Vorgänge verloren hat. Zu prüfen ist hier zunächst, ob B den Wagen *gutgläubig erworben* hat (§ 932 BGB). Scheidet dies aus, ist weiter daran zu denken, daß B auch dadurch Eigentum erlangt haben könnte, daß er das Auto zu einer „neuen Sache" *umgestaltet* hat (§ 950 BGB). Damit haben Sie einiges zu tun, wenn Sie auf sorgfältige Argumentation bedacht sind.

Wenn Sie sich mit **§ 812 I 1 BGB** – in Betracht kommt vorstehend nur eine *Nichtleistungskondiktion* – in derselben Ausführlichkeit beschäftigen, wie es mit dem Eigentumsherausgabeanspruch hier u. U. geboten ist, könnte die Zeit knapp werden. Sie sind daher gut beraten, insoweit rasch zu einer Entscheidung zu gelangen. Vor Ihrem geistigen Auge könnten dabei folgende Überlegungen ablaufen: Hat B das Eigentum gem. § 932 BGB erworben, stellt dies zugleich einen Behaltensgrund dar. (Der gutgläubige Erwerb ist „kondiktionsfest".) Ist der Eigentumserwerb nach § 950 BGB erfolgt, wird ein bereicherungsrechtlicher Rückübereignungsanspruch durch § 951 I 2 BGB ausgeschlossen. Ein auf die Sache gerichteter Bereicherungsanspruch kommt somit nur dann in Betracht, wenn B *nicht* Eigentümer geworden ist. In diesem Fall könnten Sie sich auf die noch immer verbreitete Subsidiaritätslehre stützen. Danach ist derjenige, der durch Leistung erworben hat (B hat den Besitz durch Leistung des L erhalten), wegen dieses Erwerbs keiner Nichtleistungskondiktion ausgesetzt, auch nicht der eines Dritten.[2] Mittlerweile hat diese Lehre freilich viel von ihrem früheren Glanz eingebüßt. Deshalb empfiehlt es sich eher, einen aus dem Gesetz abgeleiteten Sachgrund anzuführen. Bezogen auf unseren Fall lautet dieser: Wenn B den Besitz vollständig von L ableitet, kann er ihn nicht gleichzeitig „auf Kosten" der E erlangt haben.

Falls E von B das Auto herausverlangen kann, liegt ein *zweiter Schwerpunkt* der Arbeit bei den **Gegenrechten** des B wegen der auf die Sache gemachten *Verwendungen*. Sie haben es hier geradezu mit einem Musterbeispiel für das Denkmodell von „Anspruch und Einrede" zu tun. Ein Verwendungsersatzanspruch kann sich vor allem aus den **§§ 994, 996 BGB** ergeben. Kommen diese Vorschriften zum Zug, so kann der Besitzer nicht nur Ersatz seiner Verwendungen verlangen, sondern braucht überdies die Sache gem. *§ 1000 BGB* nur Zug um Zug gegen Erstattung seiner Verwendungen herauszugeben. Die §§ 994, 996 BGB führen hier, wie Sie vor allem bei entsprechendem Vorwissen erkennen werden, zu sehr komplizierten Überlegungen. In der Klausur werden Sie diese Probleme kaum so bewältigen können, wie es in der Musterlösung dargestellt ist. Sie sollten sich aber bemühen zu zeigen, daß Sie über das nötige „*Schlüsselwissen*" verfügen.

Abgesehen von den §§ 994, 996 BGB erhebt sich die Frage, ob der nichtberechtigte Besitzer nicht auch noch nach **§ 273 BGB** Ersatz seiner auf die Sache getätigten Verwendungen verlangen kann. Auch dies ist ein Problem, zu dem Sie in der Klausur kaum Wissen präsent haben werden, wenn Sie sich damit nicht bereits einmal be-

---

[1] Der auf Wiederherstellung des mittelbaren Besitzes gerichtete Anspruch gem. § 1007 I BGB kann hier vernachlässigt werden. Er wäre nur von Bedeutung, wenn das Eigentum der E nicht feststünde.

[2] Von anderen wird das Subsidiaritätsprinzip dahin bestimmt, daß der, der geleistet hat, darauf keine Nichtleistungskondiktion stützen könne.

schäftigt haben. Sie sollten aber doch anstreben, das Problem deutlich zu machen und Schlüsselwissen erkennen zu lassen.

2. Strategie

Da es nur um die Beziehungen zwischen E und B geht, müssen Sie sich im nächsten Schritt Ihrer Überlegungen darüber klarwerden, in welcher *Reihenfolge* Sie die in Betracht kommenden Ansprüche prüfen wollen. Lassen Sie sich von der Fallfrage leiten (vgl. oben II), werden Sie *zuerst den* **Herausgabeanspruch** der E und dann die möglichen *Gegenansprüche* des B untersuchen. Denn die Frage nach der Rechtslage bezieht sich auf die Intentionen von E und B, die im Sachverhalt in dieser Reihenfolge mitgeteilt werden. Für dieses Vorgehen gibt es aber auch unabhängig hiervon Gründe. Verwendungsersatzansprüche können B nämlich nur dann zustehen, wenn E nach wie vor Eigentümerin des Autos ist, nicht aber dann, wenn B den Wagen selbst erworben hat. Die Eigentumsverhältnisse sind daher an erster Stelle zu klären.

Was die **Verwendungsersatzansprüche** des B angeht, so könnte man diese Ansprüche zunächst für sich prüfen und nur dann, wenn sie bejaht werden, die Frage anschließen, ob B deswegen ein Zurückbehaltungsrecht geltend machen kann. Man kann diese Ansprüche aber auch von vornherein im Rahmen eines möglichen Zurückbehaltungsrechts erörtern. Das bietet den Vorteil, daß der Verwendungsersatzanspruch in einen unmittelbaren Zusammenhang mit dem Vindikationsanspruch gesetzt wird, mit dem Sie hier anfangen müssen. Dieser Weg wird daher auch im folgenden eingeschlagen.

3. Lösungsskizze

I. Herausgabeanspruch der E

1. § 985 BGB
   Voraussetzungen: §§ 985 f. BGB
a) Eigentumsverlust nach § 932 BGB?
   Für L spricht § 1006 I BGB.
   Bei Nichteintragung im Kfz-Brief jedoch Nachprüfungspflichten.
   Grobe Fahrlässigkeit.
b) Eigentumsverlust nach § 950 BGB?
   Voraussetzungen: durch Verarbeitung neue Sache und Wert der Verarbeitung nicht erheblich geringer als Sachwert.
   „Neue Sache"?
   § 950 I BGB will nicht schlechthin dem Wertsteigerer Eigentum zukommen lassen.
   Vielmehr: *Zuordnungsprobleme* lösen.
   Entscheidend daher Verkehrsauffassung.
   Danach dasselbe Auto.
c) § 986 BGB
   Leihe beendet.
   Kein Besitzrecht des B gegenüber E.
2. § 812 I 1, 2. Alt. BGB
   Besitz *nicht auf Kosten* der E.

II. Zurückbehaltungsrecht des B

1. § 1000 S. 1 BGB,
   wenn §§ 994, 996 BGB.

a) *Notwendige* Verwendung i. S. von *§ 994 BGB*, soweit zur Sacherhaltung geboten. Als anfänglich bösgläubiger Besitzer Ersatz gem. § 994 II BGB nur nach GoA.

aa) §§ 683, 670 BGB: entsprach nicht Willen der E.

bb)§ 684 S. 1 BGB: als aufgedrängte Bereicherung realisiert sich Zuwachs allenfalls später.

b) *Nützliche* Verwendung i. S. von *§ 996 BGB*: nein, da bösgläubig.

2. *§ 273 II BGB*

Fälliger Anspruch aus § 812 I 1, 2. Alt. BGB?

a) Auto wertvoller geworden. Kein Rechtsgrund für E.

Widerspruch zu §§ 994, 996 BGB?

Nichtbesitzender Verwender nicht von §§ 994, 996 BGB abhängig.

Also besitzender auch nicht.

b) Aufgedrängte Bereicherung: fälliger Anspruch nur bei Veräußerung oder Ersparnis.

Also: auch nicht § 273 II BGB.

B. Lösung

I. Herausgabeanspruch der E

1. § 985 BGB

Der von E geltend gemachte Herausgabeanspruch ist gem. *§§ 985 f. BGB* begründet, wenn E Eigentümerin und B nichtberechtigter Besitzer des Autos ist. Den Besitz des Wagens hat B durch L erlangt. Fraglich ist aber, ob E nach wie vor Eigentümerin ist.

a) Das Eigentum könnte E dadurch *verloren* haben, daß sich L und B bei der Übertragung des Besitzes zugleich über den Eigentumsübergang geeinigt haben. Da L selbst nicht Eigentümer war, scheidet zwar ein Eigentumserwerb des B nach § 929 S. 1 BGB aus. In Betracht kommt jedoch ein gutgläubiger Erwerb gem. *§ 932 BGB*. Voraussetzung dafür ist, daß B den Veräußerer L gutgläubig für den Eigentümer der Sache gehalten hat.

Nach § 932 II BGB ist der Erwerber nur dann nicht in gutem Glauben, wenn ihm bekannt oder infolge grober Fahrlässigkeit unbekannt ist, daß die Sache nicht dem Veräußerer gehört. Hier hat B der Behauptung des L, Eigentümer zu sein, Glauben geschenkt. Grundsätzlich konnte sich B dabei auf die Eigentumsvermutung des § 1006 I BGB berufen. Daß ein Auto verkauft wird, in dessen Kfz-Brief ein Dritter eingetragen ist, kommt indessen nur selten vor und kaum je dann, wenn der Veräußerer ein Privatmann ist, der sich nach der Lebenserfahrung meist umgehend im Kfz-Brief eintragen läßt. Wer sich beim Erwerb eines Autos aus privater Hand ohne Nachprüfung auf die Angaben des Veräußerers über die Eigentumsverhältnisse verläßt, obwohl dieser im Kfz-Brief nicht eingetragen ist, läßt daher in hohem Maß die Sorgfalt außer acht, die beim Autokauf geboten ist.

Ein gutgläubiger Erwerb gem. § 932 BGB scheidet damit aus.

b) In Betracht kommt jedoch, daß E das Eigentum an dem Auto nach *§ 950 I BGB* verloren hat. Wer durch Verarbeitung oder Umbildung eine neue bewegliche Sache herstellt, erwirbt nach dieser Vorschrift das Eigentum daran, sofern nicht der Wert der Verarbeitung erheblich geringer ist als der Wert der Ausgangsstoffe. Hier haben die Kosten der Generalüberholung den ursprünglichen Wert des Autos sogar erheblich überstiegen. Was bleibt, ist allerdings die Frage, ob dabei eine „neue Sache" i. S. des § 950 I BGB hergestellt worden ist.

Aus dem Umstand, daß das Eigentum nach § 950 I BGB auch dann übergeht, wenn der Wert der Verarbeitung hinter dem Sachwert *zurückbleibt* und der Verarbeiter außerdem *weiß*, daß er zur Verarbeitung nicht berechtigt ist, geht hervor, daß der Sinn dieser Vorschrift nicht darin besteht, demjenigen, der wertsteigernd auf eine Sache einwirkt, das Eigentum daran zu verschaffen. Eine so eklatante Mißachtung des bisherigen Eigentümers wäre sachlich nicht zu rechtfertigen. § 950 I BGB soll vielmehr die Probleme lösen, die sich daraus ergeben, daß infolge einer Verarbeitung das Produkt nicht mehr eindeutig zugeordnet werden kann. Ob eine im Vergleich zum Ausgangsstoff „neue Sache" entstanden ist, muß daher nach der *Verkehrsanschauung* beurteilt werden.

Hier ist das Auto der E zwar generalüberholt worden, aber in wichtigen Teilen (Fahrgestell, Motor, Räder, Karosserie usw.) der Substanz nach unverändert. Es handelt sich daher nach wie vor um dasselbe Auto.

E hat das Eigentum demnach auch nach § 950 I BGB nicht verloren.

c) Ein *Besitzrecht* i. S. von § 986 I BGB steht dem Herausgabeanspruch nicht entgegen. Der zwischen E und L vereinbarte Leihvertrag endete mit der Entlassung der E aus dem Krankenhaus. E ist somit nicht gehindert, die Herausgabe an sich selbst zu verlangen. Aus dem mit L geschlossenen Kaufvertrag ergibt sich für B im Verhältnis zu E kein Besitzrecht. Dieser Vertrag wirkt vielmehr nur zwischen den Vertragsparteien B und L.

2. § 812 I 1, 2. Alt. BGB

Ein Herausgabeanspruch aus § 812 I 1, 2. Alt. BGB scheidet aus. B leitet seinen Besitz von L ab. Daraus folgt, daß er nicht *auf Kosten der E* darum bereichert sein kann.

II. Zurückbehaltungsrecht des B

B könnte jedoch berechtigt sein, sich gegenüber dem Herausgabeanspruch der E auf ein Zurückbehaltungsrecht zu berufen.

1. § 1000 S. 1 BGB

Nach § 1000 S. 1 BGB kann ein Besitzer dem Eigentumsherausgabeanspruch ein Zurückbehaltungsrecht entgegensetzen, bis er wegen der ihm zu ersetzenden Verwendungen befriedigt wird.

a) Der Ersatz *notwendiger* Verwendungen, die zur Erhaltung der Sache und ihrer ordnungsgemäßen Bewirtschaftung erforderlich sind, ist in *§ 994 BGB* geregelt. Notwendig i. S. dieser Vorschrift sind u. a. dringend anstehende Reparaturen. Nachdem der Wagen „ziemlich heruntergekommen" war, dürften auch einige der von B veranlaßten Maßnahmen darunter fallen. Gem. § 994 II BGB kann der Besitzer selbst für notwendige Verwendungen aber nur insoweit uneingeschränkt Ersatz verlangen, als er sie vor Beginn der in § 990 BGB bestimmten Haftung gemacht hat; andernfalls richtet sich der Ersatzanspruch nach den Vorschriften über die Geschäftsführung ohne Auftrag. Wenn der Besitzer beim Besitzerwerb nicht in gutem Glauben war, beginnt die Haftung nach § 990 BGB bereits mit dem Erwerb. Hier hat B den L von Anfang an grob fahrlässig für den Eigentümer gehalten (vgl. I 1 a) und war somit auch in bezug auf sein eigenes Besitzrecht nicht in gutem Glauben. Infolgedessen kann er auch für notwendige Verwendungen nur nach den Vorschriften über die Geschäftsführung ohne Auftrag Ersatz verlangen.

aa) Nach den §§ 683, 670 BGB hängt sein Ersatzanspruch davon ab, ob die betreffenden Maßnahmen dem Interesse und dem wirklichen oder mutmaßlichen Willen der E entsprachen. Nachdem E den Willen geäußert hatte, den Wagen verschrotten zu lassen, entsprach die Reparatur ihrem Willen erkennbar nicht.

bb) Gem. § 684 S. 1 BGB bestimmt sich der Ersatz dieser Verwendungen daher nach den Vorschriften über die Herausgabe einer ungerechtfertigten Bereicherung. Dabei ist zu beachten, daß es hier – wenn überhaupt – um eine Bereicherung geht, die E ohne ihren Willen *aufgedrängt* wurde. Nach dem Rechtsgedanken des § 818 III BGB ist sie daher nur dann und insoweit zur Herausgabe verpflichtet, als sie den Anspruch des B ohne Eingriff in ihr sonstiges Vermögen erfüllen kann. Das aber ist erst dann der Fall, wenn sie das Auto ihrerseits veräußert oder wenn sie zukünftig Aufwendungen erspart, die ohne die von B veranlaßten Maßnahmen angefallen wären.

b) Soweit die von B veranlaßten Maßnahmen zum Sacherhalt *nicht notwendig* waren, steht B als von Anfang an bösgläubigem Besitzer gem. § 996 BGB überhaupt kein Ersatzanspruch zu.

Auf ein Zurückbehaltungsrecht gem. § 1000 S. 1 BGB kann sich B demnach nicht berufen.

2. § 273 II BGB

B könnte jedoch berechtigt sein, das Auto nach § 273 II BGB zurückzuhalten, wenn ihm wegen der getätigten Verwendungen aufgrund anderer Vorschriften ein fälliger Anspruch zustünde. Ein solcher Anspruch könnte sich hier aus § 812 I 1, 2. Alt. BGB ergeben.

a) Das Auto ist nach der Generalüberholung durch B objektiv gesehen erheblich wertvoller als vorher. Für diesen Wertzuwachs gibt es im Verhältnis von E und B keinen Rechtsgrund. Nach §§ 812 I 1, 2. Alt., 818 II BGB wäre B daher berechtigt, einen Anspruch auf Wertersatz geltend zu machen.

Bedenken dagegen könnten sich daraus ergeben, daß der Verwendungsersatzanspruch des nichtberechtigten Besitzers bereits in den §§ 994, 996 BGB geregelt ist. Mit dem Sinn dieser Vorschriften könnte es unvereinbar sein, wenn der unberechtigte Besitzer auch nach Bereicherungsrecht Verwendungsersatz verlangen könnte. Dem steht jedoch entgegen, daß der *nichtbesitzende* Verwender durch die §§ 994, 996 BGB eindeutig nicht beschränkt wird. Es gibt keinen sachlichen Grund, den besitzenden Verwender gegenüber dem nichtbesitzenden zu benachteiligen. Vorzugswürdig erscheint daher die Ansicht, daß bereicherungsrechtliche Ausgleichsansprüche *neben* den §§ 994, 996 BGB zum Zuge kommen.

b) Auch hier gilt jedoch, daß B nach den Grundsätzen der aufgedrängten Bereicherung vorerst kein fälliger Anspruch zusteht. Damit kommt auch ein Zurückbehaltungsrecht gem. § 273 II BGB nicht in Betracht. B muß das Auto herausgeben, ohne sich auf die vorgenommenen Verwendungen berufen zu können. Ob er nachträglich Verwendungsersatz verlangen kann, hängt von der weiteren Entwicklung ab.

Zur Vertiefung: *Canaris*, Das Verhältnis der §§ 994 ff. BGB zur Aufwendungskondiktion nach § 812 BGB, JZ 1996, 344; OLG Celle NJW-RR 1995, 1527 (notwendige und nützliche Verwendungen auf Kraftfahrzeuge); BGHZ 5, 337 (Käufer darf gestohlene Sache dem Eigentümer herausgeben); 41, 157 (§§ 994–1003 BGB als gegenüber Bereicherungsansprüchen abschließende Regelung).

4. Musik ist mit Geräusch verbunden

Sachverhalt

A ist Eigentümer eines kleinen Reihenhauses in einem reinen Wohngebiet. Sein Nachbar B ist Eigentümer des unmittelbar angrenzenden Nebenhauses. Beide sind recht verschiedene Naturen. A arbeitet als Kunsterzieher am humanistischen Gymnasium der Stadt und ist auch sonst ein ruhiger und ordnungsliebender Mensch. B dagegen ist von Beruf Schlagzeuger bei der „Horror-Band" und von Haus aus ein Chaot mit Nerven wie Drahtseile.

Die Arbeit als Schlagzeuger bringt es mit sich, daß für B allmählich die Nacht zum Tag wird. Dementsprechend geht er auch immer mehr dazu über, das Schlagzeugüben in die Nachtstunden zu verlegen. Dabei läßt er die Stücke seiner Band auf dem CD-Player laufen und bearbeitet dazu mit vollem Einsatz sein Schlagzeug. Gegen 3 oder 4 Uhr morgens geht er zu Bett und schläft den Schlaf des Gerechten.

Für A ist das die Hölle. Die Häuser haben eine gemeinsame Trennwand, so daß A den ganzen Lärm mitbekommt und häufig kein Auge zutut. Anders als B kann A tagsüber nicht ausschlafen, sondern muß jeden Morgen um 8 Uhr einsatzbereit vor seiner Klasse stehen. Das nächtliche Musizieren greift daher auch seine Gesundheit an.

Abmahnungen fruchten nichts. B beruft sich darauf, daß er als Eigentümer ebenso Rechte habe wie A und in seinen vier Wänden machen könne, was er wolle. Kurz vor einem Nervenzusammenbruch sucht A seinen Anwalt R auf und bittet um Auskunft, ob er von B nicht verlangen könne, das Schlagzeugspielen während der üblichen Schlafenszeit zu unterlassen. In der Folge beauftragt R den gerade in seiner Kanzlei tätigen Rechtspraktikanten S, alle insoweit in Betracht kommenden Anspruchsgrundlagen in einem Kurzgutachten rechtlich zu würdigen.

Erstellen Sie dieses Gutachten.

Bearbeiterhinweis: Auf die TA-Lärm (= Verwaltungsvorschrift zum Schutz gegen Lärm) ist nicht einzugehen, auf eventuelle Schadensersatzansprüche ebenfalls nicht.

A. Vorbereitende Überlegungen

I. Erfassen des Sachverhalts

Der Sachverhalt ist so einfach, daß es einfacher kaum geht: B lärmt nachts derart in seinem Haus herum, daß es sein Nachbar A nicht mehr aushalten kann. Alle weiteren Informationen tragen nur zur Dramatisierung dieses Grundkonflikts bei: A ist zart-, B grobbesaitet; A geht tagsüber einem anstrengenden Beruf nach, B dagegen macht aus beruflichen Gründen die Nacht zum Tag und sitzt daher auch nachts am Schlagzeug; schließlich zeigt sich B uneinsichtig und bleibt auch gegenüber Abmahnungen stur.

Soll man selbst in einem so einfachen Fall eine Skizze anfertigen? Ich meine: ja. Sie könnte so aussehen:

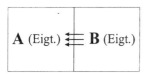

a) Lärm in der Nacht
b) fruchtlose Abmahnung

Man könnte fragen, was das überhaupt bringen soll. Weiß man nicht ohnehin alles, was einer solchen Skizze entnommen werden kann? Vielleicht. Vielleicht aber wird Ihnen erst beim Anblick dieser Zeichnung wirklich bewußt, daß A nicht nur Eigentümer, sondern auch Besitzer des eigenen Hauses ist. Das aktuelle Bewußtsein hiervon ist immerhin der Schlüssel zu einer besonderen Anspruchsgrundlage, die Sie sonst leicht übersehen könnten.

II. Erfassen der Fallfrage

Die Aufgabe besteht darin, daß Sie anstelle des Rechtspraktikanten S das von diesem erbetene Rechtsgutachten entwerfen sollen. Sie müssen sich daher in Gedanken *an die Stelle des S* versetzen, der sich seinerseits *an die Stelle des R* versetzen muß, dem er zur Hand gehen soll. R wiederum steht vor der Aufgabe, auf die *Frage des A* eine rechtlich fundierte Antwort zu finden. Die Aufgabenstellung führt daher auf die **Frage des A** zurück, und der Bearbeiter soll sagen, was darauf aus juristischer Sicht zu antworten ist.

Laut Sachverhalt bittet A um Auskunft, ob er von B für die Zukunft verlangen kann, das Schlagzeugüben *während der Schlafenszeit zu unterlassen*. An sich wäre denkbar, daß A darüber hinaus auch an *Schadensersatz* für die Vergangenheit interessiert ist. Aber darauf sollen Sie hier ausdrücklich *nicht* eingehen. (Das hat, nebenbei bemerkt, klausurtechnische Gründe: Wenn ein Unterlassungsanspruch zu bejahen ist, verlangt die Prüfung eines Schmerzensgeldanspruchs hier kaum zusätzlichen Begründungsaufwand. Wohl aber würde damit die Gefahr geschaffen, daß der Bearbeiter die Gewichte ganz falsch verteilt, weil er dies nicht rechtzeitig erkennt.) Sie haben also nur die Frage zu beantworten, ob A ein entsprechender *Unterlassungsanspruch* zusteht. Insoweit aber wird von Ihnen Vollständigkeit erwartet: Sie sollen ausdrücklich *alle* in Betracht kommenden Anspruchsgrundlagen prüfen und dürfen sich daher nicht mit der „wichtigsten" begnügen.

In der Realität würde R die von A gestellte Frage wahrscheinlich präzisieren, indem er genaue Ruhezeiten angibt. Das kann deshalb von Bedeutung sein, weil im Fall einer Klageerhebung gem. § 253 II Nr. 2 ZPO ein *bestimmter* Antrag gestellt

werden muß und weil bei mangelnder Bestimmtheit auch die Vollstreckung eines Urteils auf Schwierigkeiten stößt. Anders als R (oder S) können Sie sich während der
Klausur nicht anhand eines Kommentars über die in der Praxis akzeptierten Ruhezeiten kundig machen. Aus diesem Grund genügt es, wenn Sie es bei der relativ unge-
nauen Angabe „übliche Schlafenszeit" bewenden lassen.

III. Erarbeiten der Lösung

1. Worauf wird es ankommen?

Zunächst gilt es, die einschlägigen Anspruchsgrundlagen zu finden. Als ich vorhin
darauf hinwies, daß A nicht nur Eigentümer, sondern auch Besitzer ist, ist Ihnen vielleicht § 862 BGB eingefallen, der dem *Besitzer* einen *Unterlassungsanspruch gegen
Störer* einräumt. Wenn Ihnen diese Norm nicht in Erinnerung ist, dann sollten Sie im
Besitzrecht (§§ 854 ff. BGB) danach suchen. Denn so viel sollten Sie auf jeden Fall
wissen: Am Anfang jedes Privatrechts steht der Schutz des Besitzes vor willkürlichen
Veränderungen oder sonstigen Beeinträchtigungen. Sie können daher völlig sicher
sein, daß es entsprechende Schutznormen gibt.

Lassen Sie sich nicht dadurch verunsichern, daß in § 862 BGB zunächst von einem
Beseitigungsanspruch die Rede ist. Darum geht es hier nicht: Den in der Vergangenheit
verursachten *Lärm* kann man jetzt nicht mehr „beseitigen". Von Interesse ist in unserem Fall allein der in § 862 I 2 BGB geregelte *Unterlassungsanspruch*: B soll für die
Zukunft Ruhe geben.

Statt an § 862 BGB haben Sie vielleicht zunächst an **§ 1004 BGB** gedacht, der einen
Unterlassungsanspruch für den *Eigentümer* vorsieht. Wenn nicht, dann ist Ihnen
§ 1004 BGB bestimmt im Anschluß hieran eingefallen. Da A Eigentümer des von ihm
bewohnten Hauses ist, sollten Sie auch diese Norm auf jeden Fall notieren. (Auch
hier wiederum ist in der vorliegenden Fallkonstellation allein der Unterlassungs-,
nicht der Beseitigungsanspruch von Interesse.)

Ist damit das Spektrum bereits erschöpft? An dieser Stelle zeigt sich, ob Sie das
Gesetz nur dem Buchstaben nach gelernt oder auch dem Geist nach verstanden haben. § 1004 BGB räumt an sich nur dem *Eigentümer einer Sache*, nicht jedoch dem
Inhaber anderer Rechte einen Unterlassungsanspruch ein. Das ist merkwürdig, denn
auch der Inhaber anderer Rechte muß deren Verletzung nicht hinnehmen. Er darf sie
im Wege der Notwehr (§ 227 BGB) verhindern; ist es dennoch zu einer Verletzung
gekommen, kann er in den Fällen des § 823 BGB nachträglich Schadensersatz verlangen. Man ist sich daher darüber einig, daß das BGB den *vorbeugenden Rechtsschutz*
durch Unterlassungsansprüche *unvollständig* geregelt hat. In Anlehnung vor allem
an die *§§ 1004, 12, 862 BGB*, wo ausdrücklich Unterlassungsansprüche statuiert
sind, muß ein Unterlassungsanspruch in analoger Rechtsanwendung *auch in anderen
Fällen* angenommen werden, in denen nach § 823 BGB ein Rechtsgüterschutz gegenüber jedermann stattfindet, und zwar sowohl in den Fällen des Absatzes 1 als auch
in denen des Absatzes 2 dieser Vorschrift.[1] Im Gegensatz zu dem „negatorischen"
Unterlassungsanspruch gem. § 1004 BGB spricht man insoweit von dem „quasinegatorischen" Unterlassungsanspruch **analog §§ 1004, 12, 862 BGB**. Nachdem A durch
den nächtlichen Lärm in seiner *Gesundheit* beeinträchtigt wird, ist daher auch an
einen quasinegatorischen Unterlassungsanspruch zu denken.

---

[1] Zur Vermeidung von Mißverständnissen: dies gilt nicht für den berechtigten Besitz, obwohl dieser zu den „sonstigen Rechten" i. S. von § 823 I BGB gehört. Denn insoweit greift bereits § 862 BGB.
Es besteht also keine „Lücke", die eine Analogie rechtfertigen würde.

Das normative Material, das Sie zur Lösung des Falles benötigen, ist damit noch nicht erschöpft. Wo es um die Abwehr von Immissionen geht, die *auf ein Grundstück einwirken*, ist § 1004 BGB stets in Verbindung mit **§ 906 BGB** zu lesen. Kein Grundstückseigentümer ist allein auf der Welt. Jeder ist Nachbar eines anderen Grundstückseigentümers. Mit dem gleichen Recht, mit dem er selbst beansprucht, vor allen Einwirkungen auf *sein* Grundstück verschont zu bleiben (vgl. § 903 BGB), nehmen die Nachbarn für sich in Anspruch, auf *ihrem* Grundstück tun zu dürfen, was ihnen beliebt. Die Abwehransprüche des § 1004 BGB müssen daher mit dem Eigentumsrecht der Nachbarn abgestimmt werden. Diese Aufgabe kommt § 906 BGB zu. Wenn § 1004 BGB scheinbar unbegrenzt *Abwehransprüche* einräumt, so stellt § 906 BGB *Duldungspflichten* auf, welche die Abwehransprüche auf ein für die Nachbarn erträgliches Maß reduzieren.

Wer dies verstanden hat, weiß zugleich, daß der Eigentümer weniger abwehren kann, als es nach § 1004 BGB scheinbar der Fall ist: Sein Abwehranspruch ist durch die Duldungspflichten des § 906 BGB begrenzt. Eine solche Beschränkung ist für den Abwehranspruch des Besitzers gem. § 862 BGB im Gesetz *nicht vorgesehen*. Hier kommt es daher darauf an, ob Sie das Gesetz so, wie es ist, einfach hinnehmen oder ob Sie gelernt haben, auf seine innere Stimmigkeit zu achten. Dann nämlich sollte Ihnen auffallen, daß § 862 BGB, der im Grunde dieselbe Struktur aufweist wie § 1004 BGB, dem Besitzer *nicht unbeschränkte* Abwehransprüche einräumen kann. Es kann nämlich wertungsmäßig nicht sein, daß dem Besitzer als solchem weniger Einschränkungen auferlegt sind als dem Eigentümer. Wenn Sie versuchen, die Normen, mit denen Sie umgehen, als sinnvolle Regelungen zu verstehen, stoßen Sie hier auf einen Widerspruch, der nur dadurch behoben werden kann, daß **§ 906 BGB analog auf § 862 BGB** angewendet wird.

Aber damit nicht genug. § 906 BGB entfaltet eine Eigendynamik: Wenn an Eigentum und Besitz gewisse Abstriche erforderlich sind, damit auch die anderen sich entfalten können, gilt das dann auch für die *Gesundheit*? Muß der Eigentümer oder Besitzer eines Grundstücks also auch gewisse Beeinträchtigungen seiner Gesundheit in Kauf nehmen, damit sein Nachbar das Nachbargrundstück angemessen nutzen kann? Der Gedanke mag Sie empören, aber bedenken Sie: Wenn sich mit dem Argument der Gesundheitsbeeinträchtigung eine bestimmte Grundstücksbenutzung *schlechthin* verbieten ließe, dann würde es genügen, anstelle der Beeinträchtigung eines Grundstücks eine minimale Gesundheitsbeeinträchtigung seiner Bewohner geltend zu machen, um die Duldungspflichten des § 906 BGB unterlaufen zu können. Das aber kann kaum richtig sein.

Wenn Sie tatsächlich bis zu dieser Problematik vorgedrungen sein sollten, sind Sie ein juristischer Spürhund der Extraklasse. Gehören Sie mehr zu der anderen Sorte – was kein Vorwurf ist, denn es gibt auch noch andere juristische Qualitäten –, so werden Sie vielleicht fragen: Warum soll man so spitzfindige Überlegungen anstellen, wenn es im Ergebnis doch nichts bringt? Lassen Sie mich mit einer Gegenfrage antworten: Woher wissen Sie das? Könnte es nicht sein, daß man mit einem Anspruch zum Schutz der Gesundheit bei Gericht mehr Eindruck macht als mit einem zum Schutz von Grundstücken? Und ist es nicht Aufgabe des Anwalts, alle rechtlichen Möglichkeiten auszuloten, die für seinen Mandanten günstig sein könnten?

2. Strategie

Nach dem Gesagten müssen Sie drei Unterlassungsansprüche prüfen: den Abwehranspruch gem. § 862 BGB zum Schutz des Besitzes, den negatorischen Unterlassungsanspruch gem. § 1004 BGB zum Schutz des Eigentums und den quasinegatorischen

Unterlassungsanspruch analog §§ 1004, 12, 862 BGB zum Schutz der Gesundheit. Welche *Reihenfolge* ist dabei die geschickteste?

In Anlehnung an den Aufbau des Sachenrechts, wo der Besitz vor dem Eigentum behandelt wird, könnte man versucht sein, § 862 BGB auch hier an die Spitze zu stellen. Wenn Sie die Probleme, die die einzelnen Anspruchsgrundlagen aufwerfen, kurz überschlagen haben, wissen Sie jedoch, daß sich dies nicht empfiehlt: Daß § 862 BGB durch Duldungspflichten analog § 906 BGB eingeschränkt werden muß, wird erst bei einem Vergleich mit § 1004 BGB deutlich, wo dies bereits von Gesetzes wegen vorgesehen ist. Würden Sie mit § 862 BGB beginnen, müßten Sie daher im Rahmen der Prüfung dieses Anspruchs wohl oder übel auch auf § 1004 BGB eingehen. Wäre unser Fall so beschaffen, daß A nicht Eigentümer, sondern nur Mieter des Hauses wäre, bliebe Ihnen nichts anderes übrig, als so vorzugehen. Wenn Sie § 1004 BGB jedoch ohnehin prüfen müssen, spricht alles dafür, mit diesem Anspruch zu beginnen. Bei der nachfolgenden Prüfung des § 862 BGB können Sie sich dann wesentlich kürzer fassen.

Der quasinegatorische Unterlassungsanspruch analog §§ 1004, 12, 862 BGB gehört dann an den Schluß – aber nicht deshalb, weil er am kompliziertesten ist und bei Anfängern nur dem Gewinn von „Zusatzpunkten" dient, sondern weil die *analoge* Anwendung von Rechtsvorschriften zwingend die Feststellung voraussetzt, wie weit diese Vorschriften ohne Analogie reichen.

3. Lösungsskizze

I. § 1004 I 2 BGB
Voraussetzung: nicht hinzunehmende Eigentumsbeeinträchtigung und Wiederholungsgefahr.
1. Lärmimmissionen, die allgemein als störend empfunden werden, sind zugleich Grundstücksbeeinträchtigungen.
2. Gem. § 1004 II BGB kein Unterlassungsanspruch, wenn Duldungspflicht.
a) Nach § 906 I BGB sind *unwesentliche* Immissionen zu dulden.
   Unwesentlichkeit jedenfalls nachts nicht anzunehmen.
b) Nach § 906 II 1 BGB sind *wesentliche* u. U. hinzunehmen, wenn *ortsüblich*.
   Nicht der Fall.
3. Wiederholungsgefahr: Lebensweise des B und seine Weigerung.

II. § 862 I 2 BGB
Voraussetzung: Besitzstörung durch verbotene Eigenmacht und Wiederholungsgefahr. Besitzstörung und Wiederholungsgefahr wie oben. Fraglich nur *verbotene Eigenmacht*.
1. § 858 I BGB: Störung ohne Willen des Besitzers und ohne daß Gesetz Störung gestattet.
   Beides ist der Fall.
2. *Wertungswiderspruch*: Abwehrrechte des Besitzers können nicht weitergehen als die des Eigentümers.
   Abhilfe: *Analogie zu § 906 BGB*, Ergebnis wie oben.

III. §§ 1004, 12, 862 BGB analog
1. Verursachung regelmäßiger Schlaflosigkeit = Gesundheitsstörung.
2. Begründung analoger Anwendung
a) Gesetzliche Unterlassungsansprüche bei §§ 12, 862, 1004 BGB, nicht jedoch bei Gesundheitsstörung.
b) Gegen Gesundheitsbeeinträchtigung aber Notwehr (§ 227 BGB) und Schadensersatz (§ 823 BGB).

c) Fehlen eines Unterlassungsanspruchs, daher *sinnwidrige Lücke*: Analogie.

3. Muß, wer sich auf einem Grundstück aufhält, nach § 906 I BGB zulässige Immissionen auch persönlich hinnehmen?

B. Lösung

I. § 1004 I 2 BGB

Das Verlangen des A, B solle es während der üblichen Schlafenszeit unterlassen, Schlagzeug zu üben, könnte nach § 1004 I 2 BGB begründet sein. Der hier statuierte Unterlassungsanspruch greift ein, wenn A in seinem Eigentum in anderer Weise als durch Entziehung oder Vorenthaltung beeinträchtigt worden ist und weitere Beeinträchtigungen zu besorgen sind.

1. Eine *Eigentumsbeeinträchtigung* sonstiger Art i.S. von § 1004 I BGB setzt nicht notwendig voraus, daß die im Eigentum stehende Sache in ihrer Substanz betroffen ist. Bei Grundstücken können auch Lärm-, Geruchs- und ähnliche Immissionen eine Eigentumsbeeinträchtigung darstellen. Vorausgesetzt ist nur, daß sie von einem Durchschnittsbenutzer als störend empfunden werden. Auf die besondere Empfindlichkeit eines Grundstücksbewohners kommt es hingegen nicht an.

Das nächtliche Schlagzeugspielen des B würde bei den gegebenen Verhältnissen jeden Nachbarn stören. Es stellt daher eine Eigentumsbeeinträchtigung i.S. von § 1004 I BGB dar. Als *Eigentümer* des von ihm bewohnten Hauses wäre A auch aktivlegitimiert, einen hieraus resultierenden Unterlassungsanspruch geltend zu machen.

2. Gem. § 1004 II BGB ist ein Unterlassungsanspruch jedoch ausgeschlossen, wenn der Eigentümer *zur Duldung verpflichtet* ist. Eine solche Duldungspflicht kann sich namentlich aus § 906 BGB ergeben.

a) Nach *§ 906 I 1 BGB* kann A die Zuführung von Geräuschen, die von einem anderen Grundstück ausgehen, insoweit nicht verbieten, als die Einwirkung die Benutzung seines eigenen Grundstücks *nicht* oder *nur unwesentlich* beeinträchtigt. Für den Fall, daß in Rechtsnormen oder Verwaltungsvorschriften Grenz- oder Richtwerte festgelegt sind, stellt § 906 I 2, 3 BGB die Vermutung auf, daß eine unwesentliche Beeinträchtigung i.d.R. dann vorliegt, wenn diese Werte nicht überschritten werden. Nächtliches Schlagzeugspielen ist aber in jedem Fall dann als wesentliche Beeinträchtigung anzusehen, wenn es die Bewohner der Nachbargrundstücke nachhaltig am Schlafen hindert.

Wie sich aus dem Sachverhalt ergibt, ist A ein sensibler Mann. Es spricht jedoch nichts dafür, daß er den nächtlichen Lärm, der vom Nachbarhaus herüberdringt, nur aufgrund einer besonderen Empfindlichkeit als störend empfindet. Vielmehr entspricht es allgemeiner Lebenserfahrung, daß man durch Schlagzeuggeräusche wirksam am Einschlafen gehindert wird.

Eine wesentliche Eigentumsbeeinträchtigung liegt daher vor.

b) Nach *§ 906 II BGB* sind u.U. aber auch *wesentliche* Beeinträchtigungen hinzunehmen, soweit sie durch eine *ortsübliche* Benutzung des anderen Grundstücks herbeigeführt werden. Davon ist hier nicht auszugehen. Lautes nächtliches Musizieren mag in einem Kneipenviertel üblich sein. In einem Wohnviertel mit Reihenhäusern ist dies nicht der Fall.

Das nächtliche Schlagzeugspielen stellt nach alldem eine Eigentumsbeeinträchtigung dar, die A nicht dulden muß.

3. Ein Unterlassungsanspruch setzt jedoch nach § 1004 I 2 BGB außerdem voraus, daß *weitere Beeinträchtigungen zu besorgen* sind. Davon ist hier bereits aufgrund der bisherigen Lebensweise des B auszugehen. Wenn B gewohnheitsmäßig die Nacht zum Tag macht, ist davon auszugehen, daß er sein Schlagzeugspiel, auf das er aus beruflichen Gründen angewiesen ist, auch weiterhin nachts praktizieren wird. Das ist auch deshalb anzunehmen, weil B auf Abmahnungen nicht reagiert hat.

Das Verlangen des A ist nach all dem begründet.

II. § 862 I 2 BGB

Als Besitzer des Grundstücks könnte A des weiteren ein Unterlassungsanspruch gem. § 862 I 2 BGB zustehen. Das setzt voraus, daß er durch verbotene Eigenmacht des B im Besitz gestört wird und weitere Störungen zu besorgen sind. Für das Vorliegen einer Besitzstörung kann auf die obigen Ausführungen zur Eigentumsbeeinträchtigung verwiesen werden (I 1). Immissionen, die sich dem Eigentümer gegenüber als Eigentumsbeeinträchtigung erweisen, stellen dem Besitzer gegenüber eine Besitzbeeinträchtigung dar. Auch für die Wiederholungsgefahr gilt das oben Gesagte (I 3) entsprechend. Fraglich kann nur sein, ob die Besitzstörung durch *verbotene Eigenmacht* verübt wird.

1. Das wäre nach § 858 I BGB dann der Fall, wenn die Störung ohne den Willen des Besitzers erfolgt und *nicht durch Gesetz gestattet* ist. Von einem Einverständnis des A kann ersichtlich nicht die Rede sein. Anders als im Fall des § 1004 BGB, wo § 906 BGB gewisse Duldungspflichten statuiert, wird der Unterlassungsanspruch des § 862 I 2 BGB nicht ausdrücklich durch Gesetz beschränkt.

2. Allein am Wortlaut des Gesetzes gemessen, scheinen dem Besitzer demnach weitergehende Abwehransprüche zuzustehen als dem Eigentümer: Der Grundstückseigentümer scheint gewisse Störungen hinnehmen zu müssen, der Besitzer dagegen nicht. Das aber ist ein *Wertungswiderspruch.* Das Eigentum als das umfassendste Recht an einer Sache (§ 903 BGB) kann nicht gut mit geringeren Kompetenzen ausgestattet sein als der Besitz. Dieser Widerspruch kann nur dadurch ausgeräumt werden, daß *§ 906 BGB auf die Abwehransprüche gem. § 862 BGB entsprechend angewendet* wird.

Am Ergebnis ändert das nichts: A steht gegen B ein Unterlassungsanspruch zu. Wie bereits dargelegt (I 2), muß das nächtliche Schlagzeugspielen nämlich auch nach § 906 BGB nicht hingenommen werden.

III. §§ 1004 I 2, 12 S. 2, 862 I 2 BGB analog

1. Der regelmäßige nächtliche Lärm hindert A in zermürbender Weise am Schlafen und stellt daher auch eine Beeinträchtigung seiner *Gesundheit* dar. Von Interesse ist daher, ob A auch insoweit ein Unterlassungsanspruch zusteht.

2. Das Gesetz selbst sieht zwar bei einer Beeinträchtigung des Namensrechts, des Besitzes oder des Eigentums (§§ 12 S. 2, 862 I 2, 1004 I 2 BGB), nicht aber bei einer Beeinträchtigung der Gesundheit einen Unterlassungsanspruch vor. Das erscheint auffallend. In anderem Zusammenhang ist die Gesundheit nämlich sehr wohl als schützenswertes Rechtsgut anerkannt: Im Rahmen des § 227 BGB ist sie notwehrfähig; ist es gleichwohl zu einer Verletzung gekommen, kann unter den Voraussetzungen des § 823 BGB Schadensersatz verlangt werden. Gemessen daran stellt sich das Fehlen eines Unterlassungsanspruchs zum Schutz der Gesundheit als *sinnwidrige Lücke* dar. Es kann nicht gut sein, daß die Rechtsordnung eine gewaltsame Notwehr-

handlung gestattet, vorbeugenden Rechtsschutz durch eine Unterlassungsklage jedoch versagt. Nach allgemeiner Auffassung ist diese Lücke dadurch zu schließen, daß in allen Fällen, in denen Rechte nach § 823 BGB deliktisch geschützt sind, ohne daß das Gesetz auch einen Unterlassungsanspruch vorsieht, ein solcher *analog §§ 1004 I 2, 12 S. 2, 862 I 2 BGB* gewährt wird.

3. Fraglich kann demnach allein sein, ob auch dieser quasinegatorische Unterlassungsanspruch durch die *Duldungspflichten* des § 906 BGB eingeschränkt ist. Im vorstehenden Zusammenhang kann dies offenbleiben. Wie bereits festgestellt, sind die Voraussetzungen des § 906 BGB hier nicht erfüllt (I 2). Eine eventuelle Duldungspflicht kann daher auch insoweit im Ergebnis nicht zum Tragen kommen.

Zur Vertiefung: BGHZ 92, 143 (reduzierte Pflichten des Emittenden auch gegenüber anderen als Grundeigentümern).

5. Die heimliche Ölquelle

Sachverhalt

A und B sind Grundstücksnachbarn. B hat auf seinem Grundstück früher einen Handel mit Heizöl betrieben. Zu diesem Zweck waren in den Boden einige Tanks eingelassen, in denen das Öl gelagert wurde. Alle Tanks entsprachen den damaligen technischen Standards, waren fachmännisch verlegt und gesichert und wurden regelmäßig durch erfahrene Techniker überprüft und gewartet, ohne daß es je zu einer Beanstandung gekommen wäre. Im September 2008 hat B den Heizölhandel aufgegeben, weil immer weitere Teile seines Liefergebiets auf Gasheizung umgestellt wurden. Seitdem befindet sich kein Öl mehr in den Tanks.

Im Juli 2010 wird bei Erdarbeiten auf dem Grundstück des A festgestellt, daß der Boden mit Mineralöl verseucht ist. Genauere Nachprüfungen ergeben, daß während der Zeit, in der B seinen Betrieb unterhalten hatte, auf eine Weise, mit der nach dem damaligen Stand der Technik nicht gerechnet zu werden brauchte, Öl in den Boden gelangt war und sich bis auf das Grundstück des A ausgebreitet hatte. Der Aushub und die Entsorgung des kontaminierten Erdreichs kostet nach dem Urteil von Sachverständigen 300.000 €.

A verlangt von B, daß dieser die erforderlichen Arbeiten veranlaßt und finanziert. B weigert sich, weil er sich von jedem Verschulden frei weiß. Auch weist er darauf hin, daß er für die Folgen der ordnungsgemäß betriebenen Anlage nicht in höherem Maße verantwortlich gemacht werden könne als die Abnehmer des Heizöls, derentwegen die Anlage errichtet worden sei.

Wie ist die Rechtslage?

Hinweis: Auf das UmwelthaftungsG, das HaftpflichtG, das WasserhaushaltsG, das BodenschutzG[1] sowie auf die Folgen einer etwaigen polizeirechtlichen Verantwortlichkeit ist in der Bearbeitung nicht einzugehen.

---

[1] Zu dem letzteren vgl. *Pützenbacher*, NJW 1999, 1137.

A. Vorbereitende Überlegungen

I. Erfassen des Sachverhalts

Der Sachverhalt ist einfach: B verursacht Immissionen und verunreinigt dadurch das Grundstück des A; die Beseitigung der Kontaminierung erfordert einen Aufwand in Höhe von 300.000 €. Man kann daher vermuten, daß die Probleme des Falles kaum mit der Erfassung des Sachverhalts zusammenhängen werden. Gleichwohl empfiehlt es sich auch hier, die wichtigsten Punkte auf einem Zettel festzuhalten, um sie bei der weiteren Arbeit ständig vor Augen zu haben. Diese Notizen könnten hier so aussehen:

- Trotz Sorgfalt: Immissionen
- Sept. 2008: Betrieb eingestellt
- Juli 2010: Verseuchung entdeckt
- Beseitigungskosten: 300.000 €

II. Erfassen der Fallfrage

Die Frage nach der Rechtslage bezieht sich ersichtlich auf das Verlangen des A, daß B den Aushub und die Entsorgung des verseuchten Erdreichs veranlaßt und finanziert, bzw. darauf, daß B sich unter Hinweis auf ein fehlendes Verschulden weigert. Gefragt ist also, **ob A von B verlangen kann, daß dieser die Folgen der Immissionen beseitigt.**

Das könnte – wenn das Begehren des A in einen bestimmten Antrag (§ 253 II Nr. 2 ZPO) gefaßt wäre – ohne weiteres ein Fall sein, über den ein *Richter* zu entscheiden hat. Denkbar ist aber auch, daß ein *Anwalt* damit befaßt ist. Dieser müßte dann freilich über das unmittelbare Begehren des A ein wenig hinausdenken. Wenn B nämlich nicht dazu zu bewegen ist, den Aushub vornehmen zu lassen, erhebt sich die Frage, ob A die Sache nicht selbst in die Hand nehmen und von B die erforderlichen Kosten ersetzt verlangen kann. Wenn eine solche Möglichkeit besteht (vgl. § 887 ZPO), muß der Anwalt seinen Mandanten selbstverständlich darauf hinweisen.

III. Erarbeiten der Lösung

1. Worauf wird es ankommen?

In der Sache geht es darum, ob B für die Folgen der von ihm veranlaßten Immissionen aufzukommen hat, obwohl er alle erdenkliche Sorgfalt aufgewendet hat.

Wenn Sie Anfänger sind, werden Sie vielleicht zunächst an § 823 I BGB denken. Der Einwand des B, daß ihn kein Verschulden treffe, zielt offenbar ebenfalls auf diese Vorschrift. Sie müssen sich daher wenigstens kurz dazu äußern. Daß Sie den auf § 823 I BGB gestützten Schadensersatzanspruch des A am fehlenden Verschulden des B scheitern lassen werden, versteht sich nach den im Sachverhalt enthaltenen Angaben eigentlich von selbst. Wenn sie mehr tun wollen, haben Sie Gelegenheit zu zeigen, daß Sie wissen, was fehlendes Verschulden bei § 823 I BGB überhaupt heißt. Das in wenigen Sätzen darzulegen, ist keineswegs leicht. Die Verletzung eines der in § 823

I BGB genannten Rechtsgüter indiziert nach der Lehre vom Erfolgsunrecht bekanntlich die *Rechtswidrigkeit*, was nichts anderes bedeutet, als daß dem Verletzer damit ein Verstoß gegen Verhaltensregeln zur Last gelegt wird: Er hätte sich so verhalten sollen, daß die Rechtsgüter anderer nicht beschädigt werden. Das Verschulden in Form der *Fahrlässigkeit* besteht jedoch ebenfalls im Verstoß gegen objektive Sorgfaltsregeln (§ 276 II BGB). Wie ist es möglich, kann man daher fragen, daß jemand, dem ein die Rechtswidrigkeit begründender Verstoß gegen objektive Verhaltensregeln zur Last fällt, nicht gleichzeitig auch gegen die objektiven Sorgfaltsregeln verstoßen hat, die im Zivilrecht den Vorwurf des Verschuldens bestimmen? Im Grunde gibt es hier nur zwei Möglichkeiten: Entweder man fordert ergänzend zur Verletzung „äußerer" Sorgfaltspflichten noch einen Verstoß gegen anders beschaffene „innere Sorgfaltspflichten" – womit streng genommen das Prinzip der *objektiven* Sorgfaltspflichtverletzung preisgegeben wird. Oder man beurteilt den objektiven Pflichtverstoß beim Verschulden aus einer anderen Perspektive als bei der Rechtswidrigkeit. In der Lösung wird der letztere Weg eingeschlagen.

Wenn Ansprüche aus § 823 I BGB offenbar scheitern, weil es am Verschulden fehlt, so kommt es entscheidend auf die Frage an, ob A von B Beseitigung der Beeinträchtigung nach **§ 1004 I 1 BGB** verlangen kann. Die dogmatische Brisanz dieser Frage liegt auf der Hand: Greift dieser Anspruch, der *verschuldensunabhängig* ist, hier tatsächlich *durch*, so kann A damit im Ergebnis genau das erreichen, was ihm bei § 823 I BGB mangels Verschuldens des B versagt wird, nämlich den Ausgleich des erlittenen Schadens. Das gilt nicht nur für das Verlangen nach der Entfernung des kontaminierten Erdreichs, sondern auch für den nach § 249 II 1 BGB ebenfalls in Betracht kommenden Anspruch auf Ersatz der Herstellungskosten. Anders als bei § 249 II 1 BGB könnte A zwar *nicht unmittelbar* und im voraus auf Kostenersatz klagen. Hätte er jedoch ein Urteil gegen B auf Vornahme der erforderlichen Handlungen erstritten, könnte er sich gem. § 887 I, II ZPO vom Gericht ermächtigen lassen, diese Handlungen *auf Kosten des B* selbst vornehmen zu lassen. Wenn A bereit wäre, in Vorlage zu treten und die Arbeiten zunächst auf eigene Kosten selbst vornehmen zu lassen, könnte er sich auch nach den Regeln der GoA oder des Bereicherungsrechts an B halten. Der Fall wirft daher die Frage auf, **wie die Störungsbeseitigung i.S. von § 1004 I 1 BGB von der Schadensersatzleistung i.S. von § 249 BGB abzugrenzen** ist oder anders ausgedrückt: wofür genau der Verursacher *unverschuldeter* Eigentumsbeeinträchtigungen nach dem BGB einzustehen hat. Das ist ein schwieriges und vielfach umstrittenes Problem, zu dem man nur bei sehr guten Bearbeitern spezielles Wissen erwarten kann. Wichtig ist jedoch, daß Sie das Problem deutlich herausarbeiten. Wenn Sie die vorgeschlagenen Lösungsmöglichkeiten kennen, müssen Sie sich keineswegs i.S. der h.M. entscheiden. An der Universität genießen Sie vielmehr die Freiheit, im Rahmen des Vertretbaren der Auffassung zu folgen, die Sie für überzeugender halten. (In der unten abgedruckten Lösung tue ich dies auch.)

2. Strategie

Was über die Strategie zu sagen ist, betrifft hier allein die Frage, in welcher *Reihenfolge* die zwei Problembereiche sinnvollerweise abzuhandeln sind. Sollen Sie mit dem verschuldensfreien *Störungsbeseitigungsanspruch* beginnen oder aber den *Deliktsanspruch* vorziehen? Bestünden über den Anwendungsbereich des Beseitigungsanspruchs keine Zweifel, käme es also nicht gerade darauf an, beide Ansprüche auf überzeugende Weise voneinander abzugrenzen, könnten Sie sich ohne weiteres zunächst dem Störungsbeseitigungsanspruch zuwenden, weil seine Voraussetzungen meist leichter zu erfüllen sind als die des Deliktsanspruchs. Um das Problem der Abgrenzung wirkungsvoll darzustellen, ist es jedoch besser, umgekehrt vorzugehen. Nur dann nämlich wird deutlich, daß der Deliktsanspruch am fehlenden Verschulden scheitert, so daß sich unabweisbar die Frage erhebt, ob der verschuldensfreie Beseitigungsanspruch praktisch auf dasselbe Ziel gerichtet sein kann wie der Schadensersatzanspruch.

3. Lösungsskizze

I. § 823 I BGB
1. Betrieb des B hat Eigentumsschaden des A verursacht.
2. Rechtswidrigkeit ist indiziert.
3. *Fahrlässigkeit des B?*
   Rechtswidrigkeit und Fahrlässigkeit (§ 276 II BGB) sind Verstöße gegen objektive Verhaltenspflichten.
   Fahrlässigkeit bei rechtswidrigem Handeln also nur ausgeschlossen, wenn objektive Sorfaltspflicht aus *anderer Perspektive* beurteilt wird (verständiger Beobachter *ex ante*).

II. § 1004 I 1 BGB
1. Beseitigung aller Eigentumsbeeinträchtigungen, die nicht unter § 985 BGB fallen.
   Problem: Unterscheidung von Eigentumsbeeinträchtigung und Schaden.
   §§ 1004 I 1 BGB, 887 ZPO dürfen nicht auf § 249 BGB hinauslaufen.
2. *Mögliche Abgrenzungen*
a) Schaden bei abgeschlossenem Nachteil, Beeinträchtigung bei fortwirkender Ursache.
   Widerspruch: Haftung bei unvollendetem Schaden *ohne*, bei vollendetem nur *mit* Verschulden.
b) Störung = Inanspruchnahme fremder Sache in einer Weise, die nur *Eigentümer zusteht*.
   Beseitigungsanspruch (wie § 985 BGB) geht auf Aufgabe dieser Einwirkung.
3. Anspruch auf Entfernung des Öls, wenn dieses *B gehört*.
   Aber: Eigentumsverlust gem. §§ 946, 93 BGB.

III. § 862 I 2 BGB
   Entfällt wie § 1004 I 1 BGB mit Eigentumsverlust.

B. Lösung

I. § 823 I BGB

A könnte zunächst ein Schadensersatzanspruch gem. §§ 823 I, 249 BGB zustehen. Voraussetzung dafür ist, daß B das Eigentum des A rechtswidrig und schuldhaft verletzt hat.

   1. Die Verseuchung des Grundstücks des A mit Öl ist auf den von B betriebenen Heizölhandel zurückzuführen. Hätte B keine Öltanks unterhalten, wäre es zu diesem Schaden nicht gekommen. Die Tätigkeit des B stellt sich daher im Hinblick auf A als Eigentumsverletzung dar.
   2. Die *Rechtswidrigkeit* dieses Verhaltens wird im Rahmen des § 823 I BGB indiziert und muß daher vom Geschädigten nicht positiv nachgewiesen werden; vielmehr ist es Sache des Schädigers, im Einzelfall darzulegen, daß sein Verhalten aus beson-

deren Gründen gerechtfertigt war. Ein solcher Rechtfertigungsgrund steht B nicht zur Verfügung.

3. Erforderlich ist weiter, daß B *schuldhaft*, d. h. vorsätzlich oder fahrlässig gehandelt hat. In Betracht kommt hier allein das letztere. Fahrlässig handelt, wer gegen die im Verkehr erforderlichen Sorgfaltspflichten verstößt, § 276 II BGB. Der Inhalt dieser Sorgfaltspflichten bestimmt sich nicht nach den subjektiven Fähigkeiten des Handelnden, sondern danach, was zum Schutz fremder Rechtsgüter *objektiv geboten* ist. Der Pflichtverstoß, der bei § 823 I BGB dem Rechtswidrigkeitsurteil zugrunde liegt, umfaßt daher i.d.R. zugleich den objektiven Sorgfaltspflichtverstoß, der den Vorwurf der Fahrlässigkeit trägt. Ein Unterschied kann sich jedoch daraus ergeben, daß der das Verschulden begründende Sorgfaltspflichtverstoß sich nach einem *anderen Maßstab* bemißt. Die von dem Schuldner zu beachtenden objektiven Sorgfaltspflichten bestimmen sich zwar ebenfalls nach dem Standpunkt eines objektiven Betrachters. Dabei ist jedoch – anders als beim Rechtswidrigkeitsurteil – nicht das gesamte später verfügbare Wissen zugrunde zu legen. Vielmehr ist darauf abzustellen, was ein verständiger Betrachter im Zeitpunkt der Handlung erkennen und voraussehen konnte. War mit einer bestimmten Handlungsfolge nicht zu rechnen, kann ihre Herbeiführung dem Schuldner nicht als Verschulden angelastet werden.

Hier hat B alles getan, was aus damaliger Sicht zur Vermeidung von Bodenverunreinigungen erforderlich war. Obgleich er die Beschädigung des Nachbargrundstücks rechtswidrig herbeigeführt hat, trifft ihn mithin kein Verschulden.

II. § 1004 I 1 BGB

Zu prüfen bleibt jedoch, ob A von B die Wiederherstellung des früheren Zustandes bzw. die dafür erforderlichen Kosten gem. § 1004 I 1 BGB verlangen kann.

1. Nach dieser Vorschrift kann der Eigentümer, dessen Sache in anderer Weise als durch die in § 985 BGB erfaßte Entziehung oder Vorenthaltung des Besitzes beeinträchtigt wird, von dem Störer die Beseitigung der Beeinträchtigung verlangen. Fraglich jedoch ist, was unter einer „*Beeinträchtigung*" i. S. des § 1004 I 1 BGB zu verstehen ist.

Würde man diesen Begriff so auslegen, daß u. a. jedwede Beschädigung des Eigentums davon erfaßt wäre, könnte der Eigentümer von dem Störer ebenso wie bei § 249 I BGB die Herstellung eines unbeschädigten Zustandes verlangen. Nach der Erwirkung eines entsprechenden Urteils könnte er überdies nach § 887 ZPO vorgehen und bei dem Störer ähnlich wie nach § 249 II 1 BGB wegen der erforderlichen Kosten vollstrecken. Der Störungsbeseitigungsanspruch liefe damit auf einen *Schadensersatzanspruch ohne Verschulden* hinaus. Das wäre mit dem Grundsatz der Verschuldenshaftung nicht vereinbar. Der Umstand, daß im Rahmen des BGB grundsätzlich nur bei Verschulden auf Schadensersatz gehaftet wird, macht es vielmehr erforderlich, Störungsbeseitigung und Schadensersatz voneinander abzugrenzen.

2. a) Rein technisch gesehen, könnte dies dadurch geschehen, daß man den Schaden als *abgeschlossene Nachteilszufügung*, die Beeinträchtigung i. S. von § 1004 I 1 BGB dagegen als *fortwirkende Störungsursache* bestimmt. Abgesehen von der Schwierigkeit, diese zunächst nur verbale Unterscheidung in subsumtionsfähige Begriffe umzuformen, würde dies freilich zu dem Wertungswiderspruch führen, daß der Störer für den noch *unvollendeten* Schaden ohne Verschulden einzustehen hätte, obwohl er für den *vollendeten* Schaden nur bei Verschulden haften würde.

b) Nach einer anderen Auffassung wird § 1004 I 1 BGB dagegen ebenso wie § 985 BGB als ein Anspruch zur *Abwehr einer unberechtigten Inanspruchnahme* des Eigentums durch Dritte verstanden. Im Gegensatz zu einem Schadensersatzanspruch dient der Störungsbeseitigungsanspruch danach nicht dem Ausgleich einer Nachteilszufügung, sondern ist Ausdruck einer Zustandshaftung: Ebenso wie der unberechtigte Besitzer nach § 985 BGB nur so lange in Anspruch genommen werden kann, wie er im Besitz der Sache ist, soll der Störer nach § 1004 I 1 BGB nur so lange verpflichtet sein, wie er fremdes Eigentum entweder durch sein Verhalten oder als Ablageort für seine eigenen Sachen für sich in Anspruch nimmt und sich dadurch Befugnisse anmaßt, die nur dem Eigentümer zustehen. Der Störungsbeseitigungsanspruch ist nach dieser Ansicht allein darauf gerichtet, daß der Störer diese *Einwirkung aufgibt*. Ob er davon abgesehen zur Wiederherstellung des früheren Zustandes verpflichtet ist, richtet sich nicht nach § 1004 I 1 BGB, sondern hängt davon ab, ob er nach anderen Vorschriften zum Schadensersatz verpflichtet ist, was i.d.R. Verschulden voraussetzt.

Diese Ansicht überzeugt, weil sie § 1004 I 1 BGB zusammen mit § 985 BGB eine systematisch sinnvolle Funktion zuweist und außerdem das Einstehenmüssen für nicht verschuldetes Tun von der Haftung für verschuldetes Tun auf einleuchtende Weise voneinander abgrenzt.

3. Bezogen auf den Fall heißt dies folgendes: Wenn B das Grundstück des A für *seine Sache* in Anspruch nimmt, kann A deren Beseitigung verlangen. Gibt B das Eigentum an der störenden Sache auf oder verliert er es auf andere Weise, so entfällt damit zugleich seine Störereigenschaft.

Hier hat sich das herüberdringende Öl in einer Weise mit dem Grund und Boden des A verbunden, daß es ohne Zerstörung oder wesentliche Veränderung nicht mehr davon getrennt werden kann. Es ist daher *wesentlicher Bestandteil* dieses Grundstücks geworden (§ 93 BGB) und damit gem. § 946 BGB in das Eigentum des A übergegangen. Die Entfernung des Öls kann daher auch nach § 1004 I 1 BGB nicht verlangt werden. Infolgedessen kann A nach dieser Vorschrift von B auch nicht den Aushub des kontaminierten Erdreichs verlangen. Als Eigentümer muß er den Schaden, der von niemand verschuldet wurde, grundsätzlich selbst tragen.

III. § 862 I 1 BGB

Als Besitzer könnte A schließlich einen Störungsbeseitigungsanspruch gem. § 862 I 1 BGB geltend machen. In Anlehnung an § 1004 I 1 BGB, der der Abwehr einer faktischen Inanspruchnahme fremden Eigentums dient, muß § 862 I 1 BGB stimmigerweise als Anspruch zur Abwehr einer faktischen Inanspruchnahme des Besitzes konzipiert werden. Die Störung, auf deren Beseitigung der Anspruch sich richtet, dauert daher ebenfalls nur so lange, wie jemand durch sein Verhalten oder seine Sache eigenmächtig auf das Besitzobjekt einwirkt. Mit Rücksicht darauf, daß das auf das Grundstück des A herübergedrungene Öl gem. § 946 BGB nicht mehr im Eigentum des B steht, ist dieser auch nach § 862 I 1 BGB nicht zur Beseitigung verpflichtet.

Zur Vertiefung: *Picker,* Der „dingliche" Anspruch, Festschrift für Bydlinski, Wien 2002, 269; *Katzenstein,* Der Beseitigungsanspruch nach § 1004 Abs. 1 Satz 1 BGB, AcP 211 (2011), 58; *Harms,* Die Erstattungsfähigkeit von Sanierungskosten für den Käufer eines kontaminierten Grundstücks, NJW 1999, 3668; BGH JZ 1996, 682 m. Anm. *Gursky* sowie Bespr. *Buchholz/Radke,* Jura 1997, 454 und *Lobinger,* JuS 1997, 981 sowie BGH NJW 2005, 1366 (§ 1004 I BGB umfaßt Folgenbeseitigung); BGH JZ 1987, 195 m. Anm. *F. Peters* (Grenzen der Ausgleichspflicht zwischen mehreren Grundstücksverantwortlichen); BGH NJW 2000, 2901 (mittelbarer Störer bei § 1004 BGB); BVerfGE 102, 1 = JZ 2001, 37 (verfassungsrechtliche Grenzen der Zustandshaftung des Grundeigentümers). – Zu § 22 II WHG vgl. BGH NJW 1999, 3203 und 3633.

Themenkomplex 2: Deliktsrecht

6. Der verflixte Fußball

Sachverhalt

Studienrat A, der eine Schwäche für Fußball hat, bekommt zu Ostern einen neuen Ball geschenkt und versucht ihn sogleich vor seinem Haus zu testen. Infolge mangelnder Vertrautheit mit dem neuen Leder kickt er bei seinem Nachbar B, der im Nebenhaus zur Miete wohnt, eine Scheibe ein. Ein neues Glas kostet ohne Umsatzsteuer 100 €, das fachmännische Einsetzen ohne Umsatzsteuer nochmals 100 €. B fordert daher von A 200 €. Dasselbe verlangt aber auch der Eigentümer C des Nachbarhauses. B widerspricht einer Zahlung an C, weil er befürchtet, daß dieser das Geld für andere Zwecke verwenden werde, anstatt eine neue Scheibe einsetzen zu lassen. C dagegen äußert dieselbe Befürchtung im Hinblick auf B. A selbst möchte nur den Wert der Scheibe ersetzen und auch dies nur einmal.

Kann B bzw. kann C von A Zahlung von 200 € verlangen?

Bearbeitervermerk: Auf den Ersatz der bei einer Reparatur anfallenden Umsatzsteuer ist nicht einzugehen.

A. Vorbereitende Überlegungen

I. Erfassen des Sachverhalts

Der Fall spielt offenbar ausschließlich im Deliktsrecht, wobei A der Schädiger ist, während sich B und C in der Rolle des Geschädigten befinden. Auch wenn Sie nur bescheidene Kenntnisse haben, sollte Ihnen sofort auffallen, daß sich B und C in einem wesentlichen Punkt voneinander unterscheiden: C ist **Eigentümer** des beschädigten Hauses, B dagegen nur **Besitzer**.

Von Bedeutung könnte ferner sein, daß sich der geltend gemachte Schaden aus zwei Positionen zusammensetzt: 100 € für eine *neue Scheibe* und noch einmal denselben Betrag für das *Einsetzen*.

II. Erfassen der Fallfrage

Die Fallfrage geht dahin, ob B und/oder C von A *Zahlung* von 200 € verlangen kann. Das ist eine Frage, wie sie sowohl einem *Anwalt* als auch einem *Richter* gestellt werden könnte. Sie können sich daher nach Belieben in eine dieser Rollen versetzen.

Wenn Sie sich die Struktur des Falles anschaulich vor Augen führen wollen, können Sie dies mit folgender Skizze tun:

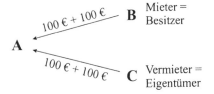

Dabei springt sogleich ins Auge, daß B und C von A zusammen *400 €* fordern, während der Schaden laut Sachverhalt für *200 €* behoben werden kann. Es ist nicht schwer zu erraten, daß hier eines der Hauptprobleme des Falles liegen wird. Die Fallfrage zielt daher nicht einfach darauf, ob sowohl B als auch C einen Zahlungsanspruch gegen A haben, sondern auch, **wie sich diese Ansprüche zueinander verhalten.**

III. Erarbeiten der Lösung

1. Worauf wird es ankommen?

Klar ist zunächst, daß als Anspruchsgrundlage § 823 BGB in Betracht kommt. Wenn Sie den Fall als *Fortgeschrittener* bearbeiten, könnten Sie außerdem auf den Gedanken kommen, daß C und B eventuell auch nach § 1004 bzw. § 862 BGB die Wiederherstellung des früheren Zustandes verlangen können. Aufgrund eines entsprechenden Leistungsurteils könnte dann gem. § 887 ZPO auch die Vollstreckung wegen der anfallenden Kosten in die Wege geleitet werden. Aus dem letzten Fall („Die heimliche Ölquelle") können Sie jedoch ersehen, daß diese Auslegung der §§ 1004, 862 BGB, auch wenn der BGH ihr folgt[1], mit den Bedingungen einer Verschuldenshaftung, wie sie für unser Recht prägend ist, nicht vereinbar wäre. Davon abgesehen liegt hier das Verschulden des A, das eine Lösung nach § 823 BGB ermöglicht, so offen zutage, daß Sie sich mit Ausführungen zu den §§ 1004, 862 BGB, 887 ZPO wahrscheinlich die

---

[1] Vgl. BGH JZ 1996, 683, wo ein Bereicherungs- bzw. Aufwendungsersatzanspruch aus GoA des Nachbarn, der die Verunreinigung seines Grundstücks zunächst auf eigene Kosten hatte beseitigen lassen, prinzipiell bejaht wird.

Randbemerkung „abwegig" einhandeln würden – und zwar auch von solchen Prüfern, die der Auffassung sind, daß im Gutachten „ausnahmslos" *alle* Möglichkeiten zu erörtern sind. Die einzige Norm, die Sie in unserem Fall prüfen müssen, ist daher § 823 BGB. Freilich hat diese Vorschrift *zwei Absätze,* die eine ganz unterschiedliche Struktur aufweisen und die man daher streng *auseinanderhalten* muß.

Daß § 823 I BGB das *Eigentum* schützt, ergibt sich ohne weiteres aus dem Wortlaut dieser Vorschrift. Daß auch der *Besitz* ein „sonstiges Recht" i. S. des § 823 I BGB darstellen kann, steht heute im wesentlichen ebenfalls außer Streit. Man spricht diese Eigenschaft freilich nur dem *berechtigten* Besitz zu, wobei die Meinungen, wann der Besitz in diesem Sinn „berechtigt" ist, auseinandergehen. Wo es zentral darauf ankommt, sind daher einige Worte der Begründung geboten. Stichwort also: **Besitz als sonstiges Recht** *i. S. von § 823 I BGB?*

Da es in unserem Fall um eine Beeinträchtigung sowohl des Eigentums als auch des Besitzes geht, sollte man auch bei § 823 II BGB an *Schutznormen* denken, die sich auf das Eigentum und den Besitz beziehen. § 303 StGB scheidet aus, weil hier nur die vorsätzliche Sachbeschädigung unter Strafe gestellt ist. In Betracht kommt jedoch *§ 1004 BGB* als Schutznorm zugunsten des Eigentums und *§ 858 BGB* als Schutznorm zugunsten des Besitzes.

Wo für die Beschädigung einer Sache Schadensersatz in Geld verlangt wird, ist nach dem Gesetz danach zu unterscheiden, ob es um den Ersatz der *Wiederherstellungskosten (§ 249 II 1 BGB)* oder aber um *Wertersatz* gem. *§ 251 BGB* geht. Beides ist häufig nur schwer auseinanderzuhalten. Im Interesse einer nachvollziehbaren Argumentation müssen Sie jedoch angeben, in welchen Kategorien Sie sich bewegen: in denen der *Restitution* oder aber der *Kompensation.* Stichpunkte daher: **§§ 249 II 1/251 BGB.**

Sollten sowohl B als auch C berechtigt sein, von A Schadensersatz in Geld zu verlangen, wird es wesentlich darauf ankommen, das **Verhältnis dieser Ansprüche** zueinander zu bestimmen. Vor der Hand bieten sich dafür zwei Möglichkeiten an: die *Gesamtgläubigerschaft gem. § 428 BGB* und die *Gläubigermehrheit gem. § 432 BGB.* Daß es bei der Forderungsverpfändung (§§ 1279 ff. BGB) eine ähnliche Problematik gibt, bei der sich das Gesetz für die Gläubigermehrheit entschieden hat, wird Ihnen nur dann einfallen, wenn Sie sich im Rahmen Ihres Studiums damit einmal beschäftigt haben. In diesem Fall können Sie weiter auch *§ 1281 BGB* notieren.

2. Strategie

Wie Sie nach kurzer Überlegung erkennen werden, geht es um *drei Fragenkomplexe:* um die Ansprüche des Besitzers B, um die des Eigentümers C und um das Verhältnis beider. Womit soll man am besten anfangen: mit den Ansprüchen des Besitzers oder denen des Eigentümers? Auszugehen ist davon, daß der deliktische Schutz des Eigentümers, da im Gesetz ausdrücklich geregelt, außer Frage steht. Der Deliktsschutz des Besitzers ist erst nachträglich hinzugekommen. Wo es zu einem Konflikt beider kommt, muß daher mit der Möglichkeit gerechnet werden, daß der Schutz des Besitzers hinter dem des Eigentümers zurückbleibt. Das läßt es ratsam erscheinen, die **Ansprüche des Eigentümers vorweg** zu prüfen. Damit stehen bereits zwei große Teile fest: Ansprüche des C gegen A und im Anschluß daran Ansprüche des B gegen A.

An dieser Stelle werden Sie wahrscheinlich noch der Auffassung sein, daß Sie einen *dritten Teil* bilden können, in dem das Verhältnis dieser Ansprüche zueinander erörtert wird. Beim näheren Eindringen in den Fall wird sich dann aber zeigen, daß das Nebeneinander dieser Ansprüche Anlaß geben kann, darüber nachzudenken, ob Schadensersatzansprüche aus verletztem Besitz, die mit Schadensersatzansprüchen

aus verletztem Eigentum *konkurrieren*, überhaupt bestehen. Das läßt es aufbaumä-
ßig ratsam erscheinen, das *Verhältnis beider Ansprüche* – des Eigentümers und des
Besitzers – nicht in einer eigenen Rubrik, sondern gleich *im Zusammenhang* mit der
Erörterung der Ansprüche wegen Besitzverletzung zu prüfen. Bei der folgenden Glie-
derung ist dies bereits berücksichtigt. Sie hat daher nicht drei, sondern nur *zwei
Hauptteile*.

Über etwas anderes sollten Sie allerdings schon an dieser Stelle Klarheit gewinnen:
Das Problem des Falles besteht offenbar nicht darin, zu begründen, daß A widerrechtlich und fahrlässig das Eigentum eines anderen verletzt hat. Wer über diese
Selbstverständlichkeit viele Worte verlieren wollte, würde damit nicht nur zeigen,
daß er über kein Problembewußtsein verfügt, sondern zugleich wertvolle Zeit vertun,
die ihm an anderer Stelle fehlen würde. Schlechte Arbeiten erkennt man häufig bereits daran, daß der Verfasser Selbstverständlichkeiten breit auswalzt, während sich
zu den wichtigen Fragen nur ein paar knappe Sätze finden. Machen Sie es umgekehrt!

3. Lösungsskizze

I. Zahlungsanspruch C gegen A

1. *§ 823 I BGB: Eigentum*
   § 249 II 1 oder § 251 I BGB?
   Entscheidend ist wirtschaftliche Wiederherstellbarkeit.
   Zerstörung der Scheibe = Beschädigung des Hauses (§ 94 II BGB).
   Einsetzen einer neuen Scheibe = Wiederherstellung.
   Also § 249 II 1 BGB – vorbehaltlich Anspruch des B.
2. *§ 823 II BGB i.V.m. § 1004 BGB*
   Bringt bei dieser Konstellation nichts zusätzlich.

II. Zahlungsanspruch B gegen A

1. *§ 823 I BGB: Besitz*
   Besitz ist geschützt, wenn *eigentumsähnlich*.
   Eigentum umfaßt Abwehr- und Nutzungsrecht.
   Besitz als solcher gibt nur Abwehrrecht.
   Nutzungsrecht nur bei *berechtigtem* Besitz: so hier.
2. *Inhalt und Umfang des Anspruchs*
   a) Wiederherstellungskosten nur für C: Besitzschutz läuft leer.
   b) Gesamtgläubigerschaft (§ 428 BGB): Wird weder Besitzer noch Eigentümer ge-
      recht. Vgl. § 851 BGB.
   c) Gläubigermehrheit (§ 432 BGB): Entspricht Interessen am ehesten. Parallele in
      § 1281 BGB.
3. *§ 823 II BGB i.V.m. § 858 BGB*
   § 858 BGB gilt auch für nichtberechtigten Besitzer.
   Als Schutzgesetz daher wenig geeignet.

B. Lösung

I. Der Zahlungsanspruch des C gegen A

1. Mit dem Einkicken der Scheibe hat A widerrechtlich und fahrlässig das *Eigentum
des C* beschädigt und ist diesem daher nach *§ 823 I BGB* zum Schadensersatz ver-

pflichtet. Fraglich kann insoweit nur sein, ob A gem. § 249 II 1 BGB zum Ersatz der *Wiederherstellungskosten* oder gem. § 251 I BGB zum *Wertersatz* in Geld verpflichtet ist. Der Ersatz von Wiederherstellungskosten hängt davon ab, ob der durch den Eingriff beeinträchtigte *wirtschaftliche Zustand* wiederherstellbar ist. Hier war die Scheibe ein Bestandteil des Gebäudes, nach § 94 II BGB sogar ein wesentlicher Bestandteil. Mit der Zerstörung der Scheibe wurde daher zugleich das *Haus* des C *beschädigt*. Durch Einsetzung einer neuen Scheibe kann dessen früherer Zustand ohne weiteres wieder hergestellt werden. Den dazu erforderlichen Betrag kann C gem. § 249 II 1 BGB von A verlangen. Dabei umfassen die Wiederherstellungskosten sowohl die Aufwendungen für ein *neues Glas* als auch für das *Einsetzen*. Der von C geltend gemachte Anspruch auf Zahlung von 200 € ist daher – vorbehaltlich der Ausführungen unter II – begründet.

2. Im Prinzip kann A seinen Anspruch auch auf *§ 823 II i.V.m. § 1004 BGB* stützen. In Fällen wie hier, wo das Eigentum in der Substanz schuldhaft beeinträchtigt worden ist, bringt dies aber keine zusätzlichen Vorteile. Der Eingriff in die Sachsubstanz ist nämlich nicht nur tatbestandsmäßig i.S. des § 823 I BGB, sondern enthält zugleich einen Verstoß gegen § 1004 BGB.

II. Der Zahlungsanspruch des B gegen A

1. Ebenso wie das Eigentum des C hat A auch den *Besitz des B* widerrechtlich und fahrlässig beeinträchtigt. Damit könnte er gem. *§ 823 I BGB* auch dem B zur Wiederherstellung verpflichtet sein.

In § 823 I BGB ist der Besitz nicht ausdrücklich als geschütztes Recht genannt. Ein deliktischer Schutz kommt jedoch auch für „sonstige Rechte" in Betracht. Soll das dem Abs. 1 des § 823 BGB zugrundeliegende Modell absolut geschützter Rechtssphären gewahrt bleiben, können allerdings nur solche Rechte miteinbezogen werden, die den in § 823 I BGB ausdrücklich genannten Rechten, und hier insbesondere dem Eigentum, *strukturell ähnlich* sind.

Wie sich aus § 903 BGB ergibt, verleiht das Eigentum dem Eigentümer zwei unterschiedliche Befugnisse: einmal das Recht, Einwirkungen Dritter *auszuschließen*, sodann aber das Recht, mit der Sache nach Belieben zu verfahren, d.h. sie zu *nutzen* und zu *verwerten*. Ein deliktischer Besitzschutz gem. § 823 I BGB kommt mithin nur dann und insoweit in Betracht, als der Besitz sowohl mit Abwehrbefugnissen als auch mit einem dem Eigentum vergleichbaren Zuweisungsgehalt verbunden ist.

Hinsichtlich der Abwehrbefugnisse ist der Besitz als solcher durch die §§ 859, 861 f. BGB gegen eigenmächtige Beeinträchtigungen in ähnlicher Weise geschützt wie das Eigentum durch die §§ 227, 985, 1004 BGB. Positive Befugnisse stehen dem Besitzer dagegen regelmäßig nur dann zu, wenn er berechtigt ist, die Sache zu nutzen, oder wenn er wegen der auf die Sache gemachten Verwendungen von dem Eigentümer Ersatz verlangen kann.

Als Mieter war B im Verhältnis zu C zum Gebrauch des gemieteten Hauses und damit zu dessen Nutzung berechtigt, §§ 535 I 1, 100 BGB. Seine Stellung war der eines Eigentümers demnach ähnlich, so daß ein deliktischer Schutz des Besitzes nach § 823 I BGB gerechtfertigt erscheint.

2. *Inhalt* und *Umfang* des zu leistenden Ersatzes bestimmen sich nach der beeinträchtigten Befugnis des Besitzers. Bei einer dauernden Nutzungsbeeinträchtigung, wie sie hier vorliegt, kann der Besitzer verlangen, daß die Sache in den Zustand gebracht wird, in dem sie sich ohne die Beeinträchtigung befände. Das schließt nach § 249 II 1 BGB an sich das Recht ein, vom Schädiger den dazu erforderlichen Geld-

betrag zu verlangen. Da dem Eigentümer dasselbe Recht zusteht, der Schädiger aber nur *einmal* zu leisten *verpflichtet* ist, erhebt sich die Frage, wie der deliktische Schutz des Eigentümers und des Besitzers aufeinander abzustimmen sind.

a) Denkbar wäre zunächst, den Anspruch auf Zahlung der Wiederherstellungskosten allein dem Eigentümer einzuräumen, den Besitzer dagegen auf den Ersatz der entgangenen Nutzungen zu beschränken. Wenn die Beteiligten um *Wertersatz* gem. § 251 BGB streiten, kann eine derartige Aufteilung in der Tat geboten sein, weil die Sachsubstanz allein dem Eigentümer zusteht. Im Hinblick auf den *Wiederherstellungsanspruch* wäre es indessen wenig überzeugend, diesen vor der tatsächlichen Restitution der Sache ausschließlich dem Eigentümer zuzuweisen. Denn damit wäre der Besitzer, was die künftige Sachnutzung angeht, in vollem Umfang von dem Vorgehen des Eigentümers abhängig. Wenn der Eigentümer die an ihn gezahlten Wiederherstellungskosten nicht zur Reparatur verwenden würde, bliebe dem Besitzer die ihm zustehende Sachnutzung auch in Zukunft vorenthalten. Der deliktische Besitzschutz, der durch die Qualifizierung des berechtigten Besitzes als ein „sonstiges Recht" i.S. von § 823 I BGB erreicht werden soll, würde damit weitgehend leerlaufen.

b) In Betracht kommt weiter, Eigentümer und Besitzer als *Gesamtgläubiger* (§ 428 BGB) zu behandeln. Beide stünden dann gleichberechtigt nebeneinander, und es wäre Sache des Schädigers, an wen er leistet. Bei einer Leistung an den Eigentümer würde dem Besitzer freilich derselbe Nachteil drohen, wie er gerade beschrieben wurde. Bei einer Leistung an den Besitzer stünde das Ergebnis stattdessen zu dem Eigentum in Widerspruch. Der Eigentümer muß es nämlich nicht hinnehmen, daß die Herstellungskosten, die ihm das Gesetz wegen der Beschädigung seines Eigentums zubilligt, an den Mieter gezahlt werden, der das Geld vielleicht für ganz andere Zwecke verwendet. Gem. § 851 BGB wird der Schädiger durch Zahlung an den Besitzer nur dann frei, wenn er diesen ohne grobe Fahrlässigkeit *für den Eigentümer hält* und wenn es sich außerdem um eine *bewegliche* Sache handelt. Beide Voraussetzungen liegen hier nicht vor.

c) Zu einer ähnlichen Problematik wie hier kommt es indessen auch bei der Forderungsverpfändung, §§ 1279 ff. BGB. Wenn die verpfändete Forderung fällig geworden ist, steht sowohl dem Gläubiger wie dem Pfandgläubiger ein Anspruch auf die Leistung zu, obwohl der Schuldner im Ergebnis insgesamt nur einmal zu leisten braucht. *§ 1281 BGB* löst diesen Konflikt so, daß er Gläubiger und Pfandgläubiger als eine *Gläubigermehrheit* (§ 432 BGB) behandelt. Der Schuldner kann daher mit befreiender Wirkung nur *an beide gemeinsam* leisten. Anstatt Leistung an beide zu fordern, kann jeder aber auch verlangen, daß die geschuldete Leistung für beide hinterlegt wird.

Dies erscheint auch für das Nebeneinander von Schadensersatzansprüchen des Eigentümers und des Besitzers nach §§ 823 I, 249 II 1 BGB als zutreffende und die Interessen beider Beteiligten wahrende Lösung. B und C können daher analog § 1281 BGB nur verlangen, daß A die geschuldeten 200 € an sie gemeinsam leistet oder aber für beide hinterlegt.

3. Möglicherweise kann B seinen Schadensersatzanspruch auch auf die *§§ 823 II, 858 BGB* stützen. Das setzt voraus, daß es sich bei § 858 BGB um ein Schutzgesetz i.S. des § 823 II BGB handelt. Diese Frage ist streitig.

Zweifelhaft ist bereits, ob § 858 BGB wirklich den Schutz des Besitzers und nicht vielmehr die Wahrung des Rechtsfriedens bezweckt. Gravierender erscheint, daß es in § 858 BGB um den Schutz des Besitzes schlechthin geht, also auch des *nichtberechtigten* Besitzes, der mangels Nutzungszuweisung nicht dem Eigentum vergleichbar ist. Würde man § 858 BGB ohne Einschränkung als Schutznorm interpretieren, könnte daher auch derjenige Besitzer Schadensersatz verlangen, dessen Besitz nach § 823 I BGB aus wohlerwogenen Gründen nicht geschützt wird. Soll die sorgfältige Analogiebildung bei § 823 I BGB im Ergebnis nicht unterlaufen werden, so bieten sich nur zwei Möglichkeiten an: Entweder müssen die bei § 823 I BGB gezogenen Grenzen (Schutz nur des berechtigten Besitzes) auf einen Anspruch gem. §§ 823 II, 858 BGB übertragen werden; dieser würde sich dann nach den Vorgaben des § 823 I BGB richten und hätte keine eigenständige Bedeutung. Oder aber man scheidet § 858 BGB als Schutzgesetz überhaupt aus. Letzteres erscheint sowohl argumentativ als auch aus praktischen Erwägungen als die überzeugendere Lösung.

Zur Vertiefung: *Medicus*, Besitzschutz durch Ansprüche auf Schadensersatz, AcP 165 (1965), 117; *Wieser*, Der Schadensersatzanspruch des Besitzers aus § 823 BGB, JuS 1970, 557; *ders.*, Zum Schadensersatzanspruch des nichtberechtigten Besitzers, NJW 1971, 597; *Honsell*, Schadensersatz nach verbotener Besitzentziehung, JZ 1983, 531.

7. Der teure Lippenstift

Sachverhalt

Das Kaufhaus A-AG läßt in den Verkaufsräumen seiner Filiale in München zur Bekämpfung von Ladendieben elektronische Überwachungskameras einrichten und verspricht seinen Angestellten außerdem für die Ergreifung jedes Ladendiebs eine Prämie von 30 €. Eines Tages wird Frau B in der Kosmetikabteilung von der Verkäuferin C dabei beobachtet, wie sie einen Lippenstift im Wert von 3,95 € in ihrer Handtasche verschwinden läßt. C wird sofort aktiv und fordert B auf, ihr in einen Nebenraum zu folgen. Nachdem C den Filialleiter D hinzugerufen hat, muß Frau B zunächst den Lippenstift wieder herausgeben. Sodann aber verlangt D namens der A-AG von B Zahlung von 30 € wegen der fällig gewordenen Fangprämie und außerdem noch einmal 60 € für die Bearbeitung dieses Schadensfalles durch ihn und C. Auf diesen Betrag belaufe sich nämlich der Lohnanteil, den die A-AG während der Bearbeitungszeit an ihn und C zahlen müsse.

B hält die Angelegenheit mit der Herausgabe des Lippenstiftes für erledigt und denkt gar nicht daran, zusätzlich etwas zu bezahlen. Man läßt sie daher erst gehen, nachdem sie ihre Personalien offengelegt hat.

Im nachhinein kommen der B Zweifel. Hat sie sich zu Recht geweigert oder hätte sie besser zahlen sollen?

A. Vorbereitende Überlegungen

I. Erfassen des Sachverhalts

In dem Fall kommen vier Personen vor: die A-AG, deren Angestellte C, der Filialleiter D und schließlich die Ladendiebin B. Dennoch sind die Rechtsbeziehungen relativ einfach. Es geht nämlich im Kern nur darum, welche Ansprüche der A-AG gegenüber B zustehen. C und D haben ersichtlich nur insofern Bedeutung, als ihnen Ansprüche gegenüber der A-AG zustehen und diese versucht, sich deswegen bei der B schadlos zu halten.

Kurz also: Die A-AG wird durch B bestohlen, hat jedoch durch ihr Personal vorausschauend Vorkehrungen getroffen, um die Sache und den Wiedererlangungsaufwand von dem Dieb wiederzubekommen.

II. Erfassen der Fallfrage

Der Struktur nach handelt es sich um einen *Anwaltsfall*. Sie können sich in die Aufgabe daher am besten so hineindenken, daß Sie sich vorstellen, B habe einen Anwalt zu Rate gezogen, um zu erfahren, ob sie von seiten der A-AG etwas zu befürchten hat. Der Anwalt muß sich dann – nicht anders als ein von der Gegenseite eingeschalteter Anwalt auch – die Frage vorlegen, ob die A-AG von B Zahlung von 90 € verlangen kann. Bei einer kleinen Änderung könnte man sich den Fall freilich auch als *Richterfall* vorstellen: Wenn die A-AG gegen B auf Zahlung von 90 € bereits Klage erhoben hätte, müßte das Gericht prüfen, ob dieser Anspruch begründet ist.

Wichtig ist, daß die A-AG von B nicht einfach wegen des insgesamt erlittenen Schadens 90 € verlangt, sondern daß sie damit ganz bestimmte *Schadensposten* geltend macht: Sie will Ersatz für die **Fangprämie**, die sie an C zahlen muß, und außerdem für den **Lohnanteil**, den sie C und D für die Zeit der Schadensbearbeitung schuldet. Ob sie einen anteiligen Ersatz der *Überwachungsanlagen* verlangen kann, ist dagegen ebensowenig gefragt, wie ob ihr ein Anspruch wegen etwa aufgewendeter *Papier-, Telefon- und ähnlicher Kosten* zusteht. Zwar hätte ein Anwalt der A-AG auch dies in seine Überlegungen miteinzubeziehen. Hier geht es jedoch im Prinzip um eine *Beratung der B* aus konkretem Anlaß. Auszugehen ist daher von den Ansprüchen, die ihr gegenüber geltend gemacht wurden.

An dieser Stelle lohnt es sich jetzt auch, eine Skizze anzufertigen:

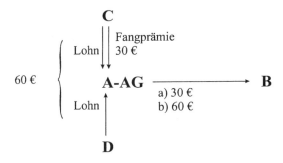

III. Erarbeiten der Lösung

1. Worauf wird es ankommen?

Wie man auf Anhieb sieht, liegt der Schwerpunkt des Falles im Delikts- und Schadensersatzrecht. Sie können daher sogleich die in Betracht kommenden Anspruchsgrundlagen notieren: § 823 I BGB und § 823 II BGB i. V. m. § 242 StGB. Wenn Sie der Meinung sind, daß zwischen B und der A-AG eine Sonderrechtsbeziehung zustande gekommen ist – was voraussetzt, daß B das Geschäft nicht nur in der Absicht betreten hat, zu stehlen –, käme an sich auch ein Anspruch aus *culpa in contrahendo* (§§ 280 I, 311 II BGB) in Betracht. Dieser bringt hier jedoch nichts zusätzlich, sondern hat nur zusätzliche Voraussetzungen. Wenn Sie den Anspruch aus c.i.c. noch dazu in schulmäßiger Weise *vor* dem Deliktsanspruch prüfen wollten, kämen Sie in Gefahr, die Gewichte in einer Weise zu verteilen, daß ein Praktiker mit Ihrem Gutachten nicht viel anfangen könnte. Sie haben es hier also mit einem Fall zu tun, in dem sich das gängige Aufbauschema als dysfunktional erweist. Daher mein Ratschlag: Übergehen Sie den hier praktisch bedeutungslosen Anspruch aus c.i.c. mit Stillschweigen und konzentrieren Sie sich auf § 823 BGB. Damit haben Sie genug zu tun. Wenn Ihnen dieses zu riskant erscheint, dann fügen Sie irgendwo die Feststellung ein, daß sich all das, was sie aus § 823 BGB begründet haben, auch aus *culpa in contrahendo* ergibt, und motivieren in einem weiteren Satz, warum Sie dies nicht vorrangig untersucht haben.

Vielleicht kommt Ihnen der Gedanke, daß man dem bestohlenen Warenhaus u. U. ein *Mitverschulden* (§ 254 I BGB) anlasten könnte, weil es seine Waren, wie dies heute üblich ist, dem Kunden in offenen Regalen zum Greifen präsentiert. Das wäre zwar eine eigenartige Überlegung. Unter dem Einfluß des Zeitgeistes hat man früher zur Entlastung von Ladendieben freilich häufig in dieser Weise argumentiert. Auf diesen Gesichtspunkt einzugehen, ist daher jedenfalls nicht abwegig.

Im Kern der Arbeit scheint es jedoch vor allem darum zu gehen, ob die geltend gemachten Posten als Schaden, der eine Geldzahlung rechtfertigt, anzuerkennen sind. Stichwort daher: *Fangprämien und Bearbeitungsaufwand als* **Schaden**?

Hinsichtlich der **Fangprämien** könnte man zunächst meinen, daß die *Kausalität* fehle, weil die Prämie von dem Geschädigten selbst ausgelobt worden ist. Schon nach kurzer Überlegung sollten Sie aber erkennen, daß ein Erfolg viele Väter haben kann und daß die Ursächlichkeit eines bestimmten Ereignisses (hier: des Diebstahls) nicht deshalb in Frage gestellt werden kann, weil es noch andere Ereignisse gibt, die ebenfalls ursächlich mitgewirkt haben.

Als „Schaden" i. S. des Gesetzes bezeichnet man freilich meistens nur *unfreiwillige* Einbußen, während *freiwillige* Vermögensopfer mit dem Begriff „Aufwendung" belegt werden. Das legt die Frage nahe, ob Aufwendung und Schaden wirklich einander ausschließende Begriffe sind oder ob nicht auch **Aufwendungen als Schaden** in Betracht kommen. Wenn Sie damit erstmals konfrontiert sind, werden Sie sich vermutlich schwertun. Haben Sie sich damit bereits befaßt, wird Ihnen sicher einfallen, daß diese Problematik noch in anderem Zusammenhang auftaucht.

Schwer ist die Frage, ob die A-AG Ersatz des **Bearbeitungsaufwands** verlangen kann. Vielleicht fallen Ihnen hier die Stichworte *Freizeitverlust als Vermögensschaden* und *geleistete Arbeit als Vermögensschaden* ein. Wichtiger aber ist, daß Sie in diesem Zusammenhang an *§ 253 BGB* denken. Für Nichtvermögensschäden, die nicht auf eine der in § 253 II BGB genannten Personenverletzungen zurückgehen, kann danach grundsätzlich kein Schadensersatz in Geld (§ 251 BGB) verlangt werden. In Betracht kommt insoweit nur, daß der Geschädigte gem. § 249 II 1 BGB den für die Herstellung erforderlichen Geldbetrag verlangt. Denken Sie diese Grundsätze im weiteren Verlauf folgerichtig zu Ende, werden Sie von selbst darauf stoßen, daß die beiden Stichworte „Freizeitverlust" bzw. „geleistete Arbeit als Vermögensschaden" eher auf Abwege führen.

2. Strategie

Bereits die überschlägige Betrachtung läßt erkennen, daß das Problem des Falles nicht darin liegt, zu begründen, daß B gegenüber der A-AG eine unerlaubte Handlung begangen hat. Problematisch ist vielmehr, ob die A-AG die von ihr geltend gemachten *Aufwendungen* als **Schaden** ersetzt verlangen kann. Sie sollten daher so wenig wie möglich Zeit damit verlieren, ein auswendig gelerntes Schema „abzuhaken". Die Devise muß vielmehr lauten: *Ran an die wirklichen Probleme!* Wenn etwas wegbleibt, dann darf es nur das sein, was sich unter Juristen von selbst versteht.

An sich könnte man die Ausarbeitung in zwei große Teile gliedern: „Ansprüche der A-AG auf Erstattung der Fangprämien" und „Ansprüche auf Ersatz des Bearbeitungsaufwands". Das hätte zur Folge, daß die Anspruchsgrundlagen, die in beiden Fällen ersichtlich dieselben sind (§ 823 I bzw. II BGB), doppelt geprüft werden müßten. Dabei könnte man Wiederholungen zwar dadurch vermeiden, daß man bei der späteren Prüfung auf die früheren Ausführungen verweist. Aber noch einfacher ist es, die Frage, ob B der A-AG **dem Grunde nach** zum Schadensersatz verpflichtet ist, überhaupt *vorzuziehen* und abzuschichten, um dann die ganze Aufmerksamkeit und Arbeitskraft auf die geltend gemachten Schadensposten konzentrieren zu können.

3. Lösungsskizze

I. Schadensersatzpflicht dem Grunde nach

1. § 823 I BGB
a) Eigentumsverletzung auch ohne Substanzverletzung.
b) Besitzverletzung, da berechtigter Besitz.
2. § 823 II BGB i.V.m. § 242 StGB
3. §§ 280 I, 311 II BGB
4. § 254 I BGB: kein Verstoß gegen Obliegenheiten.

II. Fangprämien als Schaden

1. Aufwendung als Schaden
    Ist nur *unfreiwillige* Einbuße „Schaden"?
    § 670 BGB: Unfreiwillige Einbuße kann „Aufwendung" sein.
    Beide Begriffe schließen sich also nicht aus.
    Weiteres Argument: Detektivkosten als Schaden; Betrug.
2. Kausalität
    Auslobung war ursächlich.
    Aber *conditio sine qua non*: Diebstahl auch.
3. Erforderlichkeit
    Veranlaßt ist nur der Betrag, der *erforderlich*, um C zur Tätigkeit zu veranlassen (arg. § 254 I BGB).
    Evtl. Treuepflicht aus Arbeitsvertrag belanglos.
    Ebenso Präventionszweck der A-AG.
4. Verhältnismäßigkeit
    Im Privatrecht allenfalls Rechtsmißbrauch, § 226 BGB.

III. Bearbeitungsaufwand als Schaden

    Keine einheitliche Linie.

1. Wiederherstellung freier Verfügbarkeit
Bearbeitung des Schadensfalles = Verlust von Möglichkeiten und daher Schaden.
Aber *immateriell*.
§ 253 I BGB schließt hier Kompensation aus. Möglich gem. § 249 II 1 BGB nur
Restitution.
Hier aus faktischen Gründen (feste Öffnungs- und Arbeitszeiten) kaum möglich.
2. Entgangener Gewinn
§ 253 BGB steht §§ 249 I, 252 BGB nicht entgegen. Hier aber kein Gewinn entgangen.

B. Lösung

I. Schadensersatzpflicht dem Grunde nach

1. a) Durch die Wegnahme des Lippenstiftes könnte B das *Eigentum* der A-AG verletzt und sich gem. *§ 823 I BGB* schadensersatzpflichtig gemacht haben. Eine Eigentumsverletzung i. S. dieser Vorschrift setzt nicht notwendig eine Beeinträchtigung der
Sachsubstanz voraus, sondern ist auch durch andere Einwirkungen auf die Sache
möglich, soweit dadurch die Ausübung der Eigentümerbefugnisse (§ 903 BGB) beeinträchtigt wird. Das ist namentlich bei einem Besitzentzug der Fall. Unter der Voraussetzung, daß die A-AG Eigentümerin war, hat B daher das Eigentum i. S. des § 823 I
BGB „verletzt".

b) Handelte es sich bei dem Lippenstift um Kommissions- oder Eigentumsvorbe-
haltsware, so hat B lediglich den *Besitz* der A-AG verletzt. Da der berechtigte Besitz
ein „sonstiges Recht" i. S. von § 823 I BGB darstellt und der Kommissionär bzw. der
Eigentumsvorbehaltskäufer zum Besitz berechtigt ist, wären die Tatbestandsvoraussetzungen des § 823 I BGB auch insoweit erfüllt.

2. Dadurch, daß B den Lippenstift in Zueignungsabsicht an sich genommen hat,
hat sie zugleich den Tatbestand des *§ 242 StGB* verwirklicht, der sowohl zugunsten
des Eigentümers wie des Gewahrsamsinhabers ein Schutzgesetz i. S. von § 823 II BGB
darstellt. Der Schadensersatzanspruch der A-AG kann daher auch auf *§ 823 II BGB
i.V.m. § 242 StGB* gestützt werden.

3. Dasselbe folgt aufgrund der Sonderverbindung, die mit dem Betreten des Wa-
renhauses zwischen B und der A-AG zustande gekommen ist, auch aus den §§ 280 I,
311 II BGB. Dieser Anspruch ist an sich aufbaumäßig vorrangig, spielt aber in der
Praxis absolut keine Rolle, weshalb er in einem praxisbezogenen Gutachten vernachlässigt werden kann.

4. Der hiernach an sich gegebene Anspruch wäre gem. *§ 254 I BGB* gemindert,
wenn an der Eigentums- bzw. Besitzverletzung ein Verschulden der A-AG mitgewirkt
hätte. Ein solches Mitverschulden könnte man darin erblicken, daß die heute übliche
Warenpräsentation für viele einen Anreiz zum Diebstahl überhaupt erst schafft. In
der Sache dienen diese Verkaufsformen jedoch vor allem dem Zweck, die Kosten
niedrig zu halten und mit geringem Personalaufwand einen Massenumsatz zu ermöglichen. Wer sich dieser gängigen Formen bedient, verstößt daher keineswegs gegen
Obliegenheiten, die zum Schutz seiner Rechtsgüter geboten sind. Dies gilt jedenfalls
dann, wenn er gleichzeitig Vorkehrungen trifft, um die aus dieser Präsentation resultierenden Gefahren zu reduzieren.

II. Fangprämien als Schaden

Der nach Maßgabe der §§ 249 ff. BGB zu ersetzende Schaden umfaßt an sich jeden adäquat verursachten Nachteil. Im Hinblick auf die an C zu leistende Fangprämie stellen sich freilich mehrere Fragen.

1. Die Verpflichtung der A-AG zur Zahlung der Fangprämie beruht u. a. darauf, daß sie ihren Angestellten *aus freien Stücken* für die Ergreifung jedes Ladendiebs 30 € versprochen hat. Fraglich kann sein, ob solche freiwilligen Aufwendungen überhaupt als „Schaden" qualifiziert werden können oder ob nicht vielmehr der Rechtsbegriff des Schadens nur *unfreiwillige* Vermögenseinbußen umfaßt.

Eine vergleichbare Problematik, wenn auch mit umgekehrten Vorzeichen, findet sich im Auftragsrecht. Da dem Beauftragten gegen den Auftraggeber nur ein Aufwendungs-, aber kein Schadensersatzanspruch zusteht (§ 670 BGB), stellt sich hier die Frage, ob auch die bei der Ausführung des Auftrags unfreiwillig erlittenen Schäden als „Aufwendungen" qualifiziert werden können. Für risikotypische Einbußen wird dies allgemein bejaht. Ebenso müssen sich dann aber auch umgekehrt freiwillige Aufwendungen, sofern sie durch eine unerlaubte Handlung veranlaßt sind, als Schaden darstellen können. Der Schadensersatzanspruch gegen den Betrüger (§ 823 II BGB i.V.m. § 263 StGB) setzt sogar notwendig voraus, daß freiwillige Aufwendungen als Schaden qualifiziert werden. Aber auch Aufwendungen, die ein Bestohlener macht, um die Sache wiederzuerlangen (Suchanzeigen, Detektivkosten), sind ersatzfähige Schäden i.S. von § 823 I BGB.

Dem Zweck nach handelt es sich auch bei der Fangprämie für die Ergreifung von Ladendieben um Wiedererlangungskosten. Diese dienen der Rückgängigmachung des zugefügten Schadens und haben daher selbst Schadenscharakter.

2. Fraglich könnte des weiteren sein, ob die Zahlungspflicht der A-AG durch den Diebstahl der B *verursacht* worden ist. Die A-AG hat die Fangprämie nämlich nicht erst nach dem Diebstahl, sondern bereits *vorher* ausgelobt.

Ob eine Handlung für einen Schaden kausal war, bestimmt sich nicht danach, ob sie die alleinige Ursache dafür war – das dürfte kaum je der Fall sein; entscheidend ist vielmehr, ob sie hinweggedacht werden kann, ohne daß zugleich der Schaden entfällt. Die Zahlungspflicht der A-AG gegenüber ihrer Angestellten C beruht u. a. auf einer doppelten Ursache: einmal auf der gemachten Auslobung (hätte die A-AG ihren Angestellten keine Fangprämie versprochen, wäre der von C geltend gemachte Anspruch nicht entstanden), sodann aber auf dem Diebstahl (hätte B den Diebstahl nicht begangen, wäre die Zahlungsverpflichtung der A-AG ebenfalls nicht zur Entstehung gelangt). Daß die Auslobung bereits vor dem Diebstahl erfolgt ist, steht dem nicht entgegen. Entscheidend ist vielmehr, daß die Zahlungspflicht nicht bereits durch die Auslobung, sondern erst durch den Diebstahl mit anschließender Ergreifung der B begründet worden ist.

3. Durch den Diebstahl veranlaßt ist die Fangprämie allerdings nur in dem Umfang, in dem sie *erforderlich* war, um die Angestellten zu bewegen, gegen Ladendiebe aktiv zu werden (§ 254 I BGB).

Aufgrund der arbeitsrechtlichen Treuepflicht war B womöglich auch ohne besondere Prämie verpflichtet, sich um die Ergreifung von Ladendieben zu bemühen. Wegen der damit verbundenen Unannehmlichkeiten und Gefahren sind solche Bemühungen ohne zusätzlichen Anreiz allerdings kaum zu erwarten. Soweit der ausgelobte Betrag notwendig war, um die Angestellten entsprechend zu motivieren, ist er nicht dem Ladeninhaber, sondern dem Ladendieb anzulasten. Dieser war es nämlich, der den Ladeninhaber in eine Lage gebracht hat, in der er sein Eigentum nur durch solche Aufwendungen schützen konnte.

Um Ladenangestellte, die an sich für den Warenverkauf zuständig sind, zu veranlassen, sich mit Ladendieben auseinanderzusetzen, sind 30 € unter heutigen Verhältnissen nicht zu hoch gegriffen. Daß die A-AG mit ihrem Vorgehen vielleicht zusätzlich den Zweck verfolgt, Ladendiebstählen überhaupt entgegenzuwirken, ist schadensersatzrechtlich ohne Belang.

4. Eine andere Frage ist es, ob die Ersatzpflicht auch dann besteht, wenn die Fangprämie mehr als das Siebenfache des Warenwertes beträgt, wie es hier der Fall ist. Anders als im öffentlichen Recht findet der *Verhältnismäßigkeitsgrundsatz* im Verhältnis von Privaten zueinander jedoch keine Anwendung. Der Gläubiger muß auf die Durchsetzung seines Rechts auch dann nicht verzichten, wenn dem Schuldner daraus eine hohe Belastung erwächst. Eine Grenze findet die Rechtsdurchsetzung des Gläubigers erst im Verbot des Rechtsmißbrauchs (§ 226 BGB). Ein solcher liegt hier aber nicht vor. Der von der A-AG erhobene Anspruch ist daher auch der Höhe nach begründet.

III. Bearbeitungsaufwand als Schaden

Die Frage, ob der A-AG auch durch die Bearbeitung des Schadensfalles ein ersatzfähiger Schaden entstanden ist, kann unter zwei Aspekten betrachtet werden.

1. Die Beschäftigung von C und D mit der Regulierung des Ladendiebstahls bedeutet für die A-AG den Verlust der Möglichkeit, ihre Angestellten in dieser Zeit für andere Zwecke einzusetzen. Dieser Verlust ist freilich *immaterieller Natur*, so daß gem. *§ 253 I BGB* eine Entschädigung in Geld ausscheidet. In Betracht kommt insoweit nur, daß die A-AG gem. § 249 II 1 BGB den Ersatz des Herstellungsaufwands geltend macht, der erforderlich ist, um sich die personellen Verfügungsmöglichkeiten, die sie im Gefolge des Ladendiebstahls eingebüßt hat, neu zu beschaffen. Wegen der geregelten Öffnungs- und Arbeitszeiten in einem Warenhaus kann jedoch ausgeschlossen werden, daß die A-AG die beiden Angestellten demnächst gegen entsprechende Bezahlung eine halbe Stunde länger arbeiten läßt, um sie mit anderen Aufgaben zu beschäftigen. Ein Ersatz gem. § 249 II 1 BGB scheidet damit aus.

2. Denkbar wäre jedoch, daß der A-AG wegen der Beschäftigung von C und D mit der Abwicklung des von B begangenen Ladendiebstahls *gewinnträchtige Geschäfte entgangen* sind. Dies wäre ein Vermögensschaden, den sie gem. §§ 249 I, 252 BGB ersetzt verlangen könnte. Normalerweise wird freilich ein kurzfristiger Arbeitsausfall einzelner Angestellter in einem Warenhaus von den anderen Angestellten aufgefangen und hat daher nicht zur Folge, daß weniger verkauft wird. Auch die A-AG selbst macht nicht geltend, daß sie wegen der Regulierung des Ladendiebstahls einen entgangenen Gewinn zu verzeichnen hätte. Damit aber fehlt es auch unter diesem Gesichtspunkt an einem ersatzfähigen Schaden.

IV. Ergebnis

Soweit die A-AG von B Ersatz der Fangprämie in Höhe von 30 € verlangt, ist ihr Anspruch begründet, im übrigen unbegründet.

Zur Vertiefung: *Braun/Spieß*, Fangprämien für Ladendiebe als Rechtsproblem, MDR 1978, 356; *Musielak*, Der ertappte Ladendieb, JuS 1977, 531; *Pecher*, Die Fangprämie: Zur Schadensersatzpflicht des ertappten Ladendiebs, JuS 1981, 645; BGHZ 75, 230 (Schadensersatz bei Ladendiebstahl); BGH NJW 1992, 1043 (kein Schadensersatz für Vorsorgemaßnahmen).

8. Beethoven und die Freude über den gefundenen Groschen

Sachverhalt

Nachdem Herr und Frau A den amerikanischen Spielfilm über den Bernhardiner „Beethoven" gesehen haben, legen auch sie sich zur Freude ihrer Kinder einen Bernhardiner zu, der ebenso wie sein filmisches Vorbild Beethoven genannt wird.

Eines Tages geht B, die 17jährige Tochter des Hauses, mit Beethoven am Waldrand spazieren, wie sie es nach Absprache mit ihren Eltern des öfteren zu tun pflegt. Als sie auf dem Weg einen verlorenen Groschen erblickt, bückt sie sich danach und ist daher einen Augenblick unachtsam. Just in diesem Moment reißt sich Beethoven von der Leine los und springt auf die nahegelegene Autobahn. Dort gerät er vor das Auto des Zahnarztes C, der zwar spontan auf die Bremse tritt, aber den Zusammenstoß, bei dem Beethoven ums Leben kommt, nicht mehr vermeiden kann. Der Wagen des C überschlägt sich und wird schwer beschädigt. Auch C selbst erleidet erhebliche Verletzungen. Der Sachschaden des C in Höhe von 15.000 € wird von dessen Kaskoversicherung ersetzt. Die Heilungskosten, die von C selbst getragen werden, belaufen sich auf 12.000 €. Die Stellung eines Praxisvertreters für die Zeit der Krankheit kostet nochmals 10.000 €. Einen Schadensfreiheitsrabatt hat C dagegen nicht verloren, weil er die Kaskoversicherung erst vor kurzem abgeschlossen hat.

C will von seinem Rechtsanwalt wissen, was er von Herrn und Frau A oder von deren Tochter B verlangen kann.

A. Vorbereitende Überlegungen

I. Erfassen des Sachverhalts

In dem Fall kommen vier Personen vor, die unschwer *zwei „Lagern"* zugeteilt werden können: Auf der einen Seite stehen Herr und Frau A sowie B, die möglicherweise für das Verhalten Beethovens verantwortlich sind, auf der anderen Seite C, der durch den Hund zu Schaden gekommen ist. Herr und Frau A haben sich den Hund gemeinsam zugelegt und stehen zu ihm in demselben Verhältnis. Die Beziehung ihrer Tochter B zu Beethoven ist eine andere: Sie führt den Hund nur aus. Von Bedeutung könnte weiter sein, daß B mit 17 Jahren noch *minderjährig* ist.

Auf seiten des C werden mehrere Schäden erwähnt. Einmal der *Sachschaden*, der aber von der Kaskoversicherung übernommen worden ist. Sodann die *Heilungskosten* und die Kosten für die Stellung einer *Ersatzkraft*. Diese Kosten muß C laut Sachverhalt selbst tragen. Das ist zwar, was die Heilungskosten angeht, nicht die Regel, weil auch diejenigen, die nicht Mitglied einer gesetzlichen Krankenkasse sind, meist bei einer privaten Krankenkasse versichert sind. Bei Besserverdienenden kann es sich aber auch einmal anders verhalten.

II. Erfassen der Fallfrage

Bei dem Fall handelt es sich um einen *Anwaltsfall*: C möchte von seinem Anwalt wissen, was er von B und ihren Eltern verlangen kann. Der Fallbearbeiter muß sich daher in die Lage des C versetzen und fragen, woran dieser interessiert sein kann. Das ist hier nicht schwer zu erraten: Nachdem der Sachschaden durch die Kaskoversicherung gedeckt worden ist und C auch keinen Schadensfreiheitsrabatt verloren hat, möchte er seine **übrigen Schäden ersetzt** bekommen. Dabei geht sein Interesse weiter dahin, sich an **möglichst viele Schuldner** halten zu können, damit er das, was er von dem einen nicht bekommen kann, vielleicht von einem anderen erhält.

Der Anwalt darf sich nicht darauf beschränken, nur auf die ausdrücklich gestellten Fragen zu antworten. Als juristischer Fachmann muß er vielmehr weiter denken als sein Auftraggeber und diesen auf naheliegende Ansprüche aufmerksam machen, die er vielleicht übersehen hat. Wer in unserem Fall nicht auch **Schmerzensgeldansprüche** zur Sprache brächte, wäre ein schlechter Anwalt und würde in der Praxis schnell mit der Anwaltshaftung Bekanntschaft machen. Obwohl im Sachverhalt davon nicht die Rede ist, müssen Sie daher Schmerzensgeldansprüche in Ihre Überlegungen miteinbeziehen. (Beachten Sie: Anders wäre es bei einem *Richter*fall; denn der Richter darf die Parteien weder beraten noch darf er über die gestellten Anträge hinausgehen.)

An dieser Stelle sollten Sie sich die Zusammenhänge durch eine Skizze veranschaulichen, die so aussehen könnte:

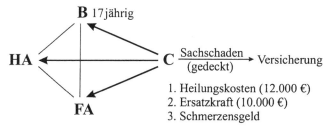

III. Erarbeiten der Lösung

1. Worauf wird es ankommen?

Schon auf den ersten Blick ist zu ahnen, daß es in dem Fall um die *Haftung des* **Tierhalters** (§ 833 BGB) und **Tierhüters** (§ 834 BGB) und das *Verhältnis beider* gehen könnte. Nach kurzer Überlegung fällt Ihnen vielleicht auf, daß die Minderjährigkeit des Haftenden dabei ein größeres Problem darstellen könnte als in anderen Fällen. Immerhin setzt die Haftung des Tierhüters gem. § 834 BGB einen *Vertrag* voraus. Sie können zusätzlich notieren: *Minderjährigkeit des Halters/Hüters.* Auch wenn der Fall sofort an die Halter- und Hüterhaftung denken läßt, sollten Sie im Auge behalten, daß daneben immer auch noch die allgemeine Haftung aus den §§ 823, 831 BGB in Betracht kommt.

Nach Lage der Dinge trifft den Geschädigten kein Verschulden und damit auch kein Mitverschulden. Bei Autofahrern erhebt sich jedoch immer die Frage, ob sie sich die **Betriebsgefahr** ihres Wagens anspruchsmindernd anrechnen lassen müssen. Weiteres Stichwort also: *Betriebsgefahr.*

2. Strategie

Im Prinzip gibt es zwei Möglichkeiten, den Fall in Angriff zu nehmen: Sie können einmal die möglichen Ansprüche des C gegen jede der in Betracht kommenden Personen *von Anfang bis Ende* durchprüfen. Dann kommen Sie zu der Dreiteilung: „Ansprüche gegen Herrn A", „Ansprüche gegen Frau A" und „Ansprüche gegen B". Sie könnten die Ansprüche des C gegen die anderen Beteiligten aber auch zunächst nur *dem Grunde nach* prüfen und sich mit der Anspruchs*höhe* erst im Anschluß daran beschäftigen. In diesem Fall kämen Sie zu einer Zweiteilung: „Haftung der Beteiligten dem Grunde nach" und „Haftungsumfang". Welchen Weg Sie einschlagen, ist an sich eine Frage der Zweckmäßigkeit. Wo abzusehen ist (freilich auch nur hier!), daß alle Beteiligten, soweit ihre Haftung bejaht wird, für *dieselben Schadensposten* einzustehen haben, kann es zeitsparend sein, die Haftung dem Grunde nach für alle vorweg zu prüfen. Sie müssen dann wegen der Schadenshöhe nicht ständig auf frühere Ausführungen verweisen. Wo indessen – und so wird es *meist* sein – in Betracht kommt, daß die Beteiligten *in unterschiedlicher Weise haften*, ist es geboten, die Ansprüche und damit die Anspruchsschuldner von Anfang bis Ende voneinander getrennt zu halten. Dasselbe gilt, wenn abzusehen ist, daß ein ersatzfähiger Schaden nicht entstanden ist. Dann wäre es sogar besonders ungeschickt, erst alle möglichen Ansprüche dem Grunde nach zu prüfen, um anschließend festzustellen, daß im Ergebnis nichts verlangt werden kann. Die vollständige Prüfung eines einzigen Anspruchs hätte dies frühzeitig klargemacht.

In unserem Fall ist nicht zu befürchten, daß es an einem Schaden fehlt. Auch ist abzusehen, daß B und ihre Eltern, wenn ihre Haftung zu bejahen sein sollte, in demselben Umfang haften werden. Zwar kann es bei der Tierhalterhaftung auch um eine bloße Gefährdungshaftung gehen. Schmerzensgeld kann aber im Gefolge einer Verletzung der Person gleichwohl verlangt werden (§ 253 II BGB). Ein Unterschied zwischen Beteiligten, die aufgrund ihrer Haltereigenschaft, und anderen, die aufgrund ihres Verschuldens haften, kann daher insoweit nicht eintreten. Für den Anfänger ist es jedoch auch in einem solchen Fall „sicherer", die **einzelnen Personen** möglichst voneinander **getrennt** zu halten. Darüber wollen wir uns auch hier nicht hinwegsetzen. **Herr und Frau A** dagegen, die einander in jeder in Betracht kommenden Beziehung gleichstehen, sollen **gemeinsam** behandelt werden.

Was bleibt, ist dann nur die Frage, mit *welchen Ansprüchen* man *beginnen* soll:

mit den Ansprüchen gegen Herrn und Frau A oder denen gegen B. Da die Eltern, wenn sie haften, als Tier*halter* haften werden, während für B eine darauf aufbauende Tier*hüter*haftung in Betracht kommt, ist es sinnvoll, die Haftung der Eltern vorweg zu behandeln.

3. Lösungsskizze

I. Ansprüche C gegen Herrn und Frau A
1. § 833 S. 1 BGB
a) Durch Hund Person verletzt und Sache beschädigt.
   Halter: dauernde Nutzung für eigene Zwecke. Nicht aufgehoben.
b) Luxushaustier, daher keine Exkulpation gem. § 833 S. 2 BGB.
c) Betriebsgefahr: § 7 I StVG.[1]
   Höhere Gewalt, § 7 II StVG?
d) Schadensumfang:
   – Heilungskosten, § 249 II 1 BGB
   – Praxisvertreter, § 249 II 1 BGB
   – Schmerzensgeld, § 253 II BGB[2]
e) Herr und Frau A Gesamtschuldner, § 840 I BGB.
2. § 831 I BGB
   B hat Schaden durch Nachlässigkeit verursacht.
   Wohl Verrichtungsgehilfin.
   Evtl. Exkulpation.
   Neben § 833 BGB für C kaum von Interesse.

II. Ansprüche C gegen B
1. § 833 S. 1 BGB
   B nicht Halterin.
2. § 834 BGB
   Aufsicht durch *Vertrag* übernommen?
   Wegen §§ 107, 181 BGB nicht möglich.
3. § 823 I BGB
a) Schaden durch Nachlässigkeit verursacht.
b) Schuldfähig, § 828 III BGB.

III. Verhältnis der Ansprüche gegen HA, FA und B
§ 840 I BGB: Gesamtschuldner.
Zur Thematisierung von § 840 III BGB kein Anlaß.

---

[1] Für die Frage, ob Mitverschulden und Betriebsgefahr *vor* oder *nach* dem Schadensumfang zu erörtern sind, läßt sich nur schwer eine verbindliche Regel aufstellen. In einem Grundurteil (§ 304 I ZPO) werden Mitverschulden und Betriebsgefahr grundsätzlich zum Anspruchsgrund gerechnet, also vorweg erörtert, so daß im Betragsverfahren nur noch über den Schadensumfang verhandelt zu werden braucht. Auf der anderen Seite kann sich vor allem das Mitverschulden im Hinblick auf einzelne Schadenspositionen unterschiedlich darstellen, was es notwendig machen kann, die Prüfung des Schadens vorzuziehen. Im obigen Fall bezieht sich die Betriebsgefahr ausschließlich auf das schadensauslösende Ereignis, während die weitere Entwicklung davon unabhängig ist. In einem Grundurteil würde § 7 I StVG hier im Grund-, nicht im Betragsverfahren geprüft werden. Das läßt es ratsam erscheinen, die Vorschrift auch im Gutachten voranzustellen.

[2] § 11 S. 2 StVG hat im Vergleich dazu keinen eigenen Regelungsgehalt, stellt also keine *lex specialis* dar, sondern enthält eine entbehrliche Wiederholung. Anders verhält es sich mit den in § 12 StVG genannten Höchstbeträgen, die aber hier nicht einschlägig sind.

B. Lösung

I. Ansprüche des C gegen Herrn und Frau A

C könnte berechtigt sein, seinen Schaden von Herrn und Frau A als Gesamtschuldnern ersetzt zu verlangen. Nachdem der Sachschaden bereits von der Versicherung ersetzt worden ist, kann es sich dabei nur um die übrigen Schadensposten handeln.

1. In Betracht kommt zunächst, daß Herr und Frau A gem. *§ 833 S. 1 BGB* als Tierhalter zum Schadensersatz verpflichtet sind.

a) Dadurch, daß „Beethoven" vor das Auto des C gesprungen ist, ist C körperlich verletzt worden. Voraussetzung dafür, daß Herr und Frau A für den daraus entstandenen Schaden aufzukommen haben, ist, daß sie als *Tierhalter* anzusehen sind. Wenn sich Herr und Frau A den Hund „zugelegt" haben, waren sie offenbar Eigentümer. Dadurch wird die Haltereigenschaft aber noch nicht begründet. Die Eigentümerstellung bildet dafür nur ein Indiz. Tierhalter i.S. von § 833 S. 1 BGB ist vielmehr derjenige, der das Tier für eigene Zwecke dauernd nutzt. Davon kann hier mangels entgegenstehender Angaben ausgegangen werden.

Man könnte allerdings erwägen, ob nicht die Haltereigenschaft dadurch vorübergehend aufgehoben wurde, daß B den Hund ausgeführt hat. Die Halterhaftung ist indessen die gesetzliche Reaktion darauf, daß der Halter für seine Mitwelt eine besondere Gefahr geschaffen hat, die nicht in vollem Umfang beherrschbar ist. Diese Gefahr endet nicht dadurch, daß vorübergehend ein anderer die Aufsicht übernimmt.

b) Der Hund diente weder dem Beruf oder der Erwerbstätigkeit noch dem Unterhalt der Eheleute A. Sie können sich von ihrer Haftung daher nicht gem. § 833 S. 2 BGB durch den Nachweis befreien, daß sie die erforderliche Sorgfalt beachtet haben. Die Halterhaftung für andere als sog. Nutzhaustiere ist vielmehr eine reine Gefährdungshaftung.

c) Der Anspruch des C könnte aber dadurch gemindert sein, daß er sich analog § 254 I BGB die *Betriebsgefahr* seines Autos anrechnen lassen muß. Nach § 7 I StVG trägt der Halter eines Kraftfahrzeugs die Betriebsgefahr insofern, als er sich Sach- und Körperschäden, die beim Betrieb des Fahrzeugs einem anderen zugefügt worden sind, ohne weiteres zurechnen lassen muß. Diese Zurechnung muß stimmigerweise auch da stattfinden, wo nicht ein Dritter, sondern der Halter selbst durch einen Dritten geschädigt worden ist. In diesem Fall dient die Betriebsgefahr nicht der Begründung eines Anspruchs gegen den Halter; sie mindert vielmehr den Anspruch des Halters gegen den Dritten.

Nach *§ 7 II StVG* greift die Halterhaftung nach Absatz 1 aber dann nicht ein, wenn der Unfall durch höhere Gewalt verursacht wurde. Das ist dann anzunehmen, wenn er auf einem von außen kommenden betriebsfremden Ereignis beruht, das in keiner Weise vorhersehbar war. Daß Tiere, auch Haustiere, auf die Autobahn geraten, ist jedoch nicht ganz ungewöhnlich. Aus diesem Grund geht der Unfall, auch wenn er für C unabwendbar war, nicht auf höhere Gewalt zurück. C muß sich daher die Betriebsgefahr seines Wagens anrechnen lassen und kann infolgedessen den entstandenen Schaden nur in entsprechend *gemindertem Umfang* ersetzt verlangen.

d) Vorbehaltlich dieser Minderung kann C nach *§ 249 II 1 BGB* von den Eheleuten A den Betrag verlangen, der erforderlich ist, um den Zustand herzustellen, der ohne das schadenstiftende Ereignis bestehen würde. Das betrifft zunächst die *Heilungskosten* in Höhe von 12.000 €. Nach *§ 249 I BGB* hätte C darüber hinaus fordern können, daß die Eheleute einen *Praxisvertreter* stellen, damit der Betrieb der

Praxis nicht unterbrochen wird. Stattdessen kann C aber auch verlangen, daß ihm
der dafür erforderliche Geldbetrag in Höhe von 10.000 € erstattet wird, § 249 II 1
BGB.

Da C erheblich körperlich verletzt worden ist, steht ihm gem. *§ 253 II BGB* weiter
ein angemessenes *Schmerzensgeld* zu. Dabei ist zu beachten, daß die von C zu ver-
antwortende Betriebsgefahr auch seinen Schmerzensgeldanspruch mindert.

e) Gem. *§ 840 I BGB* haften Herr und Frau A als *Gesamtschuldner*. C kann sich
daher bis zur vollen Befriedigung an jeden von beiden halten, § 421 BGB.

2. Denkbar ist weiter, daß Herr und Frau A auch gem. *§ 831 I BGB* zum Schadensersatz verpflichtet sind.

Nach dem Sachverhalt hat B den Unfall dadurch verursacht, daß sie einen Moment unachtsam war und dadurch ihre Verkehrspflicht verletzt hat. Daß B den Hund
ausführte, war mit den Eltern zumindest generell abgesprochen. Dabei unterlag B
auch den Weisungen ihrer Eltern, und zwar bereits deshalb, weil sie noch minderjährig war. Sie ist daher als Verrichtungsgehilfin i.S. von § 831 I BGB anzusehen.

Sofern sich Herr und Frau A im Hinblick auf Auswahl und Überwachung der B
nicht exkulpieren können, haften sie C daher auch gem. § 831 I BGB. Dieser Anspruch ist wegen seiner aufwendigeren Voraussetzungen neben § 833 BGB für C aber
kaum von Interesse.

II. Ansprüche des C gegen B

1. Neben ihren Eltern könnte auch B als Tierhalterin gem. *§ 833 BGB* zum Schadensersatz verpflichtet sein. Die Halterhaftung trifft indessen nicht schon denjenigen, der
vorübergehend die faktische Gewalt über ein Tier ausübt. Entscheidend ist vielmehr
die dauernde Nutzung für eigene Zwecke. Danach ist B nicht Halterin.

2. Möglicherweise ist B jedoch gem. *§ 834 BGB* zum Schadensersatz verpflichtet.
Danach haftet derjenige, der für den Halter die *Aufsicht* über das Tier *durch Vertrag*
übernimmt, für den Sach- und Körperschaden, den das Tier einem Dritten zufügt, es
sei denn, daß er sich exkulpieren kann. Nach dem Sachverhalt kann davon ausgegangen werden, daß B den Hund nur in Abstimmung mit ihren Eltern ausgeführt hat.
Darin könnte man die „vertragliche" Übernahme der Aufsicht erblicken, die § 834
S. 1 BGB zur Voraussetzung der Haftung erklärt. Anlaß zu Zweifeln gibt jedoch der
Umstand, daß B *minderjährig* war. Gem. §§ 106, 107 BGB konnte B einen Vertrag,
der mit rechtlichen Nachteilen für sie verbunden war, nur mit Einwilligung ihrer Eltern als gesetzlicher Vertreter schließen. Im vorliegenden Fall wären jedoch die Eltern
zugleich Partner dieses Vertrages gewesen, sie hätten die Einwilligung also gegenüber
sich selbst erklären müssen. Das ist nach § 181 BGB grundsätzlich nicht möglich.
Eine Fallkonstellation, die eine einschränkende Auslegung dieser Vorschrift rechtfertigen könnte, liegt hier nicht vor.

3. B könnte indessen gem. *§ 823 I BGB* zum Schadensersatz verpflichtet sein.

Sie hat, wie dargelegt (I 2), den Schaden dadurch herbeigeführt, daß sie den Hund
im entscheidenden Moment nicht hinreichend beaufsichtigt hat. Dadurch hat sie den
Tatbestand des § 823 I BGB verwirklicht.

Als 17jährige ist B für einen von ihr verursachten Schaden nur dann nicht verantwortlich, wenn ihr die zur Erkenntnis der Verantwortlichkeit erforderliche Einsicht
fehlt, § 828 III BGB. Eine Jugendliche in diesem Alter weiß jedoch, daß es zu gravierenden Folgen führen kann, wenn man einen größeren Hund in der Nähe der Autobahn frei herumlaufen läßt. Die Haftung der B ist daher nicht ausgeschlossen.

Für den Haftungsumfang gelten die obigen Ausführungen (I 1 d) entsprechend.

III. Verhältnis der Ansprüche gegen Herrn und Frau A und gegen B

So, wie Herr und Frau A als Gesamtschuldner haften, trifft auch B zusammen mit ihnen eine gesamtschuldnerische Haftung, § 840 I BGB. C kann sich daher nach Belieben an jeden der Beteiligten halten, bis er in voller Höhe befriedigt ist, § 421 BGB.

9. Stoppt Stoiber!

Sachverhalt[1]

Zur Vorbereitung des Bundestagswahlkampfs 2002 wollte die CSU in Passau eine politische Veranstaltung abhalten, bei der auch der damalige bayerische Ministerpräsident Edmund Stoiber sprechen sollte. Zu diesem Zweck hatte die CSU für den 17.6.2002 die frühere Passauer Nibelungenhalle samt Vorplatz vor dem Eingang von der Stadt Passau für 3.000 € angemietet. Die Schlüsselübergabe war für den Abend des 16.6. vorgesehen.

Die Gegner der CSU, die in dieser Partei die NPD Europas sahen[2], formierten sich daraufhin zu einer „Aktionsgemeinschaft Stoppt Stoiber" (AG SS), an der sich namhafte Personen des öffentlichen Lebens beteiligten. In der Tagespresse wurde angekündigt, daß die Aktionsgemeinschaft am 17.6. vor der Nibelungenhalle eine Versammlung abhalten wolle, zu der alle Gleichgesinnten aufgerufen wurden, sich zu beteiligen. Dabei sollte zugleich der Eingang der Halle durch eine Sitzblockade versperrt werden, so daß die Veranstaltung der CSU nicht stattfinden konnte. Die geplante Versammlung wurde bei der Stadt Passau ordnungsgemäß angemeldet.

Am 8.6.2002 erschien in der „Passauer Neuen Presse" ein Artikel aus juristischer Feder, in dem die Leser darüber unterrichtet wurden, daß sich die Teilnehmer an einer Sitzblockade nach der neueren Rechtsprechung nicht strafbar machen würden. Aus CSU-Kreisen dagegen verlautete, daß es rechtlich gleichwohl möglich sein müsse, den Eingang durch ein paar starke CSU-Männer freiräumen zu lassen. Falls dies nicht gelänge, müßten die Blockierer der CSU jedenfalls für die Miete aufkommen. Sicherheitshalber ersuchte die Partei einen Anwalt um eine gutachtliche Stellungnahme.

Erstellen Sie dieses Gutachten! (Gehen Sie dabei davon aus, daß von der zuständigen Polizeibehörde keine Hilfe zu erlangen war.)

Hinweis für den Bearbeiter: Die CSU ist nach § 3 ParteienG rechtsfähig.

---

[1] Der Fall ist fingiert, aber einem tatsächlich vorgekommenen Fall nachgebildet.
[2] Vgl. BVerfG NJW 1983, 1415.

A. Vorbereitende Überlegungen

I. Erfassen des Sachverhalts

Die CSU hat von der Stadt Passau für eine bestimmte Veranstaltung eine Halle gemietet. Die Schlüsselübergabe soll bereits am Vortag stattfinden. Aber die Benutzung der Halle ist durch Sitzdemonstranten bedroht, die im voraus allenfalls teilweise namentlich bekannt sind. Bildlich:

- Mietvertrag
- Bildung der AG SS
- 8.6. Bericht in PNP
- 16.6. Schlüsselübergabe
- 17.6. Blockade und Veranstaltung

II. Erfassen der Fallfrage

Es handelt sich ersichtlich um einen *Anwaltsfall.* Der herangezogene Anwalt soll zu der in CSU-Kreisen geäußerten Ansicht rechtlich Stellung nehmen, damit die Partei weiß, ob sie mit ihrer Auffassung richtig liegt oder ob sie nach anderen Möglichkeiten Ausschau halten muß. In der Sache geht es um zweierlei:

Einmal will die CSU wissen, ob der Eingang zur Halle gewaltsam freigeräumt werden darf: *Dürfen CSU-Helfer die* **Blockierer mit Gewalt entfernen?** Diese Frage ist nicht identisch mit der, ob die CSU gegen die Blockierer einen „Anspruch" hat; denn einen Anspruch auf Duldung von Gewalt gibt es nicht. Die Beantwortung dieser Frage wird daher in anderer Weise als durch das Aufsuchen und Durchprüfen einer Anspruchsnorm erfolgen müssen, wenngleich auf der Hand liegt, daß eine Gewaltanwendung nur zur Realisierung eines Anspruchs statthaft sein kann.

Zum andern will die CSU wissen, ob die Blockierer, falls die Veranstaltung infolge der Blockade ausfällt, zum Ersatz der aufgewandten Mietkosten verpflichtet sind. Also: *Kann die CSU von den Blockierern* **Ersatz der aufgewandten Miete verlangen?** Das ist für Sie als Bearbeiter eine gewohnte Fragestellung, bei der es um die Prüfung eines demnächst vielleicht entstehenden Anspruchs geht.

III. Erarbeiten der Lösung

1. Worauf wird es ankommen?

Das gewaltsame Wegschleppen der Sitzblockierer wäre mit einem Eingriff in deren Körper und Bewegungsfreiheit verbunden, der nur dann erlaubt ist, wenn es dafür einen **Rechtfertigungsgrund** gibt. Ein Schwerpunkt der Arbeit wird es daher sein, mögliche Rechtfertigungsgründe zu prüfen.

Dabei ist vor allem an *Notwehr* bzw. *Nothilfe* (§ 227 BGB) zu denken. Wenn sich die Blockade als Angriff auf ein Recht der CSU darstellt, darf sie durch einen Eingriff in die Rechte der Blockierer abgewehrt werden. Bezogen auf § 823 I BGB, in dem die wichtigsten notwehrfähigen Rechte aufgezählt werden, heißt dies: Wenn die Blockierer im Verhältnis zur CSU eines dieser Rechte verletzen würden, darf ihnen gegenüber zur Abwehr ebenfalls eines dieser Rechte verletzt werden. Sie können also der

Sache nach prüfen, ob das Verhalten der Blockierer den Tatbestand des § 823 I BGB verwirklicht – dies aber nicht als Voraussetzung für einen Schadensersatzanspruch, sondern als Voraussetzung für ein gegen die Blockierer gerichtetes Notwehrrecht.

In Betracht kommt weiter ein *Selbsthilferecht* gem. § 859 III BGB (Besitzkehr). Dieses setzt keinen Angriff auf ein notwehrfähiges Gut, sondern eine eigenmächtige Entziehung des Besitzes voraus. (Ein Selbsthilferecht gem. § 859 I BGB scheidet dagegen aus, weil es nicht darum geht, die Demonstranten nicht herankommen zu lassen, sondern darum, diejenigen, die der CSU die Ausübung ihres Besitzes durch ihr Verhalten unmöglich gemacht haben, wieder zu entfernen.)

Bei der zweiten Frage geht es unmittelbar darum, ob die Blockierer gegen § 823 I BGB verstoßen würden. Dieses Mal interessiert das aber nicht wegen eines Notwehrrechts, sondern wegen eines der CSU zustehenden **Schadensersatzanspruchs**. Natürlich kommt ein solcher Anspruch nur dann in Betracht, wenn der Unrechtstatbestand des § 823 I BGB bereits im Rahmen der Notwehrprüfung bejaht worden ist. Daraus können Sie schließen, daß es *hier* nur noch darum geht, ob der Anspruch die gewünschte *Entschädigung in Geld* umfaßt.

2. Strategie

Sinnvollerweise behandeln Sie die beiden Fragen in *der Reihenfolge*, in der sie gestellt sind. So sollten Sie immer verfahren, wenn es nicht triftige Gründe gibt, davon abzuweichen.

Sie müssen sich also nur noch entscheiden, ob Sie im Rahmen der ersten Frage mit der Prüfung der Notwehr oder der Selbsthilfe beginnen. Möglich ist beides. Wie Sie nach den obigen Überlegungen aber jetzt wissen, ist bei der zweiten Frage, die auf den Ersatz des möglichen Schadens zielt, das Ergebnis der Notwehrprüfung teilweise vorausgesetzt. Wenn Sie die Notwehr unmittelbar zuvor geprüft haben, können Sie flüssiger daran anknüpfen. Darstellungstechnisch ist es daher geschickter, wenn Sie mit der Prüfung der Selbsthilfe anfangen und sich der Notwehr erst im Anschluß daran zuwenden.

3. Lösungsskizze

I. Wegschleppen der Blockierer
1. § 859 III BGB
a) CSU mit Schlüsselübergabe im Besitz der Halle, durch Einigung (§ 854 II BGB) auch des Vorplatzes.
b) Entzug durch Besetzen oder Absperren = verbotene Eigenmacht, § 858 I BGB. Anmeldung der Versammlung ändert nichts.
c) Selbsthilfe auch durch Einschaltung *Dritter* möglich.
   Aber nur „sofort".
2. § 227 BGB
a) *Notwehrlage*: gegenwärtiger rechtswidriger Angriff.
aa) auf berechtigten *Besitz*
   Hinderung an Ausübung des berechtigten Besitzes = Verstoß gegen § 823 I BGB.
bb) auf *Freiheit* i. S. von § 823 I BGB
   Gemeint ist namentlich Bewegungsfreiheit.
   An sich keine Beeinträchtigung, wenn nur Zugang zu Ort versperrt, an dem sich anderer befindet.
   Anders bei *finaler* Beeinträchtigung.
cc) Angriff durch *gegenwärtiges Tun*.
   Abgrenzung von Unterlassen nach Schwerpunkt der Vorwerfbarkeit.

Tun, wenn Gefahr der Tatbestandsverwirklichung erhöht.
Gegenwärtig: Schädigung steht unmittelbar bevor bzw. dauert fort.
dd) Rechtswidrigkeit
b) *Notwehrhandlung*
Geeignet und mildestes Mittel, wenn Polizei nicht eingreift.

II. Schadensersatz in Geld
Da Naturalherstellung unmöglich, nur § 251 I BGB.
1. *Freiheitsverlust*
Allenfalls geringes Schmerzensgeld für Betroffene, § 253 II BGB.
2. *Entgangene Nutzung*
Entschädigung nur ausnahmsweise zugebilligt.

III. Ergebnis
Wegschleppen erlaubt und wegen II 2 auch ratsam.

B. Lösung

I. Wegschleppen der Blockierer

Das gewaltsame Wegschleppen der Blockierer wäre mit einem Eingriff in deren
Körper und Bewegungsfreiheit verbunden, also in Rechte, die nach § 823 I BGB „ab-
solut" geschützt sind. Dieser Eingriff wäre nur dann gestattet, wenn es dafür einen
Rechtfertigungsgrund gäbe.

1. Ein solcher Grund könnte sich aus *§ 859 III BGB* ergeben. Danach darf sich ein
Grundstücksbesitzer, dem der Besitz durch verbotene Eigenmacht entzogen worden
ist, sofort nach der Entziehung des Besitzes wieder bemächtigen.

a) Mit der Übergabe des Schlüssels am 16.6. würde die CSU nur den *Besitz an der
Halle*, nicht am *Vorplatz* erlangen. Im Hinblick darauf, daß die CSU die Gewalt über
den Vorplatz auch so ausüben kann, genügt insoweit jedoch die Einigung mit der
Stadt Passau, § 854 II BGB. Die CSU wäre daher am 17.6. auch Besitzerin des Vorplatzes.

b) Wird der CSU der Besitz am Vorplatz ohne ihren Willen durch eine Besetzung
vollständig entzogen, so liegt darin verbotene Eigenmacht i.S. von § 858 I BGB.
Fraglich kann allerdings sein, ob ein Besitzentzug auch dann gegeben ist, wenn sich
die Demonstranten nicht auf dem Vorplatz selbst niederlassen, sondern um diesen
herum und auf diese Weise sowohl den Zugang zur Halle als auch zum Vorplatz von
außerhalb versperren. Im Ergebnis wäre der CSU die Ausübung ihres bereits innege-
habten Besitzes auch damit gänzlich verwehrt. Die Versperrung des Zugangs stellt
sich damit als Besitzentzug dar, wo auch immer sich die Blockierer zu diesem Zweck
niederlassen.

Die Anmeldung der Versammlung bei der Stadt Passau hat nur den Zweck, der
Behörde zu ermöglichen, erforderlichenfalls zur Aufrechterhaltung von Sicherheit
und Ordnung die nötigen Maßnahmen zu treffen. Die Widerrechtlichkeit eines anläßlich der Demonstration begangenen Besitzentzugs wird damit nicht ausgeschlossen.

c) Nach dem Wortlaut des § 859 III BGB scheint nur der Besitzer selbst gegen den
Störer gewaltsam vorgehen zu dürfen. Das wäre mißlich, weil eine Besitzkehr dann
für die meisten aus faktischen Gründen nicht in Betracht käme. Im Ergebnis besteht
jedoch Einigkeit, daß Selbsthilfe auch durch *Einschaltung Dritter* möglich ist. Die

CSU darf daher den Eingang zur Halle durch einige Helfer gewaltsam freiräumen lassen.

Freilich darf sie dies nur „*sofort* nach der Entziehung des Besitzes" tun. Für die Auslegung dieses Merkmals gibt es keine sicheren Kriterien. Je nachdem, wann die Blockierer anrücken und wann die Halle von der CSU geöffnet werden soll, könnte die „Sofortigkeit" daher problematisch werden.

2. Das Wegschleppen der Blockierer könnte weiter nach § 227 BGB gestattet sein. Voraussetzung ist, daß sich die Blockade als gegenwärtiger rechtswidriger Angriff auf ein notwehrfähiges Recht und das Wegschleppen als erforderliche Verteidigungshandlung darstellt.

a) Zu überlegen ist daher zunächst, ob sich die Sitzblockade als *Angriff auf eines der in § 823 I BGB genannten Rechte* darstellt.

aa) Der *berechtigte Besitz* ähnelt dem Eigentum insofern, als auch dem berechtigten Besitzer ebenso wie dem Eigentümer Ausschließungs- und Nutzungsbefugnisse zustehen. Wenn die CSU daher durch die Blockierer gehindert wird, ihren berechtigten Besitz auszuüben, so liegt darin eine Rechtsbeeinträchtigung i.S. von § 823 I BGB.

bb) In der Verhinderung des Zutritts könnte darüber hinaus eine *Freiheits*verletzung gegenüber all denen liegen, die die Halle betreten wollen, um die CSU-Veranstaltung zu besuchen. Durch § 823 I BGB wird grundsätzlich nur die äußere Bewegungsfreiheit, nicht die allgemeine Handlungsfreiheit geschützt. Das ergibt sich daraus, daß nur die Bewegungsfreiheit so umrissen werden kann, daß bei einer Beeinträchtigung die Rechtswidrigkeit indiziert wird, wie es auch bei einer Verletzung der anderen in § 823 I BGB ausdrücklich genannten Rechte der Fall ist.

Die Bewegungsfreiheit verleiht grundsätzlich niemand das Recht, von einem anderen zu fordern, daß er sich hinwegbegibt, damit man selbst an seine Stelle treten kann. Eine Beeinträchtigung der Bewegungsfreiheit liegt daher regelmäßig nur dann vor, wenn jemand daran gehindert wird, einen bestimmten Ort zu *verlassen*, nicht aber, wenn ihm verwehrt wird, sich zu einem bestimmten Ort *hinzubegeben*. Eine andere Beurteilung ist jedoch dann geboten, wenn jemand – wie hier – das Betreten eines Ortes *durch gezieltes Handeln verwehrt* werden soll. Darin liegt eine Beeinträchtigung der Bewegungsfreiheit, die der Verhinderung einer Ortsveränderung gleichwertig ist.

cc) Allerdings ist Notwehr bzw. Nothilfe i.S. von § 227 BGB nur gegenüber einem *Angriff*, d.h. gegenüber *aktivem Tun* möglich. Das wirft die Frage auf, ob die Blockierer die Bewegungsfreiheit der Hallenbesucher dadurch beeinträchtigen, daß sie sich vor der Halle *niederlassen*, oder dadurch, daß sie sich *nicht hinwegbegeben*. Nach allgemeinen Grundsätzen erfolgt die Abgrenzung des Tuns vom Unterlassen danach, wo der Schwerpunkt der Vorwerfbarkeit liegt. Ein Tun wird insbesondere bei einem Verhalten angenommen, das die Gefahr einer Tatbestandsverwirklichung erhöht. Gemessen daran handelt es sich auch bei der beabsichtigten Blockade um ein aktives Tun. Ohne ein vorangegangenes gezieltes Tun wäre eine Blockade gar nicht möglich.

Die durch diesen Angriff hervorgerufene Beeinträchtigung dauert so lange fort, wie die Blockade dauert. Der Angriff ist daher während der ganzen Blockade „gegenwärtig" i.S. von § 227 BGB.

dd) Daß die Anmeldung der Demonstration die Rechtswidrigkeit der Blockade nicht ausschließt, wurde bereits dargelegt (I 1 b).

b) § 227 BGB erlaubt indessen nur eine zur Abwehr *gebotene* Handlung. Die Handlung muß also geeignet sein, dem Angriff wirksam zu begegnen, und sich außerdem unter mehreren geeigneten Mitteln als das mildeste darstellen. Wenn die zuständige Polizeibehörde sich aus Opportunitätsgründen passiv verhält, wird die Eröffnung des Zugangs durch das Wegschleppen der Blockierer diesen Anforderungen in jeder Beziehung gerecht.

II. Schadensersatz in Geld

Falls es zur Verhinderung der CSU-Veranstaltung kommen sollte, liegt darin eine vorsätzlich begangene unerlaubte Handlung i. S. von § 823 I BGB (vgl. I 2 a). Fraglich indessen ist, ob die Blockierer auch zum Schadensersatz in Geld verpflichtet sind. Nachdem die Blockade durchgeführt worden ist, kommt eine Herstellung des verhinderten Zustandes nicht mehr in Betracht. Damit scheidet zugleich ein Ersatz des Herstellungsaufwands gem. § 249 II 1 BGB aus. In Betracht kommt nur ein Wertersatzanspruch gem. *§ 251 I BGB.*

    1. Was die Beeinträchtigung der *Freiheit* als solcher angeht, ist zu erwägen, daß diejenigen, die am Zugang gehindert wurden, einen (geringen) Schmerzensgeldanspruch gem. § 253 II BGB geltend machen können. Dieser wäre jedoch nach Umfang und Forderungszuständigkeit nicht geeignet, der CSU wegen der aufgewandten Miete eine Entschädigung zu verschaffen.

    2. Denkbar ist jedoch, daß der CSU wegen der *entgangenen Nutzung* der Halle ein Entschädigungsanspruch zusteht. Letztlich hängt das allein davon ab, ob die Möglichkeit zur Nutzung einer Sache einen eigenen Vermögenswert darstellt. Von der Rechtsprechung wird das nur im Hinblick auf solche Sachen bejaht, auf deren ständige Verfügbarkeit der Berechtigte angewiesen ist. Eine Halle, die nur für einen vorübergehenden Zweck angemietet wurde, gehört nicht dazu.

III. Ergebnis

Falls es zur Sitzblockade kommt, dürfen die Blockierer durch starke CSU-Männer mit Gewalt beiseite geschleppt werden. Im Hinblick auf die ungünstigen Aussichten eines Schadensersatzanspruchs ist der CSU zu empfehlen, in der Tat so vorzugehen und es auf einen Schadensersatzprozeß nicht ankommen zu lassen.

Zur Vertiefung: BGHZ 98, 212 (entgangene Nutzung eines selbst bewohnten Hauses ist Vermögensschaden); 137, 89 (Beeinträchtigung berechtigten Besitzes durch Protestdemonstration).

Themenkomplex 3: Rechtsgeschäftslehre

10. Die mißglückte Weinkur

Sachverhalt

K klagt über gelegentliche Kreislaufbeschwerden. Sein Arzt empfiehlt ihm, es vorerst einmal mit einem Gläschen Weißwein pro Tag zu versuchen. Das läßt sich K nicht zweimal sagen. Als er auf dem Nachhauseweg an einer Weinhandlung vorbeikommt, wo gerade ein „Weißherbst" zum Sonderpreis von 3,90 € angeboten wird, bestellt er davon, ohne den Wein zu probieren, an Ort und Stelle fürs erste 100 Flaschen. Dadurch kommt er in den Genuß eines weiteren Preisvorteils. Bei Abnahme von mehr als 50 Flaschen erfolgt die Lieferung nämlich frei Haus.

Bevor der Wein geliefert wird, läßt sich K aber noch von einem anderen Arzt untersuchen. Dieser rät ihm vom Alkoholgenuß streng ab und empfiehlt ihm stattdessen, hin und wieder ein Täßchen Kaffee zu trinken. Da seine Frau der gleichen Meinung ist, leuchtet K dies auch ein.

Kurz darauf wird der bestellte Wein unter Eigentumsvorbehalt geliefert. Als K die erste Flasche öffnet, stellt er zu seinem Erstaunen fest, daß Weißherbst kein Weißwein, sondern ein aus roten Trauben gewonnener Rosé ist. Solange der Wein sich in der dunkelgrünen Flasche befand, war das nicht zu erkennen. Der unterlaufene Irrtum kommt K jetzt sehr gelegen. Er benachrichtigt V umgehend, daß er Weißwein habe kaufen wollen und daher den Weißherbst nicht bezahlen werde. V erklärt sich daraufhin spontan bereit, den Weißherbst zurückzunehmen und K stattdessen zum selben Preis einen Weißwein in vergleichbarer Qualität zu liefern. Das lehnt K aber ebenfalls ab, weil er jetzt überhaupt keinen Wein mehr kaufen möchte.

Wie ist die Rechtslage?

A. Vorbereitende Überlegungen

I. Erfassen des Sachverhalts

Nach dem Sachverhalt hat K mit V einen Kaufvertrag über hundert Flaschen Weißherbst á 3,90 € frei Haus geschlossen, den er wegen des ihm unterlaufenen Irrtums nicht gelten lassen will:

$$V \xleftarrow[\text{Weiß | herbst}]{100 \times 3,90 | \text{€ (frei)}} K$$

V dagegen ist bereit, den Weißherbst zurückzunehmen und den Vertrag zu sonst gleichen Bedingungen mit einem vergleichbaren Weißwein durchzuführen:

$$V \xleftarrow[\text{Weißwein}]{100 \times 3,90 \ \text{€ (frei)}} K$$

II. Erfassen der Fallfrage

Die Frage nach der Rechtslage bezieht sich offensichtlich auf die Ansprüche und Einreden, die V und K im Verhältnis zueinander zustehen. Das prüfen Sie am besten aus der Perspektive eines *Rechtsanwalts*, indem Sie sich nacheinander in die Situation von V und K versetzen und überlegen, woran diese vermutlich interessiert sein werden. Dabei wird schnell klar: *K will* von der übernommenen Verpflichtung *frei sein*, ist dafür aber auch bereit, den gelieferten Wein *zurückzugeben*. Was die bereits geöffnete Flasche angeht, kann er dies freilich nicht mehr. V dagegen *möchte Zahlung* des Kaufpreises in Höhe von 3,90 € pro Flasche. Um dies zu erreichen, wäre er damit einverstanden, den Weißherbst zurückzunehmen und stattdessen *Weißwein zu liefern.* **Wer hat recht: V oder K?** Das ist die Frage, die Sie beantworten müssen.

Wenn Sie – was zu erwarten ist – bereits an dieser Stelle sehen, daß es um eine *Vertragsanfechtung* geht, müssen Sie noch auf einen anderen Punkt achten. Da der Anwalt dafür zu sorgen hat, daß die Interessen seines Mandanten optimal verwirklicht werden, muß er bei einer Vertragsanfechtung durch den Gegner seinen Mandanten darauf hinweisen, daß dieser u. U. gem. **§ 122 BGB** Ersatz seines Vertrauensschadens verlangen kann. Da im Sachverhalt von *Versandkosten* die Rede ist, sollten bei Ihnen vorsorglich bereits die Alarmglocken läuten.

III. Erarbeiten der Lösung

1. Worauf wird es ankommen?

Daß V und K einen Kaufvertrag geschlossen haben, stellt hier kein Problem dar. Wer darüber viele Worte verlieren wollte, würde damit nur unter Beweis stellen, daß er nicht in der Lage ist, Wichtiges von Unwichtigem zu unterscheiden. Im Kern geht der Streit zwischen V und K nicht darum, ob sie sich wirksam geeinigt, sondern darum, ob K den geschlossenen Vertrag wirksam **angefochten** hat bzw. wenn ja, nach welcher Vorschrift: *§ 119 I oder II BGB?*

Was die Anfechtungsfolgen angeht, war bereits vom *Ersatz der Versandkosten* die Rede. Von Interesse ist aber noch etwas anderes, nämlich ob K für den Fall, daß die

Anfechtung durchgreift, wenigstens *an dem festgehalten werden kann, was er in Wahrheit gewollt hat.* Wenn Sie wissen, unter welchen Stichpunkten diese Problematik abgehandelt wird, können Sie kurz notieren: **Irrtum/Reurecht.**

Da sich der Irrtum auf eine *Sacheigenschaft* bezieht, könnte auch das **Verhältnis zu den §§ 434 ff. BGB** eine Rolle spielen. Sie sollten daher vorsichtshalber auch dies als Merkposten festhalten. (Bei der Lösung werden Sie freilich feststellen, daß es im vorliegenden Fall darauf nicht ankommt.)

Wenn Sie sich ein wenig in den Fall hineindenken, werden Sie merken, daß es neben den Hauptfragen noch einige Randprobleme gibt, die ein guter Jurist nicht mit Stillschweigen übergehen darf: Was ist eigentlich mit der Flasche, die K bereits geöffnet hat? Muß er dafür **Wertersatz** leisten? Falls ja und falls er sich außerdem auf das Angebot des V, ersatzweise Weißwein zu liefern, einlassen muß: hat er dann 100 Flaschen abzunehmen oder nur 99?

2. Strategie

Auch wenn der im Sachverhalt berichtete Vorgang erst durch das Vorgehen des K zu einem „Rechtsfall" geworden ist, so kommt nach Lage der Dinge doch nur V für die Position des „Angreifers" in Betracht: Er will von K Zahlung, K dagegen will nur von allen Verpflichtungen frei sein. Am einfachsten ist es daher, wenn Sie die Rechtslage **aus der Sicht des V** darstellen. Kann dieser Zahlung verlangen, so trifft K eine entsprechende Verpflichtung; kann V nichts verlangen, hat auch K nichts zu befürchten. Auf diese Weise kommt rasch Struktur in Ihre Überlegungen:
– Anspruch des V auf Zahlung des Weißherbstes
– Anspruch auf Erstattung der Frachtkosten und Rückgewähr bzw. Wertersatz des Weißherbstes
– Anspruch auf Zahlung des Weißweins.

3. Lösungsskizze

Um zu einer Lösungsskizze zu gelangen, die der Ausarbeitung zugrunde gelegt werden kann, muß diese Grobstruktur lediglich noch genauer ausgearbeitet werden. Das könnte so aussehen:

I. **Bezahlung des Weißherbstes, § 433 II BGB**
1. *Vertragsschluß*
2. *Anfechtung, § 142 I BGB*
a) § 119 I oder II BGB?
   Kaufgegenstand wurde erst mit Hilfe der Bezeichnung *bestimmt.* Also § 119 I BGB.
b) Konkludent erklärt (§ 143 I BGB) und rechtzeitig (§ 121 I BGB).

II. **Ersatz der Frachtkosten**
   Vertrauensschaden i. S. von § 122 BGB.

III. **Rückgewähr des Weißherbstes und Wertersatz**
1. *§ 985 BGB (Eigentumsvorbehalt).*
2. *§ 812 I 1, 1. Alt. BGB*
   Leistungsort = Wohnsitz K, § 269 I BGB.
   Für geöffnete Flasche kein Wertersatz, § 818 II, III BGB.
3. *§ 122 I BGB:* K trägt Kosten des Rücktransports!
   Wertersatz (§ 251 I BGB) für geöffnete Flasche.

IV. Abnahme und Bezahlung von Weißwein
1. *Sinn der Irrtumsanfechtung*
   Geltendmachung, daß *innerer Wille fehlt*: dann absolute Nichtigkeit geboten.
   Zugeständnis an Irrenden: dann Vorteil für diesen nicht sinnvoll.
2. *Einschränkung der absoluten Nichtigkeit*
a) *Automatische Reduktion* auf das Gewollte kann Anfechtungsgegner benachteiligen.
b) Sachgerechter: *Gegenrecht* gem. § 242 BGB.
   Bei quantitativem Irrtum problemlos möglich.
   Bei qualitativem Irrtum kommt es auf konkreten Fall an.
   Unverzügliche Erklärung wie bei § 121 I BGB.
   V trägt neuerliche Kosten.
   Aber: nur 99 Flaschen.

B. Lösung

I. Bezahlung des Weißherbstes

Der von V geltend gemachte Zahlungsanspruch ist begründet, wenn zwischen V und K ein wirksamer Kaufvertrag über den gelieferten Weißherbst besteht, § 433 II BGB.

1. In der Weinhandlung haben sich K und V über den Kauf von 100 Flaschen Weißherbst zum Preis von 3,90 € je Flasche geeinigt. Daß K nicht Weißherbst, sondern Weißwein bestellen wollte, schadet insoweit nicht. Entscheidend ist vielmehr, daß Angebot und Annahme objektiv übereinstimmen.

2. Der Vertrag könnte jedoch infolge einer *Anfechtung* gem. § 142 I BGB rückwirkend erloschen sein. Voraussetzung dafür ist, daß K anfechtungsberechtigt war und eine wirksame Anfechtungserklärung abgegeben hat.

a) K hat erklärt, Weißherbst kaufen zu wollen, weil er dachte, daß es sich dabei um Weißwein handelt. Er war daher bei Abschluß des Vertrages in einem *Irrtum* befangen. Fraglich kann sein, ob dieser Irrtum als *Inhalts*- (§ 119 I, 1. Alt. BGB) oder als *Eigenschaftsirrtum* (§ 119 II BGB) zu qualifizieren ist.

Die Einordnung als Inhalts- oder als Eigenschaftsirrtum hängt davon ab, ob die Eigenschaft, über die K geirrt hat („Weißherbst"), ein notwendiger Bestandteil seiner Willenserklärung war oder aber als ergänzende Bestimmung zu dieser hinzutritt. Da K den Wein gekauft hat, ohne ihn sich näher anzusehen, ist anzunehmen, daß er den Kaufgegenstand nicht bereits durch Zeigen („diesen"), sondern allein verbal („Weißherbst") bestimmt hat. Sein Angebot hat daher allein durch die Angabe „Weißherbst" einen bestimmten Inhalt erlangt. Folglich war K nicht bloß über die Eigenschaften der von ihm gekauften Sache im Irrtum, sondern hat bereits über den *Inhalt* dessen geirrt, was er erklärt hat[1].

---

[1] Wer den Sachverhalt so auslegt, daß K den Wein auch ohne die Eigenschaftsangabe „Weißherbst" auf andere Weise bestimmt hat („diesen"), gelangt folgerichtig zu einem Eigenschaftsirrtum i. S. von § 119 II BGB. Soweit das Fehlen der vorgestellten Eigenschaft zugleich einen Sachmangel gem. § 434 BGB begründet, stellt sich in solchen Fällen die Frage, ob die Sachmängelhaftung eine Irrtumsanfechtung nach § 119 II BGB ausschließt. Das Problem erledigt sich hier jedoch bereits dadurch, daß der Wein nicht mangelhaft war: V hat sich zur Lieferung von Weißherbst verpflichtet und in der Folge auch Weißherbst geliefert.

b) Da K auf ärztlichen Rat hin Weißwein kaufen wollte, hätte er sein Angebot bei Kenntnis der Sachlage nicht abgegeben. Obgleich K gegenüber V nicht ausdrücklich die Anfechtung erklärt hat (§ 143 I BGB), ist die unter Hinweis auf seinen Irrtum erfolgte Zahlungsverweigerung als Anfechtung auszulegen. Nachdem K die Zahlung umgehend nach Entdeckung seines Irrtums verweigert hat, wurde die Anfechtung auch rechtzeitig i. S. von § 121 I BGB erklärt. Der über den Weißherbst geschlossene Kaufvertrag ist damit nichtig, § 142 I BGB. K braucht den gelieferten Wein nicht zu bezahlen.

II. Ersatz der Frachtkosten

Gem. *§ 122 I BGB* ist K jedoch verpflichtet, dem V den aus der Anfechtung entstandenen Vertrauensschaden zu ersetzen. Darunter könnten die *Frachtkosten* für die Zusendung des Weißherbstes fallen. Nach dem geschlossenen Vertrag wären diese Kosten zwar von V zu tragen gewesen. Infolge der Anfechtung ist die Grundlage dafür jedoch entfallen. Es handelt sich nunmehr um Aufwendungen, die V im Vertrauen auf die Gültigkeit des Vertrages vergeblich erbracht hat, und damit um einen Vertrauensschaden i. S. von § 122 I BGB.

III. Rückgewähr des Weißherbstes und Wertersatz

1. Aufgrund des vorbehaltenen Eigentums kann V die noch vorhandenen 99 Flaschen Weißherbst gem. *§§ 985 f. BGB* von K herausverlangen. Die Anfechtung des Kaufvertrages hat das bis dahin bestehende Besitzrecht des K beseitigt.
2. Mit der Anfechtung ist zugleich der rechtliche Grund für die von V erbrachte Leistung rückwirkend entfallen, so daß K um den Besitz des Weißherbstes ungerechtfertigt bereichert ist. Infolgedessen ist der Herausgabeanspruch des V ebenso auch aus *§ 812 I 1, 1. Alt. BGB* begründet.
Leistungsort ist in beiden Fällen der Wohnsitz des Schuldners K, § 269 I BGB. V muß daher den Wein auf seine Kosten bei K abholen.
Für die bereits geöffnete Flasche müßte K an sich gem. §§ 812 I 1, 818 II BGB Wertersatz leisten. Da er nach dem Sachverhalt keine anderweitigen Aufwendungen erspart hat, ist er insoweit jedoch nicht mehr bereichert, § 818 III BGB.
3. V kann den gelieferten Wein aber auch nach *§ 122 I BGB* zurückverlangen. Das hat den Vorteil, daß die *Kosten* des Rücktransports *K zur Last fallen*. Außerdem muß K hiernach (anders als nach §§ 812, 818 III BGB) für die geöffnete Flasche auch dann Wertersatz (§ 251 I BGB) leisten, wenn er nicht bereichert ist.

IV. Abnahme und Bezahlung eines vergleichbaren Weißweins

Eine andere Frage ist die, ob K sich trotz der Anfechtung nicht wenigstens an dem festhalten lassen muß, was er *ohne Irrtum gewollt* hätte.
1. Wäre der *Sinn der Irrtumsanfechtung* ausschließlich darin zu erblicken, daß damit das Fehlen des inneren Willens geltend gemacht wird, so läge es nahe, an der in § 142 I BGB angeordneten Nichtigkeitsfolge uneingeschränkt festzuhalten. Diese Folge wäre nämlich nur die Konsequenz davon, daß das von dem Irrenden Erklärte nicht wirklich gewollt und das Gewollte nicht wirksam erklärt war.
Die Irrtumsanfechtung stellt jedoch zugleich ein *Zugeständnis an den Irrenden* dar: Obwohl er seinen Willen frei gebildet und geäußert hat, soll er sich aus Billigkeitsgründen auf einen ihm unterlaufenen Willensmangel berufen können. Daß der

Anfechtende das Vertrauen des Anfechtungsgegners auf den Bestand der Erklärung enttäuschen darf, versteht sich nicht von selbst. Es ist vielmehr eine ihm eingeräumte Vergünstigung, um ihn vor unbeabsichtigten Nachteilen seiner Erklärung zu bewahren.

Damit wäre es kaum vereinbar, wenn dem Irrenden sein Irrtum sogar noch *zum Vorteil* gereichen würde. Im vorliegenden Fall hätte K, wenn ihm kein Irrtum unterlaufen wäre, einen Weißwein gekauft, an dem er jetzt ebenfalls nicht mehr interessiert wäre. Könnte er durch die Anfechtung seine irrige Willenserklärung folgenlos beseitigen, so stünde er besser, als er sich ohne den Irrtum stellen würde, und dies, obwohl ihn die Anfechtung nur vor den nachteiligen Folgen seines Irrtums bewahren soll. Hier erscheint daher eine Korrektur angebracht.

2. Fraglich kann nur sein, wie diese zu erfolgen hat.

a) Denkbar wäre zunächst, daß die irrige Erklärung im Anfechtungsfall *ohne weiteres* durch das tatsächlich Gewollte *ersetzt* wird. Im Verhältnis zum Anfechtungsgegner hätte dies jedoch zur Folge, daß diesem ein anderer Vertrag aufgedrängt würde, als er von ihm abgeschlossen wurde. Das wäre nicht akzeptabel. Der Anfechtungsgegner darf nicht ohne seinen Willen an dem von dem Irrenden wirklich Gewollten festgehalten werden.

b) Sachgerechter erscheint es, dem Anfechtungsgegner die *Möglichkeit* einzuräumen, den Irrenden gem. *§ 242 BGB* an dem *festzuhalten*, was er ohne den Irrtum erklärt hätte.

Bei eindeutigen Alternativen läßt sich dies ohne Schwierigkeiten realisieren. Hätte K etwa 50 statt 100 Flaschen Weißherbst bestellen wollen oder wäre er irrig von einem Preis von 2,90 € statt 3,90 € ausgegangen, so könnte ihn V ohne weiteres an 50 Flaschen bzw. an einem Preis von 2,90 € festhalten. Im vorliegenden Fall steht freilich nicht eindeutig fest, welchen Weißwein K gekauft hätte, wenn er sich über die Bedeutung der Bezeichnung „Weißherbst" im klaren gewesen wäre. Diese Unsicherheit kann es jedoch nicht rechtfertigen, den K von jeder Bindung freizustellen. Wenn V zum selben Preis tatsächlich einen *qualitativ gleichwertigen* Weißwein anbietet, kann er nach Treu und Glauben verlangen, daß K anstelle des bestellten Weißherbstes diesen abnimmt und bezahlt. Zum Schutz des Anfechtenden, der nur unverzüglich anfechten kann (§ 121 I BGB), muß aber auch der Anfechtungsgegner *unverzüglich* erklären, daß er den Irrenden an dem wirklich Gewollten festhalten will. Dies ist hier geschehen.

Auf Verlangen des V ist der Vertrag daher so durchzuführen, wie er ohne den Irrtum des K zustande gekommen wäre. Die Kosten der neuerlichen Zusendung fallen folglich dem V zur Last. Nachdem K für die bereits geöffnete Flasche Wertersatz leisten muß (III 3), kann V allerdings nur auf der Abnahme von 99 Flaschen Weißwein bestehen.

V. Ergebnis

V kann darauf bestehen, daß K 99 Flaschen des ersatzweise angebotenen Weißweins zum Preis von 3,90 € je Flasche abnimmt. Des weiteren kann V verlangen, daß K die 99 noch vorhandenen Flaschen Weißherbst zurückgibt und für die insoweit unnötig aufgewandten Frachtkosten Ersatz leistet.

Zur Vertiefung: *Otto Gradenwitz*, Anfechtung und Reurecht beim Irrtum, Berlin 1902, 66 ff.; *Schumann*, Der praktische Fall: Singvögel oder van Gogh, JuS 1999, 977; *Krampe/Berg*, Ein willkommener Druckfehler, Jura 1986, 206; *Spieß*, Zur Einschränkung der Irrtumsanfechtung, JZ 1985, 593; *Köhler/Fritzsche*, Anfechtung des Verkäufers wegen Eigenschaftsirrtums, JuS 1990, 16; Art. 25 Schweiz. Obligationenrecht.

11. Wehe dem, der Unternehmer ist! (I)

Sachverhalt

Schrotthändler S möchte sich zur Ruhe setzen, findet aber niemand, der seinen Betrieb übernehmen will. Aus diesem Grund versucht er, Ausrüstungsgegenstände und Arbeitsgeräte einzeln zu verkaufen. Da er insoweit über wenig Erfahrung verfügt, schaltet er A ein, der in verschiedenen Branchen in größerem Umfang als Kommissionär tätig ist. Unter anderem tritt er bei eBay als Verkaufsagent in Erscheinung. Neben einer Reihe anderer Gegenstände überläßt S dem A kommissionsweise vier Schneidemesser einer maschinellen Schrottschere, damit er sie, wenn möglich, verkauft oder jedenfalls ohne große Kosten sonstwie loswird.

A bietet die Schneidemesser auf einer eBay-Auktion im eigenen Namen unter technisch korrekter Bezeichnung zu einem Mindestpreis von 1 € an. Ein Foto fügt er nicht bei, da die Messer angerostet sind und daher in der Abbildung nicht gut wirken. Die Versandkosten, die der Käufer übernehmen soll, beziffert er mit 80 €.

B, Deutschlehrer und passionierter Heimwerker, stößt beim Surfen auf dieses Angebot, liest es aber nur oberflächlich und meint daher, es handle sich um kleine Schleppmesser, wie sie zum Folieschneiden benutzt werden. Er bietet maximal 4 € und begibt sich dann mit seinen Schülern auf einen 14-tägigen Landschulheimaufenthalt.

In seiner Abwesenheit erhält er am 1. April 2012 den Zuschlag zu 1 €. Seine Frau F, die Zugang zu seinem e-Mail-account hat, findet die Rechnung des A über 81 € und weist den Betrag im Namen des B und aus dessen Mitteln umgehend an, wie sie es bisher im stillschweigenden Einverständnis des B immer getan hat. Als am 12. April ein Paket ankommt, das gut 200 kg wiegt, läßt sie es in der Garage abstellen.

Am 13. April kommt B zurück und sieht, was er bestellt hat. Noch am selben Tag teilt er A per e-Mail mit, daß er etwas ganz anderes habe kaufen wollen und daher von dem Vertrag Abstand nehme. Gleichzeitig verlangt er Rückzahlung der überwiesenen 81 €.

A war schon froh, für die Messer einen Abnehmer gefunden zu haben, der bereit war, wenigstens die Transportkosten zu übernehmen. Daß er jetzt alles zurückzahlen soll, gefällt ihm gar nicht.

Kann B von A tatsächlich Rückzahlung von 81 € verlangen?

Vermerk für den Bearbeiter: Auf die Rückgewähr der Schneidemesser ist weder direkt noch indirekt einzugehen.

A. Vorbereitende Überlegungen

I. Erfassen des Sachverhalts

Der Sachverhalt, der einem tatsächlich vorgekommenen Fall nachgebildet ist, erscheint skurril, ist aber leicht überschaubar. Es geht um einen auf dem *virtuellen* Markt bei eBay abgeschlossenen *Kaufvertrag*, wobei auf seiten des Verkäufers ein *gewerbsmäßiger Kommissionär*, auf seiten des Käufers dagegen ein Deutschlehrer, also offenbar ein *Verbraucher* tätig geworden ist.

Wie nicht anders zu erwarten, ist dem Pädagogen beim Vertragsschluß ein *Irrtum* unterlaufen: Angeboten waren vier Schneidemesser einer Schrottschere, die, wie sich später herausstellte, zusammen 200 kg wiegen. Entsprechend hoch waren die vom Käufer zu tragenden Versandkosten angesetzt. B jedoch hat das Angebot in dem Glauben akzeptiert, daß es sich um Messer zum Folieschneiden handle. Er entdeckt seinen Irrtum erst, nachdem der Zuschlag zu 1 € erfolgt und der Vertrag beiderseits abgewickelt ist, reagiert dann aber sofort.

Skizze:

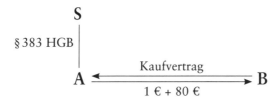

Sinnvollerweise werden Sie sich in einem Fall wie diesem noch einige andere Dinge notieren, von denen zwar nicht sicher ist, ob es darauf ankommt, bei denen es jedoch gut ist, wenn man sie ständig vor Augen hat:

1.4.12	Zuschlag
–	Zahlung namens des B
12.4.12	Lieferung
13.4.12	Abstandnahme

II. Erfassen der Fallfrage

B verlangt von A die *überwiesenen 81 € zurück*, und der Bearbeiter soll die Frage beantworten, ob B diesen Anspruch zu Recht erhebt. Mit dieser Frage könnte ohne weiteres ein *Richter* befaßt sein, wenn B mit diesem Antrag Klage erhoben hätte, aber auch ein *Rechtsanwalt*, wenn er in dieser Sache von B um Rat gefragt worden wäre.

Ein Rechtsanwalt müßte in einem solchen Fall freilich noch weiterdenken: Muß B nicht *Zug um Zug* die Rückgabe der Messer anbieten? Und da hier keine der Parteien an den Messern interessiert ist, jede sie vielmehr nur loswerden will: kann B vielleicht sogar *verlangen*, daß A die Messer zurücknimmt? Das wirft schwierige Probleme auf, deren Beantwortung den vorgesehenen Zeitrahmen entschieden sprengen würde. (Vgl. dazu den folgenden Fall.) Aus diesem Grund sieht der Bearbeitervermerk vor, daß Sie *auf die Rückgewähr der Messer weder in dem einen noch in dem anderen Sinn eingehen sollen*. Es bleibt also bei der schlichten Frage, ob B von A Zahlung von 81 € verlangen kann.

III. Erarbeitung der Lösung

1. Worauf wird es ankommen?

Es ist nicht schwer, zu erkennen, daß B mit A einen Vertrag geschlossen hat, aufgrund dessen er verpflichtet war, die geleistete Zahlung zu erbringen. Sein Rückzahlungsverlangen kann also nur dann begründet sein, wenn dieser Vertrag entweder *angefochten* oder auf andere Weise in ein *Rückabwicklungsschuldverhältnis* umgewandelt worden ist.

Bei einem Vertrag, der *ausschließlich via Internet* getätigt war, liegt es nahe, daß dem Käufer ein **Widerrufsrecht nach § 312 d BGB** zusteht. Dieses Widerrufsrecht ist freilich daran geknüpft, daß A und B als *Unternehmer* und *Verbraucher* tätig geworden sind; denn nur dann handelt es sich um einen Fernabsatzvertrag i.S. von § 312 b BGB. Greift der Widerruf durch, kommt es zu einer Rückabwicklung nach den Vorschriften über den gesetzlichen *Rücktritt*, §§ 357 I, 346 BGB.

Auf einem anderen Blatt steht, ob ein Widerruf hier nicht an **§ 312 d IV Nr. 5 BGB** scheitert. Danach besteht *kein Widerrufsrecht* bei Fernabsatzverträgen, „die in Form von Versteigerungen (§ 156) geschlossen werden". Ob sich dies auch auf Online-Auktionen in der bei eBay geschlossenen Art bezieht, ist streitig. An sich sprechen alle sachlichen Überlegungen dafür; denn nicht anders als bei herkömmlichen Versteigerungen droht auch bei solchen Auktionen die Gefahr, daß ein Widerruf des Letztbieters das ganze aufwendige Verfahren als sinnlos erscheinen läßt und den Anbieter mit den Kosten belastet. Ursprünglich wollten daher die Gesetzesverfasser das Widerrufsrecht auch bei Online-Auktionen ausschließen. Dann aber glaubten sie, auf eine sich damals anbahnende Rechtsprechung reagieren zu müssen, wonach jedenfalls der *Anbieter* bei Online-Auktionen auch nach dem Zuschlag *noch nicht definitiv gebunden sei*. Mit dem Klammerhinweis auf § 156 BGB sollte daher klargestellt werden, daß das Widerrufsrecht nur bei solchen Auktionen ausgeschlossen sein sollte, *bei denen auch der Anbieter gebunden* ist. Unmittelbar darauf wurde die erwähnte Rechtsprechung, die dem Anbieter alle Möglichkeiten offengehalten hatte, aufgegeben. Der Anbieter war also bei Online-Auktionen jetzt ebenfalls gebunden. Als der BGH mit der Auslegung des § 312 d IV Nr. 5 BGB befaßt war, war ihm dieser Zusammenhang nicht bewußt. Infolgedessen ging er *fälschlich* davon aus, die Gesetzesverfasser hätten Online-Auktionen in der bei eBay getätigten Art *schlechthin* dem Widerrufsrecht unterwerfen wollen[1].

Sie werden das vermutlich nicht wissen und können daher nur versuchen, nach der einen oder anderen Richtung hin zu argumentieren. Vielleicht ist Ihnen die Entscheidung des BGH jedoch bekannt, und Sie halten sie mangels Kenntnis des gerade skizzierten Hintergrundwissens für überzeugend. Dann werden Sie sich im Ergebnis wahrscheinlich anschließen. Bei der Lösung des Falles deute ich zwar an, auf wie schwachen Beinen die Rechtsprechung steht, folge ihr aber ebenfalls. Auf diese Wiese läßt sich nämlich gut demonstrieren, in welchem Maße das moderne Verbraucherrecht von dem herkömmlichen bürgerlichen Recht abweicht.

Bejaht man einen Widerruf der Annahmeerklärung des B, so erhebt sich die Frage, **was genau** *er von A* **zurückverlangen** kann. Auf jeden Fall natürlich den *Zuschlagspreis von 1 €*, der den Kaufpreis der Sache darstellt. Wichtiger aber noch: Kann B auch die *80 €* zurückverlangen, die für den Versand bestimmt waren? Das hängt davon ab, wozu sich ein Anbieter bei eBay in der Regel verpflichtet. Mit der bloßen Bereitschaft zur Übereignung der Ware wäre dem Erwerber bei diesen Geschäften

---

1 Nachweise bei Braun, CR 2005, 113 (114 f); ders., JZ 2008, 330 (334 ff.).

wenig gedient; denn meist wohnen die Parteien weit auseinander. Der Verkäufer übernimmt daher regelmäßig auch die *Verpflichtung, die Ware zu versenden*, wenn ihm der Käufer die erforderlichen Kosten vorschießt. So war es auch hier. Die von F namens des B zusätzlich zum Zuschlagspreis gezahlten 80 € waren also die *vertragliche Gegenleistung* für eine von A neben der Übereignung zusätzlich erbrachte Leistung. Mit dem Widerruf des Vertrages und seiner Umwandlung in ein Rückabwicklungsschuldverhältnis entsprechend den §§ 346 ff BGB ist daher auch diese Zahlung zurückzuerstatten. Was bleibt, ist die Frage, ob A nicht *Wertersatz* für den von ihm vorgenommenen Versand verlangen kann.

Ein anderer Weg, um zu dem angestrebten Ziel zu gelangen, wäre der, daß B seine Annahmeerklärung **wegen Irrtums anficht** und die geleistete Zahlung nach § 812 I 1 BGB kondiziert. Da nicht jeder Irrtum zur Anfechtung berechtigt, müssen Sie hier genau bestimmen, worüber B geirrt hat. In Betracht kommt ein Irrtum über den Inhalt der Erklärung (§ 119 I BGB) und ein Irrtum über verkehrswesentliche Eigenschaften der gekauften Sache (§ 119 II BGB).

Auszugehen ist davon, daß das Angebot des A *objektiv klar und bestimmt* war. Nachdem B dieses Angebot vorbehaltlos akzeptiert hat, ist zwischen A und B ein Kaufvertrag über Schrottscherenmesser zustande gekommen. Daß B nicht genau hingeschaut hat und deshalb der Meinung war, auf Schleppmesser zu bieten, bedeutet nichts anderes, als daß er sich über die objektive Bedeutung seines Gebots geirrt hat. Das ist ein **Inhaltsirrtum** i.S. von § 119 I BGB: der Erklärende weiß zwar, was er sagt, aber nicht, was das Gesagte bedeutet.

Nach erklärter Anfechtung kann B zurückfordern, was er aufgrund des angefochtenen Vertrags an A geleistet hat. Das sind an sich 81 €. Anders als beim Widerruf ist der Anfechtende gem. **§ 122 BGB** jedoch verpflichtet, *dem Anfechtungsgegner den* **Vertrauensschaden** *zu ersetzen*. A kann also verlangen, so gestellt zu werden, wie er stünde, wenn er den Vertrag nicht geschlossen hätte. In diesem Fall hätte er die Messer nicht verschickt. Verlangt B von A die Versandkosten zurück, so könnte sie A gem. § 122 BGB umgehend wieder erstattet verlangen. Es ist klar, daß dies irgendwie bereits bei dem Anspruch des B berücksichtigt werden muß.

2. Strategie

Womit sollen Sie beginnen: mit dem Widerruf (bzw. mit § 346 BGB) oder mit der Anfechtung (bzw. mit § 812 I 1 BGB)? Im Grunde haben Sie insoweit freie Hand.

Für den *Beginn mit dem Widerrufsrecht* könnte sprechen, daß der Widerruf bei im Internet getätigten Geschäften in der Praxis wohl die „gängige" Art geworden ist, sich von seiner Erklärung zu lösen. Wenn ich gleichwohl mit der *Anfechtung* beginne, so hat dies andere Gründe. Wie bereits erwähnt, möchte ich nämlich demonstrieren, in welchem Maße das Verbraucherrecht von überkommenen bürgerlichrechtlichen Grundsätzen abweicht. Dafür ist es geschickter, die „traditionelle" Anfechtung an den Anfang zu stellen. Sie selbst können es jedoch ohne weiteres anders machen.

3. Lösungsskizze

I. Rückzahlung aufgrund Anfechtung

§ 812 I 1 BGB, wenn ohne Vertrag geleistet oder Vertrag angefochten.

1. Vertragsschluß

Objektiv sich deckende Willenserklärungen.

Vertragsschluß bis Ende der Bietzeit aufgeschoben.

2. Anfechtung
a) § 119 I BGB: Annahmeerklärung hat für Empfänger andere Bedeutung, als B denkt.
b) Konkludente, unverzügliche (§ 121 BGB) Anfechtung.
3. Umfang des Zahlungsanspruchs
a) § 812 I 1 BGB: 1 € als Gegenleistung für Sache, 80 € als Gegenleistung für vertragsgemäßen Versand.
b) § 122 I BGB: B haftet auf Vertrauensschaden.
   In Höhe von 80 € dolo-petit-Einwand.

II. Rückgewähr aufgrund Widerrufs
   §§ 346 I, 355 I, 357 I BGB, wenn Fernabsatzvertrag (§ 312 b I BGB) und Widerruf.
1. Fernabsatzvertrag
   A = Unternehmer, § 13 BGB
   B = Verbraucher, § 14 BGB
   Ausschließlich Fernkommunikationsmittel.
   Also § 312 b BGB.
2. Widerruf
a) § 312 d IV Nr. 5 BGB schließt Widerruf bei Versteigerungen aus.
   Fernabsatzrichtlinie gestattet Ausnahme auch für Internetauktionen.
   § 312 d IV Nr. 5 BGB wird in Praxis so verstanden, daß Widerruf auch hier.
b) Konkludenter Widerruf form- und fristgerecht, § 355 I BGB.
3. Umfang der Rückgabepflicht
a) Erfaßt ist 1 € als Gegenleistung für Sache.
b) 80 € waren Gegenleistung für vertragsgemäßen Versand.
   Schadensersatzpflicht hier nicht vorgesehen.
   Kein Wertersatz nach § 346 II Nr. 1 BGB. Argument: § 357 II 2 BGB.

B. Lösung

I. Rückzahlung aufgrund Irrtumsanfechtung

B könnte zunächst berechtigt sein, die von F erbrachte Zahlung gem. § 812 I 1 BGB zu kondizieren. F hat im Namen des B gehandelt, so daß es sich bei der Zahlung um eine Leistung des B handelt. Ein Kondiktionsanspruch kommt jedoch nur dann in Betracht, wenn entweder zwischen A und B *kein Kaufvertrag* zustande gekommen ist, der einen Rechtsgrund für die geleistete Zahlung darstellt, oder wenn B diesen *Vertrag wirksam angefochten* hat.

   1. A hat im eigenen Namen auf dem von eBay eingerichteten virtuellen Markt ein klar bestimmtes Angebot und B eine darauf bezogene Annahmeerklärung abgegeben. Zwar hat sich B dabei etwas ganz anderes vorgestellt. Dies hat er jedoch nicht zum Ausdruck gebracht und konnte dies nach der Organisation des Bietverfahrens auch gar nicht. Abgesehen von dem Preis, den zu erhöhen ihm überlassen war, war der Inhalt seiner Annahmeerklärung durch das Angebot des A vorgegeben. Angebot und Annahmeerklärung decken sich daher.

   Nach den Versteigerungsbedingungen sollte der Vertrag nicht sofort mit der Annahmeerklärung, sondern erst dann zustande kommen, wenn bis zum Ende der Bietzeit kein höheres Angebot abgegeben würde. Das bedeutet jedoch nur, daß der Vertragsschluß mit dem höchsten Anbieter bis zum Ende der Bietzeit aufgeschoben war. An dem Vertrag selbst jedoch ändert dies nichts.

2. B könnte seine Annahmeerklärung indessen nachträglich *angefochten* haben.

a) Ein Anfechtungsrecht könnte sich hier aus § 119 I BGB ergeben. Indem B das objektiv gesehen unmißverständliche Angebot angenommen hat, hat er erklärt, vier Messer einer Schrottschere kaufen zu wollen. Desungeachtet glaubte er jedoch, ein Angebot für vier Schleppmesser zum Folieschneiden abgegeben zu haben. Er war also in einem Inhaltsirrtum darüber befangen, was seine Annahmeerklärung aus dem Empfängerhorizont des A bedeutete. Bei Kenntnis der Sachlage und verständiger Würdigung des Falles hätte er das Angebot des A nicht angenommen. Folglich kann er seine Erklärung anfechten.

b) Nachdem B seinen Irrtum entdeckt hatte, hat er A umgehend (§ 121 BGB) mitgeteilt, daß er wegen dieses Irrtums an dem Vertrag nicht mehr festhalten wolle. Dieses Verhalten kann als Anfechtungserklärung ausgelegt werden. Die Annahmeerklärung ist insofern als von Anfang an nichtig anzusehen (§§ 142 I, 143 BGB). Der von B erbrachten Zahlung fehlt mithin der Rechtsgrund.

3. a) Nach § 812 I 1 BGB hat A alles herauszugeben, was er von B zur Erfüllung des angefochtenen Vertrages erlangt hat. Das betrifft zunächst den Kaufpreis von 1 €, der die Gegenleistung für die Sache selbst darstellt. Fraglich kann sein, ob sich die Herausgabepflicht auch auf die von B vorgeschossenen Transportkosten von 80 € erstreckt. Die Antwort hängt davon ab, ob auch diese Leistung auf dem angefochtenen Vertrag beruhte. Vereinbart war, daß A die Ware dem Käufer zusenden sollte, wobei A die hierfür erforderlichen Kosten seinem Vertragspartner vorab in Rechnung stellte. Die 80 € stellen also die Gegenleistung dafür dar, daß A die Sache vertragsgemäß verpackte und zum Versand brachte. An sich wären daher auch die von B gezahlten 80 € herauszugeben.

Zu erwägen ist freilich, ob sich A, soweit er die von B gezahlten 80 € tatsächlich zur Finanzierung des Transports gebraucht hat, nicht gem. § 818 III BGB auf Wegfall der Bereicherung berufen kann. Dem steht jedoch entgegen, daß der Bereicherungsanspruch auf die Herausgabe des Erlangten geht und bei dessen Bemessung der Wert der eigenen Leistung nur ausnahmsweise als Abzugsposten in Betracht kommt. Das scheidet hier schon deshalb aus, weil B durch den von A veranlaßten Versand nicht bereichert ist.

b) Gem. § 122 I BGB ist B infolge seiner Anfechtung jedoch zum *Ersatz des Vertrauensschadens* verpflichtet. Dieser besteht hier darin, daß A Aufwendungen für Verpackung und Versand übernommen hat. Hätte A die dafür erforderlichen Kosten nicht dem Käufer in Rechnung gestellt, könnte er sie gem. § 122 BGB von ihm ersetzt verlangen. Hat er sie dagegen bereits verlangt und erhalten, kann er folgerichtig nicht dazu verpflichtet sein, sie zurückzuerstatten. Das ist nicht erst auf Einrede des A, sondern unabhängig davon bereits von Amts wegen zu beachten (dolo-petit-Einwand).

II. Rückgewähranspruch aufgrund Widerrufs

Des weiteren könnte B berechtigt sein, die an A überwiesenen 81 € gem. §§ 346 I, 355 I, 357 I BGB zurückzuverlangen. Voraussetzung dafür ist, daß es sich bei dem zwischen B und A zustande gekommenen Vertrag um einen *Fernabsatzvertrag* i.S. von § 312 b I BGB handelt und B diesen wirksam *widerrufen* hat.

1. Angebot und Annahme wurden unter ausschließlicher Verwendung von Fernkommunikationsmitteln abgegeben, wobei der in seiner Eigenschaft als berufsmäßiger Kommissionär handelnde A als Unternehmer (§ 14 BGB), B dagegen als Verbraucher (§ 13 BGB) tätig wurde. Im Hinblick darauf, daß A Verkaufsagent bei eBay ist,

erfolgt der Vertragsschluß auch im Rahmen eines für den Fernabsatz organisierten Vertriebssystems. Bei dem Vertrag handelte es sich daher um einen Fernabsatzvertrag i.S. von § 312 b BGB.

2. a) Grundsätzlich kann der Verbraucher bei solchen Verträgen seine Erklärung gem. §§ 312 d I, 355 BGB widerrufen. § 312 d IV Nr. 5 BGB sieht jedoch vor, daß das Widerrufsrecht bei Verträgen, die „in der Form von Versteigerungen (§ 156) geschlossen werden", *nicht besteht*. Ob sich diese Ausnahmeregelung auch auf Online-Versteigerungen in der von eBay veranstalteten Art bezieht, kann zweifelhaft sein.

Nach der Fernabsatzrichtlinie, auf die § 312 d IV Nr. 5 BGB zurückgeht, können unterschiedslos alle Versteigerungen von dem Widerrufsrecht ausgenommen werden. Das sollte ursprünglich auch im deutschen Fernabsatzgesetz geschehen. Durch eine mißverständliche Fassung des Gesetzestextes sowie der Gesetzesmaterialien ist indessen der Eindruck entstanden, als sollte das Widerrufsrecht lediglich bei Auktionen der herkömmlichen Art ausgeschlossen werden. Nachdem auch der BGH diesem Irrtum unterlegen ist und das Schrifttum sich ihm überwiegend gleichwohl angeschlossen hat, kann davon ausgegangen werden, daß in der Praxis auch bei Internetauktionen ein Widerrufsrecht bejaht wird.

b) B hat zwar nicht ausdrücklich den Widerruf erklärt. Seine e-Mail, wonach er vom Vertrag „Abstand nehme", kann jedoch als Widerruf ausgelegt werden. Form und Frist der Erklärung (§ 355 BGB) sind gewahrt.

3. A hat gem. §§ 357 I, 346 I BGB nach erfolgtem Widerruf die empfangenen Leistungen zurückzugewähren.

a) Das betrifft zunächst den Kaufpreis von 1 €, der die Gegenleistung für die Sache selbst darstellt.

b) Die Frage, ob sich die Rückgabepflicht auch auf die Transportkosten in Höhe von 80 € erstreckt, ist im Prinzip nicht anders zu beantworten als oben bei § 812 I 1 BGB (I 3 a). Anders als dort ist B bei einem Widerruf aber nicht zum Ersatz des Vertrauensschadens verpflichtet. Fraglich kann daher nur sein, ob er A stattdessen nicht *Wertersatz* gem. § 346 II Nr. 1 BGB für den von diesem veranlaßten Versand zu leisten hat. Wie § 357 II 2 BGB zeigt, wird der Verbraucher bei einem Widerruf von den Kosten der *Rück*sendung freigestellt, damit er in seiner Widerrufsentscheidung nicht beeinträchtigt wird. Daraus ergibt sich sinngemäß, daß er auch nicht zum Wertersatz der *Hin*sendung verpflichtet sein kann. Auch dies nämlich könnte ihn vom Widerruf abhalten. Die Nachteile des Widerrufs bürdet das Gesetz prinzipiell dem Unternehmer auf. Im Ergebnis steht B der Anspruch auf Rückzahlung der 80 € daher einrede-frei zu, auch wenn A nicht der geringste Vorwurf zu machen ist.

Das Widerrufsrecht stellt B mithin erheblich besser als das überkommene Anfechtungsrecht.

III. Ergebnis

B kann von A die an diesen geleisteten 81 € zurückverlangen.

Zur Vertiefung: BGH NJW 2005, 53 (Widerrufsrecht auch bei Internetauktionen); EuGH NJW 2010, 1941; BGH NJW 2010, 2651 (Unternehmer trägt im Widerrufsfall die Hinsendekosten); *Braun*, ZGS 2008, 129.

12. Wehe dem, der Unternehmer ist! (II)

Sachverhalt

Schrotthändler S möchte sich zur Ruhe setzen, findet aber niemand, der seinen Betrieb übernehmen will. Aus diesem Grund versucht er, Ausrüstungsgegenstände und Arbeitsgeräte einzeln zu verkaufen. Da er insoweit über wenig Erfahrung verfügt, schaltet er A ein, der in verschiedenen Branchen in größerem Umfang als Kommissionär tätig ist. Unter anderem tritt er bei eBay als Verkaufsagent in Erscheinung. Neben einer Reihe anderer Gegenstände überläßt S dem A kommissionsweise vier Schneidemesser einer maschinellen Schrottschere, damit er sie, wenn möglich, verkauft oder jedenfalls ohne große Kosten sonstwie loswird.

A bietet die Schneidemesser auf einer eBay-Auktion im eigenen Namen unter technisch korrekter Bezeichnung zu einem Mindestpreis von 1 € an. Ein Foto fügt er nicht bei, da die Messer angerostet sind und daher in der Abbildung nicht gut wirken. Die Versandkosten, die der Käufer übernehmen soll, beziffert er mit 80 €.

B, Deutschlehrer und passionierter Heimwerker, stößt beim Surfen auf dieses Angebot, liest es aber nur oberflächlich und meint daher, es handle sich um kleine Schleppmesser, wie sie zum Folieschneiden benutzt werden. Er bietet maximal 4 € und begibt sich dann mit seinen Schülern auf einen 14-tägigen Landschulheimaufenthalt.

In seiner Abwesenheit erhält er am 1. April 2012 den Zuschlag zu 1 €. Seine Frau F, die Zugang zu seinem e-Mail-account hat, findet die Rechnung des A über 81 € und weist den Betrag im Namen des B und aus dessen Mitteln umgehend an, wie sie es bisher im stillschweigenden Einverständnis des B immer getan hat. Als am 12. April ein Paket ankommt, das gut 200 kg wiegt, läßt sie es in der Garage abstellen.

Am 13. April kommt B zurück und sieht, was er bestellt hat. Noch am selben Tag teilt er A per e-Mail mit, daß er etwas ganz anderes habe kaufen wollen und daher von dem Vertrag Abstand nehme. Nach einigen Hin und Her erklärt sich A damit einverstanden, die von B geleisteten 81 € zurückzuzahlen und überweist diesen Betrag auch.

Nachträglich fällt B ein, daß es gar nicht leicht ist, die 200 kg schweren Messer zu entsorgen. Aus diesem Grund fordert er A auf, sie demnächst bei ihm abzuholen. A jedoch will die Messer auf keinen Fall zurückhaben. Unter anderem macht er geltend, daß insoweit eine Rückabwicklung technisch gar nicht möglich sei, weil er als Kommissionär nicht Eigentümer der Sache gewesen sei. Den Namen des Kommittenten weigert er sich zu nennen. B möchte wissen, ob es möglich ist, die Messer auf eine Weise loszuwerden, daß A die dafür anfallenden Kosten zahlen muß.

Hinweis für den Bearbeiter: Unterstellen Sie bei Ihren Überlegungen, daß B seine Vertragserklärung sowohl nach § 119 I BGB *anfechten* als auch nach §§ 312 d, 355 BGB *widerrufen* konnte und daß seine e-Mail an A eine wirksame Anfechtung- bzw. Widerrufserklärung darstellt.

A. Vorbereitende Überlegungen

I. Erfassen des Sachverhalts

Abgesehen von wenigen Ergänzungen ist der Sachverhalt derselbe wie im vorigen Fall. Anders jedoch ist, daß es hier um die **Rückgabe der Messer** geht: B fordert von A die Abholung, aber A will die Messer *auf keinen Fall wieder*. Er macht sogar geltend, eine Rückabwicklung sei hier aus rechtlichen Gründen überhaupt *nicht möglich*, weil B den Kommittenten nicht kenne. Außerdem enthält der Sachverhalt den Hinweis, daß Sie von einer wirksamen Anfechtungs- bzw. von einem wirksamen Widerruf der Vertragserklärung des B ausgehen sollen.

Skizze:

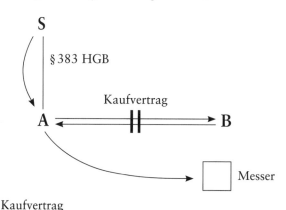

1.4.12	Kaufvertrag
–	Zahlung
12.4.12	Lieferung
13.4.12	Anfechtung/Widerruf
–	A verweigert Rücknahme.

II. Erfassen der Fallfrage

B hat von A zunächst verlangt, die vier Messer bei ihm abzuholen; im weiteren Verlauf ist er jedoch zufrieden, wenn er die *Messer auf Kosten des A irgendwie loswerden* kann. Das genau ist denn auch die Fallfrage. Sie umfaßt, wie unschwer zu sehen ist, zwei Aspekte. Einmal geht es darum, ob B von A *verlangen* kann, die Messer wieder abzuholen, zum anderen darum, ob es gegebenenfalls einen *anderen Weg* gibt, sich der Messer auf Kosten des A zu entledigen.

Das erste läuft auf eine Fragestellung hinaus, wie sie Ihnen im Rahmen Ihrer Ausbildung schon oft begegnet ist: Kann X von Y dies oder jenes *verlangen*? Das zweite ist schwieriger. Vorgegeben ist insoweit nur ein bestimmtes *Interesse* des B, und Sie sollen nach einem *Weg suchen*, wie es sich realisieren läßt, auch wenn es keinen darauf gerichteten Anspruch geben sollte. Mit einer solchen Situation kann nur ein Rechtsanwalt, niemals ein Gericht befaßt werden. Denn als neutrales Rechtspflegeorgan darf das Gericht eine Partei niemals in der Sache beraten – das würde ihm sofort eine Befangenheitsablehnung einbringen –, sondern nur über die gestellten Anträge entscheiden. Sie können sich daher im Geist in die Rolle eines Anwalts versetzen, der von B um Rat angegangen worden ist.

III. Erarbeiten der Lösung

1. Worauf wird es ankommen?

Der Fall gehört in die Kategorie der von Rudolf v. Jhering sogenannten „Jurisprudenz des täglichen Lebens", die in der Ausbildungsliteratur meist gemieden wird, weil es hier nicht selten um Fragen geht, die trotz des banalen Anlasses, dem sie ihre Entstehung verdanken, denkbar unangenehm sind. Nachdem Sie sich gehörig den Kopf zerbrochen haben, werden Sie vielleicht meinen, daß man in der Praxis in einem solchen Fall, schon allein wegen des geringen Streitwerts, kaum bis zum äußersten gehen, sondern sich irgendwie anders arrangieren würde. Das mag sein. Sinnvoll einigen kann man sich jedoch nur, wenn man weiß, wie die *ultima ratio* aussieht, die das Recht zur Verfügung stellt. Wenn man von irgend jemand eine Auskunft hierüber erwarten darf, dann ist dies der Jurist.

Aber zur Sache: Wenn B eine Erklärung abgegeben hat, die sowohl als Widerrufs- wie als Anfechtungserklärung ausgelegt werden kann, und wenn zugleich die jeweiligen Wirksamkeitsvoraussetzungen dieser Erklärungen vorliegen, so ist B sowohl aufgrund der §§ 357 I, 346 BGB als auch aufgrund des § 812 I 1 BGB *zur Rückübereignung* der Schrottscherenmesser *verpflichtet*. Das Problem ist nur, daß B dieser Pflicht gern nachkommen würde, der Gläubiger die Messer jedoch gar nicht mehr will. Es verhält sich also gerade umgekehrt wie in den Fällen, die Sie gewohnt sind: Während normalerweise der Gläubiger an der Leistung interessiert ist, aber der Schuldner nicht leisten kann oder will, möchte hier der Schuldner die Leistung erbringen und stößt auf einen **unwilligen Gläubiger**.

Der Fall gibt daher Anlaß, darüber nachzudenken, ob A nicht nur berechtigt, sondern auch *verpflichtet* ist, die Messer zurückzunehmen, so daß B ein *Recht* zusteht, diese Rücknahme zu verlangen (dazu gleich). Unabhängig davon sollten Sie jedoch wissen, daß der Gläubiger einer gegenständlich bestimmten Leistung den Schuldner an der Erfüllung seiner Verpflichtung nicht hindern kann. Wie sich aus den §§ 372 ff BGB ergibt, kann sich der Schuldner bei einem Annahmeverzug des Gläubigers seiner Verpflichtung durch **Hinterlegung** entledigen. Natürlich kann man Autos, Kühlschränke oder Schrottscherenmesser nicht unmittelbar selbst hinterlegen. Aber wenn Sie erst einmal auf den Gedanken der Hinterlegung gekommen sind, werden Sie rasch erkennen, daß man nicht hinterlegungsfähige Sachen *zu Geld machen* und den *Erlös hinterlegen* kann, § 383 BGB.

Freilich muß der Gläubiger zuvor in **Annahmeverzug** gesetzt werden. Das setzt nach §§ 293 f BGB ein tatsächliches Angebot voraus. Wäre, wie wir hier einmal annehmen wollen, die Rückgewährpflicht des B eine Schickschuld, dann müßte er also die Messer zunächst einmal auf eigene Kosten zum Versand bringen. Das will er allerdings gerade nicht. Im Hinblick darauf bleibt hier nur der Weg des § 295 BGB. Danach genügt ein *wörtliches Angebot*, wenn der Gläubiger – wie hier – zuvor erklärt hat, daß er die Leistung nicht annehmen werde. Nimmt der Gläubiger von dieser Erklärung nach einem wörtlichen Angebot nicht Abstand, gerät er in Annahmeverzug, so daß der Schuldner hinterlegen kann.

Eine andere Frage ist die, ob B dem A überhaupt ein Angebot machen *kann*, das dieser annehmen muß, wenn er nicht in Verzug geraten will. Bei der Rückabwicklung eines Vertrages ist grundsätzlich der Zustand wiederherzustellen, der ursprünglich bestanden hat. Vor der Erfüllung war A *nur Besitzer* der Messer, während S ihr *Eigentümer* war. Das Eigentum hat A im eigenen Namen gem. §§ 929, 185 I BGB auf B übertragen. Würde B die Messer an A „zurückübereignen", erhielte dieser *mehr*, als er vorher hatte. Darauf muß er sich nicht einlassen. Ebensowenig muß er sich damit zufrieden geben, daß B ihm nur den Besitz überträgt und das Eigentum für sich behält; denn auch das entspricht nicht dem Zustand, wie er ursprünglich bestanden hat. Sie werden vielleicht meinen, daß A den Kommittenten namhaft machen müsse. Das muß er jedoch nicht. Daß ein Kommissionär sich insoweit bedeckt hält, kann vielmehr gute Gründe haben. Unter anderem kann mit der Einschaltung eines Kommissionärs geradezu der Zweck verfolgt werden, den Kommittenten im Hintergrund zu halten. Sie müssen daher andere Überlegungen anstellen, und dazu brauchen Sie hier tatsächlich juristische Phantasie.

Wie oben bereits angedeutet, sollten Sie aber auch der Frage nachgehen, ob A *zur Zurücknahme* der Messer nicht sogar **verpflichtet** ist. Dann hätte B einen *Anspruch auf Zurücknahme* und müßte A nicht in Annahmeverzug setzen, um anschließend hinterlegen zu können, sondern könnte auf Zurücknahme **klagen**. Im Gesetz werden Sie dazu unmittelbar nichts finden. Sie müssen daher auch hier wieder nachdenken und argumentieren.

In der Sache geht es um die Rückabwicklung eines Kaufvertrages. So wie bei der *Rückabwicklung* der Käufer zur Rückübereignung verpflichtet ist, so war bei der *Erfüllung* der Verkäufer zur Übereignung verpflichtet. Ein Blick ins Gesetz zeigt jedoch, daß bei der Erfüllung auch der Käufer mitwirken mußte: Gem. § 433 II BGB war er *verpflichtet*, die gekaufte Sache **abzunehmen**. Der Grund für diese Regelung ist der, daß der Verkäufer ein hohes Interesse haben kann, sein Lager für neue Ware freizubekommen u.ä.m. Ein ähnliches Interesse kann auch der Käufer bei der Rückabwicklung haben. Wenn es darum geht, den Zustand wiederherzustellen, der vor Abschluß des Vertrages bestanden hat, spricht daher alles dafür, daß spiegelbildlich *auch im Rückabwicklungsverhältnis eine* **Abnahmepflicht** besteht. Das gilt selbst im Falle der Anfechtung. Denn daß ein angefochtenes Rechtsgeschäft „als von Anfang an nichtig anzusehen" ist (§ 142 I BGB), schließt Nachwirkungen eines angefochtenen Vertrages nicht aus.

Ein wichtiges Problem ist schließlich, wer die **Kosten** der Rückabwicklung zu tragen hat. Soweit keine besonderen Regeln eingreifen, hängt dies davon ab, ob es sich um eine Hol-, Schick- oder Bringschuld handelt. Für den Fall, daß ein Vertrag gem. § 355 BGB *widerrufen* wird, sieht § 357 II BGB vor, daß der Verbraucher zwar zur Rücksendung verpflichtet ist, der *Unternehmer jedoch die Kosten trägt*. Nachdem A bereits den Versand der Messer zu B finanziert hat, weil er die von B vorgeschossenen Kosten erstatten mußte (vgl. vorigen Fall), muß er also zusätzlich auch noch die Kosten der Rücksendung tragen. Wenn sich diese ebenfalls auf 80 € belaufen, kommt ihn der Irrtum des B auf 160 € zu stehen.

Eine andere Regelung der Kostentragung findet sich in § 122 BGB für die Anfechtung. Danach muß der Anfechtende dem Anfechtungsgegner den *Vertrauensschaden* ersetzen. Der Anfechtungsgegner darf also weder mit den Kosten der Hin- noch der Rücksendung belastet werden. Dieser altbewährte Grundsatz wird durch das moderne Verbraucherrecht, wie wir gerade gesehen haben, ins Gegenteil verkehrt.

2. Strategie

Sie haben nach all dem die Möglichkeiten des B sowohl bei einer Rückabwicklung des geschlossenen Vertrages nach den §§ 357, 346 I BGB und als auch nach **§ 812 I 1 BGB** zu prüfen. Unter beiden Gesichtspunkten ist B zur Rückübereignung verpflichtet und muß sich dieser Verpflichtung daher durch Hinterlegung entledigen können. Hier wie da kommt jedoch auch in Betracht, daß B **berechtigt** ist, von A die Zurücknahme zu verlangen.

Sie können daher so vorgehen, daß Sie zunächst die *Hinterlegung* unter *beiden*

Gesichtspunkten (§§ 357, 346 I BGB einerseits, § 812 I 1 BGB andererseits) und dann den *Rücknahmeanspruch* unter diesen Gesichtspunkten durchprüfen, aber auch so, daß Sie die beiden *Rückabwicklungsmodalitäten* (§§ 357, 346 I BGB bzw. § 812 I 1 BGB) getrennt für sich prüfen und dabei jeweils zwischen Hinterlegung und Rücknahmeanspruch unterscheiden. Das erste hat, gerade wenn es um die Beratung eines juristischen Laien geht, viel für sich. Ich ziehe jedoch das letztere vor, und zwar aus dem einfachen Grund, weil dabei vermutlich weniger Schreibarbeit anfällt.

Was bleibt, ist dann noch die Frage, was Sie zuerst prüfen: eine Rückabwicklung nach Maßgabe der *§§ 357, 346 I BGB* oder nach *§ 812 I 1 BGB*. Wiederum aus Laiensicht ist § 357 BGB wegen der darin enthaltenen ungemein verbraucherfreundlichen Kostentragungsregelung von größerem Interesse. Wenn ich mit § 812 I BGB beginne, dann deshalb, weil ich wie schon im vorigen Fall auch hier ein spezielles didaktisches Ziel verfolge.

3. Lösungsskizze

I. Rückabwicklung gem. § 812 I 1 BGB

1. Versteigerung bei Gläubigerverzug
Nach Anfechtung besteht Rückgabepflicht, § 812 I 1 BGB.
Gesetz ermöglicht Erfüllung gegen Willen des Gläubigers.
a) Voraussetzungen
§§ 372, 383 f., 386 BGB: Inverzugsetzung des A, Versteigerung und Hinterlegung.
§ 295 BGB: nach Ablehnungsankündigung wörtliches Angebot.
b) Rückgewähr
A war Besitzer, S Eigentümer.
   – Bei „Rückübereignung" wird A Eigentümer.
     Bei bloßer Besitzübertragung bleibt B Eigentümer.
   – Übereignung an A als Vertreter des ungenannten Kommittenten.
     Kein Verstoß gegen Offenkundigkeitsprinzip.
c) Angebot
§ 269 BGB: Leistungsort ist i.d.R. Schuldnerwohnsitz.
Schickschuld, nicht Holschuld (arg. § 122 BGB).
Kosten fallen nach Irrtumsanfechtung gem. § 122 BGB B zur Last.
d) Ergebnis: aus Kostengründen nicht akzeptabel.
2. Anspruch auf Rücknahme
a) Abnahmepflicht des B (§ 433 II BGB) wird Rücknahmepflicht des A.
Klagbar und vollstreckbar.
b) Kostentragungspflicht für B bleibt jedoch.

II. Rückabwicklung gem. §§ 357, 346 I BGB

1. Versteigerung bei Gläubigerverzug
a) Verzugbegründendes Angebot
Wie oben I 1, nur trägt A die Kosten, § 357 II 2 BGB.
b) Verkauf und Hinterlegung
   – Messer nicht hinterlegungsfähig, § 372 BGB.
   – §§ 383 f BGB: Versteigerung nach Androhung und Erlöshinterlegung.
   – Kosten trägt A, § 386 BGB.
   – Wenig aussichtsreich.
2. Anspruch auf Rücknahme
a) Abnahmepflicht des B wird Rücknahmepflicht des A.
b) Klage auf Abnahme und Kostenerstattung.

B. Lösung

I. Rückabwicklung nach Anfechtung

1. Nach wirksamer Anfechtung des Vertrags ist B gem. § 812 I 1 BGB *zur Rückgewähr* der von A gelieferten Messer *verpflichtet.* Die §§ 372, 383 f, 386 BGB ermöglichen es dem Schuldner, sich seiner Verpflichtung auf Kosten des Gläubigers auch gegen dessen Willen zu entledigen.

a) Voraussetzung dafür ist, daß B den A in *Annahmeverzug* setzt, die Messer in der in den §§ 383 f BGB beschriebenen Weise öffentlich *versteigern* läßt und den eventuell erzielten Erlös *hinterlegt.*

Gem. §§ 293, 295 BGB gerät A u.a. dann in Verzug, wenn er erklärt hat, daß er die Leistung nicht annehmen werde, und ihm B daraufhin ein wörtliches Angebot macht. Dieses muß freilich alle Leistungsmodalitäten umfassen, die bei der Rückabwicklung zu beachten sind. Insoweit bestehen hier aus zwei Gründen Zweifel.

b) Bei der Rückgewähr einer rechtsgrundlosen Leistung ist prinzipiell der Zustand wiederherzustellen, der vor dieser Leistung bestanden hat. Ursprünglich war *A Besitzer* und *S Eigentümer* der Messer. Würde B, dem A als Kommissionär nach § 185 I BGB Eigentum verschafft hatte, die Messer an A „zurückübereignen", erhielte A daran Eigentum und hätte folglich mehr Rechte als zuvor. Würde B dagegen nur den Besitz an den Messern zurücküberträgen, bliebe er selbst Eigentümer und hätte die empfangene Leistung nicht vollständig herausgegeben. Sowohl das eine wie das andere Angebot könnte A ablehnen, ohne in Gläubigerverzug zu geraten.

Um den ursprünglichen Zustand wiederherzustellen, bietet sich jedoch an, daß B *an A als Vertreter des ungenannten Kommittenten übereignet.* Das in § 164 II BGB enthaltene Offenkundigkeitsprinzip verlangt nur, daß der Vertreter seine Stellung als Vertreter offenlegt, nicht jedoch, daß er den Vertretenen namentlich benennt. Wenn A ein so beschaffenes Angebot annimmt, verliert B das Eigentum und S erlangt es wieder, ohne daß A die Identität seines Kommittenten offenbaren muß. Folglich kann A ein so beschaffenes Angebot auch nicht ablehnen.

c) Auch im übrigen muß das Angebot dem entsprechen, wozu B verpflichtet ist. Nach § 269 I BGB ist der Leistungsort grundsätzlich der Wohnsitz des Schuldners. Das Gesetz geht daher von der Holschuld als Regelfall aus. Dem könnte hier aber der Umstand, daß das Rückabwicklungsschuldverhältnis erst durch eine Irrtumsanfechtung des B zustande kam, entgegenstehen. Nach § 122 I BGB ist B dem Anfechtungsgegner A zum Ersatz des Vertrauensschadens verpflichtet. Daraus folgt, daß A nicht gehalten sein kann, die Messer bei B abzuholen. B kann es – spiegelbildlich zur Erfüllung – allenfalls gestattet sein, die Messer an A *zurückzusenden.*

Wie sich aus § 122 I BGB weiter ergibt, fallen B in jedem Fall die Kosten der Rückgewähr zur Last. Ein Angebot, das diese Kosten *ihm* auferlegt, braucht A nicht zu akzeptieren.

d) *Ergebnis:* Wegen der Kostentragungspflicht ist dieser Weg für B ohne Interesse.

2. a) Denkbar ist indessen, daß nicht nur B zur *Rückgewähr,* sondern auch A zur *Rücknahme* der Messer *verpflichtet* war. In diesem Fall wäre B nicht darauf angewiesen, A in Annahmeverzug zu setzen, sondern könnte auf Rücknahme klagen.

Bei der *Erfüllung* des Vertrags war B gem. § 433 II BGB verpflichtet, den Kaufpreis zu zahlen und die Messer abzunehmen. Das Recht auf Abnahme war also ebenso wie die Kaufpreiszahlung ein klagbarer Anspruch. Mit Rücksicht auf das Interesse des A, die sperrigen Messer loszuwerden, stellte die Abnahmepflicht sogar eine Hauptpflicht dar.

Wenn bei der *Rückabwicklung* des Vertrags der Verkäufer nicht ebenfalls zur Abnahme verpflichtet wäre, könnte er die Rückabwicklung *in natura* verhindern, ohne daß der Bereicherungsschuldner dagegen etwas unternehmen könnte. Dies entspricht nicht dem Sinn der bereicherungsrechtlichen Rückabwicklung. So wie der Käufer zur Abnahme der Sache verpflichtet war, muß auch der Verkäufer zur Rücknahme verpflichtet sein.

b) An der aus § 122 I BGB resultierenden Kostentragungspflicht des B ändert sich dadurch aber nichts. Damit ist auch dieser Weg für B ohne Interesse.

II. Rückabwicklung nach Widerruf

1. Auch nach dem Widerruf des Vertrags kommt es zu einem Rückabwicklungsschuldverhältnis, in diesem Fall aber gem. §§ 357, 346 I BGB. Auch hier besteht die Möglichkeit, daß B sich von seiner Rück*gabe*pflicht gegen den Willen des A befreit.

a) Wie oben (I 1) ausgeführt, gerät A in Gläubigerverzug, wenn er auf ein hinreichend spezifiziertes Angebot des B erklärt, die Sachen nicht zurücknehmen zu wollen. Dabei ist jedoch zu beachten, daß in diesem Fall die *Kosten* der Rücksendung gem. § 357 II 2 BGB von dem Unternehmer A zu tragen sind. Eine abweichende Vereinbarung i.S. von § 357 II 3 BGB ist hier nicht erfolgt. Es genügt also, wenn B seinem Gläubiger A anbietet, ihm die Sachen gegen Übernahme der Versandkosten zurückzuschicken.

b) Wenn A daraufhin erklärt, daß er die Leistung nicht annehmen werde, gerät er in Gläubigerverzug, § 295 BGB. Eine Hinterlegung der Messer scheidet zwar nach § 372 BGB aus. Wohl aber kann B die Messer nach vorheriger Androhung gem. §§ 383 f BGB öffentlich versteigern lassen und den Erlös hinterlegen. Die Kosten der Versteigerung fallen gem. § 386 BGB A zur Last.

Nach Lage der Dinge dürfte dieses Vorgehen freilich wenig aussichtsreich sein: Es scheint nicht viele Interessenten für Schrottscherenmesser zu geben. Zu denken wäre eher daran, die Messer zum Metallwert nach § 385 BGB freihändig verkaufen zu lassen. Ob davon mehr Erfolg zu erhoffen ist, ist Tatfrage.

2. Aus der Abnahmepflicht des Käufers wird auch bei einem Widerruf eine Rück*nahme*pflicht des Verkäufers. So wie der Verkäufer ein Interesse daran hatte, den Besitz der Sache loszuwerden, ist auch der Käufer bei der Rückabwicklung daran interessiert, sich von der Sache zu befreien. Dem kann nur durch eine spiegelbildliche Rücknahmepflicht des Verkäufers Rechnung getragen werden. B kann daher A auf Rücknahme der Messer verklagen.

An der Verpflichtung des A, gem. § 357 II 2 BGB die Kosten der Rücksendung zu tragen, ändert sich dadurch nichts.

III. Ergebnis

Während die weitere Rückabwicklung gem. § 812 I 1 BGB praktisch daran scheitert, daß die dafür anfallenden Kosten von B zu tragen sind, bietet eine Rückabwicklung gem. §§ 357, 346 BGB für B den Vorteil, daß alle Transaktionskosten A zur Last fallen. Zusätzlich zu den Kosten des Hintransports zu B, die er bereits erstattet hat, muß A, weil er als Unternehmer mit einem Verbraucher einen Fernabsatzvertrag geschlossen hat, hier auch noch die Kosten des Rücktransports tragen.

Zur Vertiefung: *J. Braun*, Die Rückabwicklung der Verfügung eines Nichtberechtigten nach § 185 BGB, ZIP 1998, 1469; *Brönneke*, Abwicklungsprobleme beim Widerruf von Fernabsatzgeschäften, MMR 2004, 127.

13. Lesen und lesen lassen

Sachverhalt

A hat im Flur seines Hauses einen kleinen Teppich liegen, der mittlerweile etwas abgetreten aussieht. Anläßlich eines Freitagabendbummels in der Stadt schaut A daher bei dem Teppichhändler B vorbei, der dafür bekannt ist, außerordentlich großzügige Rabatte zu gewähren. Da es bereits kurz nach 20 Uhr ist, will B gerade schließen. Um sich die Gelegenheit zu einem Geschäft nicht entgehen zu lassen, läßt er A doch noch ein.

Bei B liegen Teppiche der verschiedensten Art und Güte, nur nach der Größe sortiert, auf einer Reihe von Stapeln übereinander. Die Preise sind jeweils auf kleinen Stoffzetteln vermerkt, die auf der Rückseite der Teppiche angenäht sind. Nach einigem Suchen, wobei ihm B behilflich ist, findet A schließlich einen Teppich, der ihm zusagt, und fragt nach dem Preis. Der kurzsichtige B nimmt seine Brille ab, sieht den Preiszettel einen Moment aus der Nähe an und sagt dann: „1.620 €. Aber davon bekommen Sie bei Zahlung in bar oder per Scheck noch unseren üblichen Nachlaß von 10 %." A ist damit einverstanden, stellt B einen Scheck über 1.458 € aus und nimmt den Teppich gleich mit.

Zu Hause fällt ihm auf, daß der Preiszettel immer noch am Teppich befestigt ist. Er setzt daher seine Lesebrille auf, um ihn loszuschneiden, und besieht ihn jetzt auch selbst. Dabei stellt er fest, daß der in kleinen Zahlen notierte Preis eindeutig auf „1.120 €" lautet. Voller Ärger fährt A am nächsten Morgen zu B, schildert die Sachlage und präsentiert den Zettel. B will den Irrtum zuerst gar nicht glauben. Nach erneuter Prüfung aber muß er einräumen, daß er die Zahlen für seine Verhältnisse zu klein geschrieben und den Zettel zu flüchtig angesehen hat.

A stellt sich auf den Standpunkt, daß der Vertrag unter diesen Umständen nicht wirksam zustande gekommen sei, und verlangt den Scheck zurück. Selbst wenn der Vertrag wirksam sei, könne er, wie er meint, allenfalls verpflichtet sein, 1.120 € abzüglich 10 % Nachlaß, also 1.008 € zu bezahlen. B dagegen argumentiert, gekauft sei gekauft, ist aber bereit, auf den Preis von 1.458 € weitere 108 € Nachlaß zu gewähren.

Was ist A zu empfehlen?

Auszug aus dem einschlägigen Landes-Ladenschlußgesetz:
    § 1 (1) Verkaufsstellen im Sinne dieses Gesetzes sind
        1. Ladengeschäfte aller Art ...
    § 3 (1) [1]Verkaufsstellen müssen zu folgenden Zeiten für den geschäftlichen Verkehr mit Kunden geschlossen sein:
        1. an Sonn- und Feiertagen,
        2. montags bis samstags bis 6 Uhr und ab 20 Uhr ...
        3. Die beim Ladenschluß anwesenden Kunden dürfen noch bedient werden.

A. Vorbereitende Überlegungen

I. Erfassen des Sachverhalts

In dem Fall treten nur zwei Personen auf: *A als Käufer* und *B als Verkäufer*. Da es offenbar darauf ankommt, ob zwischen beiden ein wirksamer Vertrag zustande gekommen ist, und wenn ja, zu welchen Bedingungen, ist Sorgfalt bei den Details geboten.

Der Teppich war mit einem Preis von *1.120 € ausgezeichnet*. Das hat A jedoch erst *nachträglich* erfahren. Im Geschäft hat er den *Preiszettel nicht selbst gelesen*, sondern von B lesen lassen. Dieser hat sich wegen zu kleiner Schrift und zu großer Eile prompt zu seinen Gunsten *verlesen*. Auf den von B versehentlich zu hoch angegebenen Preis, abzüglich 10 % bei Scheckhingabe, *einigt man sich* dann auch.

Als beide das unterlaufene Versehen nachträglich entdecken, leitet A daraus Rechtsfolgen ab, während B glaubt, sich mit bloßer Kulanz aus der Affäre ziehen zu können.

II. Erfassen der Fallfrage

Die Frage des Aufgabenstellers lautet: Was ist A zu empfehlen? Als Bearbeiter werden Sie dadurch in die Situation eines *Anwalts* versetzt, der A zu beraten hat. Ähnlich wie ein Anwalt müssen Sie daher zunächst klären, was die Interessen des A überhaupt sind. Erst dadurch wird es möglich, sinnvolle juristische Fragen zu bilden. Deren Beantwortung wiederum entscheidet darüber, ob und in welchem Umfang A seine Interessen realisieren kann.

Am liebsten möchte A mit der ganzen Sache jetzt nichts mehr zu tun haben und auch den begebenen Scheck zurückbekommen. Das läßt sich freilich nur erreichen, wenn sich A nicht zu einer entsprechenden Zahlung verpflichtet hat oder wenn er sich jedenfalls von einer solchen Verpflichtung nachträglich wieder gelöst hat. Die erste Frage muß daher lauten: *Ist zwischen A und B ein Vertrag über 1.458 €* zustande gekommen? *Und falls ja: hat A diesen Vertrag wirksam* angefochten?

Für den Fall, daß A nicht ganz von dem Geschäft loskommt, möchte er für den Teppich aber doch nur so viel bezahlen, wie er hätte bezahlen müssen, wenn das Versehen nicht unterlaufen wäre, nämlich 1.008 €. Hier könnte man zunächst daran denken, daß A seine Erklärung möglicherweise anficht, aber von B an dem festgehalten werden kann, was er bei Kenntnis der Sachlage gewollt hätte. Falls kein Anfechtungsrecht bestehen sollte, ist stattdessen zu überlegen, ob A nicht aus anderen Gründen verlangen kann, so gestellt zu werden, wie er ohne das dem B unterlaufene Versehen jetzt stünde. Also müssen Sie wie folgt weiterfragen: *Greift eine mögliche Anfechtung des A eventuell nur bis zum Betrag von 1.008 €? Oder kann A aus anderen Gründen verlangen, daß B sich mit diesem Betrag begnügt?*

Wie Sie an diesem Beispiel sehen können, muß ein Anwalt u. U. mehr Fragen ins Auge fassen, als er im Ergebnis vielleicht beantworten muß. Die Frage, ob A, falls ihm ein Anfechtungsrecht zusteht, an dem festgehalten werden kann, was er bei Kenntnis der Dinge gewollt hätte, setzt nämlich voraus, daß die vorrangig gestellte Frage nach einem Anfechtungsrecht des A *positiv* beantwortet wurde: Wenn A nicht anfechten kann, braucht man nicht darüber nachzudenken, welche Rechtsfolgen eine Anfechtung auslösen würde. Für den Fall, daß die Anfechtung durchgreift, müssen

diese Rechtsfolgen aber mit in die Erwägungen einbezogen werden. Scheidet die Anfechtung aus, so tritt die „überschießende" Gedankenarbeit des Anwalts im Gutachten nicht in Erscheinung. Gleichwohl kann sich der Anwalt diese Mühe nicht sparen.
Wenn es nämlich darauf ankommen sollte und er diese Möglichkeit nicht bedacht
hat, so haftet er.

Spätestens an dieser Stelle sollten Sie sich den Fall durch eine knappe Skizze veranschaulichen:

$$A_{(K)} \xleftrightarrow{\text{§ 433 BGB}} B_{(V)}$$

- Preiszettel: 1.120 €
- B liest versehentlich falsch vor.
- Einigung: 1.620 € abzüglich 10 % = 1.458 €
- Scheckhingabe über 1.458 €
- A will Rückabwicklung,
  hilfsweise Reduzierung auf 1.120 €.
  abzüglich 10 % = 1.008 €.
- B will an 1.458 € festhalten, bietet aber weiteren Nach-
  laß von 108 €.

III. Erarbeiten der Lösung

1. Worauf wird es ankommen?

Entscheidend ist zunächst, ob sich A und B über einen Kauf des Teppichs zum Preis
von 1.458 € *geeinigt* haben; denn nur dann kann A dem B zu einer entsprechenden
Zahlung verpflichtet sein. Das würde zugleich bedeuten, daß er auch nicht die Rückgabe des Schecks verlangen kann.

Eine vertragliche Einigung setzt, wie Sie wissen, Angebot und Annahme voraus.
Der vorliegende Fall zeichnet sich durch die Besonderheit aus, daß der Preiszettel
einen anderen Betrag ausweist, als er von B mündlich genannt worden ist. Kann dies
eine Rolle spielen?

Wenn Sie *chronologisch* („historisch") an die Lösung des Falles herangehen würden, würden Sie wahrscheinlich der Versuchung nicht widerstehen können, sich zunächst ausführlich mit der Rechtsnatur der Preisauszeichnung auseinanderzusetzen.
Nachdem Sie einiges Papier beschrieben hätten, würden Sie vermutlich zu dem Ergebnis kommen, daß es sich um eine bloße Aufforderung zur Abgabe eines Angebots
(*invitatio ad offerendum*) handelt, und müßten dann mit der Frage fortfahren, worin
hier sonst ein Angebot liegen könnte. Die „logische" Methode, die gleichsam von
„hinten" beginnt, erspart Ihnen solche Umwege. Sie geht nämlich von der Erkenntnis
aus, daß es allein darauf ankommt, ob sich A und B *letztlich* geeinigt haben, gleichgültig was vorher geschehen sein mag. Ob ein Vertrag zustande gekommen ist, hängt
nicht von den Wegen und Umwegen ab, welche die Parteien bei ihren Verhandlungen
beschritten haben, sondern davon, ob und wie sie sich am Ende getroffen haben. Die
logische Methode führt Sie also ohne viel Umschweife dazu, daß B dem A ein münd-
liches Angebot über 1.458 € unterbreitet und daß dieser es angenommen hat.

Auf den Umstand, daß der Preiszettel einen geringeren Preis ausweist, kann es
demnach nur im Zusammenhang mit der Frage ankommen, *ob sich A von dem geschlossenen Vertrag lösen kann*. Wie aus dem Sachverhalt hervorgeht, haben sich A
und B **geirrt**: B ist irrtümlich davon ausgegangen, daß er den Teppich mit 1.620 €
ausgezeichnet hat, und A hat irrig angenommen, daß der Zettel tatsächlich den Preis
ausweist, den B vorgelesen hat. Auf den Irrtum des B kann A keine Anfechtung stützen. Die Frage kann vielmehr nur sein, ob er wegen seines *eigenen* Irrtums die An-

fechtung erklären kann oder womöglich bereits konkludent erklärt hat. Wer diese Frage klar stellt, wird sicher rasch erkennen, daß sie zu *verneinen* ist: A ist weder ein Erklärungs- noch ein Inhaltsirrtum unterlaufen; er war lediglich in einem **Motivirrtum** befangen, der, wenn überhaupt, nach § 119 II BGB nur ausnahmsweise zur Anfechtung berechtigt.

Wenn Sie den Sachverhalt nur oberflächlich gelesen haben, werden Sie an diesem Punkt vielleicht meinen, daß den beiderseitig unterlaufenen Irrtümern hier keine Relevanz zukommt. B war jedoch nicht in einem zufälligen Irrtum befangen: Er hat *vielmehr in vorwerfbarer Weise geirrt*, weil er die Zahlen zu klein geschrieben und den Zettel zu flüchtig angeschaut hat. Erst dadurch hat er im Zuge der Vertragsverhandlungen den *Irrtum des A hervorgerufen*. Auch wenn A deswegen nicht anfechten kann, so liegt es doch auf der Hand, daß er, wenn er von B über den Inhalt des Zettels korrekt aufgeklärt worden wäre, sich nicht zur Zahlung des vereinbarten höheren Preises verpflichtet hätte. Wichtiges Stichwort daher: **Verschulden beim Vertragsschluß (cic)**.

Wie Sie wissen, wird ein gemeinschaftlicher Irrtum über Umstände, die für die Willensbildung maßgeblich waren, in bestimmtem, bisher ungeklärtem Umfang auch als Fall des Fehlens der **subjektiven Geschäftsgrundlage (§ 313 II BGB)** behandelt. Aber damit ist Vorsicht geboten. Die sonstigen gesetzlichen Regelungen dürfen dadurch nicht unterlaufen werden.

Ein letztes schließlich: Im Anschluß an den Sachverhalt werden Sie auf *§ 3 des einschlägigen LSchlG* aufmerksam gemacht. Wenn der zwischen A und B geschlossene Vertrag gegen das Ladenschlußgesetz verstößt und dies gem. § 134 BGB die Nichtigkeit des geschlossenen Vertrages zur Folge hätte, könnte A sein Interesse, möglichst ganz von dem Vertrag loszukommen, bereits auf diesem Weg realisieren. Als weiteren Merkposten werden Sie also notieren: **§ 134 BGB i.V.m. § 3 LSchlG**.

Damit haben Sie einige Gedanken beisammen, aus denen sich etwas machen läßt.

2. Strategie

Die Grundstruktur Ihrer Ausarbeitung ist durch die in sich gestuften Interessen des A bereits vorgegeben: *Primär* will A von dem Geschäft ganz loskommen und den begebenen Scheck zurückerhalten. Sie werden daher zunächst das wirksame Zustandekommen eines Vertrages prüfen, wobei Sie nach Lage der Dinge vor allem auf das LadenschlußG und eine eventuelle Irrtumsanfechtung eingehen werden.

Wenn Sie, wie absehbar, einen anfechtungsrelevanten Irrtum verneint haben, kommen Sie zwanglos zu dem *sekundären* Anliegen des A: nämlich allenfalls 1.008 € für den Teppich bezahlen zu müssen. Das läßt sich mangels Anfechtungsmöglichkeit nur auf dem Weg über einen Schadensersatzanspruch aus Verschulden beim Vertragsschluß (§§ 280 I, 311 II BGB) erreichen. Sie können daher bereits ersehen, daß Sie diesem Anspruch hier besondere Aufmerksamkeit widmen müssen.

Aber ich möchte bei dieser Gelegenheit noch etwas anderes ansprechen: Nach dem Gesagten werden Sie die rechtsgeschäftlichen Folgen eines Verstoßes gegen das LadenschlußG ganz am Anfang Ihrer Ausführungen prüfen. Wenn Ihnen diese Problematik neu ist, kann es sein, daß Sie den Vertrag wegen Gesetzesverstoßes für insgesamt nichtig halten. Wie sollen Sie sich in einer solchen Lage verhalten?

Wer „klausurtaktisch" denkt, wird hier den Schluß ziehen, daß eine Nichtigkeit gem. § 134 BGB nach Meinung des Aufgabenstellers vermutlich zu verneinen ist, und sich dann stromlinienförmig an die mutmaßliche Auffassung des Prüfers anpassen. Guten Kandidaten möchte ich einen anderen Rat geben: Wenn Sie wirklich der Meinung sind, daß § 134 BGB eingreift, dann sollten Sie dies auch hinschreiben und die dadurch abgeschnittenen Fragen in einem Hilfsgutachten erörtern. Freilich wissen Sie dann zugleich auch, daß es um einen „neuralgischen" Punkt geht, und werden sich daher besonders bemühen, darzulegen, was für Ihre eigene Auffassung und was gegen die mögliche Gegenansicht spricht. Bei einem verständigen Prüfer werden Sie damit nicht schlechter fahren, als wenn Sie die h. M. kennen. Denn der Prüfer sieht und weiß dann, daß Sie sich im „Ernstfall" an dieser Stelle anhand eines Kommentars kundig gemacht hätten.

3. Lösungsskizze

I. Kann A Herausgabe des Schecks verlangen?
Keine Kaufpreiszahlungspflicht, sondern § 812 I 1, 1. Alt. BGB hinsichtlich des Schecks, wenn kein Vertrag.

1. Vertragsschluß
a) §§ 145 ff., 433 BGB: mündliche Einigung über Kauf mit Barzahlungspreis 1.458 €. Anderslautender Zettel berührt Einigung nicht.
b) Nichtigkeit gem. §§ 134 BGB, 3 LSchlG?
§ 134 BGB setzt repressives Verbot voraus. § 3 LSchlG will nur Zeit des Vertragsschlusses regulieren.
c) Wirksam.

2. Anfechtung
Vertrag durch Anfechtung erloschen, § 142 I BGB?
Konkludente Erklärung ja, aber Irrtum?
a) § 119 I BGB: weder versprochen noch über Bedeutung geirrt.
b) Fehlvorstellung über Kongruenz von *invitatio* und mündlichem Angebot = Motivirrtum.
Nur bei § 119 II BGB relevant.
Kein Irrtum über (preisbildende) Eigenschaften.
c) Keine Anfechtung.

II. Kann A auf Herabsetzung des Preises bestehen?
1. c.i.c.
Wer durch *c.i.c.* beeinträchtigt wird, kann verlangen, so gestellt zu werden, wie er ohne Verschulden des anderen stünde, §§ 280 I, 311 II BGB.
a) Pflichtverletzung
A ging davon aus, daß B *invitatio* korrekt wiedergibt. Gerechtfertigt: *invitatio* in Ruhe geprüft; Abweichung nur bei Offenlegung zu erwarten.
Daher: Sorgfaltspflicht, ggf. Hinweis.
b) Schadensersatzanspruch
Infolge Pflichtverletzung des B hat sich A zu 1.458 € verpflichtet. Ohne Pflichtverletzung nur 1.008 €.
Widerspruch zu § 123 BGB?
H. M. gibt Lösungsrecht aus *c.i.c.*
Hier ohnehin *nur Herabsetzung*.
2. Anpassung nach § 313 I, II BGB
Gemeinsamer Irrtum über wesentliche Umstände der Willensbildung.
Aber ultima *ratio*: nur bei Unzumutbarkeit der Vertragserfüllung.

III. Ergebnis
1.008 €.

B. Lösung

I. Kann A Herausgabe des Schecks verlangen?

A kann den erfüllungshalber begebenen Scheck gem. § 812 I 1, 1. Alt. BGB nur herausverlangen, wenn er nicht vertraglich zur Zahlung von 1.458 € verpflichtet ist. Zu prüfen ist daher, ob A mit B einen entsprechenden Kaufvertrag abgeschlossen hat und, falls ja, ob dieser nach wie vor wirksam ist.

1. a) B hat A den Teppich für 1.620 € abzüglich 10 % Nachlaß mündlich angeboten, und A hat diesen Antrag sofort angenommen. Vorbehaltlich der Ausführungen unter b) ist damit zwischen beiden ein Kaufvertrag zu diesem Preis zustande gekommen, §§ 433, 145 ff. BGB. Daß die Ware anders ausgezeichnet war, hat darauf keinen Einfluß. Einmal war diese Auszeichnung kein Angebot, sondern nur eine *invitatio ad offerendum* gegenüber möglichen Interessenten; sodann aber hat A von dem Inhalt des Zettels erst im nachhinein Kenntnis erlangt.

b) Der Vertrag könnte indessen wegen Verstoßes gegen das einschlägige LSchlG gem. *§ 134 BGB* nichtig sein. In § 3 LSchlG ist vorgesehen, daß Verkaufsstellen – worunter gem. § 1 I Nr. 1 LSchlG „Ladengeschäfte aller Art" zu begreifen sind – ab 20 Uhr geschlossen sein müssen. Dagegen ist hier verstoßen worden. B hat A noch nach 20 Uhr in seinen Laden eingelassen und danach den Vertrag mit ihm abgeschlossen.

Nach § 134 BGB hat der Verstoß gegen ein gesetzliches Verbot nur dann die Nichtigkeit zur Folge, „wenn sich nicht aus dem Gesetz ein anderes ergibt". § 3 LSchlG soll indessen nicht den Abschluß bestimmter Geschäfte überhaupt unterbinden, sondern allein aus Gründen des Gemeinwohls die Öffnungszeiten der Verkaufsstellen regeln. Damit wäre es nicht vereinbar, einen unter Verstoß gegen § 3 LSchlG zustande gekommenen Vertrag gem. § 134 BGB als nichtig zu behandeln.

c) A hat sich demnach wirksam zur Zahlung des vereinbarten Preises verpflichtet.

2. Der geschlossene Vertrag könnte jedoch infolge einer *Anfechtung* gem. § 142 I BGB rückwirkend erloschen sein. Zwar hat A nicht ausdrücklich die Anfechtung erklärt. Eine konkludente Erklärung könnte jedoch darin gesehen werden, daß A von B nach Aufdeckung des beiderseitigen Irrtums Rückgewähr des begebenen Schecks verlangt. Erforderlich wäre dafür freilich weiter, daß A ein gesetzlicher Anfechtungsgrund zur Seite steht.

a) A hat sich weder versprochen noch hat er sich über die Bedeutung des Angebots geirrt, zu dem er seine Zustimmung erklärte. Eine Anfechtung gem. § 119 I BGB scheidet somit aus.

b) A war allein in einer Fehlvorstellung dahingehend befangen, daß er das von B mündlich gemachte Angebot mit dem auf dem Zettel genannten Preis für gleichlautend hielt, während dies in Wahrheit nicht der Fall war. Dabei handelt es sich um einen Motivirrtum, der allenfalls unter den Voraussetzungen des § 119 II BGB zur Anfechtung berechtigt, also nur dann, wenn er sich auf verkehrswesentliche Eigenschaften der Sache bezieht.

Daß der Teppich mit einem geringeren Preis ausgezeichnet war, ist keine – auch keine „preisbildende" – Eigenschaft. B ist vielmehr bis zuletzt frei, jeden beliebigen Preis für seinen Teppich zu verlangen. Es gibt insoweit nichts, auf dessen Vorhandensein sich A unabhängig vom Willen des B verlassen könnte.

c) Mangels eines Anfechtungsgrundes ist der Vertrag nach wie vor wirksam.

II. Kann A auf Herabsetzung des Preises bestehen?

1. In Betracht kommt indessen, daß A mit Hilfe eines Schadensersatzanspruchs aus *c.i.c.* eine Reduzierung seiner Verpflichtung erreichen kann. Wer im Rahmen von Vertragsverhandlungen dadurch geschädigt wird, daß der andere Teil gegen Schutzpflichten verstößt, die ihm aufgrund dieses Verhältnisses obliegen, kann grundsätzlich verlangen, so gestellt zu werden, wie er ohne diese Pflichtverletzung stünde, §§ 280 I, 311 II BGB. Lediglich bei Lieferung einer mangelhaften Sache tritt dieser Anspruch hinter § 437 BGB zurück. Aber ein solcher Fall ist hier nicht gegeben.

a) A ging bei Vertragsschluß davon aus, daß B keinen anderen Preis wiedergeben würde, als er auf dem Zettel genannt war. Diese Erwartung war auch berechtigt. Grundsätzlich kann davon ausgegangen werden, daß ein auf einem angenähten Preisschild angegebener Preis in Ruhe geprüft und festgesetzt worden ist. Normalerweise besteht daher kein Anlaß, *ad hoc* davon abzuweichen. Wenn der Verkäufer dies dennoch tut, obwohl er weiß, daß der Käufer das Preisschild selbst nicht gelesen hat, muß er die Abweichung deutlich machen, damit der andere Teil seine Konsequenzen daraus ziehen kann.

Hier hat B den auf dem Zettel genannten Preis zwar nicht vorsätzlich falsch wiedergegeben. Er hat ihn jedoch nicht mit der erforderlichen Sorgfalt gelesen. Damit hat er eine Sorgfaltspflicht verletzt, die ihm gegenüber A oblag.

b) Wäre B seiner Pflicht nachgekommen und hätte den geschriebenen Preis zutreffend wiedergegeben, wäre der Kaufvertrag über 1.120 € abzüglich eines 10 %igen Rabatts, also über 1.008 € zustande gekommen.

Bedenken, dem A deswegen einen Schadensersatzanspruch auf Kaufpreisreduzierung einzuräumen, könnten sich daraus ergeben, daß § 123 BGB ein an das Verhalten des B geknüpftes Anfechtungsrecht des A nur unter der Voraussetzung vorsieht, daß A von B *arglistig getäuscht* worden ist. Dazu könnte ein auf Vertragslösung gerichteter Schadensersatzanspruch, der bloße Fahrlässigkeit genügen läßt, in Widerspruch stehen. Dieser Einwand betrifft jedoch mehr solche Fälle, in denen der Pflichtige den anderen Teil nicht von sich aus aufgeklärt hat, und weniger die, in denen er den Irrtum des anderen durch sein aktives Verhalten selbst hervorgerufen hat. Noch dazu ist der vorstehende Fall insofern besonders gelagert, als der Anspruch aus *c.i.c.* hier nicht auf vollständige Rückgängigmachung des Vertrages, sondern nur auf Kaufpreis*reduzierung* gerichtet ist. Ein direkter Konflikt mit § 123 BGB besteht daher nicht. A kann somit verlangen, daß der Preis auf 1.008 € reduziert wird.

2. In Betracht kommt weiter, daß A gem. *§ 313 II, I BGB* eine Anpassung des Vertrages verlangen kann. Beide Parteien sind bei Vertragsschluß von der falschen Vorstellung ausgegangen, daß der Teppich mit 1.620 € ausgezeichnet war, während das Preisschild in Wahrheit auf 1.120 € lautete. Bei Kenntnis dieses Zusammenhangs wäre der Vertrag zu einem niedrigeren als dem vereinbarten Preis zustande gekommen.

Nach § 313 I BGB kommt eine Vertragsanpassung aber nur in Betracht, soweit einem Teil das Festhalten am unveränderten Vertrag *nicht zugemutet* werden kann. Die Anpassung wegen einer Störung der Geschäftsgrundlage ist nur die *ultima ratio*, um eine grob ungerechte Regelung korrigieren zu können. Nachdem A sehenden Auges dem von B genannten Preis zugestimmt, ihn also selbst für akzeptabel erklärt hat, kann von einer Unzumutbarkeit der Vertragserfüllung nicht die Rede sein.

III. Ergebnis

A ist zu raten, auf das „Kulanzangebot" des B nicht einzugehen, sondern darauf zu bestehen, daß der Kaufpreis auf 1.008 € herabgesetzt wird.

Zur Vertiefung: BGH NJW 1994, 728 (keine Nichtigkeit bei rabattrechtswidrigem Preisnachlaß).

14. Der Blick auf die Mosel

Sachverhalt

V ist Eigentümer eines Grundstücks mit Blick auf die Mosel, das er gern verkaufen möchte. Um einen möglichst hohen Preis zu erzielen, spiegelt er K vor, diese Aussicht dürfe auch künftig nicht verbaut werden. Wie er weiß, ist das nach dem einschlägigen Bebauungsplan jedoch nicht richtig. Noch dazu ist der unterhalb gelegene Nachbar fest zur Bebauung entschlossen und will sich davon durch nichts in der Welt abbringen lassen. K aber glaubt V und erklärt sich infolgedessen bereit, für das Grundstück 200.000 € zu zahlen. V ist damit einverstanden.

Um Steuern und Notarkosten zu sparen, verabreden beide, beim Notar als Kaufpreis nur 100.000 € beurkunden zu lassen. So geschieht es auch.

Bevor die Auflassung erfolgt und der Antrag auf Eigentumsumschreibung beim Grundbuchamt gestellt ist, findet V einen weiteren Interessenten, der bereit wäre, 250.000 € zu zahlen.

Muß V den Vertrag mit K erfüllen oder darf er über das Grundstück anderweitig disponieren?

Abwandlung: Nach erfolgter Auflassung ist K im Grundbuch als Eigentümer eingetragen worden und hat den Besitz daran erhalten. Nachträglich stellt er fest, daß er von V getäuscht worden ist. Muß er den noch ausstehenden Kaufpreis gleichwohl zahlen?

A. Vorbereitende Überlegungen

I. Erfassen des Sachverhalts

In dem Fall geht es um eine sog. *Unterverbriefung*: V und K haben sich auf einen Kaufpreis von 200.000 € geeinigt, lassen aber nur 100.000 € notariell beurkunden. Das Interesse des V, den Vertrag nicht erfüllen zu müssen, ergibt sich daraus, daß ihm ein anderer Interessent einen höheren Preis geboten hat. Auf der anderen Seite folgt das Interesse des K, nicht erfüllen zu müssen, daraus, daß er von V über die Unverbaubarkeit der Aussicht *getäuscht* worden ist. Bildlich:

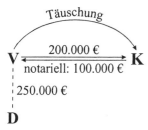

Zu beachten ist weiterhin, daß der Ausgangsfall spielt, *bevor* der Eintragungsantrag beim Grundbuchamt gestellt ist, die Fallabwandlung dagegen *nach* der Eintragung des K im Grundbuch.

II. Erfassen der Fallfrage

Wonach gefragt ist, ist nicht ohne weiteres ersichtlich. Sie müssen sich daher zunächst einmal darüber klarwerden, aus wessen Sicht Sie an den Fall herangehen.

Zumindest beim Ausgangsfall handelt es sich eindeutig um einen *Anwaltsfall*: V will wissen, ob er das Geschäft mit dem anderweitigen Interessenten machen darf oder ob er den Vertrag mit K erfüllen muß. Das ist eine Bitte um Rechtsauskunft, wie sie nur einem Anwalt gestellt werden kann. Natürlich *kann* V, solange er Eigentümer des Grundstücks ist, dieses auch an D übertragen. Was V wissen will, ist jedoch, ob er damit eine *Verpflichtung* gegenüber K *verletzt* und sich diesem gegenüber womöglich schadensersatzpflichtig macht. Das ist die Frage, die der um Auskunft gebetene Anwalt beantworten soll. Auch ohne lange Überlegungen sollten Sie erkennen, daß die Antwort vor allem davon abhängt, ob *K gegen V* ein *Anspruch auf Übereignung* zusteht. Fehlt es nämlich daran, hat V bei einer anderweitigen Veräußerung nichts zu befürchten.

Bei der Fallabwandlung ist der Vertrag von V bereits erfüllt worden. Infolgedessen erhebt sich hier die Frage, ob K den Vertrag ebenfalls erfüllen muß oder anders: ob V von K Zahlung des vereinbarten Kaufpreises verlangen kann.

Läßt man die äußere Einkleidung einmal beiseite, haben Sie im Kern also zwei Fragen zu beantworten: 1. Kann K von V **Übereignung** des Grundstücks verlangen? 2. Kann V von K **Zahlung** des vereinbarten Kaufpreises verlangen?

III. Erarbeiten der Lösung

1. Worauf wird es ankommen?

Im Ausgangsfall geht es allem Anschein nach um das Standardproblem des **Scheingeschäfts** (§ 117 BGB): Was erklärt wurde, war von den Erklärenden nicht im einverständlichen Zusammenwirken nicht gewollt; was dagegen gewollt war, wurde nicht formgerecht erklärt.

In der Fallabwandlung steht dagegen die *Bebaubarkeit des Nachbargrundstücks* im Mittelpunkt. Diese kann unter verschiedenen Gesichtspunkten thematisiert werden. Einmal unter dem, ob darin ein **Sachmangel** i. S. von § 434 I BGB zu sehen ist, der zu einem **Rücktritt** berechtigt. Nachdem das Grundstück bereits übergeben worden ist, die Gefahr also gem. § 446 BGB übergegangen ist, findet Sachmängelrecht Anwendung. Wie ein Blick in § 437 Nr. 2 BGB zeigt, kommen für einen Rücktritt hier zwei Vorschriften in Betracht: einerseits *§ 323 BGB*, andererseits *§ 326 V BGB*. Welche Norm einschlägig ist, richtet sich danach, ob V die Nichtbebaubarkeit des Nachbargrundstücks herstellen kann oder ob dies unmöglich ist.

Sodann aber kann man fragen, ob die tatsächliche Bebaubarkeit des Nachbargrundstücks nicht zur **Anfechtbarkeit** des Vertrages führt. Zu denken ist hier sowohl an eine Täuschungsanfechtung gem. *§ 123 BGB* als auch an eine Irrtumsanfechtung gem. *§ 119 II BGB*: Wenn eine arglistige Täuschung nicht bewiesen werden kann, ist von Interesse, ob nicht wenigstens die Voraussetzungen einer Irrtumsanfechtung vorliegen. Wo die Anfechtung eines Kaufvertrags wegen Irrtums über Eigenschaften der gekauften Sache geprüft wird, sollten Sie sich immer auch an die *§§ 434 ff. BGB* erinnern. Nach h. M. wird nämlich die Anfechtung des Käufers durch diese Vorschriften sehr eingeschränkt. Darauf wird vielleicht auch hier einzugehen sein.

Da eine arglistige Täuschung über Sacheigenschaften in Frage steht, könnte es sein, daß K *Schadensersatz statt der Leistung* (hier vermutlich nach §§ 437 Nr. 3, 311 a II BGB) oder aber *Schadensersatz wegen „culpa in contrahendo"* (§§ 280 I, 311 II BGB) verlangen kann. Sicherheitshalber sollten Sie daher auch dies kurz festhalten.

2. Strategie

Wenn Sie die Aufgabe nach den soeben angestellten Überlegungen noch einmal überblicken, fällt Ihnen vielleicht auf, daß die *Anfechtbarkeit* bereits im *Ausgangsfall* gegeben war. Daß der Vertrag nach § 117 BGB nichtig ist, schließt eine Anfechtung nach allgemeinen Grundsätzen nämlich nicht aus[1]. Für den Fall, daß der Leser die Voraussetzungen des § 117 BGB verneint, könnte es sogar sinnvoll sein, auch die Anfechtbarkeit geprüft zu haben. Dennoch dürfen Sie eines nicht übersehen: Vom Vertrag loskommen will im Ausgangsfall nur *V*; anfechtungsberechtigt jedoch ist *K*. Sie könnten daher allenfalls vorsorglich überlegen, ob V den Vertrag auch dann nicht zu erfüllen braucht, wenn K die Täuschung entdeckt und anficht.

Wenn Sie erkennen, daß Sie bei der Fallabwandlung ohnehin auf die Anfechtung eingehen müssen, und zwar zwingend, weil hier eine eventuelle *Formnichtigkeit* jedenfalls gem. § 311 b I 2 BGB *geheilt* ist, so sehen Sie jedoch, daß es aufbaumäßig befriedigender ist, die Anfechtung im Rahmen der Abwandlung zu prüfen, wo sie ihren Schwerpunkt hat. So wollen wir es jedenfalls hier halten. Wie stets in solchen Fällen ist es jedoch ratsam, durch eine kurze Bemerkung auf dieses Vorgehen hinzuweisen (vgl. die Lösung unter I 3 a.E.). Sie ersparen sich dadurch mögliche Rügen des Korrektors.

Wenn Sie einen *Rücktritt* wegen Sachmängeln und eine *Anfechtung* wegen Irrtums über wesentliche Sacheigenschaften *nebeneinander* prüfen, empfiehlt es sich, mit dem Rücktritt zu beginnen. Dieser ist nach § 438 I, IV BGB an eine kürzere Frist geknüpft als die Anfechtung nach § 121 II BGB. Daraus wird ganz überwiegend geschlossen, daß im Anwendungsbereich des Rücktritts wegen Sachmängeln eine Irrtumsanfechtung ausgeschlossen ist. Würden Sie mit der Irrtumsanfechtung beginnen, müßten Sie

---

[1] Vgl. unten Fall Nr. 17: „Eine juristische Kettenreaktion".

diese u. U. zunächst bejahen, weil alle Voraussetzungen vorliegen, nachträglich dann aber wieder verneinen, weil sie den Rücktritt für vorrangig erklären.

Ebenfalls aus innersystematischen Gründen empfiehlt es sich, einen *Schadensersatzanspruch* wegen *Verletzung von Aufklärungspflichten* (§§ 280 I, 311 II BGB), gerichtet auf Rückgängigmachung des Vertrags (die früher sog. *culpa in contrahendo*), erst *nach der Anfechtung* zu erörtern. Da dieser Anspruch lediglich Fahrlässigkeit voraussetzt, bietet er die Handhabe, die strengeren Voraussetzungen des § 123 BGB zu unterlaufen. Das ist zwar nach der Rechtsprechung zulässig. Aber es gibt nach wie vor gewichtige Argumente dagegen. Um diesen nicht von vornherein jede Chance zu nehmen, sollte die Aufhebung des Vertrages nach den Grundsätzen der *culpa in contrahendo* nachrangig erörtert werden.

3. Lösungsskizze

I. **Darf V anderweitig disponieren?**
   = Kann K Übereignung verlangen?
1. *§ 117 I BGB*
   Vertrag über 100.000 € notariell geschlossen, aber nicht gewollt.
2. *§ 117 II BGB*
   Vertrag über 200.000 € gewollt: § 117 II BGB.
   Nach §§ 311 b I 1, 125 BGB formunwirksam.
3. *Ergebnis*
   V darf disponieren.
4. Anfechtung durch K bei Doppelmangel möglich; hier: II 3 und 4.

II. **Abwandlung: Muß K zahlen?**
   An sich § 311 b I 2 BGB. Einreden?
1. *Rücktritt gem. §§ 437 Nr. 2, 326 V BGB*
a) Verbaubare Aussicht ist Sachmangel i. S. von § 434 I 1 BGB, da Unverbaubarkeit vereinbart (Wertminderung).
b) Grobfahrlässige Unkenntnis des K gem. § 442 I 2 BGB?
   Nein; jedenfalls Arglist des V.
c) Gem. § 275 I BGB keine Verpflichtung zur mangelfreien Leistung. Daher § 326 V BGB.
2. *Schadensersatz statt Leistung, §§ 437 Nr. 3, 311 a II BGB*
   Nicht behebbarer, erheblicher Sachmangel. Kaufpreiszahlung oder -verpflichtung ist vermuteter Mindestschaden.
3. *Irrtumsanfechtung, § 119 II BGB*
a) Unverbaubare Aussicht als verkehrswesentliche Eigenschaft i. S. von § 119 II BGB.
b) Ausschluß wegen *Vorrangs der Sachmängelhaftung* vor § 121 II BGB?
   H. M. zweifelhaft. Gegenstandpunkt aus praktischen Gründen aber für K nicht empfehlenswert.
4. *Täuschungsanfechtung, § 123 I BGB*
   Kein Ausschluß durch Sachmängelhaftung.
5. *c. i. c., §§ 280 I, 241 II, 311 II BGB.*
   Wegen arglistiger Täuschung neben Sachmängelhaftung.
6. *Ergebnis*
   K muß nicht bezahlen.

B. Lösung

I. Darf V anderweitig disponieren?

V ist rechtlich nicht gehindert, sich mehreren Personen gegenüber zur Übereignung seines Grundstücks zu verpflichten. Solange nicht zugunsten eines der Käufer ein Eintragungsantrag gestellt ist (vgl. § 17 GBO), *kann* er das Eigentum auch einem anderen übertragen. Fraglich kann nur sein, ob er dies im Verhältnis zu dem übergangenen Käufer auch *darf* oder ob er sich damit schadensersatzpflichtig macht. Er darf es *nicht*, wenn der andere Käufer die Übereignung an sich selbst verlangen kann. Zu prüfen ist daher, ob K mit V einen wirksamen Kaufvertrag geschlossen hat, aus dem K ein Anspruch auf Übereignung des Grundstücks zusteht.

1. Vor dem Notar haben sich V und K nach außen hin darüber geeinigt, daß das Grundstück für 100.000 € verkauft wird, §§ 433, 145 ff. BGB. Dieser Preis war indessen von beiden gar nicht gewollt. Vielmehr haben sie den Vertrag mit diesem Inhalt nur zum Schein geschlossen, um Kosten zu sparen. Nach *§ 117 I BGB* ist der über 100.000 € geschlossene Vertrag daher nichtig.

2. Einverständlich gewollt war ein Verkauf des Grundstücks zum Preis von 200.000 €. Ob dieser Vertrag wirksam ist, ist nach *§ 117 II BGB* selbständig zu beurteilen.

Gem. § 311 b I 1 BGB bedarf ein Grundstückskaufvertrag der notariellen Beurkundung. Daran fehlt es hier; über den gemeinsam gewollten Preis haben sich V und K nur mündlich geeinigt. Dieser mündliche Vertrag jedoch ist gem. §§ 311 b I, 125 BGB formunwirksam.

3. Zwischen V und K ist daher weder ein wirksamer Vertrag über 100.000 € noch über 200.000 € zustande gekommen. V ist folglich nicht verpflichtet, das Grundstück an K zu übereignen, sondern darf anderweitig darüber disponieren, ohne sich K gegenüber schadensersatzpflichtig zu machen.

4. Ob die zwischen V und K getroffene Vereinbarung unabhängig davon auch mit einem Anfechtungsgrund zugunsten des K behaftet war – die Formnichtigkeit würde eine Anfechtung nicht ausschließen –, wird aus Gründen der Zweckmäßigkeit weiter unten (II 3 und 4) erörtert.

II. Abwandlung: Muß K zahlen?

Mit Auflassung und Eintragung ist der Vertrag über 200.000 € insgesamt wirksam geworden, § 311 b I 2 BGB. K ist mithin zur Zahlung verpflichtet, wenn er dem Anspruch des V nicht durch geeignete *Einreden* begegnen kann.

1. In Betracht kommt zunächst, daß K gem. §§ 437 Nr. 2, 326 V BGB vom Vertrag *zurücktritt* und damit den Zahlungsanspruch des V zu Fall bringt. Voraussetzung für dieses Rücktrittsrecht ist, daß das Grundstück im Zeitpunkt des Gefahrübergangs, gem. § 446 S. 1 BGB also der Übergabe, mit einem nicht behebbaren Sachmangel behaftet war.

a) Nach § 434 I 1 BGB ist eine Sache mangelhaft, wenn sie nicht die vereinbarte Beschaffenheit hat. Mit dem Begriff der Beschaffenheit sind dabei nicht nur die körperlichen Eigenschaften der Sache, sondern auch ihre Umweltbeziehungen gemeint, sofern diese in der körperlichen Beschaffenheit ihren Grund haben. Danach kann auch die Bebaubarkeit des Nachbargrundstücks ein Sachmangel sein.

Nach den Vereinbarungen der Parteien sollte das Grundstück dem K eine unverbaubare Aussicht gewähren. Das war der Grund, weshalb K bereit war, 200.000 € dafür zu bezahlen. Die Bebaubarkeit des Nachbargrundstücks stellt somit einen Sachmangel i. S. von § 434 I 1 BGB dar.

b) Möglicherweise aber ist K dieser Mangel *infolge grober Fahrlässigkeit unbekannt* geblieben, weil er die Angaben des V nicht überprüft hat, § 442 I 2 BGB. Dann wäre der Rücktritt ausgeschlossen, es sei denn, daß V die Unbebaubarkeit garantiert oder aber die Bebaubarkeit arglistig verschwiegen hätte. Eine grobe Fahrlässigkeit kommt indessen nicht bereits darin zum Ausdruck, daß K die Angaben seines Vertragspartners nicht durch Einsicht in behördliche Bebauungspläne überprüft hat. Jedenfalls aber hat V dem K die Nichtbebaubarkeit vorsätzlich und damit arglistig vorgespiegelt. Das muß dem arglistigen Verschweigen gleichgestellt werden. § 442 I 2 BGB steht daher dem Rücktritt nicht entgegen.

c) An sich setzt der Rücktritt gem. § 323 I BGB eine vorherige Fristsetzung zur Nacherfüllung voraus. Das gilt jedoch dann nicht, wenn der Schuldner gem. § 275 BGB von der Leistungspflicht befreit ist, § 326 V BGB. Hier ist der Nachbar zur Bebauung fest entschlossen. V ist es daher auch durch finanzielle Aufwendungen nicht möglich, ihn zur Nichtbebauung zu veranlassen. Eine Nacherfüllungspflicht scheidet demnach gem. § 275 I BGB aus, und K kann nach § 326 V BGB sofort zurücktreten.

2. Statt zurückzutreten, kann K wegen des arglistigen Vorspiegelns der Fehlerfreiheit auch *Schadensersatz statt der Leistung* gem. §§ 437 Nr. 3, 311 a II BGB verlangen. Dabei kann er den Schaden so berechnen, daß er das Grundstück dem V zur Verfügung stellt und die Entrichtung des noch nicht gezahlten Kaufpreises ablehnt.

3. In Betracht kommt weiter, daß K den Kaufvertrag *wegen Eigenschaftsirrtums anficht* und dadurch dem Kaufpreisanspruch des V rückwirkend die Grundlage entzieht, §§ 119 II, 142 I BGB.

a) Nach § 119 II BGB kann eine Willenserklärung angefochten werden, wenn der Erklärende über eine verkehrswesentliche Eigenschaft im Irrtum war. K hat sich bei Vertragsschluß über die Bebaubarkeit des Nachbargrundstücks geirrt. Ebenso wie solche Umweltbeziehungen Eigenschaften i. S. des § 434 I BGB sind, können sie auch Sacheigenschaften i. S. von § 119 II BGB darstellen. Da die Unverbaubarkeit einer schönen Aussicht die Verkäuflichkeit eines Baugrundstücks maßgeblich beeinflußt, handelt es sich um eine verkehrswesentliche Eigenschaft des Grundstücks.

b) Nach h. M. ist die Anfechtung jedoch ausgeschlossen, wenn sich der Irrtum auf Eigenschaften bezieht, deren Fehlen zugleich einen Sachmangel i. S. von § 434 I BGB darstellt. Das wird vor allem damit begründet, daß andernfalls die kurze Gewährleistungsfrist des § 438 BGB durch die wesentlich längere Anfechtungsfrist des § 121 II BGB unterlaufen werden könnte.

Näher besehen ist dieses Argument nicht zwingend. Anders als beim Rücktritt ist der Käufer im Falle der Anfechtung nämlich gem. § 122 BGB zum Ersatz des Vertrauensschadens verpflichtet. Man könnte sich daher auf den Standpunkt stellen, daß § 438 BGB dem Käufer eine *kurze* Frist einräumt, um sich ohne Schadensersatzverpflichtung vom Vertrag zu lösen, während § 119 II BGB dem Käufer gegen den Preis einer Schadensersatzverpflichtung eine *längere* Frist zur Verfügung stellt. Im Hinblick auf die ganz h. M. ist es K jedoch nicht zu empfehlen, diesen Standpunkt einzunehmen. Solange er sich ohne Schadensersatzverpflichtung vom Vertrag lösen kann, ist er davon abgesehen auch gar nicht daran interessiert.

4. K war jedoch nur deshalb im Irrtum, weil er von V vorsätzlich und damit *arglistig getäuscht* wurde. Er kann daher den Vertrag jedenfalls gem. *§ 123 I BGB* anfechten. Eine Schadensersatzpflicht ist damit nicht verbunden. Zwar könnte man

auch insoweit die Frage aufwerfen, ob die §§ 434 ff. BGB die Anfechtung nicht aus-schließen. Dem arglistig handelnden Verkäufer wird die Berufung darauf, daß er sich nach den kaufrechtlichen Gewährleistungsvorschriften besser stellen würde als nach den §§ 123, 142 BGB, aber allgemein verwehrt. Im Unterschied zur Anfechtung gem. § 119 II BGB wird die Täuschungsanfechtung durch die §§ 434 ff. BGB daher nicht ausgeschlossen.

5. Ob K auch nach den Grundsätzen der c.i.c. (§§ 280 I, 241 II, 311 II BGB) ver-langen kann, so gestellt zu werden, wie er ohne die Täuschung stünde, hängt davon ab, ob die Gewährleistungsregeln vor der Haftung aus c.i.c. Vorrang genießen. Das ist jedenfalls bei vorsätzlichem Handeln nicht anzunehmen.

6. Im *Ergebnis* muß K den noch ausstehenden Kaufpreis nach all dem *nicht bezah-len.*

Zur Vertiefung: *J. Schröder*, Irrtumsanfechtung und Sachmängelhaftung beim Kunst-handel nach deutschem und Schweizer Recht, Festschrift für Kegel, Frankfurt/M. 1977, 397; RGZ 161, 330 (Bebaubarkeit des Nachbargrundstücks als Sachmangel); BGH NJW 2000, 3127 (mißlungenes Scheingeschäft).

15. Schlechte Aussichten bei guter Hoffnung

Sachverhalt

A betreibt eine Glaserei mit zwölf Beschäftigten, darunter die Sekretärin B, die die gesamte Verwaltungsarbeit erledigt. Einen Betriebsrat gibt es in dem Betrieb nicht. Er ist auch bisher von niemand vermißt worden, weil A mit seinen Leuten konziliant zusammenarbeitet.

Eines Tages wird B schwanger. Sechs Wochen vor der Niederkunft wird sie vorschriftsmäßig von der Arbeit freigestellt. A behilft sich mehr schlecht als recht ohne B und hofft, daß sie nach dem Ende des Mutterschutzes, also acht Wochen nach der Niederkunft, ihre frühere Arbeit wieder aufnimmt. Stattdessen entscheidet sich B dafür, eine Elternzeit von 12 Monaten zu nehmen. A muß sich daher notgedrungen bemühen, für diese Zeit eine Ersatzkraft einzustellen.

Auf die ausgeschriebene Stelle bewerben sich ausschließlich Damen, darunter Fräulein C. Beim Vorstellungsgespräch wird C u. a. gefragt, ob sie schwanger sei, was sie entschieden verneint. Darauf wird sie für die Zeit von 12 Monaten eingestellt. Tatsächlich ist C im fünften Monat schwanger und weiß dies auch. Eine Woche nach Aufnahme der Arbeit offenbart sie sich dem A und erkundigt sich dabei zugleich nach dem Beginn des Mutterschutzes.

A fühlt sich durch die abermaligen Belastungen, die er hier auf sich zukommen sieht, finanziell und organisatorisch überfordert. In einer ersten Aufwallung erklärt er der C gegenüber den Vertrag für null und nichtig. Im nachhinein kommen ihm Zweifel, ob er damit vor Gericht Erfolg haben wird. Er sucht daher Rechtsanwalt R auf und bittet um Rechtsrat.

Welche Überlegungen wird R anstellen?

Auszug aus dem Mutterschutzgesetz (MuSchG):

§ 9 Kündigungsverbot

(1) Die Kündigung gegenüber einer Frau während der Schwangerschaft und bis zum Ablauf von vier Monaten nach der Entbindung ist unzulässig, wenn dem Arbeitgeber zur Zeit der Kündigung die Schwangerschaft oder Entbindung bekannt war oder innerhalb zweier Wochen nach Zugang der Kündigung mitgeteilt wird; das Überschreiten dieser Frist ist unschädlich, wenn es auf einem von der Frau nicht zu vertretenden Grund beruht und die Mitteilung unverzüglich nachgeholt wird. ...

A. Vorbereitende Überlegungen

I. Erfassen des Sachverhalts

Im Kern geht es um folgendes: C wird bei A als Schwangerschaftsaushilfe eingestellt, weil sie wahrheitswidrig versichert, nicht schwanger zu sein. Nach Aufdeckung der Täuschung erklärt A den geschlossenen Vertrag für nichtig.

Eine Skizze, in der die wichtigsten Punkte festgehalten sind, könnte so aussehen:

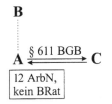

a) nur weibliche Bewerber
b) Täuschung über Schwangerschaft
c) infolgedessen Arbeitsvertrag
d) „Nichtigerklärung" durch A

II. Erfassen der Fallfrage

Es handelt sich um einen *Anwaltsfall*: A erbittet anwaltlichen Rat, und gefragt ist, welche Überlegungen der Anwalt anstellen wird. Sie müssen sich daher in die Lage des A versetzen und feststellen, woran dieser interessiert sein könnte. Das ist hier nicht schwer zu erraten: A braucht zwar dringend eine neue Sekretärin, möchte aber in seinem kleinen Betrieb nicht zweimal nacheinander die Folgen des Mutterschutzes tragen müssen. Aus diesem Grund möchte er **C loswerden**, auf welche Weise auch immer. Der Anwalt hat daher alle Möglichkeiten zu prüfen, wie A dieses Ziel erreichen kann.

Da A der C gegenüber den Vertrag spontan für „null und nichtig" erklärt hat, erhebt sich zunächst die Frage, *ob der Vertrag bereits dadurch beendet worden ist*.

Wenn dies nicht der Fall ist oder wenn insoweit Zweifel bestehen, hat der Anwalt weiter zu prüfen, ob es Mittel und Wege gibt, das Arbeitsverhältnis mit C auf andere Weise zu beenden.

III. Erarbeiten der Lösung

1. Worauf wird es ankommen?

Als Rechtsbehelfe, die zur Aufhebung des Vertrages führen können, kommen *Anfechtung, Kündigung* und Schadensersatz wegen *Verschuldens beim Vertragsschluß* in Betracht. Dabei ist im Auge zu behalten, daß alle diese Behelfe hier nur für die Zukunft wirken; denn bei Arbeitsverhältnissen – jedenfalls nachdem sie in Vollzug gesetzt worden sind – wirkt auch die Anfechtung wegen der besonderen Schwierigkeiten der Rückabwicklung nach allgemeiner Auffassung nur *ex nunc*. Die in § 142 I BGB vorgesehene Rückwirkung der Anfechtung erleidet insoweit eine ungeschriebene Ausnahme. Die zentrale Frage ist freilich eine andere. Sie geht dahin, wie sich die **Schwangerschaft** bzw. die von C **darüber verübte Täuschung** jeweils auswirkt.

Im Rahmen der **Irrtumsanfechtung** gem. § 119 II BGB, kommt es u.a. darauf an, ob *Schwangerschaft* eine *verkehrswesentliche Eigenschaft einer Person* darstellt. Je großzügiger man dies bejahen würde – den allgemeinen Sprachgebrauch hätte man dabei vermutlich für sich –, desto leichter könnte sich ein Arbeitgeber von einer Arbeitnehmerin lösen, wenn er sich bei der Einstellung über diesen Punkt geirrt hat. Für eine gegenläufige Strategie, die stattdessen den Interessen der Schwangeren Rechnung trägt, kann man an zwei Punkten ansetzen: Einmal kann man den Begriff der „verkehrswesentlichen Eigenschaft" so eng fassen, daß die Schwangerschaft darunter grundsätzlich nicht mehr subsumiert werden kann. Sodann aber kann man das Gewicht darauf legen, daß eine Irrtumsanfechtung nur dann möglich ist, wenn der Irrende die Erklärung „bei verständiger Würdigung des Falles nicht abgegeben haben würde" (§ 119 I BGB). Bei dieser Abwägung können auch die §§ 7 I, 6 I, 1, 2 I Nr. 1 **AGG** berücksichtigt werden. Nach diesen Vorschriften darf ein Arbeitgeber einen Arbeitnehmer bei der Begründung des Arbeitsverhältnisses *nicht wegen seines Geschlechtes benachteiligen*. Wie Sie vielleicht wissen, dienen diese Vorschriften der Umsetzung mehrerer Richtlinien des Rates der EU. Nach allgemeinen Grundsätzen sind sie daher *richtlinienkonform* auszulegen. Was dies heißt, entscheidet letztlich der EuGH, der insoweit eine ziemlich rigorose Linie verfolgt. Dagegen anzugehen, hat für einen Anwalt meist wenig Sinn, weil der EuGH auf Argumente, die den nationalen Rechtsordnungen entstammen, naturgemäß weniger Rücksicht nimmt als die Gerichte des betreffenden Staates.

Ähnliche Fragen stehen auch bei der **Täuschungsanfechtung** und dem Schadensersatzanspruch aus **Verschulden beim Vertragsschluß** im Mittelpunkt, nur kommt hier zu dem Irrtum des A noch die Frage hinzu, ob C den A *täuschen durfte*.

Daß eine Kündigung der schwangeren C an **§ 9 MuSchG** scheitert, muß der Anwalt von sich aus wissen. Sie selbst haben es hier einfacher, weil dem Aufgabentext ein Auszug aus dieser Vorschrift beigelegt ist. Daraus läßt sich entnehmen, daß auch auf die Kündigung des Arbeitsverhältnisses eingegangen werden soll. Wenn Sie über entsprechendes Wissen verfügen, werden Sie erkennen, daß der Aufgabensteller es Ihnen auch in anderer Hinsicht leicht gemacht hat: Da in dem Betrieb des A kein Betriebsrat gebildet wurde, entfällt das Anhörungsrecht des Betriebsrats gem. § 102 I BetrVG. Und da das Arbeitsverhältnis gerade erst begründet wurde, kann die Kündigung, falls man sie in eine ordentliche umdeutet, auch nicht gem. § 1 KSchG unwirksam sein. Voraussetzung dafür wäre nämlich, daß das Arbeitsverhältnis in demselben Betrieb oder Unternehmen länger als sechs Monate bestanden hat. Sie haben also lediglich unter Beweis zu stellen, ob Sie mit dem Ihnen bisher wahrscheinlich unbekannten Mutterschutzgesetz umgehen können.

2. Strategie

In welcher Reihenfolge sollen die verschiedenen Beendigungsgründe erörtert werden?

Normalerweise wird ein Arbeitsverhältnis nicht durch Anfechtung, sondern durch Kündigung aufgelöst. Dabei sind jedoch Kündigungs*fristen* einzuhalten (§ 622 BGB), wenn nicht ausnahmsweise ein *wichtiger Grund* vorliegt (§ 626 BGB). Ein solcher kann sich grundsätzlich nur aus den Verhältnissen *nach* Begründung des Arbeitsverhältnisses ergeben. Hier will A die C möglichst *sofort* loswerden und kann sich dafür vor allem auf Willensmängel berufen, die ihm *beim Abschluß* des Arbeitsvertrages unterlaufen sind. Sie werden daher sinnvollerweise **zunächst die Anfechtung** und erst *im Anschluß daran die Kündigung* behandeln.

Im Zusammenhang mit der Anfechtung erhebt sich die Frage, ob Sie zuerst die *Irrtums-* oder die *Täuschungsanfechtung* prüfen sollen. Für den Beginn mit der Täuschungsanfechtung könnte sprechen, daß diese für den Anfechtenden insofern günstiger ist, als die Anfechtungsfrist länger ist und die Anfechtung außerdem keine Haftung nach sich zieht (vgl. §§ 122, 124 I BGB). Für den Beginn mit der Irrtumsanfechtung spricht, daß diese an geringere Voraussetzungen gebunden ist. Es kommt hier nämlich allein auf den Irrtum selbst an, nicht aber darauf, wodurch dieser verursacht worden ist. Scheitert die Irrtumsanfechtung an den Einschränkungen, die das Gesetz dafür aufgestellt hat, kann man leicht mit der Frage fortfahren, ob sich etwas anderes daraus ergibt, daß der Erklärende zusätzlich getäuscht worden ist. Aus diesem Grund wird die **Irrtumsanfechtung** hier **vorangestellt**.

Damit ergibt sich die Prüfungsreihenfolge *Irrtumsanfechtung, Täuschungsanfechtung, Kündigung.* Der Anspruch aus *culpa in contrahendo* wird zweckmäßigerweise zwischen Anfechtung und Kündigung eingeschaltet.

3. Lösungsskizze

I. Irrtumsanfechtung

1. *Anfechtungserklärung*
   § 143 I, II BGB (bei Arbeitsvertrag nur für die Zukunft). Auslegung nach §§ 133, 157 BGB.
2. *Anfechtungsgrund*
   Irrtum über Schwangerschaft als *Eigenschaftsirrtum* i. S. von § 119 II BGB?
   a) Streit, ob Motivirrtum oder rechtliche Einbeziehung von Eigenschaften.
      Streit hier irrelevant, da beides gegeben.
   b) Schwangerschaft als verkehrswesentliche Eigenschaft.
      Eigenschaft setzt *Dauer* voraus.
      Dies aber auf konkretes Rechtsgeschäft zu beziehen.
3. *Kein Vertrag bei verständiger Würdigung?*
   Maßstab u. a. §§ 7 I, 6 I, 1, 2 I Nr. 1 AGG.
   Gegenüber *Männern* ist Berücksichtigung der Schwangerschaft geschlechtsspezifische Benachteiligung.
   Gegenüber *Frauen* immerhin auf Geschlecht beruhender Nachteil.
   Richtlinienkonforme Auslegung.
   EuGH tendiert zu weitgehendem Schutz.

II. Täuschungsanfechtung

1. *Vorsätzliche Täuschung grundsätzlich arglistig*
2. *Rechtswidrigkeit?*
   Kann auch bei Täuschung fehlen.
   a) Bei männlichen Mitbewerbern hätte A nach § 7 I AGG nicht fragen, C folglich lügen dürfen.
   b) Soll § 7 I AGG auch *mittelbare* Nachteile aufgrund Geschlechts verhindern, gilt hier dasselbe.

III. Verschulden beim Vertragsschluß

§§ 280 I, 311 II BGB neben Täuschungsanfechtung möglich.
Aber Täuschung erlaubt.

IV. Kündigung

1. *§ 626 I BGB*
   Täuschung über Schwangerschaft kein wichtiger Grund.
   Aber objektive Unzumutbarkeit: kleiner Betrieb; zweimal nacheinander.
2. *§ 9 MuSchG*
   Abs. 1: absolutes Verbot für ordentliche und außerordentliche Kündigungen.

B. Lösung

I. Irrtumsanfechtung

Der mit C geschlossene Arbeitsvertrag könnte von A wirksam angefochten worden sein. Grundsätzlich sind auch Arbeitsverträge anfechtbar. Nachdem sie in Vollzug gesetzt worden sind, wirkt die Anfechtung wegen der besonderen Schwierigkeiten einer Rückabwicklung hier allerdings entgegen § 142 I BGB nur *für die Zukunft*.

1. A hat gegenüber C unmißverständlich zum Ausdruck gebracht, daß er das Arbeitsverhältnis umgehend beendet wissen will. Diese Äußerung kann gem. §§ 133, 157 BGB als Anfechtungserklärung i. S. von § 143 I, II BGB ausgelegt werden, auch wenn dabei von Anfechtung nicht ausdrücklich die Rede war.

2. Als Anfechtungsgrund kommt in Betracht, daß A die schwangere C in der Meinung eingestellt hat, daß sie nicht schwanger sei. Darin könnte ein *Eigenschaftsirrtum* i. S. von *§ 119 II BGB* liegen.

a) Welche Voraussetzungen dafür erfüllt sein müssen, ist dem Gesetz nicht mit Sicherheit zu entnehmen. Aus der Formulierung, wonach der Eigenschaftsirrtum als Inhaltsirrtum „gilt", könnte man schließen, daß es sich nicht wirklich um einen Inhaltsirrtum handeln müsse, daß vielmehr auch ein *bloßer Motiv*irrtum genüge, sofern er sich auf Eigenschaften von Personen oder Sachen bezieht. Nach anderer Ansicht setzt § 119 II BGB dagegen voraus, daß das Rechtsgeschäft selbst sich auf Eigenschaften bezieht, welche die betreffende Person oder Sache nicht aufweist.

A hat seine Vorstellungen über die erwarteten „Solleigenschaften" von C bei Vertragsschluß klar zum Ausdruck gebracht. Damit sind die Voraussetzungen beider Ansichten erfüllt, so daß die Frage keiner Entscheidung bedarf.

b) Zweifelhaft kann jedoch sein, ob die Schwangerschaft, über die A sich geirrt hat, eine *verkehrswesentliche Eigenschaft* i. S. von § 119 II BGB darstellt.

Für einen Arbeitgeber ist es ein wichtiger Gesichtspunkt, ob ein neu eingestellter Arbeitnehmer uneingeschränkt arbeitsfähig ist oder nicht. Um eine Umgehung des arbeitsrechtlichen Kündigungsschutzes im Wege der Anfechtung in Grenzen zu halten, wird eine „Eigenschaft" i. S. von § 119 II BGB indessen nur dann bejaht, wenn der betreffende Zustand ein *dauernder* ist. Das ist bei einer Schwangerschaft an sich nicht der Fall.

Im vorliegenden Fall kommt freilich hinzu, daß A die C nur vorübergehend als Schwangerschaftsaushilfe beschäftigen wollte. Auch wenn eine Schwangerschaft bei einem *unbefristeten* Arbeitsverhältnis im Hinblick auf ihre begrenzte Dauer keine Eigenschaft i. S. von § 119 II BGB sein mag, so erscheint bei einem kurzzeitig *befristeten* Verhältnis eine andere Betrachtung angezeigt. Was eine verkehrswesentliche Eigenschaft i. S. von § 119 II BGB ist, kann nicht losgelöst von dem Zusammenhang beurteilt werden, um den es konkret geht. Daß die Schwangerschaft einer *Schwangerschaftsaushilfe* für den einstellenden Arbeitgeber eine verkehrswesentliche Eigenschaft darstellt, läßt sich daher kaum bestreiten.

3. Nach § 119 I BGB kann A seine Erklärung aber nur dann anfechten, wenn er sie „bei *verständiger Würdigung* des Falles nicht abgegeben haben würde". Bei der Prüfung, ob dies der Fall ist, sind u. a. die §§ 7, 6 I, 1, 2 I Nr. 1 AGG zu berücksichtigen, die es dem Arbeitgeber verbieten, einen Arbeitnehmer bei der Begründung eines Arbeitsverhältnisses wegen seines Geschlechts zu benachteiligen.

Das bezieht sich zunächst auf die Benachteiligung von Frauen gegenüber Männern oder umgekehrt. Im vorliegenden Fall haben sich jedoch nur Frauen auf die ausgeschriebene Stelle beworben. Es geht daher nicht darum, daß C gegenüber Männern, sondern daß sie gegenüber anderen, nicht schwangeren Frauen benachteiligt werden soll. *Mittelbar* beruht freilich auch diese Benachteiligung *auf dem Geschlecht* der C: Wäre sie keine Frau, könnte sie nicht schwanger sein.

Damit erhebt sich die Frage, ob § 7 AGG nur eine Benachteiligung gegenüber dem jeweils *anderen* Geschlecht oder aber alle Benachteiligungen verhindern soll, die mit einem *bestimmten* Geschlecht verbunden sind. Da § 7 AGG auf EG-Richtlinien beruht, kommt es bei richtlinienkonformer Auslegung darauf an, was mit diesen Richtlinien bezweckt ist. Nach Auffassung des EuGH, der darüber letztlich zu entscheiden hat, soll auch eine nur mittelbare Diskriminierung verhindert werden. Daraus ergibt sich eine Vorgabe für die Auslegung des § 7 AGG, an der sich auf der Grundlage des deutschen Rechts nichts ändern läßt.

Berücksichtigt man daher bei der „verständigen Würdigung" auch den mit § 7 AGG verfolgten Zweck, so hat A nur wenig Aussicht, mit dem Argument Gehör zu finden, daß er C bei Kenntnis der Schwangerschaft nicht eingestellt hätte. Etwas anderes wäre nur dann zu erwarten, wenn C für die vorgesehene Tätigkeit zeitlich überhaupt nicht in Betracht käme. So verhält es sich jedoch nicht. Nach dem Ende ihres Mutterschutzes würde sie A vielmehr noch für die restliche Laufzeit des Vertrages zur Verfügung stehen – dies jedenfalls dann, wenn sie nicht ihrerseits eine Elternzeit nehmen würde.

II. Täuschungsanfechtung

Die Anfechtung könnte jedoch gem. *§ 123 I BGB* begründet sein.

1. C hat die Frage des A wissentlich falsch beantwortet und dadurch den Irrtum des A überhaupt erst hervorgerufen. Grundsätzlich gilt, daß eine vorsätzlich verübte Täuschung auch arglistig i. S. von § 123 I BGB ist.

2. Problematisch ist jedoch, ob die Täuschung *rechtswidrig* war. Im Unterschied zur Drohung ist dieses Erfordernis bei der Täuschung in § 123 I BGB nicht ausdrücklich erwähnt. Es ist jedoch anerkannt, daß selbst auf eine gezielte Frage hin nicht in allen Fällen die Wahrheit gesagt werden muß.

a) Hätte C *männliche* Mitbewerber gehabt, hätte sie sich durch eine wahrheitsgemäße Beantwortung unmittelbar der Gefahr geschlechtsspezifischer Diskriminierung ausgesetzt. Nach dem Sinn des § 7 AGG hätte A daher die Frage nach der Schwangerschaft gar nicht stellen dürfen. Hätte er sie doch gestellt, hätte C das Recht zugestanden werden müssen, die Unwahrheit zu sagen.

b) Mißt man § 7 AGG darüber hinaus die Bedeutung zu, auch nur *mittelbar* geschlechtsbezogene Benachteiligungen zu verhindern (vgl. I 3), so muß das gleiche auch dann gelten, wenn *nur weibliche* Bewerber miteinander konkurrieren. Folglich war C auch in diesem Fall berechtigt, ihre Schwangerschaft zu verheimlichen. Damit scheidet auch eine Täuschungsanfechtung aus.

III. Verschulden beim Vertragsschluß

§ 123 BGB schließt nach verbreiteter Auffassung nicht aus, daß ein getäuschter Vertragspartner im Wege eines Schadensersatzanspruchs aus c.i.c. (§§ 280 I, 311 II BGB) die Aufhebung des Vertrages verlangt. Wo der andere Teil jedoch täuschen durfte (vgl. II 2), kommt ein solcher Anspruch mangels Pflichtverletzung nicht in Betracht.

IV. Kündigung

1. Die Erklärung des A könnte jedoch auch als *fristlose Kündigung* gem. § 626 I BGB ausgelegt werden. Ein Kündigungsgrund liegt zwar nicht darin, daß C den A über ihre Schwangerschaft getäuscht hat. Auch insoweit muß es C zugute kommen, daß sie die Unwahrheit sagen durfte. Als Kündigungsgrund kommt jedoch in Betracht, daß A die Fortsetzung des Arbeitsverhältnisses *objektiv unzumutbar* ist. Abgesehen davon, daß ihn als kleinen Unternehmer die Folgen des Mutterschutzes ohnehin härter treffen, als es bei einem größeren Betrieb der Fall wäre, muß er diese Folgen hier sogar zweimal nacheinander bzw. gleichzeitig tragen.

2. Für die Dauer der Schwangerschaft stellt § 9 I 1 MuSchG indessen ein *absolutes Kündigungsverbot* auf, wenn dem Arbeitgeber die Schwangerschaft zur Zeit der Kündigung bekannt ist. Dies war hier der Fall. Eine Kündigung aus wichtigem Grund scheidet daher ebenfalls aus.

Wegen § 9 I 1 MuSchG kann A das Arbeitsverhältnis mit C auch nicht unter Einhaltung der Kündigungsfristen des § 622 BGB ordentlich kündigen[1].

V. Ergebnis

R kann A nach all dem nur den Rat geben, es besser nicht auf einen Prozeß ankommen zu lassen.

Zur Vertiefung: BAGE 104, 308; *Schatzschneider*, Frage nach der Schwangerschaft und gemeinschaftsrechtliches Diskriminierungsverbot, NJW 1993, 1115; BAG NJW 1984, 446 (Anfechtung eines Arbeitsvertrags grundsätzlich nur *ex nunc*); EuGH NJW 1991, 628 (keine Ablehnung Schwangerer wegen ihrer Schwangerschaft); BAG NJW 1992, 2173 (Schwangerschaft keine verkehrswesentliche Eigenschaft); BAG NJW 1993, 1154 = JZ 1993, 844 m. Anm. *Adomeit* und Bespr. *Ehrich*, DB 1993, 431 (keine Anfechtung des Arbeitsvertrages bei arglistiger Täuschung über Schwangerschaft); EuGH NJW 1994, 2077 m. Bespr. *Schulte Westenberg*, NJW 1995, 761 (keine Anfechtung des Arbeitsvertrags bei Unkenntnis der Schwangerschaft); EuGH NJW 2002, 123 (keine Kündigung befristet eingestellter schwangerer Arbeitnehmerin); EuGH NJW 2003, 1107 (vorzeitige Rückkehr aus Erziehungsurlaub unter Täuschung über neue Schwangerschaft).

---

[1] Nach § 9 III MuSchG besteht die Möglichkeit, daß die für den Arbeitsschutz zuständige oberste Landesbehörde „in besonderen Fällen, die nicht mit dem Zustand einer Frau während der Schwangerschaft ... in Zusammenhang stehen, ausnahmsweise die Kündigung für zulässig erklären" kann. Ein Rechtsanwalt müßte A selbstverständlich auch auf diesen Weg aufmerksam machen. Aus dem Umstand, daß im Sachverhalt nur der erste Absatz des § 9 MuSchG abgedruckt ist, ergibt sich jedoch ohne weiteres, daß entsprechendes von dem Bearbeiter hier nicht erwartet wird.

16. Vertrauen ist gut, Kontrolle ist besser

Sachverhalt

Die S-GmbH betreibt in Köln auf ihrem eigenen Gelände einen Supermarkt. In der Lebensmittelabteilung nehmen die Diebstähle so überhand, daß sich die Geschäftsleitung gezwungen sieht, neue Maßnahmen zu ergreifen. Im Vorraum werden deshalb kostenlose Schließfächer aufgestellt, in denen die Kunden ihre Einkaufstaschen ablegen können. An den beiden Eingängen zu der Abteilung, die nicht weiter überwacht werden, aber wegen besonderer Zugangsschranken nur einzeln passierbar sind, werden unübersehbar Tafeln aufgehängt, die folgenden Text tragen:

„1. Bitte verwahren Sie Ihre Einkaufstasche in einem der Schließfächer.
2. Wer die Lebensmittelabteilung mit einer Einkaufstasche betritt, erklärt sich mit einer Taschenkontrolle beim Verlassen der Abteilung einverstanden."

Frau F hält dies für empörend. Sie denkt nicht daran, ihre Tasche zu verwahren, sondern nimmt sie mehrfach mit in die Lebensmittelabteilung. Jedes Mal weigert sie sich aber, ihre mit einem Reißverschluß verschlossene Tasche am Ausgang zu öffnen und kontrollieren zu lassen. Sie stellt sich auf den Standpunkt, sie habe dies nicht nötig, und außerdem finde eine solche Kontrolle in den anderen Supermärkten am Ort ja auch nicht statt.

Der Geschäftsführer der S-GmbH befürchtet, daß das Beispiel von Frau F Schule machen könnte. Deshalb möchte er wissen, ob Frau F durch das Personal nicht zu einer Taschenkontrolle gezwungen werden kann. Außerdem beabsichtigt er, gegen Frau F ein Hausverbot zu verhängen, und fragt daher, ob dies rechtlich zulässig wäre.

Nehmen Sie zu diesen Fragen gutachterlich Stellung.

A. Vorbereitende Überlegungen

I. Erfassen des Sachverhalts

Der Sachverhalt ist denkbar einfach: Die S-GmbH trifft eine *Zugangsregelung* für den Supermarkt, der in ihrem Eigentum steht, F jedoch *hält sich nicht daran*. Von Bedeutung könnte dabei sein, daß die S-GmbH mit F offenbar einen **Vertrag schlie-ßen wollte**: Durch die im Eingangsbereich aufgehängten Tafeln wollte sie erreichen, daß sich Besucher, die ihre Einkaufstasche nicht abgelegt hatten, mit einer Taschenkontrolle einverstanden erklären.
Bildlich:

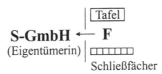

II. Erfassen der Fallfrage

Die Aufgabe, die Ihnen gestellt ist, besteht darin, dem Geschäftsführer der S-GmbH die gewünschten Auskünfte zu geben. Da man sich mit der Bitte um Auskunft nicht an ein Gericht, sondern nur an einen Anwalt wenden kann, handelt es sich der Struktur nach um einen *Anwaltsfall*.
Die beiden Fragen, die der Geschäftsführer beantwortet haben möchte, sind an sich klar. Wenn Sie es jedoch gewohnt sind, immer nur Ansprüche zu prüfen, werden Sie vielleicht dennoch Schwierigkeiten damit haben. Denn der Geschäftsführer will nicht einfach wissen, ob die S-GmbH gegen F einen *Anspruch auf Kontrolle* der Einkaufstasche hat, sondern **ob diese Kontrolle erzwungen werden kann**. Diesen Unterschied müssen Sie beachten; sonst könnte es geschehen, daß die S-GmbH mit Ihrer Antwort nicht viel anfangen kann. Ähnliches gilt von der zweiten Frage: Wenn der Geschäftsführer wissen will, ob die S-GmbH gegen F ein Hausverbot verhängen darf, zielt dies nicht darauf, ob man der F gegenüber einen Anspruch dieses Inhalts hat. Nur mittelbar geht es darum, ob und gegebenenfalls wann der S-GmbH gegen F ein *Unterlassungsanspruch* des Inhalts zusteht, die Lebensmittelabteilung nicht zu betreten. Was den Geschäftsführer interessiert, liegt im *Vorfeld* eines solchen Anspruchs: Er will wissen, ob die S-GmbH das **Recht** hat, den Zugang zur Lebensmittelabteilung grundsätzlich *für jedermann* **zu öffnen** und *bestimmte Personen* gleichwohl davon **auszunehmen**. Das ist der Kern der Frage, den Sie im Auge behalten müssen.

III. Erarbeiten der Lösung

1. Worauf wird es ankommen?

Der Versuch der S-GmbH, mit den Besuchern ihrer Lebensmittelabteilung eine vertragliche Abmachung zu treffen, wirft zunächst das Problem auf, **was genau ein Vertragsschluß eigentlich voraussetzt**. Wer sich auf einen offenen, für jedermann zugänglichen Markt begibt, schließt damit allein noch keinen Vertrag. Kann dem Zutritt, so ist daher zu fragen, bereits dadurch Erklärungsbedeutung beigemessen werden, daß man ein entsprechendes Schild aufstellt, oder ist dafür noch mehr erforderlich und wenn ja: *was?* Mit der Standardformel, daß ein Vertrag durch Angebot und Annahme zustande kommt, ist hier nicht viel auszurichten. Denn die Frage ist gerade, *ob* F das Angebot der S-GmbH angenommen hat. Hier kommt es offenbar darauf an, das Verhalten der F **auszulegen.**

Ist eine entsprechende Vereinbarung der Form nach zustande gekommen, so erhebt sich die weitere Frage, ob sie ihrem Inhalt nach *wirksam* ist. An sich wäre es nicht falsch, wenn Sie hier an § 138 BGB oder § 242 BGB denken würden. Nach Lage der Dinge liegt aber etwas anderes näher: Bei der Schrifttafel könnte es sich um eine **Allgemeine Geschäftsbedingung** handeln. Sie müssen sich daher darauf einstellen, den Text der Tafel an den Maßstäben zu messen, die das BGB für Allgemeine Geschäftsbedingungen aufgestellt hat. Wie Sie sicher wissen, sieht das Gesetz eine gestufte Inhaltskontrolle vor: § 309 BGB enthält eine Reihe von Klauselverboten *ohne* Wertungsmöglichkeit, § 308 BGB solche *mit* Wertungsmöglichkeit, und § 307 BGB schließlich bietet eine Generalklausel. Bei der Prüfung beginnen Sie stets mit § 309 BGB, der die speziellste Regelung darstellt, fahren dann fort mit § 308 BGB und enden mit § 307 BGB. Zu der Generalklausel des § 307 BGB gelangen Sie also nur dann, wenn Sie in den Klauselkatalogen der beiden anderen Vorschriften *nicht* fündig geworden sind.

Was die S-GmbH primär interessiert, ist jedoch, ob eine Taschenkontrolle notfalls auch **gewaltsam** durchgeführt werden darf. Zu dieser Frage gelangen Sie nur dann, wenn sich F tatsächlich mit einer solchen Kontrolle einverstanden erklärt hat. Denn um F zu einem Tun oder Unterlassen zwingen zu können, muß der S-GmbH zunächst einmal ein *Anspruch auf das erzwungene Verhalten* zustehen. Einen solchen Anspruch kann sie hier nur durch eine entsprechende *Vereinbarung* erlangt haben. In unserem Fall geht es nämlich nicht um die Frage, ob sich F, wenn sie bei einem Diebstahl ertappt worden wäre, die Wegnahme der Sache gefallen lassen müßte (vgl. § 859 II BGB), sondern darum, ob sie sich *unabhängig* von einem konkreten Verdacht einer Kontrolle unterwerfen muß. Das muß sie nur dann, wenn sie sich damit einverstanden erklärt hat.

Angenommen, der S-GmbH steht ein solcher *Anspruch zu*, so würde dieser vereitelt werden, wenn sich F mit ihrer Einkaufstasche ungehindert entfernen könnte. Also zielt die Frage des Geschäftsführers dahin, ob der S-GmbH ein **Selbsthilferecht gem. § 229 BGB** zusteht. § 229 BGB gehört zu den Vorschriften, die bereits im ersten Semester behandelt, aber häufig erst viel später ganz verstanden werden. Anders als man auf den ersten Blick meinen könnte, darf die S-GmbH einen möglichen Anspruch auf Taschenkontrolle nicht in der Weise durchsetzen, daß sie F zur Duldung der Kontrolle und damit zur *Erfüllung* des Anspruchs zwingt. Die Selbsthilfe darf nämlich *nicht weitergehen*, als es zur Abwendung der für den Anspruch bestehenden **Gefahr** erforderlich ist (§ 230 I BGB). Aus dem Umstand, daß derjenige, der Selbsthilfe übt, unverzüglich einen *Arrest* – falls dieser nicht in Betracht kommt: eine *einstweilige Verfügung* – zu beantragen hat (§ 230 II – IV BGB), darf man ferner schließen, daß durch die ergriffenen Maßnahmen kein weitergehendes Ziel realisiert werden darf, als es durch einen Arrest (§§ 916 ff. ZPO) bzw. eine einstweilige Verfügung (§§ 935 ff. ZPO) auch erreicht werden könnte. (Sie können hier beiläufig lernen, daß das volle Verständnis einer Vorschrift aus dem Allgemeinen Teil des BGB u. U. Kenntnisse aus dem Zivilprozeßrecht voraussetzt.)

Die zweite Frage zielt in der Sache auf das **Hausrecht** der S-GmbH. Das Hausrecht ist kein selbständiges Recht, sondern eine zusammenfassende Bezeichnung für Kompetenzen, die sich auf die Ordnungsbefugnis innerhalb eines Hauses beziehen. Häufig werden diese Kompetenzen ihre Grundlage im *Eigentum* finden (vgl. § 903 BGB). Damit könnten Sie sich hier begnügen. Der Sachverhalt, in dem die S-GmbH als Eigentümerin des Geschäftsgeländes ausgewiesen wird, macht es Ihnen insoweit bewußt einfach. Sie können sich aber leicht denken, daß die Frage, worauf das Hausrecht beruht, wenn derjenige, der sich darauf beruft – wie meist –, *nicht* Eigentümer ist, in der Praxis wesentlich mehr interessiert. Im Grunde gibt es hier zwei Möglichkeiten: Entweder man leitet das Hausrecht des Nichteigentümers vom Eigentümer ab (was freilich nicht immer möglich ist) oder man gründet es auf den *Besitz* (was m.E. vorzuziehen ist). Hier liegt sicher kein Schwerpunkt des Falles. Durch einen kurzen Hinweis können Sie aber deutlich machen, daß Sie den Fall auch von dieser Seite her im Griff haben.

2. Strategie

Was zur Strategie zu sagen ist, haben wir größtenteils bereits in die obigen Ausführungen miteinfließen lassen. Im Hinblick auf die erste der gestellten Fragen ist aber ein Problem nach wie vor offen.

Wie Sie gesehen haben, interessiert sich die S-GmbH nur dafür, ob sie eine Taschenkontrolle notfalls *erzwingen* darf. Das setzt einen *Anspruch auf Inspektion* der Einkaufstasche voraus. Sie können also nicht zuerst die Zwangsbefugnisse abhandeln und sich dann der Frage zuwenden, ob der S-GmbH überhaupt ein Anspruch zusteht, der solche Befugnisse begründen könnte. Wenn Sie jedoch umgekehrt erst lange Ausführungen über einen möglichen Anspruch der S-GmbH machen, um sich im Anschluß daran der eigentlich gestellten Frage zuzuwenden, besteht die Gefahr, daß Sie das Gutachten aus anderen Gründen verzeichnen.

Bearbeiter, die den Fall „im Griff" haben, können dem leicht entgegenwirken: Sie werden **bei § 229 BGB in den Fall „einsteigen"**, damit der Leser weiß, worum es geht, und innerhalb des damit eröffneten Bezugrahmens die anstehenden Fragen in der Reihenfolge erörtern, wie sie aus sachlichen Gründen geboten ist.

3. Lösungsskizze

I. **Darf Taschenkontrolle erzwungen werden?**
§ 229 BGB: Duldungspflicht und spezifische Selbsthilfevoraussetzungen.
1. *Duldungspflicht*
a) Zugangsvereinbarung
Angebot ja, Annahme *Auslegungsfrage.*
aa) Verhalten eines anderen kann nur dann als Willenserklärung gedeutet werden, wenn es auf entsprechenden *Willen schließen läßt.*
Bei ungehindertem Publikumsverkehr nicht.
bb) Hier aber:
– Zugangsschranken
– Einflußnahme durch Schließfächer und „Bitte"
– Wille erkennbar, Regelung durchzusetzen.
cc) § 151 BGB
b) § 307 BGB
aa) Einseitig gestellte vorformulierte Vertragsbedingung, § 305 I BGB. Einbezogen nach § 305 II Nr. 1 BGB.
bb) § 307 II Nr. 1 BGB: Mit Zugangsregelung wird von keinem Leitbild abgewichen.
§ 307 II Nr. 2 BGB: Vertragszweck für F nicht vereitelt.
2. *Selbsthilfevoraussetzungen*
Keine obrigkeitliche Hilfe und Gefahr der Anspruchsvereitelung, § 229 BGB.
a) Inspektion als zulässige Maßnahme?
§ 230 I BGB: nur Gefahrabwendung, nicht Erfüllung.

§ 230 II–IV BGB: nur Maßnahme, die durch Arrest bzw. einstweilige Verfügung möglich.
b) Erlaubte Maßnahme: Sicherstellung.
   Unverzüglich einstweilige Verfügung.
II. Hausverbot
1. §§ 1004, 903 BGB
a) Duldungsverpflichtung durch Zugangseröffnung?
   Zugangsregelung ist *änderbar.*
b) § 826 BGB
   Zugang gestattet, wenn andernfalls § 826 BGB.
   Kontrahierungszwang bei *Kauf* setzt Monopol voraus.
   Fehlt hier.
2. §§ 862, 858 BGB
   Ebenso.

B. Lösung

I. Darf die S-GmbH die Taschenkontrolle erzwingen?

Nach § 229 BGB könnte die S-GmbH berechtigt sein, die Kontrolle der Einkaufstasche auch gegen den Willen der F durchzusetzen. Das setzt freilich voraus, daß der S-GmbH ein Anspruch auf eine solche Kontrolle zusteht (dazu 1) und daß weiter die spezifischen Voraussetzungen der Selbsthilfe vorliegen (dazu 2).

  1. Mangels einer gesetzlichen Regelung kann sich eine solche Kontrollbefugnis nur aus einer vertraglichen Vereinbarung ergeben.

  a) Wie die im Eingangsbereich angebrachte Tafel zeigt, wollte die S-GmbH mit den Besuchern ihres Lebensmittelmarktes eine Zugangsregelung vereinbaren. Ob der von der Gesellschaft als *Angebot* gedachte Text von Frau F im Rechtssinn akzeptiert worden ist, hängt davon ab, ob das Betreten der Abteilung als Annahmeerklärung aufgefaßt werden kann. Dies ist im Wege der *Auslegung* zu ermitteln.

  aa) Um das Verhalten der F als Zustimmung auslegen zu können, reicht es nicht aus, daß die S-GmbH dieses Verhalten so verstehen möchte und dies auch deutlich macht. Grundsätzlich ist niemand verpflichtet, eine bestimmte Willenserklärung abzugeben. Aus diesem Grund kann auch niemand einseitig festlegen, daß bestimmte, an sich *neutrale* Verhaltensweisen eines anderen Erklärungsbedeutung haben sollen. Als Zustimmung zu der gewünschten Regelung kann das Betreten der Lebensmittelabteilung vielmehr nur dann ausgelegt werden, wenn die S-GmbH aus dem Verhalten der F berechtigterweise darauf *schließen* durfte, daß diese den *Willen hatte*, das gemachte Angebot damit anzunehmen.

  bb) Dabei kann nicht unberücksichtigt bleiben, daß der Zugang zur Lebensmittelabteilung nicht ganz so frei war, wie es bei einem offenen Markt mit ungehindertem Publikumsverkehr der Fall gewesen wäre. Im Unterschied zu den anderen Abteilungen des Supermarktes war der Eingang nämlich mit besonderen Zugangsschranken versehen, die einen Zutritt erschwerten. Davon abgesehen versuchte die S-GmbH aber auch noch in anderer Weise, auf den Zugang Einfluß zu nehmen. Einmal stellte sie Schließfächer auf und forderte die Besucher der Lebensmittelabteilung auf, ihre Einkaufstaschen darin zu verwahren. Sodann brachte sie zum Ausdruck, daß sie gleichwohl mitgenommene Taschen beim Ausgang kontrollieren wolle. An der Bereitschaft, dies auch durchzusetzen, bestand schon deshalb kein Zweifel, weil sich die S-GmbH dazu eigens der Zustimmung ihrer Kunden versichern wollte.

Wenn Frau F unter diesen Voraussetzungen die Lebensmittelabteilung betrat, ohne ihre Tasche in einem der Schließfächer abzulegen, kann dieses Verhalten nicht so angesehen werden, als habe sie sich in einer der Öffentlichkeit gewidmeten Sphäre bewegt, wo es ihr freistand, eine Erklärung abzugeben oder nicht. Vielmehr durfte die S-GmbH angesichts der getroffenen Vorkehrungen davon ausgehen, daß F damit einverstanden war, den Zutritt einer vertraglichen Regelung zu unterwerfen. F war dies auch wohlbekannt. Daß sie ihren entgegenstehenden Willen beim Zutritt nicht jeweils zum Ausdruck brachte, dies nach Lage der Dinge – der Eingangsbereich war laut Sachverhalt „nicht weiter überwacht" – wohl auch gar nicht konnte, ist nach § 116 BGB unbeachtlich.

cc) Gem. § 130 I BGB ist eine Willenserklärung, die einem anderen gegenüber abzugeben ist, an sich zugangsbedürftig. Auf den Zugang einer Vertragsannahmeerklärung kann der Antragende allerdings verzichten, § 151 BGB. Das ist hier durch die Organisation des Zugangs konkludent geschehen.

b) Eine andere Frage ist, ob der S-GmbH aufgrund des formell zustande gekommenen Zugangsvertrags in der Tat ein Anspruch darauf zusteht, die Einkaufstasche der F zu inspizieren. In Betracht kommt nämlich, daß die Kontrollvereinbarung nach *§ 307 BGB* unwirksam ist.

aa) Bei dem Tafeltext handelt es sich um eine für eine Vielzahl von Zugangsvereinbarungen vorformulierte Vertragsbedingung, die von der S-GmbH den Besuchern der Lebensmittelabteilung beim Eintritt einseitig gestellt wird, und damit um eine Allgemeine Geschäftsbedingung i. S. von § 305 I BGB. Durch das Aufhängen im Eingangsbereich hat die S-GmbH deutlich sichtbar darauf hingewiesen, und F hat sich durch ihr Verhalten konkludent damit einverstanden erklärt. Die Kontrollklausel ist daher gem. § 305 II Nr. 1 BGB Bestandteil der Zugangsvereinbarung geworden und muß sich mangels einer speziellen Regelung in den §§ 308, 309 BGB an § 307 BGB messen lassen.

bb) Eine unangemessene Benachteiligung i. S. von § 307 I BGB wäre nach § 307 II Nr. 1 BGB dann anzunehmen, wenn die Klausel von einer gesetzlichen Regelung abweichen würde und mit deren wesentlichen Grundgedanken nicht zu vereinbaren wäre. Das zielt auf solche Bestimmungen, durch die ein gesetzlich geregelter Vertragstyp oder eine andere gesetzliche Regelung durch Allgemeine Geschäftsbedingungen modifiziert wird. Aber darum geht es hier nicht. Die S-GmbH will vielmehr einen ganz neuen Vertragstyp („Zugangsvereinbarung") schaffen und dafür eine allgemeine Regelung aufstellen.

Daß mit der Zugangsregelung wesentliche Rechte oder Pflichten i. S. von § 307 II Nr. 2 BGB so eingeschränkt würden, daß die Erreichung des Vertragszwecks gefährdet wäre, ist ebenfalls nicht ersichtlich. Zweck des Vertrages ist es, den Zugang zu regeln. F ist am Zutritt nicht dadurch gehindert, daß sie eines der Schließfächer benutzen oder sich einer Taschenkontrolle unterziehen soll.

Denkbar wäre allenfalls, daß F durch die Klausel in sonstiger Weise unangemessen benachteiligt wird. Im Hinblick darauf, daß F sich nur der geringen Mühe unterziehen muß, eines der Schließfächer zu benutzen, wenn sie eine Taschenkontrolle ablehnt, ist aber auch dies zu verneinen. F hat sich daher wirksam verpflichtet, ihre Tasche kontrollieren zu lassen.

2. Nach § 229 BGB darf der Widerstand eines Verpflichteten gegen eine Handlung, die dieser zu dulden hat, *gewaltsam gebrochen werden*, wenn obrigkeitliche Hilfe nicht rechtzeitig zu erlangen ist und andernfalls die Gefahr besteht, daß die Verwirk-

lichung des Anspruchs vereitelt wird. Auf dem Klageweg kann der S-GmbH hier ersichtlich nicht geholfen werden. Wenn sie nicht eigenmächtig vorgeht, ist ihr Anspruch auf Taschenkontrolle nicht zu realisieren.

a) Anders als der Wortlaut des § 229 BGB nahelegen könnte, darf die S-GmbH ihren Anspruch aber nicht selbst „vollstrecken". Nach § 230 I BGB darf die Selbsthilfe vielmehr nicht weitergehen, als zur *Abwehr der Gefahr* erforderlich ist. Nach § 230 II – IV BGB hat derjenige, der Selbsthilfe übt, im Anschluß daran unverzüglich einen Arrest zu beantragen, der in der Sache auf die Verhängung von Sicherungsmaßnahmen gerichtet ist (§§ 916 ff. ZPO). Wo ein Arrest ausscheidet, weil es – wie hier – nicht um die Sicherung eines Geldanspruchs geht, tritt an dessen Stelle eine einstweilige Verfügung (§§ 935 ff. ZPO). Im Ergebnis jedenfalls darf die Selbsthilfe nicht weitergehen als der Arrest oder die einstweilige Verfügung, durch die sie abgelöst werden soll. Eine gewaltsame Taschenkontrolle ist danach ausgeschlossen.

b) Gestattet wäre nur eine *Sicherstellung* der Tasche etwa dadurch, daß sie in eines der Schließfächer eingeschlossen wird. In diesem Fall müßte die S-GmbH dann eine einstweilige Verfügung beantragen und könnte nach deren Erlaß ihren Anspruch auf Kontrolle im ordentlichen Erkenntnisverfahren geltend machen.

II. Darf die S-GmbH ein Hausverbot verhängen?

1. Ob die S-GmbH gegen F ein Hausverbot verhängen darf, hängt davon ab, ob dies durch ihr Hausrecht gedeckt wäre. Dieses ist kein eigenständiges Recht, sondern eine zusammenfassende Bezeichnung für Kompetenzen, die auf unterschiedlichen Grundlagen beruhen können. In Betracht kommen hier vor allem die §§ 1004, 903 BGB. Danach steht es der S-GmbH grundsätzlich frei, wem sie die in ihrem Eigentum stehenden Räume zugänglich machen will.

a) Im Hinblick darauf, daß die S-GmbH den Zugang an sich jedermann eröffnet hat, könnte sich ein gegen F ausgesprochenes Hausverbot als widersprüchlich darstellen. Es liefe indessen auf eine Unterstellung hinaus, zu meinen, die S-GmbH habe mit der Eröffnung ihres Geschäfts auf ihr Recht verzichtet, mißliebige Personen auszuschließen. Die allgemeine Eröffnung des Zugangs hindert nicht, daß von Fall zu Fall eine Ausnahme gemacht und einzelnen Personen der Zutritt verwehrt wird.

b) Das Recht, einzelne Personen auszuschließen, findet – von dem hier nicht einschlägigen AGG abgesehen – seine Grenze an § 826 BGB. Wo der Ausschluß auf eine sittenwidrige Schädigung hinausliefe, folgt aus der in den §§ 826, 249 I BGB vorgesehenen Pflicht zur Naturalrestitution, daß der Zugang gerade nicht verwehrt werden darf.

In diesem Zusammenhang ist zu berücksichtigen, daß eine Pflicht zum Abschluß eines *Kaufvertrages* aufgrund des § 826 BGB allenfalls dann besteht, wenn der Verkäufer eine Monopolstellung innehat. Nur dann nämlich ist der Kunde gehindert, den gewünschten Vertrag mit einem anderen Anbieter zu schließen. Das ist auch bei der Beurteilung einer Zugangsbeschränkung zu beachten. Es wäre nämlich nicht sinnvoll, jemandem ein Recht zum Zutritt in einen Verkaufsladen einzuräumen, dem nicht auch das Recht zusteht, kaufen zu dürfen.

Wie aus dem Sachverhalt ersichtlich ist, gibt es am Ort noch andere Supermärkte. Die S-GmbH hat also keine Monopolstellung inne. Sie unterliegt demnach als Verkäuferin keinem Abschlußzwang. Das schließt zugleich aus, daß sie verpflichtet sein könnte, der F den Zutritt zur Lebensmittelabteilung zu gewähren. Ein Hausverbot wäre daher insoweit zulässig.

2. Dasselbe Ergebnis folgt auch aus den §§ 862, 858 BGB.

Zur Vertiefung: *Braun*, Vertragsstrafevereinbarung durch Betreten der Geschäftsräume?, MDR 1975, 629; *v. Westphalen*, Taschenkontrolle im Supermarkt und Hausverbot, NJW 1994, 367; *Christensen*, Taschenkontrolle im Supermarkt und Hausverbot, JuS 1996, 873; OLG Frankfurt/M. NJW-RR 1993, 788 (Selbsthilfe zur Durchsetzung einer Taschenkontrolle im Supermarkt); OLG Frankfurt/M. NJW 1994, 946 (widerrechtliche Durchsetzung eines Hausverbots); BGHZ 124, 39 (AGB über Taschenkontrolle im Supermarkt); BGHZ 133, 184 = JR 1997, 236 m. Anm. *Hensen* = LM § 1 AGBG Nr. 26 m. Anm. *Heinrichs* (Verbandsklage wegen Taschenkontrollklausel); AG Oldenburg NJW-RR 1999, 1117 (Taschenkontrolle als Persönlichkeitsrechtsverletzung); RGZ 146, 182 (Grenzen des Selbsthilferechts).

17. Eine juristische Kettenreaktion

Sachverhalt

Frau A lebt zusammen mit ihrer Tochter B und ihrem Schwiegersohn im Haus ihres verstorbenen Mannes und wird von beiden mitversorgt und betreut. Mit zunehmendem Alter beginnt A, die in früheren Jahren sehr sparsam war, alle möglichen Wertgegenstände zu versilbern, um sich ein schönes Leben davon zu machen. Dabei wird sie häufig das Opfer von Betrügern, die ihre Leichtgläubigkeit auf infame Weise ausnutzen. Um A vor sich selbst zu schützen, wird B vom Vormundschaftsgericht zu ihrer Betreuerin in vermögensrechtlichen Angelegenheiten bestimmt. Zugleich wird dabei ein Einwilligungsvorbehalt angeordnet.

Da A von ihrer Tochter finanziell etwas knapp gehalten wird, versucht sie immer wieder, an Bargeld heranzukommen. Als sie eines Tages beim Bummeln in der Stadt im Schaufenster des Münzen- und Briefmarkenhändlers C ein Schild sieht: „Ständig Ankauf von Zahngold, Schmuck u.s.w.", betritt sie kurz entschlossen den Laden und bietet ihre mit Edelsteinen besetzte Goldkette zum Verkauf an. C erkennt sofort, daß die Kette einen Wert von ca. 1.200 € haben dürfte. Er spiegelt A jedoch vor, daß die Steine nicht echt seien, und kauft ihr das Schmuckstück für 100 € ab. A nimmt das Geld in ihre Handtasche, die sie auf dem Nachhauseweg irgendwo stehenläßt. Ein Finder meldet sich nicht.

C jedoch verkauft die Kette in der Folge für 900 € an D, mit dem er schon öfter Geschäfte gemacht hat. Deswegen erzählt er ihm jetzt auch offen, auf welche Weise er zu dem Stück gekommen ist und weshalb er ein so günstiges Angebot machen kann. Beide mokieren sich dabei über die Marotte älterer Damen, sich mit Schmuckstücken zu behängen, ohne zu wissen, worum es sich dabei handelt.

Als B bei A die Kette vermißt, geht sie der Sache auf den Grund. Nachdem A von ihrem Verkauf an C berichtet hat, fordert B von diesem namens der A mit resoluten Worten das Schmuckstück wegen „Betruges" heraus. C verweist B an D weiter, der die Kette tatsächlich noch hat.

Kann B im Namen der A von D die Kette herausverlangen? Stehen A wegen der Kette sonstige Ansprüche zu?

A. Vorbereitende Überlegungen

I. Erfassen des Sachverhalts

In dem Fall geht es auch im übertragenen Sinn um einen „Kettenverkauf": A veräußert eine Sache an C, dieser veräußert sie weiter an D. Wichtig sind die Besonderheiten, durch die sich der Fall auszeichnet. Diese bestehen in dreierlei:
Einmal war A unter Betreuung mit **Einwilligungsvorbehalt** gestellt. Zum andern wurde sie beim Verkauf ihrer Kette über deren Sacheigenschaften von C vorsätzlich **getäuscht**. Drittens schließlich **kannte D diese Täuschung**, als er die Sache von C erwarb.
Bildlich:

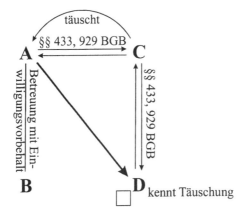

II. Erfassen der Fallfrage

Gefragt ist zweierlei: Einmal ob A, vertreten durch ihre Betreuerin B, ein **Herausgabeanspruch gegen D** zusteht, zum andern, ob A *sonstige Ansprüche* wegen der Kette hat.
Wäre nur nach der *Herausgabe* der Kette gefragt, könnte es sich sowohl um einen *Richter-* wie um einen *Anwaltsfall* handeln. Die *zweite* Frage dagegen können Sie nur aus *Anwaltsicht* behandeln. Der Richter prüft nur Anträge, die tatsächlich gestellt werden. Herauszufinden, welche Anträge man stellen kann oder soll, ist Sache des Anwalts. Wenn Sie sich daher in die Lage eines Anwalts versetzen, werden Sie schnell herausfinden, worum es geht. A (vertreten durch B) könnte nämlich nicht nur ein Interesse daran haben, den Schmuck zurückzubekommen; sie könnte auch an Geld interessiert sein. Das aber kann sie nach Lage der Dinge nicht von D, sondern – wenn überhaupt – *nur von C* verlangen, der das Schmuckstück an D veräußert hat. Neben dem Herausgabeanspruch gegen D müssen Sie daher weiter einen **Zahlungsanspruch gegen C** prüfen.

III. Erarbeiten der Lösung

1. Worauf wird es ankommen?

Im Kern geht es in dem Fall um ein geradezu klassisches Problem, nämlich um die rechtliche Behandlung eines Rechtsgeschäfts, das an einem **doppelten Mangel** leidet.

Die Veräußerung von A an C war zunächst mit dem Mangel behaftet, daß A in vermögensrechtlichen Angelegenheiten unter *Betreuung mit Einwilligungsvorbehalt* gestellt war. Das wirkt sich gem. § 1903 I 2, III BGB ähnlich aus wie eine beschränkte Geschäftsfähigkeit. Das ohne Einwilligung abgeschlossene Geschäft (Kaufvertrag samt Übereignung der Kette) ist nämlich schwebend **unwirksam**. Wird die Genehmigung – wie hier – dem Vertragspartner gegenüber versagt, wird es endgültig unwirksam. Zugleich leidet die Veräußerung durch A aber auch daran, daß A von C *arglistig getäuscht* wurde und B aus diesem Grund die Unwirksamkeit des Vertrags gegenüber C geltend gemacht, letztlich also den Vertrag **angefochten** hat. Auch die Anfechtung ist nach § 142 I BGB ein Unwirksamkeitsgrund, wobei eine Anfechtung gem. § 123 BGB nach h. M. in der Regel nicht nur das Verpflichtungsgeschäft erfaßt, sondern sich auch auf das Verfügungsgeschäft erstreckt, weil dieses meist ebenfalls von der Täuschung oder Drohung affiziert ist.

Bei einer rein begrifflichen Argumentation könnte man vielleicht sagen, daß ein *nichtiges* Rechtsgeschäft *nicht angefochten* werden kann. Es scheint nämlich bereits an einem Substrat zu fehlen, das durch Anfechtung „vernichtet" werden könnte. Zweifel hieran ergeben sich indessen aus folgendem: Stünde A *nicht* unter Betreuung und wäre die von ihr getätigte Veräußerung *allein* mit dem Mangel behaftet, daß A von C *arglistig getäuscht* worden ist, so würde D, der die Täuschung kannte, durch eine auch das Verfügungsgeschäft umfassende Anfechtung gem. § 142 II BGB so gestellt, als hätte er bösgläubig vom Nichteigentümer erworben. Ein gutgläubiger Erwerb des D käme daher nicht in Betracht. Wäre im vorliegenden Fall, in dem die Veräußerung *außerdem* noch an dem Mangel leidet, daß die *Betreuerin nicht zugestimmt* hat, die Anfechtung ausgeschlossen, wäre ein gutgläubiger Erwerb dagegen möglich. Die fehlende Zustimmung der Betreuerin schließt einen solchen Erwerb nämlich nicht aus. A stünde damit im Ergebnis *schlechter*, obwohl sie an sich noch *schutzwürdiger* ist. Es liegt auf der Hand, daß dies nicht richtig sein kann.

Streitig ist nur, wie dieses Ergebnis vermieden werden kann. Die überkommene, auf *Theodor Kipp* zurückgehende Lösung besteht darin, auch die Anfechtung nichtiger Rechtsgeschäfte zuzulassen. Ein anderer Vorschlag geht dahin, den guten Glauben des Dritterwerbers bereits dann auszuschließen, wenn dieser die Anfechtbarkeit kannte. (Er hätte dann auch ohne Anfechtung in keinem Fall erworben.) Wie auch immer Sie diese Frage beantworten: Fest steht, daß A die Herausgabe der Kette gegen D durchsetzen kann.

Die Begründung des *Zahlungsanspruchs* gegen C betrifft ein anderes Problem. In diesem Zusammenhang sollten Sie vor allem an **§ 816 I BGB** denken: Wenn C als Nichtberechtigter wirksam veräußert hat, ist er danach zur Herausgabe des Erlangten verpflichtet. Spätestens nach der Anfechtung des Vertrages ist der gutgläubige Erwerb des D entfallen, die Veräußerung des C also *unwirksam*. Kann B sie gleichwohl gem. § 185 II BGB genehmigen und dadurch wieder wirksam machen? Unabhängig hiervon war C gem. § 985 und § 812 I 1, 1. Alt. BGB zur Herausgabe der Kette verpflichtet. Haftet er jetzt auf Schadensersatz? Und – daran müssen Sie als Anwalt denken – was ist mit eventuellen *Gegenansprüchen des C* wegen der von ihm gezahlten 100 €?

2. Strategie

Die Grobstruktur Ihrer Gliederung ist nach dem Gesagten klar: Sie prüfen zuerst den Herausgabeanspruch gegen D, dann den Bereicherungsanspruch gegen C. Was fehlt, ist also nur die Binnenstruktur der beiden Ansprüche. Diese erarbeiten Sie sich in der Lösungsskizze.

3. Lösungsskizze

I. Kann A von D Herausgabe verlangen?

§§ 985 f. BGB. D ist Besitzer.

Eigentumsverlust der A?

1. *Eigentumserwerb des C*

   Tatbestand des § 929 BGB verwirklicht.

   A aber unter Betreuung mit Einwilligungsvorbehalt.

   Geschäfte von nicht lediglich rechtlichem Vorteil zustimmungsbedürftig, §§ 1903 I, III, 108 I BGB.

   Keine Genehmigung erteilt.

   Also kein Eigentumsverlust für A.

2. *Eigentumserwerb des D*

   § 932 BGB

   a) Keine Bösgläubigkeit hinsichtlich des Nichteigentums von C. Kein Abhandenkommen.

      Bösgläubigkeit wegen Kenntnis der Anfechtbarkeit gem. § 123 BGB? (Anfechtung nach § 123 BGB würde Verfügungsgeschäft mitumfassen.)

      Anfechtung setzt fristgerechte Erklärung voraus. Danach wirksam.

      Keine Änderung geboten.

   b) § 142 II BGB

      Anfechtung des Verkaufs an C gem. § 123 BGB erfaßt i. Zw. Übereignung (2 a).

      D stünde wie bei bösgläubigem Erwerb vom Nichteigentümer.

      Anfechtung konkludent erklärt.

      – Anfechtung nichtiger Geschäfte „begrifflich" unmöglich.

      – Anfechten heißt aber: Herbeiführen bestimmter Rechtsfolgen.

      Wenn *Voraussetzungen* verschiedener Nichtigkeitsgründe verschieden sind, muß man sich auf beide beziehen können.

      Wenn – wie hier – *Folgen* verschieden sind, auch.

      Also nicht § 932 BGB.

3. *D hat kein Besitzrecht.*

   Anspruch begründet.

II. Kann A von C Zahlung verlangen?

1. *§ 816 I 1 BGB:* 900 €

   C war Nichtberechtigter. Wirksam verfügt?

   a) Zunächst ja.

      Nach Anfechtung nicht mehr.

   b) An sich Genehmigung möglich.

      Hier ausgeschlossen wegen Anfechtung?

      Nein, da verschiedene Gründe bzw. Verhältnisse.

      Also Herausgabe des Erlangten.

2. *Wertersatz gem. §§ 990, 989 BGB*

   Herausgabeanspruch gegen D schließt Anspruch nicht aus (§ 255 BGB).

   Mit Genehmigung aber Schaden selbst zuzuschreiben, §§ 254 I, II 2, 278 BGB.

3. *§§ 812 I 1, 819 I, 818 IV, 292, 989 BGB*

   Ebenso

4. *Saldotheorie:* abzüglich der verlorenen (§ 818 III BGB) 100 €?

   Keine Saldierung zu Lasten von Geschäftsbeschränkten und Getäuschten.

B. Lösung

I. Kann A von D Herausgabe der Kette verlangen?

A kann, vertreten durch B (§ 1902 BGB), von D gem. §§ 985 f. BGB die Herausgabe verlangen, wenn sie nach wie vor Eigentümerin ist und D kein Besitzrecht zusteht.

1. Indem sich A mit C über den Eigentumsübergang geeinigt und ihm zugleich den Besitz der Sache überlassen hat, könnte sie ihr *Eigentum* gem. *§ 929 BGB* auf C übertragen haben. Allerdings war A in vermögensrechtlichen Angelegenheiten unter Betreuung mit Einwilligungsvorbehalt gestellt. Soweit dieser Vorbehalt reichte, konnte sie gem. §§ 1903 I, III, 108 ff. BGB nur solche Willenserklärungen abgeben, die ihr lediglich einen rechtlichen Vorteil brachten oder aber eine geringfügige Angelegenheit des täglichen Lebens betrafen. Zu anderen Erklärungen bedurfte sie der Einwilligung ihres Betreuers, hier der B.

Die Veräußerung der Kette an C war für A nicht lediglich rechtlich vorteilhaft – der Kaufvertrag deshalb nicht, weil er eine Verpflichtung begründen sollte, und die getroffene Verfügung ebenfalls nicht, weil A dadurch das Eigentum an der Kette verlieren sollte. Beide Geschäfte waren daher gem. §§ 1903 I 2, 108 I BGB bis zu ihrer Genehmigung durch B *schwebend unwirksam*. Eine solche Genehmigung ist nicht erteilt worden.

A hat daher ihr Eigentum nicht an C verloren.

2. In Betracht kommt jedoch, daß D die Sache gem. *§ 932 BGB* gutgläubig von C erworben hat.

a) D war beim Erwerb nicht bekannt, daß die Kette nicht dem Veräußerer C gehörte, und es ist auch nicht ersichtlich, daß ihm *insoweit* grobe Fahrlässigkeit zur Last fällt. A dagegen war sich ungeachtet ihrer Betreuungsbedürftigkeit bewußt, daß sie den Besitz der Sache aufgab. Die Kette war ihr daher nicht abhanden gekommen (vgl. § 935 I BGB). An sich liegen daher die Voraussetzungen des gutgläubigen Erwerbs vor.

Allerdings war D *bekannt*, daß C die Sache *durch eine arglistige Täuschung erworben* hatte. Er wußte daher, daß das von C geschlossene Erwerbsgeschäft nach § 123 BGB anfechtbar war. Das betrifft nicht bloß den Verpflichtungsvertrag, sondern, da sich die Anfechtung bei § 123 BGB im Zweifel auch auf das Verfügungsgeschäft erstreckt, das von der Täuschung mitbeeinflußt ist, auch die Übereignung selbst. Fraglich kann sein, ob D bereits aus diesem Grund so behandelt werden kann, als hätte er bösgläubig von einem Nichtberechtigten erworben. Im Ergebnis wäre er dann auch ohne Anfechtung wie ein bösgläubiger Erwerber gestellt.

Die befristete Täuschungsanfechtung gem. §§ 123 I, 124 BGB soll dem Anfechtungsberechtigten jedoch die Möglichkeit an die Hand geben, seine Erklärung sowohl anzufechten als auch durch Fristablauf wirksam werden zu lassen, je nachdem, was ihm vorzugswürdig erscheint. Es besteht kein Grund, sich über diese Regelung hinwegzusetzen und die Anfechtungsfolgen ohne den Willen des Getäuschten eintreten zu lassen.

b) Allerdings könnte sich ein Ausschluß des gutgläubigen Erwerbs auch aus *§ 142 II BGB* ergeben. Nach dieser Vorschrift wird ein Dritter, der die Täuschung kannte, im Fall der Täuschungsanfechtung so behandelt, als ob er die Nichtigkeit des Rechtsgeschäfts gekannt hätte. Wird ein Kaufvertrag gem. § 123 BGB angefochten, so erstreckt sich die Anfechtung und damit die Nichtigkeitsfolge gem. § 142 I BGB grundsätzlich auch auf das dingliche Vollzugsgeschäft (vgl. I 2 a). Wenn die Anfechtung erfolgt und das Eigentum des Erwerbers infolgedessen rückwirkend entfällt, steht daher der Dritte, der die Täuschung kannte, so, als hätte er wissentlich vom Nichtberechtigten erworben. Ein gutgläubiger Erwerb wird dadurch rückwirkend ausgeschlossen.

Hier hat B, der gem. § 1902 BGB gesetzliche Vertretungsmacht für A zukam, in deren Namen zwar nicht ausdrücklich die Anfechtung gegenüber C erklärt (§ 143 BGB). Durch ihr *Rückforderungsbegehren* hat B jedoch unmißverständlich zum Ausdruck gebracht, daß sie den zwischen A und C geschlossenen Vertrag wegen der von C dabei verübten arglistigen Täuschung nicht gelten lassen will. Mehr ist für eine Anfechtung nicht erforderlich.

Allerdings war die von A gegenüber C abgegebene Willenserklärung auch *ohne Anfechtung bereits unwirksam*. Da sie für A mit rechtlichen Nachteilen (Verlust des Eigentums) verbunden war, hätte sie, um wirksam zu sein, gem. §§ 1903 I, 108 I BGB der Zustimmung der B bedurft. Mit dem Herausverlangen der Sache hat B die Genehmigung indessen konkludent versagt. Zweifelhaft kann daher sein, ob die Willenserklärung der A überhaupt noch angefochten werden konnte.

Rein *begrifflich* scheint dies ausgeschlossen zu sein: Was nicht existiert, kann nicht vernichtet werden. Diese bildhafte Deutung ist jedoch keineswegs zwingend. Eine Anfechtung kann man auch als die Herbeiführung der mit der Anfechtung verbundenen Rechtsfolgen interpretieren. Wenn unterschiedliche Nichtigkeitsgründe in Betracht kommen, die jeweils *verschiedene Voraussetzungen* haben, muß es einer Partei jedenfalls möglich sein, sich auf denjenigen Grund zu beziehen, dessen Voraussetzungen sie am leichtesten dartun kann – selbst wenn das Rechtsgeschäft aus einem anderen Grund bereits vorher nichtig gewesen sein könnte. Und wenn – wie hier – verschiedene Nichtigkeitsgründe zu *unterschiedlichen Folgen* führen, kann es einer Partei nach dem Zweck der betreffenden Normen ebenfalls nicht verwehrt sein, diejenigen Folgen herbeizuführen, an denen ihr am meisten gelegen ist.

A ist daher nicht deshalb schlechter gestellt, weil ihre Willenserklärung ohnehin bereits nichtig war. Ihre durch B erklärte Anfechtung löst vielmehr die Rechtsfolge des § 142 II BGB aus, so daß D im Ergebnis nicht gutgläubig erworben hat.

3. Im Verhältnis zu A steht D kein Besitzrecht zu. Der Herausgabeanspruch ist daher begründet.

II. Kann A von C Zahlung verlangen?

1. Anstatt die Kette von D herauszuverlangen, könnte A – wiederum vertreten durch B – C gem. *§ 816 I 1 BGB* auf Herausgabe der von diesem beim Weiterverkauf erzielten 900 € in Anspruch nehmen. Voraussetzung dafür ist, daß C als Nichtberechtigter über die Kette wirksam verfügt hat.

a) Mangels Zustimmung der B zu der von A getätigten Veräußerung ist C nicht Eigentümer der Sache geworden und war daher *Nichtberechtigter*. Nachdem D die Kette ursprünglich gutgläubig von C erworben hat, war die von C darüber getroffene Verfügung zunächst auch wirksam. Die von B namens der A gegenüber C erklärte Täuschungsanfechtung hat jedoch den gutgläubigen Erwerb des D rückwirkend entfallen lassen. Im Ergebnis war daher die von C getroffene Verfügung *nicht wirksam*.

b) In Betracht kommt jedoch, daß B die von C unwirksam getroffene Verfügung namens der A gem. §§ 185 II 1, 1903 I 2 BGB *genehmigt* und dadurch wieder wirksam macht. Grundsätzlich ist ein solches Vorgehen im Rahmen des § 816 I 1 BGB möglich und anerkannt. Bedenken könnten sich hier nur daraus ergeben, daß B die Unwirksamkeit durch ihre Anfechtung selbst herbeigeführt hat.

Auch hier ist jedoch zwischen den verschiedenen Nichtigkeitsgründen zu unterscheiden. Die Anfechtung bezog sich darauf, daß die von A abgegebene Erklärung durch eine Täuschung beeinflußt war. Die Genehmigung soll dagegen den Mangel heilen, daß A ohne Einwilligung der B verfügt hat. Beides hat nichts miteinander zu tun.

B ist daher nicht gehindert, die Verfügung des C zu genehmigen und die erlangten 900 € herauszuverlangen.

2. Als bösgläubiger Besitzer ist C weiter gem. *§§ 990 I, 989 BGB* zum Schadensersatz verpflichtet. Daß A die Kette von D herausverlangen kann, würde dem nicht entgegenstehen (vgl. § 255 BGB). Wenn A dem Herausgabeanspruch gegen D jedoch durch eine Genehmigung der von C getroffenen Verfügung die Grundlage entzieht, hat sie sich den daraus resultierenden Schaden selbst zuzuschreiben (§§ 254 I, II 2, 278 BGB).

3. Möglicherweise könnte A den Wert der Sache in Höhe von *1.200 € gem. §§ 812 I 1, 1. Alt., 819 I, 818 IV, 292, 989 BGB* von C ersetzt verlangen. Zunächst war C wegen der von A rechtsgrundlos an ihn erbrachten Leistung nämlich auch einer Besitzkondiktion ausgesetzt. Nachdem er die Sache vorsätzlich an D weitergegeben hat, haftet er auf Ersatz des daraus entstandenen Schadens. Auch hier gilt jedoch, daß A, wenn sie die Weiterveräußerung genehmigt, sich den daraus entstandenen Verlust selbst zuzuschreiben hat.

4. Zu überlegen bleibt nur, ob sich der Anspruch der A um die *100 €* mindert, die sie von C erhalten hat. A war insoweit selbst einem Bereicherungsanspruch gem. § 812 I 1, 1. Alt. BGB ausgesetzt. Mit dem Verlust des Geldes ist sie jedoch gem. § 818 III BGB von der Verpflichtung frei geworden. Eine Anwendung der Saldotheorie, wonach A desungeachtet nur den überschießenden Saldo geltend machen dürfte, scheidet hier bereits deshalb aus, weil eine Saldierung zu Lasten von Geschäftsbeschränkten und Getäuschten nicht statthaft ist.

Zur Vertiefung: *Kipp*, Über Doppelwirkungen im Recht, Festschrift für Martitz, Berlin 1911, 211; *Oellers*, Doppelwirkungen im Recht?, AcP 169 (1969), 67; *Martinek*, Adelens einfältige Tauschgeschäfte, JuS 1993, L 68; BGH LM § 142 BGB Nr. 2 (Formnichtigkeit schließt Anfechtung nicht aus).

18. Der geschickte Autoverkäufer

Sachverhalt

Die A-GmbH kauft Gebrauchtwagen der Edelklasse auf, renoviert sie und veräußert sie dann mit Gewinn weiter. Der Verkauf wird meist von dem Handlungsbevollmächtigten H getätigt, der sich in diesen Dingen sehr geschickt zeigt. Dabei spricht G, der Geschäftsführer der A-GmbH, mit H zuvor den Preis ab, zu dem das Auto möglichen Interessenten angeboten wird. Dieser Angebotspreis liegt gewöhnlich etwas oberhalb des Marktpreises. Außerdem wird ein internes Limit vereinbart, unterhalb dessen auf keinen Fall verkauft werden soll.

Eines Tages kommt die A-GmbH an einen gut erhaltenen Rolls-Royce heran, der nach den Vorstellungen von G für 50.000 € angeboten werden soll. Das interne Limit wird von G auf 35.000 € festgesetzt. An diesem Wagen ist H jedoch selbst interessiert. Um ihn unauffällig zu einem möglichst geringen Preis zu bekommen, stellt er seinem Bekannten V eine Vollmacht aus, für ihn ein Auto zu erwerben. Dann verkauft er V, der dabei als Vertreter für ihn auftritt, das Auto für 30.000 € und nimmt auch die Übereignung vor. Daß der Wagen nicht unter 35.000 € verkauft werden sollte, weiß V nicht. Im übrigen glaubt er, daß seine Einschaltung nur deshalb erforderlich sei, um den Kauf besser beweisen zu können.

Als G von dem Geschäft erfährt, stellt er H zur Rede und sagt dabei u. a.: „Für dieses Mal soll es gut sein. Aber machen Sie das ja nicht wieder." Nachdem er sich die Sache noch einmal überlegt hat, will er die Veräußerung aber nicht mehr gelten lassen und verlangt den Wagen namens der A-GmbH zurück.

Mit Recht?

A. Vorbereitende Überlegungen

I. Erfassen des Sachverhalts

Um den Fall zu verstehen, müssen Sie wissen, was eine **Handlungsvollmacht** ist. Falls Sie sich damit bisher noch nicht beschäftigt haben, sollten Sie zunächst in Ihrer Gesetzessammlung die einschlägigen Vorschriften anhand des Sachverzeichnisses aufsuchen. Sie werden dann auf § 54 HGB verwiesen und können durch bloßes Nachlesen feststellen, daß es sich bei der Handlungsvollmacht um eine *typisierte Vollmacht* handelt, die grundsätzlich zu allen Geschäften und Rechtshandlungen ermächtigt, die der Geschäftskreis des betreffenden Handelsgewerbes mit sich bringt.

H ist demnach rechtsgeschäftlicher Vertreter der A-GmbH. Als Geschäftsführer ist auch G Vertreter dieser Gesellschaft, allerdings nicht rechtsgeschäftlicher, sondern organschaftlicher, § 35 I GmbHG. In Absprache mit G veräußert H Autos namens der Gesellschaft, wobei er intern an ein preisliches Limit gebunden ist.

Näher besehen geht es also um folgendes: H bestellt **V für sich zum Vertreter**. Mit dessen Hilfe erwirbt er, indem er **selbst für die A-GmbH auftritt**, ein Auto unterhalb des Limitpreises. Der Geschäftsführer G sagt dazu *zuerst ja*; danach will er das Geschäft *nicht mehr gelten lassen*.

Wie immer halten wir die Grundstruktur in einer Zeichnung fest:

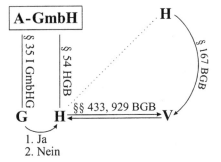

II. Erfassen der Fallfrage

Die Frage: „Mit Recht?" bezieht sich auf das **Herausgabeverlangen der A-GmbH**. Sie haben also lediglich die Frage zu beantworten, ob die Gesellschaft von H den Wagen herausverlangen kann.

Auf den ersten Blick könnten Sie versucht sein, diese Frage allein aus der Perspektive des *Richters* zu beurteilen: Wenn die A-GmbH gegen H auf Herausgabe klagt, muß das Gericht über diesen Antrag entscheiden. Wo nicht ausdrücklich nach der Entscheidung des Gerichts gefragt ist, empfiehlt es sich jedoch, die Sicht des *Anwalts* zumindest mitzubedenken. Wenn sich nämlich erweisen sollte, daß H *Eigentum* erlangt hat, müßte das Gericht den *Herausgabeanspruch*, der nur auf die Übertragung des *Besitzes* gerichtet ist, bereits aus diesem Grund abweisen. Ob H eventuell zur *Rückübereignung* verpflichtet ist, dürfte das Gericht wegen seiner Bindung an die gestellten Anträge (§ 308 I ZPO) nicht prüfen. Der Anwalt dagegen muß die Rechtslage weitergehend untersuchen; denn seine Aufgabe ist es u.a., die *richtigen Anträge zu stellen*. Wenn Sie also, wie es vom Aufgabensteller gemeint ist, unter allen rechtlichen Gesichtspunkten prüfen, ob es für die A-GmbH einen Weg gibt, das Auto zurückzubekommen, so haben Sie sich zwangsläufig in die Position eines von der GmbH eingeschalteten Anwalts zu versetzen.

III. Erarbeiten der Lösung

1. Worauf wird es ankommen?

H hat den Wagen gekauft und übereignet bekommen. Wenn beide Geschäfte wirksam sind, kann die A-GmbH nichts von ihm verlangen. Sind sie dagegen unwirksam, so ist H einem Kondiktions- bzw. Vindikationsanspruch ausgesetzt. Also müssen Sie Ihr Augenmerk darauf richten, ob die von H getätigten Geschäfte mit Mängeln behaftet sind. In Betracht kommt zweierlei.

Wie Sie aus unserer Skizze ersehen können, war H sowohl bei dem Kaufvertrag als auch bei der Übereignung **auf zwei Seiten beteiligt**: Auf seiten des Verkäufers handelte er als dessen Vertreter, auf seiten des Käufers wurde er selbst tätig, und zwar vertreten durch V. Ist dies zulässig? Wie Sie wissen, schließt § 181 BGB sog. *Insichgeschäfte* grundsätzlich aus. Dem Wortlaut nach erfaßt § 181 BGB aber nur solche Geschäfte, bei denen *eine* Person zugleich in *zwei* Funktionen tätig wird: als Vertreter eines anderen und zugleich für sich selbst oder aber als Vertreter für zwei verschiedene Geschäftsherren. Das ist hier offensichtlich nicht der Fall. Vielmehr sind hier *zwei* Personen (H und V) aufgetreten, wobei die eine freilich im Namen der anderen gehandelt hat. **Fällt auch diese Konstellation unter § 181 BGB** (dann waren die Geschäfte mit einem Mangel behaftet) oder schließt diese Vorschrift eine dahingehende Erweiterung aus?

Der andere Punkt, um den es geht, ist der, daß die Befugnisse des H beim Verkauf begrenzt waren: Er sollte das Auto keinesfalls unter 35.000 € verkaufen. Die Handlungsvollmacht ist jedoch eine typisierte Vollmacht. Beschränkungen braucht ein *Dritter* gem. § 54 III HGB nur dann gegen sich gelten zu lassen, wenn er sie kannte oder kennen mußte. War H überhaupt „Dritter" i. S. dieser Vorschrift? Und selbst wenn: Kann er sich dann hinter der Unkenntnis des V verstecken, oder kommt es nicht vielmehr auf seine eigene Kenntnis an?

Sollten Sie zu dem Ergebnis kommen, daß die von H getätigten Geschäfte unwirksam sind, so kommt es weiter darauf an, ob die Mangelhaftigkeit durch die Äußerung des G *geheilt* worden ist.

2. Strategie

Ist der obligatorische Vertrag unwirksam, steht der A-GmbH ein **Bereicherungsanspruch** zu; ist die Übereignung mangelhaft, kommt ein **Eigentumsherausgabeanspruch** in Betracht. Wie eine kurze Überlegung zeigt, kommen Sie nicht umhin, im Rahmen eines jeden dieser Ansprüche – falls die Prüfung nicht vorzeitig endet – *beide* Seiten zu untersuchen, sowohl die obligatorische als auch die dingliche. Bei dem Bereicherungsanspruch fragt sich nämlich, ob er auf *Rückübereignung* oder aber nur auf die Wiederbeschaffung des *Besitzes* gerichtet ist. Dies hängt davon ab, ob die Übereignung an H wirksam war. Beim Eigentumsherausgabeanspruch dagegen müssen Sie ggf. prüfen, ob H ein Recht zum Besitz i. S. von § 986 BGB zusteht. Ein solches Besitzrecht könnte sich aus dem obligatorischen Vertrag ergeben, falls er wirksam war.

Womit aber sollen Sie *anfangen*? Üblicherweise prüft man die §§ 985 ff. BGB vor den §§ 812 ff. BGB. Der Grund ist der, daß die §§ 987 ff. BGB hinsichtlich Nutzungen und Schadensersatz eine Sonderregelung enthalten (vgl. § 993 I BGB), die u. a. den

§§ 812 ff. BGB vorgeht. Auf die Herausgabe von Nutzungen kommt es zwar in unserem Fall nicht an, so daß man das Verhältnis hier ohne Schaden auch umkehren könnte. Aber es ist sinnvoll, sich an eine Prüfungsreihenfolge zu gewöhnen, die einen auch in anders gelagerten Fällen vor Fehlern oder zumindest vor überflüssigen Ausführungen bewahrt. Also: **zuerst der Eigentumsherausgabeanspruch!** Damit ist absehbar, daß für den Bereicherungsanspruch nicht mehr viel bleibt. Die Einigungsmängel, um die es im Kern geht, müssen nämlich alle bereits im Rahmen des Vindikationsanspruchs geprüft werden.

Was diese Mängel selbst angeht, so müssen Sie noch entscheiden, ob Sie zuerst das *Insichgeschäft* oder aber den *Mißbrauch der Vertretungsmacht* prüfen. Greift § 181 BGB ein, so kann man sagen, daß von vornherein überhaupt keine Vertretungsmacht vorliegt. Daraus ergibt sich zwar noch kein zwingender Grund, diese Erörterung vorzuziehen. Denn im Hinblick auf die mögliche Unwirksamkeit der getätigten Geschäfte sind die beiden Mängel, um die es hier geht, logisch gleichwertig. Der Leser kann Ihnen aber leichter folgen, wenn Sie eventuelle Mängel in der Reihenfolge abhandeln, in der sie sich ereignet haben.

3. Lösungsskizze

I. §§ 985 f. BGB
Eigentumsverlust der A, wenn Übereignung wirksam.
1. Bedenken wegen materieller *Beteiligung des H auf beiden Seiten*: Vertreter des Veräußerers (§ 54 I HGB) und Erwerber.
a) § 181 BGB an sich nur bei Handeln *einer* Person in verschiedenen Funktionen. Hier aber *zwei* Personen, wenn auch mit einem Interesse.
b) § 181 BGB nicht nur formale Ordnungsvorschrift.
   Will Interessenwiderstreit bei Handeln für mehrere zugleich verhindern. Daher teils Einschränkung.
   Aber auch Ausdehnung geboten.
   So hier: H trat erkennbar auf beiden Seiten in Erscheinung: als Bevollmächtigter und Vollmachtgeber.
c) Kaufvertrag leidet an demselben Mangel, daher nicht § 181 Hs. 2 BGB.
d) § 181 BGB kein gesetzliches Verbot.
   Genehmigung analog §§ 177 I, 182 I, 184 I BGB.
   Genehmigung durch G (§ 35 I GmbHG) erteilt.
2. *Verstoß gegen Weisung des G.*
   Dadurch nicht nur Befugnis für obligatorischen, sondern auch dinglichen Vertrag betroffen.
a) Für Handlungsvollmacht speziell *§ 54 HGB*.
   Abs. I, III: grundsätzlich Generalvollmacht. Einschränkung gegenüber Dritten nur bei Kenntnis u.s.w.
   Ob H „Dritter" zweifelhaft.
   Jedenfalls § 166 II BGB: Weisung zum Kauf *dieses* Autos; also genügt Kenntnis des H.
b) Genehmigung analog §§ 177 I, 182 I, 184 I BGB.
3. *Kein Willensmangel, keine Anfechtung.*

II. § 812 I 1, 1. Alt. BGB
Obligatorischer Vertrag als Rechtsgrund?
Dieselben Mängel wie dingliche Einigung.
Aber auch hier Genehmigung.

B. Lösung

I. §§ 985 f. BGB

Die A-GmbH könnte berechtigt sein, den Wagen gem. §§ 985 f. BGB von H herauszuverlangen. Das setzt voraus, daß der Wagen nach wie vor im Eigentum der Gesellschaft steht und daß H zum Besitz nicht berechtigt ist. Der Form nach hat sich H, vertreten durch V, mit der A-GmbH auf den Eigentumserwerb geeinigt. Weiter ist ihm im Zusammenhang damit auch der Besitz übertragen worden. Falls das Geschäft wirksam ist, wäre damit das Eigentum gem. § 929 BGB auf H übergegangen.

1. Bedenken gegen einen Eigentumserwerb des H ergeben sich jedoch daraus, daß dieser bei der dinglichen Einigung *sowohl auf seiten des Veräußerers wie auch des Erwerbers mitgewirkt* hat: Einerseits ist H im Namen der A-GmbH als deren Handlungsbevollmächtigter tätig geworden (§ 54 I HGB); andererseits hat er den Wagen für sich selbst erworben, auch wenn er dabei nicht in eigener Person gehandelt, sondern sich eines Vertreters bedient hat. Es fragt sich, ob dies zulässig ist.

a) Grundsätzlich kann ein Vertreter ein Rechtsgeschäft im Namen des Vertretenen weder mit sich im eigenen Namen noch als Vertreter eines Dritten vornehmen, *§ 181 BGB. Ein und dieselbe* Person soll also beim Geschäftsabschluß nicht gleichzeitig in zwei Funktionen tätig werden. Aber das ist hier nicht geschehen. Vielmehr sind *zwei verschiedene* Personen (H und V) tätig geworden, mögen auch beide dabei allein das Interesse des H im Auge gehabt haben. Zweifelhaft kann sein, ob § 181 BGB auf diese Konstellation entsprechend anzuwenden ist.

b) Wäre § 181 BGB nur eine *formale Ordnungsvorschrift*, die verhindern soll, daß jemand im rechtsgeschäftlichen Verkehr gleichzeitig in unterschiedlichen Funktionen auftritt, so könnte der Vorschrift bereits dadurch entsprochen werden, daß derjenige, der gleichzeitig auf verschiedenen Seiten tätig werden will, einen weiteren Vertreter bestellt und mit diesem abschließt. Der Zweck des § 181 BGB ist jedoch nicht der, klarzustellen, daß überhaupt ein Rechtsgeschäft stattgefunden hat – dazu gibt es andere Mittel –, sondern dem *Interessenwiderstreit* zu begegnen, der sich ergibt, wenn jemand in ein und derselben Sache *gleichzeitig für mehrere* tätig wird. Bei der Auslegung des § 181 BGB wirkt sich das nicht nur so aus, daß diese Vorschrift keine Anwendung findet, wo ersichtlich ein Interessenwiderstreit nicht zu besorgen ist. Die Rücksichtnahme auf den Gesetzeszweck muß umgekehrt auch dahin führen, daß § 181 BGB über den Gesetzeswortlaut hinaus auch in solchen Fällen zum Zug kommt, wo zwar formal gesehen kein Insichgeschäft vorliegt, der *Vertreter* aber gleichwohl *erkennbar als Partei beteiligt* ist.

Hier ist H auf seiten der A-GmbH, also der Verkäuferin, tätig geworden; auf seiten des Käufers war er selbst Partei. Daraus ergab sich nicht nur ein Interessenwiderstreit, wie er in vielerlei Zusammenhängen auftreten kann. Wer den Erwerbsvorgang überprüfte, konnte vielmehr unschwer feststellen, daß dieselbe Person, die als Vertreter des Veräußerers tätig wurde, auf der Erwerberseite als Aussteller der Erwerbsvollmacht in Erscheinung trat. Der Interessenwiderstreit war daher *genauso manifest* wie in den beiden Fällen, die von § 181 BGB unmittelbar erfaßt werden. Das rechtfertigt es, diese Vorschrift hier analog anzuwenden.

c) Obgleich die Übereignung danach ein Insichgeschäft darstellt, könnte sie gem. *§ 181 Hs. 2 BGB* dennoch wirksam sein. Wäre nämlich der zugrunde liegende Kaufvertrag rechtsgültig zustande gekommen, würde die Übereignung sich lediglich als Erfüllung einer Verbindlichkeit darstellen. Der Kaufvertrag leidet jedoch ersichtlich an *denselben Mängeln* wie die dingliche Einigung auch und ist daher ebenfalls unwirksam.

d) § 181 BGB enthält indessen *kein gesetzliches Verbot* von Insichgeschäften. Wie in der Vorschrift zum Ausdruck kommt, kann dem Vertreter das Insichgeschäft durch den Vertretenen vielmehr *gestattet* werden. Daraus folgt, daß ein Verstoß gegen § 181 BGB nicht zur Nichtigkeit, sondern nur zur schwebenden Unwirksamkeit des Geschäfts führt. Der Vertretene kann es daher analog §§ 177 I, 182 I, 184 I BGB rückwirkend *genehmigen*.

Hier hat G gegenüber H zum Ausdruck gebracht, daß er es für dieses Mal bei dem Geschäft bewenden lassen wolle. Darin liegt sinngemäß eine Genehmigung, die G als Geschäftsführer der A-GmbH ausgesprochen hat. Gem. § 35 I GmbHG wird diese Erklärung der Gesellschaft zugerechnet. Der Mangel, der dem Eigentumserwerb des H anhaftete, wurde auf diese Weise nachträglich geheilt, so daß ein Eigentumsherausgabeanspruch der A-GmbH jedenfalls nicht an § 181 BGB scheitert.

2. Bedenken gegen einen Eigentumserwerb des H bestehen aber noch aus einem anderen Grund. Wie von dem Geschäftsführer der A-GmbH angeordnet, sollte H das Auto nicht unter 35.000 € veräußern. Diese *Einschränkung seiner Befugnis* bezog sich zunächst auf den Abschluß des schuldrechtlichen Kaufvertrags. Gemeint war damit aber auch, daß H den Wagen nicht weiterübereignen sollte, wenn es nicht zur Erfüllung eines Kaufvertrages über mindestens 35.000 € geschah. Das folgt schon daraus, daß juristische Laien zwischen der obligatorischen und der dinglichen Seite kaum je unterscheiden. Hier hat H den Wagen jedoch zur Erfüllung eines Kaufvertrages zu 30.000 € übereignet. Zu prüfen ist daher, wie sich dies auswirkt.

a) Für den Fall der Handlungsvollmacht findet sich dazu eine spezielle Regelung in § 54 HGB. Soweit diese reicht, erübrigt sich ein Rückgriff auf die allgemeine Lehre vom Mißbrauch der Vertretungsmacht. Ausweislich § 54 I, III HGB ist zum Schutz Dritter davon auszugehen, daß eine Handlungsvollmacht grundsätzlich als Generalvollmacht erteilt ist. Einschränkungen wirken gegenüber einem Dritten nur dann, wenn er sie kannte oder kennen mußte.

Hier war die Handlungsvollmacht des H durch die Weisung des G in der dargelegten Weise eingeschränkt worden. Zweifelhaft kann allerdings sein, ob H wegen seiner materiellen Beteiligung überhaupt „Dritter" i.S. des § 54 III HGB war. Im Hinblick darauf, daß Veräußerer und Erwerber der Form nach verschieden waren, wird man dies jedoch bejahen müssen.

Eine andere Frage ist die, ob hinsichtlich der Kenntnis bzw. des Kennenmüssens auf die Person des H oder des V abzustellen ist. Nach § 166 I BGB kommt insoweit grundsätzlich nicht die Person des Vertretenen, sondern des Vertreters in Betracht. Anderes gilt gem. § 166 II BGB nur dann, wenn ein Bevollmächtigter nach bestimmten Weisungen des Vollmachtgebers gehandelt hat. In diesem Fall kann sich der Vollmachtgeber hinsichtlich solcher Umstände, die er selbst kannte, nicht auf die Unkenntnis des Vertreters berufen.

Hier hat H dem V nicht Vollmacht zum Kauf eines beliebigen, sondern eines ganz bestimmten Wagens erteilt. Darin liegt zugleich die Weisung, diesen und keinen anderen Wagen zu kaufen. Im Hinblick auf die Beschränkung seiner Veräußerungsbefugnis, die H genau bekannt war, kann er sich daher nicht auf die Unkenntnis des V berufen.

b) Ebenso wie in den sonstigen Fällen des Mißbrauchs der Vertretungsmacht ist aber auch dieser Mangel durch *Genehmigung* des Vertretenen heilbar. Indem sich G mit dem Geschäft einverstanden erklärt hat, ist der Verstoß des H gegen die internen Weisungen, durch welche zugleich die Vertretungsmacht des H eingeschränkt worden ist, analog §§ 177 I, 182 I, 184 I BGB rückwirkend geheilt worden.

3. Die Genehmigung des G war von Willensmängeln frei. Daß G sich die Sache nachträglich anders überlegt hat, vermag daher an der Wirksamkeit der einmal abgegebenen Erklärung nichts zu ändern.

Der Eigentumsherausgabeanspruch der A-GmbH ist demnach unbegründet.

II. § 812 I 1, 1. Alt. BGB

Möglicherweise kann die A-GmbH, wenn sie schon das Eigentum verloren hat, von H jedoch gem. § 812 I 1, 1. Alt. BGB *Rückübereignung* des Wagens verlangen. Voraussctzung dafür ist, daß der Kaufvertrag, der den Rechtsgrund für die Übereignung an H darstellt, unwirksam ist.

Wie bereits festgestellt (I 1 c), leidet der obligatorische Vertrag an denselben Mängeln wie die dingliche Einigung. Indem G das Geschäft des H gebilligt hat, ist aber auch insoweit eine *Heilung* analog §§ 177 I, 182 I, 184 I BGB eingetreten. H hat Eigentum und Besitz daher mit Rechtsgrund erlangt und braucht das Auto folglich auch nach § 812 BGB nicht herauszugeben.

Zur Vertiefung: RGZ 108, 405; 157, 24 (keine analoge Anwendung des § 181 BGB bei Interessenkollision); BGHZ 91, 334 (§ 181 BGB bei Untervollmacht); OLG Hamm NJW 1982, 1105 (§ 181 BGB bei Vertragsschluß mit eigenem Vertreter).

Themenkomplex 4: Leistungsstörungen und Mängelgewährleistung

19. Die neuen Bandscheibenmatratzen

Sachverhalt

Um etwas für die Bandscheiben zu tun, beschließt K, für sich und seine Frau neue, bandscheibenfreundliche Matratzen zu kaufen. Am 1.4. entscheidet er sich bei V für ein Paar X-Y-Spezial-Federkernmatratzen zum Preis von 250 € pro Stück. Er zahlt 250 € an, der Rest soll bei der Lieferung fällig sein, die gleich am nächsten Tag durch den hauseigenen Lieferdienst erfolgen soll. Da die alten Matratzen von V nicht mitgenommen werden, will K sie bei der nächsten Sperrmüllabfuhr am 8.4. mitgeben.

Als der Lieferwagen des V am 2.4. kommt, findet er unmittelbar vor dem Haus des K keinen Parkplatz und muß sich einige Meter weiter abstellen. Dadurch müssen die Angestellten des V die Matratzen am Gartenzaun des Nachbarn N vorbeitragen. Infolge einer Unachtsamkeit wird eine der Matratzen an einem herausstehenden Nagel beschädigt. K nimmt daher nur die andere Matratze ab und zahlt den Rest vorerst nicht. Die Angestellten meinen, es sei überhaupt kein Problem, bei der nächsten Ausfahrt morgen oder übermorgen eine unbeschädigte Matratze des gleichen Typs nachzuliefern.

In der Nacht vom 2. auf den 3.4. schläft K auf der neuen Matratze ausgezeichnet. Am nächsten Morgen erfährt er jedoch telefonisch von V, daß weitere Matratzen dieser Art nicht auf Lager sind. Die Lieferung einer neuen Matratze werde mindestens 4 Wochen dauern. K lehnt es ab, sich darauf einzulassen, da die nächste Sperrmüllabfuhr erst ein halbes Jahr später erfolgt und er die andere der beiden alten Matratzen mangels eines Kellers nicht so lange in der Wohnung aufbewahren kann. Er versucht daher noch am selben Tag, bei anderen Händlern eine X-Y-Spezial-Federkernmatratze derselben Art zu bekommen. Da dies nicht gelingt, kauft er bei D am 4.4. zum Preis von je 275 € zwei in der Qualität vergleichbare Z-Rheuma-Matratzen, die ihm noch am gleichen Tag zugefahren werden. Die gelieferte X-Y-Spezial-Federkernmatratze stellt er V zur Verfügung. Gleichzeitig fordert er die geleistete Anzahlung zurück, und außerdem verlangt er Schadensersatz von 50 € wegen des Mehrpreises, den er hat zahlen müssen.

Mit Recht?

A. Vorbereitende Überlegungen

I. Erfassen des Sachverhalts

Der Sachverhalt enthält eine Fülle von Informationen, die durch eine Skizze schnell anschaulich werden:

$$V \xrightarrow[\text{2 X-Y-Matratzen (geliefert eine)}]{\text{500 € (Anzahlung 250 €)}} K \dashrightarrow[\text{2 Z-Matratzen}]{\text{550 €}} D$$

Angest.

1.4	Vertragsschluß
2.4.	Schaden bei Lieferung
2./3.4.	Unbeschädigte Matratze benutzt
4.4.	Kauf neuer Matratzen: 550 €
8.4.	Sperrmüllabfuhr
Okt.	Nächste Sperrmüllabfuhr

II. Erfassen der Fallfrage

Gefragt ist laut Sachverhalt zweierlei: Einmal verlangt K die geleistete **Anzahlung in Höhe von 250 € zurück**. Zum andern fordert er **Schadensersatz in Höhe von 50 €.** Insoweit können Sie nicht viel falsch machen. Das sollte Sie aber nicht verleiten, nachlässig zu werden. Denn nur wenn Sie der Fallfrage nachspüren, werden Sie gewahr, daß K im Gegenzug zur Rückforderung seiner Anzahlung die *gelieferte Matratze zur Verfügung stellt*. Das könnte im Hinblick auf ein mögliches *Zurückbehaltungsrecht* des V von Bedeutung sein.

Der Fall kann sowohl aus der Sicht des Anwalts wie auch des Richters betrachtet werden: Welche Überlegungen wird ein *Anwalt* anstellen, wenn er von K um Rat gefragt wird, ob dieser von V 300 € verlangen kann, oder wie würde ein *Gericht* auf eine entsprechende Klage hin entscheiden? Mehr spricht hier freilich für die Anwaltsperspektive. Bevor Sie es nicht besser wissen, sollten Sie nämlich vorsichtshalber die *Möglichkeit* im Auge behalten, daß die Ansprüche des K unbegründet sind und daß V von K die Zahlung des Restkaufpreises verlangen kann. In diesem Fall müßte der Anwalt des K diesen auf diese Rechtslage hinweisen, damit er durch eine Verzögerung oder Verweigerung der Zahlung keine Nachteile erleiden kann.

III. Erarbeiten der Lösung

1. Worauf wird es ankommen?

Die Anzahlung ist von K in Erfüllung des Kaufvertrages, also mit Rechtsgrund geleistet worden. Er kann sie daher nur zurückfordern, wenn ihm ein Recht zur Rückabwicklung des Vertrages zusteht. Hier ist vor allem an einen **Rücktritt** zu denken. Als Rücktrittsgrund kommt *§ 323 I BGB* in Betracht. Wie sich bei kurzem Nachdenken zeigt, ist hier eine Reihe von Problemen verborgen, die Sie in Ihrer Arbeit ansprechen sollten.

Einmal schon könnte man zweifeln, ob § 323 I BGB hier „*direkt*" oder nur *aufgrund der Verweisung in § 437 Nr. 2 BGB* Anwendung findet. Voraussetzung für die Anwendbarkeit des Sachmängelrechts ist nach § 434 I 1 BGB der Gefahrübergang, normalerweise also die Übergabe (§ 446 BGB). Die beschädigte Matratze ist laut

Sachverhalt nicht übergeben worden. Also, sollte man meinen, kann die Gefahr insoweit nicht übergegangen sein. Auf der anderen Seite jedoch wird in § 434 III BGB die Lieferung einer zu geringen Menge einem Sachmangel gleichgestellt. Das könnte bedeuten, daß mit der Übergabe auch nur *einer* Matratze *insgesamt* Sachmängelrecht Anwendung findet. Sie stoßen hier auf eine der vielen undurchdachten Regelungen, die uns die sog. Schuldrechtsreform beschert hat. Der praktische Unterschied der aufgeworfenen Frage liegt darin, daß der Rücktritt bei direkter Anwendung des § 323 I BGB bis zum Ablauf von 3 Jahren, gerechnet vom Ende des Jahres an, in dem der Lieferungsanspruch entstanden ist, möglich ist, bei dem Umweg über § 437 BGB dagegen nur bis zum Ablauf von 2 Jahren seit Ablieferung der Sache (vgl. §§ 218 I, 195, 199 I Nr. 1 BGB einerseits, §§ 438 I Nr. 3, IV 1, 218 I BGB andererseits). Diese Verkürzung der Rücktrittsfrist erscheint nur in solchen Fällen vertretbar, in denen der Käufer die Zuweniglieferung *erst nach der Übergabe bemerkt* hat, nicht aber, wo er wie hier den Mangel sofort bemerkt und gerügt hat. Ergebnis daher: § 323 I BGB findet hier *direkt* Anwendung. (Aber beachten Sie bitte: Es handelt sich trotz der Kompliziertheit nur um ein *Randproblem*, auf das es im Ergebnis hier nicht weiter ankommt. Fassen Sie sich daher so kurz wie möglich, auch wenn es Sie einige Zeit gekostet hat, insoweit Klarheit zu gewinnen.)

Wichtiger ist folgendes: K will sich offenbar von dem *ganzen Vertrag* lösen, obwohl dieser *zur Hälfte bereits erfüllt* worden ist. Geht dies? Nach *§ 323 V 1 BGB* hängt die Antwort davon ab, ob K an der Teilleistung ein Interesse hat. Nach den Angaben im Sachverhalt sollte dies nicht schwer zu entscheiden sein. Weiter setzt § 323 I BGB außer der Fälligkeit auch eine *Fristsetzung* voraus. Daran fehlt es hier. Also werden Sie sich auch hierzu äußern müssen. Wie sie aus § 323 II BGB ersehen können, ist die Fristsetzung in manchen Fällen *entbehrlich*. Als Merkposten sollten Sie § 323 II Nr. 2 (relatives Fixgeschäft) und Nr. 3 BGB (Interessenabwägung) notieren. Wenn Sie den Sachverhalt vollständig erfaßt haben, ist Ihnen weiter gegenwärtig, daß K die gelieferte Matratze *bereits benutzt* hat. Muß er dafür dem V etwas erstatten (vgl. § 346 I, II BGB)? Und schließlich ist auch an ein mögliches *Zurückbehaltungsrecht* des V zu denken (§ 348 BGB).

Wie Ihnen wahrscheinlich bekannt ist, kann der Gläubiger unter Voraussetzungen, die – vom Vertretenmüssen der Pflichtverletzung abgesehen – denen des Rücktritts sehr ähnlich sind, gem. §§ 280 I, III, 281 BGB **Schadensersatz statt der Leistung** verlangen. Damit kann er eine ganz ähnliche Wirkung wie durch einen Rücktritt erzielen. Wenn K nämlich unter Zurückweisung der gelieferten Matratze verlangt, vermögensmäßig so gestellt zu werden, als sei voll erfüllt worden, so muß ihm die geleistete Anzahlung als „Mindestschaden" erstattet werden. Im Ergebnis kommt das einem Rücktritt gleich, und jedenfalls auf die Rückgewähr der von V erbrachten Teilleistung finden nach § 281 V BGB die an sich für einen Rücktritt vorgesehenen Vorschriften der §§ 346–348 BGB Anwendung.

Auf einen Schadensersatzanspruch des K müssen Sie unabhängig hiervon aber auch wegen der **Mehrkosten in Höhe von 50 €** eingehen, die K geltend macht. Dieser Betrag ist nämlich, wenn überhaupt, nur über einen Schadensersatzanspruch zu erlangen.

2. Strategie

Wie sich gezeigt hat, weist der Fall zwei Fragenkomplexe auf: *Rücktritt* und *Schadensersatz*. Dabei kann der Rücktritt nur für die Rückforderung der geleisteten Anzahlung von Bedeutung sein, der Schadensersatzanspruch darüber hinaus auch für den Ersatz der Mehrkosten. Die Frage ist, womit Sie beginnen sollen.

Mit dem Rückforderungsanspruch aus Rücktritt anzufangen, empfiehlt sich aus praktischen Gründen deshalb, weil dieser Anspruch von geringeren Voraussetzungen abhängt: Anders als ein Schadensersatzanspruch setzt er *nicht* voraus, daß die Verzögerung der Leistung von V *zu vertreten* ist. (Es umgekehrt zu machen, wäre aber nicht falsch.)

Eine andere Frage ist, ob Sie Ihre Ausführungen primär nach der Art des geltend gemachten Interesses (Rückforderung der Anzahlung und Erstattung der Mehrkosten) oder nach den dafür herangezogenen Anspruchsgrundlagen (§§ 346, 323 BGB einerseits, §§ 280 I, III, 281 BGB andererseits) gliedern wollen. Ich persönlich ziehe das erstere vor, weil man sich dabei schwerpunktmäßig an den Intentionen der Beteiligten und nicht an der Struktur der verwendeten juristischen Argumentationsmuster orientiert.

3. Lösungsskizze

I. Rückforderung der Anzahlung, § 346 I BGB

1. Rücktritt gem. § 323 I, II Nr. 2 BGB bzw. 376 I HGB

a) Nicht § 437 Nr. 2 BGB, da Gefahr bei Ablehnung mangelhafter Sache nicht übergeht.

b) Rücktritt bei Fixgeschäft ohne Fristsetzung.
Relatives Fixgeschäft aber schon deshalb nicht vereinbart, da V Interesse des K nicht kennt.

2. Rücktritt gem. § 323 I, II Nr. 3 BGB

a) Nichterbringung fälliger Leistung.

b) Fristsetzung
Entbehrlich, wenn in Anbetracht besonderer Umstände sofortiger Rücktritt gerechtfertigt.
Hier: langer Aufbewahrungszeitraum, aber kein Abstellraum. Verschulden des Transportpersonals.

c) Rücktritt ganz oder teilweise?
§ 323 V 1 BGB: teilweise Erfüllung ohne Interesse.

d) Nutzungsherausgabe, § 346 I BGB?
Gem. § 346 II 1 Nr. 1 BGB Wertersatz für gezogene Nutzungen (Schätzwert).

e) § 348 BGB: Anzahlung Zug um Zug gegen Rückgabe der Matratze und Nutzungserstattung.

3. Schadensersatz gem. §§ 280 I, III, 281 BGB
Oben I 1 a gilt entsprechend.

a) Vertretbare (§ 278 BGB) Pflichtverletzung = Nichterbringung fälliger Leistung.

b) Entbehrlichkeit einer Fristsetzung gem. § 281 II BGB wegen überwiegenden Interesses.

c) Schadensersatz statt *ganzer* Leistung gem. § 281 I 2 BGB.
Anzahlung = Mindestschaden.

d) Rückgewähr der Matratze und Nutzungserstattung Zug um Zug, § 281 V BGB.

II. Erstattung der Mehrkosten
§§ 280 I, III, 281 BGB: wie oben I 3.
Auch bei Rücktritt möglich, § 325 BGB.
§ 254 I BGB: Fallfrage.

B. Lösung

I. Rückforderung der Anzahlung

K kann die geleistete Anzahlung nur dann zurückfordern, wenn er von dem mit V geschlossenen Kaufvertrag zurücktreten kann oder wenn er berechtigt ist, von V Schadensersatz wegen Nichterfüllung des ganzen Vertrages zu verlangen.

1. Ein *Rücktrittsrecht* könnte sich zunächst aus *§ 323 I, II Nr. 2 BGB* bzw. aus *§§ 376 I, 345 HGB* ergeben.

a) Zweifelhaft kann hier bereits sein, ob § 323 I BGB direkt oder nur auf dem Weg über § 437 Nr. 2 BGB zur Anwendung gelangen kann. Soweit der Käufer einen Mangel der gelieferten Sache sofort erkannt und gerügt und ggf. eine Übergabe verhindert hat, erscheint es nicht angemessen, die dem Käufer zustehenden Ansprüche der kürzeren Verjährungsfrist des § 438 BGB zu unterwerfen. § 437 BGB findet insoweit richtigerweise keine Anwendung.

b) Ein Rücktritt gem. § 323 I, II Nr. 2 BGB bzw. §§ 376 I, 345 HGB wäre ohne Fristsetzung möglich. Voraussetzung dafür aber ist, daß es sich bei dem Matratzenkauf um ein (relatives) *Fixgeschäft* handelt, bei dem die Leistung des Verkäufers zu einer festbestimmten Zeit oder innerhalb einer festbestimmten Frist dergestalt bewirkt werden soll, daß der Vertrag mit der Einhaltung dieser Zeit oder Frist steht und fällt. Nachdem V das Interesse des K an einer zeitgleichen Lieferung beider Matratzen gar nicht kannte, ist die zwischen V und K getroffene Vereinbarung aber nicht so auszulegen. Allein der Umstand, daß eine Leistungszeit vereinbart wurde, macht den Vertrag noch nicht zum Fixgeschäft.

2. K könnte jedoch gem. *§ 323 I, II Nr. 3 BGB* zum *Rücktritt* berechtigt sein. Im einzelnen hängt das davon ab, ob V eine fällige Leistung aus einem gegenseitigen Vertrag nicht erbracht hat und eine Fristsetzung durch K infolge besonderer Umstände entbehrlich war.

a) Die erste Voraussetzung ist ersichtlich erfüllt: Der zwischen K und V geschlossene Kaufvertrag ist der typische Fall eines gegenseitigen Vertrages, und die V hieraus obliegende Leistung wurde zum vereinbarten Zeitpunkt nur teilweise erbracht.

b) Grundsätzlich kann der Gläubiger jedoch erst zurücktreten, nachdem er dem Schuldner erfolglos eine angemessene *Frist* zur Leistung gesetzt hat. Das ist hier nicht geschehen.

Nach § 323 II Nr. 3 BGB ist eine Fristsetzung dann *entbehrlich*, wenn besondere Umstände unter Abwägung der beiderseitigen Interessen den sofortigen Rücktritt rechtfertigen. Hier war K mangels eines geeigneten Lagerraums darauf angewiesen, vor dem 8.4., dem Tag der nächsten Sperrmüllabfuhr, seine alten Matratzen durch zwei neue zu ersetzen. Nachdem V für die Lieferung einer neuen Matratze mindestens 4 Wochen veranschlagte, war eine kürzere Fristsetzung aus der Sicht des K zwecklos. Hinzu kommt, daß sich V durch die Ungeschicklichkeit seiner eigenen Leute in diese Lage gebracht hat. Beides zusammen rechtfertigt es, daß K ohne Fristsetzung zurücktritt.

c) Fraglich ist indessen, ob K vom Vertrag *insgesamt* zurücktreten kann oder nur insoweit, wie nicht geleistet wurde. Nach § 323 V 1 BGB setzt ein Rücktritt vom ganzen Vertrag voraus, daß der Gläubiger an der Teilleistung kein Interesse hat. Würde K die gelieferte Matratze behalten und anderweitig eine andere hinzukaufen, müßte er sich nach Lage der Dinge damit abfinden, daß sein eigenes Bett und das seiner Frau mit unterschiedlichen Matratzen bestückt sind. Eine solche Ausstattung ist, jedenfalls bei neuen Matratzen, ungewöhnlich. K ist daher berechtigt, vom ganzen Vertrag zurückzutreten.

d) Im Falle eines Rücktritts sind gem. § 346 I BGB nicht nur die empfangenen Leistungen zurückzugewähren, sondern auch die gezogenen Nutzungen herauszugeben. Zu den Nutzungen zählen auch die Gebrauchsvorteile einer Sache (§ 100 BGB), hier der neuen Matratze. Eine Herausgabe solcher Gebrauchsvorteile ist freilich naturgemäß ausgeschlossen. Nach § 346 II 1 Nr. 1 BGB ist daher Wertersatz zu leisten. Der Wert zweimaliger Benutzung einer neuen Matratze ist minimal und ggf. richterlich zu schätzen.

e) K kann somit von dem Kaufvertrag insgesamt zurücktreten und die geleistete Anzahlung zurückfordern. Gem. § 348 BGB braucht V allerdings nur *Zug um Zug* gegen Rückübereignung der gelieferten Matratze und Erstattung des erwähnten Wertersatzes zu zahlen.

3. Anstatt zurückzutreten, könnte K gem. *§§ 280 I, III, 281 BGB Schadensersatz statt der ganzen Leistung* verlangen. Voraussetzung dafür ist eine von V zu vertretende Pflichtverletzung und die Entbehrlichkeit einer vorherigen Fristsetzung. (Die Ausführungen unter I 1 a zur Nichtanwendbarkeit des § 437 BGB gelten insoweit entsprechend.)

Eine Pflichtverletzung i. S. von § 280 I BGB ist bereits die bloße Nichterfüllung einer fälligen Leistungspflicht. Nachdem die Nichterfüllung darauf beruht, daß das von V eingesetzte Hilfspersonal mit den Matratzen unsorgfältig umgegangen ist, hat V die Pflichtverletzung auch zu vertreten (§ 278 BGB). Ähnlich wie beim Rücktritt ist eine Fristsetzung auch gem. § 281 II BGB entbehrlich, wenn besondere Umstände unter Abwägung der beiderseitigen Interessen die sofortige Geltendmachung des Schadensersatzanspruchs rechtfertigen. Daß solche Umstände vorliegen, wurde bereits dargelegt.

Allerdings ist K nur dann gedient, wenn er Schadensersatz statt der *ganzen* Leistung und nicht nur wegen eines Teils davon verlangen kann. Dazu ist er nach § 281 I 2 BGB dann berechtigt, wenn er an der Teilleistung kein Interesse hat. Auch dies wurde bereits ausgeführt. K kann daher die geleistete Anzahlung als Mindestschaden geltend machen.

In diesem Fall hat er V das von diesem Geleistete auf Verlangen gem. § 281 V BGB Zug um Zug zurückzugewähren. Das betrifft die gelieferte Matratze einschließlich eines Wertersatzes für die erlangten Gebrauchsvorteile.

II. Erstattung der Mehrkosten

Der Anspruch auf Schadensersatz statt der ganzen Leistung gem. §§ 280 I, III, 281 BGB umfaßt auch den Schaden, der K dadurch entstanden ist, daß er anderweitig teurere Matratzen kaufen mußte. Auch wenn K sich für einen Rücktritt entscheidet, kann er diese Mehrkosten ersetzt verlangen (§ 325 BGB).

Dabei ist freilich folgendes zu beachten: Wenn K bessere Matratzen gekauft hat, obwohl auch billigere von gleicher Qualität wie die gelieferte zu haben gewesen wären, die seinen Zwecken genügt hätten, kann er den Mehrbetrag nicht von V ersetzt verlangen (§ 254 I BGB). Sein Schadensersatzanspruch ist daher nur dann begründet, wenn sich keine günstigere Möglichkeit bot.

20. Selbst ist der Mann

Sachverhalt

V hat nach dem Tod seiner Eltern neben einem größeren Barvermögen auch deren Haus geerbt. Da er nur an Geld interessiert ist, veräußert er das Haus (samt Grundstück) ohne Gewährleistungsausschluß umgehend für 300.000 € an K. Der Kaufpreis wird Zug um Zug gegen die Eigentumsumschreibung entrichtet. Unmittelbar nach dem Einzug, der Anfang September stattfindet, stellt K fest, daß die Heizung im Wohnzimmer nicht richtig funktioniert. Die Eltern des V hatten sich darum nicht mehr gekümmert, weil sie diesen Raum ohnehin seit längerem nicht mehr benutzt hatten. V selbst war der Mangel unbekannt geblieben. Um nicht zur langsam herannahenden kalten Jahreszeit ein unbeheizbares Wohnzimmer zu haben, läßt K sofort einen Spengler kommen, der die Sache umgehend in Ordnung bringt. Die Kosten in Höhe von 600 € stellt K dem V in Rechnung. Dieser erwidert, sein ältester Sohn sei ebenfalls Spengler und hätte ihm die Reparatur für 300 € durchgeführt.

Wie ist die Rechtslage?

A. Vorbereitende Überlegungen

I. Erfassen des Sachverhalts

In dem Fall geht es um einen Hauskauf, wobei das Haus mit einem Mangel behaftet war, der zwar leicht festzustellen, dem Verkäufer aber dennoch unbekannt war. In der Folge hat der Käufer K diesen Mangel durch einen Handwerker für 600 € beheben lassen, ohne mit dem Verkäufer vorher Rücksprache zu nehmen. Dieser wiederum, auf Zahlung in Anspruch genommen, macht geltend, er hätte die Reparatur zum halben Preis vornehmen lassen können.

Bei den anderen Angaben – daß V das Haus geerbt hat und daß der Kaufpreis 300.000 € beträgt und Zug um Zug gegen die Eigentumsumschreibung bereits überwiesen wurde – handelt es sich, wie man bei einigen Rechtskenntnissen schnell ahnt, wohl um Marginalien. Diese darf man zwar nicht ganz aus den Augen verlieren, da sie immerhin wider Erwarten doch von Bedeutung sein könnten. Das Hauptaugenmerk wird sich jedoch auf anderes richten.

II. Erfassen der Fallfrage

Die Fallfrage: „Wie ist die Rechtslage?" ist wie immer vor dem Hintergrund der Parteiinteressen zu konkretisieren. Hier ist zunächst an das Verlangen des K zu denken, der von V den verausgabten Betrag von 600 € ersetzt verlangt. Der Sinn der Frage könnte daher sein: *Kann K von V Zahlung von 600 € verlangen?*

Dabei bliebe freilich außer acht, daß V dem Zahlungsverlangen des K entgegenhält, er selbst hätte die Reparatur zum halben Preis vornehmen lassen können. Natürlich kann K desungeachtet Klage auf Zahlung von 600 € erheben. Wenn er infolge des von V geltend gemachten Einwands weniger zu beanspruchen hat, wird das Gericht die Klage aber teilweise abweisen. Ein *Anwalt* muß dies vorausschauend mitbedenken und ggf. einen geringeren Betrag einklagen. Aus der Sicht eines Anwalts betrachtet, ist der Sinn der Frage deshalb der: *Welchen Betrag kann K von V verlangen?*

Bevor wir mit den Überlegungen fortfahren, machen wir uns wie gewohnt eine Skizze:

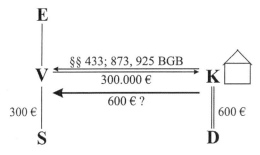

– Heizung defekt
– Kein Nacherfüllungsverlangen
– Reparatur durch K veranlaßt

III. Erarbeiten der Lösung

1. Worauf wird es ankommen?

K verlangt von V Geld und beruft sich dafür auf einen Mangel der gekauften Sache. Wenn beim Kaufvertrag alles gut geht, steht nur dem Verkäufer ein Zahlungsanspruch, nämlich der Kaufpreisanspruch, zu. Der Käufer kann dagegen nur ausnahmsweise Zahlung verlangen, namentlich dann, wenn er nach Entrichtung des Kaufpreises zurücktritt oder mindert oder wenn ihm ausnahmsweise ein Schadensersatzanspruch zusteht. Ein Rücktritt scheidet hier aus – K will das Haus behalten und hat es deshalb auch reparieren lassen –, so daß allein Minderung und Schadensersatz in Betracht kommen.

Die *Voraussetzungen* der **Minderung** richten sich gem. §§ 437 Nr. 2, 441 I, 323 BGB grundsätzlich nach den Voraussetzungen des *Rücktritts*; nur für die *Folgen* ist in § 441 II–IV BGB eine eigenständige Regelung vorgesehen. Auch die Minderung setzt daher grundsätzlich voraus, daß der Käufer dem Verkäufer eine *angemessene Frist zur Nacherfüllung* gesetzt hat, § 323 I BGB. Eine Fristsetzung ist hier jedoch nicht erfolgt. Damit erhebt sich die Frage, wie sich dies auswirkt.

Bei einer ersten überschlägigen Beurteilung werden Sie vielleicht meinen, daß es insoweit nur darauf ankommt, ob die Fristsetzung wegen besonderer Umstände gem. § 323 II Nr. 3 BGB entbehrlich war. Ob K von V die verauslagten Reparaturkosten ersetzt verlangen kann, hinge dann allein davon ab, ob es K zumutbar war, sich im September für einige Tage mit einem unbeheizbaren Wohnzimmer abzufinden. Das wird man im Hinblick darauf, daß im Sachverhalt nur von der „langsam herannahenden kalten Jahreszeit" die Rede ist, freilich bejahen können. Damit jedoch fehlt es bisher an einer Fristsetzung und damit an einer Voraussetzung für eine Minderung. Wenn K die Reparatur nicht bereits hätte vornehmen lassen, könnte man ihm nur anraten, die Fristsetzung einfach nachzuholen. Das aber scheidet hier aus. So, wie die Dinge liegen, kann V sinnvollerweise nicht mehr zur Nacherfüllung aufgefordert werden. Mit der Reparatur der Sache ist deren *Nachbesserung* nämlich *unmöglich* und V daher gem. § 275 I BGB von der Nachbesserungspflicht freigeworden. Das allein schließt einen Rücktritt und damit eine Minderung zwar nicht aus; § 326 V BGB verweist vielmehr ausdrücklich auf § 323 BGB und erklärt eine Fristsetzung in diesem Fall für entbehrlich. Wenn Sie sich in den Fall hineingedacht haben, stoßen Sie hier jedoch auf ein interessantes Problem: Kann es sein, daß der Käufer eine ihm zwingend vorgeschriebene Fristsetzung dadurch entbehrlich machen kann, daß er die Sache ohne viel Umstände selbst nachbessert?

Wenn man dies – was naheliegt – verneint, schließt sich sogleich ein anderes Problem an: Wenn die Minderung daran scheitert, daß K die Nachbesserung durch V selbst vereitelt hat, kann dann V trotz mangelhafter Leistung den vollen Kaufpreis behalten? Das Rechtsgefühl sagt uns, daß dies nicht gut sein kann. Aber was tun? Hier kommt es offenbar darauf an, das Gesetz nach vergleichbaren Fallgestaltungen abzusuchen und über eine angemessene Lösung nachzudenken. Wie § 326 II 2, IV BGB zeigt, könnte K für den Fall, daß er die gekaufte Sache schuldhaft zerstört hätte, von V Ersatz dessen verlangen, was dieser infolgedessen erspart hat. Wenn K die Sache nicht zerstört, sondern repariert hat, darf er wertungsmäßig nicht schlechter gestellt werden. Auf diese Weise käme man zu einer akzeptablen Lösung des Problems. Vielleicht wissen Sie jedoch bereits, daß der BGH diesen Weg unter Berufung auf den angeblichen Willen des Gesetzgebers ablehnt. Dann stellt sich für Sie die Frage, ob Sie in Ihrem (Universitäts-)Gutachten den erwähnten Sachgründen oder aber der Autorität des BGH den Vorzug geben sollen. Diese Entscheidung kann Ihnen niemand abnehmen.

Ob K von V des weiteren **Schadensersatz** wegen nicht gehöriger Leistung verlangen kann, bestimmt sich nach §§ 280 I, III, 281 BGB. Insoweit ist ohne weiteres zu sehen, daß V keine Nacherfüllungsfrist gesetzt worden ist und daß er, wenn man die Anforderungen an ihn nicht überspannt, die mangelhafte Leistung auch *nicht zu vertreten* hat, § 280 I 2 BGB.

Näherliegend wäre hier ein **Bereicherungsanspruch**: Dadurch, daß K die Heizung auf eigene Kosten hat reparieren lassen, ist V von seiner Nacherfüllungsfrist freigeworden, ohne daß es dafür im Verhältnis zu K einen rechtlichen Grund gibt. An sich müßte K daher im Wege der Rückgriffskondiktion (§§ 812 I 1, 2. Alt., 818 I BGB) bei V dessen Bereicherung – also die Ersparnis von 300 € – abschöpfen können. Die Frage kann an sich nur sein, ob das Leistungsstörungsrecht nicht eine *Spezialregelung* darstellt, die in ihrem Anwendungsbereich Ansprüche aus § 812 BGB ausschließt. Wie auch immer Sie sich entscheiden: in solchen und ähnlichen Fällen sollten Sie sich vor allem bemühen, einen *sachlichen Grund* anzuführen.

2. Strategie

In strategischer Hinsicht ist wenig zu bemerken. Sinnvollerweise werden Sie mit der Prüfung der *Minderung* beginnen, weil hier kein Verschulden vorausgesetzt ist. Bei der Erörterung des *Schadensersatzanspruchs* brauchen Sie dann nicht mehr lange auf die Problematik eingehen, die sich daraus ergibt, daß V infolge des Selbsteintritts von K nicht mehr nachbessern kann, sondern können sich auf das Merkmal konzentrieren, an dem ein Schadensersatzanspruch letztlich scheitern muß: nämlich auf das Verschulden. Ob Sie *§ 812 BGB* im Anschluß an die Minderung oder den Schadensersatzanspruch antippen, bleibt sich gleich. Nur beginnen sollten Sie damit nicht. Die Frage, ob § 812 BGB hier überhaupt eingreift, können Sie nämlich nur dann sinnvoll behandeln, wenn feststeht, daß überhaupt ein Leistungsstörungsfall vorliegt.

3. Lösungsskizze

I. Minderung
Rückzahlung gem. §§ 437 Nr. 2, 441, 323 BGB
1. *Sachmangel* bei Gefahrübergang, §§ 434 I 2 Nr. 1, 446 BGB
2. *Fristsetzung nicht* nach § 323 II Nr. 3 BGB *entbehrlich.*
3. *Bei Unmöglichkeit* der Nacherfüllung ist *Fristsetzung entbehrlich, § 326 V BGB.* Kann nicht gelten, wenn K selbst repariert.
4. a) Hätte K Sache *zerstört*, bliebe Möglichkeit des § 326 II 2, IV BGB: *Herausgabe ersparter Kosten* in Höhe von 300 €.
   b) Wenn K nicht zerstört, sondern *repariert*, kann er nicht schlechter stehen. Also § 326 II 2, IV BGB analog.

II. Rückgriffskondiktion
§§ 812 I 1, 2. Alt., 818 I BGB
Gesetzliche Regelung des Leistungsstörungsrechts darf nicht unterlaufen werden. Also hat Anspruch nicht eigenständige Bedeutung.

III. Schadensersatz statt der Leistung
§§ 437 Nr. 3, 280 I, III, 281 I BGB
1. *Leistung nicht wie geschuldet und Frist.*
Frist (§ 281 I 1 BGB) nicht gesetzt. Nicht entbehrlich, § 281 II BGB.
2. *Vertretenmüssen der Pflichtverletzung, § 280 I 2 BGB.*
Anfänglicher behebbarer Mangel hier nicht zu vertreten.

B. Lösung

I. Minderung

K kann von V einen dem Minderwert des Hauses entsprechenden Geldbetrag zurückverlangen, wenn die Voraussetzungen der §§ 437 Nr. 2, 441 I, IV, 323, 346 BGB gegeben sind.

1. Ebenso wie der Rücktritt setzt beim Kaufvertrag auch die Minderung voraus, daß der Verkäufer seine fällige Leistung nicht vertragsgemäß erbracht hat, §§ 441 I, 323 I BGB. Das ist dann der Fall, wenn die verkaufte Sache bei Übergabe (§ 446 BGB) fehlerhaft im Sinn von § 434 I BGB ist. Daß eine defekte Heizung einen Sachmangel darstellt, bedarf keiner Ausführungen.

2. Nach § 323 I BGB ist K jedoch erst dann zur Minderung berechtigt, wenn er V vergeblich eine angemessene Frist zur Nacherfüllung gesetzt hat. Das ist hier nicht geschehen. Fraglich kann aber sein, ob eine solche Fristsetzung nicht gem. § 323 II Nr. 3 BGB entbehrlich war. Die Antwort hängt davon ab, ob K nach den Umständen des Einzelfalles eine Wartezeit von einigen Tagen unzumutbar war. Nachdem es noch nicht Winter, sondern erst Spätsommer war, wird man eine Unzumutbarkeit ausschließen können. An sich war K daher erst nach vorheriger Fristsetzung zur Minderung berechtigt. Solange keine Frist gesetzt wurde, wäre sein Anspruch unbegründet.

3. Etwas anderes könnte sich freilich aus § 326 V BGB ergeben. Im Falle eines nicht nachbesserungsfähigen Mangels kann der Käufer dieser Vorschrift zufolge ohne Fristsetzung mindern. Hier war der Mangel zwar durchaus behebbar. Gleichwohl ist V gem. § 275 I BGB von seiner Nacherfüllungspflicht frei geworden, weil K die Sache selbst reparieren ließ. Damit stellt sich die Frage, ob die Fristsetzung auch in diesem Fall entbehrlich ist.

Würde man auf die Setzung einer Frist auch hier verzichten, so könnte der Käufer das Erfordernis einer Fristsetzung jederzeit dadurch unterlaufen, daß er den Mangel ohne Fristsetzung selbst beseitigt. Das entspricht nicht der Intention des Gesetzes, das dem Verkäufer eine „zweite Andienung" ermöglichen soll. Wenn der Käufer die Unmöglichkeit einer an sich gebotenen Fristsetzung durch Selbsteintritt selbst herbeigeführt hat, muß ihm daher die Berufung auf § 326 V BGB versagt sein.

4. Daß der Käufer, der die mangelhafte Sache ohne Fristsetzung selbst repariert, nicht mindern kann, heißt indessen nichts anderes, als daß dem Verkäufer trotz Lieferung einer mangelhaften Sache der volle Kaufpreis zusteht, § 326 I 2 BGB. Das ist eine Konsequenz, die dem Käufer gegenüber, der als Laie das „Recht" seines Vertragspartners zur zweiten Andienung überhaupt nicht kennen muß, als überaus hart erscheint.

a) Eine vergleichende Betrachtung zeigt folgendes: Wenn der Käufer eine mangelhafte Sache vor Fristsetzung schuldhaft *zerstört*, behält der Verkäufer den Kaufpreisanspruch zwar ebenfalls, § 326 II 1 BGB. In diesem Fall muß er sich gem. § 326 II 2 BGB aber das anrechnen lassen, was er infolge der Befreiung von der Nacherfüllungspflicht *erspart* hat.

b) Wenn die Nacherfüllung – wie hier – daran scheitert, daß der Käufer die Sache selbst repariert hat, ist die Interessenlage nicht anders. Eine § 326 II 2 BGB entsprechende Regelung fehlt hier jedoch, ohne daß ein nachvollziehbarer Grund dafür ersichtlich wäre. Die gesetzliche Regelung leidet insoweit an einem inneren Widerspruch. Dieser kann entgegen der h.M. nicht hingenommen werden. Behoben werden aber kann er nur dadurch, daß § 326 II 2 BGB auf den vorliegenden Fall entsprechend angewandt wird.

K kann daher richtiger Auffassung nach von V analog §§ 326 II 2, IV, 346 I BGB den Betrag verlangen, den V durch die Befreiung von der Nacherfüllungspflicht erspart hat. Das aber sind nach dem Vortrag von V 300 €.

II. Rückgriffskondiktion

Zu erwägen ist weiter, ob K sich auch im Wege einer Rückgriffskondiktion (§§ 812 I 1, 2. Alt., 818 I BGB) an V halten kann. Indem K die Heizung auf eigene Kosten hat reparieren lassen, ist V von seiner Nacherfüllungspflicht freigeworden und hat dadurch eigene Aufwendungen in Höhe von 300 € erspart. Im Verhältnis zu K gibt es für diese Bereicherung keinen rechtlichen Grund. Zweifelhaft ist nur, ob für das Bereicherungsrecht neben dem Leistungsstörungsrecht überhaupt ein eigener Anwendungsbereich verbleibt. Im Leistungsstörungsrecht ist detailliert geregelt, wann der Verkäufer eine Nacherfüllung zu erbringen hat (vgl. §§ 275 II, III, 439 III BGB) und in welchem Umfang ihn anstelle einer Nacherfüllung eine Zahlungspflicht trifft. Diese Regelung kann auf dem Weg über § 812 BGB nicht ausgehebelt werden. Ein Bereicherungsanspruch könnte K daher nichts anderes verschaffen, als was er bereits nach anderen Vorschriften zu beanspruchen hat. Das spricht dafür, den unter I erörterten Anspruch für vorrangig zu halten.

III. Schadensersatz statt der Leistung

In Betracht kommt schließlich, daß K von V gem. §§ 280 I, III, 281 I BGB in Höhe der Selbstvornahmekosten Schadensersatz statt der Leistung verlangen kann.

1. Auch dafür ist erforderlich, daß V eine fällige Leistung nicht so wie geschuldet erbracht hat und daß ihm K erfolglos eine angemessene Frist zur Nacherfüllung bestimmt hat. Insoweit kann auf die obigen Ausführungen verwiesen werden. Danach scheitert ein Schadensersatzanspruch bereits an der fehlenden Fristsetzung.

2. Zwar könnten sich auch hier Bedenken erheben, ob der Selbsteintritt des K es rechtfertigt, V ganz freiwerden zu lassen. In diesem Zusammenhang ist jedoch weiter zu berücksichtigen, daß ein Schadensersatzanspruch voraussetzt, daß V die Pflichtverletzung *zu vertreten* hat, wobei das Vertretenmüssen, wie die Formulierung des § 280 I 2 BGB zeigt, vermutet wird.

Wie sich aus dem Sachverhalt ergibt, verkauft V als Privatmann ein ererbtes Haus, das er selbst nicht bewohnt hat. Dem Verkäufer unter solchen Voraussetzungen eine Untersuchungspflicht aufzuerlegen, liefe auf eine Überspannung hinaus. Daß V gem. § 433 I 2 BGB die Hauptpflicht hat, K das Haus frei von Sachmängeln zu verschaffen, heißt nicht automatisch auch, daß ihm eine „Verletzung" dieser Pflicht zum Vorwurf gereicht, wenn er gar keinen Anlaß für eine nähere Untersuchung hatte.

Ein Schadensersatzanspruch scheitert daher auch am fehlenden Vertretenmüssen.

Zur Vertiefung: *Lorenz*, Selbstvornahme der Mängelbeseitigung im Kaufrecht, NJW 2003, 1417; *Braun*, Zahlungsansprüche des Käufers bei Schlechtleistung des Verkäufers, ZGS 2004, 423; *ders.*, Schadensersatz bei Selbstvornahme, ZGS 2006, 328; BGHZ 162, 219; NJW 2006, 988 und 1195; ZGS 2005, 433 (**kein Anspruch des Käufers bei Selbstverbesserung**) und kritisch hierzu *Bydlinski*, Die Konsequenzen voreiliger Selbstverbesserung, ZGS 2005, 129; *Lorenz*, Voreilige Selbstvornahme der Nacherfüllung im Kaufrecht, NJW 2005, 1321; *Herresthal/Riehm*, Die eigenmächtige Selbstvornahme im allgemeinen und besonderen Leistungsstörungsrecht, NJW 2005, 1457.

21. Überraschungen bei eBay

Sachverhalt

Der BWL-Student V hat von seinem Onkel einige Bücher geerbt, die seinen Interessen nur bedingt entsprechen, u. a. einen älteren Nachdruck der „Elemente der Staatskunst" von Adam Müller, die ursprünglich 1809 erschienen sind. Um das Buch zu Geld zu machen, bietet V es umgehend auf einer eBay-Auktion zum Verkauf an. Auf den Umstand, daß es sich um einen Nachdruck handelt, weist er dabei nicht hin, weil er gar nicht auf den Gedanken kommt, daß dies von Bedeutung sein könnte. Auch aus der beigefügten Abbildung ist das Buch nicht als Nachdruck zu erkennen. Die Interessenten haben daher den Eindruck, es werde das Original angeboten. Da V bei einem früheren Verkauf schlechte Erfahrungen gemacht hat, schließt er dieses Mal im Anschluß an die Objektbeschreibung vorsorglich die Haftung für etwaige Sachmängel und für Fahrlässigkeit aus.

Das Buch wird von einigen Kennern heftig beboten. Im Ergebnis erhält K, der zu seinem Privatvergnügen alte Bücher sammelt, den „Zuschlag" für 2.000 €. Als er nach Überweisung dieses Betrags das Werk zugesandt bekommt, muß er zu seiner Verärgerung feststellen, daß es sich um einen Nachdruck handelt, wie er im Antiquariatsbuchhandel mit etwas Glück für 30 € zu haben ist. K will daher auf jeden Fall von dem Vertrag Abstand nehmen. Er wendet sich umgehend an V und erklärt, daß er sein Gebot „widerrufe" und den Kaufpreis zurückverlange, weil er etwas anderes erwartet habe. V dagegen meint, K stehe ein Widerrufsrecht nicht zu. Außerdem beruft er sich auf den Ausschluß der Haftung für Sachmängel und Fahrlässigkeit. Hilfsweise macht er geltend, daß er, wenn überhaupt, nur Zug um Zug gegen Rückgewähr des Buches leisten müsse.

K kann all dies nicht fassen. Am wenigsten kann er sich vorstellen, daß man bei einer Auktion, bei der der Käufer den angebotenen Gegenstand nicht vorher besichtigen kann, die Haftung für Sachmängel ausschließen kann. Er wendet sich daher an seinen Anwalt und bittet um Auskunft über die Rechtslage.

Bearbeitervermerk: Auf die Versandkosten ist nicht einzugehen.

A. Vorbereitende Überlegungen

I. Erfassen des Sachverhalts

Der Fall führt in die Welt der online-Auktionen und damit des Fernabsatzrechts. Das ist eine schwer überschaubare Materie, aber dafür ist der Sachverhalt einfach: K hat mit V via Internet einen Kaufvertrag über ein Buch abgeschlossen, das, wie er nach beiderseitiger Vertragserfüllung feststellt, den Anpreisungen nicht entspricht. Solche Erwartungsenttäuschungen dürften im Internethandel täglich vorkommen. Der Fall weist jedoch zwei Besonderheiten auf. Einmal hat V vorsorglich die *Haftung für Sachmängel ausgeschlossen*, zum andern aber auch noch die *Haftung für Fahrlässigkeit*. Im übrigen sollten Sie erkennen, daß weder V noch K als Unternehmer tätig geworden ist.

Eine Skizze, in der die wesentlichen Punkte festgehalten sind, könnte so aussehen:

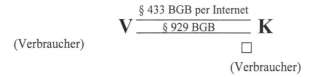

- unrichtige Beschreibung
- Haftungsausschluß für Sachmängel und für Fahrlässigkeit
- Sachmangel
- Zug-um-Zug-Einrede

II. Erfassen der Fallfrage

Gefordert ist eine Auskunft über die Rechtslage aus der Sicht des K. Der um Rat befragte Anwalt muß sich daher in die Lage des K versetzen und überlegen, wohin dessen Interessen gehen.

Klar ist zunächst, daß K die entrichteten **2.000 € zurückhaben** will, auf welche Weise auch immer. Das ist eigentlich sogar sein einziges Interesse.

Der Anwalt darf sich jedoch auf diesen Aspekt nicht beschränken, sondern muß weiterblicken, wenn er seinen Mandanten vor Nachteil bewahren will. In diesem Fall muß er u. U. darauf reagieren, daß V vorsorglich ein *Zurückbehaltungsrecht* geltend gemacht hat. Wenn K ein Rückzahlungsanspruch zustehen sollte, ist ein solches Gegenrecht daher ebenfalls zu prüfen und gegebenenfalls *bei der Formulierung des eigenen Anspruchs zu berücksichtigen*. Andernfalls droht die Gefahr, daß K mit einer Klage teilweise abgewiesen wird und entsprechend kostentragungspflichtig ist.

III. Erarbeitung der Lösung

1. Worauf wird es ankommen?

K möchte den gezahlten Kaufpreis wiederbekommen, und wie er selbst empfindet, ist der nächstliegende Weg dazu der, sich förmlich *vom Kaufvertrag zu lösen*. Dabei ist jedoch keineswegs gesagt, daß er seine Erklärung als „Widerruf" rechtlich zutreffend qualifiziert hat. Als Laie ist das auch nicht seine Aufgabe. Dagegen muß sein Anwalt alle Möglichkeiten überschlagen, die für einen Rückzahlungsanspruch in Betracht kommen.

K selbst hat sich offenbar vorgestellt, daß er sein Gebot schlicht **widerrufen** könne. In der Tat ist in den §§ 312 d I, 312 b BGB für Verträge, die unter ausschließlicher Verwendung von Fernkommunikationsmitteln geschlossen wurden, ein solches Widerrufsrecht vorgesehen. Eine weitere Voraussetzung dabei ist jedoch die, daß es sich um Verträge zwischen einem *Unternehmer* (§ 14 BGB) und einem Verbraucher (§ 13 BGB) handelt. Wie leicht zu erkennen ist, ist V hier nicht als Unternehmer tätig geworden. Ein Widerrufsrecht steht K daher nicht zu.

Ein allgemeiner Merkposten in solchen Fällen ist weiter die **Anfechtung**, wobei Ihnen jedoch geläufig sein sollte, daß nach herkömmlicher Meinung eine Anfechtung gem. § 119 II BGB ausscheidet, wenn sich ein Käufer über die Mangelfreiheit der gekauften Sache geirrt hat[1]. Der wohl gewichtigste Grund für diese Auffassung ist der Umstand, daß die Gewährleistungsfrist für Sachmängel bis zum 1.1.2002 relativ kurz (§ 477 BGB a. F.: sechs Monate), die Ausschlußfrist für die Anfechtung dagegen relativ lang bemessen war (§ 121 II BGB a. F.: dreißig Jahre). Eine Minderheit im Schrifttum hat diesen Einwand deshalb nicht gelten lassen, weil die längere Frist bei der Anfechtung durch die Haftung gem. § 122 BGB „erkauft" werde. Nachdem die Gewährleistungsfrist auf zwei Jahre verlängert und die Anfechtungsfrist auf 10 Jahre verkürzt worden ist, erscheint die Frage, ob der Hauptgrund für den Ausschluß der Anfechtung in diesen Fällen nicht entfallen ist, keineswegs abwegig. In einer Klausur werden Sie ein solches Geschütz freilich nur dann auffahren, wenn es gar nicht anders geht.

Vorrangig ist daher an einen **Rücktritt** zu denken. V hat offenbar eine mangelhafte Sache geliefert. Da der *Mangel,* wie es scheint, *nicht behebbar* ist, könnte es sein, daß K gem. § 326 V BGB *ohne Fristsetzung* zurücktreten kann. Dem steht freilich entgegen, daß V die *Haftung für Sachmängel ausgeschlossen* hat. Die Frage kann daher nur sein, ob diese Vereinbarung wirksam ist. Bei Verbrauchsgüterkäufen, ebenso bei Gebrauchtwarenversteigerungen eines Unternehmers, an denen der Verbraucher *nicht* persönlich teilnehmen kann, läßt das Gesetz einen Haftungsausschluß nicht zu, *§§ 474 I, 475 I BGB.* Diese Vorschriften kommen hier jedoch nicht zur Anwendung, weil V kein Unternehmer ist. Auch ein Rücktritt scheidet danach aus.

Auf einen ganz anderen Gedanken führt der Umstand, daß die Sache **von Anfang an** mit einem **unbehebbaren Mangel** behaftet war. Die §§ 437 Nr. 3, 311a II BGB geben dem Käufer in einem solchen Fall einen Anspruch auf Schadensersatz statt der Leistung. Dabei kann der Käufer so vorgehen, daß er die Sache zur Verfügung stellt und Schadensersatz für die Nichterfüllung des ganzen Vertrages verlangt. Nachdem V die Haftung für Sachmängel ausgeschlossen hat, kommt indessen auch dieser Anspruch nicht in Betracht.

Allem Anschein nach bleibt daher, vorbehaltlich der Anfechtung, nur ein Anspruch aus **Verschulden beim Vertragsschluß** (§§ 280 I, 311 II BGB) übrig. Bei Vertragsverhandlungen hat der Verkäufer nach §§ 241 II, 311 II BGB auf die Interessen des Käufers Rücksicht zu nehmen. Das hätte es hier an sich erforderlich gemacht, das Buch zutreffend auszuweisen. Wenn man einmal *unterstellt,* daß diese Vorschriften im vorstehenden Zusammenhang anwendbar sind (nach überwiegender Meinung sind die §§ 437 f. BGB vorrangig), so kann der Käufer bei einer Verletzung dieser Pflicht verlangen, so gestellt zu werden, wie er stünde, wenn der Verkäufer seiner Aufklärungs-

---

[1] Anders *Jochen Schröder*, Festschrift für *Kegel*, 1977, S. 397; *Siehr*, Festschrift für *Hanisch*, 1994, S. 247; *Wasmuth*, Festschrift für *Piper*, 1996, S. 1083; *Krampe*, JuS 2005, 773.

pflicht nachgekommen wäre. Zum Unglück für K hat V jedoch seine Haftung für Fahrlässigkeit ausgeschlossen. Nach § 276 III BGB kann er dies ohne weiteres tun. Die Frage ist nur, ob damit die Haftung für ein Verschulden *bei der Durchführung* oder aber auch schon *bei der Begründung* des Vertrages ausgeschlossen ist. Letztlich kann das nur im Wege der Auslegung entschieden werden.

2. Strategie

Wie sich im Rahmen der Vorüberlegungen gezeigt hat, müssen Sie ganz unterschiedliche Rückzahlungsansprüche prüfen. Dabei ist es wichtig, daß Sie eine sinnvolle Ordnung einhalten. Da der Rückgewähranspruch im Gefolge eines *Widerrufs* die geringsten Voraussetzungen hat und noch dazu hier rasch abzumachen ist, beginnen Sie am besten hiermit. Sodann bietet sich die Erörterung eines *Rücktritts* wegen des Mangels der Sache an. Wegen des sachlichen Zusammenhangs mit dem vereinbarten Gewährleistungsausschluß kann die Prüfung des *Schadensersatzanspruchs gem. § 311 a II BGB* unmittelbar folgen. Sie haben dann nacheinander unter zwei verschiedenen Aspekten die Wirksamkeit eines Gewährleistungsausschlusses angesprochen. Von der Sache her liegt es daher nahe, mit der Prüfung des Haftungsausschlusses für Fahrlässigkeit fortzufahren. Ihr nächster Punkt wird daher der Anspruch aus *culpa in contrahendo* sein. Wenn Sie auch hier zu dem Ergebnis kommen sollten, daß K auf diesem Weg nicht zu helfen ist, konzentriert sich alles auf die *Anfechtung* und das Verhältnis von Sachmängelgewährleistung und Irrtumsanfechtung: Halten Sie an der überkommenen Auffassung dazu fest, ist K endgültig verloren. Soll ihm geholfen werden, so muß diese Auffassung aufgegeben werden.

3. Lösungsskizze

I. §§ 312 d I, 355, 357, 346 BGB
   Bei Fernabsatzverträgen Widerrufsrecht.
   Ob hier Versteigerung i. S. von § 312 d IV Nr. 5 BGB vorliegt, kann offenbleiben.
   Fernabsatzgeschäft setzt Unternehmer/Verbraucher voraus, § 312 b I BGB.
   Daher: kein Widerrufsrecht.

II. §§ 437 Nr. 2, 326 V, 323, 346 BGB
   1. *Nicht behebbarer Sachmangel bei Gefahrübergang, § 434 I BGB.*
   2. *Keine Nachlieferung einer mangelfreien Sache, da Spezieskauf.*
      § 326 V BGB: Rücktritt *ohne* Fristsetzung.
   3. Aber: *Gewährleistungsausschluß.*
      Scheitert nicht an § 475 I BGB, da nicht Verbrauchsgüterkauf (§ 474 I BGB).

III. §§ 437 Nr. 3, 311 a II BGB
   1. *Unbehebbarer Mangel bei Vertragsschluß*
      V kannte Leistungshindernis.
      Kaufpreis als Schaden.
   2. *Gewährleistungsausschluß*

IV. §§ 280 I, 311 II BGB
   1. *V war gem. §§ 241 II, 311 II BGB zur Aufklärung verpflichtet.*
      Fahrlässiger Verstoß verpflichtet an sich zur Rückgängigmachung des Vertrags.
      §§ 437 f. BGB vorrangig?
   2. *Jedenfalls Haftungsausschluß. Für Fahrlässigkeit möglich, § 276 III BGB.*
      Auch für Verschulden *vor* Vertragsschluß?
      Sinngemäß ja.

V. §§ 119 II, 812 BGB

Irrtum über verkehrswesentliche Eigenschaft.

1. *Wegen Umgehung der 6-Monatsfrist sowie § 442 I 2 BGB (entspricht § 460 S. 2 BGB a. F.) bisher abgelehnt.* Jetzt aber 2-Jahresfrist, § 438 I Nr. 2 BGB.
2. *Erleichterte Lösungsmöglichkeit gegen Ersatz des Vertrauensschadens, § 122 I BGB. Hier aber § 122 II BGB.*
3. *Mitabbedungen?*
4. *Nach Berufung auf ZBR nur Zug-um-Zug, § 273 I BGB.*

B. Lösung

I. Widerruf

Ein Rückzahlungsanspruch könnte sich zunächst aus den §§ 312 d I, 355, 357, 346 BGB ergeben.

Bei Fernabsatzverträgen, die unter ausschließlicher Verwendung von Fernkommunikationsmitteln abgeschlossen werden, ist dem Verbraucher grundsätzlich ein Widerrufsrecht eingeräumt. Davon macht das Gesetz nur in wenigen Fällen eine Ausnahme, u. a. bei Versteigerungen, § 312 d IV Nr. 5 BGB. Ob eine Internetauktion unter diesen Begriff fällt, kann hier indessen offenbleiben. Ein Fernabsatzvertrag i. S. des Gesetzes läge nach § 312 b I BGB nämlich nur dann vor, wenn V Unternehmer (§ 14 BGB) wäre. Diese Voraussetzung ist hier nicht erfüllt. Ein Widerrufsrecht scheidet daher aus.

II. Rücktritt

In Betracht kommt jedoch ein Anspruch gem. §§ 437 Nr. 2, 326 V, 323, 346 BGB.

1. Der Vertrag zwischen V und K war so beschaffen, daß K eine Originalausgabe des Buches von Adam Müller erwarten durfte. Das zeigt sich auch darin, daß andere Bieter das Angebot des V ähnlich auffaßten; anders wäre ein so hoher Kaufpreis nämlich nicht zustande gekommen. Der gelieferte Nachdruck bleibt hinter der vereinbarten Beschaffenheit zurück und war daher mangelhaft, § 434 I 1 BGB.

2. Grundsätzlich setzt ein Rücktritt eine vorherige Fristsetzung zur Nacherfüllung voraus, § 323 I BGB. Eine Nachbesserung scheidet hier aus, weil der Mangel irreparabel war. In Betracht käme allenfalls eine Nacherfüllung durch Lieferung einer Originalausgabe. Dem steht jedoch entgegen, daß es sich um einen Spezieskauf handelte. V wollte nur das Buch verkaufen, das er geerbt hatte, kein anderes. Er kann daher auch im Wege der Nacherfüllung nicht dazu gezwungen werden, ein anderes zu beschaffen. Ein Nacherfüllungsanspruch scheitert daher insgesamt an § 275 I BGB. Speziell für diesen Fall räumt § 326 V BGB dem Gläubiger das Recht ein, *ohne Fristsetzung* zurückzutreten.

3. Dem könnte allerdings entgegenstehen, daß V die *Haftung für Sachmängel ausgeschlossen* hat. Solche Haftungsausschlüsse schränkt das Gesetz zwar bei Verbrauchsgüterkäufen stark ein, § 475 I BGB. Ähnlich wie ein Fernabsatzgeschäft scheidet jedoch auch ein Verbrauchsgüterkauf hier deshalb aus, weil V nicht Unternehmer war, § 474 I 1 BGB. Bei einem gewöhnlichen Nicht-Verbrauchsgüterkauf gebrauchter Sachen, wie er hier vorliegt, setzt das Gesetz einem Haftungsausschluß keine Grenzen. § 309 Nr. 8 b BGB würde in einem solchen Fall selbst einen Haftungsausschluß durch allgemeine Geschäftsbedingungen zulassen.

Infolgedessen kommt auch ein Rücktritt nicht in Betracht.

III. Schadensersatz gem. §§ 437 Nr. 3, 311 a II BGB

Zu denken ist weiter an einen Schadensersatzanspruch gem. §§ 437 Nr. 3, 311 a II 1 BGB in Höhe des gezahlten Kaufpreises.

1. Das im Wege der Nacherfüllung nicht behebbare Leistungshindernis lag schon bei Vertragsschluß vor, § 311 a I BGB. Noch dazu wußte V, daß es sich um einen Nachdruck und nicht um das Original handelte. An sich könnte K daher gem. § 311 a II 1 BGB Schadensersatz statt der Leistung fordern und dabei verlangen, so gestellt zu werden, als habe K überhaupt keine Erfüllungshandlung vorgenommen. In diesem Fall stellt der entrichtete Kaufpreis den Mindestschaden dar.

2. Freilich hat V die Haftung für Sachmängel wirksam ausgeschlossen. Das wirkt sich nicht nur dahin aus, daß K nicht zurücktreten kann, sondern hat weiter zur Folge, daß er wegen des unbehebbaren Mangels der Sache auch nicht Schadensersatz gem. § 311 a II BGB verlangen kann.

IV. Verschulden beim Vertragsschluß

Ein Schadensersatzanspruch, der auf die Rückgängigmachung des Vertrages gerichtet ist, könnte sich aber aus den §§ 280 I, 311 II BGB ergeben.

1. Aus dem Vertragsanbahnungsverhältnis ergab sich für V die Pflicht, auch auf die Interessen des K Rücksicht zu nehmen, §§ 241 II, 311 II BGB. Im konkreten Fall hätte er K darauf hinweisen müssen, daß das angebotene Buch kein Original-, sondern ein Nachdruck war. Dagegen hat V fahrlässig verstoßen. Gem. §§ 280 I, 311 II BGB könnte K daher an sich verlangen, so gestellt zu werden, wie er bei rechtzeitiger Aufklärung stünde. In diesem Fall hätte er den Kauf nicht getätigt. Zweifelhaft kann jedoch sein, ob ein Anspruch, der sich auf die mangelhafte Information über die Beschaffenheit der Kaufsache stützt, nicht hinter der kaufrechtlichen Gewährleistung zurücktreten muß. Nach h. M. sind die §§ 437 f. BGB vorrangig.

2. Hinzu kommt, daß V auch die Haftung für Fahrlässigkeit ausgeschlossen hat.

a) Nach § 276 III BGB ist ein solcher Haftungsausschluß ohne weiteres zulässig. Lediglich bei Verbraucherverträgen zwischen einem Unternehmer und einem Verbraucher wäre eine zur einmaligen Verwendung bestimmte vorformulierte Vertragsbedingung gem. § 310 III Nr. 2 BGB am Maßstab des § 309 Nr. 7 b BGB zu messen. Diese Vorschrift ist jedoch hier nicht einschlägig.

b) Auf einem anderen Blatt steht, ob sich der Haftungsausschluß nur auf ein Verschulden bei der Durchführung des bereits geschlossenen Vertrages oder aber auch auf Umstände bezieht, die sich bereits *vor* Vertragsschluß ereignet haben. Das kann nur im Wege der Auslegung entschieden werden. Wenn V seine Haftung für Sachmängel ausschloß (oben II), wäre es wenig sinnvoll gewesen, die Haftung für eine versäumte Aufklärung über Sachmängel nicht ebenfalls auszuschließen. In dieser Weise durfte daher auch K den Ausschluß der Haftung für Fahrlässigkeit nicht verstehen.

3. Ein Rückzahlungsanspruch läßt sich demnach auch auf diesem Weg nicht begründen.

V. Irrtumsanfechtung

In Betracht kommt somit allenfalls ein Kondiktionsanspruch nach vorheriger Anfechtung wegen Irrtums über verkehrswesentliche Eigenschaften (§§ 119 II, 812 I 1 BGB), wobei das umgehend erhobene Rückzahlungsverlangen als Anfechtungserklä-

rung ausgelegt werden könnte. Ob es sich bei dem Werk Adam Müllers um eine
Originalausgabe oder um einen Nachdruck handelt, ist ein Umstand, dem im Verkehr, wie die exorbitanten Preisunterschiede zeigen, höchste Bedeutung zugemessen
wird und den nach Lage der Dinge auch die Bieter für entscheidend gehalten haben.
Wäre K über diesen Umstand nicht im Irrtum gewesen, hätte er den Vertrag zu diesen Bedingungen nie abgeschlossen.

   1. Nach überkommener Auffassung wird beim Kauf mangelhafter Sachen eine Anfechtung gem. § 119 II BGB ganz überwiegend abgelehnt. Das wurde bisher u. a.
damit begründet, daß die Ausschlußfrist bei der Anfechtung 30 Jahre, die Gewährleistungsfrist aber nur 6 Monate betrug, so daß nach verbreiteter Auffassung bei
Zulassung der Anfechtung die kurze Gewährleistungsfrist, wie man meinte, auf dem
Papier gestanden hätte. Als weiterer Grund wurde angeführt, daß Gewährleistungsansprüche bei grober Fahrlässigkeit des Käufers grundsätzlich ausgeschlossen sind
(§ 460 S. 2 BGB a. F., entspricht § 442 I 2 BGB n. F.), während die Anfechtung eine
solche Einschränkung nicht kennt. Nachdem die Gewährleistungsfrist auf 2 Jahre
erweitert (§ 438 I Nr. 2 BGB) und die Anfechtungsfrist auf 10 Jahre verkürzt worden
ist (§ 121 II BGB), hat jedenfalls eines dieser Argumente an Gewicht verloren. Es ist
daher erneut zu fragen, ob die Anfechtung nicht auch bei einem Irrtum über Sachmängel zuzulassen ist.

   2. Die Anfechtung räumt dem Käufer im Vergleich zur kaufrechtlichen Gewährleistung nicht nur Vor-, sondern auch Nachteile ein. Bei einer Anfechtung haftet er
nämlich gem. § 122 I BGB auf Ersatz des Vertrauensschadens. Auch bei Zulassung
einer Anfechtung ergibt sich daher eine sinnvolle Regelung: Innerhalb der kürzeren
Gewährleistungsfrist kann sich der Käufer dann ohne weitere Verpflichtung vom
Vertrag lösen; danach ist er zum Ersatz des Vertrauensschadens verpflichtet. (Vorstehend kommt eine solche Haftung freilich gem. § 122 II BGB nicht in Betracht, weil V
den Grund der Anfechtbarkeit kennen mußte.) Wie gerade der vorliegende Fall zeigt,
ist es nicht zwingend, dem Irrenden eine Möglichkeit zu nehmen, die das Gesetz ihm
ausdrücklich einräumt. Der Anwalt könnte diesen Fall vielmehr zum Anlaß nehmen,
die h. M. in Frage zu stellen.

   3. Zu fragen bleibt jedoch, ob die Irrtumsanfechtung nach dem Sinn der zwischen
V und K getroffenen Vereinbarung nicht ebenfalls ausgeschlossen sein sollte. Dagegen spricht freilich, daß K aus seiner Sicht keinen Anlaß hatte, eine Lösungsmöglichkeit abzubedingen, bei der die Interessen des anderen Teils durch die Schadensersatzpflicht des § 122 BGB grundsätzlich gewahrt bleiben.

   4. Nachdem V sich auf ein Zurückbehaltungsrecht berufen hat (§ 273 I BGB),
kann K seinen Rückzahlungsanspruch aber jedenfalls nur Zug um Zug gegen Rückübereignung der Sache geltend machen.

Zur Vertiefung: *Muthers*, Rücktritt vom Vertrag – Verschweigen von Informationen
über die Kaufsache, MDR 2004, 492.

22. Morgenstund ohne Gold im Mund

Sachverhalt

K kauft bei dem Möbelhaus V eine Wohnwand. Dabei handelt es sich um ein Ausstellungsstück, das im Preis von 5.000 € auf 3.000 € herabgesetzt ist. K zahlt 500 € an und vereinbart mit V, daß die Wohnwand am nächsten Morgen um 8.00 Uhr bei ihm angeliefert und aufgestellt wird. Danach soll der Restkaufpreis fällig sein.

Nachdem K mit einigen Freunden einen feuchtfröhlichen Abend verbracht hat, liegt er am anderen Morgen in tiefem Schlaf. Als der Fahrer F des V pünktlich mit dem Möbelwagen erscheint und klingelt, nimmt K nichts wahr. F muß daher unverrichteter Dinge wieder umkehren. Auf der Rückfahrt wird er infolge leichter Fahrlässigkeit in einen Unfall verwickelt. Dabei bekommt auch die Wohnwand einige tiefe und unübersehbare Schrammen ab. Außerdem geht eine in die Wohnwand eingebaute Glasvitrine zu Bruch.

V besteht darauf, daß K die restlichen 2.500 € Zug um Zug gegen Lieferung der lädierten Wohnwand gleichwohl bezahlt. Kosten für den vergeblichen Lieferungsversuch macht er dagegen nicht geltend, weil sein Fahrer ohnehin immer mit mehreren Möbeln unterwegs ist. K dagegen weigert sich, den noch offenen Kaufpreis zu zahlen, und verlangt auch die geleistete Anzahlung zurück. Außerdem macht er einen weiteren Anspruch in Höhe von 2.000 € geltend, weil er eine in der Qualität vergleichbare Wohnwand anderwärts nur für 5.000 € bekommen kann.

Wie ist die Rechtslage?

Wie wäre es, wenn die Wohnwand nicht bloß beschädigt, sondern gänzlich zerstört worden wäre?

A. Vorbereitende Überlegungen

I. Erfassen des Sachverhalts

Sowohl im Ausgangsfall als auch in der Abwandlung geht es ersichtlich nur um die Beziehungen zwischen K als Käufer und V als Verkäufer. F spielt dabei lediglich eine Nebenrolle als Erfüllungsgehilfe des Verkäufers. Bemerkenswert ist zweierlei: Einmal ist die Wohnwand erst beschädigt bzw. zerstört worden, *nachdem* F zu dem ausgemachten Zeitpunkt vergeblich versucht hatte, sie bei K abzuliefern. Zum andern trifft F nur *leichte* Fahrlässigkeit. Ob der Schaden im Ausgangsfall behebbar ist, ist dem Sachverhalt nicht zu entnehmen.

Eine Skizze könnte so aussehen:

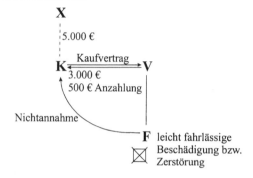

II. Erfassen der Fallfrage

V und K machen gegeneinander Zahlungsansprüche geltend: *V verlangt den noch* **ausstehenden Teil des Kaufpreises** Zug um Zug gegen Lieferung der beschädigten Schrankwand, *K dagegen will seine* **Anzahlung zurück** und fordert außerdem **Schadensersatz**, um sich eine vergleichbare Wohnwand kaufen zu können. Mit der Frage nach der Rechtslage ist daher nichts anderes gemeint, als daß Sie zu *diesen beiden Begehren* Stellung nehmen sollen. Wenn Sie sich vorstellen, daß V und K mit den entsprechenden Anträgen gegeneinander Klage bzw. Widerklage erheben, wird daraus für Sie ein *Richterfall*. Naheliegender aber dürfte es in der gegenwärtigen Situation sein, den Fall aus der *Anwalts*perspektive zu betrachten. Sie brauchen dazu nur anzunehmen, daß sich V und K mit ihrem jeweiligen Anliegen an ihren Anwalt wenden. Dieser müßte dann seinem Mandanten eine Auskunft über die Rechtslage erteilen.

III. Erarbeiten der Lösung

1. Worauf wird es ankommen?

V verlangt den vollen Kaufpreis, obwohl er die ihm obliegende Gegenleistung nicht mehr in ordnungsgemäßer Weise bzw. überhaupt nicht mehr erbringen kann.

Ist die Wohnwand **zerstört** worden, so ist V von der Lieferungspflicht gänzlich freigeworden (§ 275 I BGB). Grundsätzlich muß daher auch K von der Kaufpreiszahlungspflicht freiwerden. Eben dies ordnet § 326 I 1 BGB an: Bei einem gegenseitigen Vertrag hat die Unmöglichkeit der Leistung grundsätzlich den *Verlust des Gegenlei-*

stungsanspruchs zur Folge. Eine *Ausnahme* hiervon findet sich u. a. beim *Annahme-verzug*, § 326 II 1 BGB. Es ist nicht schwer zu erkennen, daß es hier um einen Annahmeverzug geht: K hat die Wohnwand (hier konkretes Ausstellungsstück und damit Stückschuld) zum ausgemachten Zeitpunkt nicht entgegengenommen (§§ 293 ff. BGB) und dadurch die folgenden Schwierigkeiten überhaupt erst ausgelöst. Im Zentrum der Überlegungen bei der *Fallabwandlung* wird daher **§ 326 II BGB** stehen. Wie ein Blick in diese Vorschrift zeigt, kommt es dabei u. a. darauf an, ob die eingetretene Unmöglichkeit vom Schuldner zu *vertreten* ist. Grundsätzlich hat der Schuldner Vorsatz und Fahrlässigkeit zu vertreten (§ 276 I BGB); wenn sich der Gläubiger im Annahmeverzug befindet, ist jedoch der **Haftungsmaßstab gemildert**, § 300 I BGB. Nachdem den Fahrer nur leichte Fahrlässigkeit trifft, könnte das hier eine Rolle spielen.

Ist die Wohnwand dagegen nur **beschädigt** worden, so hat dies auf den Kaufpreisanspruch *unmittelbar keinen Einfluß*, gleichgültig ob die Beschädigung reparabel ist oder nicht. Für den Fall einer irreparablen Beschädigung bringt dies § 326 I 2 BGB explizit zum Ausdruck, indem hier § 326 I 1 BGB, der den Wegfall des Gegenleistungsanspruchs anordnet, für unanwendbar erklärt wird. Bei einer reparablen Beschädigung kann der Verkäufer natürlich nicht ungünstiger stehen. Der Schutz des *Käufers* bei der Schlechtleistung des Verkäufers wird in beiden Fällen auf andere Weise bewirkt. Da der Verkäufer gem. § 433 I 2 BGB zur Lieferung einer mangelfreien Sache verpflichtet ist, braucht der Käufer nur *Zug um Zug* (§ 320 BGB) gegen Lieferung einer mangelfreien Sache zu zahlen. Davon abgesehen kann er die Annahme der mangelhaften Ware ablehnen und gem. § 323 BGB zurücktreten oder nach Annahme gem. §§ 437 Nr. 2, 323, 346 BGB *zurücktreten* bzw. gem. § 441 BGB den Kaufpreis *mindern*.

Vor dem Hintergrund der in § 326 II BGB getroffenen Regelung ist an sich klar, daß das zuletzt Gesagte dann nicht gelten kann, wenn sich der Käufer im *Annahmeverzug* befindet: Wenn der Verkäufer seinen Kaufpreisanspruch im Annahmeverzug des Käufers selbst dann behält, wenn die Sache *untergeht*, ohne daß er dies zu vertreten hat (§ 326 II 1 BGB), muß er diesen Anspruch erst recht behalten, wenn die Sache nur *beschädigt* wird. Das ergibt sich in diesem Fall jedoch nicht aus § 326 II BGB, sondern aus **§ 446 S. 1, 3 BGB**. Nach dieser Vorschrift trägt der Käufer im Annahmeverzug die *Gefahr des zufälligen Untergangs und der zufälligen Verschlechterung der Sache*. Was Gefahrübergang im Falle des Sach*untergangs* bedeutet, ist in § 326 II 1 BGB ausgeführt: Der Käufer muß gleichwohl zahlen. Dasselbe gilt auch im Falle bloßer *Verschlechterung*: Der Käufer muß voll bezahlen und kann den Mangel nicht geltend machen.[1]

Irritierend ist freilich, daß in § 446 BGB nur von der Gefahr des *zufälligen* Untergangs und der *zufälligen* Verschlechterung die Rede ist. Immerhin fällt F, der offensichtlich Erfüllungsgehilfe des V ist, leichte *Fahrlässigkeit* zur Last. In § 326 II BGB ist, wie Sie gesehen haben, davon die Rede, daß der Schuldner den nach § 275 BGB maßgeblichen Umstand *nicht zu vertreten* haben darf. Davon wird im Gläubigerverzug gem. § 300 I BGB auch die leichte Fahrlässigkeit erfaßt. Bei § 446 BGB verhält es sich ungeachtet der anderen Formulierung im Ergebnis nicht anders. Eine Verschlechterung, die der Verkäufer nicht zu vertreten hat, ist hier *einer zufälligen Verschlechterung gleichgestellt*.

---

[1] Im Grunde könnte man sich auch im Falle des Sachuntergangs statt auf § 326 II BGB auf § 446 S. 1, 3 BGB beziehen. Übergang der Preisgefahr heißt eben, daß man ggf. zahlen muß, ohne die vertraglich vereinbarte Ware dafür zu bekommen. Aus „klausurtaktischen" Gründen ist es jedoch ratsam, § 326 II BGB in die Argumentation miteinzubeziehen.

Was den von K geltend gemachten Kaufpreisrückzahlungsanspruch angeht, sollten Sie bei einer Leistungsstörung wie hier sofort an ein **Rücktrittsrecht** i. S. von § 437 Nr. 2 BGB denken. Solange der Kaufvertrag Bestand hat, steht V nämlich ein Behaltensgrund zur Seite. Bevor K sein Geld zurückverlangen kann, muß daher erst der Kaufpreisanspruch zu Fall gebracht werden. Voraussetzung dafür ist freilich, daß die Wohnwand *im Zeitpunkt des Gefahrübergangs* – hier also des Annahmeverzugs des K – *mangelhaft* war, § 434 I BGB. Das war die Wohnwand in diesem Zeitpunkt aber gerade nicht. Zur Beschädigung ist es erst *danach* gekommen. Das aber reicht nicht aus, um dem Kaufpreisanspruch des V durch einen Rücktritt die Grundlage entziehen zu können. Wenn Sie die parallele Problematik von Sachbeschädigung und -untergang vor Augen haben, wird sich Ihnen hier vielleicht die Vermutung aufdrängen, daß es sich im Falle des *Sachuntergangs* im Ergebnis nicht anders verhält.

Wie Sie sicher wissen, gleichen sich die Voraussetzungen des Rücktritts und eines **Schadensersatzanspruchs**, mit dem das Erfüllungsinteresse geltend gemacht wird, bis auf das Erfordernis des Verschuldens (§ 280 I 2 BGB) weitgehend. Damit haben Sie den Schlüssel zur Beantwortung der Frage in der Hand, ob K den Mehrpreis verlangen kann, den er beim Kauf einer anderen Wohnwand aufgewendet hat. Die Antwort muß selbstverständlich *verneinend* sein: Wenn K nicht einmal zurücktreten kann, kann er Schadensersatz statt der Leistung erst recht nicht fordern. Die Frage ist nur, wie Sie dieses Ergebnis begründen. Leider hat der moderne Gesetzgeber eine verwirrende Zahl von Vorschriften geschaffen, die auch ein Geübter nicht leicht zu übersehen vermag. Wissen sollten Sie folgendes: Beim Kaufvertrag wird der Weg zu den schadensersatzrechtlichen Vorschriften des Leistungsstörungsrechts nach Gefahrübergang durch § 437 Nr. 3 BGB eröffnet. Schadensersatz statt der Leistung kann, wenn die Leistung noch möglich ist, gem. §§ 280 III, 281 BGB grundsätzlich nur *nach vorheriger Fristsetzung*, nach Eintritt der Unmöglichkeit dagegen gem. §§ 280 III, 283 BGB *ohne* Fristsetzung verlangt werden. In beiden Fällen ist erforderlich, daß dem Schuldner eine Pflichtverletzung zur Last fällt, die er gem. § 280 I 2 BGB *zu vertreten* hat.

2. Strategie

Sollen Sie zuerst die Ansprüche des V oder die des K prüfen? Theoretisch wäre beides möglich. Sie könnten also damit anfangen, daß Sie das Begehren des K an die Spitze stellen und fragen, ob die von ihm geltend gemachten Ansprüche gem. §§ 437 Nr. 2, 323, 346 bzw. 437 Nr. 3, 280 I, III, 281, 283 BGB begründet sind. Bereits bei der Prüfung, ob die Wohnwand bei Gefahrübergang frei von Sachmängeln i. S. des § 434 I BGB war, müßten Sie dann jedoch fragen, ob hier die Gefahr nicht bereits gem. § 446 S. 3 BGB wegen Annahmeverzugs des K auf diesen übergegangen ist. Da sich der Gefahrübergang nur auf die zufällige Verschlechterung der Sache bezieht, müßten Sie weiter prüfen, was es mit dem leichten Verschulden des F auf sich hat. Sie müßten also zu den bereits genannten Vorschriften weiter noch die §§ 278, 300 I BGB mit hinzunehmen. All das stellt hohe Anforderungen.

Wenn Sie dagegen erkennen, daß Sie bei der Prüfung des von V geltend gemachten und an sich höchst einfachen Kaufpreisanspruchs wegen der von K geltend gemachten Gegenrechte ebenfalls auf den Gläubigerverzug eingehen müssen, erscheint es geschickter, mit derjenigen Person zu beginnen, die es Ihnen erlaubt, alle Fragen, die sich mit Blick auf den Gläubigerverzug stellen, gewissermaßen isoliert für sich und ohne Kombination mit anderen komplizierten Vorschriftenketten zu erörtern. Wir werden daher im folgenden **mit V anfangen**.

3. Lösungsskizze

A. Ausgangsfall

I. Zahlungsanspruch des V

1. § 433 II BGB

Mit Vertragsschluß entstanden.

Beschädigung hat *keinen Einfluß, arg.* § 326 I 2 BGB.

2. §§ 433 I 2, 320 BGB

Zahlungspflicht nur Zug um Zug gegen mangelfreie Ware.

§ 446 S. 3 BGB: *Gefahrübergang* mit Gläubigerverzug.

Nicht zu vertretende Verschlechterung danach *nicht Mangel* i. S. von § 434 I BGB.

a) §§ 293, 296 BGB: K öffnet nicht zu vereinbarter Zeit: *Annahmeverzug.*

b) § 300 I BGB: leichte Fahrlässigkeit von V *nicht zu vertreten.*
   Erfüllungsgehilfe F (§ 278 BGB) fällt nur leichte Fahrlässigkeit zur Last.

c) Wohnwand wird als *mangelfrei* angesehen.

II. Ansprüche des K

1. Rückzahlungsanspruch

§§ 437 Nr. 2, 323, 346 BGB.

Da Ware als mangelfrei fingiert wird, keine nicht vertragsgemäße Leistung.

Solange V lieferungsbereit, ist er vertragstreu.

2. Schadensersatz statt Leistung

§§ 437 Nr. 2, 280 I, III i.V.m. 281 bzw. 283 BGB, je nachdem, ob nachbesserungs-fähig oder nicht.

Voraussetzung: Mangelhaftigkeit *bei Gefahrübergang*, § 434 I BGB.

Daran fehlt es (I 2 c).

B. Fallabwandlung

I. Zahlungsanspruch des V

1. § 433 II BGB

Entfällt grundsätzlich nach § 326 I 1 BGB.

Hier aber § 326 II BGB (Annahmeverzug): bleibt.

2. § 320 BGB

Nicht zu vertretender Untergang nach Gefahrübergang:
Erfüllung fingiert.

II. Ansprüche des K

1. Rückzahlungsanspruch

An sich § 326 V BGB.

Hier aber § 323 VI BGB: Rücktritt ausgeschlossen.

2. Schadensersatz statt Leistung

§§ 280 I, III, 283 BGB: Unmöglichkeit nicht zu vertreten.

B. Lösung

A. Ausgangsfall

I. Zahlungsanspruch des V

1. Aufgrund des zwischen V und K geschlossenen Kaufvertrages hat V einen Anspruch auf Zahlung des vereinbarten (Rest-)Kaufpreises erlangt, § 433 II BGB. Die bloße Beschädigung der verkauften Sache hat darauf nach dem Gesetz unmittelbar keinen Einfluß. Der Kaufpreisanspruch fällt also weder automatisch weg noch mindert er sich ohne Zutun des Käufers, *arg.* § 326 I 2 BGB.

2. Grundsätzlich ist der Verkäufer jedoch zur Lieferung einer mangelfreien Sache verpflichtet, § 433 I 2 BGB. Möglicherweise kann K daher die Restzahlung *gem. § 320 I BGB verweigern*, solange die Wohnwand in einem schadhaften Zustand ist.

Dabei ist freilich zu berücksichtigen, daß nach § 446 S. 1, 3 BGB die Gefahr einer zufälligen Sachverschlechterung mit einem *Annahmeverzug* des Käufers auf diesen übergeht. Von diesem Zeitpunkt an kann der Käufer wegen zufälliger Sachverschlechterungen keine Nacherfüllung mehr verlangen und muß den Kaufpreis zahlen, ohne wegen des Mangels ein Zurückbehaltungsrecht geltend machen zu können. Nicht zu vertretende Sachverschlechterungen werden also so behandelt, als ob sie nicht vorhanden seien.

a) Nach § 293 BGB gerät der Käufer dann in Annahmeverzug, wenn er die ihm angebotene Leistung nicht annimmt. Hier hat ein solches Angebot aber gar nicht stattgefunden, weil K zur vereinbarten Zeit nicht geöffnet hat. Wie sich aus § 296 BGB ergibt, schließt dies einen Annahmeverzug nicht notwendig aus. Ist bei einer Bringschuld, wie sie hier vorliegt, für die Leistung eine bestimmte Zeit vereinbart, so ist die Bereitschaft des Käufers zur Entgegennahme der Leistung eine Mitwirkungshandlung, die ein Angebot überhaupt erst ermöglicht. Durch eine unterlassene Mitwirkung (hier: Öffnen der Tür nach Klingeln) kann der Käufer gem. § 296 BGB einen Annahmeverzug nicht verhindern.

b) Die weitere Voraussetzung für einen Gefahrübergang nach § 446 S. 1, 3 BGB ist, daß die Verschlechterung der Sache auf *Zufall* beruht. Das kann hier zweifelhaft sein.

Laut Sachverhalt fällt dem Fahrer des V hinsichtlich der Beschädigung der Sache leichte Fahrlässigkeit zur Last, was sich V gem. § 278 BGB an sich zurechnen lassen muß. Während des Annahmeverzugs des K hat V gem. § 300 I BGB indessen nur Vorsatz und grobe Fahrlässigkeit zu vertreten. Leichte Fahrlässigkeit soll ihm dagegen nicht zum Nachteil gereichen. Eine leicht fahrlässig verschuldete Verschlechterung muß daher in diesem Fall ebenso behandelt werden, wie wenn sie durch Zufall eingetreten wäre. Das aber heißt, daß K während des Annahmeverzugs auch die Gefahr trägt, daß die Sache durch leichte Fahrlässigkeit des V verschlechtert wird.

c) Zugunsten des V ist daher die Wohnwand nach wie vor als mangelfrei anzusehen. K kann somit lediglich verlangen, daß ihm das Möbelstück Zug um Zug gegen seine Restzahlung in dem Zustand geliefert wird, in dem es sich seit dem Unfall befindet. Dazu aber ist V ohne weiteres bereit.

II. Ansprüche des K

1. Gem. §§ 437 Nr. 2, 323, 346 BGB könnte K berechtigt sein, wegen nicht vertragsgemäßer Erbringung einer fälligen Leistung vom Vertrag *zurückzutreten* und seine bereits geleistete *Anzahlung* zurückzufordern.

Nachdem sich K im Annahmeverzug befindet, hat V, wie oben dargelegt, eine leicht fahrlässig herbeigeführte Verschlechterung der Ware nicht zu vertreten. Die Lieferung einer auf diese Weise mangelhaft gewordenen Ware wird vielmehr als *vertragsgemäß* angesehen. Solange V bereit ist, die Sache in ihrem jetzigen Zustand zu liefern, verhält er sich daher vertragstreu. Ein Rücktrittsrecht für K besteht demnach nicht.

2. Zu prüfen bleibt weiter, ob K berechtigt ist, von V die *Mehrkosten* zu verlangen, die ihm beim Kauf einer vergleichbaren Wohnwand entstehen. Als Anspruchsgrundlage dafür kommen die §§ 437 Nr. 2, 280 I, III i.V.m. § 281 oder 283 BGB in Betracht, je nachdem, ob die Wohnwand nachbesserungsfähig ist oder nicht. Voraussetzung ist jedoch in jedem Fall, daß V mit der Lieferung der beschädigten Wohnwand seine *Leistungspflicht verletzen* würde. Nachdem die Gefahr einer von V nicht zu vertretenden Verschlechterung der Sache auf K übergegangen ist und V die Verschlechterung in der Tat nicht zu vertreten hat (I 2 c), kann von einer Verletzung der V obliegenden Leistungspflicht nicht die Rede sein.

K steht daher auch kein Schadensersatzanspruch zu.

B. Fallabwandlung

I. Zahlungsanspruch des V

1. Anders als eine Sachverschlechterung hat der vollständige Untergang der verkauften Sache gem. § 326 I 1 BGB grundsätzlich zur Folge, daß der Kaufpreisanspruch entfällt. Das ist die Kehrseite davon, daß auch der Verkäufer gem. § 275 I BGB von seiner Leistungspflicht gänzlich frei wird. V hätte daher mit dem Untergang der Sache den Anspruch auf die Zahlung des Kaufpreises verloren, wenn er ihn nicht gem. § 326 II BGB ausnahmsweise behält. Nach dieser Vorschrift bleibt der Kaufpreisanspruch dann bestehen, wenn die Unmöglichkeit zu einer Zeit eintritt, in welcher der Käufer im Verzug der Annahme ist und der Verkäufer den Untergang nicht zu vertreten hat. Daß hier beides der Fall ist, wurde bereits unter A I 2 dargelegt. Im Ergebnis kann V daher nach wie vor die Zahlung des restlichen Kaufpreises verlangen.

2. Vom Zeitpunkt des Annahmeverzugs an trägt K gem. § 326 II BGB die Gefahr einer von V nicht zu vertretenden totalen Unmöglichkeit. Das heißt, daß er im Falle einer solchen Unmöglichkeit so behandelt wird, als sei er voll befriedigt worden. Ein Zurückbehaltungsrecht gem. § 320 BGB gegenüber dem Zahlungsbegehren des V steht ihm daher nicht zu.

II. Ansprüche des K

1. Im Hinblick darauf, daß V gem. § 275 I BGB von der Leistungspflicht freigeworden ist, kommt zunächst in Betracht, daß K wegen des nach § 275 I BGB erfolgten Freiwerdens des V von der Leistungspflicht gem. *§ 326 V BGB* vom Vertrag *zurücktreten* und danach seine Anzahlung gem. § 346 I BGB zurückverlangen kann. Nach § 323 VI BGB ist der Rücktritt jedoch *ausgeschlossen*, wenn der vom Schuldner nicht zu vertretende Umstand zu einer Zeit eintritt, zu welcher der Gläubiger im Verzug der Annahme ist. So aber verhält es sich hier (A I 2).

2. Ein Anspruch des K gem. *§§ 280 I, III, 283 BGB* auf Ersatz seiner Mehraufwendungen beim Kauf einer gleichwertigen Wohnwand setzt voraus, daß V den Umstand, der zum Untergang der Sache geführt hat, zu vertreten hat. Nachdem sich K im Annahmeverzug befand, hat V den nur leicht fahrlässig verursachten Untergang der Sache aber gerade nicht zu vertreten. Damit steht K auch kein Schadensersatzanspruch zu.

Zur Vertiefung: RG WarnRspr 1926 Nr. 180, S. 265 (Annahme- und Abnahmeverzug); *Jansen*, Gewährleistung trotz Annahmeverzugs und Untergangs der Kaufsache?, ZIP 2002, 877; dazu *Lamprecht* und nochmals *Jansen*, ZIP 2002, 1790 ff.

23. Glück und Glas

Sachverhalt

A bietet dem Kunsthaus B e.K. einige Glasvasen aus altem Familienbesitz an. Er hält die Stücke für ziemlich wertvoll, kennt sich freilich nicht näher aus. B ist auf diesem Gebiet ebenfalls kein Experte, schätzt den Wert aber erheblich geringer ein. Man einigt sich daher auf einen Kompromiß: B kauft die Vasen für 500 € und beide Parteien behalten sich 6 Wochen den Rücktritt vor.

Kurze Zeit nach dem Kauf findet B mit Hilfe eines Fachmanns heraus, daß es sich um Jugendstilvasen von Gallé handelt, die einen Verkaufswert von etwa 20.000 € haben dürften. B freut sich bereits über das gute Geschäft, das er gemacht hat. Da kommt ein Unglück dazwischen: Vier Wochen nach dem Kauf läßt er aus Versehen seinen Schlüsselbund samt Namensschildchen auf einer Parkbank liegen. Zwei Tage darauf steigt der unehrliche Finder des Schlüssels nachts bei ihm ein und läßt u. a. die Vasen mitgehen. Froh, daß er sich wenigstens den Rücktritt vorbehalten hat, erklärt B gegenüber A sofort den Rücktritt und verlangt den Kaufpreis zurück. A reagiert empört.

Ausgerechnet jetzt wird in der Presse infolge einer Indiskretion des von B herangezogenen Fachmanns mit großen Schlagzeilen über den unverhofften Kauf der Gallé-Vasen und deren Wert berichtet. Nunmehr ist es B, der entsetzt reagiert. A aber schöpft Hoffnung.

In der Folge bitten A und B ihre Anwälte um Auskunft über die Rechtslage. Was werden sie dabei erfahren?

Vermerk für den Bearbeiter: Auf mögliche Ansprüche gegen den Gutachter ist nicht einzugehen.

A. Vorbereitende Überlegungen

I. Erfassen des Sachverhalts

Vielleicht sind Sie, wenn Sie noch kein Handelsrecht gehört haben, durch die Bezeichnung „B e.K." irritiert. Diese bedeutet nach § 19 I Nr. 1 HGB nichts anderes, als
daß B im Handelsregister als Kaufmann eingetragen ist.

In der Sache geht es darum, daß A und B einen Kaufvertrag miteinander geschlossen und sich beide für sechs Wochen den *Rücktritt vorbehalten* haben.

Dieser Rücktritt wird von B *fristgerecht erklärt*, weil er infolge eines von ihm ver-
schuldeten Diebstahls das Interesse an dem Vertrag verloren hat. Freilich sind die
Vasen erheblich *wertvoller*, als beide zunächst gedacht haben, und zum Unglück von
B erfährt A dies jetzt auch.

Eine Skizze könnte so aussehen:

$$\textbf{A} \text{ (Verk.)} \xleftarrow[500 \text{ €}]{\S 433 \text{ BGB}} \textbf{B} \text{(Käufer)}$$

⊠ Wert: 20.000 €

– Rücktrittsfrist 6 Wochen   **D**
– Diebstahl infolge Versehens des B
– B erklärt Rücktritt nach 4 Wochen 2 Tagen

II. Erfassen der Fallfrage

Der Fall ist klar als Anwaltsfall gekennzeichnet. Die um Rat befragten Anwälte müssen ihren jeweiligen Mandanten darüber aufklären, was er vom anderen Teil verlangen kann und mit welchen Gegenrechten er seinerseits zu rechnen hat.

Woran B interessiert ist, hat er selbst bereits zum Ausdruck gebracht: Nachdem die
Vasen für ihn verloren sind, möchte er wenigstens den dafür gezahlten *Kaufpreis zurückhaben*. A hat noch keinen bestimmten Anspruch geltend gemacht. Aber sein
Interesse ist nicht weniger eindeutig: Er möchte für die Vasen, die ihm B nach dem
Diebstahl nicht mehr herausgeben kann, *in Geld entschädigt* werden, und zwar möglichst hoch. Mehr als den Wert der Vasen kann er freilich auch im günstigsten Fall
nicht erlangen. Und damit lauten die beiden Fallfragen, um die es hier geht: Kann B
von A Rückzahlung des Kaufpreises verlangen? Hat A gegen B einen Anspruch auf
Zahlung von 20.000 €?

III. Erarbeiten der Lösung

1. Worauf wird es ankommen?

Wie Sie vielleicht wissen, war der Rücktritt nach früherem Recht ausgeschlossen,
wenn der Berechtigte eine wesentliche Verschlechterung, den Untergang oder die an-
derweitige Unmöglichkeit der Herausgabe des empfangenen Gegenstandes verschuldet hatte (§ 351 BGB a. F.). Danach hätte nach dem von B verschuldeten Diebstahl
allein A zurücktreten können, nicht jedoch B. Das ist seit 1.1.2002 anders. Nach
dem nunmehr geltenden Recht kann auch *derjenige* vom Vertrag *zurücktreten*, der
den Untergang der ihm übertragenen Sache *verschuldet* hat. Zwar können die Par-

teien den Rücktritt für diesen Fall ausschließen, und das kann u.U. auch konkludent erfolgen. Um einen konkludenten Ausschluß annehmen zu können, müssen freilich Gründe angeführt werden, die sich in der Unmöglichkeit der Herausgabe nicht erschöpfen dürfen.

Auf die Herausgabeunmöglichkeit reagiert das Gesetz jetzt mit anderen Mitteln, nämlich damit, daß es dem anderen Teil einen **Wertersatzanspruch** gewährt, § 346 II BGB. Hier scheint daher ein Schwerpunkt der Arbeit zu liegen. *An sich* sind die gestohlenen Vasen 20.000 € wert. § 346 II 2 BGB enthält jedoch eine Wertberechnungsregelung eigener Art. Danach ist bei der Bestimmung des zu leistenden Wertersatzes die *Gegenleistung zugrunde zu legen.* Das aber ist hier der vereinbarte Kaufpreis in Höhe von 500 €. A müßte danach also den Kaufpreis zurückzahlen und könnte im Gegenzug in gleicher Höhe Wertersatz verlangen. Im Ergebnis ginge er damit *leer* aus. B dagegen müßte Wertersatz leisten und bekäme dafür den Kaufpreis zurück, wäre also im Ergebnis *nur gering belastet,* obwohl er den Diebstahl der wertvollen Vasen verschuldet hat.

Dieses Ergebnis widerspricht so sehr allen Erwartungen, daß Sie an dieser Stelle der Frage nachgehen müssen, ob dies wirklich rechtens ist. Ist § 346 II 2 BGB bei Fallgestaltungen der hier vorliegenden Art vielleicht *einschränkend auszulegen?* Oder waren sich die Beteiligten konkludent darüber *einig,* daß diese Vorschrift hier keine Anwendung finden sollte? Wie auch immer: An dieser Stelle haben Sie Grund, nachzubohren.

Zu welchem Resultat Sie dabei auch gelangen mögen, so wissen Sie bereits jetzt, daß es für den nach § 346 II BGB zu leistenden Wertersatz auf ein Verschulden des B *nicht* ankommt. Nun ist B an dem Diebstahl der Sache aber offensichtlich nicht unschuldig. Sein **Verschulden** könnte A den Weg zu einer ganz anderen Anspruchsgrundlage eröffnen, bei welcher der Anspruch auf Ersatz des *objektiven* Werts der Sachen gesicherter ist als auf der schwankenden Basis einer stillschweigenden Vereinbarung. Wenn Sie § 346 BGB zu Ende lesen, werden Sie feststellen, daß sich in **§ 346 IV BGB** eine eigene **Schadensersatzregelung** findet. Auch das sollten Sie sich notieren.

Im Grunde geht es bei all diesen Überlegungen darum, ob A sich mit 500 €. Wertersatz abspeisen lassen muß oder ob er nicht vielmehr vollen Wertersatz in Höhe von 20.000 € fordern kann. Wenn Sie die Sache einmal mit den Augen des B betrachten, bekommt sie jedoch möglicherweise ein anderes Aussehen. B hat sich auf ein Geschäft eingelassen, dessen Wert von beiden Seiten, vorbehaltlich anderer Informationen, auf 500 € veranschlagt wurde; nunmehr aber droht ihm daraus eine Haftung in Höhe von 20.000 €. Das sollte Sie an die Lehre vom Fehlen bzw. vom Wegfall der **Geschäftsgrundlage** denken lassen.

2. Strategie

B verlangt von A Rückzahlung des Kaufpreises, A dagegen von B Wertersatz für die gestohlenen Vasen. Womit sollen Sie anfangen: mit dem Rückzahlungs- oder dem Wertersatzanspruch? An sich ist beides möglich. Voraussetzung für beide Ansprüche ist freilich, daß der von B erklärte Rücktritt den Vertrag in ein Rückabwicklungsschuldverhältnis umgewandelt hat. Das müssen Sie daher in jedem Fall vorweg prüfen. Im Hinblick darauf bietet es sich dann aber an, sofort die Frage anzuschließen, ob B den von ihm selbst angestrebten Zweck, den Kaufpreis zurückzuerlangen, erreicht hat. Die Gegenrechte des A, bei denen der eigentliche Schwerpunkt des Falls liegt, machen dann den zweiten und umfangreicheren Teil der Lösung aus.

3. Lösungsskizze

I. Rückzahlungsanspruch des B gem. § 346 I BGB

1. Formelle Rücktrittsvoraussetzungen.
Kaufvertrag mit Rücktrittsvorbehalt.
Fristgerechte Erklärung gegenüber A, § 349 BGB.
Kein Ausschluß bei verschuldeter Unmöglichkeit.

2. Rückgewähr der empfangenen Leistung.

II. Wertersatzansprüche des A

1. § 346 II 1 Nr. 3 BGB

a) Rückgewähr der Vasen ist B nicht möglich. Dieses Unvermögen wird Unmöglichkeit gleichgestellt, § 275 I BGB.

b) § 346 II 2 BGB: Wertbemessung nach der Gegenleistung = 500 €.
Stillschweigend abbedungen?
In Rücktrittsvorbehalt kommt Vorläufigkeit der Wertbestimmung zum Ausdruck.

2. §§ 346 IV, 280 I, III, 283 BGB.

a) Rückgewährpflicht entsteht erst mit Rücktritt.
Schlüssel vorher verloren.
Bei vertraglichem Rücktritt (Kenntnis der Rücktrittsmöglichkeit) aber analog.

b) Diebstahl durch Unbekannten fällt unter § 275 I BGB und begründet Pflicht gem. § 283 BGB.
§ 280 I 2 BGB: zu vertreten.

c) Schaden: 20.000 €, § 251 I BGB.
Nicht zusätzlich Rückübereignung, vgl. § 255 BGB.

3. Anpassung gem. § 313 I, II BGB
Nur, wenn A bei umgekehrter Konstellation Erhöhung des Kaufpreises verlangen dürfte. Dies hier kaum.

III. Ergebnis
20.000 € gegen 500 €, § 348 BGB.
Nach Aufrechnung kann A von B 19.500 € fordern.

B. Lösung

I. Anspruch des B auf Zahlung von 500 €

B kann von A gem. § 346 I BGB Rückgewähr des Kaufpreises verlangen, wenn er von dem mit A geschlossenen Kaufvertrag wirksam zurückgetreten ist.

1. Die Parteien haben einen befristeten Rücktrittsvorbehalt vereinbart, der an keine andere Voraussetzung als die einer fristgerechten Ausübung gebunden war. Anders als nach früherer Rechtslage ist der Rücktritt auch dann nicht ausgeschlossen, wenn der Berechtigte die Unmöglichkeit der Herausgabe des empfangenen Gegenstandes verschuldet hat. Der innerhalb der vereinbarten Frist von B gegenüber A erklärte Rücktritt (§ 349 BGB) hat daher den Kaufvertrag in ein Rückgewährschuldverhältnis umgewandelt.

2. Infolgedessen kann B von A Rückgewähr der an diesen geleisteten 500 € verlangen. Da Geldleistungen im Rahmen des § 346 I BGB grundsätzlich als Wert zurückzuerstatten sind, kommt es nicht weiter darauf an, in welcher Form B die Kaufpreiszahlung geleistet hatte.

II. Wertersatzansprüche des A

1. Bei einem von beiden Teilen erfüllten gegenseitigen Vertrag löst ein Rücktritt nicht nur auf einer, sondern auf beiden Seiten Rückgewähransprüche aus. An sich könnte A daher von B gem. § 346 I BGB Rückgewähr der Vasen verlangen. Das scheitert indessen daran, daß diese von einem Unbekannten gestohlen wurden. Zumindest die Rückgewähr des Besitzes ist B unter diesen Umständen unmöglich geworden. Auch wenn darin keine absolute Unmöglichkeit zu erblicken ist, weil die Herausgabe für den gegenwärtigen Besitzer immerhin möglich wäre, so wird doch das Unvermögen des B der absoluten Unmöglichkeit durch § 275 I BGB hier gleichgestellt. B ist daher von der Rückgewährpflicht freigeworden. Möglicherweise kann A von B jedoch gem. *§ 346 II 1 Nr. 3 BGB* statt dessen *Wertersatz* verlangen.

a) Nach dieser Vorschrift hat der Rückgewährschuldner dann Wertersatz zu leisten, wenn der empfangene Gegenstand sich verschlechtert hat oder untergegangen ist. Ein Untergang im eigentlichen Sinn des Wortes liegt hier nicht vor. Wenn jedoch die Rückgewährunmöglichkeit bei § 275 I BGB einer absoluten Unmöglichkeit wertungsmäßig gleichgestellt wird, so muß sie stimmigerweise auch bei § 346 II 1 Nr. 3 BGB unter den Begriff des Untergangs subsumiert werden.

b) Bei der Berechnung des zu leistenden Wertersatzes ist nach § 346 II 2 BGB die *Gegenleistung* zugrunde zu legen. Danach könnte A nicht den objektiven Wert der Sache, sondern nur Wertersatz in Höhe des vereinbarten Kaufpreises – hier 500 € – verlangen. Das Gesetz ist ersichtlich bestrebt, an der von den Parteien vereinbarten Gleichwertigkeit von Leistung und Gegenleistung auch bei der Rückabwicklung des Vertrages festzuhalten.

In manchen Fällen wird dies den Intentionen der Parteien indessen kaum gerecht, so unter anderem dann nicht, wenn ein Rücktrittsrecht vereinbart wurde, weil die Beteiligten der Gleichwertigkeit selbst nicht trauten und sich die Möglichkeit vorbehalten wollten, sich im Falle einer Fehleinschätzung vom Vertrag zu lösen. In diesem Fall ist daher zu prüfen, ob die Wertberechnung anhand der vereinbarten Gegenleistung nicht *konkludent ausgeschlossen* wurde.

Hätte im vorliegenden Fall nicht B, sondern A den Rücktritt erklärt, weil er nachträglich den wahren Wert der Vasen erkannt hätte, so wäre es schwerlich vertretbar, ihn nach dem Untergang der Vasen mit 500 € abzufinden. Der Rücktrittsvorbehalt diente nämlich aus der Sicht des A gerade dem Zweck, die Vasen nicht unter ihrem wahren Wert zu verlieren. Im Hinblick auf diese Konstellation gingen A und B davon aus, daß der eventuell zu leistende Wertersatz sich nach dem objektiven Wert bemessen sollte. Dies vorausgesetzt, kann die Lage nicht anders beurteilt werden, wenn nicht A, sondern B den Rücktritt erklärt. Es war B's Risiko, infolge seines Rücktritts für den objektiven Wert der gestohlenen Sachen einstehen zu müssen. Da er sowohl von dem Wert als auch von dem Diebstahl wußte, hätte er sich über die Folgen eines Rücktritts ohne weiteres kundig machen können.

2. In Betracht kommt weiter, daß A gem. *§§ 346 IV, 280 I, III, 283 BGB* von B *Schadensersatz* in Höhe des objektiven Wertes der Vasen verlangen kann.

a) Das setzt voraus, daß B eine Pflicht aus dem Rückgewährschuldverhältnis des § 346 I BGB schuldhaft verletzt hat. Rückgewährpflichten entstehen an sich erst mit der Erklärung des Rücktritts. Die entscheidende Ursache für den Diebstahl hat B jedoch schon *vorher* gesetzt. Nach dem Wortlaut des § 346 IV, I BGB wäre ein Schadensersatzanspruch damit ausgeschlossen.

Im Hinblick auf das vertragliche Rücktrittsrecht ist das Gesetz insoweit jedoch zu eng formuliert. Bei einem vertraglich vorbehaltenen Rücktritt wissen beide Vertragspartner von vornherein, daß sie sich auf eine Rückabwicklung einstellen und daher mit der empfangenen Leistung entsprechend sorgfältig umgehen müssen. Sorgfaltspflichten entstehen hier nicht erst mit Rücktritt, sondern bereits vorher. Dies rechtfertigt es, § 346 IV, I BGB bei einer Verletzung der bereits vor dem Rücktritt bestehenden Sorgfaltspflichten entsprechend anzuwenden.

b) Mit dem Diebstahl durch einen Unbekannten ist B gem. § 275 I BGB von der Rückgewährpflicht freigeworden. Vorausgesetzt, daß er den Diebstahl zu vertreten hat, ist er daher analog § 283 BGB zum Schadensersatz statt der Leistung verpflichtet. Nach § 280 I 2 BGB wird das Vertretenmüssen der Pflichtverletzung – hier der Herausgabeunmöglichkeit – vermutet. Um diese Vermutung zu widerlegen, müßte B dartun, daß ihm keine Sorgfaltspflichtverletzung zur Last fällt.

An sich war B bis zum Rücktritt als Eigentümer der Vasen niemand Rechenschaft schuldig. Wie bereits dargelegt, mußte er sich jedoch bis zum Ablauf der vereinbarten Rücktrittsfrist darauf einstellen, daß es zum Rücktritt kommen könnte und er die Vasen dann zurückgeben muß. Folglich traf ihn nicht nur eine bloße Obliegenheit, sondern eine echte Verpflichtung, im Interesse des anderen Teils mit den empfangenen Sachen sorgfältig umzugehen. Diese umfaßte auch die Pflicht, die Schlüssel, die den Zugang zu diesen Sachen ermöglichten, sorgfältig zu verwahren. Dagegen hat B verstoßen. Um die Vasen nicht zu gefährden, hätte er seinen Schlüsselbund zumindest nicht mit seinem Namenschildchen versehen dürfen, und wenn doch, so hätte er das Schloß unverzüglich nach dem Verlust der Schlüssel austauschen müssen. Eine Widerlegung der Vermutung des § 280 I 2 BGB erscheint danach ausgeschlossen.

c) Der von B statt der Leistung zu ersetzende Schaden bemißt sich gem. § 251 I BGB nach dem objektiven Wert der Sache und beläuft sich auf 20.000 €. Damit ist A voll befriedigt. Er kann daher nicht zusätzlich auch noch Rückübereignung der Vasen verlangen. Dies ergibt sich auch daraus, daß er sie gem. § 255 BGB sofort auf B zurückübertragen müßte.

3. Die außerordentliche Höhe des von B zu leistenden Wertersatzes gibt Anlaß zu der Frage, ob der Vertrag nicht wegen Irrtums über die Geschäftsgrundlage gem. § 313 I, II BGB insofern an die von beiden Parteien unrichtig eingeschätzten Verhältnisse anzupassen ist, als der im Fall des Rücktritts zu leistende Wertersatz auf ein gewisses Maß begrenzt ist. Eine solche Anpassung ist nicht schlechthin auszuschließen. Allerdings kommt sie nur bei solchen Mißverhältnissen in Betracht, unter denen auch A eine Vertragsanpassung verlangen dürfte. Wäre kein Rücktritt erklärt worden und hätte A nach Ablauf der Frist per Zufall den wahren Wert der Vasen herausgefunden, wäre ihm angesichts des aleatorischen Charakters des Geschäfts bei diesen Wertverhältnissen keine Vertragsanpassung zugebilligt worden. Umgekehrt darf sich dann aber auch B nicht auf das Fehlen der Geschäftsgrundlage berufen.

III. Ergebnis

B kann von A Zahlung von 500 €, A von B Zahlung von 20.000 € verlangen. Jeder braucht gem. §§ 348, 320, 273 BGB nur Zug um Zug gegen Erbringung der Gegenleistung zu zahlen. In Höhe von 500 € empfiehlt sich überdies eine Aufrechnung, § 387 BGB.

Zur Vertiefung: *Schwab*, Die Rückabwicklung von Verträgen nach §§ 346 ff. BGB n. F., JuS 2002, 630.

24. Äpfel und Birnen

Sachverhalt

Landwirt V einigt sich mit der Großbäckerei K-GmbH, die für ihren Spezialapfelkuchen berühmt ist, telefonisch auf die Lieferung von 10 Zentnern Delikateßäpfeln zu 50 € pro Zentner, lieferbar am 1.10.2010. Da dem V, der auch andere Abnehmer beliefert, in diesem Zeitpunkt vorübergehend die Äpfel ausgegangen sind, füllt er stattdessen Birnen in die Säcke. Die Ware wird bei der K-GmbH angeliefert und gleich bezahlt. Da in der Bäckerei gerade Hochbetrieb herrscht, wird der Fehler erst entdeckt, als der Lieferant bereits weg ist. Die K-GmbH fordert V sofort auf, an Stelle der Birnen umgehend Äpfel zu liefern. V lehnt dies entschieden ab und meint, gekauft sei gekauft. Im übrigen weist er darauf hin, daß Birnen ebenso gut wie Äpfel Kernobst seien und daß man schließlich auch Birnenkuchen backen könne.

Die K-GmbH fordert V daraufhin auf, die bereits gezahlten 500 € zurückzuerstatten, und stellt ihrerseits die Birnen zur Verfügung. V rührt sich nicht.

Die K-GmbH möchte von ihrem Anwalt wissen, ob sie den Kaufpreis zurückverlangen kann und was sie mit den Birnen machen soll.

A. Vorbereitende Überlegungen

I. Erfassen des Sachverhalts

Der Sachverhalt ist im Grunde denkbar einfach: Die K-GmbH bestellt Äpfel, V liefert Birnen. Bildlich:

Damit nichts übersehen wird, kann es nicht schaden, wenn Sie noch ein paar andere Umstände festhalten, auf die es vielleicht ankommen kann:

1.10.2010   vereinbarter Liefertermin
–   sofortige Bezahlung
–   nachträgliche Untersuchung
–   Mahnung
–   Weigerung durch V

II. Erfassen der Fallfrage

Der Fall endet nicht mit einer förmlichen Frage. Aber da sich die K-GmbH an ihren Anwalt wendet und diesen um Rat bittet, ist klar, daß Sie sich gedanklich an die Stelle des Anwalts versetzen und diesen Rat erteilen sollen.

Die K-GmbH hat ersichtlich ein doppeltes Anliegen. Einmal möchte sie wissen, ob sie den an V gezahlten **Kaufpreis** in Höhe von *500 €* **zurückverlangen kann**. Wo es um die Rückabwicklung eines gegenseitigen Vertrages wie hier geht, wird ein Anwalt nicht nur an die Leistung, sondern sogleich auch an die *Gegenleistung* denken. Denn auch wenn der K-GmbH ein Anspruch auf Rückgewähr des Kaufpreises zustehen sollte, kann sie diesen Anspruch vielleicht nur *Zug um Zug* gegen Rückgewähr der Birnen geltend machen. Daß V an den Birnen nicht sonderlich interessiert zu sein scheint, ändert daran wenig. Spätestens wenn die K-GmbH Klage auf Zahlung erhebt, muß sie damit rechnen, daß V – nunmehr vielleicht ebenfalls anwaltlich beraten – einen Gegenanspruch geltend macht. In diesem Fall drohen der K-GmbH, wenn sie nicht in weiser Voraussicht von vornherein auf Leistung Zug um Zug geklagt hat, *Kostennachteile*.

Aber die K-GmbH möchte nicht nur den Kaufpreis zurückhaben, sie möchte auch wissen, wie sie sich **im Hinblick auf die Birnen verhalten** soll. Insoweit legt die K-GmbH ihrem Anwalt nicht eine bestimmte Frage vor, die im Prinzip mit ja oder nein zu beantworten ist. Sie erwartet vielmehr unabhängig hiervon einen Vorschlag oder eine Anregung, wie sie sich verhalten soll. Um herauszufinden, was die Auskunft leisten soll, müssen Sie sich die möglichen Interessen der K-GmbH klarmachen. Diese will wissen, ob sie die Birnen liegen lassen darf, bis sie verderben, oder ob sie sich darum kümmern muß und wenn ja, wie. Muß sie die Birnen womöglich sogar selbst verkaufen, um dem Verderb zuvorzukommen? Und was wäre in diesem Fall mit dem erzielten Geld?

Sie können hier wiederum einmal sehen, daß es der Anwalt schwerer hat als das Gericht, wenn er seiner Aufgabe genügen will.

III. Erarbeiten der Lösung

1. Worauf wird es ankommen?

Wie aus dem Sachverhalt hervorgeht, will die K-GmbH den mit V geschlossenen Vertrag nicht mehr gelten lassen und fordert den bereits gezahlten Kaufpreis zurück. Nach Lage der Dinge kann sie damit nur Erfolg haben, wenn sie vom Vertrag zurückgetreten ist. Dafür kommen hier zwei unterschiedliche Rechtsgrundlagen in Betracht: einmal der **Widerruf gem. §§ 312 d I, 355 BGB**, auf den nach § 357 I 1 BGB Rücktrittsvorschriften zur Anwendung kommen, sodann aber der **Rücktritt** wegen eines Sachmangels **gem. §§ 437 Nr. 2, 323, 346 BGB**. Das erste können Sie rasch ausschließen. Das in § 312 d BGB statuierte Widerrufsrecht setzt nämlich gem. § 312 b I BGB voraus, daß der zwischen V und der K-GmbH fernmündlich geschlossene Vertrag zwischen einem *Unternehmer* und einem *Verbraucher* zustande gekommen ist. Da auch ein Landwirt beim Verkauf seiner Produkte einer „selbständigen beruflichen Tätigkeit" nachgeht (vgl. § 14 BGB), waren *beide Unternehmer*. Ernstlich in Betracht kommt daher nur das in § 437 Nr. 2 BGB erwähnte Rücktrittsrecht.

Wenn Sie sich kurz dessen Voraussetzungen anschauen, werden Sie wahrscheinlich zweimal stocken. Einmal wird Ihnen auffallen, daß die **Lieferung einer ganz anderen Sache** an sich nicht unter den in § 434 I BGB umrissenen Begriff des *Sachmangels* fällt. (Wenn Sie weiterlesen, werden Sie freilich entdecken, daß das Gesetz die *aliud*-Lieferung in § 434 III BGB dem Sachmangel gleichgestellt hat.) Zum andern aber werden Sie stocken, wenn Sie kurz überschlagen, ob die Sachen bereits **bei Gefahrübergang** mangelhaft waren, wie es § 434 I 1 BGB seinem Wortlaut nach voraussetzt. Nach § 446 S. 1 BGB geht die Gefahr „mit der Übergabe der verkauften Sache" über. Verkauft waren hier jedoch nicht bestimmte Sachen, sondern Waren aus einer bestimmten *Gattung*, nämlich Delikateßäpfel. Damit die Gefahr übergehen konnte, mußte die Schuld *konkretisiert* werden. Das aber setzt, wie sich aus § 243 I BGB ergibt, voraus, daß V Sachen „von mittlerer Art und Güte" leistete. Es gehört nicht viel Scharfsinn dazu, um zu erkennen, daß Birnen nicht „Äpfel mittlerer Art und Güte" sind. Also konnte V mit der Lieferung von Birnen die Schuld nicht konkretisieren. Folglich ging auch nicht gem. § 446 S. 1 BGB die Gefahr über. Was aber wird dann aus dem Rücktrittsrecht, das voraussetzt, daß die Sachen „bei Gefahrübergang" mangelhaft waren? Sie stoßen hier unversehens auf eine der vielen Meisterleistungen des modernen Gesetzgebers und müssen sich auf Sinn und Zweck des § 434 I 1 BGB besinnen, um diese offenbar unbeabsichtigte Hürde zu nehmen.

Im Hinblick auf das Problem, was die K-GmbH mit den Birnen machen soll, ist an eine **Versteigerung** *gem. §§ 383 I, 372 BGB* oder an einen *Verkauf gem. § 385 BGB* zu denken. In beiden Fällen tritt der Erlös an die Stelle der Sache. § 383 I BGB spricht zwar nur davon, daß der Schuldner den Erlös hinterlegen kann. Nach allgemeiner Auffassung schließt das jedoch die *Aufrechnung* nicht aus. Aber die K-GmbH will vermutlich mehr wissen. Was sie interessiert, dürfte nämlich auch dies sein, ob sie sich überhaupt *um eine Versteigerung kümmern muß* bzw. ob ihr **Nachteile drohen**, wenn sie die Birnen einfach liegen läßt, bis sie in Fäulnis übergehen.

2. Strategie

Der Fall enthält zwei Fragenkomplexe. Solange nicht triftige Gründe dagegen sprechen, werden Sie diese in der Reihenfolge behandeln, in der sie im Sachverhalt angesprochen sind, also erst den Rückzahlungsanspruch und im Anschluß daran das zweite, unbestimmtere Auskunftsverlangen der K-GmbH, das sich darauf richtet, was sie mit den Birnen machen soll.

Aufbauprobleme kann es eigentlich nur im Rahmen dieses zweiten Teils geben. Sollen Sie zuerst der Frage nachgehen, ob die K-GmbH auf *Wertersatz* haftet, wenn sie die Birnen verderben läßt, oder sollen Sie vorrangig prüfen, ob sie sich durch *Versteigerung* von ihrer Rückgewährpflicht befreien kann? Die Antwort hängt unter anderem davon ab, wie sich die Lage im einzelnen darstellt. Wenn klar ist, daß die K-GmbH bei Untätigkeit haften würde, könnte das dafür sprechen, dies vorab auszuführen, um anschließend den Weg aufzuzeigen, wie sich die K-GmbH von dieser Haftung befreien kann. Wenn sich dagegen aus der Hinterlegungs- und Versteigerungsregelung ein Argument für oder gegen die Statuierung besonderer Sorgfaltspflichten der K-GmbH ergeben sollte, könnte man auch damit beginnen. Sie müssen also erst tiefer in die Sache einsteigen, um diese Frage entscheiden zu können.

3. Lösungsskizze

I. Kaufpreisrückzahlung
Kein Widerruf gem. §§ 355, 312 d, 357 BGB, da beide Unternehmer (§ 14 BGB).
Evtl. Rücktritt gem. §§ 437 Nr. 2, 323, 346 BGB.
Erklärung erfolgt, § 349 BGB.
Grund?
1. Sachmangel
a) Gem. § 434 I, III BGB grundsätzlich jede Abweichung der Ist- von Sollbeschaffenheit.
   Bei *aliud* außerdem erkennbarer Erfüllungswille.
b) Keine Genehmigung, § 377 I, II, V HGB.
2. Bei Gefahrübergang
a) § 446 S. 1 BGB: mit Übergabe *der verkauften Sache*.
   Bei Gattungsschuld ist Konkretisierung erforderlich.
   Diese nur mit Sachen mittlerer Art und Güte möglich, § 243 BGB.
b) Sinn des § 446 S. 1 BGB: ab Übergabe vertragsgemäßer Leistung soll Käufer Risiko zufälliger Verschlechterung tragen.
   Dagegen § 434 I 1 BGB: Zeitpunkt, ab wann Sache spätestens mangelfrei sein müßte.
c) Für § 434 I 1 BGB genügt Übergabe schlechthin.
3. § 323 I, II BGB
   An sich vergebliche Fristsetzung erforderlich.
   Nicht bei ernsthafter Weigerung.
4. Folge
   §§ 346, 348 BGB: Zug um Zug.

II. Umgang mit den Birnen
1. Verkauf und Hinterlegung
   §§ 372 S. 1, 383 I bzw. 385 BGB
a) Bei verweigerter Rücknahme *Annahmeverzug*, §§ 293, 295 BGB.
b) Mangels Hinterlegungsfähigkeit Veräußerung möglich.
   Erlös tritt an Stelle, § 1247 BGB.
c) Hinterlegungsmöglichkeit gem. §§ 378, 379 BGB schließt *Aufrechnung* nicht aus.
2. Ersatzpflichten bei Untergang
a) Wertersatz gem. § 346 II 1 Nr. 3 BGB?
   Entfällt nach § 346 III Nr. 2 BGB.
b) Schadensersatz gem. §§ 346 IV, 280, 283 BGB?
   § 346 I BGB schließt *Nebenpflichten* nicht aus.
   Versteigerung allein im Interesse des Schuldners.
   Erst recht bei Rücknahmeverweigerung.

B. Lösung

I. Anspruch auf Rückzahlung des Kaufpreises

Die K-GmbH kann den Kaufpreis gem. § 346 I BGB zurückverlangen, wenn sie von dem Kaufvertrag wirksam zurückgetreten ist. Nachdem der Vertrag fernmündlich geschlossen wurde, ist zunächst an einen Widerruf gem. §§ 355, 312 d BGB zu denken, auf den die Vorschriften über den gesetzlichen Rücktritt entsprechende Anwendung finden (§ 357 I BGB). Freilich setzt ein solcher Widerruf gem. § 312 b I BGB einen zwischen einem Unternehmer und einem Verbraucher geschlossenen Vertrag voraus. Hier haben sowohl V als auch die K-GmbH in Ausübung ihrer gewerblichen oder selbständigen beruflichen Tätigkeit und damit als Unternehmer gehandelt (§ 14 BGB). Ein Widerruf scheidet damit aus. In Betracht kommt allein ein Rücktritt gem. §§ 437 Nr. 2, 323, 346 BGB wegen Mangelhaftigkeit der gelieferten Ware. Mit der Rückzahlungsaufforderung hat die K-GmbH gegenüber V konkludent zum Ausdruck gebracht, daß sie sich von dem Vertrag lösen will (§ 349 BGB). Fraglich kann nur sein, ob die gesetzlichen *Rücktrittsvoraussetzungen* erfüllt sind.

1. § 437 Nr. 2 BGB verlangt zunächst, daß die Sache *mangelhaft* ist.

a) Wie sich aus § 434 I, III BGB ergibt, ist unter einem Sachmangel grundsätzlich jede Abweichung der Ist- von der Sollbeschaffenheit zu verstehen. Einen Unterschied zwischen der Lieferung schlechter und der Lieferung anderer Sachen macht das Gesetz seinem Wortlaut nach nicht mehr. Werden anstelle an sich geschuldeter Äpfel Birnen geliefert, so werden die Birnen vom Gesetz wie mangelhafte Äpfel behandelt und lösen auf seiten des Käufers dieselben Rechtsfolgen aus. Dagegen erheben sich möglicherweise in solchen Fällen Zweifel, in denen die *aliud*-Lieferung gänzlich aus dem Rahmen fällt. So verhält es sich hier jedoch nicht, wie V mit seiner Argumentation deutlich macht.

Vorausgesetzt ist bei einer *aliud*-Lieferung jedoch, daß der Verkäufer mit dem *aliud* erkennbar *erfüllen wollte*. Die vom Gesetz verfügte Gleichstellung von Schlecht- und *aliud*-Lieferung geht nicht so weit, daß die Zustellung einer ganz anderen Sache auch dann zur Sachmängelhaftung führen würde, wenn es sich dabei um einen „Irrläufer" handelt. Aber dies war hier keineswegs der Fall. V wollte tatsächlich anstelle der geschuldeten Äpfel Birnen liefern.

b) Bei einem beiderseitigen Handelskauf gilt eine aliud-Lieferung als genehmigt und damit als vertragsgemäß, wenn der Käufer die Ware nicht unverzüglich untersucht und von dem Mangel Anzeige macht, § 377 I, II HGB. Nach dem Sachverhalt ist jedoch unklar, ob auch V Kaufmann (§ 3 II HGB) ist. Jedenfalls fällt der K-GmbH nach Lage der Dinge keine schuldhafte Verzögerung zur Last. Im übrigen würde eine Genehmigungsfiktion auch daran scheitern, daß V den Mangel vorsätzlich verschwiegen hat, § 377 V HGB.

2. Die §§ 437 Nr. 2, 434 I 1 BGB verlangen jedoch weiter, daß der Sachmangel *im Zeitpunkt des Gefahrübergangs* vorhanden ist. Das könnte hier problematisch sein.

a) Nach § 446 S. 1 BGB geht die Gefahr des zufälligen Untergangs oder der zufälligen Verschlechterung *mit Übergabe der verkauften Sache* auf den Käufer über. Diese Vorschrift ist auf einen Gattungskauf, wie er hier vorliegt, nicht ohne weiteres anwendbar. Der Gattungskauf zeichnet sich nämlich dadurch aus, daß „die verkaufte Sache" im Zeitpunkt des Vertragsschlusses noch gar nicht genau bestimmt ist. Fest steht allein, aus welcher Gattung die Lieferung erfolgen soll. Um die Verpflichtung des Verkäufers auf eine bestimmte Sache beziehen zu können, bedarf es der *Konkre-*

tisierung. Wie sich aus § 243 BGB ergibt, kann der Verkäufer nicht mit beliebigen Sachen konkretisieren. Vorausgesetzt ist vielmehr, daß es sich um Sachen von mittlerer Art und Güte handelt, und zwar aus der betreffenden Gattung. Eine Schuld, die auf Lieferung von Äpfeln gerichtet ist, kann daher nicht mit Hilfe von Birnen konkretisiert werden. Ein Gefahrübergang gem. § 446 S. 1 BGB scheidet in diesem Fall aus. Mangels Gefahrübergangs könnte zugleich eine Sachmängelhaftung entfallen.

b) Wie eine nähere Überlegung zeigt, dient die Anknüpfung an den Gefahrübergang in § 446 S. 1 BGB und § 434 BGB bei Gattungssachen jedoch verschiedenen Zwecken. In § 446 S. 1 BGB geht es darum, zu bestimmen, ab wann der Käufer trotz nachträglicher Verschlechterung der Sache den vollen Kaufpreis schulden soll. Die in § 446 S. 1 BGB getroffene Regelung geht dahin, dem Käufer dieses Risiko erst nach Übergabe einer erfüllungstauglichen Sache zu überbürden. Demgegenüber geht es in § 434 I 1 BGB darum, den Zeitpunkt festzulegen, an dem die Sache spätestens mangelfrei sein soll und von dem an spätere Veränderungen keine Sachmängelansprüche mehr begründen können. Das aber ist der Zeitpunkt der Übergabe bzw. des Annahmeverzugs.

c) Bei einem Gattungskauf Sachmängelrechte trotz Übergabe abzulehnen, weil nicht auch gem. § 446 S. 1 BGB die Gegenleistungsgefahr auf den Käufer übergegangen ist, stünde zu dem Zweck des § 434 BGB in Widerspruch. Zutreffend erscheint es allein, die Sachmängelhaftung ab demselben Zeitpunkt beginnen zu lassen, von dem an sie bei einem Spezieskauf auch beginnt, nämlich ab Übergabe der vom Verkäufer gelieferten Sache. Diese aber hat stattgefunden.

3. Die Lieferung einer mangelhaften Sache stellt eine nicht vertragsgemäße Leistung i. S. von § 323 I BGB dar. Die K-GmbH kann daher vom Vertrag zurücktreten, wenn die sonstigen Voraussetzungen dieser Vorschrift gegeben sind. Von Interesse ist hier nach Lage der Dinge nur das Erfordernis einer erfolglosen Nachfristsetzung. Eine solche Frist hat die K-GmbH nicht gesetzt.

Indessen ist eine Fristsetzung gem. § 323 II Nr. 1 BGB dann entbehrlich, wenn der Schuldner die Leistung ernsthaft und endgültig verweigert. Eben dies hat V getan. Der Rücktritt ist daher ohne Fristsetzung wirksam.

4. Gem. § 346 I BGB kann die K-GmbH die Rückzahlung des Kaufpreises verlangen. Da V nur zahlen muß, wenn ihm Zug um Zug die Birnen zurückgewährt werden (§ 348 BGB), ist der K-GmbH zu raten, daß sie ihren Anspruch nur Zug um Zug gegen Angebot der Gegenleistung geltend macht.

II. Was soll die K-GmbH mit den Birnen machen?

Für die K-GmbH ist insoweit zweierlei von Interesse: einmal, ob sie die Birnen auf andere Weise loswerden kann, wenn V sie nicht zurücknimmt, zum andern, ob sie haftet, wenn sie sich nicht weiter darum kümmert.

1. In Betracht kommt zunächst, daß die K-GmbH die Birnen gem. *§§ 372 S. 1, 383 I 1 oder 385 BGB* versteigern bzw. verkaufen läßt und den Erlös hinterlegt.

Dadurch, daß V sich geweigert hat, die ihm von der K-GmbH zur Verfügung gestellten Birnen zurückzunehmen, ist er im Rahmen des Rückabwicklungsschuldverhältnisses gem. *§§ 293, 295 BGB* in *Annahmeverzug* geraten. Mangels Hinterlegungsfähigkeit kann die K-GmbH die Birnen daher versteigern oder durch eine befugte Person zum laufenden Preis verkaufen lassen. Den Erlös, der analog § 1247 BGB an die Stelle der Sache tritt, könnte die K-GmbH dann gem. *§§ 378, 379 BGB* hinterlegen. Einfacher wäre es jedoch, mit ihrem eigenen Rückzahlungsanspruch gegen den Anspruch des V auf Zahlung des Erlöses *aufzurechnen*, § 387 BGB. Dies wird durch die Hinterlegungsmöglichkeit nicht ausgeschlossen. Im Falle der Aufrechnung würde sich der verbleibende Rückzahlungsanspruch auf den Unterschiedsbetrag reduzieren.

2. Der Weg der Veräußerung ist freilich für die K-GmbH, die an sich ein anderes Geschäft betreibt, mit viel Mühe verbunden. Sie wird sich daher nur dann dazu verstehen, wenn ihr im Falle des Verderbs der Birnen rechtliche Nachteile drohen.

a) Nach § 346 II 1 Nr. 3 BGB ist der Rückgewährschuldner im Falle eines Verderbs der zurückzugewährenden Gegenstände zum *Wertersatz* verpflichtet. Diese Pflicht könnte hier indessen gem. § 346 III 1 Nr. 2 BGB *entfallen*. Nach dieser Vorschrift soll der Rückgewährschuldner für Sachveränderungen, die auch beim Gläubiger eingetreten wären, nicht einstehen müssen. Daß Birnen nach einer gewissen Zeit in Fäulnis übergehen, ist unabhängig davon, ob sie sich beim Schuldner oder beim Gläubiger befinden. Eine Wertersatzpflicht scheidet daher in diesem Fall aus.

b) In Betracht kommt jedoch, daß die K-GmbH sich gem. §§ 346 IV, 280, 283 BGB *schadensersatzpflichtig* macht, wenn sie die Birnen bei sich stehen läßt, bis sie verderben. Das Rückgewährschuldverhältnis stellt eine Sonderverbindung dar, aus der sich neben den Rückgewährpflichten auch gewisse Nebenpflichten ergeben, deren Verletzung Schadensersatzansprüche auslösen kann. Daß diese so weit gehen, die zurückzugewährenden Gegenstände mit erheblichem Aufwand versteigern zu lassen, erscheint freilich zweifelhaft. Die Versteigerungsmöglichkeit ist an sich im Interesse des Schuldners, nicht aber des Gläubigers geschaffen. Insbesondere dann, wenn der Rückgewährgläubiger wie hier die Rücknahme der Sache verweigert, kann dem Schuldner eine so weitgehende Pflicht billigerweise nicht auferlegt werden.

c) Die K-GmbH kann sich daher ohne Nachteil darauf beschränken, die Birnen vorerst bei sich stehen zu lassen.

Zur Vertiefung: *Brors*, Die Falschlieferung in der Schuldrechtsreform, JR 2002, 133; *Altmeppen/Reichard*, Die aliud-Lieferung beim Kauf, Festschrift für Huber, 2006, S. 73.

25. Der verschwundene Schreibtisch

Sachverhalt

Das Kaufhaus V in München bietet in überregionalen Zeitungen Schreibtische zum Selbstzusammenbauen an. Der Preis beträgt bei Selbstabholung 100 €; auf Wunsch kann der Bausatz gegen entsprechenden Aufpreis auch zugesandt werden. Rechtsanwalt K, der für sein Büro einen neuen Schreibtisch braucht und sich die Montage zutraut, bestellt einen solchen Bausatz, lieferbar an seine Kanzlei in Landshut. Das Paket mit den Einzelteilen wird von V, wie in solchen Fällen üblich, ordnungsgemäß dem Transportunternehmen T übergeben. Dort wird es zusammen mit anderen Sendungen, die für den Raum Landshut bestimmt sind, in einen Wagen verladen und auf den Weg gebracht. Als der Fahrer eine dieser Sendungen am Bestimmungsort abliefert, läßt er leichtfertig die Tür des unbewachten Wagens offenstehen. Bei dieser Gelegenheit werden einige Pakete von Unbekannten entwendet, u. a. der für Rechtsanwalt K bestimmte Bausatz. K verlangt daher von V einen neuen Bausatz. V dagegen lehnt dies ab und fordert die Bezahlung des bereits an K abgeschickten. Als K darauf nicht eingeht, läßt ihn V nochmals nachdrücklich durch einen Anwalt zur Zahlung von 100 € zuzüglich 20 € für Versandkosten auffordern.

K macht sich daraufhin genauere Gedanken über die Rechtslage. Zu welchem Ergebnis wird er dabei kommen?

A. Vorbereitende Überlegungen

I. Erfassen des Sachverhalts

Der Fall ist vom Tatsächlichen her nicht schwer. Eine Skizze ist jedoch nützlich, um die Beziehungen der Beteiligten während der weiteren Arbeit anschaulich vor Augen zu haben.

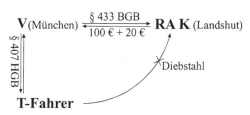

Die Zeichnung macht auf einen Blick klar, daß das Paket nicht bei V, sondern bei T abhanden gekommen ist, und zwar während es unterwegs zu K war. Bereits dies sollte genügen, um eine Reihe von Assoziationen bei Ihnen auszulösen. Zuvor jedoch wollen wir uns der Fallfrage zuwenden.

II. Erfassen der Fallfrage

Auch die Fallfrage gibt hier keine besonderen Probleme auf. Zwar ist allgemein nach der Rechtslage gefragt. Aber diese Frage bezieht sich ersichtlich auf das unterschiedliche Begehren der beiden Parteien des Kaufvertrages: K verlangt einen **anderen Bausatz**. V dagegen fordert **Bezahlung** für den bereits abgeschickten und unterwegs gestohlenen.

Darin kommen unterschiedliche Rechtsauffassungen zum Ausdruck. Während K der Meinung ist, daß der Vertrag bisher nicht erfüllt wurde, und daher auf Lieferung besteht, scheint V der Meinung zu sein, daß er alles getan hat, was von ihm verlangt werden kann, und fordert die vereinbarte Gegenleistung. Davon wird in Ihrem Gutachten zu handeln sein.

Sie sollten freilich beachten, daß Sie es mit einem *Anwaltsfall* zu tun haben. Gefragt ist nicht, wie ein Richter über den Zahlungsanspruch des V bzw. den Lieferungsanspruch des K entscheiden würde, sondern wie Rechtsanwalt K seinen eigenen Fall aus der Anwaltsperspektive beurteilt. Eben dies sollen Sie in Ihrem Gutachten darlegen. Der Anwalt hat, wie Sie wissen, nicht nur auf die Fragen zu antworten, die zufällig gestellt werden, sondern seinen Mandanten auch über das zu beraten, was unmittelbar damit zusammenhängt. So ist es u.a. Sache des Anwalts, seinen Mandanten auf **mögliche Gegenrechte** aufmerksam zu machen. Darauf hat Rechtsanwalt K selbstverständlich auch dann zu achten, wenn es sich um seinen eigenen Fall handelt. Wenn Sie sich im Geiste an seine Stelle versetzen, werden Sie schnell merken, was hier in Betracht kommt. Für den Fall, daß K an V zahlen muß, wird K auch überlegen, ob er nicht T für den entstandenen Schaden in Anspruch nehmen kann.

III. Erarbeiten der Lösung

1. Worauf wird es ankommen?

Bei dem zwischen V und K geschlossenen Vertrag geht es um einen *Gattungskauf.* Der Käufer kann dabei so lange Erfüllung verlangen, wie überhaupt Sachen der betreffenden Gattung vorhanden sind. Freilich gilt das nur bis zur **Konkretisierung;** denn von da an wird die Gattungsschuld zur Stückschuld (§ 243 II BGB). Wann die Konkretisierung eintritt, hängt davon ab, ob es sich um eine Hol-, Schick- oder Bringschuld handelt. Vorstehend geht es um eine *Schickschuld.* Mit dem Absenden der Ware – hier: der Übergabe an T – beschränkt sich die Schuld des V daher auf den konkreten Bausatz.

Natürlich wirft der Diebstahl die Frage auf, ob V von seiner Lieferpflicht *freigeworden* ist. Streng genommen begründet der Diebstahl nur ein Unvermögen, keine objektive Leistungsunmöglichkeit: der Dieb könnte den Bausatz ja immer noch liefern. Über den Umfang, in dem das Unvermögen der Unmöglichkeit gem. § 275 I BGB gleichgestellt wird, besteht keine Einigkeit. Bei einem Unvermögen, das der Unmöglichkeit – wie bei einem Diebstahl durch unbekannt – praktisch gleichwertig ist, kommt § 275 I BGB jedoch auch nach der strengsten Auffassung zur Anwendung. V ist daher nicht länger zur Lieferung verpflichtet.

Bei gegenseitigen Verträgen trägt grundsätzlich jede Partei bis zur vollen Erfüllung die **Gegenleistungsgefahr:** Wird die Partei von ihrer eigenen Leistungspflicht frei, verliert sie automatisch den Gegenleistungsanspruch, § 326 I 1 BGB. Eben diesen Gegenleistungsanspruch macht V jedoch geltend. Hier liegt eines der Hauptprobleme der Arbeit: Kann V den **Kaufpreis verlangen,** obwohl er selbst **von der Leistungspflicht freigeworden** ist? Sie müssen daher nach Vorschriften suchen, durch die der *Gefahrübergang vorverlagert* wird. Einschlägig ist hier **§ 447 BGB.** Und da Sie den Fall aus der Anwaltsperspektive prüfen, sollten Sie gleich mitprüfen, wie sich diese Vorschrift auf ein eventuelles Zurückbehaltungsrecht des K auswirkt.

Falls die Gefahr bereits auf K übergegangen war (was nach § 474 II BGB ausscheidet, wenn es sich um einen Verbrauchsgüterkauf handelt)[1], muß K zahlen, bekommt aber im Gegenzug keine Ware dafür. Wo, wie hier, ein **Dritter** den Untergang der Sache *verschuldet* hat, liegt es nahe, daß im Ergebnis der Dritte für den Schaden aufkommen muß. Formal gesehen kommen dafür zwei Wege in Betracht: Entweder kann dem Verkäufer oder aber dem Käufer ein Schadensersatzanspruch gegen den Dritten eingeräumt werden. Ein eigener Anspruch des Käufers scheidet an sich aus, weil dieser zur Zeit des Eintritts der Unmöglichkeit weder Eigentümer noch Besitzer der Sache war. Nach verbreiteter Auffassung soll aber auch dem Verkäufer kein eigener Schadensersatzanspruch zustehen, weil es an einem Schaden fehle. Aus dem Umstand, daß der Verkäufer infolge des Gefahrübergangs nach wie vor den Kaufpreis verlangen kann, wird nämlich geschlossen, daß er durch die Beschädigung oder Zerstörung der Sache nicht geschädigt werden könne. Damit dem Schädiger aus dieser „zufälligen Schadensverlagerung" kein ungerechtfertigter Vorteil erwächst, hilft die h. M. mit der Lehre von der **Drittschadensliquidation.** Danach soll der Verkäufer

---

[1] Auch bei einem Verbrauchsgüterkauf kann es nach wie vor zu einem Gefahrübergang durch Übergabe der Sache an den Versender kommen – freilich nicht bei der Erfüllung, sondern *bei der Rückabwicklung nach erfolgtem Widerruf.* Nach *§ 357 II 2 BGB* trägt nämlich der Unternehmer die Gefahr der Rücksendung durch den Verbraucher, m.a.W.: Der Verbraucher kann nach erfolgtem Widerruf die Rückgewähr des bereits bezahlten Kaufpreises auch dann verlangen, wenn die Sache auf dem Rücktransport verloren gegangen ist. Zur Übung: Konstruieren Sie selbst einen Fall, in dem es auf diese Problematik ankommt!

ausnahmsweise berechtigt sein, den Schaden des Käufers geltend zu machen. Auf der anderen Seite soll der Käufer gem. § 285 BGB die Abtretung des „inhaltsleeren" Anspruchs an sich verlangen und dann den Schaden im eigenen Namen geltend machen können.

Daß diese Argumentation nicht stimmig ist, liegt an sich auf der Hand. Einmal geht den Schädiger das Verhältnis des Verkäufers zum Käufer nichts an. Sodann aber schließt der fortbestehende Kaufpreisanspruch einen Schaden des Verkäufers nicht aus. Das zeigt sich vor allem dann, wenn der Käufer zahlungsunfähig ist. In der Regel wird sich der Verkäufer zum Schutz davor das Eigentum bis zur vollen Bezahlung vorbehalten. Wenn er durch die Zerstörung der Sache seine Sicherheit einbüßt, läßt sich ein Schaden schwerlich verneinen. Daß es letztlich nicht um den Schaden des Käufers, sondern des Verkäufers geht, kommt auch im Rahmen der Lehre von der Drittschadensliquidation zum Ausdruck. Richtiger Ansicht nach darf nämlich das Haftungsrisiko des Schädigers durch diese Konstruktion nicht erhöht werden.

Bei der Beförderung durch einen gewerblichen Frachtführer (das ist so gut wie ausnahmslos der Fall) wird diese Problematik heute zusätzlich durch § 421 I HGB überlagert. Danach können Ansprüche aus dem Frachtvertrag (nicht aus § 823 BGB) sowohl vom Empfänger wie auch vom Absender im *eigenen Namen* geltend gemacht werden. Was dies dogmatisch bedeutet, ist unklar. Wer in Fällen wie hier einen eigenen Schaden des Verkäufers bejaht, wird darin lediglich eine Legitimation für den Käufer erblicken, den Schaden des Verkäufers im eigenen Namen einzuklagen.

2. Strategie

Nach der Aufgabenstellung sind zwei Komplexe zu behandeln: einmal der **Lieferungsanspruch** des K gegen V, zum andern der **Zahlungsanspruch** des V gegen K. Eine zwingende Rangordnung dafür gibt es nicht. Maßgebend für die Reihenfolge des Vorgehens sind allein Zweckmäßigkeitsgesichtspunkte.

In unserem Fall könnten Sie dabei folgende Überlegungen anstellen: Eines der zentralen Probleme der Arbeit ist die Gegenleistungsgefahr beim Kauf, also die Frage, ob V den Kaufpreis verlangen kann, obwohl die verkaufte Sache vor Erfüllung gestohlen worden ist. Würden Sie zunächst den Erfüllungsanspruch des K prüfen, würde der Zahlungsanspruch vorerst in den Hintergrund treten. Stattdessen hätten Sie es mit dem Problem zu tun, ob K von V nach wie vor einen Bausatz verlangen kann. Dazu müßten Sie sich u.a. mit der Konkretisierung der Gattungsschuld und der nachträglichen Unmöglichkeit befassen. Wie Sie bereits wissen, kommt es darauf aber auch bei den §§ 326 I, 447 BGB an. Sie müßten daher einen wesentlichen Teil des anderen Hauptproblems vorweg behandeln und könnten dieses daher nicht im Zusammenhang erörtern.

Den nötigen Durchblick vorausgesetzt, ist daher abzusehen, daß der *Beginn mit dem Zahlungsanspruch* des V eine gefälligere Darstellung ermöglicht.

3. Lösungsskizze

I. Zahlungsanspruch V gegen K
§ 433 II BGB (Warenpreis und Porto)
1. §§ 275 I, 326 I 1 BGB: *Verlust des Zahlungsanspruchs bei nachträglicher nicht zu vertretender Unmöglichkeit.*
a) § 326 I BGB setzt *Speziesschuld* voraus.
Hier *Gattungskauf/Schickschuld; konkretisiert* durch Versand, § 243 II BGB.
b) *Unvermögen* bei Diebstahl kommt *Unmöglichkeit* praktisch gleich.

2. *§ 326 I 1 BGB tritt hinter § 447 BGB zurück.*
   Kein Verbrauchsgüterkauf, § 474 II BGB.
   K trägt Gegenleistungsgefahr bei von V nicht zu vertretendem Untergang.
   Diebstahl von V nicht zu vertreten. T nicht Erfüllungsgehilfe von V.

II. Anspruch K gegen V

1. *§§ 433 I, 320 BGB*
   V ist mit Diebstahl von Leistungspflicht freigeworden, § 275 I BGB.
2. *§ 285 I BGB*
   a) V hat gegen T Anspruch gem. §§ 425 I, 426, 407 HGB[2].
   b) Schaden meist geleugnet, da Kaufpreisanspruch.
      Folge: Drittschadensliquidation (Geltendmachung des Drittschadens oder Abtretung des „leeren" Anspruchs).
   c) Bloßer Zahlungsanspruch V gegen K schließt aber Schaden des V nicht aus (EVB!).
   d) § 320 I BGB gegenüber Zahlungsanspruch des V.

III. Anspruch K gegen T
§ 421 I 2 HGB legitimiert K zur Geltendmachung des *Drittschadens*. Hilft ihm selbst nicht.

B. Lösung

I. Der Zahlungsanspruch des V gegen K

Aufgrund des zwischen V und K geschlossenen Kaufvertrages könnte V berechtigt sein, von K den vereinbarten Kaufpreis zuzüglich der Versandkosten zu verlangen, § 433 II BGB.

1. Nachdem der für K bestimmte Bausatz während des Transports gestohlen worden ist, könnte dem Zahlungsanspruch des V jedoch *§ 326 I 1 BGB* entgegenstehen. Ist dem Schuldner bei einem gegenseitigen Vertrag die ihm obliegende Leistung infolge eines Umstandes unmöglich geworden, den weder er noch der andere Teil zu vertreten hat, so *verliert* er nach dieser Vorschrift den *Anspruch auf die Gegenleistung.*

a) § 326 I 1 BGB greift allerdings nur bei *Speziesschulden* ein. Die Erfüllung einer Gattungsschuld ist nämlich erst dann unmöglich, wenn alle Exemplare der betreffenden Gattung untergegangen sind.

Hier hat sich K mit V nicht über den Kauf eines bestimmten Schreibtisches geeinigt; vielmehr sollte V nur irgendeinen Tisch der angebotenen Art liefern. Bei dem geschlossenen Vertrag handelt es sich daher um einen Gattungskauf.

Beim Gattungskauf kommen die Regeln, die für den Spezieskauf gelten, erst von dem Zeitpunkt an zur Anwendung, in dem die Sache *konkretisiert* worden ist. Dies ist nach § 243 II BGB dann der Fall, wenn der Schuldner das zur Lieferung einer Sache mittlerer Art und Güte seinerseits Erforderliche getan hat. Bei einem Versendungskauf kommt es mithin darauf an, ob der Verkäufer eine solche Sache dem Transporteur übergeben hat.

Hier sollte V den Bausatz nicht selbst zu K befördern. Der Schreibtisch wurde vielmehr in zwei Varianten angeboten: primär so, daß er vom Käufer abgeholt werden

---

[2] Wenn Sie diese Vorschriften nicht finden: §§ 634 Nr. 4, 280 I, III, 283, 278 BGB.

konnte, auf Wunsch aber auch so, daß er zugeschickt wurde. Nachdem sich K für die zweite Variante entschieden hat, liegt ein *Versendungskauf* vor mit der Folge, daß sich der Vertrag mit der Übergabe eines ordnungsgemäßen Bausatzes an T auf die Lieferung dieses Schreibtisches beschränkte.

b) Nach § 326 I 1 BGB tritt der Verlust des Gegenleistungsanspruchs nur dann ein, wenn der Schuldner nach § 275 I – III BGB nicht zu leisten braucht. Eine Unmöglichkeit im eigentlichen Sinn liegt bei einem Diebstahl der geschuldeten Sache streng genommen nicht vor: Der Dieb selbst könnte die Leistung nach wie vor erbringen. Nach § 275 I BGB wird jedoch das Unvermögen der Unmöglichkeit gleichgestellt. Die genaue Reichweite dieser Vorschrift ist zweifelhaft. Eine Gleichsetzung von Unvermögen und Unmöglichkeit findet aber jedenfalls in solchen Fällen statt, in denen das Unvermögen der Unmöglichkeit praktisch gleichwertig ist. Wenn die geschuldete Sache von einem Unbekannten gestohlen worden ist, ist dies ohne weiteres zu bejahen.

Gemessen an § 326 I 1 BGB hätte V den Kaufpreisanspruch somit verloren.

2. Möglicherweise kann er von K dennoch Zahlung verlangen. Beim Versendungskauf ist nämlich die Gegenleistungsgefahr durch *§ 447 I BGB* in einer für den Verkäufer günstigeren Weise geregelt worden. Diese Vorschrift findet zwar gem. § 474 II BGB auf einen Verbrauchsgüterkauf keine Anwendung. Nachdem hier beide Seiten als Unternehmer i. S. von § 14 BGB tätig geworden sind, liegt jedoch kein Verbrauchsgüterkauf vor. Während bei § 326 I 1 BGB der Schuldner die Gegenleistungsgefahr bis zur vollen Erfüllung trägt, geht sie nach § 447 I BGB bereits mit der Auslieferung der Sache an das Transportpersonal auf den Käufer über. Diese Voraussetzung ist hier von dem Zeitpunkt an erfüllt, in dem V den Bausatz in die Obhut von T gegeben hat.

Freilich ist auch bei § 447 I BGB nur die Gefahr eines zufälligen Untergangs oder einer zufälligen Verschlechterung gemeint. Trifft den Verkäufer ein Verschulden, so kommt ihm die Regelung des § 447 I BGB nicht zugute. Zu prüfen bleibt daher, ob sich V das Verschulden von T bzw. des von dieser Firma eingesetzten Fahrers gem. § 278 BGB zurechnen lassen muß. Bei dem hier vorliegenden Versendungskauf war V nur verpflichtet, die ordnungsgemäß ausgesonderte Ware durch Übergabe an eine geeignete Transportanstalt auf den Weg zu bringen. Dagegen war der Transport selbst nicht von V geschuldet. Die Firma T ist daher nicht als Erfüllungsgehilfin von V tätig geworden.

§ 326 I 1 BGB findet somit im Ergebnis keine Anwendung. Das aber heißt, daß der Zahlungsanspruch des V begründet ist.

II. Ansprüche des K gegen V

1. Aufgrund des Kaufvertrages könnte K nach wie vor berechtigt sein, von V die *Lieferung des* abhanden gekommenen *Bausatzes* zu verlangen, § 433 I BGB. Diesen Anspruch könnte er ggf. dem Zahlungsanspruch des V gem. *§ 320 I BGB* entgegensetzen. V wäre dann aus anderen Gründen auf Dauer gehindert, den Kaufpreisanspruch geltend zu machen.

Im Zeitpunkt des Diebstahls war die gekaufte Sache bereits konkretisiert und die Verpflichtung des V auf die Lieferung dieses bestimmten Bausatzes beschränkt. Nachdem die Erbringung dieser Leistung praktisch unmöglich geworden ist (vgl. I 1 b), ist V von der Verpflichtung zur Lieferung gem. § 275 I BGB freigeworden. Der Sinn dieser Vorschrift besteht darin, den Erlaß eines Leistungsurteils, das im Ergebnis nicht vollstreckt werden kann, von vornherein zu verhindern. Aus diesem Grund spricht § 275 I BGB dem Gläubiger den Erfüllungsanspruch ab. Im vorstehenden Zusammenhang hat das zugleich die weitere Folge, daß sich K gegenüber dem Zahlungsanspruch des V insoweit auch nicht auf § 320 I BGB berufen kann.

2. Dagegen könnte K berechtigt sein, von V gem. *§ 285 I BGB* die Abtretung derjenigen Ansprüche zu verlangen, die V wegen des Verlustes der Sache gegen T zustehen.

a) Gem. §§ 425 I, 426 HGB kann V von T, der hier als Frachtführer i. S. von § 407 HGB tätig wurde, grundsätzlich Ersatz des Schadens verlangen, der durch einen Verlust des von T übernommenen Gutes entstanden ist. Dieser Anspruch ist nur dann ausgeschlossen, wenn der Verlust auch bei größter Sorgfalt nicht vermieden werden konnte. Nachdem der Fahrer, dessen Verschulden T gem. § 428 HGB sich zurechnen lassen muß, den Diebstahl durch seine Unachtsamkeit ermöglicht hat, greift diese Ausnahme hier nicht ein.

b) Fraglich kann indessen sein, ob V überhaupt ein *Schaden* entstanden ist. Das wird vielfach deshalb bestritten, weil V von K nach wie vor den Kaufpreis verlangen kann. Er steht daher scheinbar nicht schlechter, als wenn der Diebstahl nicht geschehen wäre. Auch in diesem Fall hätte er die Sache (und zwar durch Übereignung an K) verloren und könnte allein den Kaufpreis fordern. Folgt man dieser Ansicht, so scheint V zwar einen Schadensersatzanspruch, aber keinen Schaden zu haben, während K, der zahlen muß, ohne etwas dafür zu bekommen, einen Schaden erlitten hat, ohne daß ihm ein Anspruch zusteht.

Um diese Unstimmigkeit zu beheben, bedient sich die h. M. des Instituts der *Drittschadensliquidation*. Danach soll der Verkäufer wegen der „zufälligen Schadensverlagerung" ausnahmsweise berechtigt sein, den Schaden des Käufers geltend zu machen. Ebenso soll er seinen „leeren" Anspruch an den Käufer abtreten können, so daß Anspruch und Schaden in einer Person zusammenkommen.

c) Daß V, dessen Eigentum beeinträchtigt wurde, keinen Schaden haben soll, ist indessen schwer nachvollziehbar. Einmal schon kann es dem Schädiger nicht gestattet sein, Einwendungen aus dem Verhältnis des beeinträchtigten Käufers zu einem Dritten herzuleiten. Zum andern nützt dem Verkäufer die Forderung gegen den Käufer wenig, wenn sie uneintreibbar ist. Um sich für diesen Fall zu sichern, wird sich der Verkäufer vielfach das Eigentum bis zur vollen Kaufpreiszahlung vorbehalten. Wenn dem Verkäufer in einem solchen Fall seine Sicherheit entzogen wird, läßt sich ein Schaden kaum verneinen. In anderen Fällen ist aber keine andere Beurteilung geboten.

Richtiger Ansicht nach steht V daher ein vollgültiger Schadensersatzanspruch gegen T zu.

d) In jedem Fall kann K verlangen, daß ihm der Anspruch des V gegen T – sei er „leer" oder vollgültig – gem. § 285 I BGB abgetreten wird. Gem. *§ 320 I BGB* kann er davon die Zahlung des Kaufpreises abhängig machen.

III. Ansprüche des K gegen T

Unabhängig hiervon ist K gem. § 421 I 2 HGB legitimiert, die Ansprüche aus dem Frachtvertrag gegen T im eigenen Namen geltend zu machen. An der Rechtsinhaberschaft ändert sich dadurch aber nichts. Wenn es in der Sache um den Schaden des V geht, kann K hierbei nur auf Leistung an V klagen. Damit aber ist ihm nicht gedient.

Zur Vertiefung: *Wertenbruch*, Gefahrtragung beim Versendungskauf nach neuem Schuldrecht, JuS 2003, 625; *Selb*, Kritik formaler Drittschadensthesen, NJW 1964,

1765; *Hagen*, Drittschadensliquidation bei „Gefahrentlastung"?, JuS 1970, 442; *Steding*, Die Drittschadensliquidation, JuS 1983, 29; *v. Schroeter*, Die Haftung für Drittschäden, Jura 1997, 343; *Homann*, Die Drittschadensliquidation beim Versendungskauf und das neue Transportrecht, JA 1999, 978; *Büdenbender*, Drittschadensliquidation bei obligatorischer Gefahrentlastung – eine notwendige oder überflüssige Rechtsfigur?, NJW 2000, 986; *Oetker*, Versendungskauf, Frachtrecht und Drittschadensliquidation, JuS 2001, 833; *Roßmann*, Die Berechtigung zum Schadensersatz für Schäden am Frachtgut, 2004, S. 97 ff.; RGZ 96, 258 (Versendungskauf bei Transport durch eigene Leute); BGHZ 49, 356 (Drittschadensliquidation beim Versendungskauf).

26. Tennisball auf Öl schwimmend

Sachverhalt

Das Auktionshaus A-GmbH in Köln bietet auf seiner Auktion am 1. April 2005 ein Objekt an, das es selbst von dritter Seite erworben hat und das im Versteigerungskatalog wie folgt beschrieben ist: *„Beuys*, Joseph (1922–1986), Emailleschüssel mit Tennisball auf Öl schwimmend, 1979, signiert. Typisches Werk der ‚Wiener Periode‘ von Beuys. Provenienz bis zum Künstler selbst nachweisbar. Expertise von Prof. X liegt bei.“ Die Expertise hat die A-GmbH von dem Vorbesitzer übernommen. In den Allgemeinen Geschäftsbedingungen der A, die in dem Katalog mitabgedruckt sind, heißt es wie im Kunsthandel üblich:

> „Alle angebotenen Werke können vor der Auktion zwei Wochen lang in den Auktionsräumen besichtigt werden.
> Der Versteigerer übernimmt keine Haftung für Sachmängel. Katalogbeschreibungen sind keine Beschaffenheitsgarantien i. S. von § 443 BGB.“

Außerdem wird bei Beginn jeder Auktion auf die Versteigerungsbedingungen noch einmal ausdrücklich hingewiesen.

B besorgt sich einen Auktionskatalog und eine Bieterkarte und erwirbt das beschriebene Werk auf der Auktion für 10.000 €. Wenige Wochen darauf wird offenbar, daß das Objekt erst nach dem Tod von Beuys von einem Spaßvogel hergestellt wurde, der auch die Herkunftsnachweise gefälscht hatte. Schon der Vorgänger der A-GmbH war beim Erwerb darauf hereingefallen.

B verlangt von der A-GmbH die gezahlten 10.000 € zurück. Die A-GmbH weigert sich, weil ihr nach Lage der Dinge nicht der geringste Vorwurf zu machen sei. Daraufhin verklagt B die A-GmbH vor dem LG Köln auf Zahlung von 10.000 € Zug um Zug gegen Rückübereignung des Objektes.

Wie wird das Gericht voraussichtlich entscheiden?

A. Vorbereitende Überlegungen

I. Erfassen des Sachverhalts

Es geht um den *Kauf eines gefälschten Kunstobjekts*. Das ist nicht nur ein beliebter Übungsfall, an dem sich, je nach Ausgestaltung, vieles demonstrieren läßt. Diese Konstellation kommt auch in der Wirklichkeit häufiger vor als viele meinen. Der vorliegende Fall unterscheidet sich von ähnlichen Fallgestaltungen durch folgende Punkte:

– Der Fälscher war nicht der Verkäufer, sondern einer seiner Vorgänger.
– Das Objekt war unter Berufung auf eine Expertise als authentisch deklariert worden.
– In den zugrunde gelegten AGB war ein Haftungs- und Garantieausschluß vorgesehen.

Eine Sachverhaltsskizze könnte so aussehen:

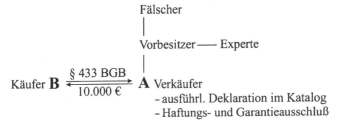

II. Erfassen der Fallfrage

Gefragt ist, wie das LG Köln voraussichtlich entscheiden wird. Welche Entscheidung das Gericht trifft, hängt zunächst davon ab, was beantragt ist. Hier klagt B gegen die A-GmbH auf *Zahlung von 10.000 € Zug um Zug gegen Rückübereignung des gekauften Objekts*. Um die Entscheidung über diesen Antrag geht es.

Damit das Gericht eine Entscheidung zugunsten des Klägers treffen kann, braucht es nicht nur einen Antrag, sondern auch *Tatsachen*, die diesen Antrag in Verbindung mit geeigneten Normen begründen. Wie Ihnen wahrscheinlich bekannt ist, stellt das Gericht im Zivilprozeß keine Ermittlungen von Amts wegen an, sondern orientiert sich am Vortrag der Parteien. Blicken Sie in den Sachverhalt, so wird dort jedoch nicht gesagt, was der Kläger im Prozeß vorgetragen hat. Der Fall hat lediglich einen prozessualen „Aufhänger"; davon abgesehen handelt es sich um einen rein materiellrechtlichen Fall. Mangels anderweitiger Angaben dürfen Sie in solchen Fällen davon ausgehen, daß der Kläger sich auf alles berufen hat, wovon im Sachverhalt berichtet wird.

Die Frage, die Sie beantworten sollen, ist daher näher bezeichnet die: Wie würde das **LG Köln über die von A erhobene Klage entscheiden**, wenn es dabei die im Sachverhalt **geschilderten Tatsachen zugrunde legt**?

III. Erarbeiten der Lösung

1. Worauf wird es ankommen?

Daß das LG Köln sachlich und örtlich zuständig ist, stellt ersichtlich kein Problem dar. Auch wenn im Sachverhalt nicht ausdrücklich von einem Anwalt die Rede ist, wäre es nicht sehr lebensnah, ihn so zu verstehen, daß die A-GmbH ohne anwaltliche Vertretung vor dem Landgericht tätig geworden ist und deshalb eine gem. § 78 I ZPO unzulässige Klage erhoben hat. In der Sache wird es daher ganz auf die Frage ankommen, ob B von der A-GmbH den *Kaufpreis zurückverlangen* kann. Rechtlich gesehen kommen dafür zwei Möglichkeiten in Betracht: **Rücktritt** von dem geschlossenen Kaufvertrag und **Schadensersatz**. Wie Sie bereits aus den in § 437 BGB in Bezug genommenen Vorschriften ersehen können, müssen Sie sich bei den kaufrechtlichen Rechtsbehelfen weiter darüber schlüssig werden, auf welchen Umstand genau der Rücktritt bzw. das Schadensersatzbegehren gestützt werden soll. Zu denken ist einmal daran, daß das gekaufte Objekt, anders als im Katalog angepriesen, *nicht von Beuys stammt*. Das ist ein Defizit, das der Sache von vornherein anhaftet und *nicht zu beheben* ist. Sie sollten daher § 326 V BGB bzw. § 311 a II BGB als Merkposten notieren. Sodann aber könnte die A-GmbH eine *Beschaffenheitsgarantie* übernommen haben. Das aber wirft die Frage auf, ob der im Katalog enthaltene Haftungsausschluß unwirksam ist.

Sowohl für einen Rücktritt als auch für einen Schadensersatzanspruch kommt es nach Lage der Dinge darauf an, daß das gekaufte Objekt mit einem **Sachmangel** behaftet ist. Es gibt sicher Kaufrechtsfälle, in denen das Vorliegen eines Sachmangels zweifelhaft sein kann. Davon kann hier indessen kaum die Rede sein. Wenn die A-GmbH in ihrer Auktion ein Objekt von Beuys anbietet und B dieses Angebot annimmt, so ist die Urheberschaft von Beuys eine vereinbarte Beschaffenheit. Eine Abweichung hiervon begründet selbstverständlich einen Sachmangel. Sie würden daher nur wertvolle Zeit vertun, wenn Sie darüber mehr Worte verlieren würden, als es unbedingt erforderlich ist.

Von ungleich größerer Wichtigkeit scheint indessen der in den Versteigerungsbedingungen enthaltene **Haftungsausschluß für Sachmängel** zu sein. Im Zusammenhang damit stellen sich folgende Fragen: Sind die Versteigerungsbedingungen Vertragsbestandteil geworden? Und wenn ja, kann ein solcher Haftungsausschluß in AGB überhaupt vorgenommen werden? Ein Blick ins Gesetz zeigt, daß Sie sich hier mit **§ 309 Nr. 8 b BGB** auseinandersetzen müssen.

Von Bedeutung scheint auch die andere von der A-GmbH verwendete Klausel zu sein, wonach **Katalogbeschreibungen keine Beschaffenheitsgarantien** sein sollen. Die A-GmbH versucht damit allem Anschein nach, einer verschärften Haftung gem. § 443 BGB auszuweichen. Auch hier fragt sich, ob dies möglich ist. Insoweit können Sie bereits **§ 444 BGB** vormerken. Wenn Sie den Sachverhalt aufmerksam gelesen haben, ist Ihnen vielleicht aufgefallen, daß die A-GmbH keineswegs die Haftung wegen Fehlens garantierter Eigenschaften ausschließt, sondern bereits das *Zustandekommen einer solchen Garantie verhindern* will. Das könnte im Ergebnis ein Unterschied sein. Auch diesen Punkt sollten Sie daher im Auge behalten.

Wenn Sie noch einmal kurz zurückblicken, so erkennen Sie, daß der rechtliche Schwerpunkt des Falles ganz bei der Würdigung der von der A-GmbH verwendeten AGB-Klauseln liegt. Das muß auch in Ihrer Ausarbeitung zum Ausdruck kommen.

2. Strategie

B verlangt nur den gezahlten Kaufpreis zurück und macht keinen darüber hinausgehenden Schaden geltend. Da nach der Entscheidung des Gerichts gefragt wird, brauchen Sie sich über alles, was nicht beantragt worden ist, keine Gedanken zu machen (§ 308 I ZPO). Als Grundlage für den gesamten Anspruch kommen sowohl *Rücktritt* (§§ 437 Nr. 2, 326 V, 346 I BGB) als auch *Schadensersatz statt der Leistung* (§§ 437 Nr. 3, 311 a II, 276 I 1 BGB) in Betracht. Da die Voraussetzungen des Rücktritts, der kein Vertretenmüssen voraussetzt, leichter zu erfüllen sind, beginnen Sie am besten damit. Fehlt es bereits an einem Sachmangel, so ist der Fall zu Ende. Liegt ein Mangel vor, hat A die Haftung insoweit jedoch ausgeschlossen, können Sie mit der Prüfung eines Schadensersatzanspruchs, dessen Ausschluß an andere Voraussetzungen gebunden ist, fortfahren.

3. Lösungsskizze

I. Zulässigkeit
Sachlich: §§ 71 I, 23 Nr. 1 GVG.
Örtlich: §§ 12, 17 I ZPO.
§ 78 I ZPO.

II. Rücktritt
§§ 437 Nr. 2, 326 V, 346 I BGB.
1. *Sachmangel, § 434 I BGB*
Differenz von Soll- und Istbeschaffenheit.
Sollbeschaffenheit vertraglich vereinbart.
2. *Unmöglichkeit der Nacherfüllung*
§ 326 V BGB setzt voraus, daß K nach § 275 BGB nicht zu leisten braucht.
Sachmangel hier nicht behebbar. Daher keine Leistungspflicht.
Sofortige Rücktrittserklärung (§ 349 BGB) möglich.
3. *Haftungsauschluß für Sachmängel*
Versteigerungsbedingungen nach § 305 I BGB Vertragsbestandteil.
a) § 475 I BGB greift nicht, § 474 I 2 BGB.
b) Beschaffenheitsgarantie?
Haftung für *erfolgte* Garantie nach § 444 BGB nicht ausschließbar.
Objektbeschreibung könnte Garantie sein.
Hier aber *Verwahrung gegen Auslegung.*
Widerstreit: nicht haften, aber dennoch klar deklarieren wollen.
c) § 309 Nr. 8 b BGB: nicht neu hergestellte Sache.
d) Auch gem. § 307 I BGB keine Bedenken.
Ausschluß also wirksam. Kein Anspruch.

III. Schadensersatz
§§ 437 Nr. 3, 311 a II, 276 I 1 BGB.
1. *Eigenschaftsgarantie*
Mehr als Eigenschaftsbeschreibung: unbedingtes Einstehen.
Auch konkludent möglich.
2. *§ 444 BGB*
Keine Beschaffenheitsgarantie (vgl. II 3 b).
Also Haftung nur bei Verschulden, das hier fehlt, da Experte nicht Erfüllungsgehilfe der A.

IV. Ergebnis
Klage unbegründet.

B. Lösung

I. Zulässigkeit der Klage

Das LG Köln ist für die von B erhobene Zahlungsklage sachlich (§§ 71 I, 23 Nr. 1 GVG) und örtlich (§§ 12, 17 I ZPO) zuständig. Vorausgesetzt, daß B bei der Klageerhebung durch einen Anwalt vertreten war (§ 78 ZPO), ist das LG Köln zur Entscheidung über den erhobenen Anspruch berufen.

II. Rücktritt

Der von B geltend gemachte Zahlungsanspruch könnte gem. *§§ 437 Nr. 2, 326 V, 346 I BGB* begründet sein.

1. Das setzt zunächst voraus, daß das von B bei der A-GmbH gekaufte Objekt i.S. von § 434 I BGB mit einem *Sachmangel* behaftet war. Ein solcher Mangel liegt vor allem dann vor, wenn die Istbeschaffenheit der Sache von der vertraglich vereinbarten Sollbeschaffenheit abweicht. Beide Parteien gingen bei Vertragsschluß davon aus, daß das verkaufte Objekt von Beuys stammt, während dies in Wahrheit nicht der Fall war. Die Herkunft von einem bestimmten Künstler ändert zwar nichts an den physischen Eigenschaften der Sache, gehört aber zu den wertbildenden Faktoren, die unmittelbar mit der Sache selbst zusammenhängen. Rührt ein verkauftes Kunstwerk nicht von dem Künstler her, dem es übereinstimmend zugeschrieben wurde, ist es daher mangelhaft.

2. Nach § 326 V BGB kann der Gläubiger ohne Fristsetzung zurücktreten, wenn der Schuldner gem. § 275 BGB nicht zu leisten braucht. An sich ist der Verkäufer gem. § 433 I 2 BGB verpflichtet, dem Käufer die Sache frei von Sachmängeln zu verschaffen. Das ist hier jedoch von Anfang an *unmöglich*: Aus einer Fälschung läßt sich auf keine erdenkliche Weise ein Original machen. Die A-GmbH ist demnach von der Leistungspflicht insoweit frei, § 275 I BGB. Die Kehrseite davon ist, daß B von dem geschlossenen Vertrag ohne weiteres zurücktreten kann. Die Rücktrittserklärung (§ 349 BGB) ist in seinem Rückzahlungsbegehren konkludent enthalten.

3. Der Rücktritt des B könnte jedoch nach den Versteigerungsbedingungen der A-GmbH *ausgeschlossen* sein. Danach ist die A-GmbH nicht bereit, eine Haftung für Sachmängel zu übernehmen.

Bei diesen Versteigerungsbedingungen handelt es sich um Allgemeine Geschäftsbedingungen i.S. von § 305 I BGB, die von der A-GmbH den Auktionsteilnehmern einseitig gestellt werden. Nachdem die A-GmbH diese Bedingungen in allen Auktionskatalogen abgedruckt und vor Beginn der Auktion noch einmal ausdrücklich darauf hingewiesen hat, sind sie mangels eines Widerspruchs des B formell Bestandteil des mit Erteilung des Zuschlags (§ 156 BGB) zwischen B und der A-GmbH geschlossenen Vertrages geworden, § 305 II BGB. Eine andere Frage ist freilich, ob der darin enthaltene Haftungsausschluß inhaltlich *wirksam* ist.

a) Nach § 475 I BGB kann ein Unternehmer bei einem *Verbrauchsgüterkauf* seine Haftung für Sachmängel grundsätzlich nicht einmal durch eine Individualvereinbarung ausschließen. Vorausgesetzt, daß B nicht selbst unternehmerisch tätig geworden ist, liegt hier ein Verbrauchsgüterkauf vor. Nach § 474 I 2 BGB gilt § 475 BGB indessen nicht für gebrauchte Sachen, die wie hier in einer öffentlichen Versteigerung verkauft werden, an der der Verbraucher persönlich teilnehmen kann. Das angebliche Beuys-Objekt war bereits in der Vergangenheit durch mehrere Hände gegangen, so daß es eine „gebrauchte" Sache darstellt. Ein Haftungsausschluß scheitert daher nicht an § 475 I BGB.

b) In Betracht kommt jedoch, daß die A-GmbH mit ihrer exakten Objektbeschreibung eine konkludente *Beschaffenheitsgarantie* übernommen hat. In diesem Fall wäre ein Haftungsausschluß wegen eines Sachmangels gem. § 444 BGB unwirksam.

Für eine Beschaffenheitsgarantie reicht es nicht aus, daß die Beteiligten bestimmte Eigenschaften der Sache vertraglich vereinbart haben. Hinzukommen muß vielmehr, daß der Verkäufer zumindest konkludent zu erkennen gibt, daß er für das Vorliegen bestimmter Eigenschaften bedingungslos einstehen will. Hier hat die A-GmbH das verkaufte Objekt in nachdrücklicher Weise mit Beuys in Verbindung gebracht: einmal durch die Zuschreibung an Beuys überhaupt, dann durch die Bezeichnung als „typisches Werk" einer bestimmten Periode, ferner durch den Hinweis auf die Provenienz und schließlich auch durch die Anführung einer Expertise. Für sich allein genommen ließe sich in den Katalogangaben daher durchaus eine Garantie der Echtheit erblicken.

Nach den Versteigerungsbedingungen soll darin aber gerade keine Garantie liegen. Fraglich kann sein, ob die A-GmbH damit nicht das Einstehenmüssen für eine Garantie ausschließt, die sie durch die Art ihrer Objektbeschreibung übernommen hat.

Näher besehen will sich die A-GmbH damit jedoch lediglich dagegen *verwahren*, daß ihre Katalogangaben als Garantie *ausgelegt* werden. Das ist im Kunsthandel üblich und hängt damit zusammen, daß Kunsthändler potentielle Käufer möglichst umfassend über die angebotenen Objekte informieren wollen, ohne jedoch die betreffenden Eigenschaften zugleich zu garantieren. Wenn die Eigenschaftsgarantie nichts anderes ist als die erklärte Bereitschaft, für bestimmte Eigenschaften unbedingt einstehen zu wollen, muß es dem Verkäufer möglich sein, die ihm bekannten Eigenschaften der Sache zu benennen, *ohne* dafür einstehen zu wollen. Eine bloße Verwahrung gegen eine unerwünschte Auslegung wird daher durch § 444 BGB nicht ausgeschlossen.

c) Der von der A-GmbH intendierte Haftungsausschluß könnte jedoch eine unzulässige AGB-Klausel sein. Nach *§ 309 Nr. 8 b BGB* ist eine in AGB enthaltene Bestimmung, durch die bei Verträgen über Lieferung *neu hergestellter* Sachen die Gewährleistungsansprüche gegen den Verwender ausgeschlossen werden, unwirksam. Bei der Lieferung anderer als neu hergestellter Sachen greift diese Einschränkung dagegen nicht ein. Nachdem das Objekt „Tennisball auf Öl schwimmend" eine gebrauchte Sache darstellt, scheitert der vereinbarte Gewährleistungsausschluß auch nicht an § 309 Nr. 8 b BGB.

d) Denkbar wäre allenfalls, daß der Haftungsausschluß wegen unangemessener Benachteiligung des Käufers gem. *§ 307 I BGB* unwirksam ist. Dabei ist jedoch zu berücksichtigen, daß ein Auktionator, der eine große Anzahl von Gegenständen veräußert, die ihm vielfach kurzfristig von Dritten überlassen wurden, ein legitimes Interesse daran hat, nicht in die vielen Zweifelsfragen verwickelt zu werden, die beim Kunstkauf auftauchen. Wenn er den Käufern die Möglichkeit bietet, die angebotenen Gegenstände einige Tage zu besichtigen und zu begutachten, ist daher gegen einen Haftungsausschluß auch unter dem Gesichtspunkt des § 307 I BGB nichts einzuwenden.

Der von B geltend gemachte Anspruch kann daher mangels eines Rücktrittsrechts nicht auf § 346 I BGB gestützt werden.

III. Schadensersatz

Der Anspruch könnte jedoch gem. *§§ 437 Nr. 3, 311a II, 276 I 1 BGB* begründet sein. Danach haftet der Verkäufer auf Schadensersatz statt der Leistung, wenn der verkauften Sache eine vereinbarte Eigenschaft bereits bei Vertragsschluß unkorrigierbar fehlt. Dieser Anspruch kann u.a. in der Weise geltend gemacht werden, daß der Käufer die mangelhafte Sache zur Verfügung stellt (§§ 311a II 3, 281 V BGB) und seinen Gesamtschaden liquidiert (sog. großer Schadensersatzanspruch). Ein Schadensposten ist dabei der gezahlte Kaufpreis. In dieser Form umfaßt der Schadensersatzanspruch statt der Leistung praktisch auch einen „Rücktritt".

1. Gem. § 311a II 2 BGB scheidet ein solcher Schadensersatzanspruch jedoch aus, wenn der Verkäufer den Sachmangel nicht kannte und seine Unkenntnis auch nicht zu vertreten hat. Ein Vertretenmüssen i.S. von § 276 I 1 BGB wäre hier dann anzunehmen, wenn die A-GmbH eine Beschaffenheitsgarantie übernommen hätte. Das aber ist, wie oben (II 3 b) dargelegt, nicht der Fall.

2. In Betracht kommt daher nur, daß sich die A-GmbH ein eventuelles Verschulden des Experten gem. § 278 BGB zurechnen lassen muß. Nachdem der Experte jedoch nicht von ihr, sondern von einem Vorbesitzer herangezogen worden war, scheidet auch dies aus.

Ein Schadensersatzanspruch gem. §§ 437 Nr. 3, 311a II, 276 I 1 BGB kommt demnach nicht in Betracht.

IV. Ergebnis

Die von B erhobene Klage ist unbegründet.

Zur Vertiefung: BGHZ 63, 369 (Freizeichnung im Kunsthandel); BGH NJW 1980, 1619 (Grenzen der Freizeichnung im Kunsthandel).

27. Augen auf beim Verkauf

Sachverhalt

A ist geschieden worden und muß an Frau und Kinder Unterhalt bezahlen. Zu allem Unglück verliert er auch noch seinen Arbeitsplatz und gerät in Schulden. Um der Finanzmisere Herr zu werden, entschließt er sich, sein Auto zu verkaufen. Er einigt sich mit B auf einen Preis von 10.000 €. Zug um Zug gegen Übereignung des Wagens zahlt B den Kaufpreis, den A sogleich zur Schuldentilgung verwendet.

Was beide nicht wissen, ist, daß der Vergaser des Autos nach einer früheren Reparatur nicht richtig zusammengeschraubt wurde. Dadurch sind im Laufe der Zeit die Schraubengewinde zerstört worden. Zwei Wochen nachdem B den Wagen übernommen hat, gibt der Vergaser seinen Geist auf, und der Wagen bleibt stehen.

B, der dringend auf ein Auto angewiesen ist, um seinen 25 km entfernt liegenden Arbeitsplatz zu erreichen, nimmt sich sofort einen Ersatzwagen (Tagesmiete 50 €) und fordert A noch am selben Tag auf, den Mangel binnen einer Woche beheben zu lassen. Tatsächlich wäre ein neuer Vergaser innerhalb von 2 Tagen einzubauen. Da A das erforderliche Geld fehlt, ist er jedoch nicht in der Lage, die Reparatur vornehmen zu lassen.

Nach Ablauf der gesetzten Frist bemüht sich B daher, einen anderen Wagen zu finden. Nach einer weiteren Woche kauft er ein Auto vergleichbarer Qualität für 11.000 €. Daraufhin stellt er A den defekten Wagen zur Verfügung und verlangt von ihm „Schadensersatz" in Höhe von 11.000 € zuzüglich 700 € für den Mietwagen.

Steht B ein Anspruch in dieser Höhe zu?

A. Vorbereitende Überlegungen

I. Erfassen des Sachverhalts

In dem Fall kommen vier Personen vor: Verkäufer, Käufer, Mietwagenunternehmer und Lieferant des Ersatzwagens. Allerdings sind nur Verkäufer und Käufer näher bezeichnet. Es ist daher leicht zu erkennen, daß es um einen Gebrauchtwagenkauf zwischen Verbrauchern mit den typischen Folgen einer mangelhaften Lieferung geht: B nimmt sich zunächst einen Mietwagen und kauft nach vergeblicher Fristsetzung ein anderes Auto. Eine Skizze könnte folgendermaßen aussehen:

$$\text{(insolvent)}\ \mathbf{A} \xleftarrow[\text{10.000 €}]{\text{§§ 433, 929 BGB}} \mathbf{B} \quad \begin{array}{l} \mathbf{Y}\ \text{Deckungskauf} \\ \quad 11.000\ € \\ \\ \\ \mathbf{X}\ \text{Mietwagen} \\ \quad 14 \times 50\ € = 700\ € \end{array}$$

Allerdings werden im Sachverhalt auch noch andere Umstände erwähnt, die ebenfalls von Bedeutung sein könnten. Sinnvollerweise werden Sie sich auf dem Blatt, auf das Sie die Skizze gesetzt haben, auch noch einige andere Dinge notieren:
- Anfänglicher Defekt
- Nach 2 Wochen: fahruntauglich
- Nacherfüllungsverlangen mit Wochenfrist
  (Reparatur in 2 Tagen möglich)
- Nach Ablauf Deckungskauf

II. Erfassen der Fallfrage

B verlangt von A *„Schadensersatz"* in Höhe von insgesamt 11.700 € und stellt seinerseits den defekten Wagen zur Verfügung. Die Fallfrage lautet, ob B ein *Anspruch* in dieser Höhe zusteht. Dieser Unterschied in der Formulierung sollte Sie stutzen lassen. Aber auch wenn Sie nicht darauf aufmerksam geworden sind, sollte Ihnen das, was sich dahinter verbirgt, nicht entgangen sein.

Wenn B als juristischer Laie „Schadensersatz" verlangt, so ist dies mit Vorsicht zu genießen. B möchte in erster Linie Zahlung von 11.700 €, aus welchem Rechtsgrund auch immer. Daß er den geltend gemachten Anspruch als Schadensersatzanspruch qualifiziert, ist nach Lage der Dinge naheliegend. Wenn sich bei der näheren Prüfung allerdings zeigen sollte, daß B zwar kein Schadensersatzanspruch, u.U. aber ein anderer Zahlungsanspruch zusteht, dann dürfen Sie die weitere Prüfung nicht deshalb unterlassen, weil B von „Schadensersatz" gesprochen hat. Für einen Anwalt ist völlig klar, daß er dem Zahlungsbegehren seines Mandanten zum Erfolg verhelfen muß, auf welche Weise auch immer es zu begründen sein mag. Aber auch für ein Gericht ist die rechtliche Qualifikation des geltend gemachten Anspruchs durch den Kläger nicht bindend. Das Klagebegehren rechtlich zutreffend einzuordnen, ist nämlich Aufgabe des Gerichts: *jura novit curia*.

Gefragt ist also nur, ob B gegen A ein **Zahlungsanspruch in Höhe von 11.700 €** zusteht, aus welchem rechtlichen Grund auch immer. Falls der geltend gemachte Anspruch in dieser Höhe nicht begründet sein sollte, ist weiter gefragt, ob B dann wenigstens ein Anspruch in einer **geringeren Höhe** zusteht.

III. Erarbeiten der Lösung

1. Worauf wird es ankommen?

Auch für einen Anfänger dürfte klar sein, daß hier ein *Schadensersatzanspruch gem.* §§ 437 Nr. 3, 280 I, III, 281 BGB zu prüfen ist. Daß das Auto bereits bei Übergabe mit einem Sachmangel behaftet war, liegt auf der Hand, ebenso, daß B dem Verkäufer A vergeblich eine Nacherfüllungsfrist gesetzt hat. Nach § 280 I 2 BGB ist jedoch weiter vorausgesetzt, daß der Schuldner die Pflichtverletzung – im Falle eines Verkaufs also die Lieferung einer mangelhaften Sache – **zu vertreten** hat. Aus der Formulierung des Gesetzes geht zwar hervor, daß der Schuldner insoweit die Beweislast trägt. Aber das entbindet Sie keineswegs davon, sich darüber Klarheit zu verschaffen, was mit „Vertretenmüssen" hier gemeint ist. Denn davon hängt ab, was A tun muß, um seiner Beweisführungslast zu genügen.

Nach § 276 I BGB hat der Schuldner, wenn nichts anderes bestimmt ist (wenn er also als Verkäufer keine Beschaffenheitsgarantie i.S. von § 443 BGB übernommen hat), Vorsatz und Fahrlässigkeit zu vertreten. Fahrlässig handelt, wer gegen objektive Sorgfaltspflichten verstößt. **Welcher Sorgfaltspflichtverstoß** des A wird gem. § 280 I 2 BGB bis zum Beweis des Gegenteils unterstellt? Auf welche Weise also kann A sich exkulpieren?

Nach § 433 I 2 BGB war A *zur Lieferung eines mangelfreien Wagens verpflichtet.* Daraus folgt aber keineswegs, daß er das Auto vor Übergabe selbst überprüfen und sich zusätzliche Informationen über seinen aktuellen Wissensstand hinaus verschaffen mußte. Als Laie fehlen ihm dazu ohnehin alle Voraussetzungen. Daß er es von einer Werkstätte überprüfen lassen mußte, wäre jedoch ebenfalls eine Überspannung seiner Sorgfaltspflichten. Kraftfahrzeuge werden regelmäßig vom TÜV überprüft und bekommen eine amtliche Prüfplakette, wenn sie als verkehrssicher angesehen werden. Einem Laien, ohne daß ein besonderer Anlaß vorliegt, zusätzliche Prüfungspflichten aufzuerlegen, ginge an der Lebenswirklichkeit vorbei. Wegen der Lieferung eines mangelhaften Autos ist A daher kein Schuldvorwurf zu machen. (Sie können hieraus ersehen, daß Leistungs- und Sorgfaltspflichten auf verschiedenen Ebenen liegen.)

Aber A war nicht nur zur Lieferung einer mangelfreien Sache (§ 433 I 2 BGB), sondern auf Verlangen des B auch *zur Nacherfüllung verpflichtet* (§§ 437 Nr. 1, 439 BGB). Bei einem Verstoß gegen diese Pflicht wird sein Verschulden ebenfalls bis zum Nachweis des Gegenteils unterstellt. In diesem Fall hilft es A nichts, daß er Laie ist. Bei der Statuierung der Nacherfüllungspflicht, die auf Beseitigung des Mangels gerichtet ist, fragt das Gesetz nicht danach, ob der Schuldner dazu in der Lage ist. Gegebenenfalls muß er sich eines Fachmanns bedienen. Wenn er dies nicht kann, weil ihm die erforderlichen *Mittel dafür fehlen*, gereicht ihm gerade dieses zum Vorwurf.

Das Schuldrechtsmodernisierungsgesetz versetzt den mittellosen Verkäufer mithin in eine regelrechte **Haftungsfalle:** Auch wenn ihm bei der Erfüllung kein Vorwurf gemacht werden kann, haftet er doch mit unabsehbaren Folgen auf Schadensersatz statt der Leistung, wenn er mit der Nacherfüllung in Verzug kommt.

Jedenfalls dann, wenn beide Vertragsparteien Verbraucher sind, wird dies ihren Intentionen schwerlich gerecht. Bei der Lösung dieses Falles haben Sie daher allen Anlaß, über einen konkludenten **Ausschluß der Nacherfüllungspflicht** nachzudenken. Wenn Sie einen solchen Ausschluß bejahen, kommt ein Schadensersatzanspruch nicht in Betracht. Der von B geltend gemachte Anspruch kann dann allenfalls aufgrund eines *Rücktritts* (teilweise) begründet sein. Auch im Rahmen der Rücktrittsprüfung stellt sich indessen die Frage, ob sich A und B nicht stillschweigend auf eine vom Gesetz abweichende Regelung geeinigt haben: Wurde nicht auch die **Gutleistungspflicht** gem. § 433 I 2 BGB **abbedungen?**

Je länger Sie über den Fall nachdenken, desto mehr sollte Ihnen jedenfalls klarwerden, daß die eigentlichen Probleme hier nicht darin bestehen, die gesetzlichen Vorschriften aufzufinden und „abzuhaken". Die Probleme liegen in dem, was das Gesetz *nicht geregelt* hat und was unter der Geltung der Privatautonomie gesetzlich auch schwer geregelt werden kann.

2. Strategie

Nach unseren bisherigen Überlegungen ist abzusehen, daß Sie sich sowohl mit einem Anspruch auf Schadensersatz statt der Leistung als auch mit Rücktritt beschäftigen müssen. Womit sollen Sie anfangen?

Für einen Beginn mit der Prüfung des Rücktritts könnte sprechen, daß es hier auf ein Vertretenmüssen der Pflichtverletzung nicht ankommt. Der Rücktritt ist daher einfacher zu begründen. Gleichwohl wäre ein solches Vorgehen hier nicht zu empfehlen. B macht nämlich Ansprüche geltend, die deutlich über die Rückgewähr des gezahlten Kaufpreises hinausgehen und nur nach schadensersatzrechtlichen Grundsätzen begründet sein können. Das Interesse des B richtet sich daher primär auf einen *Schadensersatzanspruch*. Der Rücktritt, der B nur weniger verschaffen kann, als dieser begehrt, tritt damit an die zweite Stelle. § 325 BGB läßt dies ohne weiteres zu.

Es gibt aber auch noch einen anderen Grund, so vorzugehen. Wenn Sie nämlich die Frage eines konkludenten Haftungsausschlusses prüfen wollen, empfiehlt es sich, mit demjenigen Ausschluß zu beginnen, der am ehesten anzunehmen ist. Das aber ist der Ausschluß der Nacherfüllungspflicht, der hier den Schadensersatzanspruch entfallen lassen würde. Ist ein solcher Ausschluß zu bejahen, kann ein Rücktrittsausschluß immer noch zu verneinen sein. Das Umgekehrte wäre unwahrscheinlicher.

3. Lösungsskizze

I. Schadensersatz statt der Leistung
  §§ 437 Nr. 3, 280 I, III, 281 BGB
1. *Sachmangel bei Gefahrübergang*
  § 434 I 2 Nr. 2 BGB: mangelnde Eignung für gewöhnliche Verwendung.
  Bereits bei Übergabe (§ 446 BGB) vorhanden.
2. *Vergebliche Fristsetzung, § 281 I BGB*
  Frist angemessen: Reparatur in 2 Tagen möglich.
  Keine Nacherfüllung.
3. *Vertretenmüssen, § 280 I 2 BGB*
a) Gutleistungspflicht (§ 433 I 2 BGB) umfaßt bei Verbraucher nicht Untersuchungspflicht.
b) Nacherfüllung mangels Geld nicht geleistet.
  Geldmangel immer zu vertreten.
4. *Konkludenter Ausschluß der Nacherfüllungspflicht?*
a) Nacherfüllung weder von Verbraucher–Verkäufer gewollt, noch von Käufer erwartet.
b) Stillschweigender Konsens. § 475 I BGB nicht entgegen.

II. Kaufpreisrückgewähr aufgrund Rücktritts

§§ 437 Nr. 2, 323, 346 BGB

Lieferung mangelhafter Sache = nicht vertragsgemäße Leistung i. S. von § 323 I BGB. Fristsetzung entfällt bei Ausschluß der Nacherfüllung.

1. *§ 349 BGB*

„Schadensersatz" verlangt.

Bei Laie so auszulegen, daß rechtlich Erfolg.

2. *Konkludenter Rücktrittsausschluß?*

Bei Gebrauchtwagen möglich.

Angesichts des Preises abzulehnen.

3. *§ 348 BGB*

Bereits angeboten.

B. Lösung

I. Schadensersatz statt der Leistung

Aufgrund der §§ 437 Nr. 3, 280 I, III, 281 BGB könnte B berechtigt sein, von A Schadensersatz statt der Leistung in Höhe von 11.700 € zu verlangen.

1. Das setzt zunächst voraus, daß A als Verkäufer gegen seine Gutleistungspflicht (§ 433 I 2 BGB) verstoßen und B eine *mangelhafte Sache* geleistet hat. Vertragliche Absprachen über die Eigenschaften des verkauften Wagens wurden nicht getroffen. Angesichts eines Preises von 10.000 € darf jedoch auch bei einem Gebrauchtwagen davon ausgegangen werden, daß er nicht an gravierenden Defekten leidet, die seine Fahrtauglichkeit aufheben. Nachdem der Vergaser bereits im Zeitpunkt der Übergabe und damit bei Gefahrübergang (§ 446 BGB) mit einem solchen Defekt behaftet war, war der Wagen i. S. von § 434 I 1, 2 Nr. 2 BGB mangelhaft.

2. Gem. §§ 280 I, III, 281 I BGB ist weiter erforderlich, daß B dem A eine *angemessene Frist zur Nacherfüllung* gesetzt hat. Da es hier um einen Spezieskauf geht, scheidet die Lieferung einer mangelfreien Sache (§ 439 I BGB) aus. In Betracht kommt nur die Beseitigung des Mangels.

Laut Sachverhalt hat B den A noch am selben Tag, als der Mangel sichtbar wurde, aufgefordert, den Wagen innerhalb einer Woche reparieren zu lassen. A blieb danach nicht viel Zeit. Aber einmal war B auf den Wagen dringend angewiesen; zum andern waren für die Reparatur nur zwei Tage erforderlich. Im Hinblick darauf erscheint die Frist angemessen.

3. Nach dem erfolglosen Ablauf der Frist wäre A an sich zum Schadensersatz verpflichtet, wenn er die Verletzung seiner Leistungspflicht i. S. von § 280 I 2 BGB *zu vertreten* hätte. Wie der Formulierung des Gesetzes entnommen werden kann, wird das Vertretenmüssen bis zum Beweis des Gegenteils unterstellt. Das entbindet jedoch nicht von der Prüfung, ob nach Lage der Dinge nicht vom Gegenteil auszugehen ist.

a) Daß der Verkäufer gem. § 433 I 2 BGB zur Lieferung einer mangelfreien Sache verpflichtet ist, bedeutet nicht ohne weiteres, daß er die verkaufte Sache vor Übergabe auf versteckte Mängel *untersuchen* müßte. Aus der Gutleistungspflicht ergibt sich zwingend allein so viel, daß der Verkäufer die rechtlichen Folgen einer objektiven Schlechtlieferung tragen muß. Eine Untersuchungspflicht kann demgegenüber nur da angenommen werden, wo der Verkäufer durch das Unterlassen einer Untersuchung einer bei einem Kaufvertrag dieser Art anzunehmenden *Sorgfaltspflicht* zuwiderhandeln würde (§ 276 II BGB).

Hier war nicht nur der Käufer, sondern auch der Verkäufer ein Verbraucher (§ 13 BGB). Bei einem privaten Gebrauchtwagenkauf ist es absolut unüblich, daß der Verkäufer den Wagen vorher auf versteckte Mängel untersuchen läßt. Soweit der Wagen eine gültige TÜV-Plakette trägt, kann davon ausgegangen werden, daß er verkehrstauglich ist. Das Risiko gleichwohl vorhandener versteckter Mängel wird von den Parteien bei der Preisgestaltung berücksichtigt. Dieses Gleichgewicht darf nicht durch die Konstruktion von Sorgfaltspflichten beeinträchtigt werden, durch die ein privater Verkäufer praktisch wie ein gewerblicher Kfz-Händler behandelt würde.

b) Der Verkäufer wird vom Gesetz jedoch nicht nur zur Lieferung einer mangelfreien Sache, sondern auf Verlangen des Käufers auch zur *Mangelbeseitigung* verpflichtet, §§ 437 Nr. 1, 439 BGB. Auch diese Nacherfüllungspflicht ist hier von A verletzt worden. Für einen Schadensersatzanspruch nach §§ 280 I 2, 281 I BGB reicht es aus, wenn A die Verletzung der Nacherfüllungspflicht zu vertreten hat, was wiederum bis zum Beweis des Gegenteils unterstellt wird.

Letztlich hat A den Wagen nur deshalb nicht reparieren lassen, weil ihm das erforderliche Geld fehlte. *Geldmangel* jedoch ist, wie der Regelung der Zwangsvollstreckung entnommen werden kann, vom Schuldner *immer zu vertreten*. Jedenfalls wegen der nicht vorgenommenen Nacherfüllung droht A damit eine Haftung auf Schadensersatz statt der Leistung.

4. Obgleich A als privaten Verkäufer keine Untersuchungspflicht trifft, scheint er wegen Geldmangels im Ergebnis also doch so zu stehen, als ob er eine Untersuchungspflicht verletzt hätte. Die vom Gesetz statuierte Nacherfüllungspflicht versetzt A gewissermaßen in eine „Haftungsfalle", aus der er bei fehlenden Geldmitteln nicht mehr herauskommt. Das gibt Anlaß, zu prüfen, ob dies den Intentionen der Beteiligten entspricht.

a) A wollte sich als Verbraucher schwerlich verpflichten, den Wagen ggf. reparieren zu lassen. Auch abgesehen von den dadurch anfallenden Kosten, wäre das mit erheblichen Aufwendungen für ihn verbunden. Das war von A weder gewollt noch konnte es von B billigerweise erwartet werden.

b) Den Intentionen der Parteien wird man vielmehr nur durch die Annahme gerecht, daß eine Nacherfüllungspflicht angesichts der Umstände des Falles *konkludent abbedungen* wurde. Da es hier nicht um einen Verbrauchsgüterkauf geht, scheitert eine solche Vereinbarung nicht an § 475 I BGB.

Im Ergebnis ist A daher nicht zum Schadensersatz verpflichtet.

II. Kaufpreisrückgewähr aufgrund Rücktritts

In Betracht kommt jedoch, daß B den gezahlten Kaufpreis gem. §§ 437 Nr. 2, 323, 346 BGB zurückverlangen kann. Die Lieferung einer mangelhaften Sache (oben I 1) stellt zugleich eine nicht vertragsgemäße Leistung i. S. von § 323 I BGB dar. Nachdem eine Nacherfüllungspflicht ausgeschlossen wurde, kommt eine Fristsetzung nicht in Betracht. Im übrigen hat B gleichwohl eine Frist gesetzt (I 2).

1. Eine Rückgewährpflicht des A setzt jedoch voraus, daß B ihm gegenüber den *Rücktritt erklärt* hat, § 349 BGB. Laut Sachverhalt hat B nicht von Rücktritt gesprochen, sondern Schadensersatz verlangt.

Dabei darf jedoch nicht außer Acht bleiben, daß A als Laie weder die genaue Bedeutung juristischer Begriffe kennt noch sich der Folgen bestimmter Erklärungen bewußt ist. Sein Verlangen bedarf daher, auch wenn es verbal eindeutig zu sein scheint, der Auslegung.

B war letztlich nur daran interessiert, von A 11.700 € zu erhalten. Wenn dies rechtlich zu hoch gegriffen war, so wollte er jedenfalls den höchstmöglichen Betrag verlangen. Wie dieser Anspruch rechtlich zu qualifizieren ist, war B dagegen gleichgültig.

Berücksichtigt man dies, enthält das „Schadensersatzverlangen" hier zugleich eine Rücktrittserklärung für den Fall, daß der Kaufpreis nur durch einen Rücktritt wiederzuerlangen sein sollte. Anders durfte auch A die Erklärung des B nicht verstehen.

2. Zu erwägen bleibt nur, ob die Parteien nicht auch den Rücktritt wegen versteckter Sachmängel stillschweigend ausgeschlossen haben. Das wird bei einem privaten Gebrauchtwagenkauf häufig anzunehmen sein. Indessen darf nicht außer Acht gelassen werden, daß sich A und B auf einen Preis von immerhin 10.000 € geeinigt haben. Damit würde es sich schwer vertragen, wenn B bei einem gravierenden Sachmangel, der die Fahrtauglichkeit ausschließt, nicht einmal zum Rücktritt berechtigt sein sollte. Ein Rücktrittsausschluß scheidet nach Lage der Dinge demnach aus.

3. Nach § 348 BGB kann B Rückzahlung des Kaufpreises von 10.000 € nur Zug um Zug gegen Rückgewähr des Wagens verlangen. Dazu hat er sich bereits aus freien Stücken bereiterklärt. Auf die darüber hinaus verlangten 1.700 € hat er dagegen keinen Anspruch.

Zur Vertiefung: *Finkenauer,* „Garantiehaftung" des Verkäufers für Sachmängel?, WM 2003, 665.

28. Garagenbau von Meisterhand

Sachverhalt

A möchte nach vorliegenden Plänen eine Doppelgarage mit begehbarem Dach an sein Haus anbauen lassen. Zu diesem Zweck muß hochwertiger Beton mit einer großen Druckfestigkeit verwendet werden. Der Bauunternehmer B bietet A an, diese Arbeiten zum Festpreis von 20.000 € auszuführen. Da die Konkurrenz mehr verlangt, erhält B den Auftrag.

Nach der Errichtung des Rohbaus stellt sich heraus, daß B schlechteren Beton verwendet hat, als ausgemacht war. A nimmt daher die Arbeit nicht ab, sondern fordert B auf, das Garagendach innerhalb von vier Wochen durch ein vertragsgemäßes zu ersetzen; widrigenfalls werde er einen anderen Handwerker damit beauftragen. B beruft sich darauf, daß der geforderte Preis auch so sehr günstig sei. Nach Ablauf der Frist erklärt A, daß er nur 16.000 € zahlen werde. B ist damit nicht einverstanden und weist darauf hin, daß er seine Forderung gegen A bereits kurz nach Vertragsschluß in Höhe von 15.000 € an C abgetreten habe.

In der Folge zahlt A an B 5.000 € und an C 11.000 €. C will von einem solchen Abzug nichts wissen und verlangt von A weitere 4.000 €. Dieser weigert sich.

Wie ist die Rechtslage, wenn die erbrachte Leistung tatsächlich 20% weniger wert ist als bei Verwendung hochwertigen Betons?

A. Vorbereitende Überlegungen

I. Erfassen des Sachverhalts

Die wesentlichen Punkte sind kurz folgende: B hat mit A einen Werkvertrag geschlossen, seinen Vergütungsanspruch in Höhe eines **Teilbetrags** an C **abgetreten**, die Arbeit dann aber *nicht vertragsgemäß ausgeführt.* Nach Fristsetzung zur Mängelbeseitigung und Ablehnungsandrohung erklärt A gegenüber B die **Minderung** und bringt den betreffenden Betrag gegenüber C in Abzug. Dieser widerspricht.
Bildlich:

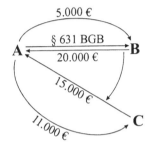

- Werkvertrag: Spezialbeton 20.000 €
- Abtretung von 15.000 € an C
- mangelhafte Ausführung: 20 % Minderwert
- Fristsetzung
- Minderung auf 16.000 €
- Zahlung von 11.000 € an C und 5.000 € an B

II. Erfassen der Fallfrage

Die Frage zielt auf die „Rechtslage", bedarf also der Auslegung. Um zu verstehen, was damit gemeint ist, müssen Sie die Frage auf den Streit zwischen C und A beziehen, von dem unmittelbar zuvor die Rede ist: C verlangt von A Zahlung von 4.000 €; A dagegen weigert sich, weil er für eine schlechte Leistung nicht den vollen Preis zahlen will. Die Frage, die Sie beantworten sollen, lautet also: **Kann C von A weitere 4.000 € verlangen und falls ja, steht A dagegen wenigstens eine Einrede zu?**
   Wenn C oder A seinen *Anwalt* aufsucht und um Auskunft über die Rechtslage bittet, muß sich der Anwalt genau diese Frage vorlegen. Sie können daher den Fall ohne weiteres aus der Anwaltsperspektive betrachten. Wenn C Klage erhoben und A sich zu seiner Verteidigung auf die Mangelhaftigkeit der geleisteten Arbeit berufen hätte, müßte der mit der Sache befaßte *Richter* über dieselbe Frage entscheiden. Sie können sich also aussuchen, in wessen Rolle Sie sich im Geist versetzen wollen.

III. Erarbeiten der Lösung

1. Worauf wird es ankommen?

Daß zwischen A und B ein Werkvertrag zustande gekommen ist, stellt bei Arbeiten an einem Grundstück (vgl. §651 BGB) kein Problem dar. Sie können sich daher insoweit kurz fassen. Anders steht es mit der **Fälligkeit des Werklohnanspruchs**: Nach §641 I BGB ist die Vergütung erst *bei der Abnahme fällig.* Wenn gelegentlich gesagt wird, die Abnahme sei die Entgegennahme des Werkes *als vertragsgemäß* (manchmal wird richtiger formuliert „als im wesentlichen vertragsgemäß"), so ist dies, wie unser Fall zeigt, ein wenig zu eng. Denn auch dann, wenn der Besteller zu erkennen gibt, daß er das Werk *trotz seiner Mangelhaftigkeit behalten will,* muß dies ausreichen, um den Anspruch fällig zu stellen.

Von entscheidender Bedeutung ist jedoch, ob A dem Anspruch des C *entgegenhalten* kann, daß das Werk **mangelhaft ausgeführt** wurde. Dabei stellen sich mehrere Probleme, die Sie auf Ihrem Merkzettel durch einige Stichworte festhalten sollten: Liegen die *Voraussetzungen* der Minderung überhaupt vor? Kann sich A gegenüber dem *Zessionar* C in derselben Weise verteidigen wie gegenüber dem Zedenten B (vgl. § 404 BGB)? Und vor allem: Wenn A berechtigt ist, den Werklohn zu mindern, darf er dann den **gesamten Minderungsbetrag von der Teilforderung absetzen**, die C erworben hat, oder muß er sich insoweit auf eine *anteilige* Minderung beschränken? Bei diesen Fragen muß erkennbar der Schwerpunkt Ihrer Ausführungen liegen.

2. Strategie

Der Fall ist aufbaumäßig nicht leicht zu bewältigen. Die Einreden, die A geltend machen kann, gründen sich ausschließlich auf das Verhalten des B. Das könnte es naheliegen, sich ganz auf den Anspruch des B zu konzentrieren und die Abtretung an das Ende zu stellen. Auf der anderen Seite ist jedoch nicht gefragt, ob B, sondern ob C Zahlung von A verlangen kann. Diese Frage sollte auch bei der Prüfung erkennbar im Vordergrund stehen.

Am geschicktesten dürfte es daher sein, wenn Sie die beiden Sachprobleme, um die es geht – *Fälligkeit* und *Minderung* –, von vornherein nicht *im Hinblick auf die Person* des B, sondern *des* C prüfen. Das Interesse des C wird dann erkennbar in den Vordergrund gestellt, und nur in dem dadurch geschaffenen Bezugsrahmen kommen Sie auf den zunächst von B erworbenen Anspruch zu sprechen.

3. Lösungsskizze

C hat Werklohnanspruch in Höhe von 15.000 € gem. § 398 BGB erworben. *Einredefrei?*

I. Fälligkeit

1. *§ 641 I BGB: Fälligkeit erst mit Abnahme.*
   Abnahme = Entgegennahme unter Anerkennung als im wesentlichen *vertragsgemäß*.
   Mangelhaftigkeit schließt Abnahme nicht aus, § 640 II BGB.
   Entscheidend ist Geltenlassen *als Erfüllung*.
2. *Hier durch Geltendmachung der Minderung.*
   Wirkt auch gegenüber C.

II. Minderungseinrede, §§ 634 Nr. 3, 633 II, 638 I, III BGB

1. *Voraussetzung ist Begründetheit gegenüber B, § 404 BGB.*
   a) *Minderungsrecht* bei Mangelhaftigkeit (§§ 633 II, 634 Nr. 3 BGB) und vergeblicher Nacherfüllungsfrist (§§ 638 I, 323 I BGB).
   b) § 635 I BGB gibt B die Wahl.
      Dazu steht Verlangen des A in Widerspruch.
      Wird bei sinnvoller Auslegung Anforderungen gleichwohl gerecht.
2. *Einrede gegenüber C*
   a) § 404 BGB: Begründetheit zur Zeit der Abtretung.
      Grund im Schuldverhältnis genügt, auch wenn konkreter Umstand später eintritt.
   b) Einrede in *vollem* Umfang gegenüber *jedem* Teilanspruch oder *Aufteilung* geboten?
      Rücktrittsmöglichkeit zeigt Abhängigkeit des Zessionars.
      Gedanke des § 404 BGB: keine Nachteile des Schuldners durch Abtretung.

B. Lösung

Aufgrund des mit A geschlossenen Vertrages hat B einen Werklohnanspruch in Höhe von 20.000 € erlangt (§ 631 I BGB im Unterschied zu dem auf bewegliche Sachen beschränkten § 651 BGB), den er in Höhe von 15.000 € an C abgetreten hat. Nachdem A auf den abgetretenen Teil der ursprünglichen Forderung bisher nur 11.000 € gezahlt hat, kann C an sich noch einen Restanspruch in Höhe von 4.000 € geltend machen. Fraglich kann nur sein, ob diesem Anspruch Einwendungen oder Einreden entgegenstehen.

I. Fälligkeit

1. Nach § 641 I BGB wird der Vergütungsanspruch des Werkunternehmers abweichend von § 271 I BGB nicht bereits mit Abschluß des Vertrages, sondern erst *mit der Abnahme des Werks fällig.* Vor Abnahme kann der Unternehmer daher grundsätzlich nur auf Abnahme (§ 640 I BGB), nicht aber auf Zahlung klagen. Wie sich aus § 404 BGB ergibt, stehen dem Zessionar eines Werklohnanspruchs alle Einwendungen entgegen, die gegen den Zedenten begründet waren. Auch C kann daher von A nur dann Zahlung verlangen, wenn dieser die Garage abgenommen hatte.

Als *Abnahme* i. S. von § 641 I BGB bezeichnet man gewöhnlich die Entgegennahme der Leistung unter Anerkennung, daß sie im wesentlichen vertragsgemäß sei. Das ist freilich mißverständlich. Ein Werkmangel schließt, auch wenn er erkannt ist, nicht aus, daß der Besteller das Werk dennoch abnimmt (vgl. § 640 II BGB). Das gilt auch dann, wenn es sich um einen erheblichen Mangel handelt. Entscheidend kann daher nur sein, ob der Besteller das Werk – mag es mangelhaft sein oder nicht – *als Erfüllung* des Vertrages gelten lassen will.

2. Indem A sich B gegenüber auf Minderung berufen hat, hat er zum Ausdruck gebracht, daß er sich ungeachtet des Mangels mit einer Herabsetzung des Werklohns begnügen wolle. In dem Minderungsbegehren des A ist daher zugleich die Erklärung enthalten, daß er bereit ist, die Leistung des B als – wenngleich mangelhafte – Erfüllung des Vertrages gelten zu lassen. Damit ist der Vergütungsanspruch des B fällig geworden.

Darauf kann sich auch C berufen. Zwar hat C den Anspruch bereits vor Abnahme des Werks erworben. Das kann aber keinen Unterschied machen. Dem Grunde nach war der Vergütungsanspruch nämlich schon vor Abnahme entstanden. Die Abnahme macht ihn nur fällig und damit klagbar. Nach Abnahme des Werks muß daher die Abtretung nicht wiederholt werden. Vielmehr wird der Anspruch in der Person des Zessionars, dem er jetzt zusteht, klagbar.

II. Minderungseinrede

A hat jedoch gegenüber B zum Ausdruck gebracht, daß er nur 16.000 € zahlen werde, und damit die Minderung erklärt. Dem Zahlungsbegehren des C könnte daher gem. §§ 634 Nr. 3, 633 II, 638 I, III BGB die Minderungseinrede des A entgegenstehen.

1. Voraussetzung dafür ist zunächst, daß diese Einrede *gegenüber dem Zedenten B begründet* war. Nur dann nämlich kann sie gem. § 404 BGB auch dem Zessionar C entgegengesetzt werden.

a) Nach §§ 634 Nr. 3, 633 II, 323 I BGB ist der Besteller *zur Minderung berechtigt,* wenn das Werk mangelhaft ist und er dem Unternehmer eine angemessene Frist zur Nacherfüllung gesetzt hat. Hier war vorgesehen, daß B einen hochwertigen, besonders belastbaren Beton verwenden sollte. Die Herstellung der Garage aus schlechterem Beton stellt sich daher gem. § 633 II 1 BGB, jedenfalls aber doch gem. § 633 II 2 Nr. 1 BGB als Mangel des Werks dar.

Die vierwöchige Frist, die A dem B zur Behebung des Mangels gesetzt hat, erscheint nach Lage der Dinge angemessen.

b) § 635 I BGB setzt freilich voraus, daß der Unternehmer, wenn der Besteller Nacherfüllung verlangt, *nach seiner Wahl* den Mangel beseitigen oder ein neues Werk herstellen kann. Mit diesem Wahlrecht steht es an sich in Widerspruch, daß A sein Verlangen von vornherein auf die Ersetzung des Garagendachs richtet.

Indessen müssen die Erklärungen des A vor dem Hintergrund der gesetzlichen Regelung sinnvoll ausgelegt werden. A muß sich nicht in derselben Weise äußern, wie wenn er anwaltlich beraten wäre. Er muß nur deutlich machen, daß er den Mangel behoben haben will. Den dafür richtigen Weg auszusuchen, bleibt in jedem Fall Sache des B. Daß A eine bestimmte Form der Nacherfüllung verlangt hat, schadet daher nicht. Ungeachtet der von A gewählten Form, ist es für B klar, daß A auf Nacherfüllung besteht, und es bleibt ihm unbenommen, diese so zu erbringen, wie er dies für richtig hält.

c) Nach Ablauf der gesetzten Frist hat A daher wirksam die Minderung erklärt.

2. Eine andere Frage ist jedoch, ob sich A *auch gegenüber C* in der beabsichtigten Weise auf die Minderung des Werklohns berufen kann.

a) § 404 BGB stellt seinem Wortlaut nach darauf ab, ob die „Einwendungen" bereits *zur Zeit der Abtretung* gegen den neuen Gläubiger begründet waren. Hier hat A das mit einer Fristsetzung verbundene Nacherfüllungsverlangen, das gem. §§ 638 I, 323 I BGB Voraussetzung einer wirksamen Ausübung des Minderungsrechts war, erst nach der Abtretung der Werklohnforderung geltend gemacht. In der Sache jedoch war der Grund dafür in dem Schuldverhältnis, dem die abgetretene Forderung entstammt, schon vorher gelegt. In Anbetracht dessen, daß § 404 BGB den Schuldner vor rechtlichen Nachteilen, die er durch die Abtretung erleiden könnte, schützen will, muß dies ausreichen.

b) Zweifelhaft kann demnach nur sein, ob A die Minderungseinrede in vollem Umfang dem Teilanspruch des C entgegenhalten kann oder ob er sie auf die nach der Abtretung entstandenen Teilansprüche verhältnismäßig *aufteilen* muß.

Für die Notwendigkeit einer solchen Aufteilung könnte sprechen, daß mit der Teilabtretung zwei selbständige Forderungen entstanden sind. Daraus könnte man folgern, daß eine Einrede, die gegen den ursprünglichen Anspruch insgesamt gerichtet war, auf die Teilansprüche je nach deren Umfang verteilt werden muß. Eine solche Konsequenz erscheint jedoch nicht zwingend. Von einer Selbständigkeit der Teilforderungen kann nämlich nur soweit die Rede sein, als ihr weiteres Schicksal von dem Verhältnis, dem sie entstammen, unabhängig ist. Daran fehlt es hier. Würde A im Verhältnis zu B statt der Minderung den *Rücktritt* erklären, so kämen dadurch *alle* aus dem Vertrag abgeleiteten Teillohnforderungen in Wegfall. Diese Überlegung zeigt, daß C durch die Abtretung keine Forderung erlangt hat, die im Hinblick auf mögliche Gewährleistungsrechte des Schuldners auch nur teilweise bestandskräftig wäre.[1]

---

[1] In der Praxis ist der Rücktritt wegen mangelhafter Bauleistungen allerdings vielfach durch § 13 VOB Teil B ausgeschlossen.

Hinzu kommt folgendes: Der Schuldner muß es ausweislich der §§ 398 ff. BGB zwar hinnehmen, daß der Gläubiger die Forderung – auch teilweise – abtritt. Wie sich aus den §§ 404 ff. BGB ergibt, soll er dadurch jedoch keine unangemessenen Nachteile erleiden. Wenn der Schuldner im Falle einer Teilabtretung ein ihm zustehendes Minderungsrecht nur noch verhältnismäßig gegenüber allen Teilforderungen geltend machen könnte, müßte er u.U. *mehrere Prozesse* führen, um sein Recht durchzusetzen. Das ist keine notwendige Folge der Teilabtretung und kann daher nicht als vom Gesetz gewollt unterstellt werden.

Um den Schuldner nicht ungebührlich zu belasten, muß es nach all dem ausreichen, wenn er eine ihm zustehende Minderungseinrede in vollem Umfang gegenüber einem der Teilgläubiger geltend macht.

III. Ergebnis

Im Ergebnis scheitert der von C geltend gemachte Anspruch daher an der Minderungseinrede des A.

Zur Vertiefung: BGHZ 46, 242 (anteilige Minderung gegenüber mehreren Zessionaren); BGH NJW 2002, 3019 (Werklohnanspruch bei Minderungsbegehren ohne Abnahme); BGH NJW 2003, 288 (Fälligkeit des Werklohns trotz Abnahmeverweigerung).

Themenkomplex 5: Quasivertragliche Schuldverhältnisse

29. Einparken müßte man können

Sachverhalt

Frau F fährt zum Einkaufen in die Stadt und benutzt dazu nicht ihren eigenen Kleinwagen, sondern den Mercedes ihres Mannes M. Dies tut sie bei Großeinkäufen mit dessen Einverständnis öfter. Da sie sehr umsichtig ist, ist bisher auch noch nie etwas passiert. Als F wieder nach Hause will, stehen dieses Mal jedoch zwei andere Wagen so dicht neben ihr, daß sie nicht mehr allein aus der Parklücke kommt. A, ein freundlicher Passant, springt ihr spontan bei und versucht, sie mit Handzeichen zu dirigieren. Da er jedoch vom Autofahren nicht viel versteht, gibt er grob fahrlässig ein falsches Signal, das F in ihrer Aufregung prompt befolgt. Infolgedessen streift sie einen der neben ihr stehenden Wagen mit der Stoßstange. Bei gehöriger Aufmerksamkeit hätte F erkennen können, daß es besser gewesen wäre, auf die Bremse statt auf das Gaspedal zu treten. Am Wagen des M ist nichts zu sehen. Im Lack des anderen Wagens jedoch ist ein langer und tiefer Kratzer zurückgeblieben.

Da der Eigentümer des anderen Wagens die Haftpflichtversicherung des M in Anspruch nimmt, verliert dieser den Schadensfreiheitsrabatt bei seiner Versicherung. M sucht daher einen Anwalt auf und will wissen, ob es eine Möglichkeit gibt, diesen Schaden von A ersetzt zu bekommen.

Welche Überlegungen wird der Anwalt anstellen?

A. Vorbereitende Überlegungen

I. Erfassen des Sachverhalts

Wahrscheinlich hat Ihnen dieser Fall beim Durchlesen einen Schock versetzt. Er gehört nämlich in die vernachlässigte Kategorie der „Jurisprudenz des täglichen Lebens", die in der akademischen Ausbildung meist ausgeblendet wird, weil sie im Gesetz nicht vorkommt. Gerade in solchen Fällen ist es wichtig, die Nerven zu behalten und Schritt für Schritt Ordnung in die Sache zu bringen. Prüfen Sie sich selbst: Haben Sie sich im ersten Schreck über die Ihnen wahrscheinlich unbekannte Problematik dazu verleiten lassen, erst einmal krampfhaft nach Lösungsmöglichkeiten zu suchen, bevor Sie Sachverhalt und Fallfrage klar erfaßt hatten? Dann haben Sie vermutlich wertvolle Zeit verloren! Wenn Sie dagegen standhaft geblieben sind und sich streng an unsere Regeln gehalten haben, dann haben Sie zunächst herausgearbeitet, worin die Aufgabe überhaupt besteht, und damit die Voraussetzung dafür geschaffen, rechtlich sinnvolle Fragen stellen zu können.

Auch hier sollten Sie daher damit beginnen, sich die Beziehungen der Beteiligten durch eine *Skizze* zu verdeutlichen, die Sie ständig vor Augen haben. Wenn Sie den Eigentümer des beschädigten Wagens E nennen, könnte diese Zeichnung so aussehen:

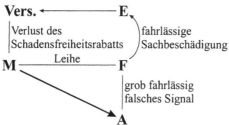

II. Erfassen der Fallfrage

Der Kürze halber habe ich in die Skizze gleich die Fallfrage miteinfließen lassen: Kann **M von A** den erlittenen **Schaden ersetzt verlangen?** Dieses Begehren entspricht der Interessenlage des M. Denn natürlich will dieser den Schaden nicht aus eigener Tasche tragen und will auch seine Frau damit nicht belasten. Er möchte vielmehr, daß A dafür aufkommen muß. Als Anwalt ist es Ihre Aufgabe, alle Mittel und Wege zu prüfen, die zur Realisierung dieses Zieles in Betracht kommen könnten.

Durch kurzes Nachdenken können sie feststellen, daß **eigene Ansprüche des M** *gegen A kaum in Betracht* kommen: M steht weder in einer vertraglichen Beziehung zu A noch hat dieser ihm gegenüber eine unerlaubte Handlung i. S. von § 823 BGB begangen.[1] (Das Auto des M ist bei dem Vorgang nicht beschädigt worden.) Der Anwalt muß daher *nach anderen Möglichkeiten* forschen.

---

[1] Denkbar wäre allenfalls, daß M, A und F gegenüber E *gesamtschuldnerisch* haften (M aufgrund von § 7 I StVG, A aufgrund von § 823 I BGB und F ebenfalls aufgrund von § 823 I BGB bzw. §§ 18 I, 7 I StVG) und zwischen ihnen ein *Ausgleich nach § 426 BGB* stattfindet. Trotz der schwierigen Fragen, die dies – nicht zuletzt durch die Einschaltung der Versicherung – aufwerfen würde, ließe sich dadurch für M im Ergebnis nichts zusätzlich gewinnen. Auch wenn Sie in einem Gutachten grundsätzlich alle in Betracht kommenden Möglichkeiten erörtern sollen: daß Sie auf *diese* eingehen, wird bei dreistündiger Bearbeitungszeit von Ihnen nicht erwartet.

Wenn ein eigener Anspruch des M gegen A ausscheidet, ist zu fragen, ob nicht **F ein solcher Anspruch zusteht.** Immerhin hat A der F grob fahrlässig ein falsches Signal erteilt und damit den Unfall hervorgerufen. Falls F gegenüber A schadensersatzberechtigt sein sollte, könnte sich M von seiner Frau deren Anspruch **abtreten lassen** und dann im eigenen Namen geltend machen.

Ein Anwalt sollte daher erkennen, daß sich hinter der laienhaften Frage des M zweierlei verbirgt: Einmal, ob M *Ansprüche aus eigenem Recht* gegen A zustehen (was schnell verneint werden kann), sodann aber, ob F *über solche Ansprüche verfügt*, die M sich abtreten lassen kann.

Wenn Sie soweit sind, haben Sie den schwierigsten Teil des Falles bereits gelöst. Denn das Hauptproblem besteht darin, die Aufgabe, die sich dem Anwalt hier stellt, zutreffend zu erfassen. Sind Sie nicht darauf gekommen, können Sie dem M kaum einen sinnvollen Rat erteilen. Sie sehen daher auch hier wieder einmal, daß der Anwalt noch andere Schwierigkeiten zu bewältigen hat als der Richter.

III. Erarbeiten der Lösung

1. Worauf wird es ankommen?

Aus abgetretenem Recht kann M nur dann Schadensersatz verlangen, wenn F selbst ein solcher Anspruch gegen A zusteht. Das setzt zweierlei voraus: F muß einen **Schaden** erlitten haben und sie muß sich deswegen auf einen **Ersatzanspruch** berufen können.

Da F an ihren Rechten keine Einbuße erlitten hat, kommt als Schaden nur ihr **Haftungsschaden im Verhältnis zu M** in Betracht. Der Wagen des M, der ungeachtet des ehelichen Verhältnisses allein für dessen Gebrauch bestimmt war, war ihr einverständlich überlassen worden. Wenn sie bei der Benutzung des Wagens dem M einen Schaden zufügt, muß sie nach den Regeln des Leistungsstörungsrechts (§ 280 I BGB) dafür aufkommen. Da M und F miteinander verheiratet sind, könnte es zwar sein, daß F gem. *§ 1359 BGB* nur für *culpa quam in suis* haftet. Ein Blick in den Sachverhalt zeigt jedoch, daß Sie hier nicht weiter nachzuforschen brauchen: Da F sonst „sehr umsichtig" ist, kommt eine Haftungsminderung gem. §§ 1359, 277 BGB nicht in Betracht. Die Begründung eines eigenen Schadens der F ist daher kein allzu großes Problem.

Daß A die Verantwortung für ein grob falsches Signal nicht ablehnen kann, ist ebenfalls abzusehen: F war beim Ausparken in einer Situation, in der sie sich auf die Zeichen des A, der den besseren Überblick hatte, verlassen können mußte. Das war A auch bewußt, als er F zu Hilfe eilte. Beide standen sich also nicht völlig getrennt gegenüber, sondern befanden sich in einer *Sonderbeziehung*, aus der sich Schutzpflichten ergaben, bei deren Verletzung ebenfalls nach § 280 I BGB gehaftet wird. Das kann im Ergebnis kaum zweifelhaft sein. Fraglich ist allenfalls, wie dies im einzelnen zu begründen ist.

Auszugehen ist davon, daß A der F zwar behilflich sein, aber *keine Rechtspflicht* zur Hilfeleistung übernehmen wollte. Die h. M. lehnt daher in solchen Fällen einen Vertrag überhaupt ab und nimmt lediglich ein „Gefälligkeitsverhältnis" an, aus dem aber *gleichwohl* nach rechtsgeschäftlichen Grundsätzen gehaftet werden soll. Das erscheint wenig überzeugend, u. a. deshalb, weil dabei der Begriff des Vertrages vorschnell mit dem **Verpflichtungsvertrag** gleichgesetzt wird. Ein Vertrag kann aber nicht nur Leistungspflichten begründen, sondern gibt auch einen *Behaltensgrund* für empfangene Leistungen und bringt *Schutzpflichten* hervor. Im Rahmen der Vertragsfreiheit sind die Parteien durch nichts gehindert, auf die Begründung von Leistungspflichten zu verzichten und lediglich **Realverträge** abzuschließen, denen *keine Bindung* für die Zukunft zukommt. Im gesellschaftlichen Verkehr ist dies sogar die Regel: Niemand, der eine Einladung zu einem Essen ausspricht, will dadurch zur Leistung verpflichtet sein; hat die Einladung aber stattgefunden, so haben die Gäste einen Behaltensgrund und haften nicht nach § 812 BGB auf Herausgabe des Empfangenen. Wenn man sich des Umstandes bewußt ist, daß nicht jeder Vertrag ein Verpflichtungsvertrag ist, kann man auch in solchen Verhältnissen von (Gefälligkeits-) Verträgen sprechen. Warum nach Vertragsgrundsätzen gehaftet wird, ist dann nicht länger ein Rätsel.

Einige Überlegungen müssen Sie aber doch auf den **Haftungsmaßstab** des A verwenden. Das betrifft zunächst *§ 675 II BGB*, wonach die Haftung bei bloßen Ratschlägen überhaupt ausgeschlossen ist. Sodann aber könnte es auf die Frage ankommen, ob die Haftung des *uneigennützigen Nothelfers* nicht aus anderen Gründen *gemindert* ist. Dabei empfiehlt sich ein Blick auf die Haftungsregelung bei denjenigen unentgeltlichen Verträgen, die im BGB selbst behandelt sind.

Schließlich sollten Sie auch an folgendes denken: Wenn F wegen ihres Haftungsschadens ein Schadensersatzanspruch gegen A zusteht, muß sie sich ihr *eigenes Verschulden* gem. *§ 254 I BGB* zurechnen lassen. M kann daher nach erfolgter Abtretung sicher *nicht vollen Ersatz* verlangen.

2. Strategie

Im Grunde stellt sich hier nur die Frage, ob Sie zuerst die *Haftung des A dem Grunde nach* prüfen und sich dann dem *Haftungsschaden* der F zuwenden oder ob Sie – eingebettet in eine Erörterung des § 280 I BGB – in der umgekehrten Reihenfolge vorgehen. Möglich ist beides. Damit A, um dessen Haftung es M letztlich geht, nicht allzu sehr an das Ende der Arbeit gerückt wird, ist es vielleicht geschickter und kommt den Erwartungen des Lesers mehr entgegen, wenn Sie die Frage, ob A der F dem Grunde nach haftet, vorziehen.

3. Lösungsskizze

Keine Ansprüche aus eigenem Recht. Denkbar aber Abtretung von Ansprüchen, die F zustehen.

I. **Haftung des A dem Grunde nach**
§ 280 I BGB wegen Pflichtverletzung aus auftragsähnlichem Gefälligkeitsvertrag.
1. *Konsens gegeben.*
a) H. M.: *Gefälligkeitsverhältnis* mit rechtsgeschäftlicher Haftung.
Aber: fehlende Zukunftsbindung schließt Vertrag nicht aus.
b) *Schutzpflichten* in jedem Fall.
Nicht § 675 II BGB, da abhängige Situation der F.
2. *Haftungsminderung analog §§ 521, 599, 690 BGB?*
Nicht bei Auftrag.
Stillschweigender Ausschluß? Nicht für grobe Fahrlässigkeit.
3. *§ 254 I BGB.*

II. **Schaden der F**
Nur Haftungsschaden.
1. *§ 280 I BGB: Trotz § 1353 I 2 BGB hier Leihe.*
Schutzpflichtverletzung des Entleihers.
2. *§ 1359 BGB hier nicht, da sonst umsichtig.*

3. Ausschluß der Geltendmachung gem. § 242 BGB?
Vom Gesetz nicht vorgesehen, vgl. § 1359 BGB.

III. Ergebnis
Durch Abtretung kann M einen nach § 254 I BGB geminderten Schadensersatzanspruch der F erlangen.

B. Lösung

A ist mit M weder durch einen Vertrag verbunden noch gibt es vertragliche Schutzpflichten, die ihm gegenüber M obliegen. Auch hat A dem M gegenüber keine unerlaubte Handlung i. S. von § 823 I oder II BGB begangen. Eigene Schadensersatzansprüche gegen A stehen M daher nicht zu. In Betracht kommt indessen, daß *F von A Schadensersatz verlangen kann*, weil sie ihrerseits ihrem Mann M zum Schadensersatz verpflichtet ist. Falls F ein solcher Anspruch zusteht, kann M sich diesen *abtreten* lassen und im eigenen Namen geltend machen.

I. Haftung des A dem Grunde nach

A könnte F wegen Verletzung einer Schutzpflicht aus einem auftragsähnlichen Gefälligkeitsvertrag gem. § 280 I BGB zum Schadensersatz verpflichtet sein.

1. F und A haben zwar keinen ausdrücklichen Vertrag miteinander geschlossen. Zwischen beiden bestand jedoch *Konsens* darüber, daß A der F die zum Ausparken erforderlichen Zeichen gibt, damit F ihr Fahrverhalten daran ausrichten kann. Von der Form her liegt daher ein stillschweigend geschlossener Vertrag vor.

a) Nach verbreiteter Auffassung setzt ein schuldrechtlicher Vertrag freilich eine *Willensbindung* für die Zukunft voraus. Wo keine Leistungspflichten begründet werden sollen, spricht man meist nicht von einem Vertrag im Rechtssinn, sondern nur von einem sozialen Gefälligkeitsverhältnis. Das ist hier insofern von Bedeutung, als A zur Zeichengebung nicht verpflichtet sein wollte; er wollte sich vielmehr ohne Leistungsverpflichtung gefällig erweisen.

Die Ausklammerung des Gefälligkeitsverhältnisses aus dem Begriff des Vertrages erscheint jedoch wenig sinnvoll. Der schuldrechtliche Vertrag erschöpft sich nicht darin, Leistungspflichten zu begründen. Nach erfolgtem Leistungsaustausch gibt er dem Empfänger auch einen Behaltensgrund. Außerdem legt er den Beteiligten im Verhältnis zueinander sog. Schutzpflichten auf. Im Rahmen der Vertragsfreiheit ist es den Beteiligten unbenommen, ob sie ihre Vereinbarungen mit Leistungspflichten verknüpfen wollen oder sich mit dem Abschluß eines *Realvertrages* begnügen, der lediglich einen Behaltensgrund gibt und Schutzpflichten begründet. Dem Realvertrag den Charakter des schuldrechtlichen Vertrages überhaupt absprechen zu wollen, besteht – wie auch ein Blick auf § 516 I BGB zeigt – kein Anlaß.

Richtig qualifiziert, handelt es sich bei dem zwischen A und F zustande gekommenen Verhältnis daher um einen auftragsähnlichen *Gefälligkeitsvertrag*, der zwar keine Leistungspflichten des A, wohl aber eine *Sonderbeziehung* begründet, die den Beteiligten im Verhältnis zueinander gewisse *Schutzpflichten* auferlegt.

b) Im Ergebnis macht das freilich keinen Unterschied. Nach der Gegenauffassung soll nämlich auch das „soziale Gefälligkeitsverhältnis" gegenseitige Schutzpflichten begründen, bei deren Verletzung nach rechtsgeschäftlichen Grundsätzen gehaftet wird. Wie auch immer man die Frage entscheidet: an dem Umstand, daß A im Falle eines Schutzpflichtverstoßes zum Schadensersatz verpflichtet ist, ändert dies nichts.

Zweifelhaft kann indessen sein, ob die Annahme solcher Schutzpflichten hier an *§ 675 II BGB* scheitert. Danach ist derjenige, der einem anderen einen Rat oder eine Empfehlung erteilt, daraus nicht zum Schadensersatz verpflichtet. Dieser Grundsatz gilt jedoch nicht schlechthin. Vor allem aus einem Vertragsverhältnis kann sich etwas anderes ergeben. Im vorliegenden Fall ist zu berücksichtigen, daß sich F nicht in einer Situation befand, in der sie die Ratschläge des A ruhig prüfen und je nach ihrer Überzeugung befolgen oder nicht befolgen konnte. Sie war vielmehr auf die Hilfe eines Dritten *angewiesen*, der über einen besseren Überblick verfügte. Das ist nicht die Situation, die § 675 II BGB im Auge hat.

A war daher, wenn er sich darauf einließ, die F aus der Parklücke zu lotsen, verpflichtet, seine Zeichen so zu geben, daß die F vor einer Kollision mit den benachbarten Fahrzeugen möglichst bewahrt wurde. Gegen diese Pflicht hat A verstoßen.

2. Eine andere Frage ist, ob die Haftung des A nicht *gemindert* war. Zieht man die unentgeltlichen Verträge, die im BGB geregelt sind, zum Vergleich heran, so finden sich über den Haftungsmaßstab unterschiedliche Aussagen. Während Schenker und Verleiher leichte Fahrlässigkeit nicht zu vertreten haben (§§ 521, 599 BGB), haftet der Verwahrer für *culpa quam in suis* (§ 690 BGB). Der Beauftragte genießt demgegenüber gar keine Haftungserleichterung (§§ 662 ff. BGB). Eine sichere Grundlage, um die Haftung bei allen unentgeltlichen Verträgen herabzusetzen, ist daher nicht festzustellen.

Das schließt freilich nicht aus, daß die Haftung bei Gefälligkeitsverträgen *einverständlich herabgesetzt* wird. Nach Lage der Dinge konnte das Einspringen des A nicht so gedeutet werden, daß er damit die Haftung auch für die geringste Fahrlässigkeit übernehmen wollte. Da A wußte, wie sehr F von seinen Hinweisen abhängig war und wie sehr sie sich darauf verließ, kann seinem Verhalten aber auch nicht die Bedeutung beigemessen werden, daß er überhaupt nicht zur Sorgfalt verpflichtet sein wollte. Damit wäre F womöglich in einer noch schlechteren Lage gewesen als vorher. Mit der Annahme eines *stillschweigenden Haftungsausschlusses für leichte Fahrlässigkeit* kommt man den Intentionen der Beteiligten daher am nächsten.

Laut Sachverhalt hat A grob fahrlässig ein falsches Zeichen gegeben. Bei diesem Ausmaß seines Verschuldens kommt ihm die Haftungsmilderung nicht zugute.

3. Auf der anderen Seite hat sich F den entstandenen Schaden z.T. *selbst zuzuschreiben*. Sie durfte sich in der entstandenen Situation nicht völlig auf A verlassen, sondern war auch selbst zur höchsten Aufmerksamkeit verpflichtet. Wenn sie aus Aufregung ein grob falsches Signal befolgt, fällt ihr gem. *§ 254 I BGB* ein Mitverschulden zur Last. Wie hoch dieses zu veranschlagen ist, hängt von den näheren Umständen ab. Falls F einen Schaden erlitten hat, kann sie diesen jedenfalls nur teilweise ersetzt verlangen.

II. Schaden der F

Ein solcher Schaden kann hier nur darin bestehen, daß F dem M selbst zum Schadensersatz verpflichtet ist.

1. Eine Schadensersatzverpflichtung der F könnte sich gem. § 280 I BGB aus der Verletzung von Schutzpflichten aus einem Leihvertrag ergeben.

F hat den Wagen des M mit dessen Einverständnis regelmäßig für Großeinkäufe benutzt. Anders als bei den Gegenständen des gemeinsamen Haushalts kann das Recht zur Benutzung eines Autos, das im Eigentum des anderen Ehegatten steht, nicht auf § 1353 I 2 BGB gestützt werden, schon gar nicht dann, wenn beide Ehegatten über ein eigenes Auto verfügen. In der Sache ist der Gebrauch des Mercedes durch F vielmehr als eine *Leihe* i. S. von § 598 BGB zu qualifizieren. Dabei oblag F die vertragliche Nebenpflicht, mit dem Wagen sorgsam umzugehen und sich so zu verhalten, daß er nicht geschädigt wurde. Dagegen hat F verstoßen.

2. Die Haftung der F könnte jedoch gem. *§§ 1359, 277 BGB* gemindert sein. Danach haben Ehegatten für die sich aus dem ehelichen Verhältnis ergebenden Verpflichtungen nur für *culpa quam in suis* einzustehen. Das hat zur Folge, daß für leichte Fahrlässigkeit nicht gehaftet wird, falls der betreffende Ehegatte auch seine eigenen Angelegenheiten nur nachlässig besorgt. Nachdem F sonst sehr umsichtig ist, kommt ihr eine Haftungserleichterung gem. § 1359 BGB bereits aus diesem Grund nicht zugute. Ob und wieweit diese Vorschrift im Straßenverkehr überhaupt Anwendung findet, kann daher dahinstehen.

3. Verschiedentlich wird die Auffassung vertreten, zwischen Ehegatten sei die Geltendmachung von Schadensersatzansprüchen während der Dauer der Ehe gem. § 242 BGB ausgeschlossen. Wäre dies richtig, so wäre F im Verhältnis zu M vorerst keiner Haftung ausgesetzt. Infolgedessen könnte sie ihrerseits auch A nicht in Anspruch nehmen.

Diese Auffassung steht jedoch nicht in Einklang mit dem Gesetz. Aus § 1359 BGB folgt, daß die Ehe lediglich insofern Berücksichtigung finden soll, als zwischen Ehegatten u. U. ein eigener Haftungsmaßstab gilt, nicht aber dadurch, daß Schadensersatzansprüche im Regelfall der lebzeitigen Ehe (§ 1353 I 1 BGB) überhaupt ausgeschlossen sein sollen. Wenn mit dieser Auffassung bezweckt wird, das Verhältnis der Ehegatten untereinander von störenden Auseinandersetzungen freizuhalten, so würde sie hier gerade zum gegenteiligen Ergebnis führen. Wenn nämlich die Ehe zwischen M und F dazu führen würde, daß der von M erlittene Schaden nicht einmal teilweise von A ersetzt verlangt werden könnte, würde dies das Verhältnis zwischen M und F nur zusätzlich belasten.

III. Ergebnis

Der Anwalt wird M daher raten, sich von F deren Schadensersatzanspruch gegen A abtreten zu lassen und dann diesen Anspruch unter Berücksichtigung der auf F fallenden Mitverschuldensquote im eigenen Namen geltend zu machen.

Zur Vertiefung: *Willoweit*, Schuldverhältnis und Gefälligkeit, JuS 1984, 909 und JuS 1986, 96; *Gehrlein*, Vertragliche Haftung für Gefälligkeiten, VersR 2000, 415; OLG Koblenz NJW 1962, 1515 m. Anm. *Weitnauer* (Haftung bei unrichtigem Winkzeichen); OLG Frankfurt/M. NJW 1965, 1334 m. Anm. *Rother* (Haftung bei unrichtigem Winkzeichen); OLG Düsseldorf VersR 1986, 471 (Sorgfaltspflicht des Vorfahrt gewährenden Kraftfahrers gegenüber minderjährigen Passanten); LG Stuttgart ZfSch 1989, 188 (fehlende Garantenstellung des Gefälligkeitseinweisers); AG Varel ZfSch 1990, 219 (Haftung des einweisenden Stellplatzvermieters); BGH NJW 1992, 1227 (Schäden am Fahrzeug des Ehegatten); BGH NJW 1976, 1846 (Verlust des Schadensfreiheitsrabatts bei § 823 I BGB kein ersatzfähiger Schaden).

30. Ein Osterausflug mit Hindernissen

Sachverhalt

Bei dem in Dresden ansässigen Rechtsanwalt R erscheint Herr A und erzählt folgende Geschichte:

„An Ostern wollte ich mit Frau und Kind einen Ausflug ins Grüne machen. Als ich mein Auto aus der Garage holen wollte, mußte ich feststellen, daß ein anderer Wagen mit Leipziger Kennzeichen auf der öffentlichen Straße so vor meiner Garageneinfahrt abgestellt worden war, daß ich nicht herausfahren konnte. Ich klingelte überall in der Nachbarschaft herum, um den Fahrer zu ermitteln, aber vergeblich. Da wir den Tag nicht zu Hause verbringen wollten, rief ich nach 30 Minuten den Abschleppunternehmer B an und bat ihn, die Garagenausfahrt freizuräumen.

Eine weitere halbe Stunde später tauchte plötzlich die Fahrerin des Wagens auf, eine junge Dame namens C. Sie habe in der Nähe einer Freundin etwas vorbeigebracht, erzählte sie, und sich erst nach längerer vergeblicher Parkplatzsuche hier abgestellt, weil sie ohnehin nur fünf Minuten bleiben wollte. Wegen ihrer Verspätung entschuldigte sie sich überschwenglich. Gleichzeitig aber hatte sie es jetzt sehr eilig und fuhr weg, so daß ich gerade noch ihr Kfz-Kennzeichen notieren konnte.

Als wir uns gerade selbst auf den Weg machen wollten, kam B mit dem Abschleppwagen um die Ecke. Obwohl es gar nichts mehr zu tun gab, verlangte B von mir 50 € für die Anfahrt. Das entspreche dem üblichen Entgelt für den entstandenen Fahrt- und Zeitaufwand, erklärte er mir. Ich muß doch aber einen Abschleppdienst nur für das Abschleppen und nicht bereits für die Anfahrt bezahlen, oder nicht? Wenn B für die Anfahrt entschädigt werden will, kann er sich doch wohl nur an Frau C halten, die für den unnützen Aufwand verantwortlich war.

Oder was meinen Sie dazu?"

Welche Überlegungen wird R anstellen? Welche Auskunft wird er geben?

A. Vorbereitende Überlegungen

I. Erfassen des Sachverhalts

Es handelt sich um einen Fall, wie er sich täglich ereignen könnte: A kann nicht weg-fahren, weil seine Garagenausfahrt durch ein anderes Fahrzeug blockiert ist. Nach vergeblichen Versuchen, den anderen Fahrer ausfindig zu machen, ruft A daher einen Abschleppunternehmer herbei. Jetzt allerdings kommt es zu einer *Besonderheit*: Als das Abschleppauto erscheint, ist der andere Wagen **bereits weggefahren**. Zum Ab-schleppen kommt es daher nicht mehr.

Eine Skizze brauchen Sie für diesen Fall sicher nicht. Wenn Sie gewohnheitsmäßig doch eine anfertigen, sollten Sie jedoch die Gelegenheit nutzen, einige Umstände zu notieren, die Sie sich für den weiteren Verlauf Ihrer Überlegungen fest einprägen wol-len.

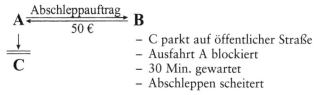

- C parkt auf öffentlicher Straße
- Ausfahrt A blockiert
- 30 Min. gewartet
- Abschleppen scheitert

II. Erfassen der Fallfrage

Der Anwalt des A muß sich zunächst dessen Interessen klarmachen, um ihn sinnvoll beraten zu können. A sieht sich zunächst einem **Anspruch des B** ausgesetzt und möchte wissen, ob er B tatsächlich etwas schuldet. Für den Fall, daß er an B leisten muß, interessiert ihn weiter, ob ihm deswegen ein **Anspruch gegen C** zusteht.

B möchte die Fahrt nicht umsonst gemacht haben, sondern verlangt selbstver-ständlich eine Vergütung dafür. Nachdem C offenbar in *Leipzig* wohnt, dürfte B wenig Neigung zeigen, sich auf eine Auseinandersetzung mit dieser verweisen zu las-sen. Aus seiner Sicht ist es näherliegend, sich an den in *Dresden* ansässigen A zu halten, der ihn schließlich auch herbestellt hat. Was das Verhältnis des A zu B angeht, haben Sie also ersichtlich einen **vertraglichen Vergütungsanspruch** zu prüfen.

Im Verhältnis des **A zu C** sieht es anders aus. A hat durch das Blockieren der Ga-ragenausfahrt weder Geschäfte versäumt noch Gewinne verpaßt, sondern zunächst nur Freizeit verloren. Dafür kann er grundsätzlich keinen Ersatz verlangen (§ 253 BGB). Wenn er B jedoch die vergebliche Fahrt vergüten muß, ist ihm auch ein *Ver-mögensschaden* entstanden. In diesem Fall wird er, wie erwähnt, wissen wollen, ob er bei C insoweit **Regreß** nehmen kann.

Damit sind die beiden Fragen, die Sie beantworten sollen, vollständig erfaßt. *Nicht* gefragt ist dagegen, ob B sich auch *an* C halten kann. Dazu ließen sich sicher inter-essante Überlegungen anstellen[1]. Aber darüber braucht sich der Anwalt des A nicht den Kopf zu zerbrechen.

---

[1] Vgl. LG Limburg MDR 1965, 742; LG Stuttgart MDR 1973, 48.

III. Erarbeiten der Lösung

1. Worauf wird es ankommen?

Zwischen A und B ist ein Werkvertrag geschlossen worden. Aufgrund dessen würde B nach Abnahme des Werks (§ 641 I BGB) ein Vergütungsanspruch zustehen (§§ 631, 632 BGB). Nachdem die C weggefahren ist, kann das vereinbarte Werk – das Abschleppen des anderen Wagens – aber nicht mehr vorgenommen werden. Der **Vertragszweck** ist vielmehr bereits auf andere Weise **erreicht** worden. Wie wirkt sich dies auf den Vergütungsanspruch aus?

Da der Wagen, der abgeschleppt werden sollte, nicht mehr da ist, stellt sich die vorliegende Spielart der Zweckerreichung als *Unmöglichkeit* dar. Diese ist hier sicher nicht von A zu vertreten[2]. Nach den §§ 275 I, 644 I 1 BGB würde somit nicht nur B von der Verpflichtung zum Abschleppen, sondern auch A von der Zahlungsverpflichtung freiwerden. Das erscheint indessen kaum angemessen. Sie müssen sich daher mit diesem Punkt etwas eingehender befassen: Ist der zwischen A und B geschlossene Vertrag so auszulegen, daß B auf jeden Fall die *Fahrt* ersetzt verlangen kann, oder gibt es eine gesetzliche Regelung für ähnliche Fälle? Mit einigem Gespür ist jedenfalls absehbar, daß B nicht leer ausgehen wird.

Welche Ansprüche aber könnten A gegen C zustehen, um die an B zu entrichtende Vergütung erstattet zu bekommen? Hier sollten Sie zunächst an die Vorschriften über **Geschäftsführung ohne Auftrag** denken. Denn wenn es an sich Sache der C war, ihr Auto wegzufahren, könnte A ein Geschäft der C geführt haben und eventuell einen Aufwendungsersatzanspruch geltend machen. In Betracht kommt aber auch ein Anspruch aus **unerlaubter Handlung**, sei es, daß C in ein geschütztes Recht i.S. von § 823 I BGB eingegriffen oder daß sie gegen ein Schutzgesetz verstoßen hat.

Damit sind die Kernpunkte bezeichnet, zu denen Sie in Ihrer Arbeit Stellung nehmen müssen.

2. Strategie

Da A nur dann Anlaß hat, sich an C zu halten, wenn er seinerseits dem B verpflichtet ist, werden Sie auf jeden Fall **erst** die möglichen **Ansprüche des B gegen A** prüfen.

Was die Ansprüche des A gegen C betrifft, erhebt sich die Frage, ob Sie mit dem *Aufwendungsersatzanspruch* aus Geschäftsführung ohne Auftrag oder mit dem *Schadensersatzanspruch* aus unerlaubter Handlung beginnen sollen. Wie Sie wissen, sind vertragliche Ansprüche grundsätzlich vor deliktischen Ansprüchen zu prüfen, und dasselbe gilt auch für „quasivertragliche" Ansprüche aus Geschäftsführung ohne Auftrag. Zur Begründung kann man darauf verweisen, daß bei Ansprüchen des Geschäftsherrn gegen den Geschäftsführer die Haftung des letzteren gem. § 680 BGB gemildert sein könnte. In unserem Fall geht es freilich umgekehrt um Ansprüche des Geschäftsführers gegen den Geschäftsherrn. Bei der Prüfung, ob A ein Geschäft der C geführt hat, kommt es u. a. auf die Frage an, ob C zum Wegfahren verpflichtet war. Eine solche Pflicht könnte sich namentlich daraus ergeben, daß das Versperren der Ausfahrt sich A gegenüber als Eigentumsbeeinträchtigung darstellt. Sie müssen daher im Rahmen des Aufwendungsersatzanspruchs, wenn nicht den gesamten Deliktsanspruch, so doch einen wichtigen Teil davon mitprüfen. Das läßt es hier aufbaumäßig geschickter erscheinen, den **Deliktsanspruch vorweg** zu prüfen.

---

[2] Anders wenn A mit seinem Auto irgendwo stehengeblieben wäre und es vor Eintreffen des Abschleppdienstes selbst wieder flott bekommen hätte.

3. Lösungsskizze

I. Anspruch B gegen A

§§ 631 f. BGB

Zweckerreichung hier wie Unmöglichkeit.

Abnahme (§ 641 I BGB) nicht mehr möglich.

1. *Auslegung: Vergütung für Leerfahrt?*

Besser: gesetzliche Regelung zuerst.

2. *Gegenleistungsanspruch gem. § 326 II BGB?*

Wegfahrt der C von A nicht zu vertreten.

3. *Bei von beiden nicht zu vertretender Unmöglichkeit an sich Freiwerden beider,*
§§ 275 I, 644 I 1 BGB.

Hier aber *§ 645 I BGB analog*:

A trägt Preisgefahr bei Mängeln, die mit Leistungssubstrat zusammenhängen.

II. Ansprüche des A gegen C

1. *Eigentumsverletzung gem. § 823 I BGB*

a) Keine Substanzverletzung, aber *Gebrauchsbeeinträchtigung* wie bei Entzug.

b) Sozialadäquanz? Nicht bei vorsätzlichem Verstoß gegen *§ 12 III Nr. 3 StVO*.

c) § 254 I BGB? Abschleppversuch war durch Notwehr geboten, § 227 BGB.

2. *§ 823 II BGB i.V.m. § 12 III Nr. 3 StVO bzw. § 1004 BGB* (StVO dient zwar öf-
fentlichem Interesse, § 12 III Nr. 3 StVO jedoch *Privatinteresse*).

3. *§§ 683, 670 BGB*

a) Fremde Pflicht erfüllt = auch-fremdes Geschäft besorgt.

b) § 683 BGB: Interesse und Wille der C?

– Entgegenstehender Wille gem. § 679 BGB irrelevant.

– Interesse: nicht, wenn sonst kein Schaden droht.

B. Lösung

I. Anspruch des B gegen A

Aufgrund des mit A geschlossenen Werkvertrages könnte B berechtigt sein, von A
eine Vergütung für die Anfahrtskosten zu verlangen, § 631 I BGB. Eine Vergütung
war nach § 632 BGB zumindest stillschweigend vereinbart, und zwar mangels einer
Taxe in der Höhe, in der sie üblich ist. Das entspricht hier dem von B verlangten
Entgelt von 50 €. Grundsätzlich ist die Vergütung gem. § 641 I BGB erst bei Abnahme des Werkes zu entrichten. Eine solche Abnahme scheidet hier aus, weil die
vereinbarte Werkleistung – das Wegschleppen des anderen Autos – dadurch, daß
dieses Auto bereits weggefahren ist, unmöglich geworden ist. Damit erhebt sich die
Frage, wie sich diese *Zweckerreichung* auf den Vergütungsanspruch ausgewirkt hat.

1. Denkbar ist zunächst, daß der geschlossene Vertrag dahin *auszulegen* ist, daß
auch eine vergebliche Fahrt vergütet werden soll. Immerhin war bei Vertragsschluß
nicht sicher, ob das andere Auto beim Eintreffen des B noch da sein würde, und ohne
eine Vergütungsregelung auch für diesen Fall hätte sich B auf die Fahrt kaum eingelassen. Auch ist zu berücksichtigen, daß B als Werkunternehmer nicht gut schlechter
stehen kann als bei Abschluß eines unentgeltlichen Auftrags. In diesem Fall nämlich
könnte er gem. § 670 BGB Ersatz seiner Aufwendungen verlangen.

Zu einer ergänzenden Vertragsauslegung besteht jedoch nur dann Anlaß, wenn
sich eine angemessene Lösung des Problems nicht bereits aus dem Gesetz ergibt.

2. Obgleich B die vereinbarte Abschleppleistung unmöglich geworden und er daher gem. § 275 I BGB von seiner Verpflichtung freigeworden ist, könnte er dennoch den Vergütungsanspruch gem. *§ 326 II BGB* behalten haben. Voraussetzung dafür ist, daß die Unmöglichkeit infolge eines Umstandes eingetreten ist, für den A allein oder weit überwiegend verantwortlich ist.

In den Fällen der Zweckerreichung kann man dies jedoch nur dann annehmen, wenn der Zweck durch ein Verhalten des Gläubigers selbst eingetreten ist. Der Gläubiger darf nämlich seinem Schuldner die Leistung nicht durch eigenes Verhalten unmöglich machen. Hier hat jedoch A den anderen Wagen nicht selbst entfernt. Vielmehr ist dieser ohne Zutun des A weggefahren. Das ist nicht der Fall, den § 326 II BGB im Auge hat.

3. Bei einer Unmöglichkeit, für die der Besteller weder allein noch weit überwiegend verantwortlich ist, wird der Unternehmer gem. § 275 I BGB von der eigenen Leistungspflicht frei und verliert gem. § 644 I 1 BGB den Gegenleistungsanspruch. B wäre danach nicht mehr zum Abschleppen des anderen Wagens verpflichtet und hätte gleichzeitig den vereinbarten Gegenleistungsanspruch verloren.

Diese Regelung kommt jedoch nur dann zum Zug, wenn nicht spezielle Vorschriften eingreifen, aus denen sich eine andere Lösung ergibt. In Betracht kommt hier *§ 645 I 1 BGB*. Wenn das Werk vor der Abnahme wegen eines Mangels des vom Besteller gelieferten Stoffes unausführbar geworden ist, ohne daß ein Umstand mitgewirkt hat, den der Unternehmer zu vertreten hat, kann der Unternehmer danach einen der geleisteten Arbeit entsprechenden Teil der Vergütung verlangen. Zwar hat A hier keinen „mangelhaften Stoff" geliefert. Aus § 645 I 1 BGB läßt sich jedoch der Grundsatz entnehmen, daß der Besteller entgegen § 644 I 1 BGB zur Zahlung verpflichtet bleiben soll, wenn das Werk aus Gründen unausführbar wird, die mit dem von dem Gläubiger zu stellenden Leistungssubstrat im weitesten Sinn zusammenhängen.

So verhält es sich im Grunde auch hier. Wenn A ein Abschleppauto zum Freiräumen seiner Garagenausfahrt bestellt, fällt es in seinen Verantwortungsbereich, daß es überhaupt etwas abzuschleppen gibt. A ist B daher analog § 645 I 1 BGB nach wie vor verpflichtet. Nachdem die verlangten 50 € dem üblichen Entgelt für den entstandenen Fahrt- und Zeitaufwand entsprechen, dürften sie auch gem. § 645 I 1 BGB gerechtfertigt sein.

B kann daher von A 50 € fordern.

II. Ansprüche des A gegen C

Zu prüfen ist weiter, ob A die 50 €, die er an B zahlen muß, von C ersetzt verlangen kann. Zu denken ist dabei an Ansprüche aus Geschäftsführung ohne Auftrag und Delikt. Da Aufwendungsersatzansprüche des A eine Wegfahrverpflichtung der C voraussetzen, die sich vor allem aus einem Delikt ergeben kann, wird im folgenden die Prüfung deliktischer Ansprüche aus darstellungstechnischen Gründen ausnahmsweise vorgezogen.

1. In Betracht kommt zunächst, daß C wegen einer Eigentumsverletzung gem. § 823 I BGB zum Schadensersatz verpflichtet ist.

a) Zwar hat C das Auto des A nicht der Substanz nach beschädigt. Eine Eigentumsverletzung i.S. des § 823 I BGB ist jedoch nicht nur die Substanzverletzung, sondern auch der *Besitzentzug*, der den Eigentümer daran hindert, mit der Sache so zu verfahren, wie es ihm nach § 903 BGB zusteht. So ist vor allem der Diebstahl eine tatbestandsmäßige Eigentumsverletzung, obwohl in die Sachsubstanz dabei nicht eingegriffen wird. Hier hat C während der Zeit, als sie die Garagenausfahrt blokkierte, den Gebrauch des anderen Autos praktisch genauso beeinträchtigt, wie wenn sie A den Besitz *entzogen* hätte. Während dieser Zeit war das Auto für A völlig nutzlos. Das Verhalten der C muß daher genauso behandelt werden, wie wenn sie A den Besitz entzogen hätte.

b) Zu überlegen bleibt freilich, ob die Annahme einer rechtswidrigen Eigentumsverletzung nicht daran scheitert, daß C nicht auf dem Grundstück des A, sondern im öffentlichen Straßenraum geparkt hat. Aus dem Umstand, daß A Eigentümer des Autos ist, folgt nicht, daß er gegen andere einen Anspruch darauf hat, sich im öffentlichen Straßenraum ungehindert damit bewegen zu können. Einschränkungen, die sich im Rahmen des Üblichen halten, sind vielmehr als sozialadäquat hinzunehmen. Hier hat C allerdings gegen das straßenverkehrsrechtliche Parkverbot vor Grundstücksausfahrten (*§ 12 III Nr. 3 StVO*) vorsätzlich verstoßen und damit auch den ihr zustehenden Gemeingebrauch überschritten. Die Gebrauchsbeeinträchtigung, die sie A zugefügt hat, hält sich nicht im Rahmen des sozial Üblichen.

c) Allerdings könnte A den erlittenen Schaden i.S. von *§ 254 I BGB* mitverschuldet haben, weil er den Abschleppwagen selbst bestellt hat. Dabei ist aber zu berücksichtigen, daß A durch C in eine Notwehrlage versetzt wurde. Nach § 227 BGB mußte A den Angriff auf sein Eigentum nicht tatenlos hinnehmen, sondern durfte die erforderlichen Maßnahmen ergreifen, um die blockierte Garageneinfahrt freizubekommen. Dasselbe gilt nach § 859 III BGB unter dem Gesichtspunkt der Selbsthilfe. Daß er B bestellt hat, kann ihm daher nicht als Verschulden angelastet werden.

A kann daher das Entgelt, das er an B zahlen muß, von C ersetzt verlangen.

2. Der von A geltend gemachte Anspruch ist auch gem. § 823 II BGB i.V.m. § 1004 BGB bzw. § 12 III Nr. 3 StVO begründet. Durch die Gebrauchsbeeinträchtigung hat C gegen § 1004 BGB verstoßen, der ein Schutzgesetz i.S. von § 823 II BGB darstellt. Obgleich die StVO insgesamt dem ungehinderten Verkehrsfluß dient, ist auch § 12 III Nr. 3 StVO ein Schutzgesetz. Das Verbot, Grundstücksausfahrten zuzuparken, dient nämlich nicht der Erleichterung des Straßenverkehrs, sondern allein dem Interesse des Zugeparkten.

3. In Betracht kommt des weiteren, daß A gegen C ein *Aufwendungsersatzanspruch gem. §§ 683, 670 BGB* zusteht.

Wie dargelegt, war C verpflichtet, die Garagenausfahrt des A freizumachen. Indem A Anstalten gemacht hat, das für sie zu besorgen, hat er ein fremdes Geschäft besorgt. Zwar war dieses Geschäft auch sein eigenes, da es um seine eigene Garagenausfahrt ging. Eine Fremdgeschäftsführung scheidet jedoch nicht schon deshalb aus, weil jemand objektiv und subjektiv zugleich ein eigenes Geschäft mitbesorgt.

§ 683 BGB knüpft den Aufwendungsersatzanspruch aber daran, daß die Geschäftsübernahme dem Interesse und dem Willen des Geschäftsherrn entspricht. Der wirkliche Wille der C ist hier nicht feststellbar. Aus ihrem Interesse kann allenfalls ihr mutmaßlicher Wille ermittelt werden. Ob C ein Interesse daran haben konnte, daß ihr Wagen weggeschleppt wurde, erscheint fraglich. Ein solches Interesse könnte bejaht werden, wenn ihr eigener Wagen durch die geschaffene Verkehrslage gefährdet gewesen wäre oder wenn ihr sonst im Falle des Nichtabschleppens ein Schaden gedroht hätte. Dies war indessen nicht der Fall. Nachdem die Vorschrift, gegen die C verstoßen hat, allein privaten Interessen dient (oben II 2), ist ihr entgegenstehender Wille auch nicht nach § 679 BGB unbeachtlich.

A kann daher seinen Anspruch gegen C nicht auch noch auf §§ 683, 670 BGB stützen.

Zur Vertiefung: *Dörner*, Zivilrechtliche Folgen des Parkens vor Grundstückszufahrten, JuS 1978, 666; *van Venrooy*, Nochmals: Zivilrechtliche Folgen des Parkens vor Grundstückszufahrten, JuS 1979, 102; *Janssen*, Abschleppen im bürgerlichen Recht, NJW 1995, 625; BGHZ 60, 14; 78, 352; 83, 197 (Vergütungsgefahr); BGHZ 55, 153; BGH NJW 1977, 2264 (beide zu: Gebrauchsvereitelung als Eigentumsverletzung); OLG Karlsruhe NJW 1978, 274; LG München I NJW 1983, 288; AG Neumünster DAR 1987, 387; AG Frankfurt/M. NJW 1990, 917 (Zuparkfälle).

Themenkomplex 6: Kredit und Kreditsicherung

31. Ein günstiges Darlehen

Sachverhalt

Frau A betreibt innerhalb ihrer Wohnung eine kleine Änderungsschneiderei. Da der Raum, den sie dafür reserviert hat, sehr bescheiden ausgestattet und das Unternehmen auch wenig bekannt ist, gehen die Geschäfte nicht gut. A gerät in Schulden und erhält von ihrer Bank schon bald keinen Kredit mehr. In ihrer Not wendet sie sich an ihren Nachbarn, den Grundstücksmakler B, von dem sie weiß, daß er ziemlich vermögend ist. Nach einigem Zureden erklärt sich B vor Zeugen bereit, A zwecks Verbesserung ihres Betriebes mit einem Darlehen von 10.000 € für zwei Jahre zu unterstützen. Für das damit verbundene Risiko läßt er sich allerdings 20 % Zinsen versprechen. (Der Durchschnittszins für ungesicherte Ratenkredite liegt zu dieser Zeit bei 8 %.)

Mit Hilfe des von B erhaltenen Darlehens finanziert A einige Modernisierungsmaßnahmen und startet eine Anzeigenserie in der Lokalpresse. Schon nach kurzer Zeit beginnt das Geschäft daraufhin immer besser zu laufen. Allerdings kommt A der mit B geschlossene Vertrag im nachhinein doch sehr unangemessen vor. Nach Ablauf eines Jahres seit Erhalt des Geldes kündigt sie B daher an, daß sie nichts zurückzahlen werde. Daraufhin verlangt B die sofortige Rückzahlung des überlassenen Kapitals zuzüglich der im verflossenen Jahr angelaufenen Zinsen in Höhe von 2.000 €.

Mit Recht?

A. Vorbereitende Überlegungen

I. Erfassen des Sachverhalts

Im Kern geht es um folgendes: B hat A ein Darlehen von 10.000 € gegeben, Laufzeit zwei Jahre, Zinssatz 20 % (12 % über dem Durchschnittszins). Von Interesse könnte noch sein, daß B Grundstücksmakler ist und daß A das Darlehen zum Betrieb ihrer kleinen Änderungsschneiderei aufnimmt. Denn davon könnte abhängen, ob im vorliegenden Fall die Bestimmungen zum Verbraucherdarlehensvertrag zur Anwendung kommen.

In Form einer Skizze dargestellt, sieht der Sachverhalt so aus:

$$\text{(Gewerbe) } \mathbf{A} \xleftarrow[\substack{10.000\ \text{€ zu 20 \%}\\ 2\ \text{Jahre}\\ (8\ \%\ \text{Durchschnittszins})\\ \text{Rückforderung nach 1 Jahr}}]{\S\ 488\ \text{BGB}} \mathbf{B} \text{ (Grundstücksmakler)}$$

II. Erfassen der Fallfrage

Die Frage: „Mit Recht?" bezieht sich auf das Zahlungsbegehren des B. Gefragt ist also, ob B von A **Zahlung von 13.000 €** verlangen kann. Man kann sich vorstellen, daß B mit diesem Antrag Klage erhebt, so daß ein *Richter* darüber zu entscheiden hat. Denkbar ist aber auch, daß sich einer der Beteiligten an einen *Anwalt* wendet – entweder B, weil er eine Klage beabsichtigt, oder A, weil sie wissen will, ob sie zur Zahlung verpflichtet ist. Der Anwalt muß dann ebenfalls prüfen, ob A der geltend gemachte Anspruch zusteht.

Bei einem teilbaren Begehren sollten Sie immer die Möglichkeit im Auge behalten, daß der Anspruch nur *teilweise* begründet ist. Auch hier sollten Sie daher damit rechnen, daß B vielleicht nur einen Teil des geltend gemachten Betrages verlangen kann. Ein Richter darf zwar nicht über den gestellten Antrag hinausgehen (§ 308 I ZPO). Wohl aber muß er einer Klage, die nur teilweise begründet ist, unter Teilung der Verfahrenskosten (§ 92 ZPO) teilweise stattgeben. Dementsprechend wird der Anwalt eines Anspruchsstellers die geltend gemachten Ansprüche aus Kostengründen nur soweit verfolgen, wie sie äußerstenfalls begründet erscheinen.

III. Erarbeiten der Lösung

1. Worauf wird es ankommen?

Bei dem Fall handelt es sich um einen „Dauerbrenner", der in verschiedener Einkleidung immer wieder auftaucht. Bis zum Inkrafttreten des Verbraucherkreditgesetzes am 1.1.1991 ging es nur um die beiden Probleme, ob der Darlehensvertrag im Hinblick auf **§ 138 BGB** überhaupt wirksam ist und wie sich im Fall der Vertragsnichtigkeit die **Rückabwicklung** gestaltet. Durch das Verbraucherkreditgesetz, das heute in die §§ 488 ff. BGB integriert ist, ist die Frage hinzugekommen, ob es sich um einen **Verbraucherdarlehensvertrag** handelt und wie sich dies ggf. auswirkt. Damit sind die drei Punkte genannt, zu denen Sie Stellung nehmen müssen.

Wenden wir uns zunächst dem letzteren zu: Für *Verbraucherdarlehensverträge* (§ 491 I BGB) sieht § 492 BGB besondere Wirksamkeitsvoraussetzungen und § 495 BGB ein besonderes Widerrufsrecht vor. Allerdings kommen diese Vorschriften nur auf solche Kreditverträge zur Anwendung, die zwischen einem Unternehmer als Darlehensgeber und einem Verbraucher als Darlehensnehmer geschlossen werden. Unternehmerischer Darlehensgeber ist nur derjenige, der *in Ausübung seiner gewerblichen oder beruflichen Tätigkeit* einen Kredit gewährt (§ 14 BGB). Das war bei B hier nicht der Fall. Davon abgesehen finden die §§ 491 ff. BGB auch deshalb keine Anwendung, weil das Darlehen nach dem Vertrag nicht für die Aufnahme, sondern *für die bereits ausgeübte gewerbliche Tätigkeit* der A *bestimmt* war, vgl. § 512 BGB. Schon eine kurze Überlegung führt daher zu dem Ergebnis, daß die besonderen Vorschriften für das Verbraucherdarlehen *hier nicht* einschlägig sind. Das bedeutet, daß der Fall, wenn er erst einmal auf das richtige Gleis gebracht worden ist, durchaus nach „klassischem Muster" zu lösen ist.

Gefordert ist also weiter eine Auseinandersetzung mit **§ 138 BGB**. Wie ein Blick ins Gesetz zeigt, befaßt sich § 138 BGB in Absatz 1 mit der Sittenwidrigkeit im allgemeinen, in Absatz 2 dagegen mit dem speziellen Fall des Wuchers, der rechtssystematisch ein Unterfall („insbesondere") der allgemeinen Sittenwidrigkeit ist. Wenn die speziellen Voraussetzungen des Absatzes 2 erfüllt sind, braucht daher auf die Voraussetzungen des Absatzes 1 nicht mehr eingegangen zu werden. Freilich sind die Voraussetzungen des § 138 II BGB („Ausbeutung der Zwangslage, der Unerfahrenheit, des Mangels an Urteilsvermögen oder der erheblichen Willensschwäche eines anderen") so beschaffen, daß man sie nur zögernd bejahen wird („Schweinehundeklausel"). Aus diesem Grund werden Verträge mit überhöhten Zinsen heute überwiegend nicht an § 138 II BGB, sondern an der allgemeinen Vorschrift des § 138 I BGB gemessen. Terminologisch spricht man dabei nicht von Wucher, sondern nur von einem *wucherähnlichen Geschäft*. In der Sache werden jedoch ähnliche Überlegungen angestellt wie bei § 138 II BGB auch. Allerdings werden dabei die *Anforderungen herabgesetzt*. Man kommt daher im Ergebnis schneller zu einer Bejahung der Sittenwidrigkeit, was nichts anderes heißt, als daß der Schutz des Schuldners verbessert worden ist.

Die eigentlichen Schwierigkeiten beginnen erst dann, wenn man einen Sittenverstoß bejaht. Dann stellt sich zunächst die Frage, ob der Darlehensvertrag *insgesamt nichtig* ist oder aber mit einem verringerten Zinssatz *aufrechterhalten* werden kann. Um das Risiko des Wucherers nicht zu mindern, lehnt die h. M. eine solche **geltungserhaltende Reduktion** ab. Folgt man dem, müßte der Kreditgeber das *gesamte* Kapital an sich *von jetzt auf nachher zurückverlangen* können; denn die folgerichtige Konsequenz der Totalnichtigkeit ist ein Bereicherungsanspruch gem. § 812 I 1, 1. Alt. BGB auf Rückgewähr der rechtsgrundlos empfangenen Leistung. Unter Umständen könnte der Schuldner dadurch härter getroffen werden als durch die Verpflichtung zur Zahlung der wucherischen Zinsen. Um diese mißliche Konsequenz zu vermeiden, muß die h. M. geradezu abenteuerliche Verrenkungen anstellen. Dadurch ist die Materie im Laufe der Zeit unnötig kompliziert geworden.

Diese Bemerkungen machen deutlich, daß Sie den Fall kaum angemessen in den Griff bekommen werden, wenn Sie sich mit dieser Problematik nicht schon einmal beschäftigt haben. Haben Sie dies bisher noch nicht getan, sollten Sie den Lektürehinweisen am Ende der Lösung unbedingt nachgehen.

2. Strategie

Auch wenn Sie über das erforderliche Wissen verfügen, stellt sich immer noch die Frage, ob Sie der h. M. folgen oder nicht besser den „glatten" Weg einer geltungserhaltenden Reduktion beschreiten sollen. Grundsätzlich kann jede vertretbare Meinung auch in einer Klausur vertreten werden. Wer sich dazu entschließt, einer seit Jahrzehnten h. M., die fast an die Stelle des Gesetzes getreten ist, *nicht* zu folgen, darf diese Meinung jedoch nicht mit Stillschweigen übergehen. Das wäre für einen Juristen kein guter Stil. Im vorliegenden Fall müßte vielmehr dargelegt werden, wie problematisch die Annahmen sind, welche die h. M. nacheinander machen muß, um den Folgen der von ihr angenommenen Totalnichtigkeit auszuweichen. Derart vorbereitet, könnte der Vorschlag, den wucherischen Darlehensvertrag durch eine geltungserhaltende Reduktion auf angemessene Bedingungen zu reduzieren, zu einem Glanzstück werden. Allerdings ist die Gefahr groß, daß Sie sich in einer Klausur dabei übernehmen. Wenn Sie sich selbst nicht sicher sind, werden Sie daher besser im sicheren Hafen der h. M. bleiben – vorausgesetzt, daß Sie diese kennen.

Hält man sich im vorstehenden Fall hieran, so bereitet der **Aufbau** keine Schwierigkeiten. Zunächst ist zu prüfen, ob der Darlehensvertrag unter § 491 BGB fällt, da hierdurch die Vertragsabschlußkategorien modifiziert werden. Im Anschluß daran ist mit der Prüfung des § 138 I BGB fortzufahren. Nach der Feststellung der Vertragsnichtigkeit ist abschließend zu erörtern, ob B ein *Bereicherungsanspruch* zusteht. Dabei sollten Sie sich hüten, die knapp bemessene Zeit mit der Erörterung des „Leistungsbegriffs" zu vergeuden. Der „moderne Leistungsbegriff" ist zu dem Zweck entwickelt worden, in *Mehrpersonenverhältnissen* die richtigen Parteien für die bereicherungsrechtliche Rückabwicklung zu bestimmen. In *Zwei*personenverhältnissen kommt es auf die gekünstelten Unterscheidungen, zu denen dieser Begriff zwingt, nicht an. Von einem guten Kandidaten ist zu erwarten, daß er diesen Zusammenhang durchschaut und sich nicht in überflüssigen Erörterungen verliert.[1]

3. Lösungsskizze

I. § 488 I 2, II BGB

1. Wirksamkeit nach §§ 492, 494 BGB
Formerfordernis gem. § 492 BGB?
§ 491 I BGB: Darlehensgeber ist nicht Unternehmer und Darlehensnehmer nicht Verbraucher.

2. Sittenwidrigkeit
a) § 138 II BGB zweifelhaft.
b) § 138 I BGB
aa) Objektives Mißverhältnis
bb) Subjektiv verwerfliche Gesinnung. Keine Risikoprämie, da § 138 I BGB nicht unangemessene Absicherung des Gläubigers, sondern unangemessene Bedingungen für Schuldner verhindern will.

---

[1] In studentischen Kreisen ist vielfach unbekannt, daß der bereicherungsrechtliche Leistungsbegriff auch in Mehrpersonenverhältnissen seinen Kredit zunehmend eingebüßt hat, vgl. MünchKomm-BGB/*Lieb*, 4. Aufl. 2004, § 812 RdNr. 1 ff., 23 ff.; *Harder*, JuS 1979, 76. Nicht zuletzt hat auch der BGH die Frage, ob es sich bei dem zugesprochenen Bereicherungsanspruch um eine „Leistungs-" oder eine „Eingriffskondiktion" handelt, mehrfach *dahinstehen* (!) lassen, vgl. BGHZ 66, 362 (366) und 372 (376). Am besten gehen Sie daher davon aus, daß eine Zuwendung regelmäßig auch eine „Leistung" ist, wenn es nicht (wie bei der Anweisung) nachvollziehbare Gründe gibt, die dagegen sprechen. Auf diese Weise können Sie sich überflüssige Arbeit vielfach sparen.

c) Geltungserhaltende Reduktion?
   Wuchergeschäft soll riskant bleiben.

II. Ansprüche nach Bereicherungsrecht
   § 812 I 1, 1. Alt. BGB
1. *Sofortige Rückzahlung zweckwidrig*
   Abhilfe: § 817 S. 2 BGB (auch bei § 812 I 1 BGB).
a) Verstoß des *Leistenden* genügt.
b) *Auszahlung* ist Sittenverstoß.
2. *Völliger Rückgewährausschluß zweckwidrig*
   Abhilfe: Leistung *aufspalten*.
a) *Vorübergehende* Nutzungsüberlassung unkondizierbar.
b) Übertragung *zu Eigentum* kondizierbar.
3. *Wert nach § 818 II BGB mit Zins?*
a) Dann letztlich doch geltungserhaltende Reduktion.
b) Daher: Zweck der Totalnichtigkeit schließt Verzinsung nach § 818 II BGB aus.

III. Ergebnis
   Kapitalrückzahlung nach zwei Jahren.
   Kein Zinsanspruch.

B. Lösung

I. Ansprüche aus Darlehensvertrag

Der von B geltend gemachte Anspruch könnte sich gem. § 488 I 2, II BGB aus dem mit A geschlossenen Darlehensvertrag ergeben. Zu prüfen ist daher, ob dieser Vertrag wirksam ist.

1. Würde der Vertrag an einem Mangel der nach § 492 BGB gebotenen Schriftform oder der sonstigen dort genannten Angaben leiden, wäre er gem. *§ 494 I, II BGB* nichtig bzw. nur in modifizierter Form wirksam. Ein vertraglicher Anspruch des B wäre damit jedenfalls in der von ihm geltend gemachten Höhe nicht gegeben.

§ 492 BGB findet indessen gem. § 491 I BGB nur auf solche Darlehensverträge Anwendung, die zwischen einem Unternehmer als Darlehensgeber und einem Verbraucher geschlossen werden. Die Darlehensgewährung des B war weder Gegenstand seiner gewerblichen oder beruflichen Tätigkeit als Grundstücksmakler noch stand sie damit in einem sachlichen Zusammenhang. B wurde daher nicht als Unternehmer i.S. von § 14 BGB tätig. Davon abgesehen war das Darlehen nach den getroffenen Abreden für die von A betriebene Änderungsschneiderei bestimmt. A war daher auch nicht „Verbraucherin" i.S. von § 13 BGB.

Die §§ 492, 494 BGB finden somit keine Anwendung.

2. Der Vertrag könnte jedoch gem. *§ 138 BGB* wegen Wuchers nichtig sein.

a) Mit dem Wuchergeschäft befaßt sich speziell *§ 138 II BGB*. Danach ist die Nichtigkeit an eine objektive und eine subjektive Voraussetzung gebunden. Einmal nämlich fordert § 138 II BGB ein auffälliges *Mißverhältnis* von Leistung und Gegenleistung. Zum anderen muß der Wucherer bestimmte, näher bezeichnete Schwächen seines Vertragspartners *ausgebeutet* haben.

Bei einem Durchschnittszins von 8 % steht ein Zinssatz von 20 % deutlich außer Verhältnis zum Wert der Darlehensgewährung. Fraglich kann aber sein, ob B ein

Ausmaß von Verwerflichkeit an den Tag gelegt hat, das die Bezeichnung „ausbeuterisch" verdient.

b) Das kann indessen dahinstehen, wenn der Vertrag bereits gegen *§ 138 I BGB* verstößt. § 138 I und II BGB stellen keine unterschiedlichen Tatbestände dar. Absatz 2 ist lediglich ein Unterfall der allgemeinen Sittenwidrigkeit nach Absatz 1 („insbesondere"), der an den z.T. geringeren Voraussetzungen dieser Vorschrift nichts ändert. Der Darlehensvertrag kann daher auch an § 138 I BGB gemessen werden.

Auch im Rahmen des § 138 I BGB setzt die Nichtigkeit eines wucherischen (oder wie man hier auch sagt: „wucherähnlichen") Kreditvertrags neben dem *Mißverhältnis* von Leistung und Gegenleistung ein *Gesinnungsmoment* voraus. Im Unterschied zu § 138 II BGB genügt es dabei jedoch, daß sich der Kreditgeber einer mißlichen Lage des anderen Teils zumindest grob fahrlässig verschließt.

B wußte, daß A zur Weiterführung ihrer Schneiderei auf den Kredit dringend angewiesen war. Als Geschäftsmann war ihm auch bekannt, daß Bankkredite zu erheblich geringeren Zinssätzen vergeben wurden und daß sich A auf eine 20 %ige Verzinsung nur einließ, weil sie einen anderen Kredit nicht mehr erhielt. Zu bedenken ist nur, ob B nicht zugute gehalten werden muß, daß er mit der Kreditvergabe an A ein *erhöhtes Risiko* einging. Bei dem schlechten Gang des von A betriebenen Geschäfts mußte er nämlich damit rechnen, sein Kapital nie wiederzubekommen. Demgegenüber ist jedoch zu berücksichtigen, daß § 138 BGB nicht verhindern soll, daß sich der Gläubiger eine gemessen an seinem Risiko überhöhte Risikoprämie einräumen läßt. Verhindert werden soll vielmehr das Zustandekommen von Verträgen, die *für den Schuldner unangemessen* sind.

Nach all dem verstößt der zwischen A und B geschlossene Darlehensvertrag gegen § 138 I BGB.

c) Zu fragen bleibt indessen, ob der Vertrag damit insgesamt nichtig ist oder ob er entsprechend § 139 BGB mit einem geringeren Zinssatz aufrechterhalten werden kann. Gegen eine solche *geltungserhaltende Reduktion* wird überwiegend eingewandt, daß das Risiko des Wucherers damit ungebührlich gemindert würde. Auch wenn sich der Wucherer noch so hohe Zinsen versprechen läßt, könne ihm dann nämlich nichts Schlimmeres passieren, als daß die Zinsen auf einen geringeren Betrag herabgesetzt werden. Um dieses mit dem Schutzzweck des § 138 BGB, wie man meint, nicht zu vereinbarende Ergebnis zu vermeiden, wird eine geltungserhaltende Reduktion – jedenfalls dann, wenn das Darlehenskapital bereits ausbezahlt ist – heute fast allgemein abgelehnt. Der von A und B geschlossene Darlehensvertrag ist danach *total nichtig*. Vertragliche Ansprüche des B scheiden damit aus.

II. Ansprüche nach Bereicherungsrecht

B könnte jedoch berechtigt sein, seine an A erbrachte Leistung gem. § 812 I 1, 1. Alt. BGB zu kondizieren.

1. Wenn der Vertrag insgesamt nichtig ist, müßte B das Darlehenskapital an sich von jetzt auf nachher in voller Höhe zurückverlangen können. Diese Forderung könnte A womöglich noch härter treffen, als wenn sie zwar die überhöhten Zinsen zahlen müßte, dafür aber über das Kapital bis zum Ende der vereinbarten Laufzeit verfügen könnte.

Denkbar ist freilich, daß der Rückforderungsanspruch des B an *§ 817 S. 2 BGB* scheitert. Diese Vorschrift kommt auch auf einen Kondiktionsanspruch gem. § 812 I 1 BGB und entgegen ihrem Wortlaut auch dann zur Anwendung, wenn *nur dem Lei-*

stenden selbst ein Sittenverstoß zur Last fällt. Daß den Empfänger kein Vorwurf trifft, kann dem Leistenden nämlich nicht zum Vorteil gereichen.

Voraussetzung ist allerdings, daß der Leistende *mit der Leistung* gegen die guten Sitten verstoßen hat. Daß der zugrunde liegende Vertrag nach § 138 BGB nichtig ist, genügt dafür an sich nicht. Um den Bewucherten vor dem Anspruch des Wucherers zu schützen, nimmt die h. M. jedoch an, daß dieser sein wucherisches Treiben durch die *Auszahlung* des Darlehenskapitals fortsetzt und insofern auch mit der Leistung selbst gegen die guten Sitten verstößt.

2. Konsequent durchgeführt, müßte die Anwendung des § 817 S. 2 BGB zur Folge haben, daß B sein Kapital *überhaupt nicht mehr zurückfordern* kann. Damit würde man nach einer anderen Richtung hin über das Ziel hinausschießen. Wäre die Kondiktion nämlich gänzlich ausgeschlossen, könnte einem Darlehensnehmer nichts Besseres passieren, als einem Wucherer in die Hände zu fallen. Ähnlich wie ein Beschenkter könnte er das überlassene Kapital dann zinslos für immer behalten.

Um nicht zu sinnwidrigen Ergebnissen zu gelangen, *spaltet* die h. M. die von dem Darlehenswucherer erbrachte Leistung *auf*. Als Leistung i. S. von § 817 S. 2 BGB wird nur die vorübergehende Überlassung des Kapitals zur Nutzung angesehen. Ausgeschlossen ist daher allein die Kondiktion *dieser* Leistung. Im übrigen bleibt die von B erbrachte Leistung kondizierbar. Im Ergebnis heißt das nichts anderes, als daß B sein Kapital nach Ablauf der in dem nichtigen Vertrag vereinbarten Laufzeit zurückverlangen kann.

3. Nachdem A das empfangene Geld mittlerweile für ihr Geschäft verbraucht hat, richtet sich der Anspruch des B auf Wertersatz gem. § 818 II BGB. Dabei erhebt sich die Frage, ob das eine marktübliche *Verzinsung* miteinschließt.

Grundsätzlich ist ein Darlehen nicht zinslos zu bekommen. Wenn der bewucherte Schuldner das Kapital für die vereinbarte Laufzeit behalten darf, hat er praktisch die Zinsen erspart, die er am Markt dafür hätte zahlen müssen. Nach § 818 II BGB ist diese Bereicherung an sich dem Gläubiger zugewiesen.

Auf der anderen Seite läge darin ein Widerspruch zur Auslegung des § 138 BGB. Die Ablehnung einer geltungserhaltenden Reduktion wäre nämlich sinnlos, wenn der Bewucherte auf dem Weg über § 818 II BGB im Ergebnis doch marktgängige Zinsen zu entrichten hätte. Soweit der Bereicherungsanspruch auf die Erstattung ersparter Zinsen gerichtet ist, wird er daher von der h. M. als durch den Zweck des § 138 BGB ausgeschlossen angesehen.

III. Ergebnis

B steht gegen A kein Zinsanspruch zu. Das überlassene Kapital kann er zurückverlangen, wenn auch erst nach Ablauf der vereinbarten zwei Jahre.

Zur Vertiefung: *Braun*, Rechtskraft und Rechtskraftdurchbrechung von Titeln über sittenwidrige Ratenkreditverträge, Köln Berlin Bonn München 1986, 8 ff.; *Hager*, Die gesetzeskonforme Aufrechterhaltung übermäßiger Vertragspflichten, JuS 1985, 264; *Medicus*, Vergütungspflicht des Bewucherten?, Gedächtnisschrift für R. Dietz, München 1973, 61; *Reifner*, Die Rückabwicklung sittenwidriger Ratenkreditverträge, JZ 1984, 637; RGZ 151, 70; 161, 52 (Rückabwicklung eines Wucherdarlehens); BGH NJW 1983, 1420 (Rückabwicklung eines Wucherdarlehens).

32. Den Bürgen soll man würgen

Sachverhalt

Anfang 2004 beantragte die S-GmbH für die Modernisierung ihres Geschäftsbetriebs bei der G-Bank ein Darlehen von umgerechnet 20.000 €. Die G überließ der S-GmbH ein teilweise bereits ausgefülltes Antragsformular, wonach das zu gewährende Darlehen am 1.6.2007 zur Rückzahlung fällig sein sollte, zur Vervollständigung und gab ihr gleichzeitig auf, für eine Real- oder Personalsicherheit zu sorgen, da das Darlehen sonst nicht gewährt werden könne.

In der Folge konnte die S-GmbH einen ihrer Handelspartner, den Kaufmann B, für die Erteilung einer Bürgschaft gewinnen. B sandte der G-Bank folgende E-Mail:

> „Für das der S-GmbH in Aussicht gestellte Darlehen von 20.000 €, zur Rückzahlung fällig am 1.6.2007, übernehme ich die Bürgschaft. 15.4.2004. B"

Auf eine telefonische Anfrage der G-Bank bestätigte B fernmündlich, daß es mit der Bürgschaft seine Richtigkeit habe, und auch die G-Bank erklärte sich damit einverstanden. Am 3.5.2004 wurde der von der S-GmbH gestellte Darlehensantrag akzeptiert und die Darlehenssumme ausbezahlt.

Die Modernisierung des Geschäftsbetriebs der S-GmbH hatte leider nicht den beabsichtigten Erfolg. Der Niedergang der Firma beschleunigte sich vielmehr sogar. Am 2.4.2007 wurde die S-GmbH wegen Vermögenslosigkeit im Handelsregister gelöscht.

Wegen eines Wechsels des zuständigen Sachbearbeiters geriet die ganze Angelegenheit bei der G-Bank jedoch in Vergessenheit. Als die Bürgschaft Ende 2010 zufällig entdeckt wurde, erhob die G-Bank am 15.12.2010 Klage gegen B auf Zahlung von 20.000 € und trug zur Begründung den gerade geschilderten Sachverhalt vor. In der ersten mündlichen Verhandlung am 30.3.2011 erscheint für B dessen Rechtsanwalt R und beruft sich auf die Verjährung der Bürgschafts- wie der Hauptforderung.

Wie wird das Gericht entscheiden?

Vermerk für den Bearbeiter: Die Darlehenszinsen wurden im Sachverhalt bewußt ausgeklammert.

A. Vorbereitende Überlegungen

I. Erfassen des Sachverhalts

Der Fall weist die typische Grundstruktur aller Bürgschaftsfälle auf: Der Gläubiger hat gegen seinen Schuldner einen Hauptanspruch, den er sich durch die Bürgschaft eines Dritten gesichert hat.
Bildlich:

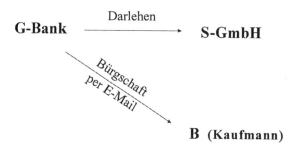

Die Besonderheiten des Falles liegen auf einer anderen Ebene: Einmal ist die Bürgenerklärung nicht schriftlich (§ 126 BGB), sondern *per E-Mail* abgegeben worden. Sodann wurde der Bürgschaftsvertrag *vor* Abschluß des Darlehensvertrages geschlossen, der an sich besichert werden sollte. Schließlich wurde der Hauptschuldner liquidiert, *bevor* die Hauptschuld *fällig* wurde und erst recht *bevor* sie *verjähren* konnte. Sie tun daher gut daran, sich die wesentlichen Ereignisse in zeitlicher Reihenfolge in einer Tabelle festzuhalten:

Anfang 2004	Darlehensantrag
15.4.2004	Bürgenerklärung per E-Mail
–	Telefonische Bestätigung und Zustimmung
3.5.2004	Darlehensantrag akzeptiert
2.4.2007	Löschung S wegen Vermögenslosigkeit
1. 6.2007	Darlehensfälligkeit
15.12.2010	Klage G gegen B auf 20.000 €
30.3.2011	Verjährungseinrede gegen Bürgschafts- und Hauptforderung

II. Erfassen der Fallfrage

Die Fallfrage: „Wie wird das Gericht entscheiden?" weist den Fall eindeutig als Richterfall aus. Auf prozessuale Gesichtspunkte kommt es indessen nicht an, da der Sachverhalt insoweit keinerlei Anhaltspunkte enthält. Gefragt ist vielmehr nur, *ob das Gericht* der von der G-Bank gegen B erhobenen Klage auf Zahlung von 20.000 € **stattgeben** oder ob es sie **abweisen** wird.

In der Praxis kommt es in einem derartigen Fall in der Regel zugleich auf Zinsansprüche an. Das kann leicht zum Anlaß für umständliche Rechnereien werden. Um Sie damit in der Klausursituation nicht zu behelligen, sind in der Aufgabenstellung etwaige Zinsansprüche bewußt ausgeklammert worden. Bearbeiter mit hinreichender Klausurerfahrung werden freilich nicht zu Unrecht vermuten, daß der Fall dafür andere Schwierigkeiten enthält, die zu bewältigen nicht weniger Zeit kostet.

III. Erarbeiten der Lösung

1. Worauf wird es ankommen?

Die Inanspruchnahme eines Bürgen setzt voraus, daß dem Gläubiger eine Hauptforderung zusteht, zu deren Sicherung ein wirksamer Bürgschaftsvertrag geschlossen wurde. Wie wir bei der Erfassung des Sachverhalts bereits gesehen haben, ist der Bürgschaftsvertrag vor endgültiger Entstehung der Hauptschuld geschlossen worden und entbehrt außerdem der in § 766 BGB für die Bürgenerklärung vorgesehenen Form. Wenn Sie ein wenig im Gesetz herumgeblättert und die §§ 765 II, 766 BGB, 350, 343 f. HGB gelesen haben, wird Ihnen jedoch sicher der Gedanke kommen, daß dies unmöglich alles sein kann. Denn um so einfache Fragen zu beantworten, braucht man nicht unbedingt Jurist zu sein.

Die eigentlichen Schwierigkeiten beginnen damit, daß die S-GmbH wegen Vermögenslosigkeit im Handelsregister gelöscht worden ist, **bevor** *die gegen sie gerichtete Darlehensforderung auch nur fällig geworden ist.* Das wirft die Frage auf, wie sich dieser Umstand auf die Bürgschaftsforderung auswirkt. Im Prinzip ließe sich hier auf zweierlei Weise argumentieren. Rein *begriffsjuristisch* könnte man sagen: Mit Wegfall des Hauptschuldners entfällt zugleich die zu sichernde Hauptforderung; folglich geht die akzessorische Bürgschaft ins Leere. Man könnte jedoch auch die Frage nach *Sinn und Zweck* der Bürgschaft aufwerfen und daran die Frage anknüpfen, ob der Gläubiger sich nicht gerade auch für einen solchen Fall absichern wollte. Sie haben hier also Gelegenheit zu zeigen, daß Sie es verstehen, mit dem Gesetz verständig umzugehen.

Eine ähnliche Problematik tritt im Zusammenhang mit der **Verjährung** zutage. Da der Bürge sich nicht nur gem. § 214 I BGB auf die Verjährung der Bürgenforderung, sondern gem. § 768 BGB auch auf die Verjährung der Hauptforderung berufen kann, müssen Sie zunächst zwischen diesen beiden Forderungen sorgfältig unterscheiden. Daß die **Bürgenforderung** *nicht verjährt* ist, ist leicht zu erkennen: Die dreijährige Verjährungsfrist (§ 195 BGB) beginnt mit dem Schluß des Entstehungsjahres (§ 199 I Nr. 1 BGB), wobei der Anspruch gegen den *selbstschuldnerischen* Bürgen (§ 349 HGB) frühestens mit Fälligkeit der Hauptforderung entsteht. (Ein vorheriger Verjährungsbeginn wäre offenbar sinnlos, weil sonst die Bürgenforderung verjährt sein könnte, bevor der Gläubiger den Bürgen mit Aussicht auf Erfolg verklagen könnte.) Da die G-Bank den Bürgen vor Ablauf der Verjährung *verklagt* hat, ist die **Verjährung der Bürgenforderung gehemmt**, § 205 BGB.

Folglich kommt alles auf die Verjährung der **Hauptforderung** an. Diese existiert jedoch nicht mehr, weil der Hauptschuldner bereits vor Fälligkeit untergegangen ist. Auch hier ließe sich rein begrifflich argumentieren, daß eine Forderung, die nicht existiert, auch nicht verjähren kann. Das hätte freilich die fatale Folge, daß der Bürge schlechter stünde, als wenn der Schuldner noch existierte; denn in diesem Fall könnte er sich sehr wohl auf eine abgelaufene Verjährung berufen. Wenn man schon den Bürgen trotz Wegfalls des Hauptschuldners weiterhin haften läßt, muß man zu seinen Gunsten auch davon ausgehen, daß die *Verjährungsfrist der fingierten Hauptforderung weiterläuft.* Die Verjährung wäre dann mit Ablauf des 31.12.2010 eingetreten.

Wenn Sie mit Ihren Überlegungen so weit gekommen sind, sollten Sie sehen, daß sich hier ein *weiteres Problem* auftut: Wäre der Hauptschuldner nicht liquidiert worden, hätte der Gläubiger die *Verjährung der Hauptforderung* durch eine Klage gegen den Hauptschuldner in derselben Weise *hemmen* können, wie er die Verjährung der Bürgschaftsforderung durch eine Klage gegen den Bürgen gehemmt hat. Nach dem

Wegfall des Hauptschuldners kann er dies offenbar nicht mehr. Wenn dies zur Folge hätte, daß die fiktive Verjährung der Hauptforderung *ablaufen könnte, ohne daß der Gläubiger dies hindern kann*, wäre absehbar, daß sich der Bürge zu gegebener Zeit gem. § 768 BGB auf die Verjährung der Hauptforderung berufen könnte. Die Annahme einer isolierten Bürgschaft wäre dann im Ergebnis umsonst gewesen. Soll der Gläubiger nach dem Wegfall des Hauptschuldners nicht zwingend irgendwann der Einrede des Bürgen aus § 768 BGB ausgesetzt sein, muß ihm daher eine **andere Möglichkeit** eingeräumt werden, die Verjährung der Hauptschuld zu hemmen.

2. Strategie

Selbstverständlich müssen Sie zuerst prüfen, ob der Bürgschaftsanspruch entstanden ist, bevor Sie sich mit der Verjährung auseinandersetzen. Aber dann ist da auch noch das Problem, ob der Bürgschaftsanspruch trotz Untergangs der Hauptforderung fortbesteht. So, wie der Fall liegt, könnten Sie daher drei Gliederungspunkte bilden, unter denen sie prüfen, ob der Bürgschaftsanspruch *entstanden* ist, ob er durch den Untergang des Hauptschuldners *erloschen* ist und ob ihm die *Verjährungseinrede* entgegensteht. Das Schema „Anspruch entstanden? Anspruch erloschen? Einreden?" hat jedoch bei vielen Studenten zu einer erschreckenden Primitivierung der Darstellungsform geführt. Um nicht in den verbreiteten Schematismus zu verfallen, entscheide ich mich bewußt für eine *zweiteilige* Grobgliederung, in der das Entstehen und mögliche Erlöschen des Bürgschaftsanspruchs unter *einem* Gliederungspunkt („Bestand der Bürgschaft") abgehandelt wird. An der Reihenfolge der vorzunehmenden Denkschritte ändert dieses Vorgehen nichts. Es zwingt aber doch dazu, besser auf die Eleganz der Darstellung zu achten.

3. Lösungsskizze

I. Bestand des Bürgschaftsanspruchs

1. *Bürgschaftsvertrag*
a) Bürgenerklärung formbedürftig, §§ 766, 126 I BGB.
   Handelsbürgschaft formfrei, § 350 HGB.
   Handelsbürgschaft bei Kaufmann vermutet, §§ 343, 344 HGB.
b) Bürgschaft ist akzessorisch, setzt Hauptforderung voraus.
   § 765 II BGB: für künftige/bedingte Verbindlichkeit möglich.
   Bestimmbarkeit genügt.
2. *Untergang der Bürgschaftsforderung*
a) An sich Akzessorietät, § 767 BGB.
   Untergang des Hauptschuldners = Untergang der Hauptschuld.
b) Aber: schlimmstmöglicher Fall für Gläubiger.

II. Verjährung

1. *Bürgschaft*
   §§ 195, 199 I, 188 II BGB: Verjährung Ende des 3. Jahres nach Entstehung.
a) Selbstschuldnerische Bürgschaft (§ 349 HGB) wird fällig *mit Fälligkeit der Hauptschuld*.
   Also ab 1.6.2007.
   S aber bereits liquidiert.
   G kann dadurch nicht schlechter stehen.
   Daher: Bürgschaft fällig *mit fiktiver Fälligkeit* der Hauptschuld.
b) Ende der Verjährungsfrist: Ablauf des 31.12.2010.
   Vorher Hemmung durch *Klage*, § 204 I Nr. 1 BGB.

2. *Hauptforderung*
a) Verjährt ebenfalls mit Ablauf des 31.12.2010.
   B steht Einrede zu, § 768 BGB.
   In der mündlichen Verhandlung verjährt.
b) *Gegen* S konnte G nach Liquidierung *nicht mehr klagen.*
   Verjährung der Hauptforderung so *nicht mehr zu hemmen!*
   Daher: Klage gegen B muß genügen.

III. Ergebnis
   Klage begründet.

B. Lösung

I. Bestand des Bürgschaftsanspruchs

Der von der G gegen B geltend gemachte Anspruch ist begründet, wenn G mit B einen wirksamen Bürgschaftsvertrag abgeschlossen hat und dadurch ein Darlehensrückzahlungsanspruch gegen die S in entsprechender Höhe gesichert wird, § 765 I BGB.
1. In der Sache haben sich G und B über den Abschluß eines Bürgschaftsvertrages geeinigt.
   a) Nach § 766 S. 1 BGB ist ein Bürgschaftsvertrag jedoch insofern *formbedürftig*, als die Bürgenerklärung der Schriftform bedarf. Hier hat B seine Erklärung per E-Mail abgegeben und nachträglich telefonisch bestätigt. Das wird den Anforderungen des § 126 I BGB nicht gerecht. Nach § 350 HGB findet § 766 BGB indessen auf eine Handelsbürgschaft keine Anwendung; im Unterschied zu einer gewöhnlichen Bürgschaft kann diese vielmehr formfrei vereinbart werden.
   Eine Handelsbürgschaft ist jede Bürgschaft eines Kaufmanns, die zum Betrieb seines Handelsgewerbes gehört, wobei diese Zugehörigkeit vermutet wird, §§ 343, 344 I HGB. Laut Sachverhalt ist B Kaufmann. Umstände, aus denen sich ergeben würde, daß er den Bürgschaftsvertrag unabhängig vom Betrieb seines Handelsgewerbes abgeschlossen hat, sind nicht ersichtlich. Im Gegenteil: Anlaß für seine Bereitschaft, eine Bürgschaft einzugehen, war eine Bitte seines Handelspartners S. Der mit der G abgeschlossene Bürgschaftsvertrag bedurfte daher keiner Form.
   b) Als akzessorische Sicherheit setzt die Bürgschaft an sich eine *Hauptforderung* voraus. Diese war im Zeitpunkt, als der Bürgschaftsvertrag abgeschlossen wurde, noch nicht vorhanden. Vielmehr hat B den Darlehensantrag der S erst *nach* Abschluß des Bürgschaftsvertrages akzeptiert. Gem. § 765 II BGB kann eine Bürgschaft jedoch auch für eine künftige Verbindlichkeit übernommen werden. Erforderlich ist nur, daß diese Verbindlichkeit hinreichend bestimmbar ist. Diese Voraussetzung ist hier ohne weiteres erfüllt: Der Bürgschaftsantrag enthielt praktisch alle Merkmale des künftigen Bürgschaftsvertrags bis auf das Datum des Vertragsschlusses. Gegen die Wirksamkeit des Bürgschaftsvertrages bestehen somit keine Bedenken.
2. Mit dem Abschluß des Darlehensvertrages und der Auszahlung des Darlehenskapitals ist auch der Darlehensrückzahlungsanspruch gegen die S zur Entstehung gelangt. Jedoch ist die S selbst noch vor Fälligkeit dieses Anspruchs faktisch *untergegangen* und im Handelsregister gelöscht worden. Fraglich kann sein, was dies für den Bürgschaftsanspruch bedeutet.
   a) Nach § 767 I 1 BGB richtet sich die Verpflichtung des Bürgen nach dem jeweiligen Bestand der Hauptverbindlichkeit. Diese ist hier mit dem Untergang des Schuld-

ners ebenfalls untergegangen. Rein *begrifflich* gesehen ist daher mangels einer fortbestehenden Hauptverbindlichkeit auch der Bürge freigeworden.

b) Diese begriffliche Argumentation stimmt indessen mit der *Interessenlage* nicht überein. Der Gläubiger will sich mit der Bürgschaft eine Sicherheit für den Fall verschaffen, daß der Hauptschuldner zahlungsunfähig ist. Der schlimmstmögliche Fall ist aus der Sicht des Gläubigers der, daß der Schuldner untergeht und im Handelsregister gelöscht wird. In einem solchen Fall kann er nicht einmal hoffen, daß der Schuldner wenigstens künftig wieder zu Vermögen gelangt. Er ist vielmehr ausschließlich auf die Sicherheit angewiesen. Mit Sinn und Zweck der Bürgschaft wäre es daher nicht zu vereinbaren, wenn dem Gläubiger gerade in einem solchen Fall der Zugriff auf die Bürgschaft versagt wäre. Sinn der zwischen Gläubiger und Bürgen getroffenen Vereinbarung ist es, daß nicht der Gläubiger, sondern der Bürge das Risiko einer Vermögenslosigkeit des Schuldners tragen soll.

Nach all dem ist hier von einer *isolierten Bürgschaft* auszugehen: B schuldet Zahlung an Stelle der S, obwohl die Hauptschuld nicht mehr existiert.

II. Verjährung

B hat sich im Prozeß sowohl auf die Verjährung der Bürgenforderung als auch gem. § 768 BGB auf die Verjährung der Hauptforderung berufen. Beides wirft eigene Fragen auf und ist daher getrennt voneinander zu untersuchen.

1. Die *Bürgenforderung* verjährt gem. §§ 195, 199 I, 188 II BGB mit Ablauf des dritten Jahres nach der Entstehung des Anspruchs, wobei der Anspruch i. S. der Verjährungsvorschriften frühestens dann „entsteht", wenn er erstmals geltend gemacht werden kann.

a) Die Handelsbürgschaft ist nach § 349 HGB eine selbstschuldnerische Bürgschaft. Der Gläubiger braucht daher nicht erst die Vollstreckung gegen den Hauptschuldner versucht zu haben, bevor er den Bürgen in Anspruch nimmt. Allerdings muß die *Hauptschuld* wenigstens *fällig* sein (arg. § 768 BGB).

Wäre S noch existent gewesen, wäre die Darlehensforderung am 1.6.2007 zur Rückzahlung fällig geworden. Zu diesem Zeitpunkt wäre daher der Anspruch gegen B i. S. des Verjährungsrechts „entstanden". Wie oben gezeigt, ist die Hauptverbindlichkeit jedoch erloschen. Die Folge hiervon kann jedoch nicht die sein, daß die Bürgenforderung nie verjährt. Wenn B ungeachtet des Erlöschens der Hauptschuld verpflichtet bleibt, ist es vielmehr nur konsequent, davon auszugehen, daß die Bürgenschuld im Zeitpunkt der *fiktiven* Fälligkeit der Hauptschuld selbst fällig wird.

b) Die Verjährungsfrist beginnt daher mit Ablauf des 31.12.2007 und wäre an sich mit Ablauf des 31.12.2010 beendet, so daß die am 30.3.2011 erhobene Verjährungseinrede durchgreifen würde. Durch die am 15.12.2010 erhobene Klage ist die Verjährung der Bürgenforderung jedoch *gehemmt* worden, § 204 I Nr. 1 BGB. Der Zeitraum, während dessen die Verjährung gehemmt ist, wird gem. § 209 BGB in die Verjährungsfrist nicht eingerechnet. Die Bürgenforderung ist daher im Ergebnis noch nicht verjährt.

2. Denkbar ist jedoch, daß die fiktive *Hauptforderung* verjährt ist.

a) Auch hier würde der Lauf der Verjährungsfrist mit Ablauf des 31.12.2007 beginnen und mit Ablauf des 31.12.2010 enden. Darauf könnte sich B gem. § 768 BGB in der mündlichen Verhandlung an sich berufen. Anders als im Falle der Bürgschaftsforderung ist die Verjährung der Hauptforderung *nicht* durch eine Klage gegen die S gehemmt worden.

b) Dabei ist allerdings zu beachten, daß G die S nach deren Liquidation überhaupt nicht mehr verklagen konnte. Wenn dies zwingend zur Folge hätte, daß auch die fiktive Verjährung der Hauptforderung nicht mehr gehemmt werden könnte, könnte G gegen den Ablauf der Verjährungsfrist insoweit nichts mehr unternehmen. Es wäre dann nur eine Frage der Zeit, bis sich der Bürge auf die Verjährung der Hauptforderung berufen könnte. Die Annahme einer isolierten Bürgschaft würde G dann im Ergebnis nichts nützen.

Geboten ist daher eine Argumentation, welche die Konsequenz aus dem bisher Gesagten zieht. Wenn der Gläubiger durch den Wegfall des Hauptschuldners nicht schlechter gestellt werden soll, muß ihm eine gleichwertige Möglichkeit aufgezeigt werden, die Verjährung der fiktiven Hauptschuld zu hemmen. Nach Lage der Dinge bietet sich an, auch insoweit die Klage gegen den Bürgen genügen zu lassen.

Damit aber geht auch die Berufung des B auf § 768 BGB fehl.

III. Ergebnis

Die Klage ist in vollem Umfang begründet.

Zur Vertiefung: BGHZ 153, 337 (isolierte Bürgschaft nach Wegfall des Hauptschuldners); *Lindacher*, Die selbstschuldnerische Bürgschaft, in: Festschrift für *Walter Gerhardt*, 2004, S. 587; *Hadding*, Bürgschaft und Verjährung, in: Festschrift für Wolfgang Wiegand, 2005, S. 299; *Gay*, Der Beginn der Verjährungsfrist bei Bürgschaftsforderungen, NJW 2005, 2585; *Bolten*, Die Verjährung der Bürgschaftsschuld nach der Schuldrechtsmodernisierung, ZGS 2006, 140.

33. Wettstreit der Sicherheiten

Sachverhalt

S schuldet G 60.000 €. Nachdem G ihn bedrängt, endlich zu zahlen oder Sicherheiten beizubringen, entschließt sich S, seine Freunde A, B und C um Hilfe zu bitten. A ist Eigentümer eines Grundstücks, an dem er G eine Hypothek in Höhe von 60.000 € bewilligt. B verbürgt sich selbstschuldnerisch in derselben Höhe. C übereignet G unter Vereinbarung eines Besitzmittlungsverhältnisses seinen Mercedes zur Sicherheit mit der Maßgabe, daß G den Wagen herausverlangen, veräußern und sich aus dem Erlös befriedigen darf, wenn S nicht zahlt. Daraufhin stundet G dem S die Schuld auf ein Jahr.

Am ausgemachten Fälligkeitstag erweist sich S als zahlungsunfähig. Daraufhin wendet sich G an B und fordert diesen zur Zahlung von 60.000 € auf. Nachdem er über die von A und C geleisteten Sicherheiten unterrichtet worden ist, zahlt B und läßt sich im Gegenzug dazu von G den ihm wohlbekannten Mercedes nach Maßgabe des § 931 BGB zur Sicherung seines eventuellen Rückgriffsanspruchs gegen S übereignen. In der Folge wendet er sich an A und C und bittet sie um eine angemessene Ausgleichszahlung. C will jedoch von einer Zahlung an B nichts wissen, sondern hält die Angelegenheit für erledigt. Dasselbe meint A, der sich auf den Standpunkt stellt, er habe die Hypothek für G, nicht für B bestellt.

B sucht daher einen Anwalt auf und bittet um Auskunft, ob er von A und C Zahlung von je 30.000 € verlangen kann. Bereiten Sie die Auskunft des Anwalts gutachtlich vor.

A. Vorbereitende Überlegungen

I. Erfassen des Sachverhalts

Mit fünf Beteiligten und drei unterschiedlichen Kreditsicherheiten ist der Sachverhalt recht kompliziert. Sie müssen sich daher die Beziehungen der Beteiligten dringend anhand einer Skizze veranschaulichen. Das könnte, wenn Sie zugleich die Fallfrage miteinfließen lassen, auf folgende Weise geschehen:

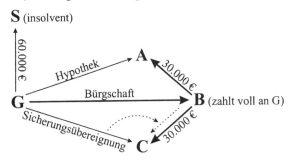

II. Erfassen der Fallfrage

Die Fallfrage bereitet auf den ersten Blick keine Schwierigkeiten: B hat in voller Höhe an G gezahlt und möchte *je zur Hälfte bei A und C Regreß* nehmen. Zu prüfen ist, ob er dies kann.

Es handelt sich jedoch um einen *Anwaltsfall*, und wie Sie wissen, ist hier Vorsicht geboten. Der Anwalt muß über bessere Rechtskenntnisse verfügen als sein Mandant. Er muß daher auch erkennen, wo dieser in laienhafter Unkenntnis eine Frage falsch formuliert hat. Hier sollten Sie sofort sehen, daß B von A und C **auf keinen Fall Zahlung verlangen** kann. Beide haben sich nämlich nicht zur Zahlung verpflichtet, sondern lediglich ein ausgewähltes *Haftungsobjekt zur Verfügung gestellt*: A sein Grundstück, C seinen Mercedes. Beide schulden also nicht, sondern **haften** allenfalls **mit diesen Objekten**.

Das ist ein Unterschied, den Sie sich nachdrücklich klarmachen sollten. Wer eine bestimmte Geldsumme **schuldet**, haftet dafür mit seinem *gesamten* Vermögen. Ein *Zahlungstitel* kann daher in das *gesamte* Vermögen des Schuldners vollstreckt werden: in bewegliche Sachen (§§ 808 ff. ZPO), in Forderungen und andere Vermögensrechte (§§ 828 ff. ZPO) und in das unbewegliche Vermögen (§§ 864 ff. ZPO). Wer nur mit einem *bestimmten* Vermögensobjekt **haftet**, „schuldet" daher im eigentlichen Sinn dieses Wortes gerade *nicht* und darf deshalb auch nicht zur Zahlung verurteilt werden. (Ein Zahlungstitel hätte ja nur die Funktion, die Vollstreckung in das gesamte Vermögen des Betreffenden zu eröffnen.) Der Hypothekar darf somit den Eigentümer, der nicht selbst schuldet, nicht auf Zahlung, sondern nur auf *Duldung der Zwangsvollstreckung* in das hypothekarisch belastete Grundstück verklagen (§§ 1113, 1147 BGB); eine Zahlungsklage würde als unschlüssig abgewiesen werden.

Das Interesse des B, von A und C Geld zu erhalten, ist folglich nicht durch einen Zahlungsanspruch, sondern allenfalls dadurch zu realisieren, daß B *aus den von A und C eingesetzten Haftungsobjekten befriedigt wird*. Der Leser kann daher bereits aus der Art, wie Sie die Fallfrage auffassen, ersehen, ob Sie sich im Recht der Realsicherheiten auskennen oder nicht.

III. Erarbeiten der Lösung

1. Worauf wird es ankommen?

Im Kern geht es in diesem Fall um einen „Klassiker", nämlich um das **Verhältnis mehrerer Sicherungsgeber zueinander.**

Das Problem ist vor allem für das Verhältnis von **Bürge und Hypothekenschuldner** vielfach diskutiert worden. Wird die Forderung gegen einen Dritten sowohl durch eine Bürgschaft als auch durch eine Hypothek gesichert, so geht bei einer Zahlung durch den *Bürgen* die Forderung des Gläubigers und damit zugleich die dafür bestellte Hypothek auf den Bürgen über (§§ 774 I 1, 412, 401 I BGB). Zahlt dagegen zunächst der *Eigentümer* des belasteten Grundstücks, erwirbt er gem. § 1143 I 1 BGB die Forderung und damit gem. §§ 412, 401 I BGB auch die dafür bestellte Bürgschaft. Auf den ersten Blick scheint es daher zu einer Art *Wettlauf* zu kommen: Wer zuerst zahlt, scheint sich anschließend in vollem Umfang an den jeweils anderen Sicherungsgeber halten zu können. Das wäre jedoch im Ergebnis nicht nur merkwürdig, sondern auch widersprüchlich, weil *mehrere Bürgen* im Verhältnis untereinander gem. §§ 774 II, 426 I BGB zu *gleichen Teilen* ausgleichspflichtig sind. Nachdem die Frage lange umstritten war, hat sich heute zu Recht die Ansicht durchgesetzt, daß Bürge und Hypotheken- bzw. Grundschuldbesteller untereinander **entsprechend § 426 I BGB ebenfalls anteilig haften.**

Bei einem Zusammentreffen von Bürgschaft und anderen dinglichen Sicherheiten wie *Faustpfand* oder **Sicherungseigentum** kann in der Sache nichts anderes gelten. Im Ergebnis werden daher A, B und C zu gleichen Teilen haften – vorausgesetzt, daß die Haftungsmasse dafür ausreicht.

Ein Problem kommt freilich doch noch hinzu: Mit der Zahlung des Bürgen geht gem. § 774 I BGB die Forderung des Gläubigers gegen den Hauptschuldner auf den Bürgen über. Damit erwirbt er zugleich die dafür bestehenden Hypotheken und Pfandrechte, § 401 I BGB. Wie er sich daraus befriedigen kann, ist ebenfalls gesetzlich geregelt: bei der Hypothek durch Zwangsvollstreckung in das Grundstück (§§ 1113 I, 1147 BGB), bei einem Faustpfand durch Verkauf der verpfändeten Sache gem. §§ 1228, 1233 ff. BGB (nach § 1251 I BGB kann er sie zu diesem Zweck herausverlangen). Bei der **Sicherungsübereignung** dagegen **fehlt** es an solchen gesetzlichen Regelungen. Das Recht des Sicherungsnehmers zur Verwertung der Sache ergibt sich zwar aus der *Sicherungsabrede*, die er mit dem Sicherungsgeber getroffen hat. An dieser Abrede jedoch war B nicht beteiligt. Das Recht des B, aus dem Mercedes Befriedigung zu suchen, muß daher etwas „freihändig" begründet werden. Im Grunde bleibt dafür nur *§ 242 BGB.* (Wenn man heute meist von einer „analogen Anwendung der §§ 774 I, 412, 401 I BGB" spricht, so liegt die Grundlage dafür ebenfalls in § 242 BGB.) Im vorliegenden Fall ist Ihnen die Sache dadurch ein wenig erleichtert worden, daß G sein Sicherungseigentum *bereits auf B weiterübertragen* hat. Sie brauchen daher allenfalls darzulegen, daß dies dem Sinn des Sicherungsvertrages entspricht.

2. Strategie

Von den möglichen Ausgleichsansprüchen des B gegen A und C genießt zwar keiner den Vorrang, so daß Sie ebensogut mit dem einen wie mit dem anderen beginnen könnten. Da es sich bei dem Nebeneinander von Bürgschaft und Hypothek aber um die „Grundkonstellation" des Problems handelt, während beim Sicherungseigentum weitere Fragen hinzukommen, empfiehlt es sich, die Prüfung mit den *Ausgleichsansprüchen des B gegen den Eigentümer A* zu eröffnen. Bei der Prüfung der Ansprüche gegen C können Sie darauf zurückgreifen und sich im übrigen auf die Besonderheiten des Sicherungseigentums konzentrieren.

Dieses Vorgehen bietet überdies den Vorteil, daß Sie das Ergebnis – Ausgleich der mehreren Sicherungsgeber nach Maßgabe des § 426 I BGB – Schritt für Schritt aus dem Ungenügen der im BGB für *akzessorische* Sicherheiten vorgesehenen Ausgleichsregeln entwickeln können. Würden Sie mit dem Ausgleichsanspruch des B gegen C, also dem Sicherungsgeber einer *nicht akzessorischen* Sicherheit beginnen, so müßten Sie ohne Vorbereitung bei § 426 I BGB ansetzen, weil es eine spezielle Ausgleichsregelung für solche Fälle im BGB nicht gibt. Im Vergleich dazu erscheint es geschickter, mit dem Ausgleichsanspruch des B gegen A anzufangen.

3. Lösungsskizze

I. Ausgleichsanspruch B gegen A
§§ 1113 I, 1147 BGB: A schuldet nicht, sondern haftet nur.

1. *Erwerb der Hypothek*
   § 774 I 1 BGB: Übergang der Forderung
   §§ 412, 401 BGB: Übergang der Hypothek

2. *Konkurrenz der Sicherungsgeber*
   Nach Gesetz scheint sich B voll an A halten zu können.
   Zweifel, ob dies richtig.

   a) Vorrang des *zuerst* in Anspruch Genommenen
      Hätte zunächst A gezahlt, könnte er sich nach §§ 1143, 401, 412 BGB voll an B halten.
      Wettlauf mit Benachteiligung des letzten unangemessen.

   b) Vorrang des *Bürgen*
      Bürge haftet zwar mit ganzem Vermögen – i.d.R. aber nur, weil er kein Grundstück hat.
      Auch § 776 BGB regelt nicht Vorrang des Bürgen. Eher mangelnde Abstimmung.

   c) *§ 426 I BGB analog*
      Ausgleichsansprüche zwischen mehreren Sicherungsgebern nicht einheitlich geregelt. *Solidarischer* Ausgleich im Zweifel jedoch *angemessen.*
      Haftung*sumfang* hängt aber noch von Ausgleichsanspruch gegen C ab.

II. Ausgleichsanspruch B gegen C
§ 985 BGB und Duldung der Verwertung.

1. *Erwerb des Sicherungseigentums*
   Nicht gem. §§ 774 I, 412, 401 BGB.
   Aber *rechtsgeschäftlich* auf B übertragen.
   Nach § 986 II BGB nur möglich, wenn Weitergabe der *Sicherheit* im Sicherungsvertrag nicht ausgeschlossen.

2. *§ 986 BGB*
   Besitzrecht des C *endet* im Sicherungsfall.
   Sicherungseigentümer kann Herausgabe verlangen.

3. *Konkurrenz der Sicherungsgeber*
   Ähnliches Problem wie I 2 auch hier: Erhält B Sicherungseigentum, so scheint er sich in voller Höhe befriedigen zu können. *Solidarischer* Ausgleich entsprechend *§ 426 I BGB* aber auch hier angemessen.

III. Ergebnis

A, B und C haben analog § 426 I BGB bis zur Höhe ihrer Haftung anteilig einzustehen.

B. Lösung

I. Der Ausgleichsanspruch des B gegen A

A hat G an seinem Grundstück zwar eine Hypothek bestellt, aber nicht die persönliche Schuld übernommen. Er kann daher nicht auf Zahlung, sondern allenfalls gem. *§§ 1113 I, 1147 BGB* auf *Duldung der Zwangsvollstreckung* in Anspruch genommen werden, wenn er den Gläubiger nicht gem. § 1142 BGB freiwillig befriedigt.

1. Eine solche Inanspruchnahme des A durch B setzt voraus, daß B die Hypothek des G wirksam erworben hat. Mit der Befriedigung des G durch B ist gem. § 774 I 1 BGB die *Forderung* des G gegen S auf B *übergegangen.* Nach §§ 412, 401 I BGB hat die Forderung die dafür bestellte Hypothek mit sich gezogen, so daß B an sich auch Inhaber der Hypothek geworden ist.

2. Daß die Hypothek, die zunächst die Forderung des G gegen S sicherte, nach ihrem Übergang auf B diesem in demselben Umfang zur Verfügung steht wie vorher dem G, erscheint gleichwohl zweifelhaft.

a) Hätte zunächst A an G gezahlt, so hätte er gem. § 1143 I BGB die Forderung gegen S und gem. §§ 412, 401 BGB auch die Rechte aus der Bürgschaft erworben, könnte sich also gerade umgekehrt in voller Höhe an B halten. Daß derjenige, der zufällig *zuerst* zahlt, voll Regreß nehmen kann, während der andere Sicherungsgeber das Nachsehen hat, erscheint wenig überzeugend.

b) Eine Möglichkeit, dieses Problem zu lösen, wäre die, daß man allein dem Bürgen ein Rückgriffsrecht gegen den Eigentümer des hypothekarisch belasteten Grundstücks einräumt, nicht dagegen auch umgekehrt dem Eigentümer gegen den Bürgen. Zur Begründung ließe sich anführen, daß der Bürge persönlich, d.h. mit seinem ganzen Vermögen hafte, während sich die Haftung des Bestellers eines Grundpfandrechts auf das belastete Grundstück beschränke. Dieses vermehrte Risiko könnte eine Privilegierung beim Rückgriff rechtfertigen. Weiter könnte man die Besserstellung des Bürgen auch aus § 776 BGB herzuleiten versuchen. Wenn danach der Bürge insoweit frei wird, als der Gläubiger eine mit der Forderung verbundene Hypothek aufgibt, während für den Fall der Aufgabe einer Bürgschaft ein Freiwerden des Eigentümers des belasteten Grundstücks nicht vorgesehen ist, so könnte dies ein Zeichen dafür sein, daß der Bürge vom Gesetz bevorzugt wird.

Daß der Bürge ein größeres Haftungsrisiko übernimmt, ist jedoch in dieser Allgemeinheit nicht richtig. Vom Eigentümer eines Grundstücks verlangt der Gläubiger normalerweise ein Grundpfandrecht, weil ihm dieses die größere Sicherheit bietet. Demgegenüber kommt die Bürgschaft häufig da zum Einsatz, wo es an dinglichen Sicherheiten fehlt. In solchen Fällen setzt der Bürge kein höheres Vermögen ein, sondern hat wirtschaftlich gerade weniger zu bieten. Auch der Hinweis auf § 776 BGB überzeugt letztlich nicht. § 776 BGB betrifft nur das Verhältnis des Bürgen zum *Gläubiger*, nachdem dieser das Rückgriffsrecht des Bürgen vereitelt hat, sagt aber nichts über das Verhältnis des Bürgen zum *Eigentümer*. Daß eine vergleichbare Bestimmung bei der Hypothek fehlt, dürfte eher darauf beruhen, daß die verschiedenen Sicherheiten im Gesetz nur unzureichend miteinander abgestimmt sind.

c) Die Ausgleichsansprüche zwischen mehreren Sicherungsgebern sind im BGB nicht einheitlich geregelt. Während Mitbürgen einander als Gesamtschuldner haften (§ 774 II BGB), ist die Gesamthypothek als solche regreßlos (§ 1173 BGB). Für das Verhältnis mehrerer Verpfänder verweist § 1225 S. 2 BGB auf § 774 BGB und damit zugleich auf § 426 I BGB. Mit dem Verhältnis unterschiedlicher Sicherheiten zueinander befaßt sich das Gesetz gar nicht.

Wo mehrere Sicherheitsgeber auf gleicher Stufe nebeneinander stehen, erscheint es indessen angemessen, sie grundsätzlich *entsprechend § 426 I BGB anteilig haften zu lassen*. Eine abweichende Haftung kommt hiernach nur dann in Betracht, wenn dies vereinbart wurde oder wenn es dafür andere zwingende Gründe gibt. Nur dadurch lassen sich Zufallsergebnisse vermeiden. Im vorliegenden Fall wird die solidarische Haftung weder durch das Gesetz noch durch eine Vereinbarung der Beteiligten ausgeschlossen. B und A haften daher – freilich nur bis zum realen Wert der Hypothek – im Innenverhältnis zu gleichen Teilen.

Der endgültige Haftungsumfang läßt sich an dieser Stelle noch nicht abschließend ermitteln. Er hängt davon ab, ob auch C in die solidarische Haftung miteinbezogen ist.

II. Ausgleichsanspruch des B gegen C

B könnte berechtigt sein, den Mercedes gem. *§ 985 BGB* von C herauszuverlangen, um ihn *zu seiner Befriedigung zu verwerten*.

1. Voraussetzung dafür ist zunächst, daß B *Sicherungseigentümer* geworden ist. Hätte C dem G ein Faustpfandrecht an dem Mercedes bestellt, so wäre dieses mit der Zahlung durch B auf diesen übergegangen, §§ 774 I, 412, 401 BGB. Diese Regelung kommt beim Sicherungseigentum nicht zur Anwendung. Als nicht akzessorische Sicherheit geht das Sicherungseigentum vielmehr nur dann auf den Bürgen über, wenn es ihm vom Gläubiger rechtsgeschäftlich übertragen wird. Wie sich aus § 986 II BGB ergibt, darf der Sicherungsgeber dabei jedoch keine Nachteile erleiden. Ein Eintritt in die Sicherungsposition scheidet daher im Ergebnis dann aus, wenn die Weitergabe aufgrund des Sicherungsvertrags untersagt ist. Da der Sicherungsgeber durch eine solche Übertragung nicht schlechter gestellt wird, als wenn er dem Gläubiger ein Faustpfandrecht eingeräumt hätte (vgl. § 1250 BGB), ist der Sicherungsvertrag im Zweifel jedoch so auszulegen, daß der Sicherungsgeber mit einer entsprechenden Übertragung der Sache auf den zahlenden Bürgen einverstanden ist.

Nachdem G dem B den Mercedes zur Sicherung eines eventuellen Rückgriffsanspruchs gegen S gem. § 931 BGB übertragen hat und eine Weitergabe der Sicherheit auch nicht ausgeschlossen war, ist B Sicherungseigentümer geworden.

2. Ein Herausgabeanspruch ist indessen nur dann begründet, wenn C nicht i. S. des *§ 986 BGB* besitzberechtigt ist. Ein solches Besitzrecht könnte sich hier aus dem Sicherungsvertrag ergeben. Mit dem Sicherungsfall endet die Besitzberechtigung des Sicherungsgebers jedoch. Von diesem Zeitpunkt an ist der Gläubiger berechtigt, die Sache zum Zwecke der Verwertung herauszuverlangen. Ist das Sicherungseigentum auf einen ausgleichsberechtigten Bürgen weiterübertragen worden, steht der Herausgabeanspruch diesem zu, ohne daß ihm ein Besitzrecht entgegengesetzt werden kann.

3. Hinsichtlich der Frage, bis zu welcher *Höhe* sich B aus dem bei der Verwertung erzielten Erlös befriedigen darf, stellt sich ein ähnliches Problem, wie es oben (unter I 2) behandelt wurde: Wenn B den Erlös in vollem Umfang für sich beanspruchen könnte, würde C – falls die Verwertung soviel erbringen sollte – allein haften. Eine solche Bevorzugung des Bürgen erscheint auch hier nicht gerechtfertigt. Der Um-

stand, daß C im Unterschied zu A eine nicht akzessorische Sicherheit zur Verfügung gestellt hat, kann ihm im Verhältnis zu B nicht zum Nachteil gereichen. Auch hier gebührt B der Verwertungserlös daher nur in dem Umfang, daß C und B *entsprechend § 426 I BGB zu gleichen Anteilen* haften.

III. Ergebnis

B kann weder von A noch von C Zahlung fordern. Wohl aber kann er verlangen, daß er aus dem Grundstück des A bzw. aus dem Verwertungserlös des Mercedes einen Ausgleich erhält.

Da alle Sicherungsgeber auf gleicher Stufe stehen, haften sie entsprechend § 426 I BGB *solidarisch*. B kann sich daher aus dem Grundstück des A bzw. aus dem Mercedes bis zur Höhe von je *20.000 €* befriedigen. Die verbleibenden 20.000 € hat er selbst zu tragen.

Erbringt die Verwertung des Mercedes keine 20.000 €, so ist der Ausfall analog § 426 I 2 BGB von A und B anteilig zu tragen.

Zur Vertiefung: *Pawlowski*, Ausgleich zwischen Bürgen und Hypothekenschuldner?, JZ 1974, 124; *Mertens/Schröder*, Der Ausgleich zwischen Bürgen und dinglichem Sicherungsgeber, Jura 1992, 305; BGHZ 108, 179 (Ausgleichspflicht zwischen gleichstufigen Sicherungsgebern); BGH NJW 1992, 3228 (Bürgschaft und Grundschuld als gleichstufige Sicherungsmittel); RGZ 89, 193 (Sicherungsübereignung und Bürgschaft); 91, 277 (Sicherungszession und Pfandrecht); BGH NJW 1990, 903 (selbständige Sicherungsrechte und Bürgschaft).

Themenkomplex 7: Familien- und Erbrecht

34. Überraschungen mit Ehegatten

Sachverhalt

M und F sind seit 1995 im gesetzlichen Güterstand miteinander verheiratet und wohnen zusammen in einem Haus des M in Heidelberg. Außerdem ist M noch Eigentümer eines anderen Hauses in Stuttgart. F dagegen, die ebenfalls über ein ansehnliches Vermögen verfügt, dabei aber auch an allem Schönen interessiert ist, hat in die Ehe unter anderem eine Anzahl Bilder, Plastiken, Porzellane und ähnliche Gegenstände mitgebracht, mit denen sie die eheliche Wohnung ausgeschmückt hat.

Anfang 2002 erfährt M, daß er sich beruflich nach Stuttgart verändern kann. Da dies mit einem Aufstieg verbunden wäre, möchte er sich diese Gelegenheit nicht entgehen lassen. Aus diesem Grund wünscht er, daß F mit ihm in sein Haus in Stuttgart zieht. F dagegen sträubt sich, weil sie das schöne Heidelberg nicht verlassen möchte. Um sie unter Druck zu setzen, verkauft M kurz entschlossen sein Heidelberger Haus für 450.000 € an A, der den Zusammenhang kennt. Ende 2002 wird A im Grundbuch eingetragen und verlangt danach von beiden die Räumung des Hauses. In einer Trotzreaktion veräußert F ihre ganze Sammlung an den Händler B, der ebenfalls in den Hintergrund eingeweiht ist, und läßt die Sachen gegen Bezahlung abholen.

Als M und F nunmehr in dem schmucklos gewordenen Haus sitzen, merken sie, daß vorher alles viel besser war. M macht daher seine Versetzung rückgängig, und beide beschließen zusammen, wieder so zu wohnen wie vorher.

In der Folge verlangt M von A sein Haus zurück, und F fordert von B die veräußerten Sammlungsstücke heraus. A und B reagieren empört und weigern sich. M und F bitten daher ihren Anwalt um Rechtsrat. Bereiten Sie die Auskunft des Anwalts gutachtlich vor.

A. Vorbereitende Überlegungen

I. Erfassen des Sachverhalts

M und F leben im gesetzlichen Güterstand, d. h. in *Zugewinngemeinschaft* (§§ 1363 ff. BGB). Bei dieser handelt es sich im wesentlichen um Gütertrennung, verbunden mit einem Ausgleich des ehelichen Zugewinns im Fall der Auflösung der Ehe.

Von Zugewinn ist in unserem Fall nicht die Rede, wohl aber von den **Eigentums-verhältnissen** der Ehegatten, die beide vermögend sind. M ist Eigentümer zweier Häuser, wovon eines als *eheliche Wohnung* dient; F dagegen gehören unter anderem die vielen kunstvollen Sachen, mit denen diese Wohnung *ausgestattet* ist.

Jeweils im Alleingang veräußert M das eheliche Wohnhaus an A, der im Grundbuch eingetragen wird, und F ihre Sammlung an B.

Bildlich:

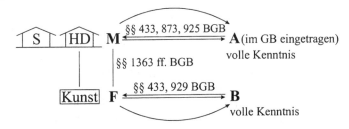

II. Erfassen der Fallfrage

Die Fallfrage ist einfach: **M will sein Haus, F will ihre Sammlungsstücke zurückhaben.**

Dabei ist jedoch zu beachten, daß es sich um einen *Anwaltsfall* handelt. Die Forderungen der Beteiligten sind bisher nur aus der Sicht von Laien formuliert worden. Es ist Sache des Anwalts, herauszufinden, was mit der „Rückforderung" rechtlich gemeint ist. Was das Haus angeht, will M nicht den Besitz zurück – diesen hat er nach wie vor inne –, sondern will nach seiner Vorstellung nur wieder Eigentümer werden wie zuvor. Dazu aber muß die *Grundbucheintragung* des A rückgängig gemacht werden. Als Anwalt sollten Sie dies von vornherein im Auge behalten.

III. Erarbeiten der Lösung

1. Worauf wird es ankommen?

Schon einem Anfänger dürfte klar sein, daß die von M und F geltend gemachten Ansprüche *in den allgemeinen Rechtsregeln* keine Grundlage finden: Außerhalb des verbraucherrechtlichen Widerrufsrechts (§ 355 BGB), das hier nicht in Betracht kommt, kann niemand eine verkaufte Sache bloß deshalb zurückfordern, weil er es sich nachträglich anders überlegt hat. Die Ansprüche können sich daher, wenn überhaupt, nur aus den Verpflichtungs- und Verfügungsbeschränkungen ergeben, die in den *§§ 1365, 1369 BGB* für die in Zugewinngemeinschaft lebenden Ehegatten vorgesehen sind.

Nach **§ 1365 BGB** kann sich ein solcher Ehegatte ohne Einwilligung des anderen weder verpflichten, über sein **Vermögen im ganzen** zu verfügen, noch kann er eine solche Verpflichtung erfüllen. Soweit § 1365 BGB reicht, ist also sowohl der obligatorische Vertrag als auch der dingliche Rechtserwerb unwirksam. Der Verfügende kann daher die Sache gem. § 985 BGB herausverlangen bzw. einen Grundbuchberichtigungsanspruch gem. § 894 BGB geltend machen. (Nach § 1368 BGB stehen diese Rechte übrigens auch dem anderen Ehegatten zu.)

Ist § 1365 BGB in unserem Fall überhaupt einschlägig? Zweifellos haben weder M noch F über ihr „Vermögen im ganzen" verfügt oder sich dazu verpflichtet. Aber das tut ohnehin kaum jemand. Verfügt wird grundsätzlich nur über *einzelne Gegenstände*. Fallen auch solche Geschäfte unter § 1365 BGB? Aus der systematischen Stellung dieser Vorschrift im Abschnitt über die Zugewinngemeinschaft kann man schließen, daß sie vor allem den Zweck hat, den Zugewinnausgleich des anderen Ehegatten (§§ 1371 ff. BGB) zu sichern. Das rechtfertigt es, auch die Verfügung über einzelne Objekte unter § 1365 BGB zu subsumieren, wenn sie *nahezu das ganze Vermögen* ausmachen. An dieser Voraussetzung fehlt es hier schon deshalb, weil M noch ein *anderes* Haus und F noch *weiteres* Vermögen hat. § 1365 BGB kommt daher nicht zum Zug.

Entsprechendes wie nach § 1365 BGB für das Vermögen als ganzes gilt nach **§ 1369 BGB** für **Gegenstände des ehelichen Haushalts**. Auch über diese kann der Ehegatte, dem das Eigentum daran zusteht, ohne Einwilligung des anderen nicht verfügen und sich zu einer solchen Verfügung auch nicht wirksam verpflichten. Das betrifft vor allem die Wohnungseinrichtung, auch Haustiere, nach einer freilich umstrittenen Auffassung sogar das Auto (!), wenn es von beiden Ehegatten benutzt wird. Der Zweck dieser Vorschrift geht – wenn auch beschränkt auf die Zugewinngemeinschaft – dahin, den ehelichen Haushalt vor einseitigen Änderungen zu schützen. Daß die von F getätigte Veräußerung davon erfaßt wird, ist leicht zu sehen.

Damit erkennen Sie jetzt sicher auch den kritischen Punkt des Falles: Die Verfügung über den **Hausrat** ist zum Schutz der ehelichen Lebensverhältnisse unwirksam, die über die eheliche **Wohnung** bzw. das Haus selbst dagegen wirksam! Diesen Widerspruch sollten Sie *herausarbeiten*, gleichgültig, ob Sie im Ergebnis vor der h. M. resignieren oder dagegen angehen. Wollten Sie darüber mit Stillschweigen hinweggehen, würden Sie Ihrem Urteilsvermögen kein günstiges Zeugnis ausstellen.

2. Strategie

Sie können Ihre Ausarbeitung entweder mit dem *Anspruch des M* (der auf Berichtigung des Grundbuchs zu richten wäre) oder mit dem *Herausgabeanspruch der F* beginnen. Was ist zweckmäßiger?

Aus den obigen Überlegungen können Sie ersehen, daß § 1365 BGB die Regelung des § 1369 BGB in einem wichtigen Punkt leerlaufen läßt, wenn man sich der gängigen Auslegung dieser Vorschriften anschließt. Das kann jedoch nur dann herausgearbeitet werden, wenn zunächst § 1369 BGB dargestellt wird. Deswegen ist es aufbaumäßig günstiger, wenn Sie *mit dem Anspruch beginnen*, bei dessen Prüfung es auf *§ 1369 BGB* ankommt. Das aber ist der Anspruch der F.

Möglicherweise erkennen Sie diesen Zusammenhang erst, nachdem Sie die Ansprüche der Beteiligten im Rahmen einer Lösungsskizze überschlägig durchgeprüft haben. Das wäre kein Nachteil. Durch wenige Vermerke (Umbenennung von Gliederungspunkten, Einfügung von Pfeilen) können Sie die Weichen für die Niederschrift leicht umstellen. Sie müssen dann nur konzentriert bleiben, damit Ihnen keine Verwechslung unterläuft.

3. Lösungsskizze

I. Herausgabeanspruch F gegen B
1. §§ 985 f. BGB: B ist Besitzer.

a) *Eigentum der F*
   An sich Verlust gem. § 929 BGB.
   Verfügung eventuell unwirksam gem. § 1369 I BGB.
   Zugewinngemeinschaft.
   Absolutes *Verfügungs*verbot.
   F ist Eigentümerin.
b) *Recht des B zum Besitz*
   § 1369 I BGB: auch *Verpflichtungs*verbot.
   Also ist B nichtberechtigter Besitzer.
c) *§ 273 I BGB*
   Durch den Zweck des Familienschutzes ausgeschlossen.
2. § 812 I 1 BGB
   Zug um Zug auch hier durch Zweck des § 1369 I BGB ausgeschlossen.

II. Grundbuchberichtigungsanspruch M gegen A
1. § 894 BGB
   An sich Eigentumsverlust gem. § 873 I BGB.
   Verfügung eventuell unwirksam gem. § 1365 I 2 BGB.
a) Vermögen im ganzen?
   Kaum je. Auch hier nur einzelnes Objekt veräußert.
   Aber: Schutz des Zugewinnausgleichs.
   Daher genügt *einzelnes* Objekt, wenn *nahezu ganzes* Vermögen.
b) Anteil umstritten.
   Bei noch anderem Haus aber greift § 1365 I 2 BGB nicht ein.
2. § 812 I 1, 1. Alt. BGB
   Kaufvertrag nicht unwirksam gem. § 1365 I 1 BGB.
3. Innerer Widerspruch
a) § 1369 I BGB schützt häusliche Lebenssphäre nur unvollkommen: Erfaßt Hausrat,
   aber nicht Haus.
b) Kann durch § 1365 I BGB nicht kompensiert werden: Vernachlässigung der Gegenleistung hilft nichts, wenn mehrere Häuser.
c) Lösung: *Haus unter § 1369 BGB.*
   § 1365 I BGB dann auf Schutz des Zugewinnausgleichs ausrichten.

B. Lösung

I. Herausgabeanspruch der F gegen B

1. F könnte berechtigt sein, die veräußerten Einrichtungsgegenstände gem. *§§ 985 f.
BGB* von B herauszuverlangen. Das setzt voraus, daß F nach wie vor Eigentümerin
dieser Gegenstände ist und B kein Besitzrecht zusteht.

   a) Durch die Veräußerung der Sachen an B könnte F ihr ursprüngliches *Eigentum*
gem. *§ 929 BGB* verloren haben. Diese Vorschrift findet jedoch nur dann Anwendung, wenn der Eigentümer keiner Verfügungsbeschränkung unterliegt. Hier kommt
in Betracht, daß die von F getroffene Verfügung gem. *§ 1369 I BGB* unwirksam ist.
Nach § 1369 I BGB kann ein im gesetzlichen Güterstand lebender Ehegatte über ihm
gehörende Gegenstände des ehelichen Haushalts nur verfügen, wenn der andere Ehegatte einwilligt. Damit soll verhindert werden, daß ein Ehegatte die häuslichen Lebensverhältnisse ohne Beteiligung des anderen einseitig verändert.

Hier lebt F mit ihrem Mann im gesetzlichen Güterstand. Die veräußerten Gegenstände dienten ausnahmslos der Ausstattung der gemeinsamen Wohnung und waren daher „Gegenstände des ehelichen Haushalts" i. S. von § 1369 I BGB. Mit der Veräußerung der Sachen, die ohne Zustimmung des M erfolgte, hat F daher gegen ein gesetzliches Verfügungsverbot verstoßen.

Nach h. M. handelt es sich bei § 1369 I BGB nicht nur um ein relatives, sondern um ein *absolutes* Verfügungsverbot. Die Verfügung ist daher ohne Rücksicht darauf unwirksam, ob der Erwerber wußte, daß es sich um Gegenstände des ehelichen Haushalts der F handelte.

b) Aus dem zwischen F und B geschlossenen *Kaufvertrag* könnte sich indessen ein *Besitzrecht* für B ergeben. Nicht anders als die Verfügung ist aber auch das darauf gerichtete Verpflichtungsgeschäft an § 1369 I BGB zu messen. Diese Vorschrift enthält nämlich nicht nur ein Verfügungs-, sondern auch ein Verpflichtungsverbot. Verpflichtungsgeschäfte, die auf die Vornahme einer verbotenen Verfügung gerichtet sind, sind danach ebenfalls unwirksam. B ist daher nichtberechtigter Besitzer. Der von F geltend gemachte Herausgabeanspruch greift somit durch.

c) Von Interesse kann weiterhin sein, ob B die Herausgabe der Sachen gem. *§ 273 I BGB* davon abhängig machen kann, daß ihm der an F gezahlte Kaufpreis erstattet wird. Die allgemeinen Voraussetzungen eines solchen Zurückbehaltungsrechts liegen an sich vor. Auch scheint es nur recht und billig zu sein, daß B die Sachen nur zurückgeben muß, wenn ihm auch der Kaufpreis erstattet wird. Wenn der durch § 1369 I BGB bezweckte Familienschutz gewahrt bleiben soll, kann § 273 I BGB in diesen Fällen jedoch keine Anwendung finden. B muß daher die Sachen zurückgeben, ohne sich wegen des bereits entrichteten Kaufpreises auf eine Einrede berufen zu können.

2. Wegen der Nichtigkeit des Kaufvertrags hat F die Sachen ohne Rechtsgrund an B geleistet. Sie kann ihren Herausgabeanspruch daher auch auf *§ 812 I 1, 1. Alt. BGB* stützen. Aus dem Zweck des § 1369 I BGB ergibt sich, daß B auch die Erfüllung dieses Anspruchs nicht davon abhängig machen kann, daß ihm der gezahlte Kaufpreis Zug um Zug zurückerstattet wird.

II. Grundbuchberichtigungsanspruch des M gegen A

1. M könnte berechtigt sein, von A gem. *§ 894 BGB* die Zustimmung zur Berichtigung des Grundbuchs zu verlangen, und zwar dahingehend, daß anstelle des A wieder er selbst als Eigentümer des Grundstücks eingetragen wird. Voraussetzung dafür ist, daß er ungeachtet der Veräußerung an A Eigentümer geblieben ist.

Durch die Einigung mit M und die nachfolgende Eintragung im Grundbuch könnte freilich A das Eigentum gem. § 873 I BGB erlangt haben. Auch diese Vorschrift findet nur Anwendung, wenn der Veräußerer keiner Verfügungsbeschränkung unterliegt. Fraglich kann sein, ob sich eine solche hier aus *§ 1365 I 2 BGB* ergibt.

a) Nach §§ 1365 I 2, 1366 I BGB ist eine Verfügung, die ein im gesetzlichen Güterstand lebender Ehegatte über sein *Vermögen im ganzen* trifft, unwirksam, wenn der andere Ehegatte nicht eingewilligt hat. Auf den ersten Blick greift diese Regelung hier schon deshalb nicht ein, weil M nicht über sein Vermögen als Ganzes, sondern nur über eines seiner Häuser verfügt hat. Dieser Umstand steht der Anwendung des § 1365 I 2 BGB jedoch nicht schlechthin entgegen.

Der Zweck dieser Vorschrift geht vor allem dahin, den Zugewinnausgleichsanspruch des anderen Ehegatten (§§ 1371 ff. BGB) zu schützen. Dieser Anspruch kann nicht nur dadurch gefährdet werden, daß der Ausgleichsverpflichtete über sein ganzes Vermögen verfügt; viel näherliegend ist die Gefährdung, die sich aus der Verfügung über einzelne Gegenstände, namentlich Grundstücke, ergibt, die den *wesentlichen Teil* des Vermögens ausmachen. Nach h. M. fällt daher unter § 1365 I 2 BGB auch die Verfügung über ein einzelnes Objekt, wenn dieses nahezu das ganze Vermögen des Verfügenden darstellt.

b) Wie hoch der Wertanteil sein muß, damit bei der Verfügung über einen einzelnen Gegenstand § 1365 I 2 BGB eingreift, ist umstritten. Verfügt jedoch der Ehegatte nur über eines von mehreren Häusern, so kommt das Verfügungsverbot des § 1365 I 2 BGB nicht zum Zug.

Die Veräußerung des Grundstücks durch M ist daher – vorbehaltlich der Ausführungen zu II 3 – wirksam, so daß ein Grundbuchberichtigungsanspruch nicht in Betracht kommt.

2. Aus denselben Gründen wie die Verfügung nicht gegen § 1365 I 2 BGB, verstößt auch der *Kaufvertrag* selbst nicht gegen § 1365 I 1 BGB. A hat daher das Grundstück mit Rechtsgrund erhalten und ist auch gem. *§ 812 I 1, 1. Alt.* BGB nicht zur Herausgabe verpflichtet.

3. Das Ergebnis, daß die *Haushaltsgegenstände* aus Gründen der Erhaltung der familiären Lebensgrundlage nicht veräußert werden können, während über das *Haus* selbst, das die Ehegatten bewohnen, frei verfügt werden kann, leidet ersichtlich an einem *inneren Widerspruch*. Der Schutz der häuslichen Lebenssphäre kann danach gerade im wichtigsten Punkt offenbar nicht gewährleistet werden.

Zum Teil wird versucht, diesen Mangel durch eine sehr weitgehende Ausdehnung des § 1365 I BGB zu kompensieren. So wird bei der Anwendung dieser Vorschrift vor allem die vom Erwerber gezahlte Gegenleistung nicht berücksichtigt. Die Veräußerung des von den Ehegatten bewohnten Hauses fällt daher regelmäßig auch dann unter das Veräußerungsverbot des § 1365 I 2 BGB, wenn der Zugewinnausgleich infolge der erhaltenen Gegenleistung dadurch gar nicht tangiert ist. Dies gilt aber nur dann, wenn das Grundstück im wesentlichen das gesamte Vermögen des verfügenden Teils darstellt. Hat dieser Ehegatte, wie hier, noch ein anderes Haus, so läßt sich der häusliche Lebensbereich durch § 1365 I 2 BGB gerade nicht schützen.

Anders verhält es sich insoweit mit *§ 1369 I BGB*. Der Zweck des § 1369 I BGB geht dahin, die familiäre Lebensgrundlage zu erhalten. Von daher erscheint es geboten, diese Vorschrift *auch auf die Veräußerung des von den Ehegatten bewohnten Hauses selbst anzuwenden*, also Haus und Haushaltsgegenstände gleichzubehandeln. Der Schutz der häuslichen Sphäre vor willkürlichen Verfügungen eines der Beteiligten wäre damit perfekt. Auf der anderen Seite müßte die Auslegung des § 1365 I BGB dann nicht mit Zwecken befrachtet werden, die damit ohnehin nur sehr unvollkommen erreicht werden können, sondern könnte konsequent an dem Ziel ausgerichtet werden, den Zugewinnausgleichsanspruch des anderen Ehegatten zu schützen.

Nach vorzugswürdiger Ansicht ist der Grundbuchberichtigungsanspruch des M daher begründet. Ebenso kann M von A die von diesem erlangte Grundbuchposition gem. § 812 I 1, 1. Alt. BGB „herausverlangen".

Zur Vertiefung: *Braun*, Zur Auslegung der §§ 1365, 1369 BGB, in: Festschrift für Musielak, 2003; BGHZ 35, 135 (Verfügung über das Vermögen im ganzen bei einzelnen Gegenständen); 40, 218 (§ 1365 BGB als „absolutes" Veräußerungsverbot); 43, 174 = NJW 1965, 909 (mit Sachverhalt) (Vertragspartner muß wissen, daß Einzelgegenstand gesamtes Vermögen darstellt); 64, 246 (notarielle Belehrung über § 1365 BGB); BGH NJW 1984, 1758 (Kunstgegenstände als Hausrat).

35. Schadensersatz wegen Wegfalls der Ehefrau?

Sachverhalt

M ist als Allgemeinarzt tätig, seine Frau F versorgt den Haushalt und arbeitet halbtags in der Praxis mit. Das hat sie schon kurz nach der Eheschließung so gehalten, als sich M eine eigene Angestellte noch nicht leisten konnte; sie hält es aber auch später so, als M noch eine andere Dame beschäftigt.

Eines Tages wird F beim Überqueren der Straße durch den Autofahrer D verletzt, weil dieser das Rotlicht der Ampel nicht beachtet. Sie ist sechs Monate so krank, daß sie weder in der Praxis mithelfen noch den Haushalt führen kann. M stellt daher während dieser Zeit je eine Aushilfskraft für das Haus und die Praxis ein und fordert die dafür entstandenen Kosten von D. Dieser wendet ein, M stehe ein eigener Schadensersatzanspruch nicht zu; einen Anspruch habe allenfalls F, diese aber sei nicht geschädigt, da sie die ganze Zeit über von M unterhalten worden sei.

Kann M oder kann F von D insoweit Schadensersatz verlangen?

Wie ist es, wenn F nicht verletzt, sondern getötet wurde?

Bearbeitervermerk: Ansprüche nach dem StVG, dem Entgeltfortzahlungsgesetz und dem SGB V bleiben außer Betracht. Ebenso ist der Frage, ob M Ersatz der Beerdigungskosten verlangen kann, nicht nachzugehen.

Zur *Information:*

Ursprünglich lautete § 1356 BGB in dem hier relevanten Passus so: „Zu Arbeiten im Hauswesen und im Geschäfte des Mannes ist die Frau verpflichtet, soweit eine solche Tätigkeit nach den Verhältnissen, in denen die Ehegatten leben, üblich ist."

Das Gleichberechtigungsgesetz von 1957 hielt an der sog. Hausfrauenehe fest, erstreckte jedoch die Mitarbeitspflicht im Geschäft des andern auch auf den Mann: „Die Frau führt den Haushalt in eigener Verantwortung ... Jeder Ehegatte ist verpflichtet, im Beruf oder Geschäft des anderen Ehegatten mitzuarbeiten, soweit dies nach den Verhältnissen, in denen die Ehegatten leben, üblich ist."

Hausfrauenehe und allgemeine Mitarbeitspflicht wurden 1977 aufgehoben.

A. Vorbereitende Überlegungen

I. Erfassen des Sachverhalts

In dem Fall geht es um die rechtlichen Folgen eines Verkehrsunfalls. Involviert sind nicht nur der Schädiger D und die F als unmittelbar Betroffene, sondern auch deren Ehemann M, dem infolge des unfallbedingten Wegfalls seiner Ehefrau vermögensrechtliche Nachteile entstehen. Im Ausgangsfall beruht dieser Wegfall auf einer *Verletzung* der F; in der Abwandlung ist F *getötet* worden.

Bildlich könnte man sich diesen Zusammenhang so veranschaulichen:

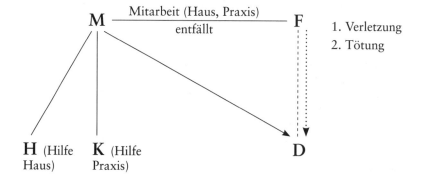

II. Fallfrage

Aus den beiden Fallfragen geht hervor, daß der Fall aus zwei Teilen – einem Ausgangsfall und einer Abwandlung – besteht.

Die *erste* Fallfrage geht dahin, ob **M oder die verletzte F** von D **Schadensersatz** verlangen kann. Dies zeigt, daß es sich um einen „Anwaltsfall" handelt. Denn das Gericht erteilt keine Rechtsberatung; das tut nur ein Anwalt. Am besten versetzen Sie sich daher in die Rolle eines Anwalts, der von M befragt wird, was er bzw. seine Frau in dieser Situation tun soll: Soll M Klage erheben, oder wäre es besser, wenn F dies täte? In die Sachverhaltsskizze habe ich diese Frage bereits miteinfließen lassen, wie die beiden Anspruchspfeile von M bzw. von F gegen D zeigen.

Die *zweite* Fallfrage hat offenbar einen anderen Sinn. Sie bezieht sich nämlich auf die Konstellation, daß F *getötet* worden ist. Ansprüche der F selbst scheiden damit von vornherein aus; in Betracht kommen nur Ansprüche des M gegen D. Das ist denn auch der Sinn dieser Frage: **Kann M** (auch) im Falle der Tötung seiner Frau von D **Schadensersatz** verlangen oder kommt D insoweit ungeschoren davon? In der Praxis hätte ein Anwalt den M außerdem ungefragt darauf aufmerksam zu machen, dass er als (vermutlicher) Erbe auch Anspruch auf Ersatz der Beerdigungskosten hat (§ 844 I BGB). Davon entbindet Sie jedoch der Bearbeitervermerk.

III. Erarbeiten der Lösung

1. Worauf wird es ankommen?

Klar ist, daß für M bzw. F, wenn überhaupt, nur *außervertragliche* Ansprüche bestehen können. Der Bearbeitervermerk grenzt dies weiterhin dadurch ein, daß das StVG, das Entgeltfortzahlungsgesetz und das SGB V ausgeklammert werden. Dadurch wird der Fall zwar ein wenig unrealistisch, weil es in der Praxis vielfach gerade auf diese Ansprüche ankommen wird. Der Sinn dieser Beschränkung ist jedoch der, daß Sie sich ganz auf die *delikts- und familienrechtlichen* Fragen konzentrieren können, die der Fall aufwirft. Denn Sie haben sicher bereits bemerkt, daß der Fall vordergründig zwar im Deliktsrecht spielt, in der Sache jedoch weit in das Familienrecht hineinragt.

Auf *§ 823 BGB* kann sich M offenbar nicht berufen, weil er selbst weder in einem der in Absatz 1 dieser Vorschrift genannten Rechtsgüter verletzt ist noch den Verstoß gegen ein in seinem Interesse erlassenes Schutzgesetz geltend machen kann. Unmittelbar **verletzt** wurde allein F. In Betracht kommt daher nur, daß M den durch die Verletzung seiner Frau ihm zugefügten Vermögensschaden gem. **§ 845 BGB** geltend macht. Das hätte freilich zur Voraussetzung, daß ihm F „**kraft Gesetzes** zur Leistung von Diensten in seinem **Hauswesen** oder **Gewerbe** verpflichtet war".

Eine solche Verpflichtung der Ehefrau war nach Maßgabe der früheren familienrechtlichen Regelungen in der Tat gegeben. Diese Rechtslage war jedoch mit Art. 3 II GG nicht vereinbar. Nach dem heute einschlägigen § 1356 BGB regeln die Ehegatten die *Haushaltsführung* im gegenseitigen Einvernehmen. Soweit einem Ehegatten hiernach die Haushaltsführung überlassen ist, handelt es sich in der Regel um dessen Beitrag zum Familienunterhalt, § 1360 BGB. Eine *Mitarbeitspflicht im Gewerbe* des andern ist explizit nicht mehr vorgesehen und kann sich in seltenen Fällen ebenfalls nur noch mittelbar aus der Familienunterhaltspflicht ergeben. *§ 845 BGB hat daher insoweit seine Grundlage verloren.*

Das wirft im vorstehenden Zusammenhang jedoch ein Problem auf. Die konsequente Durchführung des Gleichberechtigungsgrundsatzes kann nämlich schwerlich zur Folge gehabt haben, daß der Schädiger eines im Haushalt oder Gewerbe des anderen mitarbeitenden Ehegatten von seiner früheren Verpflichtung zum Schadensersatz befreit wurde. Anstelle **von M** muß D seitdem vielmehr **von F** in Anspruch genommen werden können. Als Anspruchsnorm dafür kommt **§ 842 i.V.m. § 823 BGB** in Betracht. Die Schwierigkeit hierbei besteht freilich darin, zu begründen, daß F einen *eigenen Erwerbsschaden* hat, obwohl sie gar keiner Erwerbstätigkeit nachgegangen ist, und daß ein solcher Schaden auch nicht dadurch entfällt, daß M in Ausübung seiner Unterhaltspflicht für die Folgen des Ausfalls aufgekommen ist. Das ergibt sich nicht ohne weiteres aus dem Gesetz. Wenn Sie mit dem Problem zum ersten Mal konfrontiert sind, müssen Sie sich vielmehr etwas einfallen lassen. Immerhin haben Sie den Vorteil, daß Sie das richtige Ergebnis bereits kennen. Denn wenn es zutrifft, daß die Verwirklichung des Gleichberechtigungsgrundsatzes nicht zum Vorteil des Schädigers (und damit zum Nachteil der Ehegatten) ausfallen darf, dann müssen die **Schadensersatzansprüche**, die nach früherer Rechtslage dem Mann zustanden, im Ergebnis nunmehr **der Frau zustehen**.

Bei der Abwandlung des Falles, bei der F von D **getötet** worden ist, kommt dagegen allein ein **Anspruch des M** in Betracht. § 845 BGB scheidet als Anspruchsgrundlage auch in diesem Fall aus; denn der Unfalltod der F ändert nichts daran, daß sie M zur Leistung von *Diensten* gesetzlich nicht verpflichtet war. M kann seinen Anspruch hier allenfalls auf **§ 844 II BGB** stützen. Diese Vorschrift greift ein, wenn und soweit F ihrem Mann gegenüber gesetzlich zum *Unterhalt* verpflichtet war und diesem durch die Tötung seiner Frau das Recht auf den Unterhalt unterzogen wurde. Es kommt also auch hier darauf an, ob und inwieweit die Mitarbeit der F im Haushalt und in der Praxis des M als gesetzliche Unterhaltsleistung anzusehen ist. Davon hängt ab, ob M von D Schadensersatz verlangen kann.

2. Strategie

Die beiden Fragen beantworten Sie in der Reihenfolge, in der sie in der Aufgabenstellung genannt werden. Argumente für ein anderes Vorgehen sind aus dem Sachverhalt nicht ersichtlich. Im Gegenteil: die zweite Fallfrage setzt voraus, daß die erste vorrangig beantwortet wird, weil Sie nur angeben sollen, was bei der Abwandlung anders ist. Sie werden also im Ausgangsfall zunächst den Anspruch des M (von dem Sie bereits wissen, daß er abzulehnen ist) und dann den Anspruch der F prüfen. Bei der Abwandlung geht es dann nur noch um den Anspruch des M.

Zweifellos werden Sie im Rahmen der Anspruchsprüfung danach differenzieren, ob es um den Ausfall der Haushaltsführung oder der Mitarbeit in der Praxis geht. Auf diese Weise haben Sie bereits die Grobstruktur der Gliederung und brauchen diese nur noch etwas näher auszuarbeiten, um zu einer Lösungsskizze zu gelangen, nach der Sie Ihre Ausarbeitung flüssig herunterschreiben können.

3. Lösungsskizze

I. Schadensersatz bei Verletzung

1. Ansprüche des M

§§ 823 I, 845 S. 1 BGB: F von D rechtswidrig-schuldhaft verletzt und unfähig zur Mitarbeit.

a) *Haushaltsführung*:
Frühere Mitarbeitspflicht der F mit Art. 3 II GG unvereinbar.
Haushaltsführung ist vielmehr Beitrag zum Familienunterhalt, § 1360 S. 1 BGB.
Kein Anspruch des M.

b) Ebenso keine Pflicht der F zur *Mitarbeit im Gewerbe* des M, soweit nicht Unterhaltspflicht.

2. Ansprüche der F

Tatbestand des § 823 I BGB verwirklicht. Fraglich ist Schaden.

a) *Haushaltsführung*:
Gem. §§ 842, 843 BGB kann F Erwerbsschaden geltend machen.
Daß sie den Haushalt führt, darf sie nicht schlechter stellen.
Daß M aufgrund seiner Unterhaltpflicht einspringt, schließt Anspruch der F nicht aus, § 843 IV BGB.

b) *Mitarbeit in Praxis*:
Aus Umstand, daß Mitarbeit nicht entgeltlich organisiert wurde, darf D nicht Vorteil erlangen.

II. Schadensersatz des M bei Tötung

1. Wegen Ausfalls der Haushaltsführung

a) §§ 823 I, 845 BGB entfällt wiederum.

b) §§ 823 I, 844 II 1 BGB wegen Entzugs geltwerter Unterhaltsleistungen (soweit diese nicht für F selbst bestimmt).

2. Wegen Ausfalls der Mitarbeit

§§ 823 I, 844 II BGB, soweit Mitarbeit Beitrag zum Familienunterhalt war.

B. Lösung

I. Schadensersatz bei Verletzung

1. Ansprüche des M

M stünde gem. §§ 823 I, 845 S. 1 BGB ein Anspruch auf Schadensersatz gegen D zu, wenn ihm durch die Verletzung der F gesetzlich geschuldete Dienstleistungen in seinem Hauswesen oder Gewerbe entgangen wären. Nach dem Sachverhalt kann davon ausgegangen werden, daß F von D rechtswidrig-schuldhaft verletzt wurde und daß sie infolgedessen sechs Monate lang weder den Haushalt versorgen noch in der Praxis mitarbeiten konnte.

a) Fraglich ist jedoch, ob F ihrem Ehemann i.S. von § 845 BGB kraft Gesetzes *zur Leistung von Diensten in dessen Hauswesen verpflichtet* war.

Eine solche Verpflichtung der Ehefrau war früher in der Tat vorgesehen. Mit Art. 3 II GG war dies jedoch nicht vereinbar. Aus diesem Grund hat der Gesetzgeber diese Verpflichtung 1977 aufgehoben.[1] Die Haushaltsführung eines haushaltsführenden Ehegatten ist seitdem nichts anderes als die besondere Art, wie dieser seiner Pflicht, zum *Familienunterhalt* beizutragen, nachkommt, § 1360 S. 1 BGB. Wie sich aus § 1356 I 2 BGB ergibt, ist er dabei keine Rechenschaft schuldig, sondern handelt in eigener Verantwortung.

Mit dieser Konzeption wäre es nicht vereinbar, F im Rahmen des § 845 BGB so zu behandeln, als ob sie dem M kraft Gesetzes zu Dienstleistungen verpflichtet wäre. Ein Anspruch des M gem. §§ 823 I, 845 BGB kommt daher nicht mehr in Betracht.

b) Eine generelle *Verpflichtung* eines Ehegatten, *im Gewerbe des anderen Teils mitzuarbeiten*, sieht das geltende Recht ebenfalls nicht mehr vor. Sie wurde zusammen mit der sog. Hausfrauenehe aufgehoben, weil sie dem Gesetzgeber nicht mehr gerechtfertigt erschien.[2] Eine Verpflichtung zur Mitarbeit im Gewerbe des andern kann sich daher, wenn überhaupt, allenfalls unter besonderen Voraussetzungen wiederum aus der Familienunterhaltspflicht ergeben. Diese reicht aber nicht so weit, daß F neben der Haushaltsführung auch noch zur Mitarbeit in der Praxis ihres Mannes verpflichtet wäre. Wenn F sich gleichwohl hierzu versteht, dann geschieht dies aus anderen Gründen als zur Erfüllung einer gesetzlichen Mitarbeitspflicht. Ein Ersatzanspruch des M entfällt daher auch insoweit.

2. Ansprüche der F

In Betracht kommt jedoch, daß F ein eigener Anspruch zusteht. D hat gegenüber F den Tatbestand des § 823 I BGB verwirklicht und ist ihr daher dem Grunde nach zum Schadensersatz verpflichtet. Fraglich ist insoweit nur, ob sich die Kosten der beiden Ersatzkräfte als *Schaden der F* darstellen.

a) Wie sich aus § 842 BGB ergibt, erstreckt sich die Schadensersatzverpflichtung auf den Ausgleich derjenigen Nachteile, die für den Erwerb des Verletzten entstanden sind. Was zunächst die *Haushaltsführung* betrifft, so bietet sich hier folgende Vergleichsüberlegung an: Wäre F, anstatt den Haushalt zu führen, ganztägig einer Erwerbstätigkeit nachgegangen, so wäre ihr im Fall einer Verletzung der Verdienstaus-

---

[1] Eine gesetzliche Dienstleistungsverpflichtung in Hauswesen und Geschäft des Berechtigten besteht seitdem nur noch gem. § 1619 BGB für hausangehörige minderjährige Kinder, vgl. Münch-KommBGB-*v. Sachsen-Gesaphe*, 5. Aufl. 2008, § 1619 Rn. 4 ff.

[2] BT-Drs. 7/650, S. 98.

fall zu erstatten gewesen, § 843 I BGB. Hätte sie ihr Erwerbseinkommen zum Teil dafür eingesetzt, eine Haushaltshilfe zu finanzieren, die an ihrer Stelle den Haushalt versorgt hätte, so wären ihr die dafür anfallenden Kosten im Fall ihrer Verletzung mittelbar auf dem Weg über §§ 842, 843 I BGB erstattet worden. Tatsächlich hat F die Hälfte ihrer Arbeitskraft jedoch darauf verwendet, für ihre Familie den Haushalt selbst zu führen. Das ist zwar eine andere Art, zum Familienunterhalt beizutragen. Im Ergebnis aber darf F dadurch nicht schlechter stehen. Sie muß vielmehr auch in diesem Fall so gestellt werden, daß sie eine Ersatzkraft finanzieren kann, die ihre Haushaltsführung ersetzt.

Auf einem anderen Blatt steht die Frage, ob F auch dann ein Schaden entstanden ist, wenn M kraft seiner eigenen Unterhaltspflicht (§ 1360 BGB) für den Ausfall aufkommt. Gem. § 843 IV BGB schließen Unterhaltsansprüche des Verletzten dessen Anspruch aus § 843 I BGB jedoch nicht aus. Der Anspruch besteht auch dann fort, wenn der Unterhalt bereits geleistet wurde.

b) Wäre die *Mitarbeit in der Praxis* des M entgeltlich erfolgt, so hätte F – läßt man die Regelung des Entgeltfortzahlungsgesetzes einmal beiseite – ihren Verdienstausfall von D ersetzt verlangen können, § 842 I BGB. Aber auch dann, wenn F für ihre Tätigkeit kein besonderes Entgelt erhalten hätte, hätte sie keineswegs unentgeltlich gearbeitet. Ihre Mitarbeit diente vielmehr der Sicherung des Familieneinkommens und der Schaffung eigener Werte für beide Ehegatten. Dem deliktischen Schädiger D dürfen aus dieser internen Organisation keine Vorteile erwachsen. Er ist vielmehr verpflichtet, F die Kosten einer Ersatzkraft zu erstatten, durch die sie während der Dauer ihrer Krankheit vertreten wird.

II. Schadensersatzansprüche des M bei Tötung

1. Ansprüche wegen Ausfalls der Haushaltsführung

a) Wie dargelegt (vgl. I 1 a), kann die Haushaltsführung der F nicht als Erfüllung einer gesetzlichen Dienstleistungsverpflichtung angesehen werden. Ein Anspruch des M gem. §§ 823 I, 845 BGB scheidet daher auch im Falle der Tötung der F aus.

b) Allerdings war F gem. § 1360 BGB ihrem Mann gegenüber verpflichtet, zum Familienunterhalt beizutragen. Auch wenn sich beide Ehegatten dahin verständigt hatten, daß F ihrer Unterhaltsleistung im Wege der Haushaltsführung nachkommt, handelt es sich dabei im Kern um eine *gesetzliche Unterhaltspflicht*. Gem. §§ 823 I, 844 II 1 BGB steht M daher ein Anspruch auf Zahlung einer Geldrente in der Höhe zu, in der ihm geldwerte Unterhaltsleistungen der F entzogen worden sind. Dabei ist zu berücksichtigen, daß mit dem Tod der F auch der Unterhaltsanteil entfallen ist, der ihr selbst zugute gekommen wäre.

2. Ansprüche wegen Ausfalls der Mitarbeit

Auch im Hinblick auf den Wegfall der Mitarbeit in der Praxis des M kommt nur ein Anspruch des M gem. §§ 823 I, 844 II 1 BGB in Betracht. Dieser Anspruch hängt davon ab, ob M auch insoweit eine kraft Gesetzes von F geschuldete Unterhaltsleistung entgangen ist. In welchem Umfang die Mitarbeit der F in der Praxis des M der Sicherung des Familienunterhalts oder der Steigerung des Lebensstandards diente, ist Tatfrage. Den über dieses Maß hinausgehenden Teil kann M in keinem Fall ersetzt verlangen. Soweit sich die Mitarbeit dagegen als Beitrag zum Familienunterhalt darstellt, ist auch hier wiederum zu beachten, daß M nur der auf ihn selbst entfallene Anteil entgangen ist. Nur dafür ist er berechtigt, Ersatz zu fordern.

Zur Vertiefung: BGHZ 38, 55 (eigener Schadensersatzanspruch des in der Haushaltsführung beeinträchtigten *verletzten* Ehegatten); BGHZ 50, 304 (kein Schadenseratzanspruch eines Ehegatten gem. § 845 BGB wegen *Verletzung* des haushaltsführenden anderen Ehegatten); BGHZ 51, 109; 77, 157 (Schadensersatzanspruch gem. § 844 II BGB wegen *Tötung* des haushaltsführenden anderen Ehegatten).

36. Das vergessene Testament

Sachverhalt

Arik Müller (A) ist mit seiner Frau Brigitte (B) im gesetzlichen Güterstand verheiratet. Bei der Eheschließung waren beide vermögenslos. Da die Ehe kinderlos geblieben ist, haben A und B im Laufe der Jahre, jeder für sich, ein ansehnliches Vermögen erworben. Um seine Frau für den Fall seines Todes vor den Erbansprüchen seiner Geschwister zu schützen, verfaßt A eines Tages folgendes Schreiben:

> „Wenn ich sterbe, soll meine Frau Brigitte Müller alles erben.
> Arik Müller"

Dieses Schriftstück verwahrt er zusammen mit anderen Papieren in seinem Schreibtisch und verliert es bald aus dem Sinn.

Als A in den zweiten Frühling kommt, lernt er die wesentlich jüngere Claudia Meier (C) kennen. Er verliebt sich so stürmisch in sie, daß er von heute auf morgen zu ihr zieht und außer seinem Rasierapparat nicht viel mitnimmt. In der Folge wird C von A schwanger und bringt eine Tochter zur Welt, die Dora (D) genannt wird. A erkennt die Vaterschaft rechtswirksam an und schließt die kleine D eng in sein Herz, weil ihm klar wird, daß er nur in ihr weiterleben wird.

Nicht lange darauf stirbt A infolge Herzversagens beim Frühsport und hinterläßt ein Vermögen im Wert von 300.000 €. B, die das im Schreibtisch zurückgelassene Schreiben gefunden hat, beansprucht alles für sich. Zusammen mit den 200.000 €, die sie selbst im Laufe der Zeit erworben hat, möchte sie sich damit ein schönes Leben machen.

C sucht einen Anwalt auf und möchte wissen, ob ihre Tochter D völlig leer ausgeht oder ob diese nicht auch etwas zu beanspruchen hat.

A. Vorbereitende Überlegungen

I. Erfassen des Sachverhalts

In dem Fall kommen vier Personen vor: A und drei Frauen, die ihm aus verschiedenen Gründen nahestehen: seine Ehefrau B, seine Freundin C und seine Tochter D. Offensichtlich geht es darum, wie der Nachlaß des A unter B und D zu verteilen ist. Zugunsten der B liegt ein älteres *Testament* vor, D dagegen ist denkbar eng mit A *verwandt*. Wie immer, fertigen Sie zunächst eine Skizze an, aus der man diese Beziehungen mit einem Blick ersehen kann:

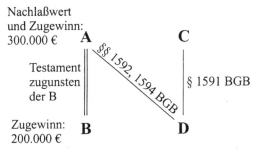

Nachlaßwert
und Zugewinn:
300.000 € **A**   **C**

Testament §§ 1592, 1594 BGB   § 1591 BGB
zugunsten
der B

Zugewinn: **B**   **D**
200.000 €

II. Erfassen der Fallfrage

Der Fall ist ein typischer *Anwaltsfall*: Es wird nicht gefragt, ob einem der Beteiligten gegen einen anderen Beteiligten ein bestimmter, näher bezeichneter Anspruch zusteht. Vielmehr will C wissen, **was ihre Tochter** nach dem Tod ihres Vaters überhaupt **zu beanspruchen hat**. Sie müssen sich daher, ähnlich wie der um Rat befragte Anwalt, in die Situation der C bzw. der D hineinversetzen und die Rechtslage aus deren Sicht heraus prüfen.

C wird zunächst einmal wissen wollen, ob ihre Tochter **Erbin** des A geworden ist, sei es auch nur neben B. In diesem Fall stünde ihr nämlich ein Anteil am Nachlaß selbst zu. Sollte D nicht Erbin geworden sein, müssen Sie weiter der Frage nachgehen, ob ihr dann nicht gegen den tatsächlichen Erben irgendwelche **Forderungen** zustehen.

Aber damit ist der Fall nicht zu Ende. Der Anwalt muß die Rechtslage stets auch daraufhin prüfen, ob sie nicht zugunsten seines Mandanten *verändert* werden kann. Hier etwa ist absehbar, daß das Testament des A, in dem er seine Frau B zur Alleinerbin eingesetzt hat, für seine Tochter D von Nachteil sein dürfte. Sie müssen daher, auch wenn Sie nicht eigens dazu aufgefordert wurden, der Frage nachgehen, ob dieses Testament nicht **angefochten** werden kann und wie sich die Stellung der D dadurch ändert. Der geschickte Anwalt wird sogar überlegen, ob und wie der tatsächliche Erbe auf eine solche Anfechtung *seinerseits reagieren* kann. Denn auch davon hängt ab, was eine Anfechtung im Ergebnis bringt.

III. Erarbeiten der Lösung

1. Worauf wird es ankommen?

Die erste Aufgabe, die sich für Sie stellt, besteht also darin, zu prüfen, ob das *Testament wirksam* ist, und wenn ja, wie es sich auf die Rechtsstellung der D auswirkt. Da A seine Frau B zur Alleinerbin eingesetzt hat, wäre D dadurch enterbt. Entscheidend wäre dann, ob D **pflichtteilsberechtigt** ist und was ihr aus diesem Grund ggf. zusteht. Falls das Testament wirksam ist, müssen Sie also aufzeigen, wie sich der Pflichtteilsanspruch eines Abkömmlings neben dem überlebenden Ehegatten des Erblassers berechnet.

Bei der nächstweiteren Frage, ob das Testament zugunsten der D *angefochten* werden kann, geht es vor allem darum, einen geeigneten **Anfechtungsgrund** zu finden und dann dessen Voraussetzungen zu prüfen. Als Anfechtungsgrund kommt hier allein § 2079 BGB (Übergehung eines Pflichtteilsberechtigten) in Betracht. Mit dieser Vorschrift sowie mit den Modalitäten der Anfechtung werden Sie sich daher ausführlich beschäftigen müssen. Dabei sollten Sie nicht aus dem Auge verlieren, daß D *minderjährig* ist und daher bei der Zurechnung von Kenntnissen und Handlungen durch ihre Mutter als gesetzliche Vertreterin vertreten werden muß.

Greift die Anfechtung durch, kommt die gesetzliche Erbfolge zum Zuge. Danach erhielte B weniger als nach dem Testament. Sie könnte daher auf den Gedanken kommen, die Erbschaft überhaupt **auszuschlagen** und sich auf die Geltendmachung des Zugewinnausgleichs- und des Pflichtteilsanspruchs zu beschränken. Hätte sie selbst keinen Zugewinn erzielt, würde sie dabei gewinnen. Wie verhält es sich hier?

2. Strategie

Klar ist nach all dem, daß Sie zunächst das *Testament* samt den sich daraus für D ergebenden Rechtsfolgen prüfen werden. Im Anschluß daran werden Sie die *Anfechtbarkeit* gem. § 2079 BGB samt den Folgen einer möglichen Anfechtung erörtern.

Die Überlegungen, wie man an den Fall herangeht, führen daher bereits zur Grobstruktur der Gliederung. Um die Lösung flott herunterschreiben zu können, müssen Sie diese nur noch ein wenig ausarbeiten.

3. Lösungsskizze

I. **Rechte der D aufgrund der gegenwärtigen Lage**
1. *Erbeinsetzung der B*
   Testierwille klar.
a) Formwirksames Testament gem. § 2247 BGB?
   § 2247 V BGB: Ort und Zeit hier nicht erforderlich.
b) Unwirksamkeit infolge Trennung?
   § 2077 I: nein.
2. *Ansprüche der D*
   Abkömmling gem. §§ 1592 Nr. 2, 1594 I BGB.
a) *Pflichtteilsrecht*, § 2303 I BGB.
   An sich gesetzliche Erbin gem. § 1924 I BGB.
   Neben B zu 1/2, §§ 1931 I, III, 1371 I BGB.
   Pflichtteil = halber Wert = 75.000 €.
b) Unterhaltsanspruch gegen A (§§ 1615 a, 1601 ff. BGB) mit Tod erloschen, § 1615 I BGB.
   Evtl. *Ausbildungsanspruch* gem. § 1371 IV BGB.

II. Anfechtung des Testaments
§ 2079 BGB

1. Voraussetzungen

a) D = nachträglich geborene Pflichtteilsberechtigte.
§ 2079 S. 2 BGB: Daß bei Kenntnis ebenfalls enterbt, ist nicht anzunehmen.

b) Anfechtungs*recht*: §§ 2080 III, 1626 a II, 1629 I BGB.
Form: gegenüber Nachlaßgericht, §§ 2081 I BGB, 343 I FamFG.
Frist: § 2082 BGB. Gem. § 166 I BGB entscheidet Kenntnis der Mutter.

2. Folgen
Gesetzliche Erbfolge, wie bei Ermittlung des Pflichtteilsanspruchs dargestellt (I 2).
Ausbildungsanspruch gem. § 1371 IV BGB bleibt unberührt.

3. Ausschlagung durch B zu erwarten?
Möglich gem. §§ 1942 I, 1944 I, II BGB.
Fristbeginn mit Kenntnis von gesetzlicher Erbfolge.
Folge: *Zugewinnausgleich* (§§ 1373, 1378 I BGB): 50.000 €.
Pflichtteilsanspruch (§§ 1931 I 1, 2303 BGB): 1/8 bereinigter Nachlaß (250.000 €)
= 31.250 €.
Aber Befreiung von § 1371 IV BGB.
Ausschlagung unwahrscheinlich.

B. Lösung

I. Rechte der D aufgrund der gegenwärtigen Lage

Für die Rechte der D am Nachlaß bzw. gegen den Nachlaß des A könnte es auf das von A hinterlassene Schreiben ankommen.

1. In diesem Schreiben hat A seinen Willen zum Ausdruck gebracht, die B zur Erbin seines gesamten Vermögens einzusetzen. Wäre das Schreiben als wirksames *Testament* zu qualifizieren, wäre B unter Ausschluß der gesetzlichen Erbfolge zur Alleinerbin des A geworden; D dagegen wäre enterbt.

a) Die Formwirksamkeit eines eigenhändigen Testaments richtet sich nach *§ 2247 BGB*. Zwingendes Erfordernis ist danach nur eine eigenhändig ge- und unterschriebene Erklärung. Diese liegt hier vor. Nach § 2247 II BGB soll die Erklärung zwar auch Angaben über Zeit und Ort der Errichtung enthalten. Gem. § 2247 V BGB kann sich das Fehlen dieser Angaben aber nur dann auf die Gültigkeit eines Testaments auswirken, wenn es aus anderen Gründen darauf ankommt. So verhält es sich namentlich dann, wenn in Betracht kommt, daß das Testament an einem Ort errichtet ist, an dem eine andere Rechtsordnung gilt, oder wenn mehrere einander widersprechende Testamente vorliegen, deren Verhältnis zueinander der Klärung bedarf. All dies spielt hier keine Rolle.

b) In Betracht kommt indessen, daß das Testament nachträglich unwirksam geworden ist, als sich A von seiner Frau B getrennt hat. § 2077 I BGB läßt dafür aber die tatsächliche Trennung allein nicht genügen, sondern stellt strengere Voraussetzungen auf. Erforderlich ist zumindest, daß der Erblasser die Scheidung beantragt oder ihr zugestimmt hatte und die Voraussetzungen für eine Scheidung zur Zeit seines Todes gegeben waren. Daran fehlt es hier.

c) Aufgrund des von A hinterlassenen Testaments ist daher *B Alleinerbin* des A geworden.

2. A hat die Vaterschaft wirksam anerkannt. Gem. §§ 1592 Nr. 2, 1594 I BGB kann D daher die Rechtswirkungen geltend machen, die sich aus ihrer Abstammung von A ergeben.

a) Als von der Erbfolge testamentarisch ausgeschlossener Abkömmling kann D gem. *§ 2303 I BGB* von der Erbin B den *Pflichtteil* verlangen. Dabei handelt es sich um einen Zahlungsanspruch, dessen Höhe sich auf die Hälfte des Wertes des gesetzlichen Erbteils beläuft.

Nach der *gesetzlichen Erbfolge* wäre D als Abkömmling des A Erbin der ersten Ordnung (§ 1924 I BGB) und käme gem. § 1931 I BGB zusammen mit der überlebenden Ehefrau B zum Zuge. Nach § 1931 I BGB wäre B zunächst zu einem Viertel als gesetzliche Erbin berufen. Daneben käme gem. § 1931 III BGB aber weiter die Vorschrift des *§ 1371 BGB* zur Anwendung. Wenn die Ehegatten, wie es hier der Fall ist, im gesetzlichen Güterstand der Zugewinngemeinschaft gelebt haben, erhöht sich der gesetzliche Erbteil des überlebenden Ehegatten gem. § 1371 I BGB um ein Viertel der Erbschaft. Insgesamt stünde B also die Hälfte der Erbschaft zu. Die andere Hälfte würde an D fallen.

Der Wert des gesetzlichen Erbteils der D würde danach 150.000 € betragen. Ihr Pflichtteilsanspruch beläuft sich mithin auf 75.000 €.

b) Der Unterhaltsanspruch der D gegen A (§§ 1615 a, 1601 ff. BGB) ist mit dem Tod des A erloschen, § 1615 I BGB. Als erbberechtigter Abkömmling des A, der nicht aus dessen Ehe mit B stammt, könnte D gem. *§ 1371 IV BGB* von B weiter verlangen, daß diese ihr im Bedarfsfall die Mittel zu einer *angemessenen Ausbildung* gewährt. Dieser Anspruch ist jedoch der Höhe nach nicht unbegrenzt. B muß die Mittel nämlich nur aus dem Viertel gewähren, um das ihr Erbteil gem. § 1371 I BGB erhöht worden ist.

II. Anfechtung des Testaments

D könnte jedoch berechtigt sein, das Testament ihres Vaters gem. *§ 2079 BGB* anzufechten und dadurch ihre eigene Stellung verbessern.

1. a) Nach § 2079 S. 1 BGB ist eine letztwillige Verfügung u.a. dann anfechtbar, wenn der Erblasser einen zur Zeit des Erbfalls vorhandenen *Pflichtteilsberechtigten übergangen* hat, der erst nach der Errichtung der Verfügung geboren worden ist. So verhält es sich hier: D ist ein pflichtteilsberechtigter Abkömmling des A (vgl. I 2) und in dessen Testament bereits deshalb nicht berücksichtigt worden, weil sie erst geraume Zeit nach der Testamentserrichtung geboren wurde.

Nach § 2079 S. 2 BGB ist die Anfechtung freilich ausgeschlossen, soweit anzunehmen ist, daß der Erblasser die Verfügung auch *bei Kenntnis der Sachlage* getroffen hätte. Laut Sachverhalt hatte A seine Tochter D eng ins Herz geschlossen. Daß er sie in erbrechtlicher Hinsicht zurücksetzen wollte, ist daher unwahrscheinlich. Auch daß A keine Anstalten unternommen hat, das von ihm errichtete Testament zu widerrufen, spricht nicht für eine solche Absicht. In dem Zeitpunkt, als D geboren wurde, hatte er es nämlich längst vergessen.

b) Gem. *§ 2080 III BGB* ist D als Pflichtteilsberechtigte auch *anfechtungsberechtigt*. Da sie minderjährig ist, muß sie bei der Anfechtung freilich durch ihre Mutter C als gesetzliche Vertreterin vertreten werden, §§ 1626 a II, 1629 I BGB.

c) Gem. *§ 2081 I BGB* ist die Anfechtung gegenüber dem *Nachlaßgericht* zu erklären. Das ist gem. § 343 I FamFG das Amtsgericht, in dessen Bezirk A zur Zeit des Erbfalls seinen Wohnsitz hatte.

Nach *§ 2082 BGB* kann die Anfechtung nur *innerhalb eines Jahres* seit Kenntniserlangung von dem Anfechtungsgrund erfolgen. Da D minderjährig ist, ist gem. § 166 I BGB auf die *Kenntnis ihrer Mutter* C abzustellen.

2. Wenn das Testament wirksam angefochten ist, bestimmt sich die Nachfolge in das Vermögen des A nach der *gesetzlichen Erbfolge*. Diese ist bereits bei der Berechnung des Pflichtteilsanspruchs der D dargestellt worden (vgl. oben I 2). Darauf kann hier verwiesen werden. Im Ergebnis stünde D danach gem. §§ 1924 I, 1931 I, III, 1371 I BGB ein Erbteil in Höhe von 1/2 zu. Zur anderen Hälfte wäre B gesetzliche Erbin des A.

Der Ausbildungsanspruch der D aus § 1371 IV BGB bleibt hiervon unberührt. Er steht D auch dann zu, wenn sie neben B Erbin wird. Voraussetzung ist freilich, daß D bedürftig ist.

3. Möglicherweise wird *B* allerdings die Anfechtung des Testaments durch D zum Anlaß nehmen, die Erbschaft überhaupt *auszuschlagen* und sich auf die Geltendmachung des Zugewinnausgleichs und des Pflichtteilsanspruchs zu beschränken. Dies muß D jedenfalls mitbedenken, bevor sie die Anfechtung erklärt.

Nach §§ 1942 I, 1944 I, II BGB kann B die Erbschaft binnen sechs Wochen ausschlagen. Die Frist beginnt mit dem Zeitpunkt, in dem sie von dem Anfall und dem Grund der Berufung Kenntnis erlangt, im Fall der Anfechtung durch D also mit Kenntnis vom Eintritt der gesetzlichen Erbfolge.

Nach erfolgter Ausschlagung wäre B überhaupt *nicht Erbin* und könnte gem. § 1371 II, III BGB zunächst einmal den *Ausgleich des Zugewinns* verlangen. Dieser Anspruch beläuft sich gem. §§ 1373, 1378 I BGB auf (300.000 € − 200.000 €) : 2 = 50.000 €. Dazu käme der *Pflichtteilsanspruch*, der sich nach § 1371 III, II Hs. 2 BGB nach dem nicht erhöhten gesetzlichen Erbteil berechnet. Das wäre gem. §§ 1931 I 1, 2303 BGB ein Achtel des um die Zugewinnausgleichsforderung verminderten Nachlasses, also 250.000 € : 8 = 31.250 €. Insgesamt könnte B auf diese Weise 81.250 € erlangen, wäre gleichzeitig aber von dem Ausbildungsanspruch nach § 1371 IV BGB befreit, der sich nur gegen den Ehegatten richtet, der gesetzlicher Erbe wird. Mit einer Ausschlagung der gesetzlichen Erbschaft durch B ist demnach eher nicht zu rechnen.

III. Ergebnis

Der Anwalt wird C darüber aufklären, daß D im Augenblick nur ein Pflichtteilsanspruch und – unter bestimmten Voraussetzungen – ein Ausbildungsanspruch zusteht. Durch eine Anfechtung des Testaments kann sie jedoch erreichen, daß sie neben B gesetzliche Erbin in Höhe von 1/2 wird. Auf ihren Ausbildungsanspruch kann das insofern von Einfluß sein, als dadurch ihre Bedürftigkeit verringert wird.

Zur Vertiefung: *Schubert/Czub*, Die Anfechtung letztwilliger Verfügungen, JA 1980, 257 und 334; *Jung*, Die Testamentsanfechtung wegen „Übergehens" eines Pflichtteilsberechtigten, AcP 194 (1994), 42.

37. Zwei widersprechende Verfügungen

Sachverhalt

Anna Schwarz-Weiß (A) ist mit Bernd Weiß (B) verheiratet und hat mit ihm zusammen den gemeinsamen Sohn Christian (C). Eines Tages kommen A und B überein, für den Fall ihres Ablebens Vorsorge zu treffen. Um zu verhindern, daß irgendein anderer etwas von ihrem Nachlaß erhält, verfaßt B im Beisein der A eigenhändig das folgende Testament, das beide gemeinsam unterschreiben:

> „Testament
> Wenn einem von uns etwas zustoßen sollte, soll der andere alles erben. Nach dessen Tod soll dann Christian alles bekommen.
>
> Berlin, den 1.3.2004
>
> Bernd Weiß
Anna Schwarz-Weiß"

Dieses Testament geben beide beim Amtsgericht in amtliche Verwahrung.

Im Jahr darauf stirbt A an Krebs. B steht daher mit dem 12-jährigen C allein da. Nicht zuletzt, um für C eine neue Mutter zu finden, die für ihn sorgt, heiratet B schon bald danach Daisy Rot (D). Dabei schließen beide den gesetzlichen Güterstand vertraglich aus. D versteht sich mit dem Jungen leider gar nicht gut. Als sie eines Tages erfährt, daß ein Testament existieren soll, wonach C nach dem Tod des B dessen gesamten Nachlaß erbt, liegt sie B so lange in den Ohren, bis er handschriftlich ein neues Testament verfaßt. Dieses lautet:

> „Testament
> Ich setze hiermit meine liebe Daisy Rot zu meiner Alleinerbin ein.
>
> Berlin, den 3.10.2011   Bernd Weiß"

Am 20.10.2011 stirbt B bei einem Verkehrsunfall und hinterläßt ein Vermögen im Wert von 500.000 €. 100.000 € davon hat er während seiner Ehe mit D erworben. D selbst hat in dieser Zeit kein Vermögen gebildet. Der mittlerweile volljährige C nimmt den Nachlaß seines Vaters aufgrund des älteren Testaments für sich in Anspruch. D beruft sich auf das jüngere Testament und behauptet ebenfalls, Alleinerbin zu sein.

Wie ist die Rechtslage?

A. Vorbereitende Überlegungen

I. Erfassen des Sachverhalts

In dem Fall kommen vier Personen vor, deren Beziehungen zueinander Sie sich anhand einer Zeichnung so veranschaulichen können:

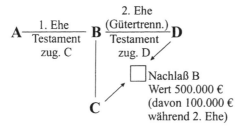

Um sich die zeitliche Abfolge der Ereignisse noch besser vor Augen zu führen, können Sie diese Skizze durch eine Tabelle ergänzen, in der alle Vorgänge der Reihe nach aufgelistet sind:

–	Ehe A/B
1.3.2004	Testament u. a. zugunsten C
2005	A stirbt
–	B heiratet D; Vermögen des B: 400.000 €; gesetzlicher Güterstand ausgeschlossen
3.10.2011	Testament zugunsten D
20.10.2011	B stirbt; Nachlaßwert: 500.000 €.

Mit diesen Orientierungshilfen vor Augen dürfte es Ihnen nicht schwerfallen, den Sachverhalt zu überblicken und alle Personen und Vorgänge, ohne viel überlegen zu müssen, auseinanderzuhalten.

II. Erfassen der Fallfrage

Die Frage nach der Rechtslage könnte allgemeiner nicht sein und bedarf daher der Auslegung.

Wie sich aus dem unmittelbar vorangehenden Text ergibt, streiten C und D um den Nachlaß des B. Jeder von beiden will Alleinerbe sein. Mit der Frage nach der Rechtslage ist daher unmittelbar nichts anderes gemeint, als **wer von beiden Erbe des B** geworden ist.

Soweit es nur darum geht, könnten Sie den Fall sowohl mit den Augen eines *Richters* als auch eines *Anwalts* betrachten. So könnte man sich vorstellen, daß C gegen D auf Feststellung klagt, daß *er* Alleinerbe des B ist, und D Widerklage erhebt mit Antrag festzustellen, daß *sie* Alleinerbin ist. Dann müßte das Gericht über eben diese Frage entscheiden. Denkbar wäre aber auch, daß ein Anwalt um Auskunft gebeten wird, wer von beiden Alleinerbe ist.

Wo *allgemein* nur nach der *Erbenstellung* naher Angehöriger gefragt ist, empfiehlt es sich jedoch wenig, die Richterperspektive einzunehmen. Sie kommen sonst in Gefahr, es bei der Feststellung, daß einer der Beteiligten Erbe ist, bewenden zu lassen. Das wäre für den Richter zwar richtig (§ 308 I ZPO), für den Anwalt jedoch nicht.

Wenn der Anwalt feststellt, daß sein Mandant *nicht* Erbe geworden ist, darf er sich mit dieser Feststellung nicht begnügen, sondern muß ggf. weiter prüfen, ob ein seinem Mandanten nachteiliges Testament **angefochten** werden kann oder ob dem Mandanten wegen des Erbfalls nicht wenigstens **obligatorische Ansprüche** gegen den Nachlaß zustehen. Wo in Betracht kommt, daß der Fall auch als Anwaltsfall gemeint sein könnte, dürfen Sie solche Möglichkeiten nicht übergehen.

III. Erarbeiten der Lösung

1. Worauf wird es ankommen?

Es ist nicht schwer zu sehen, daß in dem Fall die beiden Testamente eine zentrale Rolle spielen werden. Von mehreren Testamenten, die einander widersprechen, gilt grundsätzlich das letzte (§ 2258 I BGB). Das ist auch dann so, wenn es sich bei dem früheren – wie es hier offenbar der Fall ist – um ein gemeinschaftliches Testament handelt. Eine Ausnahme gilt nur insoweit, als ein gemeinschaftliches Testament sog. *wechselbezügliche* Verfügungen enthält. Diese können nämlich nur unter erschwerten Bedingungen widerrufen werden. Sie werden daher festhalten: **Widerruf eines gemeinschaftlichen Testaments** und **wechselbezügliche Verfügungen** (§§ 2271 I, 2270 BGB).

Falls der Widerruf des älteren gemeinschaftlichen Testaments durch das spätere Einzeltestament hier nicht möglich sein sollte, müßten Sie als Anwalt der D an eine **Anfechtung** des gemeinschaftlichen Testaments denken. Als Anfechtungsgrund kommt die nachträgliche Pflichtteilsberechtigung der D in Betracht, *§ 2079 BGB*. Dabei gibt es jedoch ein Problem, auf das Sie nur kommen werden, wenn Sie über erbrechtliche Kenntnisse verfügen: Beim *Erbvertrag* haben später hinzugetretene Pflichtteilsberechtigte dann *kein* Anfechtungsrecht, wenn bereits der Erblasser sein Anfechtungsrecht verloren hatte, *§ 2285 BGB*. Eine entsprechende Vorschrift gibt es beim *gemeinschaftlichen Testament* zwar nicht. Um Anfechtungslücken zu schließen, werden beim gemeinschaftlichen Testament die *§§ 2281 ff. BGB* in bestimmtem Umfang jedoch *entsprechend* herangezogen. Das könnte sich auch auf den Anfechtungsausschluß gem. § 2285 BGB beziehen.

Wo in Erbrechtsfällen Ehegatten mit im Spiel sind, sollten Sie immer auch an das **Ehegattenerbrecht** samt **Pflichtteil** und (bei gesetzlichem Güterstand) an den **Zugewinnausgleich im Todesfall** denken. Als Anwalt der D können Sie sich nämlich nicht damit begnügen, die Frage der D, ob sie Alleinerbin des B geworden ist, zu verneinen. Wenn nicht feststeht, daß D über den Ehegattenpflichtteil, den Zugewinnausgleich u.ä.m. Bescheid weiß, müssen Sie diese obligatorischen Ansprüche in Ihre Auskunft miteinbeziehen.

Auch hier finden sich im Sachverhalt Angaben dazu, daß B einen Zugewinn gemacht hat, D jedoch nicht. Da beide bei ihrer Eheschließung den *gesetzlichen Güterstand ausgeschlossen* haben, sollten Sie freilich gleich erkennen, daß ein *Zugewinnausgleich hier nicht in Betracht kommt*. Die Angaben über den Zugewinn sind daher überflüssig und letztlich nur ein Versuch des Aufgabenstellers, Sie ein wenig aufs Glatteis zu führen.

Zu erbrechtlichen Nebenansprüchen – falls Ihnen solche bekannt sind – könnten Sie dagegen eher ein Wort verlieren.

2. Strategie

Wo es um mehrere einander widersprechende Testamente geht, beginnt man, wenn man sich unnötige Arbeit sparen will, mit der Prüfung des *letzten*. Wenn dieses nämlich wirksam ist, wird ein früheres Testament, das damit in Widerspruch steht, gem. § 2258 I BGB aufgehoben, so daß Sie sich dessen Prüfung sparen können. Kommt freilich in Betracht, daß es sich bei dem älteren Testament um ein *gemeinschaftliches* Testament mit *wechselbezüglichen* Verfügungen handelt, kommen Sie um dessen Prüfung nicht herum, weil davon die Anwendbarkeit des § 2258 I BGB abhängt. Ob Sie in diesem Fall mit der Prüfung des letzten Testaments beginnen und dabei die Widerruflichkeit des gemeinschaftlichen Testaments miteinbeziehen oder ob Sie von vornherein „historisch" vorgehen, ist letztlich Geschmacksfrage.

Sollte sich herausstellen, daß D Alleinerbin ist, müssen Sie als Anwalt des C natürlich sofort an dessen *Pflichtteilsanspruch* als Abkömmling des B denken. Sollte sich umgekehrt ergeben, daß das ältere Testament vorgeht, gilt für den Anwalt der D entsprechendes; denn auch der Ehegatte des Erblassers gehört zu den Pflichtteilsberechtigten. Außerdem sollten Sie, wie erwähnt, in diesem Fall auch einen Gedanken auf eine mögliche *Anfechtung* des älteren gemeinschaftlichen Testaments und deren Folgen verwenden.

3. Lösungsskizze

I. Anfall der Erbschaft

Verfügung geht Gesetz vor. Von mehreren Verfügungen gilt letzte, § 2258 I BGB.

1. *Testament vom 3.10.2011*
a) Formwirksam gem. § 2247 BGB.
   Danach D *Alleinerbin*.
b) Früheres Testament gem. § 2258 I BGB aufgehoben, wenn nicht bindend.
   Hier evtl. *bindend* gem. §§ 2271, 2270 BGB.
2. *Testament vom 1.3.2004*
a) Formwirksam nach § 2267 BGB.
   Formerleichterung bei Errichtungszusammenhang.
b) § 2269 I BGB: im Zweifel Schluß-, nicht Nacherbe.
c) Wechselbezügliche Verfügungen, § 2270 II BGB.
   Von B nicht durch Testament widerrufbar, § 2271 II BGB.
d) Anfechtung durch D gem. §§ 2079 f. BGB?
   Bei *Erbvertrag* wäre Anfechtung gem. §§ 2281, 2283, 2285 BGB ausgeschlossen.
   Hier hätte B gemeinschaftliches Testament analog § 2281 I BGB anfechten können.
   Also muß auch *§ 2285 BGB analog* gelten.
3. *Fazit: älteres Testament gilt, C ist Alleinerbe.*

II. Ansprüche der D gegen Nachlaß

1. *§ 2303 BGB*
   Pflichtteil = Wert halber Erbteil, § 2303 I 2 BGB.
   § 1931 IV BGB: Ehegattenerbrecht neben Kind bei Gütertrennung: 1/2.
   1/4 = 125.000 €.
2. *Kein Zugewinnausgleich, da Gütertrennung.*
3. *Evtl. Voraus, § 1969 BGB.*

B. Lösung

I. Der Anfall der Erbschaft

Wenn ein wirksames Testament vorliegt, richtet sich die Erbfolge nach diesem und nicht nach dem Gesetz, § 1937 BGB. Hat der Erblasser mehrere Testamente hinterlassen, so gilt, soweit sie einander widersprechen, grundsätzlich das letzte, § 2258 I BGB.

1. Aufgrund des *zweiten Testaments* vom 3.10.2011, in dem allein D bedacht wurde, könnte D *Alleinerbin* des B geworden sein.

Dieses Testament ist von B unter Angabe von Ort und Zeit der Errichtung eigenhändig ge- und unterschrieben worden und daher gem. § 2247 BGB formwirksam zustande gekommen. Rechtswirkungen kann es aber nur dann entfalten, wenn dadurch das *ältere Testament*, in dem D nicht bedacht ist, außer Kraft gesetzt wurde. Grundsätzlich wird zwar ein früheres Testament durch ein später verfaßtes insoweit aufgehoben, als es diesem widerspricht, § 2258 I BGB. Das gilt jedoch dann nicht, wenn es sich bei dem älteren Testament um ein *gemeinschaftliches* Testament handelt, dessen Verfügungen gem. § 2271 BGB *bindend* geworden sind.

2. Wie § 2265 BGB für die Errichtung eines *gemeinschaftlichen Testaments* voraussetzt, waren A und B miteinander verheiratet. Mit dem am 1.3.2004 unterzeichneten Schriftstück wollten beide für den Fall ihres Ablebens gemeinsam Vorsorge treffen, so daß auch der Errichtungszusammenhang, der für die in einem gemeinschaftlichen Testament enthaltenen Verfügungen vorausgesetzt wird, gewahrt ist.

a) Nachdem das Testament von B eigenhändig ge- und unterschrieben, von A dagegen nur unterschrieben wurde, ist im Hinblick auf A die Form des § 2247 I BGB nicht eingehalten. Nach *§ 2267 BGB* reicht es jedoch aus, wenn einer der Ehegatten das Testament in der Form des § 2247 BGB verfaßt und der andere die gemeinsame Erklärung eigenhändig mitunterzeichnet. Diese Voraussetzung ist hier erfüllt.

b) In diesem Testament ist auch C als Erbe bedacht worden, wenn auch erst nach dem Tod des zuletzt versterbenden Ehegatten. Gem. § 2269 I BGB ist bei einer solchen Gestaltung anzunehmen, daß der Dritte beim Tod des zuletzt Verstorbenen nicht dessen Erbe und zugleich Nacherbe des zuerst Verstorbenen, sondern insgesamt *Schlußerbe des zuletzt Verstorbenen* werden soll. Davon ist mangels entgegenstehender Umstände auch hier auszugehen.

c) In Betracht kommt, daß es sich bei der Schlußerbeneinsetzung des C um eine *wechselbezügliche Verfügung* i.S. von § 2270 BGB handelt, die nach § 2271 BGB nur unter erschwerten Bedingungen widerrufen werden kann.

Mehrere Verfügungen, die in einem gemeinschaftlichen Testament getroffen worden sind, stehen dann in einem Verhältnis der Wechselbezüglichkeit, wenn anzunehmen ist, daß die eine ohne die andere nicht getroffen worden wäre, § 2270 I BGB. Nach der Auslegungsregel des § 2270 II BGB ist ein solches Verhältnis im Zweifel dann anzunehmen, wenn sich die Ehegatten gegenseitig bedenken oder wenn der eine bedacht wird und dieser für den Fall seines Überlebens eine Verfügung zugunsten einer Person trifft, die mit dem anderen Ehegatten verwandt ist. Danach ist hier davon auszugehen, daß die von A und B zugunsten ihres Sohnes C getroffene Verfügung mit ihrer gegenseitigen Erbeinsetzung im Verhältnis der Wechselbezüglichkeit steht.

Gem. § 2271 I 2 BGB konnte die Erbeinsetzung des C daher *nicht durch ein späteres Testament widerrufen* werden.

d) Zu prüfen bleibt freilich, ob D das ältere Testament gem. § 2079 BGB *anfechten* kann. Als Ehefrau des B ist D im Verhältnis zu diesem gem. § 2303 II BGB *pflicht-teilsberechtigt*. Diese Pflichtteilsberechtigung ist erst nach Errichtung des gemeinschaftlichen Testaments am 1.3.2004 eingetreten. Daß B dieses Testament auch bei Kenntnis der späteren Entwicklung abgefaßt hätte, ist im Zweifel nicht anzunehmen. Die Voraussetzungen des § 2079 BGB liegen daher an sich vor.

Das Anfechtungsrecht der D könnte jedoch *analog § 2285 BGB ausgeschlossen* sein. Diese Vorschrift bezieht sich zwar nicht auf das gemeinschaftliche Testament, sondern auf den *Erbvertrag*. Es ist jedoch anerkannt, daß die für den Erbvertrag vorgesehenen Anfechtungsregeln in bestimmtem Umfang auf das gemeinschaftliche Testament entsprechend anzuwenden sind.

Solange der andere Ehegatte noch lebt, kann ein gemeinschaftliches Testament unter Einhaltung der in den §§ 2271, 2296 BGB vorgesehenen Form von jedem Ehegatten frei widerrufen werden. Einer Anfechtungsmöglichkeit bedarf es insoweit nicht. Nach dem Tod des anderen Ehegatten ist jedoch der Überlebende grundsätzlich gebunden, § 2271 II BGB. Hätte er kein gemeinschaftliches Testament verfaßt, sondern einen Erbvertrag abgeschlossen, könnte er beim Auftreten eines neuen Pflichtteilsberechtigten gem. § 2281 I BGB anfechten. Daß die Bindung beim gemeinschaftlichen Testament weiterreicht als beim Erbvertrag, wird zu Recht als widersprüchlich empfunden. Analog § 2281 I BGB muß daher in diesen Fällen auch ein gemeinschaftliches Testament durch den Erblasser aufgrund des § 2079 BGB angefochten werden können.

Dabei kann die Anfechtung durch den überlebenden Ehegatten entsprechend § 2283 I BGB aber nur *binnen Jahresfrist* erfolgen. Die Frist beginnt mit dem Zeitpunkt, in welchem der Überlebende von dem Anfechtungsgrund Kenntnis erlangt, § 2283 II BGB. Anfechtungsgrund war hier der Umstand, daß D infolge ihrer Heirat im Verhältnis zu B pflichtteilsberechtigt geworden ist. Davon hat B im Zeitpunkt der zweiten Eheschließung, also schon bald nach dem Tod der A erfahren. Sein eigenes Anfechtungsrecht war daher analog § 2283 I BGB bereits *erloschen*.

Das kann auf das *Anfechtungsrecht der D* nicht ohne Einfluß bleiben. Wendet man nämlich die für den Erbvertrag geltenden Anfechtungsvorschriften auf das gemeinschaftliche Testament entsprechend an, muß dies auch für diejenigen Vorschriften gelten, durch die das Anfechtungsrecht *begrenzt* wird. Nach § 2285 BGB können Dritte, die an sich gem. §§ 2078 f. BGB anfechtungsberechtigt sind, den Erbvertrag nicht mehr anfechten, wenn das Anfechtungsrecht des Erblassers zur Zeit des Erbfalls bereits erloschen war. Soweit beim gemeinschaftlichen Testament der Überlebende in entsprechender Anwendung des § 2281 I BGB anfechtungsberechtigt war, muß er daher das Anfechtungsrecht analog §§ 2283 I, 2285 BGB auch für übergegangene Pflichtteilsberechtigte verlieren können.

Im Ergebnis kann D das gemeinschaftliche Testament daher nicht anfechten. Sie bleibt von der Erbfolge ausgeschlossen.

II. Ansprüche der D gegen den Nachlaß

1. Als Ehefrau des Erblassers steht D jedoch gegen den Nachlaß ein *Pflichtteilsanspruch* gem. § 2303 I, II BGB zu.

Der Pflichtteil besteht in der Hälfte des Wertes des gesetzlichen Erbteils, § 2303 I 2 BGB. Wie hoch der gesetzliche Erbteil des Ehegatten ist, bemißt sich, wenn *Gütertrennung* bestand und der überlebende Ehegatte neben einem oder zwei Kindern des Erblassers zum Zug kommt, nach *§ 1931 IV BGB.* Danach erben der Ehegatte und jedes Kind zu gleichen Teilen. Neben C würde sich der gesetzliche Erbteil der D somit auf die Hälfte belaufen. Als Pflichtteil steht ihr demnach ein Viertel des Nachlaßwertes zu. D kann daher von C Zahlung von 125.000 € verlangen.

2. Nachdem B und D den gesetzlichen Güterstand ausgeschlossen hatten (§ 1414 BGB), kommt ein Zugewinnausgleich nicht in Betracht.

3. Als Familienangehörige des B, die zur Zeit, als dieser starb, zu dessen Haushalt gehörte, kann D von C u. U. aber den sog. *Dreißigsten* verlangen, § 1969 BGB. Voraussetzung dafür ist, daß sie von B Unterhalt bezogen hatte. Der Sachverhalt enthält dazu keine Angaben.

III. Ergebnis

C ist Alleinerbe des B. D kann von C Zahlung von 125.000 €, u. U. auch noch den sog. Dreißigsten verlangen.

Themenkomplex 8: Zivilprozeßrecht

38. Vaterschaft durch Anwaltskunst

Sachverhalt

M und F, beide wohnhaft in Bremen, waren miteinander verheiratet. Während der Ehe wurde eine Tochter T geboren, die zunächst M's ganzes Glück war. Nachdem F eines Tages anläßlich eines Streits hatte durchblicken lassen, daß T in Wahrheit von D stamme, war der Hausfrieden jedoch gestört. M trennte sich von seiner Frau und überlegte, ob er auch die Vaterschaft zu T anfechten solle. Um sein gutes Verhältnis zu T nicht zu gefährden, zögerte er lange. Die Befürchtung, während der ganzen Schulzeit der T und auch noch während eines späteren Studiums Unterhalt zahlen zu müssen und am Ende von T als Vater womöglich doch nicht akzeptiert zu werden, gab schließlich den Ausschlag. Einen Monat vor Ablauf der Anfechtungsfrist beauftragte er den Bremer Rechtsanwalt R_1, die Vaterschaft anzufechten und gegen F Antrag auf Scheidung zu stellen.

R_1 stellte auftragsgemäß Scheidungsantrag, versäumte es aus Versehen jedoch, auch die Vaterschaft anzufechten. In der Folge wurden M und F geschieden und M zur Zahlung von Betreuungsunterhalt an F in Höhe von monatlich 800 € verurteilt. Das Sorgerecht über T wurde F zugesprochen. Wenig später wurde M auf Antrag der T hin auch zur Zahlung von Unterhalt in Höhe von 300 € monatlich an T verurteilt.

M nahm sich daraufhin einen neuen Anwalt, den ebenfalls in Bremen ansässigen R_2, von dem er erfuhr, daß er den aus der versäumten Vaterschaftsanfechtung entstandenen Schaden von R_1 ersetzt verlangen könne. Vertreten durch R_2 erhob M daher vor dem LG Bremen Klage gegen R_1 mit dem Antrag, diesen zu verurteilen, monatlich 300 € an ihn zu zahlen. Zur Begründung trug er den Sachverhalt vor, wie er oben geschildert ist. Zugleich stellte er klar, daß er damit vorerst nur denjenigen Schaden geltend machen wolle, der ihm durch seine Unterhaltspflicht gegenüber T entstanden sei.

In der mündlichen Verhandlung ist R_1 aus ungeklärter Ursache säumig. R_2 beantragt den Erlaß eines Versäumnisurteils.

Wie wird das Gericht entscheiden?

Bearbeitervermerk: Gehen Sie in Ihrem Gutachten davon aus, daß die biologische Abstammung der T von D außer Zweifel steht.

A. Vorbereitende Überlegungen

I. Erfassen des Sachverhalts

Das erste Überfliegen des Falles läßt Sie vielleicht Schlimmes vermuten. Groß ist daher die Versuchung, daß Sie zunächst einmal die gesetzlichen Vorschriften über die
Vaterschaftsanfechtung und die Unterhaltspflicht zwischen Verwandten und
Geschiedenen durchblättern in der Hoffnung, dadurch Klarheit in die Sache zu bringen. Sie werden damit aber kaum weiterkommen. Wenn Sie sich dagegen konsequent
an die Methode halten, die Sie gelernt und geübt haben, werden Sie schnell feststellen, daß es im Kern um etwas ganz anderes geht.

Zunächst müssen Sie freilich den Sachverhalt plastisch vor Augen haben: Die Frau
des M hat während der Ehe eine Tochter geboren, deren Erzeuger in Wahrheit D ist.
Die **Vaterschaftsanfechtung** wird durch ein *Verschulden* des damit beauftragten
Anwalts **versäumt**. M wird daher zur *Unterhaltsleistung* an F und T verurteilt. Um
den erlittenen **Schaden** auf R_1 abzuwälzen, erhebt M gegen diesen eine Zahlungsklage,
mit der er allerdings nur den Unterhaltsschaden im Verhältnis zu T geltend macht.[1]

Dieser Sachverhalt ist bildlich nur schwer darzustellen. Auch hier kann Ihnen jedoch eine Skizze, in der die auftretenden Personen festgehalten sind, eine Hilfe geben:

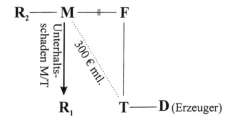

Nützlich ist auch eine Auflistung nach folgendem Muster:
- Eheschließung M/F
- Geburt der T (Erzeuger D)
- Auftrag an R_1 für Anfechtung und Scheidung
- Anfechtung versäumt
- 300 € Monatsunterhalt an T
- Klage gegen R_1
- R_1 säumig

II. Erfassen der Fallfrage

Gefragt ist nach der Entscheidung des *Gerichts*. Um festzustellen, was zu tun ist,
müssen Sie sich daher in die Situation des zur Entscheidung berufenen Richters versetzen.

Das erste Interesse des Richters gilt dem gestellten Antrag. An diesen ist er nämlich
gem. § 308 I ZPO gebunden. Ansprüche zu untersuchen, die nicht geltend gemacht
sind, wäre für einen Richter unnütze Mühe. Hier hat M gegen R_1 Klage erhoben *mit*

---

[1] Wenn F allein wegen der Betreuung der „gemeinschaftlichen" Tochter T Unterhalt zugesprochen
worden ist (§ 1570 BGB), könnte M auch insoweit Schadensersatz verlangen.

dem Antrag, *R₁ zu monatlichen Zahlungen von 300 € zu verurteilen*. Gefragt ist, **wie über diesen Antrag zu entscheiden** ist.

An sich könnte man daran denken, daß M sowohl wegen seiner Unterhaltsverpflichtung *gegenüber T* als auch *gegenüber F* Schadensersatz verlangen kann. Allerdings wären dies *zwei verschiedene Streitgegenstände*. Wenn M seine Belastung mit beiden Unterhaltsansprüchen geltend machen, dabei aber nicht den Gesamtschaden (monatlich 300 € + 800 € = 1.100 €) einklagen würde, wäre er nach § 253 II Nr. 2 ZPO gehalten, den geltend gemachten Betrag auf die einzelnen Ansprüche *aufzuteilen*. Im vorliegenden Fall sind Sie dieser Problematik dadurch enthoben, daß M ausdrücklich erklärt hat, vorerst nur seinen *Unterhaltsschaden im Verhältnis zu T* geltend machen zu wollen. Auf den Unterhaltsschaden im Verhältnis zu F brauchen Sie daher nicht einzugehen.

Welche Entscheidung das Gericht zu treffen hat, hängt neben dem gestellten Antrag auch von dem *Sachverhalt* ab, von dem es dabei ausgeht. Hier befinden wir uns in der mündlichen Verhandlung, wobei der **Beklagte säumig** ist. Das Gericht muß daher das tatsächliche mündliche Vorbringen des Klägers so behandeln, als sei es *zugestanden*, § 331 I ZPO. Das heißt nichts anderes, als daß es der Entscheidung unbewiesen zugrunde zu legen ist (vgl. § 288 I ZPO). Das Gericht hat also lediglich zu prüfen, ob der vom Kläger gestellte Antrag auf der Basis der klägerischen Behauptungen als *zulässig* und *begründet* („schlüssig") erscheint, § 331 II ZPO. Je nach dem Ausgang dieser Prüfung ist das beantragte Versäumnisurteil zu erlassen oder die Klage abzuweisen.

Damit ist die Aufgabe vollständig erfaßt: Sie sollen unter Zugrundelegung des von M vorgetragenen Sachverhalts seine **Klage** auf Ersatz seines Unterhaltsschadens im Verhältnis zu T **auf Zulässigkeit und Begründetheit prüfen**.

III. Erarbeiten der Lösung

1. Worauf wird es ankommen?

Wo es um Haftung geht, muß zunächst eine Anspruchsgrundlage benannt werden. Soweit der Anwalt die *Prozeßvertretung* seines Mandanten übernimmt, wird er im Rahmen eines *Dienstvertrages* tätig, der eine Geschäftsbesorgung i. S. von § 675 I BGB zum Gegenstand hat. Erfüllt er diesen Vertrag schlecht, weil er zum Nachteil seines Mandanten gegen Schutzpflichten verstößt, haftet er ggf. gem. §§ 280 I, 241 II **BGB**.

Ein Hauptproblem des Falles aber besteht darin, zu begründen, daß M ein **Schaden** entstanden ist. Wenn Sie eine Schadensverursachung prüfen, stellen Sie stets hypothetische Überlegungen an: Sie vergleichen einen realen Kausalverlauf mit einem hypothetischen. Dementsprechend müssen Sie hier den realen Verlauf des Geschehens mit dem Verlauf vergleichen, zu dem es bei sorgfältigem Vorgehen von R₁ gekommen wäre: Stünde M jetzt besser da, wenn R₁ die Anfechtungsfrist nicht versäumt hätte? Im Rahmen des vorliegenden Regreßprozesses ist also **ein anderer Prozeß hypothetisch durchzuspielen**. Das kann zu schwierigen Fragen führen: Kommt es darauf an, wie das frühere Gericht unter den gegebenen Bedingungen *tatsächlich* entschieden hätte? Oder ist maßgebend, wie es *richtigerweise* hätte entscheiden müssen? Im vorliegenden Fall haben Sie es insoweit einfach: Bei richtigem Vorgehen des R₁ wäre M in der Folge nicht zum Unterhalt verurteilt worden, und zwar zu Recht nicht.

Wie Sie sicher wissen, ist seit Jahren vielfach darüber diskutiert worden, ob ein ungewolltes *Kind* bzw. die dadurch ausgelöste Unterhaltspflicht einen **Schaden** im

Rechtssinn darstellt. Hier haben Sie Gelegenheit, der Frage einmal unter einem anderen Aspekt nachzugehen.

Die **Zulässigkeit** stellt demgegenüber kein großes Problem dar. Sie können sich daher mit wenigen Hinweisen zu den Punkten begnügen, die hier allein von Interesse sind: Zuständigkeit, Klage auf wiederkehrende Leistungen, anwaltliche Vertretung, Voraussetzungen eines Versäumnisurteils.

2. Strategie

Bei einem prozessualen Richterfall wie hier prüfen Sie grundsätzlich *erst die Zulässigkeit* und *dann die Begründetheit*. (Bei einer Säumnis des Beklagten geht es dabei, wie erwähnt, nur um die sog. Schlüssigkeit.)

Eine feste Reihenfolge für die einzelnen **Sachurteilsvoraussetzungen** gibt es nicht. Üblicherweise prüft man zunächst die Sachurteilsvoraussetzungen, die das *Gericht*, dann solche, die die *Parteien* und schließlich solche, die den *Streitgegenstand* betreffen. Aus Gründen der Klarheit sollten Sie die *besonderen* Zulässigkeitsvoraussetzungen eines Versäumnisurteils mit den *allgemeinen* Zulässigkeitsvoraussetzungen nicht durcheinanderbringen, sondern unter einem eigenen Gliederungspunkt behandeln. Aber nochmals: hüten Sie sich, ein auswendig gelerntes Schema der Reihe nach „abzuhaken"; beschränken Sie sich vielmehr auf die Punkte, zu denen es wirklich etwas zu sagen gibt!

Bei der **Schlüssigkeitsprüfung** kommt es aus sachlogischen Gründen zu einer Zweiteilung: Der geltend gemachte Anspruch setzt eine *Schutzpflichtverletzung des R_1* und einen daraus entstandenen *Schaden des M* voraus. In welcher Reihenfolge Sie diese beiden Voraussetzungen prüfen, ist letztlich eine Frage der Zweckmäßigkeit.

Durch ein kurzes Nachdenken über Ihr weiteres Vorgehen kommen Sie also bereits zur Grobstruktur einer Gliederung.

3. Lösungsskizze

§ 331 I, II ZPO: Beantragtes Versäumnisurteil gegen R_1 ergeht, wenn prozessuale und sachliche Voraussetzungen vorliegen.

I. Zulässigkeit
1. *Zuständigkeit des LG Bremen:*
   sachlich §§ 71 I, 23 Nr. 1 GVG, 9 ZPO
   örtlich §§ 12 f. ZPO
2. *§ 258 ZPO: Klage auf künftige Leistung bei wiederkehrenden Leistungen zulässig.*
3. *§ 78 I ZPO*
4. *Säumnis des R_1.*
   Kein Hinderungsgrund i. S. von § 337 ZPO.

II. Schlüssigkeit
Wird nur auf Grundlage des Klägervortrags geprüft, § 331 I ZPO.
1. *Verpflichtung des R_1 zum Schadensersatz:*
   Nebenpflichtverletzung im Rahmen des mit M geschlossenen Vertrages, §§ 280 I, 241 II BGB.
a) Prozeßvertretung ist Dienstvertrag, auf den § 675 I BGB Anwendung findet.
b) Anwalt muß Interessen des Mandanten in Grenzen des Mandats umfassend wahrnehmen.
   Wichtige Pflicht: Rechte des Mandanten gegen Fristablauf sichern. Hier: § 1600 b I BGB.

2. *Schaden*

Vergleich von realer und hypothetischer Vermögenslage.

a) Jetzige Lage:

Unterhaltpflicht gegenüber T gem. §§ 1601 ff. BGB.

b) Bei Vaterschaftsanfechtung: M wäre rechtlich nicht Kindesvater, § 1599 I BGB.

Also: keine Unterhaltpflicht gegenüber T.

c) Kind als Schaden?

Vermögensschaden ist *Unterhaltspflicht.*

Geltendmachung verstößt nicht gegen Art. 1, 2 GG.

B. Lösung

Das LG Bremen wird das beantragte Versäumnisurteil gegen R_1 erlassen, wenn die prozessualen Voraussetzungen dafür vorliegen und die Klage außerdem schlüssig ist.

I. Zulässigkeit

1. Gem. *§§ 23 Nr. 1, 71 I GVG* ist das LG für Ansprüche, deren Geldwert den Betrag von 5.000 € übersteigt, *sachlich zuständig.* Bei wiederkehrenden Leistungen kommt es dabei, wenn die Dauer des Bezugsrechts unbestimmt ist, gem. § 9 ZPO auf den dreieinhalbfachen Wert des einjährigen Bezugs an. Hier verlangt M Schadensersatz wegen des Unterhalts, den er auf unbestimmte Zeit hinaus an T leisten muß. Der Unterhaltsanspruch ist ein typischer Anwendungsfall für wiederkehrende Leistungen. Dasselbe gilt daher auch für den Schadensersatzanspruch auf periodische Unterhaltskostenerstattung. Der Wert des einjährigen Bezugs der von M geltend gemachten Schadensersatzrenten beläuft sich auf 3.600 €. Der dreieinhalbfache Wert liegt also weit oberhalb des für die sachliche Zuständigkeit maßgebenden Betrags von 5.000 €.

Da der Beklagte seinen Wohnsitz in Bremen hat, ist das LG Bremen gem. §§ 12, 13 ZPO auch *örtlich zuständig.*

2. Mit seiner Klage macht M Ansprüche geltend, die – wenn überhaupt – erst in Zukunft fällig werden. Bei wiederkehrenden Leistungen wie hier erklärt § 258 ZPO dies ausdrücklich für zulässig.

3. Nach § 78 I ZPO kann eine Klage am LG nur dann wirksam erhoben werden, wenn sich der Kläger dabei durch einen Rechtsanwalt vertreten läßt. Auch diese Voraussetzung ist gewahrt.

4. Eine besondere Voraussetzung für den Erlaß eines Versäumnisurteils ist weiter, daß die Partei, gegen die es beantragt ist, im Termin zur mündlichen Verhandlung nicht erschienen ist, §§ 330, 331 I 1 ZPO. Das ist hier der Fall. Auf die Gründe, weshalb die betreffende Partei säumig ist, kommt es nicht an. Allerdings hat das Gericht die Verhandlung gem. § 337 ZPO zu vertagen, wenn es dafür hält, daß die Partei ohne ihr Verschulden am Erscheinen verhindert ist. Dafür muß es freilich Anhaltspunkte geben, wie sie hier nicht ersichtlich sind.

Die formellen Voraussetzungen für den Erlaß eines Versäumnisurteils gegen den Beklagten liegen daher vor.

II. Schlüssigkeit

Nach § 331 I 1 ZPO ist bei Säumnis des Beklagten das tatsächliche mündliche Vorbringen des Klägers als zugestanden anzunehmen. Es bedarf daher gem. § 288 I ZPO keines Beweises. Gem. § 331 II ZPO hat das Gericht lediglich zu prüfen, ob der klägerische Tatsachenvortrag den Klageantrag rechtfertigt oder nicht.

1. In Betracht kommt hier, daß R_1 wegen Verletzung der ihm gegenüber M obliegenden Anwaltspflichten gem. §§ 280 I, 241 II BGB *zum Schadensersatz verpflichtet* ist.

Bei einem Anwaltsvertrag, der auf die Wahrnehmung einer Prozeßvertretung gerichtet ist, handelt es sich im Unterschied zu der Erstattung eines Gutachtens oder der Ausarbeitung eines Vertrags um einen Dienstvertrag, auf den wegen der besonderen Art der übernommenen Dienste bzw. wegen der damit verbundenen Interessenlage § 675 I BGB Anwendung findet. Aufgrund dieses Vertrages muß der Anwalt die Interessen seines Mandanten in den Grenzen des übernommenen Mandats umfassend wahrnehmen. Zu den Pflichten des Anwalts gehört es u. a., die Rechte des Mandanten gegen Fristablauf zu sichern. Bei einem Verstoß gegen solche Schutzpflichten kommt eine Haftung gem. §§ 280 I, 241 II BGB in Betracht.

Hier hat R_1 versehentlich die Frist für eine Vaterschaftsanfechtung (§ 1600 b I BGB) versäumt. Darin liegt ein schwerer und von R_1 auch zu vertretender Verstoß gegen die aus dem Anwaltsvertrag ihm obliegenden Pflichten gegenüber M. Er ist daher diesem gegenüber zum Ersatz des daraus entstandenen Schadens verpflichtet.

2. Ob M ein *Schaden* erwachsen ist und, falls ja, in welcher Höhe, bestimmt sich grundsätzlich nach einem *Vergleich zweier Vermögenslagen*: der tatsächlichen mit einer hypothetischen, nämlich derjenigen, die sich ergäbe, wenn man den zum Schadensersatz verpflichtenden Umstand hinwegdenkt.

a) Gegenwärtig ist M gem. § 1592 Nr. 1 BGB Vater der T im Rechtssinn, da er zur Zeit ihrer Geburt mit ihrer Mutter verheiratet war und von der Möglichkeit zur Vaterschaftsanfechtung keinen Gebrauch gemacht hat. Infolgedessen ist er T gem. §§ 1601 ff. BGB unterhaltspflichtig und auch bereits zur Unterhaltsleistung verurteilt worden.

b) Hätte R_1 rechtzeitig die Anfechtung beantragt, wäre rechtskräftig festgestellt worden, daß M nicht der Vater der T ist, § 1599 I BGB. Infolgedessen wäre M der T nicht zum Unterhalt verpflichtet und dementsprechend auch nicht dazu verurteilt worden.

Die Unterhaltsleistungen gegenüber T obliegen M also nur deshalb, weil R_1 gegen seine anwaltlichen Pflichten verstoßen hat.

c) Fraglich kann sein, ob die Geltendmachung der Unterhaltspflicht gegenüber T als Schadensposten nicht gegen das Persönlichkeitsrecht und die Menschenwürde der T (Art. 1, 2 GG) verstößt. Diese Frage ist vor allem in solchen Fällen diskutiert worden, in denen Ärzte nach einer fehlerhaften Beratung oder einer fehlgeschlagenen Sterilisation oder Abtreibung von den ungewollten Eltern auf Ersatz des Unterhaltsschadens in Anspruch genommen wurden. Sie stellt sich aber auch hier. Auch M stützt seinen Schadensersatzanspruch darauf, daß er infolge Verschuldens des R_1 ungewollt Vater der T im Rechtssinn zwar nicht geworden, aber doch geblieben ist, und möchte vermögensrechtlich so gestellt werden, wie wenn T nicht seine Tochter wäre.

Auszugehen ist davon, daß das Gesetz im Bereich der Verschuldenshaftung Schadensersatzansprüche zu dem Zweck statuiert, denjenigen, dem im Verhältnis zu einem anderen ein Schuldvorwurf zur Last fällt, mit den nachteiligen Folgen seines Handelns belasten zu können. Die Qualifizierung einer Handlungsfolge als „Schaden" hat also nur die Funktion, das Tatbestandsmerkmal einer entsprechenden Haftungsnorm zu füllen, um so den schuldhaft Handelnden in Anspruch nehmen zu können. Es besteht kein Anlaß, darin ein Unwerturteil gegenüber einem Dritten zu erblicken. Wäre es ungewollten Eltern verwehrt, das Kind und die dadurch entstandenen Unterhaltspflichten als „Schaden" zu qualifizieren, so hätte dies nur die Konsequenz, daß derjenige, der für den unerwünschten Zustand verantwortlich ist, aus seiner Haftung entlassen würde. Dazu besteht indessen kein Grund.

Hinzu kommt, daß der vorliegende Fall eine Besonderheit aufweist. M macht nämlich nicht geltend, daß die *Existenz* der T ein Schaden für ihn sei. Er erblickt den Schaden vielmehr darin, daß T rechtlich nicht ihrem tatsächlichen Erzeuger D, sondern *ihm* als Vater *zugeordnet* wird. Aus diesem Grund besteht hier erst recht kein Anlaß, M den Ersatz seines Unterhaltsschadens zu versagen.

III. Ergebnis

Das LG Bremen wird gegen R$_1$ antragsgemäß Versäumnisurteil erlassen.

Zur Vertiefung: *Braun,* Zur schadensersatzrechtlichen Problematik des hypothetischen Inzidentprozesses bei Regreßklagen gegen den Anwalt, ZZP 96 (1983), 89; BGHZ 72, 299 (Inanspruchnahme eines Anwalts wegen Versäumung der Ehelichkeitsanfechtungsfrist); BGH NJW 1982, 96 (verspätete Vaterschaftsanfechtung infolge falscher Rechtsauskunft); BGH JZ 1997, 257 m. Anm. *Braun* (Schadensbemessung im Regreßprozeß gegen den Anwalt); BVerfG NJW 1998, 519 (Arzthaftung bei fehlgeschlagener Sterilisation); *Spickhoff/Petershagen,* Kindesunterhalt als Schaden, JuS 2001, 670; BGH NJW 2001, 146 m. Bespr. *Mäsch,* NJW 2001, 1547 und *Kähler,* JuS 2002, 146 (Beraterhaftung bei nachträglicher Änderung der Rechtsprechung).

39. Wer zuletzt lacht, lacht am besten

Sachverhalt

Aus verschiedenen Rechtsgeschäften glaubt K noch eine offene Forderung in Höhe von 2.000 € gegen seinen Geschäftspartner B zu haben. Da eine Einigung nicht zu erzielen ist, verklagt er B vor dem zuständigen Amtsgericht auf Zahlung von 2.000 €. Im Termin zur mündlichen Verhandlung, den das Gericht auf den 2. Januar 2012 anberaumt hat, ist B säumig. K erwirkt daher gegen ihn ein Versäumnisurteil, gegen das B umgehend Einspruch einlegt. Als K Anstalten macht, gegen B die Vollstreckung einzuleiten, überweist dieser den titulierten Betrag an K, wobei er auf dem Überweisungsformular den deutlichen Vermerk anbringt: „Zur Abwendung der Zwangsvollstreckung". Der Betrag wird K am 12. Januar 2012 gutgeschrieben.

Nachdem K das Geld auf seinem Konto hat, sieht er keinen Grund mehr, warum er sich noch länger darum streiten soll. Er teilt B daher schriftsätzlich mit, daß er gegenüber dem Gericht die Erledigung erklären werde. B widerspricht dem heftig.

In der nächsten mündlichen Verhandlung, die auf den 26. Januar 2012 anberaumt worden ist, sagt K von Erledigung gar nichts und beantragt stattdessen, das Versäumnisurteil aufrechtzuerhalten. B dagegen beantragt Aufhebung des Versäumnisurteils sowie Klageabweisung und stellt überdies den Antrag, K zur Rückzahlung der überwiesenen 2.000 € und außerdem zur Entrichtung von Zinsen aus dieser Summe in Höhe von 5 Prozentpunkten über dem Basiszinssatz, zahlbar ab 13. Januar 2012, zu verurteilen.

1) Hat sich K in der mündlichen Verhandlung richtig verhalten, oder hätte er besser, wie angekündigt, die Erledigung erklären sollen?

2) Angenommen, das Gericht kommt im weiteren Verlauf der Verhandlung zu der Erkenntnis, daß die Klage von Anfang an unbegründet war. Legen Sie dar, wie das Gericht im Hauptausspruch und in den Nebenaussprüchen entscheiden wird, und formulieren Sie außerdem den vollständigen Tenor der Entscheidung!

A. Vorbereitende Überlegungen

I. Erfassen des Sachverhalts

Der Sachverhalt enthält zum materiellrechtlichen Hintergrund des Rechtsstreits nur vage Andeutungen. Was berichtet wird, spielt sich fast ausschließlich auf der prozessualen Ebene ab. Die Rechtslage, in der sich der Prozeß befindet, ist die Situation nach Einspruch gegen ein der Klage stattgebendes Versäumnisurteil bzw. nach Ende der daraufhin anberaumten mündlichen Verhandlung. Als Besonderheit kommt hinzu, daß B den *titulierten Betrag zur Abwendung der Zwangsvollstreckung gezahlt* hat und diesen Betrag einschließlich Zinsen im anhängigen Prozeß *zurückverlangt.*
Also:

26.1.2012

$$K \xrightarrow[\text{2000 € + Zinsen}]{\text{2000 €}} B$$

Diese Skizze ist für sich allein wenig aussagekräftig, weil fast alle im Sachverhalt erwähnten Vorgänge darin fehlen. Zur Ergänzung bietet sich daher eine tabellarische Übersicht an, die so aussehen könnte:

–	Klage K gegen B auf 2.000 €
2.1.12	VU gegen B
–	„Umgehender" Einspruch des B
–	K macht Anstalten zur Vollstreckung
12.1.12	Gutschrift einer Abwehrzahlung des B
–	K kündigt außerprozessual Erledigungserklärung an
–	B widerspricht
26.1.12	K beantragt Aufrechterhaltung des VU
	B beantragt Verurteilung des K zu 2.000 €
	+ Zinsen hieraus 5 Prozentpunkte über Basiszins seit 13.1.12

II. Erfassen der Fallfrage

Die *erste* Fallfrage zielt darauf ab, das prozessuale Verhalten des K in der mündlichen Verhandlung am 26.1.12 zu beurteilen. Dabei geht es ersichtlich nicht darum, die Entscheidung des Gerichts vorzubereiten, denn dieses ist an die gestellten Anträge, wie sie nun einmal sind, gebunden (§ 308 ZPO) und hat nur ausnahmsweise die Möglichkeit, die Antragstellung zu beeinflussen (§ 139 I 2 ZPO). Die Frage geht vielmehr dahin, ob K seine Interessen angemessen wahrgenommen hat oder ob es für ihn günstiger gewesen wäre, die Erledigung zu erklären, wie er es zunächst vorhatte. Am besten versetzen Sie sich daher im Geist in die Lage eines *Klägeranwalts* im Einspruchstermin am 26.1.12: Soll dieser im Interesse des K beantragen, das gegen B ergangene Versäumnisurteil aufrechtzuerhalten, oder soll er besser die Erledigung erklären? Darum geht es.

Die *zweite* Fallfrage dagegen verlangt, daß Sie sich in die Lage des erkennenden *Amtsrichters* versetzen, wenn dieser aufgrund der mündlichen Verhandlung am 26.1.12 zu der Auffassung gekommen ist, daß die Klage von Anfang an unbegründet war. Natürlich wird er die Klage dann abweisen; das zu erkennen ist nicht schwer. Schwieriger zu beantworten ist dagegen die Frage, *was aus dem ergangenen Versäumnisurteil wird* und mehr noch: wie der Richter über den *von B gestellten Antrag* entscheiden soll. Es ist abzusehen, daß hierauf der Schwerpunkt Ihrer Ausführungen liegen muß. Allerdings sollen Sie sich nicht auf den Hauptausspruch beschränken, sondern auch zu den Nebenaussprüchen, also zu den Kosten und zur vorläufigen Vollstreckbarkeit Stellung nehmen.

Die zweite Fallfrage enthält aber noch einen weiteren Teil: Sie werden damit nämlich aufgefordert, den *vollständigen Tenor* der Entscheidung zu entwerfen. Als Student haben Sie darin sicherlich keine Übung. Es ist vielmehr zu erwarten, daß Ihnen dabei Fehler unterlaufen werden. Aber auch so zeigt sich in Ihrer Antwort, ob Sie über prozessuales Verständnis verfügen oder nicht.

III. Erarbeiten der Lösung

1. Worauf wird es ankommen?

Der Schwerpunkt der Problematik ist bei der ersten und der zweiten Frage jeweils ein ganz anderer. Um nicht durcheinander zu kommen, sollten Sie Ihre Überlegungen und Kurznotizen zu beiden Fragen daher strikt auseinanderhalten.

Was zunächst die **erste Frage** angeht, so können Sie aus dem Umstand, daß zu dem Versäumnisurteil und dem dagegen eingelegten Einspruch nichts Näheres mitgeteilt worden ist, unschwer ersehen, daß es den Fall der Lösung nicht näherbringen würde, wenn Sie umständlich die Voraussetzungen eines Versäumnisurteils und die Zulässigkeit eines Einspruchs erörtern würden. Damit würden Sie nur wertvolle Zeit verlieren. Im Kern geht es um etwas anderes, nämlich darum, **ob sich der Rechtsstreit** mit der Vorbehaltszahlung des B **erledigt hat** oder nicht. Je nachdem, wie diese Frage zu beantworten ist, muß das Prozeßverhalten des K ein anderes sein. Hat sich der Rechtsstreit *erledigt*, so darf K seinen alten Antrag nicht weiterverfolgen (was er in der Sache auch dann tut, wenn er beantragt, das Versäumnisurteil aufrechtzuerhalten), weil er sonst kostenpflichtig abgewiesen wird. Das Gericht hat nämlich für seine Entscheidung alle bis zum Schluß der mündlichen Verhandlung eintretenden Umstände zu berücksichtigen. K muß vielmehr die Erledigung erklären und für den Fall, daß B dem nicht zustimmt, den Antrag stellen, die Erledigung durch Urteil festzustellen. Hat sich der Rechtsstreit *nicht erledigt*, so bleibt K, wenn B nicht bereit ist, sich seiner Erledigungserklärung anzuschließen – in diesem Fall käme es zu einer beiderseitigen Erledigungserklärung gem. § 91 a ZPO –, nichts anderes übrig, als seinen alten Antrag aufrechtzuerhalten.

Entscheidend wird also sein, welche *Wirkung der Abwehrzahlung* des B zukommt: Hat B damit alles getan, was K als Gläubiger von ihm verlangen kann – dann hat B in vollem Umfang erfüllt und die Sache hat sich erledigt; oder hat B, obwohl er K das Geld faktisch verschafft hat, noch nicht alles getan, wozu er verpflichtet war – dann ist die Forderung noch offen und von Erledigung kann nicht die Rede sein. Das Problem, um das es geht, ist also gewissermaßen auf der Schnittstelle zwischen materiellem Recht und Prozeßrecht angesiedelt.

Bei der **zweiten Frage** ergibt sich bereits aus dem Sachverhalt, daß Sie von der anfänglichen Unbegründetheit der Klage ausgehen sollen. Der Schwerpunkt liegt insoweit bei der Beurteilung des *von B gestellten Antrags*, K zur Zahlung des Betrags zu verurteilen, den er durch die Abwehrzahlung des B gerade erhalten hat. Gemessen an allgemeinen Grundsätzen, wäre ein solches Begehren sehr problematisch. Das zeigt folgende Überlegung: Wäre K mit seiner Klage *rechtskräftig* durchgedrungen, so könnte B mit einer Klage auf Rückforderung keinen Erfolg haben, weil rechtskräftig festgestellt wäre, daß K das Geld behalten darf. Manche halten die Rückforderungsklage aus Gründen der Rechtskraft bereits für unzulässig. Folgerichtig weitergedacht, müßte dann bereits auch die *Rechtshängigkeit* des von K geltend gemachten Anspruchs einer gleichzeitigen Klage auf Rückgewähr des Beigetriebenen entgegenstehen.

Ob Sie mit der zweiten Frage zurechtkommen, hängt daher entscheidend davon ab, ob Sie die zentrale Vorschrift des § 717 II ZPO kennen. Diese räumt dem Vollstreckungsschuldner im Falle der Aufhebung eines vorläufig vollstreckbaren Titels ohne weiteres einen Anspruch auf Ersatz desjenigen Schadens ein, der dem Vollstreckungsschuldner durch die Vollstreckung des Titels oder durch eine Abwehrleistung entstanden ist. Zugleich ist vorgesehen, daß der Vollstreckungsschuldner diesen Anspruch *in dem anhängigen Rechtsstreit* geltend machen kann. Wenn Sie § 717 II ZPO kennen, brauchen Sie über den von B geltend gemachten Rückzahlungsanspruch also nicht viele Worte zu verlieren.

Stattdessen treten dann die Nebenfragen in den Blick: Ist auch der Zinsanspruch begründet? Wie steht es mit den Verfahrenskosten, über die das Gericht gem. § 308 II ZPO auch ohne Antrag erkennen muß? Und wie mit der vorläufigen Vollstreckbarkeit des ergehenden Urteils?

2. Strategie

Wie regelmäßig, wenn mehrere Fragen gestellt sind, werden Sie zunächst die erste und dann die zweite Frage behandeln. Was die Beantwortung der **zweiten Frage** angeht, steht die Grobstruktur Ihres Vorgehens ebenfalls vorab bereits fest. Denn selbstverständlich werden Sie sich zunächst mit den Erwägungen zur Begründung befassen, bevor Sie den Tenor formulieren. Dieser bildet ja nur den krönenden Abschluß der rechtlichen Überlegungen, auch wenn er im Urteil vorangestellt wird. Im übrigen aber werden Sie sich zuerst mit dem Antrag des Klägers, dann mit dem des Beklagten, schließlich mit den Kosten und zuletzt mit der vorläufigen Vollstreckbarkeit beschäftigen. Das ergibt sich bereits aus der prozessualen Logik.

Um zu wissen, wie Sie bei der Beantwortung der **ersten Frage** vorgehen sollen, müssen Sie ein wenig nachdenken. Gefragt ist, ob K einseitig die Erledigung erklären oder ob er sein ursprüngliches Anliegen weiterverfolgen soll. Da die Rechtslage im Falle einer einseitigen Erledigungserklärung nicht ohne weiteres als bekannt vorausgesetzt werden kann, bietet sich an, zunächst einmal die Rechtslage als solche darzustellen und dann erst im nächstweiteren Schritt zu prüfen, wie sich K vor diesem Hintergrund am geschicktesten hätte verhalten sollen.

3. Lösungsskizze

I. Hat sich K richtig verhalten?

1. Rechtslage bei einseitiger Erledigungserklärung

a) Hat keine prozeßbeendende Wirkung.

b) Im Falle der Erledigung muß K jedoch Kosten ausweichen können.
   Daher: Klageänderung (§ 264 Nr. 2 oder 3 ZPO) in Feststellung der Erledigung.

2. Erledigung im konkreten Fall

a) Erledigendes Ereignis nimmt Klage Erfolgsaussicht und erzwingt Abweisung.

b) Vorbehalt des B sollte *verhindern*, daß K klaglos gestellt wird.
   Sollte weiter streiten müssen.
   Daher nicht voll erfüllt.

c) Trotz Überweisung Rechtsstreit nicht gegenstandslos.
   Also: alter Antrag.

II. Wie wird das Gericht entscheiden?

1. VU aufheben, Klage abweisen.
2. Widerklage auf Vollstreckungsschaden gem. § 717 II ZPO zulässig.
   Schaden umfaßt:
   a) 2.000 €
   b) Rechtshängigkeitszinsen gem. §§ 291, 288 BGB, 717 II 2 ZPO
      Beginn entspr. § 187 I BGB: 13.1.12
3. Kosten trägt K gem. § 91 ZPO mit Ausnahme § 344 ZPO.
4. B kann nur *gegen* (§ 709 ZPO), K *ohne* Sicherheit (§ 708 Nr. 11 ZPO) vollstrecken.
   Zugunsten von B dann § 711 ZPO.

III. Tenor

1. Aufheben und abweisen.
2. K antragsgemäß verurteilen.
3. Kosten.
4. Vorläufige Vollstreckbarkeit.

B. Lösung

I. Hat sich K richtig verhalten?

1. a) Hätte K in der mündlichen Verhandlung die Erledigung erklärt, so hätte B voraussichtlich nicht zugestimmt. Es wäre daher nicht zu einer beiderseitigen Erledigungserklärung i.S. von § 91a ZPO, sondern nur zu einer *einseitigen Erledigungserklärung* des Klägers gekommen, die keine unmittelbar prozeßbeendende Wirkung hat.

b) Aus einer solchen Situation könnten sich für den Kläger empfindliche Nachteile ergeben. Wenn er nämlich während des Prozesses *befriedigt wird* und der Beklagte weder einer Klagerücknahme (§ 269 I ZPO) noch einer Erledigungserklärung (§ 91 a I ZPO) zustimmt, so würde er mit seiner Klage auch dann kostenpflichtig abgewiesen werden, wenn diese ursprünglich zulässig und begründet war und der Beklagte noch dazu Anlaß zur Klageerhebung gegeben hatte. Das Gericht hat nämlich bei seiner Entscheidung alle bis zum Schluß der mündlichen Verhandlung eintretenden Umstände, unter anderem also auch eine nachträgliche Befriedigung, zu berücksichtigen. Der Kläger käme hier daher in Gefahr, unangemessen benachteiligt zu werden.

Nach überwiegender Auffassung kann der Kläger in einem solchen Fall daher seine Klage gem. § 264 Nr. 2 oder 3 ZPO *ändern* und statt der ursprünglich geforderten Leistung die *Feststellung beantragen*, daß der Rechtsstreit sich erledigt hat. Hilfsweise kann er seinen alten Antrag daneben aufrechterhalten. War die Klage zunächst zulässig und begründet und hat sie sich durch das spätere Ereignis erledigt, so wird die Erledigung durch Urteil festgestellt, das gleichzeitig dem Beklagten die Kosten auferlegt.

2. Ob es sich für K empfohlen hätte, eine solche Klageänderung vorzunehmen und einen Feststellungsantrag zu stellen, hängt demnach maßgeblich davon ab, ob die von B vorgenommene Zahlung ein *erledigendes Ereignis* darstellt.

a) Von einem erledigenden Ereignis spricht man dann, wenn ein Umstand eintritt, der dem Streit in prozessualer oder sachlicher Hinsicht die Erfolgsaussicht nimmt und ihn in der geführten Form gegenstandslos macht. Das ist namentlich dann der

Fall, wenn der Kläger sein ursprüngliches Ziel nicht mehr erreichen kann (der geforderte Gegenstand ist untergegangen) oder wenn er es bereits erreicht hat (der Beklagte hat ihn während des Prozesses befriedigt).

b) Hier hat B die geschuldete Summe zwar an K gezahlt, aber er hat dabei den Vorbehalt gemacht, daß die Zahlung nur „zur Abwehr der Zwangsvollstreckung" erfolge. Die Frage ist daher, welche Bedeutung einer solchen Abwehrleistung zukommt.

Das Vorliegen eines vorläufig vollstreckbaren Titels ändert nichts daran, daß der Schuldner die Leistung freiwillig so erbringen kann, daß die Forderung getilgt und der Gläubiger vom Zeitpunkt der Leistung an klaglos gestellt wird. In diesem Fall braucht der Kläger nicht länger um die beantragte Leistung zu streiten und darf dies im übrigen auch gar nicht, wenn er nicht zwingend der Abweisung verfallen will. Hier lag es jedoch nicht in der Absicht des B, den K aus seiner Stellung als Gläubiger und Kläger zu entlassen; vielmehr wollte B nach wie vor darauf hinwirken, daß die Klage wegen anfänglicher Unbegründetheit abgewiesen würde. Zu diesem Zweck aber war es erforderlich, daß K weiterhin um die Forderung kämpfen mußte, gerade so, als ob die Überweisung nicht erfolgt wäre oder als ob er das Geld im Wege der Zwangsvollstreckung aus einem nur vorläufig vollstreckbaren Titel beigetrieben hätte. Eben dies war der Sinn des von B gemachten Vorbehalts. Die Vorbehaltsleistung sollte lediglich B vor einer Vollstreckung und der damit verbundenen Wertzerschlagung bewahren, im übrigen aber an der prozessualen Lage nichts ändern. B hat daher noch nicht alles getan, um den von K geltend gemachten Anspruch i. S. von § 362 BGB zu erfüllen.

c) Obgleich K die geforderte Summe faktisch erhalten hat, ist der Rechtsstreit mit der Abwehrzahlung *nicht gegenstandslos* geworden. Mangels Erledigung wäre ein Feststellungsantrag des K mithin abgewiesen worden. Nach Lage der Dinge war es also richtig, daß K seinen Leistungsantrag weiterverfolgt hat.

II. Wie wird das Gericht entscheiden?

1. Wenn sich die Klage als unbegründet erweist, so ist zunächst das ergangene *Versäumnisurteil aufzuheben* (vgl. § 343 S. 2 ZPO). Das Versäumnisurteil stellt einen Vollstreckungstitel dar, aus dem der Gläubiger so lange vollstrecken kann, wie nicht dem Vollstreckungsorgan eine Entscheidung vorgelegt wird, aus der sich ergibt, daß das Versäumnisurteil oder seine vorläufige Vollstreckbarkeit aufgehoben worden ist, § 775 Nr. 1 ZPO. Diese Aufhebung darf daher im Interesse des Schuldners nicht unterbleiben. Sodann aber ist der *Klageantrag*, der mit der Aufhebung des Versäumnisurteils noch nicht verbeschieden ist, in der Sache *abzuweisen*.

2. Der von B gestellte Antrag, K in den Vollstreckungsschaden zu verurteilen, könnte nach § 717 II ZPO zulässig und begründet sein. Danach kann der Beklagte, wenn ein vorläufig vollstreckbares Urteil aufgehoben wird, vom Kläger ohne weiteres Ersatz des Schadens verlangen, der ihm durch eine zur Abwendung der Vollstreckung gemachte Leistung entstanden ist. Wie sich aus § 717 II 2 Hs. 1 ZPO ergibt, kann dieser Anspruch in dem anhängigen Rechtsstreit geltend gemacht werden.

a) Der Schadensersatzanspruch umfaßt zunächst die von B gezahlte Summe von 2.000 €.

b) Der von B darüber hinaus geltend gemachte Zinsanspruch könnte sich aus §§ 291, 288 BGB i.V.m. § 717 II 2 ZPO ergeben. Wenn der Beklagte seinen Vollstreckungsschaden durch einen Inzidentantrag geltend macht, wie es B hier getan hat, so ist der Anspruch gem. § 717 II 2 ZPO als zur Zeit der Zahlung – hier also am 12. Januar – rechtshängig geworden anzusehen. Entsprechend § 187 I BGB kann B daher vom 13. Januar an Prozeßzinsen verlangen. Deren Mindestbetrag beläuft sich nach §§ 291, 288 I 2 BGB auf 5 Prozentpunkte über dem Basiszinssatz. Auch der Zinsanspruch ist daher in dem von B geltend gemachten Umfang begründet.

3. Die *Kosten des Verfahrens* sind gem. § 91 I ZPO der unterliegenden Partei aufzuerlegen. Das ist hier K, der nicht nur mit seiner eigenen Klage abgewiesen, sondern auch noch auf den Gegenantrag des B hin zur Zahlung verurteilt wird. Etwas anderes gilt nur für die durch die Säumnis veranlaßten Kosten. Diese trägt nach § 344 ZPO der säumige B.

4. Gem. § 709 ZPO wird das Gericht das Urteil für B gegen Sicherheitsleistung und gem. § 708 Nr. 11 ZPO für K ohne Sicherheitsleistung für vorläufig vollstreckbar erklären. B ist gem. § 711 ZPO nachzulassen, die Vollstreckung des K durch Sicherheitsleistung abzuwenden.

III. Tenorierung

Der Tenor des Urteils könnte so lauten:

1. Die Klage wird unter Aufhebung des Versäumnisurteils vom 2.1.2012 abgewiesen.

2. Der Kläger wird verurteilt, an den Beklagten 2.000 € nebst Zinsen hieraus in Höhe von 5 Prozentpunkten über dem Basiszinssatz seit dem 13.1.2012 zu zahlen.

3. Die Kosten des Verfahrens trägt der Kläger mit Ausnahme der durch die Säumnis am 2.1.2012 veranlaßten Kosten, die dem Beklagten auferlegt werden.

4. Das Urteil ist für den Beklagten gegen Sicherheitsleistung in Höhe von $^{11}/_{10}$ des Betrages, wegen dessen vollstreckt wird, und für den Kläger ohne Sicherheitsleistung vorläufig vollstreckbar. Der Beklagte kann die Vollstreckung durch Sicherheitsleistung in Höhe von $^{11}/_{10}$ des vollstreckbaren Betrags abwenden, wenn nicht der Kläger vor der Vollstreckung Sicherheit leistet.

Zur Vertiefung: *Braun*, Erfüllung, Verzugsbeendigung und Verzugszinsen bei Abwehrleistung und vorläufiger Vollstreckung, AcP 184 (1984), 152; BGHZ 139, 357, 367 f. (Abwehrleistung ist keine Erfüllung); BGH WM 1964, 1168 (Abwehrleistung ist keine Erfüllung und beendet Verzug nicht); BGH NJW 1981, 2244 und WM 1983, 21 (Abwehrleistung ist keine Erfüllung, beendet jedoch den Verzug); BGH NJW 2004, 223 (Kostentragung bei Klagerücknahme und Erledigungserklärung).

40. Die Angst des Schuldners vor der Zahlung

Sachverhalt

Auf die Klage des G hin ist S vom Landgericht seines Wohnsitzes rechtskräftig zur Zahlung von 20.000 € verurteilt worden. Nachträglich erfährt er, daß G die Forderung bereits vor Klageerhebung an Z abgetreten hatte. Als S von G nochmals nachdrücklich zur Zahlung aufgefordert wird, weist er darauf hin, daß er wegen Mittellosigkeit allenfalls kleinere Raten zahlen könne. Aber auch dazu weigere er sich, weil er befürchte, anschließend auch noch einmal an Z leisten zu müssen. Daraufhin leitet G die Vollstreckung ein. Nachdem zunächst der Gerichtsvollzieher bei S nichts Pfändbares vorgefunden hat, läßt G die Lohnforderungen des S gegen dessen Arbeitgeber D in Höhe von 20.000 € pfänden und sich zur Einziehung überweisen.

Jetzt erst wendet sich S an den Rechtsanwalt R mit der Bitte um Rechtsrat. Welche Überlegungen wird R anstellen?

A. Vorbereitende Überlegungen

I. Erfassen des Sachverhalts

Im Kern geht es um eine ganz normale Forderungsabtretung von G an Z. Die Besonderheit des Falles liegt darin, daß der Zedent (G) **nach der Abtretung** – von welcher der Schuldner nichts wußte – im eigenen Namen Klage erhoben und über die Forderung ein **rechtskräftiges Urteil** erwirkt hat, aus dem er nunmehr die Vollstreckung betreibt. Auf seinen Antrag hin ist ihm die *Lohnforderung des S gegen D* zur Einziehung *überwiesen* worden. Über sonstiges verwertbares Vermögen scheint S nicht zu verfügen.

All dies könnte man in einer Skizze so veranschaulichen:

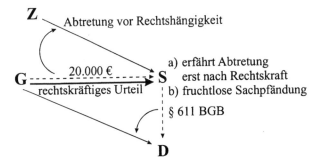

II. Erfassen der Fallfrage

Nach der Fallfrage handelt es sich eindeutig um einen *Anwaltsfall*: Gefragt ist, welche Überlegungen der von S konsultierte Rechtsanwalt anstellen wird. R muß sich daher in Gedanken an die Stelle des S versetzen, um dessen Interessen zu erkennen. Erst danach kann er entscheiden, was ggf. zu tun ist.

Wie sich aus dem Sachverhalt ergibt, weigert sich S nur deshalb, an G kleinere Raten zu zahlen, weil er befürchtet, anschließend an Z nochmals zahlen zu müssen. Dasselbe Bedenken erhebt sich natürlich auch dann, wenn G den Titel vollstreckt und sich zwangsweise Befriedigung verschafft. Der Anwalt wird daher zunächst einmal prüfen, ob es überhaupt zutrifft, daß S eine *doppelte Inanspruchnahme* droht. Wenn sich dabei zeigen sollte, daß die Befürchtung des S unbegründet ist und er es *nur mit G* zu tun hat, könnte ihm der Anwalt nur den Rat geben, entweder die Lohnpfändung über sich ergehen zu lassen oder, so gut es eben geht, freiwillig an G zu zahlen. Sollte sich dagegen zeigen, daß S ungeachtet des von G erwirkten Urteils *auch noch der Inanspruchnahme durch Z ausgesetzt* ist, so müssen Sie weiter überlegen, wie S davor bewahrt werden kann, im Ergebnis doppelt leisten zu müssen.

Die interessengerechte Herausarbeitung der Fallfrage führt daher zu zwei Teilfragen: **Droht S eine doppelte Inanspruchnahme? Was soll S in der konkreten Situation tun?**

III. Erarbeiten der Lösung

1. Worauf wird es ankommen?

Im wesentlichen dreht sich der Fall um das Problem, wie der Schuldner vor ungerechtfertigter Inanspruchnahme geschützt ist, wenn die Forderung ohne sein Wissen abgetreten worden ist.

In den §§ 404 ff. BGB finden sich dazu spezielle Vorschriften. Einschlägig ist in unserem Fall allein **§ 407 BGB**, weil es nur hier um die Frage geht, ob bzw. wann der Schuldner, der an den Zedenten geleistet hat, noch einmal von dem Zessionar in Anspruch genommen werden kann. Wie ein Blick in das Gesetz zeigt, besteht diese Vorschrift aus zwei Absätzen. In Abs. 1 geht es um den *materiellrechtlichen Schutz des Schuldners, der* in Unkenntnis der Abtretung *an den Zedenten leistet*, in Abs. 2 dagegen um einen Fall der *Rechtskrafterstreckung zugunsten des Schuldners*. Beides könnte hier einschlägig sein.

Wenn Sie kurz über den Fall nachdenken, muß Ihnen klar sein, daß die Weichen für den weiteren Verlauf der Prüfung bei § 407 II BGB gestellt werden: Legen Sie diese Vorschrift so aus, daß ein von dem Zedenten erstrittenes rechtskräftiges Urteil, mag es die Forderung zu- oder absprechen, auf jeden Fall *gegen* den Zessionar wirkt, weil *dessen Berechtigung* dadurch *verneint* wird, so hat S von Z im Ergebnis nichts zu befürchten. Anders, wenn nur ein abweisendes Urteil gegen den Zessionar wirken sollte. In diesem Fall würde dessen Rechtsstellung durch ein zusprechendes Urteil nämlich nicht tangiert werden. Der Frage der **Rechtskrafterstreckung** kommt daher eine entscheidende Bedeutung zu.

Wenn der Zweck des § 407 II BGB darin besteht, dem Schuldner, der sich in Unkenntnis der Abtretung auf einen Rechtsstreit mit dem alten Gläubiger eingelassen hat, ungeachtet der eingetretenen Änderung zu einem „vollwertigen" Urteil zu verhelfen, müßte die Berechtigung des Zessionars eigentlich *in jedem Fall verneint* werden. Die Lösung wäre dann ganz einfach: S hätte es nur noch mit G zu tun; er könnte daher gegen dessen Vollstreckung nichts unternehmen, müßte jedoch andererseits auch von Z nichts befürchten.

Unglücklicherweise – so muß man sagen – geht die bisher h. M. jedoch davon aus, daß ein von dem Zedenten erstrittenes zusprechendes Urteil keineswegs die Berechtigung des Zessionars verneint. Ab Kenntnis von der Abtretung muß dem Schuldner daher auf **materiellrechtliche Weise** geholfen werden. Im Anschluß an das RG[1] stellt die h. M. dafür einen über § 407 I BGB verlaufenden, dogmatisch überaus zweifelhaften Weg zur Verfügung. Gestützt hierauf, soll der Schuldner gegen den Zedenten Vollstreckungsgegenklage erheben können. Da R nicht auf dem Rücken seines Mandanten für gute Dogmatik kämpfen darf, kann er diese Auffassung nicht ignorieren.

Leider hat der BGH[2] in dem ähnlich gelagerten Fall einer Abtretung *während der Rechtshängigkeit* diesem Weg eine Absage erteilt und den Schuldner darauf verwiesen, die geschuldete Summe zu *hinterlegen*. Wenn S das nötige Geld hätte, würde ihm R daher sicher zur Hinterlegung raten. S fehlt es jedoch gerade an den erforderlichen Mitteln. R befindet sich daher in einer Zwickmühle: Soll er in dieser Situation im Anschluß an die überkommene Auffassung zu einer Vollstreckungsgegenklage raten oder soll er S empfehlen, die Vollstreckung erst einmal über sich ergehen zu lassen und abzuwarten, wie Z sich verhält? Natürlich kann R nicht wissen, wie die Gerichte später entscheiden werden. Um nichts zu versäumen, wird er daher derjenigen Ge-

---

[1] RGZ 84, 286 und HRR 1932 Nr. 1001.
[2] BGHZ 145, 352.

fahr zu begegnen versuchen, die am ehesten droht. Das aber ist die, daß G die Vollstreckung betreibt, ohne daß S gegenüber Z frei wird.

Vor Ihrem geistigen Auge sollten daher die **vollstreckungsrechtlichen Rechtsbehelfe** auftauchen: Vollstreckungserinnerung (§ 766 ZPO) und sofortige Beschwerde (§ 793 ZPO), Vollstreckungsgegenklage (§ 767 ZPO), Klage auf vorzugsweise Befriedigung (§ 805 ZPO) und Drittwiderspruchsklage (§ 771 ZPO). Für den *Vollstreckungsschuldner* selbst kommen davon nur Erinnerung bzw. sofortige Beschwerde und Vollstreckungsgegenklage in Betracht. Diese Rechtsbehelfe werden gewöhnlich so unterschieden, daß mit der Erinnerung oder sofortigen Beschwerde ein Verstoß gegen vollstreckungsrechtliche Vorschriften gerügt wird, während die Vollstreckungsgegenklage dazu dient, materiellrechtliche Einwendungen gegen den titulierten Anspruch selbst[3] vorzubringen. Da gegen das Vorgehen des Vollstreckungsgerichts nichts einzuwenden ist, kommt hier nur das *letztere* in Betracht. Also wird der prozessuale Schwerpunkt des Falles bei § 767 ZPO liegen.

2. Strategie

Bei einem „gemischten" Fall, wie er hier vorliegt, sind die materiellen und die prozessualen Probleme grundsätzlich getrennt zu erörtern. Für die Reihenfolge gibt es bei einer Anwaltsklausur keine feste Regel. Wo Eile geboten ist, wird der Anwalt die prozessualen Fragen vorziehen, damit er nichts versäumt. Wo keine Eile geboten ist, wird er normalerweise erst die materielle Rechtslage prüfen, damit er sich keine unnötige Arbeit macht.

Im übrigen ergibt sich hier bereits aus der richtig verstandenen Fallfrage, daß das Gutachten in zwei Teile zerfällt. Im **ersten Teil** ist zu prüfen, ob S zur Zahlung an Z verpflichtet ist, obwohl er rechtskräftig zur Zahlung an G verurteilt worden ist. Im **zweiten Teil** geht es darum, ob sich S gegen die Vollstreckung des Urteils durch G mit einer Vollstreckungsgegenklage wehren kann. Da sich über die Bedeutung des § 407 I BGB im Rahmen der Vollstreckungsgegenklage eine eigene, von dem sonstigen Anwendungsbereich dieser Vorschrift losgelöste Diskussion entwickelt hat, empfiehlt es sich, die Erörterung der formalen Voraussetzungen einer Vollstreckungsgegenklage kurz voranzustellen, um damit den Rahmen abzustecken, innerhalb dessen über § 407 I BGB diskutiert wird.

3. Lösungsskizze

I. **Verpflichtung des S gegenüber Z**
1. *Forderungserwerb, § 398 BGB*
2. *Rechtskrafterstreckung gegen Z gem. § 407 II BGB?*
a) § 407 II BGB betrifft zunächst die *Abweisung* der Zedentenklage.
b) Miteinbeziehung der *Stattgabe* wäre mit Wortlaut vereinbar und würde „Verdoppelung" der Forderung verhindern.
c) *Die h. M. lehnt dies jedoch ab.*
   Also droht doppelte Inanspruchnahme.
d) Mangels Geld kann sich S nicht durch befreiende Hinterlegung (§§ 372, 378 BGB) schützen.

II. **Abwehr der Zwangsvollstreckung**
1. *Formelle Fragen: § 767 ZPO*
a) Zulässige Einwendungen

---

[3] Nach anderer Ansicht: materielle oder formelle Einwendungen, die unmittelbar gegen den Gegner gerichtet sind, vgl. *Windel*, ZZP 102 (1989), 175 (203).

b) Zuständigkeit (§§ 767 I, 802 ZPO) und Anwaltszwang (§ 78 I ZPO)
c) Einstweilige Anordnung möglich, § 769 I ZPO
2. *Materielle Fragen: § 407 I BGB*
a) Rechtslage *ohne Urteil*: Bis zur Kenntnis von der Abtretung kann Schuldner befreiend an Zedenten leisten.
b) Rechtslage *mit Urteil*:
   – Geltendmachung der nach § 407 I BGB veränderten Lage verstößt nicht gegen Rechtskraft.
   – Ist aber an sich keine Einwendung gegen festgestellten Anspruch selbst.
   Zum Schutz des Schuldners vor doppelter Inanspruchnahme wird dies gleichwohl angenommen.

B. Lösung

I. Verpflichtung des S gegenüber Z

Aufgrund des rechtskräftigen Urteils ist G formell berechtigt, gegen S die Vollstrekkung zu betreiben (§ 704 ZPO). Fraglich kann sein, ob S außerdem noch eine Inanspruchnahme durch Z zu erwarten hat.

   1. Nachdem G die Forderung gegen S an Z abgetreten hatte (§ 398 BGB), war Z als *neuer Gläubiger* des S an sich berechtigt, von diesem Zahlung zu verlangen.

   2. Daran könnte sich nur infolge des von G erstrittenen Urteils etwas geändert haben. Nach *§ 407 II BGB* muß der Zessionar ein rechtskräftiges Urteil, das in einem nach der Abtretung zwischen Zedent und Schuldner anhängig gewordenen Rechtsstreit über die Forderung ergangen ist, *gegen sich* gelten lassen, es sei denn, daß der Schuldner die Abtretung bei dem Eintritt der Rechtshängigkeit gekannt hat. Letzteres war hier nicht der Fall, da S von der Abtretung erst nach Eintritt der Rechtskraft erfahren hat. Daher fragt sich, ob das Urteil auch *gegen Z* wirkt.

   a) § 407 II BGB betrifft zunächst den Fall, daß die Klage des Zedenten rechtskräftig *abgewiesen* wurde. In diesem Fall wird nicht nur die Berechtigung des Zedenten, sondern auch die des Zessionars, der die Forderung bereits vor Klageerhebung erworben hat, rechtskräftig verneint. *Praktisch* läuft das darauf hinaus, daß der Zessionar die bereits erworbene Forderung im nachhinein wieder verliert.

   b) Im vorstehenden Fall ist freilich nur von Interesse, ob Entsprechendes auch dann gilt, wenn der Klage des Zedenten *stattgegeben* wurde. Mit dem Wortlaut des § 407 II BGB wäre es ohne weiteres vereinbar, daß der Zessionar das Urteil auch in diesem Fall insofern „gegen sich gelten lassen" muß, als damit der Zedent als Gläubiger festgestellt und die *Berechtigung des Zessionars* implizit *verneint* wurde. Die Folge davon wäre, daß es der Schuldner nach Eintritt der Rechtskraft nur noch mit dem Zedenten zu tun hätte.

   Zum Schutz des Schuldners wäre eine solche Auslegung durchaus sinnvoll. Wenn es das Gesetz nämlich zuläßt, daß der Schuldner ohne sein Wissen einen anderen Gläubiger erhält, muß es zugleich dafür Sorge tragen, daß sich daraus keine doppelte Verpflichtung entwickeln kann, ohne daß der Schuldner dies verhindern kann. Das einfachste Mittel hierzu wäre, der rechtskräftigen Feststellung, daß der Zedent forderungsberechtigt ist, zugleich den Sinn beizumessen, daß damit die Berechtigung des Zessionars verneint wird.

   c) Im Gegensatz dazu geht die ganz h. M. jedoch davon aus, daß das Urteil gem. § 407 II BGB nur dann die Berechtigung des Zessionars verneint, wenn die Klage des

Zedenten rechtskräftig *abgewiesen*, nicht jedoch, wenn ihr *stattgegeben* wurde. Folgt man dem – was für einen Rechtsanwalt, wenn er kein Haftungsrisiko eingehen will, naheliegend ist –, so ist S praktisch *zwei Forderungen ausgesetzt*: Z kann aufgrund der Abtretung, G aufgrund des rechtskräftigen Urteils Zahlung von ihm verlangen.

d) Der Gedanke, daß S sich dadurch vor möglichen Nachteilen bewahren könnte, daß er den geschuldeten Betrag unter Ausschluß der Rücknahme hinterlegt (§§ 372, 378 BGB), hilft hier bereits deshalb nicht weiter, weil S die dafür erforderlichen Mittel fehlen.

II. Abwehr der Zwangsvollstreckung

Einer doppelten Inanspruchnahme kann S daher nur dann entgehen, wenn er die von G betriebene Zwangsvollstreckung abwehren kann.

1. Einwendungen, die den titulierten Anspruch selbst betreffen, kann der Vollstreckungsschuldner mit der *Vollstreckungsgegenklage* geltend machen, § 767 I ZPO.

a) Nach § 767 II ZPO ist die Vollstreckungsgegenklage freilich nur insoweit *statthaft*, als die Einwendungen, auf die sie gestützt wird, auf Gründen beruhen, welche erst nach dem Schluß der letzten mündlichen Verhandlung entstanden sind und durch Einspruch nicht mehr geltend gemacht werden können. Einwendungen, durch die die Rechtskraft des Urteils in Frage gestellt wird, scheiden damit aus.

b) Ausschließlich *zuständig* ist gem. §§ 767 I, 802 ZPO nicht das Vollstreckungsgericht, sondern das Prozeßgericht des ersten Rechtszuges, hier also das Landgericht, in dessen Bezirk S seinen Wohnsitz hat. S ist daher in der günstigen Lage, daß er G nicht an dessen Wohnsitzgericht verklagen muß, sondern an seinem eigenen. Da das hiernach zuständige Gericht ein Landgericht ist, kann die Vollstreckungsgegenklage nur durch einen Rechtsanwalt erhoben werden, § 78 I ZPO.

c) Um zu verhindern, daß G ungehindert weiter vollstreckt, bevor über die Vollstreckungsgegenklage entschieden ist, kann S gem. § 769 I ZPO beantragen, daß die Zwangsvollstreckung einstweilen eingestellt oder nur gegen Sicherheitsleistung fortgesetzt wird.

2. Eine *Einwendung*, die der Vollstreckung des Urteils entgegengesetzt werden kann, kann sich hier nur aus § 407 I BGB ergeben.

a) Sieht man von dem rechtskräftigen Urteil einmal ab, so stellt sich die Rechtslage folgendermaßen dar: Nach der Abtretung an Z kann nur noch dieser von S Zahlung verlangen. Gem. § 407 I BGB müßte Z jedoch eine Leistung, die S nach der Abtretung an G bewirkt, gegen sich gelten lassen, es sei denn, daß S die Abtretung bei der Leistung kennt. Das Gesetz zieht damit die Konsequenz daraus, daß die Forderungsabtretung ohne Benachrichtigung des Schuldners wirksam ist, und trifft Vorkehrungen zu seinem Schutz: Solange er nicht weiß, daß die Forderung abgetreten ist, kann er mit befreiender Wirkung an seinen früheren Gläubiger zahlen.

Gemessen hieran konnte S zunächst weiterhin mit befreiender Wirkung an G leisten, hat *diese Möglichkeit* dann aber mit der Kenntnis von der Abtretung *verloren*.

b) Die Frage ist, ob sich daraus eine Einwendung *gegen den* rechtskräftig titulierten *Anspruch des G* ergibt.

Wenn S sich darauf beruft, daß er nach Kenntniserlangung von der Abtretung nicht mehr mit befreiender Wirkung auch gegenüber Z an G leisten kann, so macht er damit einen Umstand geltend, der gem. § 767 II ZPO nach dem Schluß der mündlichen Verhandlung eingetreten ist. Zweifelhaft kann nur sein, ob dieser Umstand eine *Einwendung* begründet, die dem Anspruch des G entgegengesetzt werden kann. Aus § 407 I BGB folgt an sich nur, daß S nach Kenntniserlangung durch eine an G erfolgte Zahlung *nicht auch gegenüber Z befreit* wird. Für die Beantwortung der Frage, ob die Kenntniserlangung dem rechtskräftig titulierten Anspruch *des G* entgegengesetzt werden kann, gibt § 407 I BGB streng genommen aber schon deshalb nichts her, weil sich diese Vorschrift nur mit dem Fall befaßt, daß der Zedent jeden Bezug zur abgetretenen Forderung verloren hat. Dagegen hat § 407 I BGB an sich nicht den Zweck, eine dem Zedenten zustehende, rechtskräftig verbriefte Rechtsstellung zu schmälern.

Die mißliche Folge hiervon wäre freilich die, daß der Schuldner aus Gründen, die ihm nicht zur Last gelegt werden können, in die Situation geraten könnte, zweimal zahlen zu müssen. Um dies zu verhindern, läßt man es herkömmlich zu, daß sich der Schuldner gegenüber dem rechtskräftig titulierten Anspruch des Zedenten darauf beruft, daß er nach Kenntniserlangung nicht mehr mit befreiender Wirkung auch gegenüber dem Zessionar zahlen kann. Dogmatisch ist das wenig überzeugend. Im Ergebnis aber ist es geboten, um den Schuldner vor einer doppelten Inanspruchnahme zu bewahren, zu der die Auslegung des § 407 II BGB durch die h. M. sonst führen würde.

Eine Vollstreckungsgegenklage ist daher erfolgversprechend.

Zur Vertiefung: *Braun*, Schuldnerschutz durch Rechtskrafterstreckung gegen den Zessionar, ZZP 117 (2004), 3; *Hellwig*, Wesen und subjektive Begrenzung der Rechtskraft, Leipzig 1901, 400 ff.; *Schwab*, Die prozeßrechtlichen Probleme des § 407 II BGB, Gedächtnisschrift für R. Bruns, München 1980, 181; RGZ 84, 286 und BGHZ 145, 352 (rechtskräftige Titulierung nach Abtretung); BGHZ 35, 165 (Auslegung von § 407 II BGB); BGHZ 52, 150 = JZ 1969, 603 m. Anm. *Grunsky* (§ 407 II BGB wirkt nur gegen, nicht für Zessionar); BGH NJW 1994, 252 (§ 407 II BGB nicht für rechtskräftig titulierte Gegenforderung); BGHZ 145, 352 (Aufgabe der älteren Rspr.; Schuldner kann hinterlegen).

Sachverhalt

Malermeister A hat dem Hausbesitzer B in Mannheim für eine beabsichtigte Fassadenrenovierung einen Kostenvoranschlag über 7.000 € zugesandt. Infolge einer unübersichtlichen Buchführung, für die der Sohn des A verantwortlich ist, übersieht A einige Monate später, daß der Vertrag gar nicht zustande gekommen ist, und mahnt seinen vermeintlichen Werklohnanspruch an. B hält es nicht für nötig, darauf zu reagieren, und wirft die Mahnung in den Papierkorb. Vor lauter Ärger rührt sich B auch dann noch nicht, als er von A, der dabei von dem dort schriftlich bevollmächtigten Rechtsanwalt R_1 vertreten wird, vor dem LG Mannheim auf Zahlung von 7.000 € verklagt wird. Erst als ihm das daraufhin antragsgemäß erlassene Versäumnisurteil zugestellt wird, wird B aktiv und beauftragt den ebenfalls in Mannheim wohnhaften Rechtsanwalt R_2 mit der Wahrnehmung seiner Rechte. Unglücklicherweise versäumt R_2 jedoch die Einspruchsfrist, so daß das Versäumnisurteil rechtskräftig wird.

In der Folge stellt sich heraus, daß B zahlungsunfähig ist. Sein Eigenheim ist über den Wert des Gebäudes hinaus mit Pfandrechten anderer Gläubiger belastet. R_1 überlegt daher nicht lange und läßt namens des A den Schadensersatzanspruch, der B gegen seinen Anwalt R_2 wegen nachlässiger Prozeßführung möglicherweise zusteht, pfänden und zur Einziehung an A überweisen. Da R_2 einen solchen Anspruch heftig bestreitet, verklagt R_1 namens des A den R_2 vor dem LG Mannheim auf Zahlung von 7.000 €. Dabei trägt er den Sachverhalt vollständig und wahrheitsgemäß vor. Mittlerweile hat nämlich A herausgefunden, welcher Lapsus ihm unterlaufen ist, und R_1 entsprechend informiert. Im Grunde ist A die Sache nicht ganz geheuer. Aber da R_1 ihm versichert, rechtlich sei die Klage in Ordnung, läßt er R_1 freie Hand.

R_2 bestreitet, daß R_1 zur Erhebung der Drittschuldnerklage Vollmacht hat. Außerdem macht er geltend, daß A überhaupt kein Anspruch gegen B zugestanden habe. Aus diesem Grund könne er, R_2, dafür auch nicht haftbar gemacht werden.

Wie wird das LG Mannheim entscheiden?

A. Vorbereitende Überlegungen

I. Erfassen des Sachverhalts

Der Sachverhalt scheint auf den ersten Blick recht kompliziert zu sein: ein Vorprozeß, eine Forderungspfändung und dann noch ein weiterer Prozeß gegen einen anderen Beklagten. Um so wichtiger ist es, daß Sie sich den Hergang der Sache und die Beziehungen zwischen den beteiligten Personen durch eine Skizze veranschaulichen. Diese könnte hier so aussehen:

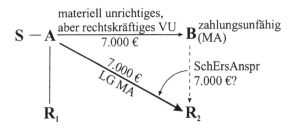

Anhand der Skizze sehen Sie sogleich, daß es auf R_1 nur am Rande ankommt: Von ihm stammt zwar der Gedanke, auf die beschriebene Weise vorzugehen; davon abgesehen hat er jedoch nur die Rolle eines Prozeßvertreters für A inne. Auch S ist lediglich von marginaler Bedeutung. Die „eigentliche Musik" spielt zwischen A, B und R_2.

Dabei geht es im Kern um folgendes: A hat gegen B infolge des Ungeschicks von R_2 einen *rechtskräftigen Zahlungstitel* erlangt, *ohne* daß ihm eine *entsprechende Forderung* zustand. Da bei B sonst nichts zu holen ist, greift A zwecks Befriedigung auf die *Schadensersatzforderung* zu, die, wie er meint, B gegen R_2 wegen *schlechter Prozeßführung* zusteht. Noch kürzer: R_2 wird von A deshalb in Anspruch genommen, weil er ihm als Anwalt des damaligen Gegners von A in einem Prozeß zum Erfolg verholfen hat, den A von Rechts wegen hätte verlieren müssen. Eine sicher nicht alltägliche Fallgestaltung! Aber wenn Sie die erste Überraschung hinter sich gebracht haben, sollten Sie damit zurechtkommen.

II. Erfassen der Fallfrage

Die Frage: „Wie wird das LG Mannheim entscheiden?" zeigt eindeutig, daß Sie es mit einem **Richterfall** zu tun haben. A hat gegen R_2 vor dem LG Mannheim Klage auf Zahlung von 7.000 € erhoben, und Sie sollen ein Gutachten darüber entwerfen, wie das Gericht über diese Klage vermutlich entscheiden wird.

Natürlich kommt es dabei darauf an, wie R_1 den namens des A geltend gemachten Anspruch *substantiiert* hat. Denn im Zivilprozeß untersucht das Gericht die tatsächlichen Verhältnisse nicht von Amts wegen; vielmehr hat der Kläger die zur Begründung seines Antrags geeigneten Tatsachen von sich aus zu *behaupten* (§§ 253 IV i.V.m. 130 Nr. 3 ZPO). Im Sachverhalt ist der Inhalt der Klageschrift nicht mitgeteilt. Aber Sie können daraus immerhin entnehmen, daß R_1 den Hergang der Sache „vollständig und wahrheitsgemäß" vorgetragen hat. Näher besehen geht die Fallfrage also dahin, wie das Landgericht Mannheim über den gestellten Zahlungsantrag entscheiden wird, wenn R_1 zur Begründung der Klage genau das mitgeteilt hat, was Sie im Aufgabensachverhalt vor sich haben.

III. Erarbeiten der Lösung

1. Worauf wird es ankommen?

Wie sich aus dem Sachverhalt unmißverständlich ergibt, stand A gegen B ursprünglich kein Anspruch zu. Das von ihm erstrittene Zahlungsurteil ist daher **materiell unrichtig.** Wenn A aufgrund dieses Titels von R_2 Zahlung verlangen kann, wird er wegen eines Anspruchs befriedigt, der ihm nie zustand. Unter normalen Umständen kommt so etwas nicht in Betracht. Die Frage ist also, ob es sich hier anders verhält. Grund dafür kann allein die **Rechtskraft** des Urteils sein. Die Rechtskraft macht, wie man sarkastisch gesagt hat, aus weiß schwarz und aus schwarz weiß und verhindert, so weit sie reicht, daß die Rechtslage anders beurteilt wird, als sie im Urteil festgestellt wurde. Wenn nicht ganz besondere Gründe vorliegen, kann B dem A gegenüber daher nicht mehr geltend machen, daß das Urteil materiell unrichtig ist. Das aber heißt: *B muß zahlen, auch wenn er ursprünglich nicht verpflichtet war.* Wenn Sie das erkannt haben, haben Sie den Schlüssel für alles Weitere.

Wahrscheinlich wird Ihnen jetzt noch der Gedanke kommen, ob A nicht *arglistig* handelt, wenn er aufgrund eines evident unrichtigen Titels die Vollstreckung betreibt. Ebenso werden Sie vielleicht fragen, ob er nicht gegen *Treu und Glauben* verstößt, wenn er, nachdem er im ersten Prozeß (gegen B) einen materiellen Anspruch behauptet hat, einen solchen im zweiten Prozeß (gegen R_2) dann aber bestreitet, weil sich ein Schadensersatzanspruch des B gegen R_2 anders nicht begründen läßt. Sie werden sich die erforderlichen Stichpunkte kurz notieren. Schon kurzes Nachdenken sollte Sie jedoch erkennen lassen, daß all diese Einreden auf unsicheren Beinen stehen: An dem von A erstrittenen rechtskräftigen Urteil ist nach Lage der Dinge nicht mehr zu rütteln.

Entscheidend ist daher, ob B durch dieses Urteil ein **Schaden** entstanden ist und ob ihm deshalb ein **Schadensersatzanspruch gegen R_2** zusteht, weil dieser es versäumt hat, rechtzeitig Einspruch einzulegen und auf die Abweisung der von A gegen B erhobenen Klage hinzuwirken. Aber *Vorsicht:* Diese Frage stellt sich hier nicht deshalb, weil B selbst gegen seinen Anwalt R_2 vorgeht. Vielmehr hat A den angeblichen Schadensersatzanspruch des B gegen R_2 *gepfändet* (§§ 828 ff. ZPO) und klagt ihn *im eigenen Namen* ein. Bei der Forderungspfändung wird nicht geprüft, ob der gepfändete Anspruch besteht. Gepfändet wird vielmehr der vom Vollstreckungsgläubiger *behauptete* Anspruch. Ob dieser wirklich besteht, muß notfalls in einem Prozeß zwischen Vollstreckungsgläubiger und Drittschuldner geprüft werden. Eben um solch einen Drittschuldnerprozeß geht es hier. Für den Erfolg der von A gegen R_2 erhobenen Klage kommt es daher maßgeblich darauf an, ob B der von A behauptete und gepfändete Schadensersatzanspruch gegen R_2 zusteht. Das hängt u. a. davon ab, ob bei korrektem Vorgehen des R_2 die von A im Vorprozeß gegen B erhobene Klage abgewiesen worden wäre. Im Rahmen des jetzt von A gegen R_2 angestrengten Prozesses ist also zu fragen, *wie der frühere Prozeß des A gegen B bei richtigem Anwaltsverhalten verlaufen wäre.* Das klingt kompliziert. Aber in unserem Fall ist die Antwort ganz leicht. Entscheidend ist, daß Sie die richtige Frage gefunden haben. Beim Blick auf Ihre Skizze sollte das nicht weiter schwer sein.

Was der Fall sonst noch enthält, ist rasch aufgezählt: Die rechtliche Begründung des Schadensersatzanspruchs gegen den Anwalt richtet sich nach § 280 I BGB (vormals positive Forderungsverletzung). Die Zuständigkeit des LG Mannheim ist ohne weiteres gegeben. Die für den Vorprozeß dem R_1 erteilte Prozeßvollmacht erstreckt sich gem. *§ 81 ZPO* auch auf die *Zwangsvollstreckung.* Nur bei der Prozeßführungsbefugnis des A findet sich noch ein kleiner Stolperstein. A macht nämlich eine *fremde*

Forderung (die des B gegen R₂) im *eigenen Namen* geltend. Wenn Sie sich im Zwangsvollstreckungsrecht ein wenig auskennen, wissen Sie, daß sich die einschlägige Regelung dazu in den §§ 835 f. ZPO findet.

2. Strategie

Klar ist, daß Sie sich in Ihrem Gutachten, ebenso wie das Gericht in seinem Urteil, erst mit der Zulässigkeit und dann mit der Begründetheit der Klage befassen müssen. Ihre Arbeit wird daher zwei Teile haben: Ausführungen zur Zulässigkeit und Ausführungen zur Begründetheit.

Mit der *Zulässigkeit* werden Sie es nach Lage der Dinge kurz machen; denn der Sachverhalt gibt für eine Prüfung wenig her. Ein knapper Hinweis auf Zuständigkeit und Postulationsfähigkeit sowie einige Sätze zur Prozeßführungsbefugnis – mehr ist nicht drin. Wollten Sie schreiben, was Sie über die Zulässigkeit einer Klage sonst noch alles wissen, was aber hier keine Rolle spielt, würden Sie nur wertvolle Zeit verlieren.

Der Schwerpunkt Ihrer Arbeit hat ganz bei der *Begründetheit* zu liegen, also bei der Frage, ob A von R₂ Erfüllung eines Schadensersatzanspruchs verlangen kann, der an sich dem B zusteht. Wenn Sie noch einmal auf Ihre Skizze schauen, sehen Sie vielleicht, daß man die Ausführungen zur Begründetheit der Übersicht halber am besten in zwei Fragenbereiche gliedert, nämlich: Steht B gegen R₂ ein Schadensersatzanspruch zu? Und: Kann A sich aus diesem Anspruch befriedigen?

Damit verfügen Sie bereits über eine brauchbare Vorstellung von der Grobstruktur der Arbeit. Auf dieser Grundlage müssen Sie jetzt noch eine genauere Gliederung ausarbeiten, die Sie in die Lage versetzt, Ihre Lösung in einem Zug herunterschreiben zu können.

3. Lösungsskizze

I. Zulässigkeit
1. Sachliche Zuständigkeit §§ 1 ZPO, 71 I, 23 Nr. 1 GVG.
   Örtliche Zuständigkeit §§ 12 f. ZPO.
2. Postulationsfähigkeit und Prozeßvollmacht, §§ 78 I, 81 ZPO.
3. Bei Überweisung zur *Einziehung* (§ 835 I ZPO) wird fremdes Recht im eigenen Namen eingeklagt.
   Nur bei besonderer *Prozeßführungsbefugnis* möglich.
   Diese zu geben, ist Sinn der Überweisung.

II. Begründetheit
1. Hat B *Schadensersatzanspruch* gegen R₂?
a) R₂ aus Dienst-Geschäftsbesorgungsvertrag (§ 675 I BGB) zu höchster Sorgfalt verpflichtet.
   Versäumung der Einspruchsfrist (§ 339 I ZPO) = *Pflichtverletzung i.S. von §§ 280 I, 241 II BGB.*
b) *Schaden:* Wie würde B bei sachgerechtem Anwaltsverhalten stehen (hypothetischer Inzidentprozeß)?
   Ob mutmaßliche oder tatsächliche Entscheidung der Maßstab ist, ist hier irrelevant.
   Kein Schaden, da materielle Rechtslage unverändert? Nachfolgender Richter ist *an rechtskräftige Feststellung gebunden*; B muß also zahlen. Das genügt.
2. Kann A Anspruch ebenso wie B geltend machen?
a) *§ 835 I ZPO* verschafft Stellung wie bei rechtsgeschäftlicher Einziehungsermächtigung.

b) *Arglistige Urteilsausnutzung* gem. § 826 BGB?
   Neben Unrichtigkeit und Kenntnis „besondere Umstände" erforderlich. Hier nur
   „Normalfall" eines unrichtigen Versäumnisurteils.
   Auch nicht erschlichen.
c) Ist Widerspruch zur Argumentation im Vorprozeß Verstoß gegen § 242 BGB?
   A muß argumentieren können wie B.
   Ohnehin nur dasselbe Ergebnis, wie wenn R$_2$ an B leistet und A Geleistetes dort
   pfändet.

III. Ergebnis
   Stattgeben.

B. Lösung

Das LG Mannheim wird der Klage stattgeben, wenn diese zulässig und begründet ist.

I. Zulässigkeit

1. Das Gericht ist im Hinblick auf den Betrag der eingeklagten Forderung gem. §§ 1
ZPO, 71 I, 23 Nr. 1 GVG sachlich und wegen des Mannheimer Wohnsitzes des R$_2$
gem. §§ 12 f. ZPO auch örtlich zuständig.

2. Die Klage ist von Rechtsanwalt R$_1$ abgefaßt und eingereicht worden. Selbst
wenn A seinen Anwalt zur Erhebung einer Klage gegen den Drittschuldner R$_2$ nicht
ausdrücklich bevollmächtigt haben sollte, erstreckt sich die für den Vorprozeß erteilte Vollmacht auch hierauf, § 81 ZPO. Die Klage gegen R$_2$ ist daher i.S. von § 78 I
ZPO ordnungsgemäß erhoben.

3. Freilich macht A damit einen Anspruch geltend, der in der Person des B erwachsen sein soll und den er sich im Wege der Forderungspfändung lediglich zur Einziehung (§ 835 I ZPO) hat überweisen lassen. Im Unterschied zu einer Überweisung an
Zahlungs Statt bleibt der Schuldner dabei Inhaber der Forderung, so daß der Gläubiger, wenn er klageweise gegen den Drittschuldner vorgeht, ein fremdes Recht im
eigenen Namen geltend macht. Eine solche Prozeßstandschaft ist nur dann zulässig,
wenn dem Kläger eine besondere Prozeßführungsbefugnis zusteht. Diese ergibt sich
hier aus der gerichtlichen Überweisung der Forderung zur Einziehung. Sinn dieser
Überweisung ist es nämlich, daß der Vollstreckungsgläubiger die gepfändete Forderung im eigenen Namen soll geltend machen können.

II. Begründetheit

Die Klage ist begründet, wenn B ein entsprechender Schadensersatzanspruch gegen
R$_2$ zusteht und A aufgrund der Pfändung und Überweisung berechtigt ist, diesen Anspruch in derselben Weise geltend zu machen, wie B dies könnte.

1. Ein *Schadensersatzanspruch* des B gegen R$_2$ könnte sich aus der Verletzung
einer Pflicht aus dem mit R$_2$ geschlossenen Anwaltsvertrag ergeben.

a) Der Vertrag zwischen einer Prozeßpartei und ihrem Rechtsanwalt ist ein
Dienstvertrag mit Geschäftsbesorgungscharakter i.S. von § 675 I BGB. Der Anwalt
ist dadurch *verpflichtet*, alle rechtlich gebotenen Schritte zu unternehmen, um der
Sache seines Mandanten zum Erfolg zu verhelfen. Insbesondere hat er darauf zu achten, daß die für Rechtsmittel und Rechtsbehelfe gesetzten Fristen eingehalten werden.

Hier hat R$_2$ die Einspruchsfrist des § 339 I ZPO versäumt. Dadurch hat er gegen
die aus dem Anwaltsvertrag ihm obliegende Sorgfaltspflicht verstoßen und ist seinem
Mandanten B gem. §§ 280 I, 241 II BGB zum Ersatz des daraus entstandenen Schadens verpflichtet.

b) Ob B ein *Schaden* entstanden ist, hängt davon ab, ob er sich infolge des fehlerhaften Prozeßverhaltens seines Anwalts schlechter stellt, als wenn R$_2$ gegen das Versäumnisurteil rechtzeitig Einspruch eingelegt hätte. Im Rahmen des Drittschuldner-
prozesses, in dem über den gepfändeten Schadensersatzanspruch des B zu befinden
ist, ist daher der Vorprozeß unter veränderten Bedingungen in Gedanken neu durchzuspielen. Dabei zeigt sich, daß die Klage des A im Vorprozeß bei fristgerechtem
Einspruch mit an Sicherheit grenzender Wahrscheinlichkeit abgewiesen worden
wäre. Bei pflichtgemäßem Verhalten des R$_2$ wäre B somit in einer prozessual ungleich
günstigeren Lage.

Eine andere Frage ist indessen, ob ein Schaden des B nicht deshalb verneint werden
muß, weil A, dem kein Anspruch gegen B zustand, auch durch das rechtskräftige
Urteil keinen Anspruch erlangt hat. Nach der prozeßrechtlichen Rechtskrafttheorie,
wie sie heute herrschend ist, hat das rechtskräftige Urteil auf die materielle Rechtslage keinen Einfluß. Es bringt also weder einen nicht bestehenden Anspruch zum
Entstehen noch einen bestehenden zum Verschwinden. Demgegenüber ist freilich zu
beachten, daß der Richter eines nachfolgenden Prozesses an den rechtskräftigen Ur-
teilsspruch auch dann gebunden ist, wenn er der materiellen Rechtslage nicht entsprechen sollte. B kann sich daher der Vollstreckung des Urteils nicht mit der Begründung widersetzen, daß A in Wahrheit keinen Anspruch gegen ihn habe. Er muß
vielmehr hinnehmen, daß sich A in Höhe des titulierten Anspruchs aus seinem Vermögen befriedigt, auch wenn dieser Anspruch nach h.M. „in Wahrheit" nicht besteht. Das aber muß für die Bejahung eines Schadens genügen. Ein Schaden kann
nicht gut damit verneint werden, daß B nach wie vor keiner Forderung des A ausgesetzt sei, wenn gleichzeitig feststeht, daß er sich einer Inanspruchnahme nicht entziehen kann.

2. Fraglich kann daher allenfalls sein, ob A den gepfändeten Anspruch in derselben
Weise geltend machen kann, wie B dies könnte, oder ob ihm dabei Einreden entgegenstehen.

a) Die Überweisung des Anspruchs zur Einziehung (§ 835 I ZPO) verschafft A die
gleiche Stellung wie die Erteilung einer rechtsgeschäftlichen Einziehungsermächtigung. Er kann daher Leistung an sich verlangen, auch wenn er selbst nicht Inhaber
der Forderung ist.

b) Zu erwägen ist aber, ob A sich nach § 826 BGB nicht entgegenhalten lassen
muß, daß er sehenden Auges ein materiell unrichtiges Urteil vollstreckt. Wenn die
Ausnutzung eines unrichtigen Urteils gegen die guten Sitten verstößt, läßt die Praxis
unter engen Voraussetzungen eine Durchbrechung der Rechtskraft zu. Erforderlich
dafür ist, daß das betreffende Urteil falsch ist, daß die davon Gebrauch machende
Partei dies weiß und daß außerdem besondere Umstände hinzukommen, die das Ge-
brauchmachen als sittenwidrig erscheinen lassen. Solche Umstände werden zum
Schutz der Rechtskraft nur in seltenen Ausnahmefällen bejaht. Hier steht der Vollstreckung des Urteils jedoch nicht mehr entgegen als in anderen Fällen, in denen jemand von einem unrichtigen Versäumnisurteil Gebrauch macht, auch. Insbesondere
hat A das Urteil nicht erschlichen.

c) Eine Besonderheit ist lediglich darin zu erblicken, daß A in denjenigen Anspruch
des B vollstreckt, der durch den Rechtskrafteintritt des unrichtigen Versäumnisurteils
überhaupt erst entstanden ist. Während A im Vorprozeß einen *Anspruch* gegen B

behauptet hat, muß er im Drittschuldnerprozeß, um einen Schaden des B dartun zu können, den entgegengesetzten Standpunkt einnehmen und *dartun,* daß ihm in Wahrheit *kein Anspruch* gegen B zugestanden habe. Es fragt sich, ob A damit nicht gegen Treu und Glauben (§ 242 BGB) verstößt.

Dabei kann nicht unberücksichtigt bleiben, daß B, wenn er seinen Schaden gegenüber R_2 selbst geltend machen würde, den Schaden ebenfalls mit der Unrichtigkeit des Urteils begründen müßte. Nachdem A den Anspruch des B gepfändet hat, kann es ihm nicht gut verwehrt sein, gegenüber dem Drittschuldner in derselben Weise zu argumentieren wie B auch. Ohnedies ist A, wenn er gegenüber R_2 durchdringt, nicht besser gestellt, als wenn R_2 an B geleistet und A den geleisteten Betrag bei B gepfändet hätte. Gegen ein solches Procedere wäre aus Rechtsgründen nichts einzuwenden. Wenn A direkt gegen R_2 vorgeht, kann er daher nicht schlechter gestellt sein.

III. Ergebnis

Das LG Mannheim wird der Klage nach all dem stattgeben.

Zur Vertiefung: BGH NJW 2000, 730 mit Bespr. *Mäsch,* Jura 2000, 518 (Kausalitätsermittlung im hypothetischen Inzidentprozeß).

42. Ein Anschlag auf die Eisenbahn

Sachverhalt

Der sechsjährige D wohnt mit seinen Eltern V und M in Nürnberg. Seit Jahren bekommt er an allen Geburts- und Festtagen von seinen Eltern Zubehörteile zu einer elektrischen Spielzeugeisenbahn geschenkt. Die Eisenbahnanlage hat mittlerweile einen Wert von ca. 3.000 € und ist im Wohnzimmer der Familie ständig aufgebaut. Wenn V abends nach Hause kommt, führt er sie seinem Sohn und seiner Frau stundenlang vor, und diese sitzen dabei und freuen sich.

Eines Tages jedoch wird diese Idylle getrübt. G, ein in Leipzig ansässiger Gläubiger des V, hat einen rechtskräftigen Vollstreckungsbescheid über 7.000 € gegen diesen erwirkt und betreibt daraus die Zwangsvollstreckung. Im Auftrag des G erscheint in Abwesenheit des V der Gerichtsvollzieher, durchsucht mit Einverständnis der M die Wohnung nach Pfändbarem und pfändet schließlich, da er sonst nichts findet, die kostspielige Eisenbahnanlage unter Anbringung mehrerer Pfandsiegel. Wenn V nicht umgehend zahle, so kündigt er an, werde die ganze Anlage demnächst abgeholt und meistbietend versteigert.

V kann das geschuldete Geld im Augenblick nicht auftreiben. Er will aber auch nicht untätig zusehen, wie die wertvolle Eisenbahn seines Sohnes verschleudert wird. Deshalb sucht er einen Rechtsanwalt auf und bittet um Rechtsbeistand.

Was wird der Anwalt unternehmen?

A. Vorbereitende Überlegungen

I. Erfassen des Sachverhalts

In dem Fall geht es vor allem um drei Personen: D, V und G, während M offenbar nur eine Nebenrolle spielt.

G, der Bewegung in die Sache bringt, ist der *Gläubiger* des V und vollstreckt gegen diesen aus einem rechtskräftigen Vollstreckungsbescheid über 7.000 €. V, der Vater des D, ist der *Vollstreckungsschuldner.* D schließlich ist möglicherweise *Eigentümer* der Sache, die von dem Gerichtsvollzieher gepfändet worden ist – ob er wirklich Eigentümer ist, hängt davon ab, ob die Schenkungen seiner Eltern V und M wirksam vollzogen wurden.

Bildlich dargestellt:

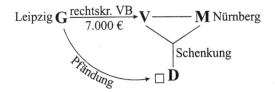

II. Erfassen der Fallfrage

Der Fall ist ein typischer *Anwaltsfall*: Gefragt ist, was der Anwalt unternehmen wird. Sie müssen sich daher in die Lage des Anwalts versetzen, sich die Interessen des V vergegenwärtigen und überlegen, was zu tun ist, um ihnen Rechnung zu tragen.

V möchte erreichen, daß die Vollstreckung in die Spielzeugeisenbahn unterbleibt bzw. daß die bereits vorgenommenen Vollstreckungsakte aufgehoben werden. Die Frage ist, ob dies möglich ist oder anders ausgedrückt: ob und wenn ja, mit welchen **vollstreckungsrechtlichen Rechtsbehelfen** gegen die Pfändung der Bahn vorgegangen werden kann. Gegen den rechtskräftig titulierten Anspruch kann und will V offenbar keine Einwendungen geltend machen. Die Vollstreckungsgegenklage (§ 767 ZPO) scheidet also aus.

In Betracht kommt dagegen eine **Erinnerung** (§ 766 ZPO). Das setzt hier voraus, daß der Gerichtsvollzieher gegen eine Verfahrensnorm verstoßen hat. Bei etwas Gespür sollte Ihnen auffallen, daß er *in der Wohnung des V vollstreckt* hat, *ohne daß dieser anwesend* war. Ist dies zulässig? Aber auch an folgendes muß der Anwalt denken: Die Eisenbahn dürfte sich u. a. im *Mitgewahrsam der M* befinden. Kann vielleicht M deswegen Erinnerung einlegen? Oder kann man nicht noch einen Schritt weitergehen und auch *Mitgewahrsam des D* bejahen mit der Folge, daß dieser – vertreten durch seine Eltern – sich gegen die Pfändung im Wege der Erinnerung zur Wehr setzen kann?

Neben der Erinnerung muß sich Ihr Augenmerk aber noch auf andere Möglichkeiten richten. Hier ist vor allem folgendes in Erwägung zu ziehen: Wenn die Schenkungen an D wirksam waren, ist dieser *Eigentümer* der Bahn. Zugleich ist er nicht Vollstreckungsschuldner, sondern *Dritter*. Als Dritter muß er es nicht hinnehmen, daß der Vollstreckungsgläubiger aus seinem Vermögen befriedigt wird. Er kann sein Recht vielmehr mit der **Drittwiderspruchsklage** (§ 771 ZPO) geltend machen. Der Anwalt wird sich daher neben der Erinnerung vor allem mit der Frage befassen, ob

D – vertreten durch seine Eltern – die Vollstreckung in die Bahn im Wege einer Dritt-widerspruchsklage unterbinden kann.

III. Erarbeiten der Lösung

1. Worauf wird es ankommen?

Der Fall zeigt, daß Prozeßrechtsfälle häufig „gemischte Fälle" sind: Das Prozeßrecht gibt nur den Rahmen ab, in den „ganz normale" materiellrechtliche Probleme einge-bettet sind. Auch hier geht es im Rahmen der Drittwiderspruchsklage ersichtlich darum, zu prüfen, **ob D Eigentümer der Eisenbahn ist** und ob ihm darum ein „die Veräußerung hinderndes Recht" i. S. von § 771 ZPO zusteht. Daß darin überhaupt ein Problem liegt, hängt mit den rechtsgeschäftlichen Regelungen des BGB zusam-men: Nach den §§ 104 Nr. 1, 105 I BGB sind Minderjährige unter sieben Jahren ge-schäftsunfähig und können keine Willenserklärungen abgeben, nicht einmal solche, die ihnen lediglich vorteilhaft sind. Eine Schenkung der Eltern an ihre geschäftsunfä-higen Kinder ist daher (wenn nicht gem. § 1909 BGB ein Pfleger bestellt wird) nur so denkbar, daß die Eltern die Kinder im Willen vertreten. Sie müssen also das Schen-kungsangebot an sich selbst als Vertreter ihrer Kinder machen und als Vertreter der Kinder gegenüber sich selbst die Annahme erklären. Solche *Insichgeschäfte* sind nach *§ 181 BGB* grundsätzlich ausgeschlossen. Möglich sind sie nur da, wo dem Vertreter das Selbstkontrahieren gestattet ist (was durch eine Erklärung des geschäftsunfähi-gen D hier nicht möglich ist) oder wo das Geschäft ausschließlich der Erfüllung einer Verbindlichkeit dient. Nach der früher herrschenden und auch heute noch vertrete-nen Auffassung kommt § 181 BGB aber auch dann *nicht* zur Anwendung, wenn zwi-schen dem Vertreter und dem Vertretenen *kein Interessenwiderstreit* besteht. Zu die-ser Problematik müssen Sie in Ihrer Arbeit Stellung nehmen; denn davon hängt ab, ob eine Drittwiderspruchsklage des D Erfolg haben kann.

Im Gegensatz zur Drittwiderspruchsklage richtet sich die **Erinnerung** nur gegen die *Art und Weise* der Zwangsvollstreckung. Mit diesem Rechtsbehelf kann daher die Pfändung nicht auf Dauer verhindert werden, wenn sie auf anderem Wege zulässig sein sollte. Sie werden der Erinnerung deshalb weniger Raum widmen als der Dritt-widerspruchsklage, vor allem dann, wenn sie sich als unbegründet erweisen sollte. Wenn Sie der Frage nachgehen, ob auch *D* als möglicher *Mitgewahrsamsinhaber* Er-innerung einlegen kann, kann es Ihnen freilich passieren, daß Sie unversehens in eine schwierige und keineswegs ausdiskutierte Problematik verwickelt werden. Damit Sie wissen, worum es geht, will ich Ihnen die Lage kurz schildern:

Nach den §§ 808, 809 ZPO ist die Pfändung unzulässig, wenn sich die Sache im Gewahrsam eines nicht herausgabebereiten *Dritten* befindet. Nach herrschender Auffassung soll dabei nicht bloß der Allein-, sondern bereits der *Mitgewahrsam* eines Dritten der Vollstreckung entgegenstehen. Bei der Vollstreckung gegen Schuldner, die mit Dritten in Hausgemeinschaft leben, führt dies zu erheblichen Schwierigkeiten. Streng genommen müßten nämlich alle Hausgenossen, denen Mitgewahrsam zu-kommt, Erinnerung einlegen können, solange der Gläubiger gegen sie nicht auch einen Titel hat. Lediglich für den *Ehegatten* sieht das Gesetz selbst etwas anderes vor: In den §§ 739 ZPO, 1362 BGB definiert es den Gewahrsam des Ehegatten nämlich kurzerhand hinweg und ermöglicht dadurch eine ungehinderte Pfändung. Auch wenn M in unserem Fall faktisch Mitgewahrsamsinhaberin sein sollte, gibt es für sie also nichts zu erinnern. Auf der Grundlage der h. M. müßten jedoch die sonstigen Haushaltsangehörigen des Schuldners der Vollstreckung entgegentreten können. Um dieses – praktisch völlig inakzeptable – Ergebnis zu vermeiden, wird der Mitgewahrsam sonstiger Haushaltsangehöriger von der h. M. ohne gesetzliche Grundlage jedoch *ebenfalls hinwegdefiniert*[1]. Darauf läuft es jedenfalls hinaus, wenn dem „Haushaltsvorstand" (womit Ehemann und -frau gemeint sind) *alleiniger* Gewahrsam zugesprochen wird. Für unseren Fall folgt daraus, daß weder M noch D mit der Erinnerung Erfolg haben können, weil beide, wenn auch aus unterschiedlichen Gründen, nicht als Gewahrsamsinhaber behandelt werden.

Falls Sie sich bereits seit längerem mit dem Zwangsvollstreckungsrecht beschäftigt haben, wird Ihnen vielleicht das **Anfechtungsgesetz** in den Sinn kommen. Wenn alle Stricke reißen, wird es dem Gläubiger hiernach ermöglicht, einen Rechtserwerb Dritter unter bestimmten Voraussetzungen „anzufechten", um wenigstens auf diesem Weg Befriedigung zu erlangen. Halten Sie auf Ihrem Merkzettel daher fest: *„Anfechtungsgesetz".*

2. Strategie

Womit sollen Sie die Prüfung beginnen: mit der *Erinnerung* oder mit der *Drittwiderspruchsklage*? Möglich ist beides. Nachdem abzusehen ist, daß der Schwerpunkt der Arbeit eher bei der Drittwiderspruchsklage liegt, ist es aber zweckmäßig, die Erinnerung vorweg zu behandeln, um sich dann auf die Drittwiderspruchsklage als den eigentlichen Schwerpunkt zu konzentrieren.

Sowohl bei der Drittwiderspruchsklage als auch bei der Erinnerung erhebt sich sodann die Frage, ob Sie zuerst die *Zulässigkeit* oder die *Begründetheit* prüfen. In einem Anwaltsfall (anders als in einem Richterfall!) kommt je nach Sachlage beides in Betracht. Bei einer Vollstreckungsklausur, wo es um Rechtsbehelfe geht, mit denen jeweils nur ganz bestimmte Einwendungen geltend gemacht werden können, ist jedoch folgendes zu bedenken: Die Ausführungen zur Begründetheit setzen hier notwendig voraus, daß Sie bereits einen dieser Rechtsbehelfe ins Auge gefaßt und als statthaft angesehen haben. Daß Sie etwa die Begründetheit einer Erinnerung prüfen, leuchtet dem Leser nur dann ein, wenn er *weiß*, daß eine *Erinnerung überhaupt in Betracht* kommt. Wo die Zulässigkeit keine allzu ausgedehnten Erörterungen erforderlich macht, ist es daher einfacher, wenn Sie die Zulässigkeit des betreffenden Rechtsbehelfs *insgesamt vorweg* behandeln.

3. Lösungsskizze

I. Erinnerung des V, § 766 ZPO

1. Zulässigkeit

Statthaft gegen Maßnahmen des GVZ.

AG Nürnberg sachlich und örtlich ausschließlich zuständig, §§ 766 I 1, 764 I, II, 802 ZPO.

Beschwer des V, da er Verfahren rügt.

2. Begründetheit

§ 758 a I ZPO: Durchsuchung nur mit Einwilligung des Schuldners.

Einwilligung der Ehefrau genügt analog § 178 I Nr. 1 ZPO.

II. Erinnerung der M

1. Beschwer, da Eingriff in Rechtssphäre der M und außerdem §§ 808 I, 809 ZPO evtl. dem Schutz des *Mitgewahrsamsinhabers* dienen.

---

[1] Vgl. MünchKomm-ZPO/*Schilken*, 3. Aufl. 2007, § 808 Rn. 7, 15; *Stein/Jonas/Münzberg*, ZPO, 22. Aufl. 2002, § 808 Rn. 16; *Zöller/Stöber*, 29. Aufl. 2012, § 808 Rn. 9; für die Beschränkung des § 809 ZPO auf den Fall des *Allein*gewahrsams eines Dritten demgegenüber *Braun*, Vollstreckungsakte gegen Drittbetroffene, AcP 196 (1996), 557.

2. *M hat Mitgewahrsam.*

Auf §§ 808 I, 809 ZPO kann sich Ehegatte im Rahmen der §§ 739 ZPO, 1362 BGB nicht berufen.

III. Erinnerung des D

„Titelloser" Eingriff in Gewahrsam des D denkbar.

Aus praktischen Gründen werden aber Eltern als *Allein*gewahrsamsinhaber behandelt.

IV. Drittwiderspruchsklage des D, § 771 ZPO

1. *Zulässigkeit*

Statthaft, da Eigentum = Veräußerung hinderndes Recht.

AG Nürnberg sachlich und örtlich zuständig, §§ 771 I, 6 ZPO, 23 Nr. 1, 71 I GVG.

2. *Begründetheit*

a) § 929 BGB scheitert an §§ 104 Nr. 1, 105 BGB.

b) Insichgeschäft mit V und M als gesetzliche Vertreter gem. §§ 1626 I, 1629 I BGB?

§ 181 BGB:

– Geschenk in Erfüllung einer Unterhaltspflicht gem. §§ 1601, 1610 BGB?

– Jedenfalls *kein Interessenkonflikt.*

c) Einrede der Mithaftung gem. §§ 2, 4 II, 9 AnfG?

Hängt von Umständen ab.

d) Einstweilige AO gem. §§ 771 III, 769 ZPO.

B. Lösung

I. Erinnerung des V

Möglicherweise kann sich V gegen die Pfändung mit der Erinnerung gem. *§ 766 ZPO* zur Wehr setzen.

1. Gegen Vollstreckungsmaßnahmen des Gerichtsvollziehers ist die Erinnerung statthaft. Sachlich und örtlich ausschließlich zuständig wäre hier das AG Nürnberg, in dessen Bezirk das Vollstreckungsverfahren gegen V stattfindet, §§ 766 I 1, 764 I, II, 802 ZPO. Für die Beschwer des V als Vollstreckungsschuldner genügt es, daß er einen bei der Vollstreckung unterlaufenen Verfahrensfehler rügt. Als solcher kommt hier in Betracht, daß der Gerichtsvollzieher in der Abwesenheit des V nicht dessen Wohnung hätte durchsuchen dürfen.

2. Nach *§ 758 a I 1 ZPO* darf der Gerichtsvollzieher, sofern keine richterliche Durchsuchungsanordnung vorliegt, die Wohnung des Schuldners nur mit *dessen Einwilligung* durchsuchen. Etwas anderes gilt gem. § 758 a I 2 ZPO nur dann, wenn die Einholung der Anordnung den Erfolg der Durchsuchung gefährden würde. Das ist hier nicht anzunehmen. Es liegen keine Anhaltspunkte dafür vor, daß V die Eisenbahn in diesem Fall beiseite geschafft hätte.

V selbst hat der Durchsuchung nicht zugestimmt, wohl aber in seiner Abwesenheit seine Frau M. Es fragt sich, ob dies genügt. Wie ein Blick auf § 178 I Nr. 1 ZPO zeigt, läßt es die ZPO in anderem Zusammenhang durchaus zu, daß ein Verfahrensbeteiligter durch einen im Haus lebenden erwachsenen Familienangehörigen „vertreten" wird. Wenn die Zustellung von Entscheidungen, durch die Rechtsmittelfristen in Gang gesetzt werden können, an solche Familienangehörige den Erfordernissen genügt, dann wäre es widersprüchlich, die Einwilligung eines dieser Angehörigen bei

der Vollstreckung einer solchen Entscheidung im Rahmen des § 758 a I ZPO nicht
ausreichen zu lassen. Wenn der Vollstreckungsschuldner abwesend ist, muß daher
die Einwilligung der Ehefrau ausreichen.
Eine Erinnerung des V wäre somit unbegründet.

II. Erinnerung der M

Zu erwägen ist jedoch eine Erinnerung der M.
1. M ist zwar nicht selbst Vollstreckungsschuldnerin. Die Pfändung einer Sache,
die sich in einer von ihr mitbewohnten Wohnung befindet, bedeutet aber einen Eingriff auch in ihre Rechtssphäre. Daß die §§ 808 I, 809 ZPO, wonach die Pfändung
von Sachen, die sich im Gewahrsam eines Dritten befinden, nur zulässig ist, wenn
dieser zur Herausgabe bereit ist, auch dem Schutz der M dienen, ist immerhin möglich. M ist daher durch die Pfändung beschwert.
2. Die eheliche Wohnung wird von M und V gemeinsam bewohnt. Beide haben
daher *Mitgewahrsam* an der Wohnung. Dieser erstreckt sich auf alle Einrichtungsgegenstände, soweit daran nicht der Alleingewahrsam eines Dritten begründet ist. Letzteres ist bei einer im Wohnzimmer aufgebauten Eisenbahn ohne weiteres auszuschließen. M ist folglich auch Mitgewahrsamsinhaberin der Eisenbahn.
Nach herrschender Auffassung setzt § 808 I ZPO *Allein*gewahrsam des Schuldners
voraus. Die Pfändung einer Sache, die sich zugleich im *Mit*gewahrsam eines Dritten
befindet, wäre danach ohne einen zusätzlichen Titel auch gegen den Dritten nicht
zulässig. Speziell bei Ehegatten hat das Gesetz jedoch Vorkehrungen dagegen getroffen, daß einer von ihnen Zwangsvollstreckungsmaßnahmen gegen den anderen willkürlich verhindert. Gem. *§ 739 ZPO* wird im Rahmen der Eigentumsvermutung des
§ 1362 BGB zugunsten des Gläubigers fingiert, daß der Ehegatte, für den die Eigentumsvermutung gilt, zugleich Alleingewahrsamsinhaber ist, und zwar auch dann,
wenn er an den betreffenden Sachen aufgrund besonderer Verhältnisse nicht einmal
Mitgewahrsam hat. Nach § 1362 I 1 BGB wiederum wird zugunsten des Gläubigers
eines Ehegatten vermutet, daß die im Besitz eines oder beider Ehegatten befindlichen
beweglichen Sachen dem Schuldner gehören.
Nach diesen Vorschriften wird V zunächst als Eigentümer der im gemeinsamen
Besitz befindlichen Bahn vermutet und damit zugleich als deren alleiniger Gewahrsamsinhaber fingiert. Die Pfändung der Bahn stellt daher gegenüber M keinen Ver-
fahrensverstoß dar.

III. Erinnerung des D

In Betracht kommt weiter eine Erinnerung des D. Faktisch gesehen könnte auch D
als Mitgewahrsamsinhaber der Eisenbahn angesehen werden. Eine gesetzliche Regelung, die den Mitgewahrsam wie bei Ehegatten „hinwegdefiniert", findet sich insoweit nicht. Um die Vollstreckung am Mitgewahrsam sonstiger Hausangehöriger
nicht scheitern zu lassen, wird jedoch dem „Haushaltsvorstand" (hier: den Eltern) in
weitem Umfang *Allein*gewahrsam an den in der Wohnung befindlichen Gegenständen zugesprochen. Der Ausgangspunkt der h. M., daß bereits der Mitgewahrsam
eines Dritten der Vollstreckung entgegenstehe, wird damit unter der Hand weitgehend zurückgenommen.
Im Ergebnis stellt sich die Pfändung somit auch gegenüber D nicht als fehlerhaft
dar.

IV. Drittwiderspruchsklage des D

Möglicherweise kann D – gesetzlich vertreten durch seine Eltern (§ 51 I ZPO) – jedoch im Wege einer Drittwiderspruchsklage gem. *§ 771 ZPO* erreichen, daß die Vollstreckung in die Eisenbahn für unzulässig erklärt und die Pfändung nach §§ 775 Nr. 1, 776 ZPO aufgehoben wird.

1. Eine solche Klage ist statthaft, wenn D an dem Gegenstand der Zwangsvollstreckung ein „die Veräußerung hinderndes Recht" geltend macht. Als solches kommt hier das *Eigentum* in Betracht. Sachlich zuständig wäre im Hinblick auf den Wert der streitgegenständlichen Bahn gem. §§ 23 Nr. 1 GVG, 6 ZPO das AG, örtlich zuständig gem. § 771 I ZPO das Gericht, in dessen Bezirk die Zwangsvollstreckung erfolgt, hier also das AG Nürnberg.

2. Voraussetzung für den Erfolg der Klage ist jedoch, daß D tatsächlich *Eigentümer* der Bahn ist.

a) Laut Sachverhalt bekam D die Bahn über eine Reihe von Jahren Stück für Stück an Geburts- und Feiertagen „geschenkt". Eine Übereignung an D stößt indessen auf Schwierigkeiten. Als Sechsjähriger war D geschäftsunfähig und konnte nicht einmal Willenserklärungen abgeben, die für ihn lediglich rechtlich vorteilhaft waren, §§ 104 Nr. 1, 105 BGB.

b) Denkbar ist allein, daß D die Bahn durch ein *Insichgeschäft* seiner Eltern als seiner gesetzlichen Vertreter erworben hat, also dadurch, daß V und M bei der Übereignung für sich selbst und zugleich als Vertreter des D tätig geworden sind. In aller Regel sind Schenkungen von Eltern an unmündige Kinder in der Tat so gemeint. Nach *§ 181 BGB* ist ein Insichgeschäft grundsätzlich unzulässig. Ausnahmen läßt das Gesetz nur dann zu, wenn dem Vertreter etwas anderes gestattet ist – was infolge der Geschäftsunfähigkeit des D hier ausscheidet – oder wenn das Rechtsgeschäft ausschließlich in der *Erfüllung einer Verbindlichkeit* besteht.

Hier kommt in Betracht, daß die Schenkung der Bahn in Erfüllung der elterlichen Unterhaltspflicht erfolgt ist. Diese Pflicht bezieht sich nach § 1610 I, II BGB auf die Deckung des gesamten je nach der Stellung des Kindes angemessenen Lebensbedarfs. Darunter fallen auch Spielzeuge und die üblichen Fest- und Geburtstagsgeschenke. Soweit sich die Schenkung der einzelnen Zubehörteile der Bahn in dem angemessenen Umfang hielt – was Tatfrage ist –, war die Übereignung durch Insichgeschäft danach zulässig.

Abweichend von der älteren, sehr formalistischen Auslegung werden heute aber noch weitere Ausnahmen von dem Verbot des Insichgeschäfts zugelassen. Ausgehend von dem Zweck des § 181 BGB, Interessenkonflikten zwischen Vertreter und Vertretenem vorzubeugen, wendet man diese Vorschrift auch in denjenigen Fällen nicht an, in denen ein solcher Konflikt nicht zu besorgen ist. Darunter fallen u. a. Schenkungen des Vertreters an den Vertretenen. Im Ergebnis ist D daher auch dann Eigentümer geworden, wenn die Schenkung das angemessene Maß überschreiten sollte.

Eine Drittwiderspruchsklage wäre daher an sich begründet.

c) Allerdings muß hier damit gerechnet werden, daß G eine mögliche Mithaftung des D nach dem AnfG der Drittwiderspruchsklage *einredeweise* entgegensetzt. Als Gläubiger eines vollstreckbaren Urteils über eine fällige Forderung ist G gem. § 2 AnfG *anfechtungsberechtigt*, wenn anzunehmen ist, daß die Vollstreckung in das Vermögen des V nicht zu einer Befriedigung führen würde. Anfechtbar sind u. a. die unentgeltlichen Leistungen des V innerhalb der letzten vier Jahre mit Ausnahme gebräuchlicher Gelegenheitsgeschenke von geringem Wert, § 4 AnfG. Nach § 9 AnfG kann die Anfechtung auch im Wege einer Einrede geltend gemacht werden.

Wenn daher bei V sonst nichts zu holen sein sollte und wenn außerdem die an D geschenkten Zubehörteile nicht in den Rahmen der Unterhaltspflicht fallen sollten, kann G einer Drittwiderspruchsklage des D eine Einrede entgegenhalten. Auf diese Möglichkeit muß der Anwalt aufmerksam machen.

d) Um zu verhindern, daß die Bahn vor der Erledigung der Drittwiderspruchsklage versteigert wird, kann D eine einstweilige Anordnung gem. §§ 771 III, 769 ZPO beantragen.

Zur Vertiefung: BGHZ 59, 236; 94, 232 (Selbstkontrahieren bei rechtlichem Vorteil für den Vertretenen).

Sachverzeichnis

Ein Kunstwerk!

Braun, Kunstprozesse von Menzel bis Beuys
2. Auflage. 2009.
ISBN 978-3-406-58901-0

Streitfall »Kunst«
18 Fälle aus dem Privatrecht präsentieren einen bunten Strauß juristischer Spitzfin-
digkeiten rund um die bildende Kunst. Der anschauliche und vergnügliche Einblick
in die Rechtswelt behandelt ein breites Spektrum schuld- und urheberrechtlicher
Kernfragen sowie Fragen des allgemeinen und besonderen Persönlichkeitsrechts.

Amüsante Fälle, kuriose Entscheidungen
Die Fälle betreffen jeweils eine juristische Kernfrage. So erklärt »Eine mißglückte
Schenkung« wesentliche Aspekte des Schenkungsvertrages. »Der Zwergenkrieg«
widmet sich dem Gartenzwerg als optischer Beeinträchtigung und Ursache für einen
klassischen Nachbarschaftsprozeß. Der »Schalck im Nacken« zeigt das Spannungs-
feld von Kulturgutschutzgesetz und Kommerzieller Koordinierung in der DDR auf.

Ein besonderes Lesevergnügen
für Juristen und Nichtjuristen mit Interesse an der Verbindung von Kunst und
Recht.

C.H.BECK

Johann Braun

Rechtsphilosophie
im 20. Jahrhundert

Rückkehr der Gerechtigkeit

Verlag C. H. Beck

Braun, Rechtsphilosophie im 20. Jahrhundert
Von Prof. Dr. Johann Braun, Passau
2001. XXV, 328 Seiten.
Kartoniert € 25,50
ISBN 978-3-406-48415-5

Gerechtigkeit – ein Grundwert des Rechts
beschäftigt jeden Juristen, der die handwerkliche Routine hinter sich lassen will.
Geht man aber der Frage der Gerechtigkeit nach, lassen sich wichtige Strömungen
der neueren Rechtsphilosophie besonders anschaulich nachvollziehen!
Der Band beschreitet einen ungewöhnlichen Weg. Er vermittelt einen klaren Überblick über neueres rechtsphilosophisches Denken, indem er zentrale Auseinandersetzungen mit der Idee der Gerechtigkeit darstellt.
Dabei spannt sich der Bogen von Hans Kelsen (Reine Rechtslehre) über John Rawls
(Theorie der Gerechtigkeit) bis hin zu Jürgen Habermas (Faktizität und Geltung)
und Hans Jonas (Das Prinzip Verantwortung). So gewinnt man nicht nur Wissen
über die Rechtsphilosophie des 20. Jahrhunderts. Auch der Prozeß der »Rückkehr
der Gerechtigkeit« läßt sich auf diese Weise genauestens beobachten.

C.H.BECK